Дамдинсүр
Алтанг

ШИНЭ
МОНГОЛ-АНГЛИ
ТОЛЬ

NEW MONGOLIAN-ENGLISH
DICTIONARY
by
ALTANGEREL Damdinsuren

ALTANGEREL Damdinsuren

A Mogern Mongolian-English Dictionary

This dictionary will help learners of both Mongolian and English to build their vocabulary and use words correctly

New over 16000 words and phrases, including the latest up-to-date vocabulary

New clear, simple definitions using a defining vocabulary of thousands words

New natural example sentences showing how words are used ideal for home, school and office use

ИНТЕРПРЕСС

Хэвлэлийн компанид хэвлэв.
Утас: 326898
Факс: 976-1-329474

Дамдинсүрэнгийн Алтангэрэл

ШИНЭ
МОНГОЛ-АНГЛИ
ТОЛЬ

NEW MONGOLIAN-ENGLISH
DICTIONARY
by
ALTANGEREL Damdinsuren

Редактор

Маргарет Курри (Шинэ Зеланд)
Пүрэвбаатарын Чимгээ

Компьютер график

Даваасүрэнгийн Баяржаргал

ТОЛЬ АШИГЛАГЧДЫН АНХААРАЛД

* Толь бичигт орсон толгой үгийг цагаан толгойн дэс дараагаар тус тус үүр болгон тод хар үсгээр, хадмал орчуулга, хэвшмэл хэллэг, хоршоо, холбоо үгийг дармал цагаан үсгээр, жишээ тус бүрийн орчуулгыг бичмэл үсгээр ялгав.
* Жишээ, хэвшмэл хэллэг, хоршоо үгэнд давтагдсан толгой үгийг (~) тэмдгээр орлуулав.
* Толгой үг шинжлэх ухааны аль салбарт хамаарахыг зааж тухайн салбарын англи нэрийг товчилж дугуй хаалтанд авсан.
* Хэд хэдэн салаа утгатай толгой үгийг бүх гол утгаар нь англи орчуулга хадаж утга тус бүрийн цэг бүхий араб тоогоор ялгав.
* Дуудлага бичлэг адил боловч утга өөр үгсийг ром тоогоор дугаарлаж дүйцэх орчуулгыг хадав.
* Гагцхүү холбоо үгээр хэрэглэдэг үг байвал тийм үгийн эхний үгийг толгой гарган, хойно нь давхар цэг тавьж орчуулгыг өгсөн.
  Жишээлбэл: авай: дуран ~ telescope
* Үгийн эцсийн тогтворгүй "н"-тэй үгсийн "н"-г дангаар буюу эсвэл жийрэг эгшгийн хамт, бас тогтворгүй "н" залгасан толгой үгийн үндэс өөрчлөгдөх болбол өөрчлөгдсөн хэлбэрийг хаалтанд бичив.
  Жишээлбэл: мөнгө(н) 1. money; 2. silver
  арав(арван) ten
* Толь бичигт толгой үгийн үгсийн айг заасан заалт хийсэнгүй.
* Толь бичигт зарим ургамал, амьтдын латин нэрийг хаалтанд хийж өгсөн.
* Тус тольд орсон үгийг эдүгээ Монгол улсад хэрэглэж байгаа үсгийн дүрмийг баримталж бичсэн.

АШИГЛАСАН НОМ

- Я. Цэвэл, Монгол хэлний товч тайлбар толь, Улаанбаатар, 1966 он
- Mongolian-English Dictionary in 3 volumes by Folke Boberg, Forlaget Filadelphia AB, Stockholm, 1954
- A Modern Mongolian-English Dictionary by Gombojav Hangin with John R. Krueger, Paul D. Buel, William V. Rozycki, Robert G. Service, Indiana University, 1986
- Longman Dictionary of Contemporary English, 1993
- Oxford Advanced Learner's Dictionary, Oxford University Press, 1995
- Mongolian-English Dictionary compiled by Charles Bawden, 1977

THE MONGOLIAN ALPHABET

Аа	Бб	Вв	Гг	Дд	Ее
Ёё	Жж	Зз	Ии	Йй	Кк
Лл	Мм	Нн	Оо	Өө	Пп
Рр	Сс	Тт	Уу	Үү	Фф
Хх	Цц	Чч	Шш	Щщ	Ъъ
Ыы	Ьь	Ээ	Юю	Яя	

LIST OF ABBREVIATIONS

anat.	*anatomy*		**leg.**	*legal*
astron.	*astronomy*		**ling.**	*linguistics*
biol.	*biology*		**lit.**	*literature*
bot.	*botany*		**math.**	*mathematics*
caus.	*causative*		**med.**	*medicine*
chem.	*chemistry*		**mil.**	*military*
comm.	*commercial*		**min.**	*mineralogy*
dipl.	*diplomacy*		**obs.**	*obsolete*
econ.	*economics*		**orn.**	*ornitology*
electr.	*electrical*		**pass.**	*passive*
esp.	*especially*		**phil.**	*philosophy*
fig.	*figurative*		**phys.**	*physics*
fin.	*financial*		**pl.**	*plural*
geod.	*geodesy*		**polit.**	*politics*
geogr.	*geography*		**sing.**	*singular*
geol.	*geology*		**sl.**	*slang*
gram.	*grammar*		**tech.**	*technical*
hist.	*history*		**theatr.**	*theatre*
joc.	*jocular*		**zool.**	*zoology*

Аа

аав *father, dad, daddy, papa, pop;* ~ хүү хоёр *father and son;* хадам ~ *father-in-law;*

ааг *strength, force, power, superiority; acridity, pungency; will-power; resoluteness;* ~ ихтэй *strong, piquant, pungent;* ~ ихтэй цай *strong tea;* ~ омог *arrogance, haughtiness, a hot temper;*

аагим *sultry, oppressive heat, hot, extremely hot; stifling, torrid;*

аагла|х *1. to oppress; to overpower, overwhelm; to master; 2. to emit a strong odour, scent;*

ааггай *potent; powerful; aromatic adj. sharp or biting to the taste or smell; strong;*

аадар *shower, deluge, downpower, heavy shower;* ~ бороо *rainshower, torrential rain;*

аажим *slow, as motion; not rapid/very active; quiet, tranquil, peaceful;* ~ хүн *slow/inactive person;* ~ өсөлт *gradual increase;* ~ аажмаар *gradually, little by little, bit by bit;* **аажимдаа(н)** *gradually, by and by; bit by bit;* ~ дээрдэв/дордов *it got progressively better/worse;*

аажуу *unhurried(ly), slow(ly); slow-moving; sluggish; clumsy;* ~ уужуу *calmly, peacefully, quietly;*

аажуувтар *slowish;*

аажууда|х *to be too slow or sluggish;*

аажуухан *quietly; tranquilly; peacefully;*

аазгай *passion, disgust;* ~ хөдлөх *to get fed up;*

аалз *spider;* ~ ны шүлс *a spider's web, cobweb;*

аалигүйтэ|х *to flirt with; coquet; to make googoo eyes at; to put on airs;*

ааль *disposition, behaviour, nature; habit of mind;*

аанай *again, once more, anew;*

аандаа *for no particular reason;*

аараг *rugged terrain;*

аар саар *small, petty, trifling, of little importance;* ~ юмаар хөөцөлдөх *to waste time on unimportant things;*

ааруул *kind of dried curds;*

аархаг *haughty, arrogant; wild; disdainfully proud; stuck-up;*

аарха|х *to show haughtiness or arrogance; to run wild;* баяндаа ~ *to be proud of being rich;*

аарц *curds from sour milk;*

аарцаг *pelvis;* ~ ны *pelvic;*

аахар шаахар *trifling, trivial; miscellaneous, odds and ends;*

аахила|х *to breath quickly, breath heavily, pant, huff and puff, huff or blow;* аахилж уухилан *with panting breath; puffing and panting;*

ааш *character, disposition, nature; manners; morals;* ~ зан *conduct, behaviour; a general tendency of character;* олон ~ тай *capricious; having a frickle character;* сайхан ~ тай *good-natured, well-mannered, hospitable, beneficent, friendly;*

аашла|х *1. to behave/conduct oneself well, show one's character;* дураараа ~ *to behave as one pleases; 2. to chide, swear at, scold;* намайг бүү аашил *don't swear at me;*

аашлуула|х *caus. of аашлах; to be scolded;*

ав I *father, papa;*

ав II *hunting, shooting, battue, pursuing, chasing, sporting;* чонын ~ *wolf-hunting;* ~ хомрого *battue, hunt;*

ав III *(intensifying particle) ;* ~ адил *completely or quite the same; identic; exactly alike;* ~ ариун *perfectly clean, holy and pure;*

аваад *1. (perfect converb of авах) taking, having taken;* ~ ирэх *to bring;* ~ явах *to take and go, take away; 2. from, starting from, (indicating the time at which sth starts):* би өдөр бүр өглөөнөөс ~ орой хүртэл ажилладаг *I work from morning till evening everyday;*

аваль : ~ эхнэр буюу нөхөр *first or lawfully married wife or husband;* ~ эм *the wife which he himself had taken;*

аваар осол *wreck, crash, accident;*

аваас *if, in case;* алдаа мадагтай ~ залруулагтун *correct errors, if any;*

аваачи|х *to carry away/off, take away; to remove;* аваачиж өгөх *to bring sth to sb;* дууддаж ~ *to take aside; to recall;* урьж аваачих *to invite in;* цаазаар ~ *to execute a criminal;*

авагда|х *to be taken/received;*

авагч : *one who receives or takes, receiver;* худалдан авагч *buyer, purchaser, customer, shopper, marketer;* хүлээн ~ *receiver, recipient; addressee, beneficiary;* өшөө ~ *avenger;* радио хүлээн ~ *radio transmitter;*

авай : дуран ~ *telescope;*

авалт *taking, take-up, yield;*

1

авалцаа point of union or contact connection; closeness, nearness, coherence;
авалцаагүй incoherent, illogical; unconnected, disjointed;
авалцаатай adherent, sticking, coherent, connected, logical;
авалца|х to take or receive jointly; to link, join, conjoin, come together, solidify; to fight or scold each other; гал ~ to catch fire; зангаа ~ to get accustomed to each other; зад ~ to fight or scold each other;
авамтгай accustomed or ready to take or receive; greedy, grabbing; үг ~ obedient, docile, compliant;
авангард avant-garde;
авангардизм avant-gardism;
ава|х **1**. to take, accept, receive, get, obtain, gain; to reach, attain, achieve, win; to react or respond to; to acquire, grow, catch; to become aware of; ав! take! (imperative mood); авч ирэх to bring; авч явах to carry/take away; хоолон дээр дарс авч болох уу? can I have wine with the meals? ам ~ to extract a promise; ажилд ~ to take on work; арга хэмжээ ~ to take measures/action; жишээ ~ to take as an example; гэрэл зураг ~ to photograph; зээл ~ to get a credit; татвар ~ to tax, charge, duty; такси ~ to take a taxi; ургац ~ to harvest; худалдан ~ to buy; хураан ~ to confiscate; хүлээн ~ to receive; хүүхэд ~ to adopt a child; эзлэн ~ to occupy; эхнэр ~ to marry; шагнал ~ to be the recipient of an award; нойр ~ to catch up on lost sleep; тарга ~ (of animals) to grow fat; салхи ~ to catch a cold; хүч ~ to gain strength; түрүү ~ to take first place; цалин ~ to earn a salary; үнэр ~ to smell, get the scent; хар ~ to (begin to) suspect of; санаа ~ to conceive an idea; мэдээ ~ to receive a message; **2**. to take off, remove; малгай ~ to take off a hat; үс ~ to have one's hair cut; хумс ~ to cut one's nails; эмээл ~ to remove a saddle from a horse; **3**. as auxiliary verb авах; бичиж ~ to write or note down; сонгож ~ to choose, select, pick and choose; сурч ~ to learn, master; харж ~ to take a look at, give a look; дараад ~ to give it a press, press down; цохиод ~ to give someone a whack; амь ~ to save a life; to kill; зүрх ~ to fear, be afraid of; to dread; төл мэнд ~ to raise young animals successfully;
авахуула|х caus. of авах; зураг ~ to have one's picture taken; усанд ~ to be flooded;

шүд ~ to have one's tooth extracted;
авга senior paternal relatives; ~ ах paternal uncle; ~ эгч paternal aunt;
авгай I respectful form of addressing elders;
авгай II married woman; adult/elderly woman; lady of the house, wife; ~ тай хүн married man;
авгайла|х to use a polite form of address to older or respected people;
авгалдай insect larva, pupa, grub, maggot, flyblow;
авдар trunk, chest;
авдарла|х to put into a chest, pack in a chest;
авиа sound, utterance, voice, tone, note; дуу ~ sound, noise, music; эгшиг ~ vowel; гийгүүлэгч ~ consonant; ~зүй phonetics; ~ны phonetic;
авилгал bribery, corruption, venality;
авилгала|х to take bribes; to let people bribe oneself; to be covetous;
авир character, nature, personality, disposition, behaviour, conduct; зан ~ character;
авиралт climbing, climb;
авира|х• to climb, climb up, ascend, mount, go up, escalate; to scale; мод ~ to climb a tree; уул өөд ~ to climb a mountain;
авирдаг having the habit of climbing, climbing frequently;
авирла|х to behave in an unseemly manner• to act according to one's character;
авируула|х to cause/permit climbing;
авлага sth to be taken; a debt to be collected; өр ~ debt, obligation, incumbrance; гарын ~ manual, handbook, a book of reference; ~ гүй free of charge; ~ тай owed, to be paid;
авла|х to hunt, track, chase, give chase;
авлигала|х to take a bribe; to extort;
авлигач extortionist, bribetaker;
аврага giant, gigantic, colossal, titanic, huge; champion; ~ том huge, gigantic, colossal; ~ загас shark; ~ могой boa, boa constrictor, python; шатрын ~ chess champion; дэлхийн ~ world champion; ~ шалгаруулах тэмцээн championship; дархан ~ champion who has held the title in three successive competitions;
авргада|х caus. of аврах; to be saved, rescued/protected; to escape; тэд арай гэж

амь ав—рагдав *they barely escaped with their lives;*

авраг *saviour, rescuer, protector, defender, guardian;*

аврал *saving, rescue; escape; salvation; deliverance;*

авра|х *to save, rescue; to protect, ransom, redeem; to excuse;* би ганцаараа чамайг ~ ёстой болжээ *I must save you alone;* амь ~ *to save someone's life;* ~ бүс *life belt;* усанд живэхээс ~ *to rescue sb from drowning;*

авс *coffin, casket;* ~анд ортлоо *to one's dying day;*

авсаар 1. *soon, quickly;* 2. *compact, portable, manageable;*

авсаархан *bantam, compact, portable; convenient, handy; manageable;* зөөхөд ~ зурагт радио *a portable TV;*

авсла|х *to put into a coffin;*

автгда|х *caus. of* автах; *to be taken; to come under the influence of;* өвчинд ~ *to suffer from disease;* дайсанд ~ *to be seized by an enemy; to be affected (by), yield (to);*

авта|х *to be obtained, seized, engulfed; to be taken/be carried off;* хүчинд ~ *to be overpowered; to come under sb's power;*

авто *auto-;* ~ завод *automobile factory;* ~ бааз *motor transport depot;* ~ машин *motor vehicle;*

автобус *bus;* би эргээд ~аар явна *I will go back by bus;*

автомат *automaton, robot; vending machine; any automatic device; automatic;*

автоматжуулалт *automation;*

автоматчила|х *to automate;*

автоматик *automation;* ~ийн эрин *the age of automation;*

автономи *autonomy;*

автономит *autonomous, self-governing;*

авуула|х *to cause/permit someone to take or receive;*

авхаалж *cleverness, shrewdness, quickness, astuteness, wit, acumen, resource;* ~ гүй *slow on the uptake;*

авхаалжтай *intelligent, astute, resourceful, keen-witted;*

авхай *daughter of a nobleman; young lady, miss;*

авцалдаа *contact, connection; logicality; association, relation;*

авцалдаагүй *illogical; disconnected, incoherent;*

авцалда|х *to be connected, in contact compatible; to conform to; to be coordinated*

авч *(conjunction) but;* тэрээр ядуу ~ үнэн' шударга *he's poor but honest;*

авчи|х 1. *to shrink;* 2. *to steal; to carry off;*

авчра|х *to bring, take, get, fetch;*

авьяас *talent, gift, faculty, endowment; skill;* ~ билиг *talent, gift, genius;* ~ чадвар *ability, capability, capacity;* урлагийн ~ *artistic talent;*

авьяаслаг *gifted, talented, well-endowed, intelligent, apt;*

авьяастан *talented person;*

агаар *air;* ~ мандал *atmosphere;* цаг ~ *weather, clime, atmospheric conditions;* ~ын даралт *atmospheric pressure;* ~ ын *aerial, air, atmospheric;*

агааржуула|х *to air, ventilate, aerate; oxygenate;*

агааржуулалт *ventilation, aerification, air conditioning;*

агар *cypress, aloe;*

агент *agent;* худалдааны ~ *commercial agent;*

агентлаг *agency;* мэдээллийн ~ *information/news agency;*

аглаг *faraway, remote, distant; virgin, primeval; lonely; solitary, secluded;*

агна|х *to hunt, hunt down, trap, track;*

агналца|х *to hunt together; to join on hunting;*

агнуур *hunting;* ~ зүйч *expert on hunting;*

агро *agro-, agricultural, farm;*

агроном *agricultural science; agronomics;*

агрономч *agronomist;*

агсам *fury, rage; fiery, spirited, fierce, violent;* ~ согтуу байдал *drunkenness, the wantonness and courage of an intoxicated person;*

агсамна|х *to rage; to be furious; to become excited; to run amok; to be excessive in drinking; to fight and give blows in a drunk condition; to behave wildly and stupidly;*

агсан I *wild, furious, raging;* ~ тавих *for a drunken person to rage;*

агсан II *former, late, ex-;*

агса|х 1. *to bear arms;* 2. *to raise, lift up;* сүүл ~ *to lift the tail; to proud of, put on airs;*

агсра|х 1. *to become excited, be excited, stirred or moved; to rage; to get angry, fly* into passion; **2.** to scare or shake itself of horses;

агсчи|х to rage again and again;

агт I gelding; ~ морь gelding;

агт II : агт араа wisdom tooth;

агтла|х to geld, castrate;

агуй cave, cavern, grotto;

агуу great; enormous, huge, immense, gigantic; large, spacious; ~ том massive, gigantic, huge, colossal;

агуула|х to keep, preserve, stock; to contain, hold; to maintain, support; (юм) ~ газар deport, dump;

агуулга content(s); subject matter, topics; table of contents; what is written in a book/letter etc; хэлбэр ба ~ form and content; утга ~ meaning, significance;

агууриг amplitude, range;

агшаамал **1.** compressed; **2.** gruel, porridge;

агшаа|х caus. of агших; to shorten; to condense; будаа ~ to steam rice;

агшин instant, moment; the minutest fraction of time;

агшин зуур instantly, in a moment, less than no time;

агши|х to become or grow shorter; to contract, shrink; to condense;

ад **1.** artful, cunning, crafty disposition of children; **2.** demon, evil spirit; a malicious being which promotes madness, greed and avidity; **3.** strange, odd, unusual, abnormal; ~тай хашгирах awkward/strange crying; ~тай инээх a ghostly laugh; ~ болох to be a burden to; ~ үзэх to hate, reject;

адаг end; голын ~ mouth of a river, the bed of the river; ~ сүүлд нь after all; when all is said and done; адгийн наад зах нь at worst; юмны ~ worst of sth; хүний ~ scoundrel; эхнээсээ аваад адгаа хүртэл from beginning to end;

адаглаад at least;

адал : адал явдал adventure;

адайр ill-tempered, unfriendly, whimsical;

адайрла|х to show one's ill-temper, disobey, misbehave;

адар ceiling, lattice;

адармаа whim, whimsy, caprice;

адармаатай whimsical, capricious; quaint, intricate; fanciful; ~ хүн a backbiter;

адга|х to hurry too much, hasten, rush, make haste;

адгийн least, worst;

адгуу too hasty, hastily, hurried(ly);

адгуула|х to herd, tend livestock;

адгуус animals, cattles, beasts, creature, brute; мал ~ cattle, livestock; зэрлэг ~ wild animals, beasts;

адил same, identical, resembling, equal, alike, such as, similar; even, on a level with; ~ бус dissimilar, not similar, different, unlike, nonidentical;

адилавтар rather similar, more or less the same, nearly alike;

адилтгал comparison, comparing, identification, example, analogy;

адилтга|х to compare, draw a comparison (between); to identify with, collate; to consider as equal, identical, similar; to liken to, equate;

адилтгашгүй beyond compare, incomparable, unique, superior, unequaled, one and only, beyond imitation;

адилхан identical, equivalent, same, similar, very much/exactly alike, undifferent;

адис blessings, benediction, grace; ~ тавих to give a blessing;

адисла|х to bless; to give a blessing;

адсага old horse, nag; hides of emaciated horses and cattle; ugly disposition;

адтай clever, quick-witted; urgently; ~тай жаал clever boy;

адуу(н) horse; herd of horses; ~н сүрэг herd of horses; ~ны мах horse meat/flesh; ~н чулуу large and isolated boulders on the steppe;

адуужи|х to become rich with horses; to increase or multiply one's horses;

адуучин horse herder, keeper of a herd of horses;

Адьяа sun; Sunday;

аж : ~ амьдрал livelihood, life, maintenance; living; ~ байдал mode of living; ~ төрөх to lead a life; улс ардын ~ ахуй national economy; хөдөө ~ ахуй agriculture; ойн ~ ахуй forestry; шувууны ~ ахуй poultry breeding; мал ~ ахуй stock-breeding; ~ үйлдвэр industry;

ажаа respectful term of address used for one's senior relatives;

ажаамуу (used after nomen futuri at the end of a sentence); would you kindly...; болгоож ~! please!

ажгуу there is/are, looks like, appear as

4

if...;

ажиг *notice, observation, attention;* ~ сэжиг *suspicion, distrust;* ~ сураг *message;* ~ авах *to guess, (begin to) suspect of;* ~ авуулахгүй *without being noticed or arousing suspicion;* **ажиггүй** *without attention; unnoticed, unexpected, unconcerned;*

ажиглагч *observer, spectator, watcher, onlooker;*

ажиглалт *observation, attention, study;* харуул ~ хийв *the patrol made a reconnaissance;*

ажигла|х *to observe, notice, behold, scrutinize;*

ажигч *observant, attentive, alert, keen;*

ажил *work, labour, toil, job, business;* ~ байдал *things;* ~ байдал тун ахицгүй байлаа *the things went very badly;* ~ хөдөлмөр *labour, work, business;* ажлаа өөрчлөх *to change jobs;* барилгын ~ *construction work;* аврах ~ *rescue operations;* ~ таслах *to shirk work;* ~ хаях *to strike;* ~ хаялт *stoppage* гэрийн ~ *home-work;* эрдэм шинжилгээний ~ *research (work);* ~ хийх чадвар *ability to work, capacity for work;* ажлын өдөр *workday;* ажлаа хийх *to do one's job;* ~ хэрэгч *businesslike;* худалдаа наймааны ~ *trade, business, commerce;* ~ үйлчилгээ *service;* би Москва руу ажлаар байнга явдаг *I often go to Moscow on business;*

ажилгүй *jobless, unemployed, out of work or a job;*

ажилгүй хүн *unemployed person; wasteful person;*

ажилгүйтэл *unemployment;*

ажилгүйчүүд *the unemployed;*

ажиллагаа *work, activity, the process of working; function; operation;* үйл ~ *activity; acts; operation;* хууль бус үйл ~ *illegal acts;* байлдааны үйл ~ *military operations;* хамтын ~ *cooperation, collaboration;* зүрхний ~ *the action of the heart;*

ажилла|х *to work, toil, labour; to function, act, operate;* ~ хүч *manpower;* тэр үйлдвэрт ажилладаг *he works in a factory;* цахилгаан шат ажиллахгүй байна *the lift isn't working;* шинэ хороо хэдийнээ ажиллаж байгаа *the new committee is already functioning;*

ажиллуула|х *to cause or force to work; to entrust with work;* хүн авч ~ *to hire workman;*

ажилсаг *hardworking, businesslike;*

ажилтай *having work, engaged in work, working;*

ажилтан *worker, employee, official, personnel;* сайн ~ *excellent worker;* урлагийн ~ *person who works in the arts;* эрдэм шинжилгээний ~ *person engaged in scientific research;* элчин сайдын яамны ~ *embassy employee/official;* ажилтнууд *staff;* удирдах ~ *person in a supervisory position;*

ажилчин *worker, labourer, workman, employee;* эмэгтэй ~ *workwoman;* үйлдвэрийн ~ *industrial worker;* ажилчны нам *worker's party;* ажилчны хөдөлгөөн *labour movement;* ~ анги *the working class;*

ажи|х *to observe, take note;*

ажнай : ажнай хөлөг *superior horse; courser, strongsteed;*

ажрахгүй *safe and sound; unconcerned, disregarded;* би ~ мөд эсэн мэнд эргээд ирнэ *never mind! I'll return safely soon;*

ажээ *is, was; will;*

аз *good luck or fortune;* ~ жаргал *happiness;* миний ~ болоход *luckily for me;* ~ дайрах *to be lucky, successful;* ~ мэдэг *on the off-chance, by good luck;*

азай буурал *silvery grey;*

азгүй *luckless, unsuccessful, unhappy, unfortunate;*

азгүйдэ|х *to be quite unsuccessful, have little luck;*

Ази *Asia;*

азна|х *to delay for a while; to hold off (doing sth);*

азот *nitrogen;*

азрага •*stallion, the male of wild zebra/ass;* ~ гүү хоёр *a stallion and a mare;* ~н бороо *heavy rain;* ~н тахиа *cock, rooster;* ~н нохой *a male dog;* нэг ~ адуу *some 10 to 30 of mares and castrated horses are usually collected by one stallion and is called, "a stallion of horses";*

ай I *class, category; criterion;*

ай II *(interjection) oh! ah!*

айдас *fear, fright, dread;* ~ хүрэх *to be afraid of, fear;*

айзам *rhythm;*

айл *group of* гэр; *family; home;* ~ гэр болох *to marry;* ~ гэр *family;* ~ аймаг *neighbourhood;* ~ хэсэх *to go visiting;* ~ зэргэлдээ *adjacent to;* ~ын хүн *neighbour;* ~

5

саахалтынхан *neighbours or neighbouring settlements;*

айлын 1. *neighbouring, next door;* 2. *opposing;*

айлга|х *to scare, frighten; to threaten;* айлган сүрдүүлэх *to threaten, terrorize; to discourage;* айлган сочоох *to startle;*

айлда|х *(hon.) to utter a word; to deliver a speech;*

айлдвар *(hon.) command, order, word;*

айлтга|х *(hon.) to inform, bring to the attention of superior; to declare, give an order of a chief or an official; to bring an order (of);*

айлтгүй *nothing to fear;*

айлчин *guest, visitor;*

айлчлал *visit;* төрийн ~ *state visit;* ~д бэлтгэх *to prepare for a visit;*

айлчла|х *to be a guest of, go on a visit; to pay a visit/call;*

аймаар *terrible, horrible, dreadful, frightful, awful;*

аймаг 1. *largest administrative division of Mongolia;* 2. *family, tribe;* 3. *class, category;* үгсийн ~ *parts of speech;* ургамлын ~ *flora;*

аймагла|х *to subdivide, classify; to divide a country or people into divisions/sections;*

аймгарха|х *to favour people from one's own аймаг;*

аймхай *timid, timorous, easily frightened;*

аймшиг *terror, horror(s);* дайны ~ *the horrors of war;*

аймшиггүй *fearless, intrepid, bold, brave, courageous; daring;*

аймшигтай *terrible, horrible; ghastly; frightful, dreadful;*

айраг *fermented milk of mares or cows; sour curdled milk;* шар ~ *beer;* шуугисан ~ *sparkling айраг;*

айрагда|х 1. *to drink a lot of айраг; to go from айл to айл drinking айраг;* 2. *to be one of the first five horses in a race; to be near the top;*

айсуй *to draw near, approach, come; being at hand;* тэд ~ *they are coming;* тэр ~ *he's drawing near;*

ай|х *to be afraid of, feel afraid, fear, be terrified; to dread;* ~ ичих *to be timid, be shy;* ~ мэт *fearful, fearsome, fear-exciting;* аймаар хүүрнэл/түүх *a dreadful story;* айсан харц *a frightened look;* үргэлж/байнга айсаар constantly afraid;

айхгүй *fearless, dauntless;*

айхтар *terrible, awful(ly), frightful, fearful; quite;*

академи *academy;* Шинжлэх Ухааны ~ *Academy of Sciences;*

академич *academician;*

акт *deed, document;*

ал *groin, crotch; genitals; the place where the thighs meet;*

алаг *multicoloured, motley; mixed, diverse, heterogeneous; spotted, speckled;* ~ тахь *zebra;* ~ морь *a dappled horse;* ~ үнээ *a black and white cow;* ~ цоог *here and there; diverse;* ~ булаг *parti-coloured, variegated; gay, elegant;* ~ хив/хадаг *a Mongolian silk scarf with patterns;* ~ нүдэн цэцэг *pansy;* ~ үзэх *to discriminate, be partial;* ~ нүд *brown eyes;* ~ зүрх *sweetheart;* ~ шүхэр *a parti-coloured umbrella;* ~ хорвоо *world;* ~ мах *speck, fat meat;*

алагдаахай *jerboa;* говийн ~ *Gobi jerboa (Allactaga bullata);*

алагда|х *caus. of алах; to be killed or slaughtered;*

алагла|х *(of sth brightly coloured or multicoloured) to appear, strike the eye; to be gay with;*

алагтуу *jackdaw;*

алагчлал *bias, partiality, discrimination;*

алагчла|х *to show partiality/discrimination;*

алалдаан *bloodshed;*

алалда|х *to fight, struggle; to kill each other/ one another; to exert oneself;*

алалца|х *to kill one another; to destroy or slay together; to strive or fight for; to kill recklessly as in war/fight;*

ала|х *to kill, murder, slaughter; to make an end; to murder, butcher;* алан хядагч *terrorist;*

алба(н) 1. *duty, service; work, job;* ~н хаагч *office worker;* би ажил ~ хашаагүй байна *I'm out of a job;* цэргийн ~ *military service;* тагнуулын ~ *secret service;* ~ны хүн *official, officeholder;* ~н үүрэг *duty, one's work;* цэргийн ~н хаагч *officer;* тэр армид хорин жил ~ хаасан *he served in the army for twenty years;* та үүнийг хийх ~гүй *you're not obliged to do it;* 2. *official, governmental, formal;* ~ байгууллага *official organization;* ~ бичир *official papers or files;* ~н мэдэгдэл *an official announcement;* ~н газар *office;* ~ н хэрэг *of-*

ficial business; ~н ёсоор officially; **3**. tax, duty; гаалийн ~н татвар customs duty; эдгээр бараанд ~н татвар ноогдуулахгүй these imports are duty free; ~ татварыг өөрчлөх/ хүчингүй болгох to abolish taxes; ~ гувчуур tribute, taxes;

албаар compulsorily;

албада|x to oblige sb to do sth; to force, press into, compel; албадаж авах to extort; албадан хөдөлмөр хийлгэх to compel sb to work;

албадлага constraint, compulsion, coersion, pressure;

албадмал forced;

албат 1. subordinate; a subject; **2**. serf, bondsman; a servant;

алга I the palm of the hand; ~ таших to clap hands; to applaud; түүний гарын алганд өргөс шаасан байна he has a splinter in the palm of his hand; ~ хавсрах to join/put the palms of the hands together; ~ дүүрэн будаа a handful of rice; ~ны төдий газар a piece of ground the size of the palm (of a hand);

алга II no, is not, there is not; надад мөнгө ~ I have no money; хүн ~ there is nobody; ~ болох to vanish, disappear; to pass out of sight; бүх итгэл найдвар ~ болов all hopes have vanished;

алгада|x to slap with the hand or paw; нүүр ~ to give a slap in the face; to roll sth between the palms; to pat;

алгадуула|x caus. of алгадах; to be slapped in the face;

алгана perch;

алгасангүй absent-minded; an unstable/ unsteady mind or heart, nervous;

алгасал unsteadiness, instability, nervousness; scaring; skipping, passing over;

алгаса|x to skip, pass over, by-pass; to feel troubled/excited; нэг сэдвээс нөгөө (сэдэв) рүү ~ to skip from one topic to another; манайхаас хоёр байшин алгасаад тэднийх байдаг they live two houses away from us;

алгебр algebra;

алгуур slowly, gradually; quietly; leisurely, tardy;

алгуурла|x to be slow/tardy; to delay, lag, drag out; to do sth slowly; to act cautiously;

алд I fathom, the distance between the tips of the middle fingers of the outstretched arms of a man = 1.6 m; ~ дэлэм one and a half ~ =

2.4 m; хос ~ double fathom;

алд II about, around; үдийн ~ about noon;

алдаа mistake, error, fault; loss(es); defect; хэвлэлийн ~ misprint;

алдаагүй without error, perfect; unerring, infallible;

алдаатай erroneous, mistaken, fallacious;

алдагдал loss; harm, damage; ~ хохирол damage, detriment;

алдагдалтай unprofitable, waning;

алдагда|x to be lost or dropped; to get oneself away from;

алдад about; арван цагийн ~ about ten o'clock;

алдар 1. name; таны алдар хэн бэ? what's your name? **2**. fame, reputation, popularity; ~ нэр хөөцөлдөгч social climber; ~ цуу celebrity; ~ хүнд glory, fame, good reputation;

алдарт famous, celebrated, well-known;

алдартай famous, well-known, popular, renowned;

алдарши|x to become famous for, be popular or renowned; to make a name for oneself;

алдаршуула|x to cause to become famous, spread renown, glorify; өөрийгөө ~ to make oneself a name;

алдас 1. mistake, fault, slip; failure, harm, injure; **2**. blasphemy, desecration of sacred object;

алда|x to drop; to lose hold of, let slip out of one's hands; to let slip by, miss, lose (a chance, opportunity, etc); to make mistake; to waste; to commit an error; to do sth involuntarily or accidentally; та нар гэгээн цагаан өдөр бүхэл бүтэн хүнийг алдаад, одоо харанхуй шөнө хэрхэн олох билээ you have lost a whole man in the bright, white day; now how shall we (find) him in the dark night? алдаж орхих to drop sth out of one's hands; to lose; царай ~ to look unhealthy; итгэл ~ to lose someone's trust; мөнгө ~ to lose money, suffer financial loss; цаг ~ to waste time; морио ~ to lose one's horse; мөрий ~ to gamble away all one's money; мөрөө ~ to lose one's way, go astray; нойр ~ to lose sleep, suffer from insomnia; хулгайд ~ to be robbed; ухаан ~ to lose consciousness; to lose one's head; to faint, fall into coma; ухаан алдаж хөсөр ойчих to fall to the ground in a faint; ёс ~ to behave improperly; тамир ~ to lose one's vigour; тарга ~ to lose weight; буу ~ to fire a

7

gun accidentally; гал ~ to set fire accidentally; дуу ~ to cry out involuntarily; инээд ~ to burst out laughing; санаа ~ to sigh; зүрх ~ to be timid; амиа ~ to be killed; шээс ~ to urinate; ханиа ~ to become widowed or widower; цус ~ to bleed; bleeding; үзэж ~ to exert oneself; to fight; эх захаа ~ to be overly familiar; замбараа ~ to become disorganized or disorderly; тав/тух ~ to feel uncomfortable; хөл ~ to misstep; to be the loser; алдаг оног irregularly, hit or miss, here and there; тэр унан алдав he almost fell;

алдла|х 1. to spread one's arms; 2. to measure by fathoms/outstretched arms;

алдра|х to come undone; to come loose or untied; бие ~ to feel ill; зориг ~ to be discouraged;

алдуул anything lost; ~ аятай like a lost soul;

алдуула|х to cause someone to drop sth; to effect or make someone to lose or suffer defeat;

алдуура|х to come loose, become untied; to slip off;

алжаал fatigue, tiredness, weariness;

алжаа|х to get or become tired; to get weary or exhausted;

алзахгүй able to endure or bear up;

алиа prankish, playful, jocular; ~ салбадай jester, buffoon;

алиалагч clown;

алиала|х to joke, jest; to play pranks;

алив give or let me; let's; come on! ~ уух юм give me sth to drink; ~ автобусанд сууцгаая let's take the bus;

аливаа all; any; whichever, every, each, diverse, of all kinds, whatever; ~ юм(с) everything, anything, whatever things; anything that; надад байгаа ~ юм чинийх whatever I have is yours;

алим apple;

алирс (bot.) cowberry;

аллага murder; assassination; slaughter, killing;

алмай careless(ness), forgetful(ness), absent-minded(ness);

алмайра|х to be careless, forgetful, confused, absent-minded;

алмас I man-like creature; ye ...minable Snowman;

алмас II diamond;

алс far, remote, distant; future; ~ хол distance; remoteness; far away; ~ холоос far from; ~ ирээдүй the future; ~ нь in the future; ~ын бодлого foresight; Алс Дорнод the Far East; ~аас from far away; ~ хол хязгаар a remote spot; ~ ирээдүйд in the remote future;

алслагда|х to become distant or remote;

алслагдмал peripheral;

алслал perspective;

алт(ан) gold, golden; made of gold; ~ан дэлхий mother earth; ~ан цаг a gold watch; ~ан тамга a gold seal; ~ан титэм a (gold) crown ; ~ан утас gold thread; ~ шарах to gild; ~ны уурхай gold mine; ~ны инжаан a goldsmith; шижир ~ pure gold; ~ан хушуу хүргэх to inform. on; ~ан ураг royal blood; ~ан өлгий motherland; ~ан зоос gold coin (piece); ~ан гургалдай nightingale; ~ан жигүүр siskin; ~ан загас goldfish; ~ан зул tulip; Алтан Од Venus; Алтан Гадас the North Star/the polestar = Polaris; ~ан хараацай swallow; ~ан цэгцүүхэй northern linnet (acanthis cannabina); ~ан харгана caragana leucophloea (plant);

алтадмал gilded; ~ хөшөө a gilded statue;

Алтай the Altai Mountains;

алтда|х to gild, plate with gold;

алуула|х to be killed;

алуурчин murderer; assassin; killer;

алх hammer, sledgehammer, mallet;

алхаа walk, gait, step, pace; хурдан ~ a slapping pace; ~ гишгээ walk, gait;

алхам step; pace; ~ бүрдээ at every step; ~ дэвших to make progress; аюултай ~ risky step; хоёр алхмын зайтай a few steps away from; чи миний ард/хойно таван ~ын зайтай зогс you stand five paces behind me; ~ алхмаар step by step; ахицтай ~ хийх to make progress;

алха|х to step, walk, stride, pace, tread; to step over; to overcome; бид бусдын түрүүнд алхаж явлаа we walked on a head of others;

алхда|х to beat or strike with a hammer or mallet;

алхла|х to walk with quick steps;

алцаа crotch, fork, bifurcation;

алцайлга|х to cause to open wide or to straddle with the legs; to spread one's legs apart;

алцай|х to straddle, (of legs) spread; to

open the legs wide; алцайн суух *to sit strad-
dling with one's legs;*
алцан *spread apart, straddling with the legs;*
алцгана|х - *to toddle, walk with legs apart;*
алцгар *thickset, squat, bowlegged; stocky;*
алчуур *towel, shawl, kerchief, scarf;* ~аар
арчих *to rub with a towel;* нүүр гарын ~ *towel;*
нусны ~ *handkerchief;* толгойн ~ *kerchief;* аяга
тавагны ~ *dish towel, washcloth;* гурвалжин
~ *triangular kerchief or scarf;* амны ~ *serviette,
napkin;* шалны ~ *floorcloth;*
аль(алин) I *which, what; or; who;* ~ вэ?
which? what? эд нарын ~ нь ах вэ? *which
(one) of them is older?* ~ нь? ~ нь вэ? *which
one?* ~ талдаа? *which side is it on?* ~ алин
everyone; ~ ~ талаас нь *from all sides; from
both sides;* ~ болох be˜t *way possible;* ~ болох
аргаар *in any possiԑle way;* ~ болохоор *by
all means possible;* ~ болохоор түргэн *as
quickly as possible, as soon as possible;* ~
дивангарын *antediluvian, ages ago;* ~ хир
how; ~ нэг ану, some; ~ муу *the worst;* ~ сайн
the best; ~ хэзээний *long ago;* ~ ч хүн *any-
body, anyone;* ~ ч газар *everywhere;* ~ чадах
чинээгээр *with all one's might;* ~ ч үгүй *with-
out anything, with nothing;* ~ эсвэл *or, or else;*
хар уу ~ цагаан уу? *black or white?* би ажлаа
~ эрт дуусгачихсан *I have already finished
work;*
аль II *(part. used in requesting sth);* номоо
~ *give me your book;*
альбом *album;*
ам(ан) I *mouth; an opening, an orifice, a
hole;* ~ цангах *to be thirsty;* ~аа ангай! *open
the mouth!* ~аа том ангай *open your mouth
wide;* ~ цагаан *white of mouth;* тэр таван ~
тэжээдэг *he's got five mouths to feed;* манайх
найман ~ *our family has eight members;* ~наас
~ дамжин *by word of mouth;* ~ дорвойх *to
pout with the mouth;* ~ ангайх *to open a
mouth; to say a word;* ~ алдах *"to lose one's
mouth", give/pledge one's word, take an oath;
to speak too hastily without thinking about
the coming/future result; to let the cat out of
the bag;* ~ алдвал барьж болдоггүй, агт
алдвал барьж болдог *a horse lost can be
found, a word spoken is past recalling;* ~ хатах
to be thirsty, become dry of the mouth; ~ хатуу
морь *a hardmouthed horse for riding;* ~ дагах
to say yes to; to agree with; ~аа барих *to feel
regret;* ~аа жимийх *to purse one's lips;* ~

хагарах *to state one's opinion, have one's say;*
~ муруйх *to quarrel;* ~ өгөх *to promise, give
one's word;* ~ халах *to become talkative;* ~
хүрэх/хүргэх *to taste, try sth; by tasting to
take a sip of;* ~ хүргүүлэх *to cause or permit
someone to taste, eat or try;* олны ~ муудах *to
lose one's reputation;* ~ хэлээр доромжлох
to call someone sth insulting; танай ~ бүл
хэд вэ? *how many people are there in your
family?* ~ бүл олуулаан *large family;* хүн ~
population; бууны ~ *the muzzle of a gun;* галт
уулын ~ *mouth of a volcano;* уулын ~ *narrow
mountain valley;* голын ~ *an outlet of a river;*
~ан зохиол *folklore;* ~ан захиа *a verbal mes-
sage or order;* ~аар захих *to send or give a
verbal or an oral message;* ~ны ус *drinking
water,* ~ны тамхи *tobacco, cigarette;* ~ны гарз
useless to say or advise; ~ны завьж *the cor-
ners of the mouth;* ~аар хэлэх *to say;* ~ан
хуур *mouth organ;* ~ан хүзүү *first cervical ver-
tebra of the neck, atlas;* ~ны зууш болгох *to
have a slandering or evil tongue, constantly
finding fault with others;*
ам II *measure of cloth, the length of which is
equal to the width; a square yard;*
аманцар *talkative, garrulous, loquacious;
sharp-tongued;*
амар 1. *not difficult, easy;* ~ ажил *easy work;*
2. *peaceful, quiet, placid;* ~ амгалан *peace-
ful; happiness, unconcern; without sorrow;* ~
тайван *quiet, calm, unconcerned;* ~ жимэр
peaceful, quiet; мэнд ~ суух *to live safely;* тэр
надад ~ зая үзүүлдэггүй байв *he gave me
no peace;* 3. *used in greetings;* ~ сайн уу?
are you well? how are you? амрыг эрэх *to
salute, greet;*
амаргүй 1. *difficult, hard, laborious, ardu-
ous;* ~ хүүхэд *a difficult child;* ~ морь *a res-
tive horse;* ~ давaа *a steep/difficult pass of
the mountains; a zigzag step/advance;* 2.
restless, peaceless, troubled, anxious;
амаржи|х 1. *to calm down; to become calm;*
2. *to give birth to;* ~ газар *a maternity home;*
амарлингуй *calm(ly), peaceful(ly); un-
troubled, carefree; without a care; quiet, tran-
quil; gentle, amiable, healthy; lazy, idle;*
амархан *easy (easily), simple (simply), not
difficult, quite eaşy; manageable;* чи хоол
хийж сурвал зохино - тун ~ шүү дээ *you
should learn how to cook - it's quite easy;*
тэнд хүрэхэд ~ *it's easy to get there;* ~ сайн

A

байна уу? *how are you? are you in good health?*

амархнаар *easily, effortlessly, with ease, with no trouble at all;*

амарчла|x 1. *to take the easy way out, do a slapdash job;* **2.** *to simplify, make plainer/ easier;*

амаршиг *a little restful and peaceful; slightly better from sickness, more quiet than before;*

амбаар *shed, storehouse, barn, warehouse;*

амгай *horse's bit;* ~ зуулгах *to put on a bridle;*

амгалан *peaceful(ly), quiet, placid, calm(ly); welfare, well-being, tranquillity, peace; blissfulness;* ~ тайван байдал *public order; composure;* амар ~ байдал *tranquillity;*

амда|x 1. *for a baby or young animal to suckle for the first time;* **2.** *to lie in wait for, go to meet; intercept;* **3.** *to twist a horse's upperlip;*

Америк *America;* ~ хүн *American;*

Америкийн Нэгдсэн Улс *United States of America;*

амжаагүй *not yet had the time;*

амжилт *success, attainment, accomplishment; progress; record;* ~ гаргах *to make progress;* ~ олсонгүй *it was not successful;* аварга ~ тогтоох *to set a record;* ~ ололт *achievement, accomplishment;*

амжилтгүй *not successful, unsuccessful(ly), vain, futile, unfortunate, having turned out badly;*

амжилттай *successful(ly), prosperous without mishap;*

амжи|x *to have time to, manage; to be able to;* бид эмч олж амжсангүй *we haven't been able to get the doctor;*

амжуула|x *caus. of* амжих; *to fulfill, carry out;*

амиараа *separately, individually, by oneself,* би тантай ~ уулзаж болох уу? *could I see you for a minute on a personal matter?*

амила|x *to come back to life or mind, enliven, animate, rise from the dead, regain one's strength, revive;*

амилуула|x *caus. of* амилах; *to raise from the dead, bring back to life, revive;* бурхан багшийн дүрийг ~ *to enliven/consecrate images of Buddha;*

аминдай *namesake:* тэр бид хоёр ~ *he is my namesake;*

аминдэм *vitamin;*

аминч *egotistic, selfish, egoistic;* ~ үзэл *egoism;* ~ хүн *egoist, egotist;*

аминчла|x *to be secretive, be selfish;*

аминчирха|x *to be selfish, act selfishly;*

амины *own, personal;* хүн ~ хэрэг *murder case;*

амлалт *promise, one's word, word of honour, pledge;*

амла|x 1. *to promise, pledge or give one's word;* **2.** *for a baby or young animal to suckle for the first time;* **3.** *to measure cloth by its breadth;*

амраа|x *to leave in peace; to rest;* морьдоо ~ *to rest one's horses;*

амраг *beloved, sweetheart, lover, dear, darling;* ~ хайр *love, longing, lust, wish, desire, affection;* ~ийн сэтгэл *love;*

амраглал *cordial/affectionate love, intimate friendship, loving-kindness, loving each other fondly/passionately;*

амрагла|x *to love, be affectionate, be in love with; to cuddle, desire;* нууцаар ~ *to take a lover;*

амрагч *holiday-maker;*

амралгүй *without rest; tireless, untiring, undefatigable;*

амралт *rest, holiday, recreation, relaxation, vacation;* ~ын газар *rest home;* ~ тай *on holiday, on leave;*

амра|x *to rest, relax;* ~ цаг *rest time, rest hour;* сэтгэл ~ *to calm down;*

амруула|x *caus. of* амрах; *to give rest; to calm down, pacify, comfort; to appease, make one happy;*

амсар *edge, mouth, rim, orifice, opening;* аяганы ~ *rim of cup;*

амсарла|x *to make an opening for sth;*

амса|x *to taste food; to experience, undergo; to try by tasting;* архи ~ *to drink vodka;* бэрхийг ~ *to suffer hardship;*

амсуула|x *caus. of* амсах; *to let taste or try; to share/give some food; to invite to eat or drink; to permit someone to take meal;*

амсхийлгүй *without respite; restless, unquiet;*

амсхий|x *to respite, rest a little; to be pleased for a while, still, tranquil and quiet for a certain period; to feel some relief (e.g. when having a toothache); to catch one's breath, take a breath;*

амт *taste, flavour, savour, gustation;*

сонгины ааг ~ *a savour of onion;* саримсагны ~тай шөл *soup savoring of garlic;* исгэлэн ~тай алимнууд *the apples taste sour;* гашуун ~тай юм, ~ нь гашуун байна *it is bitter to the taste;* ямар ч ~ байхгүй *it doesn't taste of anything;* ~гүй юм/байна *it has no taste;* чихэрлэг ~тай *sweet to the taste;* ~ оруулах *to season, flavour;* ~ оруулагч *seasoning, flavouring, relish;* ~ыг нь олох/тааруулах *to taste or find the taste,to flavour appetizingly, season skillfully;* ~ шимт *flavour, taste;*

амтагда|х *to have a taste of sth;*

амтай 1. *having a mouth, opening, orifice; furnished with a mouth or an opening;* хоёр ~ буу *double-barreled gun;* **2.** *sharp-tongued; eloquent, fluent in speech or in quarrel;* **3.** *effective, potent;* ~ сайн эм *an effective medicine;*

амтарха|х *to eat with appetite; to desire ardently;* амтархан сонсох *to listen (to) with rapt attention;* амтархан уншах *to become engrossed in reading;*

амтат *having a pleasant taste; sweet, tasty;* ~ зүрж *sweet orange;* ~ гуа *melon;* ~ хур *seasonable rains;*

амтгүй *tasteless; in bad taste, flavorless; dull, boring, uninteresting;*

амтла|х 1. *to taste; to have taste, try by tasting; to intercept by taking a short cut;* **2.** *to spice, give taste to, flavour, season;* тарга элсэн чихрээр амтал *sweeten your yogurt with sugar;* давсаар ~ *to season with salt;*

амттай *sweet, sweetish, tasty, delicious, savoury, palatable, having a fine flavour;*

амттайхан *very sweet, very delicious, appetizing, dainty, tasty;*

амттан *sweets, delicacy; sweetness; bonbon, candy, sweetmeat;*

амтши|х *to get into the habit of, get accustomed to; to get practised; to find or discover the taste of sth; to begin to enjoy;*

амтшуула|х caus. of амтших; *to get someone used to sth;*

амуу *cereal, grain;* ~ будаа *grain;* хуурсан ~ *roasted millet, groats;*

амь(амин) *life;* одоо амиа арчил *save your life;* амий нь авах а) *to save one's life, defend someone from his dying;* б) *to kill, take life;* ~ аврах *to save someone's life;* ~ авралгах *to be saved;* ~ бие/нас *life;* амий нь таслах/гаргах *to slaughter, kill;* ~ алдах/үрэгдэх *to*

be killed; to perish; амиа өрөх *to risk one's life;* ~д цэцэг *a real flower;* ~ бүтэх *to gasp for breath;* ~ тэмцэх *to be in the throes of death; to strive for life, lie in death agony;* ~ бөхтэй *tenacious of life; firm, stable;* ~ дүйх *to risk one's life;* бусдын төлөө амиа өгөх/золиослох *to lose/give up one's life for others;* ~ тавих *to try one's hardest; to die;* ~ зуух *to exist, drag out a wretched existence, make a living; to live on/upon/by; to subsist;* ~ гарах а) *to escape certain death;* б) *to die; soul and spirit leaving the body;* ~ гуйх *to ask for mercy, cry for quarter;* ~ тасрах *to die;* ~ орох *to come back to life; to come alive;* ~ татуу *selfish, egotistic;* амин зүрх/сүнс *holy of holies;* амин чухал асуудал *a question of vital importance; sore subject;* амин судлал *biology;* амин газар *sore spot; tender spot;* амин тэжээл/зуулга *means of subsistence;* амин хувиараа *by oneself, individually;* амины *private;* амины өмч *personal property;* амины гэрээ *a privately formulated agreement;* хүн амины хэрэг *murder; assassination;* амиа бодох/хоохойлох *to show egotism; to care for or act in one's own interest;* амиа хорлох *to commit suicide;* амиа хорлогч *person who has committed suicide;* хар амиа хөөх *to be selfish;*

амьгүй *lifeless; inanimate, inorganic;*

амьд *living, alive, live, active; vivacious, animated; real;* ~ ертөнц *the animated world;* ~ яриа/маргаан *an animated talk/discussion;* ~ жишээ *concrete example;* ~ хэл *living language;* ~ амьтад *living creatures;* ~ үлдэх *to survive, escape with one's life;* ~ мэнд *safe and sound;* ~ын жин *live weight;* ~ цэцэгс *natural flowers;* нэг ч ~ амьтан харагдахгүй байв *there was not a living soul to be seen;* ~ хүн *an active person;* ~ байгаль *biosphere;* (tech.) ~ бүлүүр *a piston;* ~ сонин *satire;*

амьдаар *alive;* ~ нь булах *to bury alive;* ~аа шатаалгах *be burnt alive;* амьтныг ~ нь барих *to catch an animal alive;*

амьдай 1. *namesake;* **2.** *hand baggage;*

амьдрал *life, existence, viability, livelihood; subsistence;* ~ын аар саар юм *the little nothings of life;* идэвхтэй ~ *an active life;* ~ын нөхцөл/байдал *living conditions;* ~ын түвшин *standard of living;* тэр гайхамшигтай ~ туулсан *he lived an amazing life;* Ангараг гариг дээр ~ бий юу? *does life exist on Mars?*

A

~д алдах юм нь бага бол олох юм нь зовлонгуй *life isn't hard to manage when you have nothing to lose;*

амьдра|х *to live, be alive, have life, be, exist; to arise from death, come to life; to make a living;* ~ орчин *habitat;* тэр дан ганц цалингаараа амьдардаг *he lives on his salary;* тэд хөдөө тун жаргалтай амьдардаг *they lead a happy existence in the country;* би зураг зурж амьдардаг *I make my living by painting;*

амьдруулагч *vivifying, resuscitating, lifegiving; patron, protector;*

амьдруула|х caus. of амьдрах; *to vivify, resuscitate, awaken from death to life, to cause someone to revive form sickness; to animate; to bring back to life;*

амьжиргаа *living;* ~ ны өртөг *cost of living;* ~ны түвшин *standard of living;*

амьса|х *to become close friends; to be in harmonious agreement;*

амьсгаа *breath(ing), respiration;* ~ авах *to breathe, take a breath; to take a rest, pause;* ~ хураах *to die, decease, meet death, cease to live;* ~ бөглөрөх *to choke;* ~ давхцах *to pant, be out of breath;* ~ны тоо гуйцэх *to die;* ~тай *having breath;* ~ даран *with bated breath;* ~гуй *breathless;* тэр үүнийг ганц ~гаар хэлэв *he said it all in one breath;*

амьсгаада|х *to pant; to breath quickly;* амьсгаадан *with panting breath;* гуйсний хойно/дараа ~ *to pant after running;* хэл мэдээг амьсгаадан хургэх/уламжлах *to pant out the message;*

амьсгал *breathing, respiration;* ~гуй *breathless; lifeless;* хиймэл ~ *artificial respiration;* ~ын эрхтэн *lung;* хөхтөн амьтдын ~ын горим *the respiratory system of mammals;* уур амьсгал *climate;* далайн уур ~ *sea climate;* хуурай газрын уур ~ *continental climate;*

амьсгала|х *to breathe;* цэвэр агаараар ~ *to breathe fresh air;* би амьсгалж чадахгуй байлаа *I wasn't able to breathe;*

амьтай *having life, living, alive;*

амьтан *living creature, animal, human being, living beings; animated being;* амьтдын хурээлэн *zoo;* хуухдууд амьтдын хурээлэнд олон арслан үзэв *the children saw the lions at the zoo;* Бат африкийн амьтдын тухай ном бичсэн *Bat wrote a book on African ani-*

mals; амьтны аймаг *animal kingdom;* хун ~ , улс ~ *people;* ~ судлал *zoology;* гэрийн тэжээвэр ~д *domestic animals;* араатан амьтад *hunting games, wild beasts;* ~ ах дуу *the relatives;*

ан I *crack, split, rift, crevice;* газрын ~ цав *crevice in the soil;*

ан II *beast(s) of prey, wild animal(s), game;* ~ амьтад *wild beasts/game in general;* баавгайн ~ *a bear hunt;* ~ гөрөөс *wild beasts;* ~ гөрөө хийх *to hunt;* ~гийн үс *furs, pelts;* энд ~ сайтай *there is good hunting;* ~ үргээх *to drive game for hunting;*

ана : ана мана *the same, equally with, on an equal footing with; of equal strength;*

анааш *giraffe;*

анагаа|х *to treat, heal, cure, restore to health;* ~ ухаан *medicine (the science);* ~ эм *lenitive/healing medicine;* шарх ~ *to staunch a wound;*

анализ *analysis;*

анар *pomegranate;*

анархи *anarchy; chaos;*

анатоми *anatomy;*

ана|х 1. *to get well, heal; healing;* өвчин анаж илааршх *to get well, recover from illness;* 2. *to beware of, be careful of; to think, ponder;* ~ цэнэх *to ponder, reflect;*

ангаахай *fledgling, nestling, baby bird;* шувууд ~нуудаа хооллов *the birds fed their young;*

ангай|х *to open wide; to open itself; to gape; to idle, be idle, yawn, do nothing;* амаа ~ *to stand agape, be open-mouthed;*

ангайлга|х *to open, make/cause open;* ангайж гөлрөх/ширтэх *to gape and stare at;* ангайж бүү зогс! *don't stand gaping so foolishly!*

ангал *abyss, chasm; precipice;* хадны ~ *cleft, fissure;*

ангалза|х *to open wide repeatedly; to be scatter-brained;*

Ангараг *the planet Mars; Tuesday;*

ангархай *having a gap, gaping; open;* ~ шарх *a gaping wound;*

анга|х 1. *to be thirsty;* 2. *to dry out, desiccate;*

анги *class, group; unit; part; division; grade; article, item;* танай ~ хэдэн сурагчтай вэ? *how many pupils are there in your class?* франц хэлний ~ *the French class;* багшийг

12

~д орж ирэхэд бүх хүүхэд босов *when the teacher came into the classroom all the children stood up;* нэг ангийн сурагч *a classmate;* ажилчин ~ *the working class;* ангийн тэмцэл *class struggle;* ~даа орох *to enter the class;* гуравдугаар ангид байх *to be in the third grade;* ~ нэгж *unit;* цэргийн ~ *military unit;* шинжилгээний ~ *research expedition;* хуулийн зүйл ~ *an article of the law;* гурван ~т кино *three-part film;* ~ хүн *eccentric man;*

ангид *separately, apart, apart from; peculiar, different; solitary, asunder, one by one; (of a person) from (or living in) a different world;* үүнээс ~ *apart from this;*

ангижрал *separation, deliverance; liberation; severance;*

ангижра|х *to get rid of, rid oneself of; to divide itself, separate itself from; to separate from; to become free from; (chem.) to be reduced;* зовлонгоос ~ *to become free from suffering;*

ангижруулагч *saviour, deliverer, liberator; (chem.) reducing agent;*

ангижруула|х caus. of ангижрах; *to save from, deliver from; to free, liberate;*

ангилал *classification, categorization; arrangement, grouping, ordering;*

ангила|х *to classify, subdivide, segregate; to separate; to group;*

ангир *mandarin duck;*

Англи *England, Great Britain; English;* английн *English, British;*

ангуучин *hunter, trapper;*

ангуучла|х *to hunt, track, hunt down, chase;*

анд *sworn brother, friend; companion;* ~ барих *to become sworn brothers, swear brotherhood;* ~ бололцох *to fraternize, become sworn brothers or close friends, comrades;* ~ нөхөр *close friend;*

андахгүй *knowledgeable, infallible, unerring;* ~ мэдэх *to know well;*

андашгүй *unmistakable; evident;*

андгай *oath, vow;*

андгайла|х *to take an oath, swear, make a vow; to affirm by an oath;*

андуу *erroneous(ly), mistaken(ly), by mistake;* ~ сонсох *to mishear;* ~ харах *to overlook, miss;* ~ ташаа ойлгох *aberrant decoding;*

андуурал *mistake, error, fallacy, delusion;*

андуура|х *to be mistaken, make a mistake, be confused, err, be wrong;*

андуурагда|х *to be mistaken (for);*

андуурдаг *having the habit of erring/mistaking;* би заримдаа түүнийг дүүтэй нь ~ *sometimes I mistake him for his younger brother;*

анжис *plough, plow;*

анзаара|х *to pay attention to, observe, notice;*

анзаарга *attention, observation, precaution;*

анивчи|х *to blink or wink; to flash, twinkle;*

анилда|х *(for eyelids) to become heavy;* нүд ~ *to be unable to open one's eyes;*

анилза|х *to blink or wink frequently;*

анир *echo, sound;* чимээ ~ *news; sound;* чимээ ~гүй *still, silent(ly); soundless; unheard;*

ани|х *to close the eyes; to close up;* нүд ~ *to close the eyes; to die;* нүдээ ань! *shut your eyes!* шарх нь аньжээ *the wound healed;*

анкет *questionnaire, form, application;*

антенн *aerial; antenna;*

ануухан *young-looking, youthful;*

анх(ан) *first; for the first time; initially;* ~ та Англи руу хэзээ явсан бэ? *when did you first go to England;* ~андаа тэр ажилдаа дургүй байсан боловч яваандаа дассан *he didn't like his job at first but later got used to it;* анхнаасаа *from the very first;* анхны харцаар *at first sight;* анхны удаа хийх *to do sth for the first time;* анхны тэрлэлт *mock-up;* анхны тусламж үзүүлэх *to give sb first aid;* анхан шатны сургууль *primary school;*

анхаарал *attention, caution;* тэр ажилдаа онцгой ~ тавилаа *he seriously attended to his work;* ~даа авах *to consider; to take into account;* ~ халамж *care, charge;* ~ татах *to attract sb's attention;* анхаарлын тэмдэг *exclamation mark (!);*

анхааралгүй *inattentive(ly), careless, rash, inconsiderate;*

анхааралтай *attentive, considerate, thoughtful;* ~ сонсох *to listen with attention;*

анхаара|х *to pay attention to, consider; to look at, pay regard to; to mind (used in conversation with honourable/Senior persons);*

анхааруула|х caus. of анхаарах; *to draw or call someone's attention to; to make or pass a remark; to cause/permit someone to bring*

13

A

information/show; to warn;

анхдагч primary, initial; ~ шалтгаан primary cause; үгийн ~ утга the primary meaning of the word;

анхдугаар first, initial; ~ хэвлэл a first edition;

анхилам fragrant, sweet-smelling, redolent;

анхила|х to smell good/sweet, be fragrant;

анхилуула|х to cause sth to spread or bring forth fragrance;

анхилуун see **анхилам**;

анхлан at first, in the beginning; ~ чи тэгж байсан биш билүү? didn't you mention/say so at first;

анхла|х to begin, be the first one to begin; to be a winner;

анч a skillful hunter, a good huntsman; ~ нохой hunting dog;

анчин hunter, huntsman;

аньсга eyelid;

аппарат apparatus, device, instrument; төрийн ~ machinery of government; амьсгалын ~ respiratory system; зургийн ~ camera;

ар back, rear; the hind or back part; ~ын түшлэг support for the back; ~ бие the hinder part of the body, the back; нохой түүний ~аас давхив the dog ran after him; би хаалганы ~д нуугдъя I'll hide behind the door; гарын ~ the back of the hand; сандлын ~ the back of a chair; ~ нуруугаар өвдөх a pain in the back; ~ шил the back of the head; тайзны ~ талд at the back of the stage; гэрийн/байшингийн ~ at/in the rear of the house; байшингийн ард гарааш бий the garage is at the back of the house; ~ын дугуй back wheel; ~ дэвсгэр background; ~ тал backside; (mil.) rear; ~ын алба rear services; уулын ~ shady side of a mountain; ~ гэр home left behind; Ар Монгол Northern (Outer) Mongolia; алганы ~ palm lines; даавууны/эдийн ~ figures, models or patterns of woolen cloth; ~ ~аасаа цувран one after another;

араа 1. molars, molar tooth, back tooth, grinder; 2. (tech.) gear, cogwheel;

араатан 1. beast of prey, wild beasts, as wolves, lions, tigers etc, wild animal(s); 2. wild, ferine, feral; зэрлэг ~ a wild beast;

арав(арван) ten; хэдийнэ арван цаг болоод байна it's already past ten o'clock;

арван хоног ten days; ~ дахин ten times; тэр арван настай he is ten; арван ~ зуу ten times ten is one hundred; арван зүг ten directions: four cardinal points and four intermediate points plus up and down; арван жилийн сургууль ten-year secondary school; арван хуруу шигээ мэдэх to know like the back of one's hand; арван хоёр жил twelve-year animal cycle: mouse, ox, tiger, hare, dragon, serpent, horse, sheep, monkey, chicken, dog and pig; ~хан only ten (the idea of inconsiderable or insufficiency); арваад just about ten, not more than ten; арвуулаа all ten; сарын ~д the eleventh to the 20th in a month;

аравгана|х to swarm with, teem with;

аравдугаар tenth; ~ сар October;

аравнайла|х to consecrate, sanctify;

аравт anything numbered by tens; group of ten; ~ын бутархай decimal fraction;

араг basket for collecting animal dung; basket used for gathering of dry dung or fuel; ~ яс skeleton;

арай hardly, scarcely; just, barely; (just) a little, (very) slightly; a bit; nearly, almost, at the point of; ~ чамай/гэж with great difficulty; hardly, scarcely; ~ бага somewhat small/little, prettily small; ~ их/том somewhat big/large, slightly too big;

арайхан yet; only just; тэр ~ ирээгүй байна he hasn't come yet;

арайхийж barely, hardly, with great difficulty;

арал I island, isle;

арал II buckle; shaft (for harnessing a horse to a carriage); тэрэгний ~ the frame or framework of a cart, shafts of a cart;

аранжин pure, native;

араншин individuality; nature, (strength of) character;

арваад about ten; ten each;

арвай barley; ~н гурил oatmeal; barley flour;

арвалзах to writhe, to wriggle;

арван : арван нэгдүгээр сар November; ~ хоёрдугаар сар the month of December; ~ нэгэн тэмээ eleven camels;

арвантаа ten times;

арви economy, thrift; pettiness; арвигүй 1. wasteful, uneconomical; 2. scanty, meager;

арвижи|х to grow or increase in number;

арвижуула|х caus. of арвижих; to increase,

enrich, add, augment;

арвила|x to economize, save, use sparingly; to avoid waste; шатахуун арвилан хэмнэх to economize on 'petrol;

арвин abundant, plentiful, numerous; abundance; ~ ургац abundant harvest;

арвуулаа ten together, all ten; бид ~ байв there were ten of us;

арга ways, means, method; way out; steps, measures; хэвлэлийн шинэ ~ a new method of printing; ~ сүвэгчлэх to find a way out; аргы нь олох to contrive, manage, resort to contrivance; ~ барах, ~аргаа барах, ~ барагдах to reach an impasse, be deadlocked, be desperate; to be exhausted and out of all means; ~ билиг the male or positive element in nature, the principle of light and life; the female or negative principle in nature, abstract nature; it is the opposite of a presage or a potent; ~ эгшиг the first of the eight musical tones; ~ барил methodology; ~ заль ruse, trick, subterfuge; ~ зальгүй guileless, harmless, honest, not cunning; ~ бодлого a scheme, plan, tactics, plot; ийм ~тай so skilful; ~ зам ways and means; ~ саам хийх to avoid, shun, elude, evade; ~ чарга ways, means, measures; аргын улирал solar calendar; ~ хэмжээ measure (action); ~ буюу forced, with no choice; тэр ~ буюу эх орноо орхижээ he was forced to leave the country; эндээс ганц цагийн дотор онгоцны буудал хүрэх ямар ч ~ алга there is no means of getting from here to the airport within the hour; ~ хэмжээ авах to take measures or steps; ~ алга, ~ байдаггүй no alternative; ~ндаа оруулах to outwit;

аргагүй lacking a way out, no way out, hopeless; necessarily, certainly, quite; very important; хоёр эр хүнийг хооронд нь харьцуулах/ жиших ~ you can't make a comparison between the two men; ~ зөв quite right; ~ хэрэгтэй necessary; very important; яах ч ~ hopeless, impossible; nothing to do about it; мэдэх ~ impossible to know; идэхийн ~ inedible; ~ үнэн absolute truth;

аргагүйтэ|x to have no other way than (to);

аргада|x to coax, cajole; to appease, soothe; to wheedle; гүйж ~ to plead with, implore; уйлсан хүүхдийг ~ to calm down a crying child;

аргал dry dung or droppings of cattle which are used for fuel; ~ түүх to collect dry dung of cows or cattle;

аргала|x 1. to find ways and means, find a way out; to contrive, manage; to devise a plan, plan; 2. to use tricks; to contrive, fake, prefend;

аргалчин аргал gatherer;

аргаль female wild mountain sheep (Ovis ammon L., 1758);

аргамаг fast horse;

аргамжаа long rope or tether;

аргамжи|x 1. to fasten with a long rope or tether in order to permit an animal to graze; миний хүү морьдоо аргамж my son, tether all of the horses for grazing; 2. to bind or tie with a rope some loose or flyable things; to delay, detain;

аргатай 1. enterprising; resourceful; clever, shrewd; 2. artful, deceptive; 3. full of devices, with many experiences of;

арга|x to become dry or stale; нүд ~ to feel a sharp pain in the eyes;

аргацаа way out; opportunity, chance; means, resources;

аргацаа|x to take steps or measures; to find a way out;

аргил bass (of voice);

аргуу(н) dried, dehydrated;

аргууда|x to become too dry;

ард I people; the nation; a commoner, a non-official; þopulation; монголын ~ түмэн the Mongolian people; ~ олон masses; public; малчин ~ cattle-breeder, stock-breeder; хотын ~ citizen; хөдөөгийн ~ a man from the countryside; ~ иргэдийн үүрэг civic duty; бүх ~ түмний санал асуулга referendum; ~ын заншил folk custom, folkways; ~ын үлгэр домог folktale; ~ын дуу folk song; ~ын нам people's party;

ард II behind, from behind, from the rear; behind someone's back;

ардхан after, later, latier, following, behind;

ардчилал democracy, democratization;

ардчила|x to democratize;

ардчилсан democratic;

аржгар shaggy, bristling, curly;

аржий|x to be shaggy; to curl;

арз twice-distilled homemade vodka, brandy made from milk;

арзай|x to be shaggy or rough; to have gooseflesh, have a chill; бие арзайх to have a chill, be chilled;

арзасхий|**x** *to feel shivery, shudder;*

арзгай *uneven, rough, jagged, ragged;*

арзгана|**x** *to swarm with, teem with;*

арзгар *uneven, rough, jagged, shaggy;*

ариг *thrift, economy, sparing;* юмандаа ~ гамтай *thrifty, economical;*

арила|**x** *to become clear; to clear up; to disapper, vanish; to get cleaned;*

арилга|**x** *caus. of* арилах; *to clean, clear; to peel; to wipe off; to erase;* бичсэнээ ~ *to erase sth written;* энэ үгийг арилга *rub out this word;* тэр хэдэн сонгино арилгаж байв *she was peeling some onions;* арилгасан нь *the act of cleaning, vanishing, disappearing;* гудамжны цас ~ *to clear the streets of snow;* ногоо ~ *to clean vegetables;*

арилгуула|**x** *caus. of* арилгах; *to cause or allow to clean or rub and to vanish or disappear;*

арилжаа *change, exchange; barter, trade, business, banking, deal, auction; commerce, buying and selling, dealing;* хөвөнгийн ~ *a cotton exchange;* чөлөөт ~/худалдаа/наймаа *free trade;* бид дэлхийн бараг бүх оронтой/улстай ~ наймаа хийдэг *we trade with almost all countries of the world;* ~ны эргэлт *trade cycle, business cycle;*

арилжаала|**x** *to exchange, barter, trade, deal in; to buy and sell, do business; to merchandise, sell; to transact;*

арилжааны *commercial;*

арилжигда|**x** *to be exchanged or bartered; to be sold, traded, exchanged;*

арилжи|**x** *to exchange, barter; to sell; to change;* ноосоо цай, тамхиар ~ *to trade wool for tea and tobacco;* амиа ~ *to kill each other; to fight with all one's might;* мөнгө ~ *to exchange money;*

ариун *clear, sanitary, hygienic; sacred, holy, pure, chaste; sacred, sanctified, incorruptible;* ~ амьдрал *a pure life;* ~ агаар *pure air;* ~ үнэн *gospel truth;* ~ шударга *honest;* ~ явдал *nobility, high morality;* ~ сүм *the sanctuary;* ~ шударга ёс *justice, fairness;* ~ тунгалаг *pure, clear;* ~ дайн *holy war;* ~ үүрэг *sacred duty;* ~ цэвэр *chaste, sanitary;* цэвэр ~ бүсгүй *chaste girl;* цэвэр ~ болох *to become clean, pure or holy;*

ариутгагч *one who sanctifies, a purifier, cleaner;*

ариутгал *cleansing, disinfection; purifica-*tion, sanctification, sanitization, depuration;

ариутга|**x** *to clean(se), purify, disinfect; to sanctify, clean; to free from matter of staff;*

ариухан *very exceptionally clean or pure;*

арла|**x** *to make a back to sth;* уул ~ *to move over the northern side of a mountain;*

армана•*hippopotamus;*

арми *army;*

арсай|**x** *to spread out; to branch out; to bristle;*

арсгар *spreading or sticking out in all directions; rough, bristling, jagged;*

арслан *lion;* ~ заан *mammoth;* аймгийн ~ *title conferred upon the champion wrestler of an aimag;*

архаг I *chronic, chronically;*

архаг II *big, huge, powerful, husky; experienced, worldly-wise;*

археологи *archeology;* ~ч *archaeologist;*

архи *alcoholic beverage, vodka;* ~ дарс *alcoholic drink;* ~нд орох *to take to drink, become an alcoholic;* жимсний ~ *wine;* ~ ууж согтох *to get drunk;* ~ уудаггүй/амсдаггүй хүн *teetotaller;*

архив *archives, files;*

архивла|**x** *to file;*

архида|**x** *to drink too much, be frequently drunk; to have a drinking party;*

архидалт *drunkenness, alcoholism;*

архидуула|**x** *to cause or permit someone to drink brandy;*

архира|**x** *to growl, snarl;*

архичин *drunkard, alcoholic;*

арц *juniper;*

арцалда|**x** *to debate, dispute; to argue, wrangle, quarrel;*

арчаа *viability; ability to survive;*

арчаагүй *helpless, weak, feckless; careless; negligent;*

арчаатай *viable; resourceful;*

арчигда|**x** *to be cleaned or wiped;*

арчилгаа *care;*

арчи|**x** *to wipe off 'dry; to clean;*

арчла|**x** *to look after, take care of sth; to nurse;* өвчтөн ~ *to take care of a patient, nurse;*

арьс *skin; hide; leather; fur; race; rind;* ~ элдэх *to tan skins or hides;* ~ үс *fur(s);* ~ шир *leather;* хонины ~ *sheepskin;* ~ шир элдэх *to tan (leather);* ~ өнгөний өвчин *skin and venereal diseases;* ~ны өнгөөр ялгаварлах үзэл

racism; хар арьстан *the Black, Negro*; ~ нөхөх
(med.) skin-graft;

асаагуур *cigarette lighter*;

асаалттай *switched-on, running*;

асаа|х *to light a lamp or match, turn on a light to fire up; to burn*;

асар I *pavilion; field tent; tower*;

асар II *very, very much, greatly, extremely*; ~ их *too much*;

аса|х I *to catch fire, start to burn, be on fire; combustible, inflammable*; машин бас л ассангүй *the car refused to start*; ~ хий *inflammable gas*; гал ~ *to catch fire*;

аса|х II *to climb, clamber; to stick or cling to; to pester*. nag; модонд ~ *to climb a tree*;

асга *scree, talus*;

асгара|х *to flow out, run out; to overflow; to pour itself out; to spill out*; хальж ~ *to overflow*; сүү ~ *to spill milk*;

асгарга *placer deposit*;

асгаруула|х *caus. of* асгарах; *to pour; to shed, spill*; нулимс ~ *to shed tears*;

асга|х *to pour/throw out, spill, shed*; би сүү алдаж асгав *I spilt milk*; бороо асгаж байна *it is raining cats and dogs, the pouring down of rain*;

асман 1. *uneducated or unskilled, ignorant*; ~ хүн *ignoramus*; ~ лам *ignorant lama*; 2. *bull or ram castrated when grown up*;

асрагч *nurse, nursemaid*; эмнэлгийн ~ a *hospital nurse*;

асрамж *care, charge; guardianship*; ~инд байх *to be in the care/charge of*; ~индаа авах *to have charge of*;

асрамжлагч *guardian, tutor, trustee*;

асрамжла|х *to nurse, foster, take care of; to care for*;

асра|х *to foster, take care of, care for, take charge of*;

асруула|х *caus. of* асрах; *to be taken care of, be under somebody's care*;

асуугда|х *caus. of* асуух; *to be asked, questioned, interrogated, examined*;

асуугч *a questioner, interrogator, asker*;

асуудал 1. *problem; point, matter; issue, poser*; нэр төрийн ~ *point of honour*; орон сууцны ~ *the housing problem*; улс төрийн ~ *a political issue*; улс төрийн тулгамдсан ~ *hot potato*; 2. *question, query, interrogatory, inquiry*; ~ үүсгэх *to raise a question*; амин чухал ~ *question of vital importance*;

асуулга|х *to question through sb, have someone asked a question by a third person*;

асуулт *question, query, interrogatory, inquiry*; ~ тавих *to inquire, ask or put a question to*; ~ын тэмдэг *question-mark, note of interrogation*;

асуу|х *to ask, question, inquire; to ask to see*; асууж лавлах *to inquire, make inquiries*; олон юм/асуулт ~ *to ask many things/questions*;

ат(ан) *castrated camel of five years or older*; атан тэмээ *male oamel*;

атаа *envy, jealousy, resentment*; ~ жөтөө *envy, enviousness*; ~ хорсолтой *jealous, green with envy*; ~ тэмцэл *ill with; heartburning, begrudging*;

атаархагч *one who is jealous or envious*;

атаархал *envy, jealousy, grudge; wishing harm to others*;

атаарха|х *to envy, to be jealous*;

атаархмаар *enviable, covetable, desirable*;

атаархуу *envious, covetous, jealous, resentful*; ~ харц чулуудах *to cast an envious glance*;

атаархуула|х *caus. of* атаархах; *to cause someone to be jealous, cause envy*;

атал *although, though, whilst, during the time that*; тэр их ядарсан атлаа хүрээд ирэв *although he was very tired he came*;

атар *virgin; unspoiled; untrained, inexperienced*; ~ газар *virgin land or soil, untilled or uncultivated land*;

атарши|х *to lie fallow, stay uncultivated for a long time; to get out of practice*;

атга *handful, fistful*;

атгаал *humerus; the bone of the arm above the elbow*;

атга|х *to take/hold of or squeeze in one's hand or fist; to grasp with the hand*; гар ~ *to hold someone's hand*; гурил ~ *to scoop flour with a hand(s)*; гартаа ~ *to have in one's clutches, have under one's thumb*;

атгагда|х *to be grasped with the hand, to be scooped out with the hand (flour, salt etc)*;

атигар *short, squat, dumpy*; ~ хүн *a very small man*; ~ эмгэн *a shriveled old woman*; ~ өвгөн *a crooked old man*;

атийх *to bend, double up*; хөлөө ~ *to double up one's legs*;

атираа *fold, crease; wrinkle/fold, crimp*; магнайн ~ *forehead wrinkles*;

17

атираатай *creased, folded, furrowed, ridged, crinkled;*

атира|х *to wrinkle; to curl up, coil itself up, crimp, gather;*

атируула|х *caus. of* атирах; *to bend, turn back/up/down; to cause or let to curl/coil up;* хөмсөг ~ *to knit/wrinkle one's eyebrows;*

атлас *atlas;* газар зүйн ~ *geographical atlas;* үндэсний ~ *national atlas;*

атлетик *athletics;*

атом *atom;* ~ын жин *atomic weight;*

аттестат *certificate;*

атугай *in spite of, despite;* ямар ч ~ *despite all; in spite of everything;*

аугаа *great, mighty, huge, gigantic;* ~ их *great, mighty;* ~ хүчин *supernatural miraculous power;*

Африк *Africa;* ~ хүн *African;*

ах *elder brother; older, senior;* ~ дүү *brothers; friends;* ~ дүү нар *(rel.) brethren;* ~ дүүс *one's relatives;* ~ зах *seniors; those of a generation above the speaker;* ~ дүү бололцох *to swear eternal friendship; to fraternize;* ~ нь дөрвөн хөвүүнтэй бүлгээ *the elder brother had four sons;* ~ зах хүн *elder; elders;* тэр надаас гурав ~ *he's three years older than me;*

ахар I *wool grown after the shearing of sheep;*

ахар II *short;* ~ хугацаа *short period of time;* ~ бодолтой *thoughtless, inconsiderate, foolish;*

ахарда|х *to be too short; to become short, shorten itself;*

ахархан *short, not long; very short;* ~ хугацаанд *in a short time;* ~ амьдрал *a short life;*

ахас *elders, the older ones, seniors, seniority;*

ахда|х *to be beyond one's strength or power;*

ахиад *again, once again, anew;* ~ нэг *once more;*

ахимаг *getting on in years, aged;*

ахин *again; once more;*

ахиу I *aged, getting on in years;* нас ~ *aged;*

ахиу II *a little more;*

ахиула|х *caus. of* ахих; *to improve; to raise; to increase;* англи хэлний мэдлэгээ ~ *to improve one's English;*

ахиухан *rather more;*

ахи|х I *to advance, move up; to rise; to increase; to be promoted;* тушаал ~ *to be pro-* moted; нас ~ *to get on in years;*

ахи|х II *to repeat;*

ахиц *advancement, improvement; progress; success;* ~ тай *successful;* ~ гүй *bad, unsuccessful;*

ахлагч *chief, leader, commander; man in charge; one's elders; headman of a group etc; (mil.) master sergeant; foreman;*

ахла|х *to be superior; to be at the head of; to lead, govern, administer, superintend; head, leading;* *̓*~ дэслэгч *first lieutenant;* ~ түрүүч *first sergeant;* ~ багш *a senior teacher;* ~ тогооч *a head cook;*

ахмад *captain; veteran; senior;*

ахуй *being, existence; daily life;* ~ амьдрал *daily life;* ~ байдал *mode of life, manner/way of living, habits;* гэр ~ *housekeeping;* аж ~ *farm; economy;*

ац *fork, branching; pitchfork;* ~ хэл *word or phrase with double meaning;* ~ туурайтан *(zool.) Artiodactyla;* ~тай гишүү/мөчир *a forked bough/branch;*

ацаг *"tooth" in the Mongolian script;*

ач I *good deed; favour, good turn;* ~ гавьяа *feat, merit;* ~ тус *benefit; good deed;* ~ холбогдол *importance, significance;* ~ үрээр, ~аар *thanks to, owing to;* ~ийг хариулах *to repay someone's favour; to prove oneself thankful, show gratitude, recompense for received favours;* ~ буянтан *protector, benefactor;*

ач II *grandson, granddaughter; nephew, niece (through the male line);* ~ грандчайлд, ~ нар *grandchildren;* ~ охин *granddaughter; niece;* ~ хүү *grandson; nephew;* ~ үр *offspring, heirs;* ~ гучаа үзэх *to see one's grandchildren and great-grandchildren; to live to old age;*

ачаа *load, burden; freight, cargo; baggage, luggage;* ~ тээш *baggage, luggage;* ~ бараа *freight, cargo;* ~ хөсөг *camels, cows, oxen and horses for transportation of baggage/load/goods/commodities;* ~ тээвэр *transportation of freight; shipment;* ~ны тэрэг *truck, camions, lorry;* ~ ачих *to load;* ~ ачих хөсөг *loading animals;* ~ны хом *a loading saddle for a camel;* ~ хэтрүүлэх *to overload;* ~ буулгах *to unload;*

ачаагүй *unloaded, empty, without a load;*

ачаалал *loading, load; strain, pressure, stress;*

ачаала|**х** *to load; to burden pack animals;*
ачигч *freight handler, docker, stevedore, longshoreman;*
ачит *beneficial, benevolent, kind, gracious;~* хүн *benefactor, virtue;* ~ хөвүүн *a filialson;*
ачи|**х** *to load a vehicle or animal;*
ачла|**х** *to exhibit/show filial piety/gratitude to one's parents; to show gratitude, be grateful; to render thanks;*
ачтай *beneficent, gracious, charitable;*
ашгүй *good, fine; it is good or nice; by good luck;*
ашдын *everlasting, eternal;*
ашиг *profit, gain, benefit, advantage; income;* ~ орлого *income, revenue;* ~ ба алдагдал *profit and loss;* олз ~ *profit, gain, benefit;* ~ тус *use; benefit; good;* ~ шим *productivity, gain; products;* үр ~ *result, effect;* эрх ~ *interests;* ~ хонжоо *win; winnings; gain; advantage;* нийт ~ *gross profits;* цэвэр ~ *a net income;* ~ гаргах *to make a profit on;*
ашиггүй *unprofitable, profitless, ungainful, disadvantageous; useless;*
ашиглалт *exploitation, operation; maintenance; use, utilization;*
ашигла|**х** *to utilize, use; to exploit, take advantage of; to misuse, abuse; to take for one's own;* эрх мэдлээ хортойгоор ~ *to abuse power;*
ашигт *profitable;* ~ малтмал *deposits, minerals;*
ашигтай *profitable, advantageous; useful; good for;* эрүүл мэндэд ~ *good for one's health;* ~ талбай *useful space;* ~/тустай зөвлөлгөө *profitable advice;*
аштай *pleasant, agreeable, suitable;* ~ юу даа! *what could be better!*
аюул *danger; catastrophe, disaster, calamity;*
аюулгүй *safe, secure, harmless; quite good;* ~ байдал *safety, security;* Аюулгүйн Зөвлөл *Security Council;* ~ зантай *quite good-natured;*
аюултай *dangerous(ly); terrible; difficult;*
аюулхай *pit of the stomach;*
ая I *melody, tune, tone, sound, descant;* ~ барих *to sing a song at a celebration;* ~ зохиогч *songwriter;* уянгалаг ~ *a tuneful melody;*
ая II *approach; means, ways; character, disposition;* ~ тух *comfort;* аяы нь олох *to find the correct way of doing sth;* ~ шалтаг *grounds, cause, reason;*
аяа *interjection oh! oh dear! alas! exclamation of pleasure, pain, surprise or regret;*
аяар *quiet, not loud; slowly, gradually; later;* ~ байгаач! *be quiet!* ~ нь орхи! *leave alone!* ~раа байг! *let it be!*
аяархан *quietly, slowly, leisurely; softly;*
аяга *cup, bowl, teacup, glass, beaker;* сэнжтэй/бариултай ~ *mug;* ~ны амсар зуух *to eat, drink;*
аягала|**х** *to serve in a bowl, put into a cup, to pour/place sth in a bowl;*
аягүй *disagreeable, unpleasant; inconvenient, unbecoming; improper, indecent;* ~ зан гаргах *to misbehave;*
аягүйрхэ|**х** *to misbehave; to be disgusted, be outraged; to feel uncomfortable;* тэнгэр ~ *(of the weather) to turn bad;*
аягүйцэ|**х** *to be in a bad mood, be angry; to resent, be indignant at;*
аяд *interjection used in reproval or warning;* дуугаа ~! *keep your voice down!*
аяз *piece (mus.);*
аялал *trip, journey, excursion;*
аялагч *traveller;*
аяла|**х** I *to travel, take a trip, journey, see the world;* дэлхийг тойрон ~ *to travel round the world;*
аяла|**х** II *to hum, chant, drone; to sing a tune;* дуу ~ *to sing a tune;*
аяла|**х** III *to flatter; to cringe before, fawn upon; to adjust oneself to sb or sth;*
аялга *(gram.) interjection; accent, intonation, dialect;*
аялгуу *melody; harmonious sound/tone; pronunciation; dialect, accent;*
аялда|**х** *to fall in with, go along with;* бусдыг аялдан дагах *to gang up with others;* аялдан дагагч *yes-man;*
аян *trip, march, tour, journey, voyage;* ~ жин *caravan;* ~ хийх *to travel, make a journey;* ~ы шувуу *bird of passage;* ~ дайн *war;* загалмайтны ~ дайн *the Crusades; crusade;*
аянга *thunder, thundering, thunderclap; thundercrack, thunderbolt;* аянгын гэрэл *a flash of lightning;* аянгын/тэнгэрийн сум *a bolt of lightning;* ~ мэт/шиг *like lightning;* ~нд дайруулах/цохиулах *to be struck by lightning;*
аяндаа(н) *in or by itself, automatically, of*

course, spontaneously, naturally; ~ гарсан хөдөлгөөн *spontaneous movement;*

аянчин *traveller, voyager, wayfarer, hiker;*

аянши|х *to tire of a long journey;*

аяс 1. *circumstance, opportunity; means, ways;* **2.** *tempo of music or song; tones;*

аятай *agreeable, favourable, comfortable; reasonable, acceptable;*

аятайхан *pleasant, pleasing; nice, comfortable; favourable;*

Бб

ба *and;*

баавар *plates or disks on the saddle cloth;*

баавгай *bear;* ~н ичээ *bear's lair, den;* хүрэн ~ *brown bear;* цагаан ~ *polar bear;* ~н бамбарууш *bear cub;*

баавгайчла|х *to hunt bears; to surpass others in strength;*

баагиула|х *to give off smoke; to emit puffs or clouds of smoke;*

бааги|х *to puff out smoke, give off smoke;*

баадуу *(mech.) spring;*

бааз *base; depot; camp; storehouse;*

баала|х I *to fine, impose a fine upon; to rebuke, blame;*

баала|х II *to fester, become infected and swollen;*

баараггүй *reliable; surely, infallibly, unerringly;* ~ хүн *reliable person;* ~ арга *effective remedy;*

баара|х *to fail; to misfire (a gun); to deny one's words, break one's promise;*

баас *defecation, excrement, faeces; manure, dung, droppings;* ~ хатах/хураагдах *constipation;* нялх тугал ~ алдаад байна *a newly-born calf has diarrhoea;* нохойн ~ *mess;*

Баасан *Friday; the planet Venus;*

баатар *hero, brave man; a champion, a valiant man;* ~ зориг *heroism;* ~ хүйх *the skin between the horns of an animal;* ~ эмэгтэй *heroine;* үндэсний ~ *national hero;*

баатарлаг *heroic, brave, valourous; daring, valiant;*

баа|х *to defecate; to make a blot;*

баахан *rather, fairly, pretty; quite a lot, somewhat;*

баацгана|х *to move awkwardly or unsteadily, teeter;*

баацгар *rather small and plump;* ~ хүүхэд

plump child; ~ гөлөг *small puppy;*

бааш *simulation, pretence; whim, caprice;* ~ гаргах *to simulate, dissemble, use a trick;*

баашла|х *to simulate, feign;*

бааштай *simulated, feigned; sham, mock;*

бавайж|х *to become shaggy, tousled, disheveled;*

бавчи|х *to babble, chatter;*

баг I *the smallest administrative unit in rural districts, a subdivision of a* сум;

баг II *crew; team;* одон/хөл бөмбөгийн ~ *a tennis/ football team;* ~ цэцэг *inflorescence;*

баг III *mask;* багийн нь хуу татах *to unmask or expose a person;* ~т наадам *masquerade, masked/fancy-dress ball;*

бага *small, little, not big; not many, few; younger; youngest; junior;* ~ авга (аавын бүстэй/бүсгүй дүү) *uncle, aunt (father's younger brother/sister);* ~ сургууль *primary school;* ~д *in childhood;* ~ нас *childhood, tender age;* ~ эмч *paramedic, doctor's assistant;* ~ хэвлий *the lower abdomen;* ~ хурал *conference;* ~ сага *a little bit; a little, small, fragments;* ~ хэмжээгээр *on a small scale;* ~ багаар *little by little;* ~ үд *around eleven o'clock;*

багавтар *few; not big, rather small; somewhat little/small;*

багагүй *rather large; quite a bit of; considerable;*

багадалт *deficiency;*

багада|х *to be small or little; to diminish; to reduce itself; to be insufficient, not enough;* надад энэ пальто дэндүү/хэтэрхий багадаж байна *this coat is too small for me;*

багаж *instrument, equipment, implement, tool kit;* үйлдвэрлэлийн ~ зэвсэг *tools of production;* ~ийн хайрцаг *a case containing tools and instruments;*

багалзуур *throat, pharynx;* хоолой ~ *throat, larynx;* багалзууры нь шахах *to try to strangle someone;*

багалзуурда|х *to seize by the throat, throttle; to yell, scream;*

багана *column, pillar, upright support; post;*

баганадах *to support, prop up;*

багаса|х *to diminish, decrease; to go down; to grow less; to abate; to become smaller or fewer;*

багасга|х *to reduce, diminish, cut down,*

abridge, shorten; зарлагаа ~ to reduce one's expenditure; орон тоо ~ to reduce the staff;
багатай little; ач холбогдол ~ of little importance; хэмжээ ~ small, compact; цус ~ anemic; найдвар ~ not very reliable; хүн ам ~ sparsely populated; ашиг ~ showing little profit; хүч ~ weak, low-powered; хэрэгцээ ~ little used, rarely used; үнэ ~ of little value;
багахан fairly small, a little, a bit, a few;
багачууд children, kids, totes;
багачуул see багачууд;
багашиг not quite enough; a little, a bit of; very young; slightly small (usually used in comparison with smth larger);
багваахай : ~ цэцэг dandelion; сарьсан ~ bat;
багир : ~ хар dirty-black; ~ хүрэн dirty-brown;
баглаа bale, pack, bundle, bunch, sheaf, heap; package;
багла|х to pack; to tie in bunches or bundles;
багс brush; сахлын ~ shaving brush; будгийн ~ a paintbrush;
багсармал combined, mixed;
багсда|х to brush, work with a paintbrush;
багсра|х to mix, blend;
багтаамж capacity, ampleness, largeness, sufficiency, holding; 5 литрийн ~тай сав a can with a capacity of 5 litres;
багтаамжгүй small, not spacious;
багтаамжтай capacious, large, spacious, roomy;
багтаа|х to hold, seat, accommodate, have a capacity of; to make room for; to include; гэрээнд доор дурьдсан зүйлүүд багтаж байна the treaty embraces the following provisions;
багта|х to enter into; to be included in; to be contained in, stored in; to fit into, have place for; to be room for;
багтраа swoon, blackout, fainting spell, unconsciousness; asthma;
багтра|х to swoon, lose consciousness, pass out, black out; to suffocate;
багц bundle, pack; cluster, bunch; packet; set;
багцаа estimate, approximation;
багцаала|х to estimate, reckon, appraise;
багцла|х to make into a bundle, bundle up;
багш teacher; instructor; preacher; тэр янз нь сайн ~ юм he is apparently a good teacher;

Монголын ~ нарын холбоо The Mongolian Teachers' Association;
багшла|х to teach; to be a teacher; to instruct;
багшра|х to flock together;
бадаг I stanza, strophe, verse; refrain;
бадаг II : ~ бүдэг dusk, dimness, semidarkness, gloominess;
бадагла|х to form or write in stanzas;
бадайра|х 1. to swell, become swollen, puffed up; 2. to tingle, become numb, stiffen; to die away/out;
бадар mendicancy, alms-begging, beggary; ~ барих to beg for donation;
бадарла|х to make a round begging for alms; to beg alms;
бадарчин mendicant monk, itinerant monk;
бадарчла|х to be a mendicant monk; to wander;
бадмаараг corundum, ruby;
бадрангүй inspired, enthusiastic, ardent; flourishing;
бадра|х to flourish, blossom; to bloom; to flare up, grow, develop; бадран дэлгэрэх to spread, flourish; to prosper; бадран хөгжих to develop, prosper;
бадриун robust, strapping, hale and hearty;
бадруулагч inspirer, stimulator, inspiration;
бадруула|х caus. of бадрах; to cause to flourish, spread or bloom; to develop; соёлыг ~ to spread culture; шашныг ~ to spread religion; гэрэл ~ to cause light to break forth;
бажгада|х to panic, be flustered; to be embarrassed;
баз husbands of sisters;
базаа|х to prepare or get ready sth in advance; to provide; to store;
базаахгүй bad, not good; poor, of poor quality; ~ ястай эд юмс poor quality articles; ~ зан bad character;
база|х to crumple up, crush; to press, squeeze, wring out;
базла|х to squeeze or crumple repeatedly; гэдэс ~ to feel pain in the stomach, have colic;
бай I target, butt, mark; ~ шагнал prize;
бай II stop!
байван vitriol, sulphate;
байг 1. stop! 2. let; тэр ярьж л ~ let him speak;
байгаа existing, available;

байгалийн *natural;* ~ гаралтай *of natural origin;*

байгаль *nature;* байгалийн хишиг *the gifts of nature;* ~ судлах *to study nature;* хүрээлэн буй ~ *environment;* байгалийн шинжлэх ухаан *natural sciences;* ~ дэлхий *earth;* ~ шүтэгч *a lover of nature;* байгалийн хууль *the laws of nature;* байгалийн аяг *a freak of nature;*

байгуулагч *founder, creator;* зохион ~ *organizer;* үндэслэн ~ *founder;* үүсгэн ~ *creator, originator;* санаачлан ~ *initiator;*

байгуулал *organ, body, structure, system;*

байгуулалт *establishment; structure, system;* зохион ~ *organization;* зохион ~тай *well-organized;* зохион ~гүй *unorganized, disorganized;*

байгууламж *erection, construction; building, structure; (political or social) system;* инженерийн ~ *erection, construction;* барилга ~ *building, structure;*

байгуула|х *to found, establish; to organize, institute; to build, frame, erect;* хот ~ *to found a city;* шинэ төр улс ~*to establish a new state;* хороо ~*to establish a commission;* гавьяа ~*to perform a feat;* гэрээ ~ *to conclude a treaty;* зохион ~ *to organize;* барьж ~ *to build, erect, frame;*

байгууллага *organization, establishment, institution;* олон улсын ~ *international organization;* албан ~ *official organization or institution;*

байдаг *all, what there is of;*

байдал *state of affairs (things); things, conditions, the situation, circumstances;* хүнд байдалд байх *to be in a difficult situation;* ажил хэргийн ~ *state of affairs;* байр ~ *attitude;* ~ төрх *appearance;* гадна ~ *figure;* хэлбэр ~ *form, shape;*

байдалтай *being in a certain situation or under certain conditions, looking as if;* бороо орох ~ байна *it looks like rain;* сайхан өдөр болох ~ байна *it looks like a fine day;*

байдас *a three or four-year old barren mare;*

байз *stop! wait a moment!*

байзна|х *to wait; to hold off doing sth;*

байлга|х *to cause to be; to cause or allow to remain; to leave sb or sth in a certain condition or place; to keep, maintain; to cause to stop; to hit, give a good drubbing;* бэлэн ~ *to have sth ready;* хэвээр ~ *to keep in an old or previous condition;*

байлгүй *certainly, of course, must, bound to;*

байлдаан *battle, combat, fighting;* дайн ~ *war, warfare;*

байлдагч *soldier, fighting man;*

байлда|х *to be at war with, fight against; to fight;* байлдан дагуулах *to conquer;*

байлца|х *to be present together with others; to attend;*

баймгай *full-grown;*

баймгүй *should not be, cannot be, must not be;*

баймж *modal;*

байн : ~ ~ *from time to time; time and again; repeatedly, over and over again;* ~ ~ харах *to look from time to time;* ~ байсаар *in the end; after all; when all is said and done;*

байнга *always, constant(ly), continual(ly), regular(ly), permanent(ly);* байнгын худалдан авагч *regular customer;* байнгын сэдэв *newsbeat;* байнгын хаяг *permanent address;* байнгын оршин суух газар *permanent residence;* байнгын ажил *a permanent job;*

байр I *apartment house, flat;* ~ сууц *flat, apartment;* нийтийн ~ *communal flat;* ~ны хөлс *rent;*

байр II *position, situation, place;* ~ нь *apparently, seemingly;*

байран *staying or living permanently at a given place; permanent(ly), regular, continual(ly);*

байрлал *location, site;*

байрла|х *to be situated at/in, be located in, be placed in; to house;*

байрлуула|х *caus. of байрлах; to place; to house; to arrange;*

байршил *location, placement, position, order;* төмөр замын ~ *the location of a railroad;*

байтал *while, as, during;*

байтугай *not only ... but also ...;* үүнийг би ~ бүгдээр мэднэ *not only I, but everybody knows it;*

бай|х *to be; to exist; to have; to stop, cease;* та юу хийж байна вэ? *what are you doing?* хотын эргэн тойронд олон уулс бий *there are many mountains around the town;* бэлэн ~ *to be ready;* тэр их залуу байжээ *he was very young;* энэ номны нэг хувь Британы Музейд байдаг *a copy of this book exists in the British Museum;* номтой ~ *to have a book;*

хэвтэх ~ *to be lying down;* гарах гэж ~ *to be about to go or come out;* ~ аргагүй *unbearable, unendurable;* байж болшгүй *irreconcilable;* байж ядах *to fret, worry;* ажил хийхээ ~ *to cease working;* нөхөр чи эндээ бай! *companion, stay/stand you here;* тэр, энэ хавьд байгаа *he is somwhere about here;*

байхгүй *(indicating the absence of sth):* is not, does not exist, is not present; do or does not have; зав ~ *there is no time;* тэнд хэн ч ~ *there is no one there;* надад шүдэнз ~ *I don't have any matches;*

байхуу *pekoe tea;*

байц I *state, circumstances, conditions of being;*

байц II *rock, cliff, bluff;*

байцаа *cabbage;* өнгөт ~ *cauliflower;*

байцаагда|х caus. of байцаах; *to be questioned, investigated; to be controlled, checked, inspected;*

байцаагч *inspector; investigator;* мөрдөн ~ *investigator;* сургуулийн ~ *a school inspector;*

байцаал *document, deed, evidence, papers, credentials;*

байцаалт *interrogation, cross-questioning; cross-examination;*

байцаа|х *to interrogate, question; to inspect, audit; to inquire into;* гэрчийг ~ *to question a witness;* ~аар ирэх *to come to investigate;*

байшин *house, building, block (of flats);*

бал I *honey;* зөгийн ~ *honey;* ~ бурам *molasses;* ~ шиг амттай *as sweet as honey;*

бал II *graphite;* ~ чулуу *graphite;*

бал III *a metallic aftertaste; spot caused by touching metal; taste or spot caused by lead;* зэсийн ~ *aftertaste of copper;*

балаг *fault, misdeed;*

балай *blind; stupid, silly, dull; mad, crazy;* сохор ~ *blind, stone-blind;* элий ~ *feeble-minded;* нүдэн ~, чихэн дүлий *blindly, blindfolded; at random;*

балайра|х *to go mad; to talk nonsense;*

баланс *balance;*

балансла|х *to balance an account;*

балар *dark, impenetrable, obscure; ancient, prehistoric, antediluvian; primitive, primeval, pristine;*

баларта|х *to be stupefied, confused; to become dark;* ухаан ~ *to lose consciousness;*

балархай *obscure, blurred, unclear, indis-*

tinct, dim;

балба *in pieces, smithereens;* ~ цохих *to beat to pieces;*

балба|х *to knock, rap; to smash, break; to beat, hit, bang;* бөмбөр ~ *to bang/beat a drum;* хаалга балбаж байна *sb is knocking on the door;* ширээ ~ *to rap the table;*

балбачи|х *to break/smash in pieces;*

балбуула|х caus. of балбах; *to be hit; to cause/permit smashing or breaking etc. to pieces;* мөндөрт ~ *to be hit by hail;*

балга *swallow, gulp, mouthful;* ~ ус *a drink/sip/mouthful of water;*

балгас *ruins or site of an ancient town; wreck;*

балга|х *to take liquids into one's mouth, gulp down;* архи ~ *to drink a vodka;*

балетчин *ballet-dancer;*

балиар *dirty, filthy; sloppy; crude, crudely made;*

балиус *broad knife;*

балла|х *to efface, rub off, erase; to cover up, conceal; to wreck, ruin;* гэмт хэргийн ул мөрийг ~ *to cover up all traces of the crime;* эрүүл мэндээ ~ *to ruin one's health;*

баллуур *eraser;*

балмагда|х *to be bewildered, become flustered;* балмагдсан *taken aback;*

балмад *cruel, brutal, bestial; mad; wild; reckless;* зэрлэг ~ *wild, brutal, bestial;* ~ явдал *cruel act;*

балра|х *to be effaced; to rub off; to be ruined;*

балрашгүй *indelible, not able to be erased;*

балчир *infantile, babyish, childish, underage; little;* ~ хүүхэд *baby, infant, child of tender age;*

балчирда|х *to be of tender age; to be too young; to prove to be inexperienced on account of youth;*

бам : чийг ~ *scurvy;*

бамбагар *thick and soft; chubby;*

бамбай I *mattress;*

бамбай II *valerian;*

бамбай III *shield; buffer;* ~ барих *to shield oneself, shelter behind; to use as a shield;* ~ булчирхай *thyroid gland;*

бамбай|х *to be thick or puffed up;*

бамбалзах *to be springy;*

бамбалзуур *moor, bog, swamp; sth wobbly;* ~ сандал *easy chair;*

Б

бамбар 1. *torch;* 2. *tiger cub;*

бамбарууш *bearcub, young bear not yet one year old;*

бандай|х *to get fat, put on weight;*

бандан *bench;*

бандгар *fat, thickset, stout;*

банди *novice in a monastery; attendant of a lama;*

банз *plank, timber, board;*

банзал *short skirt of lama's dress; skirt;*

банк *bank;* ~ны эзэн *banker;* ~инд мөнгө хийх *to bank money;*

бантан *meat broth thickened with flour;* хэвэгний ~ *mash;* холио ~ *confusion; chaos; disorder;* ~ хутгах *to stir up trouble;*

банхар *short and thick muzzled (of animals);*

банш *meat dumpling;*

бар I *tiger;*

бар II *printing-block; xylograph;*

бараа I *goods, wares, merchandise;* ~ солилцоо *barter;* бөс ~ *textiles;* ~ны саван *kitchen soap;* ~ны агуулах *storehouse;* ~ таваар *goods, merchandise, wares;*

бараа II *object seen in the distance; silhouette; visibility; outline;* ~ туруугүй болох *to vanish completely;* ~гүй *out of the line of vision;* ~ нь харагдах буй юм *an object being visible in the distance;* гэрийн ~ харахгүй болох *to leave one's home for a long time;* ~ны газар *long distance;* ~ ихтэй *bulky, voluminous;* ~ нь үзэгдэж/харагдаж байна *sth is visible from a distance, within the line of vision;*

бараа III : ~ болох *to be in the retinue of an important personage;* ~ болоочин *attendants, aides, retinue;*

бараада|х *to stay near to, follow about; to accompany a superior;*

бараажих *to get stocked up;*

бараалха|х *to have an audience with a superior, call upon; to have a meeting with a superior;*

бараан *dark-coloured, black;* ~ шувуу *raven;* ~ царайтай *dusky-complexioned;* ~ уул *a brown mountain;*

бараантах *to get dark, darken;*

бараатай *having goods; large, bulky;* ~ уул *a looming mountain;*

бараг *almost, about, nearly;*

барагда|х *caus. of* барах; *to be finished*

up, used up, brought to an end; to come to an end, be exhausted, drained; to cease; арга ~ to be at a loss;

барагдашгүй *inexhaustible, endless, unending;* ~ юм *sth which will never come to an end;* элээж ~ *that which can not be worn out;*

бараглах *to guess, have an idea of;*

барагтай *not very good, mediocre;*

барагтайхан *poor, not very good;* ~ морь *poor horse;*

барагцаа *estimate, approximation;*

барагцаала|х *to estimate, approximate; to surmise, conjecture;*

барагцаалбал *approximately, roughly;*

барагшин *asphalt; bitumen;*

барай|х *to grow dark; to become gloomy; to look dark;*

барам : үл ~ *not only, but also, besides;*

бара|х *to use up, exhaust; to squander;* арга ~ *to exhaust all means;* идэж ~ *to eat up;* нас ~ *to pass away, die;*

барахгүй *inexhaustible; insurmountable; insuperable; beyond one's means;*

баргар *gloomy, dull, sullen;*

баргил : ~ хоолой *baritone;*

бардам *proud, haughty, conceited; for sure, with confidence;* ~ зан *pride, conceit, vanity;* ~ хүн *a boastful person, one who boasts;* ~ аашлах *to act arrogantly;*

барда|х *to brag, swagger, boast; to get a swelled head; to be proud of;* чадалдаа ~ *to boast of one's abilities;*

бариа *finish (of a race); finish line;*

бариач *bone-setter, chiropractor;*

баривчлагда|х *to be a prisoner;*

баривчлага *arrest;*

баривчла|х *to arrest, detain, take into custody;*

баригда|х *to be seized, caught, captured, arrested; to be exposed to or stricken with an illness;* нар ~ (нар хиртэх) *eclipse of the sun;* өвчинд ~ *to be disabled by a disease;* бөөсөнд ~ *to become lousy;* өрөнд ~ *to get or run into debt;*

баригдашгүй *unseizable, elusive; barely audible or visible;*

баригч *someone who holds sth;* эх ~ *obstetrician, midwife;* эрх ~ *holder of power;*

барил 1. *sth to hold, handle; a sword/sabre hand;* 2. *means, knack, ways, method;* ~ дадал *skill;*

барилга (act of) building; construction; construction project; construction site; ~ байшин building; ~ барих to build, construct; уран ~ architecture;

барилгажих to get built up, get developed;

барилгачин builder;

барилдаан wrestling;

барилда|х 1. to grapple; to unite, stick together; 2. to wrestle;

барилдлага connection, coherence; ties; friendship; ах дүүгийн ~ fraternal ties; мах цусны ~ blood-relation;

барилдуула|х to cause to wrestle, arrange a wrestling match; эр эм ~ to marry off;

барилца|х to hold together;

баримал sculpture; statue, figure, piece of sculpture; уран ~ sculpture; жижиг ~ statuette, figurine; уран ~ч sculptor;

баримжаа outlines; orientation; getting one's bearings; чиг ~ orientation; skill in doing sth;

баримжаала|х 1. to estimate; 2. to orient oneself, get one's bearings;

баримт 1. document, official paper; 2. proof, evidence; fact;

баримтат documentary; documented; ~ кино documentary film;

баримтгүй undocumented, uncertified; unproven;

баримтлагч follower, adherent, supporter;

баримтлал persuasion, conviction, concept, belief;

баримтла|х to observe, abide by, follow, adhere to; to be guided by; хууль дүрэм ~ to observe the law;

барин : ~ тавин хийх to do sth in between times; ~ тавин худал хэлэх to lie shamelessly;

баринтаг cloth cover for books;

бариу (of clothes) tight, (too) small; зүүн хөлийн гутал ~ байна the left shoe is tight; ~ гутал/өмд tight boots/trousers;

бариувч small child's robe;

бариуда|х to be (too) small, tight;

бариул handle, knob, haft, hilt;

бари|х to hold in the hand, grasp, seize, take hold of; to grab; to catch; to build, construct, set up, erect; to offer, present; to entertain; гартаа ~ to hold in one's hands; гараас ~ to hold by the hand; биеэ ~ to pull oneself together; to restrain oneself; инээдээ

барьж ядах to try to keep from laughing; судас ~ to feel the pulse; гүү ~ to milk mares and make айраг; морь ~ to catch a horse for riding; унаа ~ to catch a taxi; бэртэнгийг ~ to set bones; лаа ~ to light a candle; гэрэл ~ to turn on a light; барилга ~ to construct a building; майхан ~ to set up a tent; байшин ~ to build a house; түр ~ to borrow; ~ газар finish line; тогоо ~ to do the housekeeping; холбоо ~ to establish communication; загас ~ to fish; машин ~ to chauffeur; ус ~ to carry water; гэр ~ to erect a гэр; зоог ~ to give dinner party; эрх ~ to wield power over; жолоо ~ to lead, head; мөнгө ~ to do with money; талх ~ to bake bread; бэлэг ~ to present a gift; цай идээ ~ to offer tea and food; ая ~ to sing at a party; түрээ ~ to abuse or misuse sb's protection; элэг ~ to ridicule; эх ~ to deliver a baby; модоо ~ to go bankrupt, lose everything, go broke; явах ~ walking; суух ~ sitting, living; бичих ~ writing; унших ~ reading;

барлаг 1. serf, slave, labourer; 2. knave or jack in a deck of cards;

барс tiger;

барсгар rough, not smooth, uneven;

барсхийх : царай ~ to glower;

бартаа 1. broken terrain, boulder, knoll; 2. obstacle, barrier, hindrance, impediment;

баруугаар to the west, to the right;

баруун west; the right-hand side; ~ гар right hand; ~ зүг the west; ~ этгээд the right side; ~ тал west side; ~ урд southwest; ~ хойд northwest; ~ хойт зүгийн northwestern; ~ тийш westward, towards the west;

Бархасбадь the planet Jupiter; Thursday;

бархира|х to shout, yell, cry out, bawl;

барцад unavoidable accident or misfortune, supernatural hindrance or obstacle;

барьц 1. place for holding or seizing an object; way of taking hold of, handle; grip, hold, grasp; 2. gift, present, offering; өргөл ~ offering, gift;

барьцаа pledge, guarantee, security; pawning, mortgaging; ~нд авах to accept as security; ~нд өгөх to put sth in pawn;

барьцаала|х to pawn, mortgage; to pledge, give as security; өрөө төлөхийн тулд бид байшингаа ~ болов we had to mortgage our house in order to pay our debts;

барьцалдах to adhere, be gripped;

барьца|х to contend, retaliate; to feel left

out;

барьцгүй groundless, unfounded;

бас again, also, too , else, still; тэр дуулж,~ төгөлдөр хуур дарж чадна he sings and can also play the piano; ~ дахин again, anew; ~ тэгээд (and) then; цаг хугацаа ~ байна there is yet time; ~ болоогүй still not yet; ~ ч үгүй moreover; ~ ч still, yet, likewise;

басамжлал contempt, derision; underrating;

басамжла|х to despise, scorn; to hold in low esteem, underrate;

баса|х to hold in low esteem, despise; to underrate; to look down upon, disdain;

бат firm, strong, solid, steady, sturdy; reliable, loyal; ~ бөх sturdy, strong; ~ бөх хаалга a stable door; ~тай эх сурвалж reliable, authoritative source; ~ итгэх to believe firmly; ~ итгэл/ бишрэл strong faith;

баталгаа confirmation, proof, corroboration; assurance; guarantee; argument, assertion; ~ өгөх to guarantee;

баталгаажих to be confirmed, be guaranteed;

бататга|х to consolidate, make stronger; to strengthen, safeguard; to reinforce; to fortify; байр сууриа ~ to consolidate one's position;

батга acne, pimple;

батгана gnat, small fly, mosquito; ялаа ~ fly;

батжи|х to become strong, firmly; to get stronger, grow in strength;

батжуула|х caus. of батжих; to strengthen, consolidate;

батлагда|х to be confirmed in; to prove;

батламж assurance, confirmation, ratification; ~ бичиг a letter of attestation verification;

батла|х to prove; to argue; to assure; to witness, certify; to confirm, corroborate, endorse, ratify; батлан хамгаалах to defend; батлан хүлэх to tie fast; түүний хулгай хийгээгүй болохыг баталжээ he was proved innocent of the theft;

батлуула|х caus. of батлах; to submit for confirmation or certification; to have certified; гэрлэлтээ ~ to register one's marriage;

бах I satisfaction, contentment, gratification; delight, rapture, joy; бусдын зовлонд ~ нь ханах to gloat over the misfortunes of oth-

ers; бахаа ханатал to one's heart's content;

бах II frog, toad;

бахарда|х to faint; to be hysterical;

бахархал an object of pride, admiration; Ангараг бол эцэг эхийнхээ ~ нь юм Angarag is the pride of his parents;

бахарха|х to be proud of, pride;

бахдал joy, gladness, delight;

бахдалтай charmed, delighted, pleased with;

бахда|х to be enchanted, delighted, overjoyed, pleased; to admire, like; to be proud of;

бахь pincers, pliers, tongs;

бачимда|х to be in a hurry; to bustle about; to be greatly worried; to panic; to get excited; яарч ~ to be pressed for time; to hasten;

бачимдсан taken aback;

бачуу 1. narrow, tight; 2. pressing, urgent;

бачууда|х to be too tight or narrow; to be pressed for time; to be stifled; халуунд дотор ~ to be stifled by the heat;

бачуурах to be choked with emotion;

бачуухан (of clothes) (too) small; (of time) too short; гутал надад ~ байна the shoes are too small for me;

башир ruse, trick, deceit; simulation; ~ арга trick, deceit;

баяд I the Bayad Mongols, a West Mongolian tribe;

баяд II the rich;

баяжи|х to get rich; to be enriched; to become wealthy, make a fortune;

баяжуула|х I to enrich; to concentrate; хүдрийг ~ to concentrate ore;

баяжуула|х II caus. of баяжих; to cause someone to become rich or wealthy;

баялаг n. wealth, riches; rich, abundant; байгалийн ~ natural resources; оюун санааны ~ spiritual wealth; adj: ~ туршлагатай байх to be rich in experience;

баян rich, wealthy, well-to-do; ~ хүн a rich man, a man of property; эрхэм ~ бол эрдэм the greatest wealth is knowledge; ~ тансаг амьдрах to live in luxury, live sumptuously; ~ хуур accordion; ~ жил a plentiful year; ~ ядуугүй rich and poor;

баянбүрд oasis;

баяр joy, gladness, delight, happiness, mirth, holiday, celebration; ~ ёслол celebration, festivities; ~ын өдөр a festive day; бүх нийтийн

~ цэнгэл *all public rejoicings;* ~ хөөр *joy, gladness, rejoicing;* ~ хүргэх *to congratulate;* Шинэ жилийн ~ын мэнд хүргэх *to wish someone a happy New Year;* төрсөн өдрийн ~ын мэнд хүргэх *to wish someone a happy birthday;* ~ таларахдаа илэрхийлэх *to thank;* ~ таларахал *thanks;*

баярлалаа *thank you!* бэлэг өгсөнд ~ *thanks for the present;*

баярла|х *to rejoice, be glad, be happy; to rejoice, exult;*

баярлуула|х caus. of баярлах; *to give joy, gladden, make happy/joyful; to permit rejoicing;*

баяртай *happy, glad, delightful, joyful, joyous; jubilant, exultant; goodbye! farewell! adieu! so long!*

баярха|х *to boast or be proud of one's wealth; to act or behave like a rich person;*

баяса|х *to rejoice, be happy, amuse, be merry, enjoy;*

баясгалан *joy, pleasure, happiness, delight, gladness;*

баясгалантай *joyful, delightful;*

баясга|х *to make happy, give pleasure; to entertain, amuse;*

баячууд *the rich;*

баячуул *the rich;*

бензин *benzine; gas, petrol, gasoline;*

бетон *concrete;* бэхжүүлсэн ~ *reinforced concrete;*

би *(first person sing.) I;*

бид(эн) *(first person pl.) we;*

бидний *our;*

биднийх *ours;*

бие 1. *body; physique; stature; figure, matter;* ~ бялдар *bodily frame, figure;* ~ махбод *body, physique;* ~ сэтгэлээрээ *utterly, totally; body and soul;* ~ өвчлөх *to be taken ill;* ~ эцэслэх *to die;* ~ хөнгөжих *to give birth; to have a baby; to be eased after childbirth,* ~ талбих *to be comfortable/at ease;* ~ хүнд/ жирэмсэн/шалтгаантай *pregnant, being pregnant;* ~ хомс *short of stature;* ~ охор *short stature;* ~ бүдүүн *stout/heavy body;* ~ муу *sick, ill;* ~ тэгш *well-figured, of medium length, not too tall and not too short;* ~ өндөр *tall stature;* ~ сайн *healthy;* ~ их *tall of stature, heavy;* ~ мөнгө *ready money, cash;* ~ чанга *strong, robust;* ~ боловсрох, ~д хүрэх *to become an adult;* ~ бөхийх *to bow, make a bow/*

obeisance; ~ лагшин *health;* ~ угаах *to bathe;* ~ засах *to go to the toilet;* ~ засах газар хаана вэ? *where's the toilet?* ~ний юм *menstruation;* түүний хөл, гар биш харин их ~ нь туурчээ *the spots are appeared on his trunk, but not on his arms or legs;* ~ийн чадал/ тэнхээ *physical strength;* ~ийн өндөр нам *tallness of the body;* миний ~ийн чац *of my height;* ~ийн хөдөлмөр *manual labour;* ~ийн тамир *physical training;* ~ хамгаалагч *bodyguard;* ~ бүтцийн зүй *anatomy;* ~ сул *weak, sickly;* ~ хямрах *to be unwell, be ailing;* ~ ~дээ *one another, each other;* 2. *self, person;* биеэ барих *to restrain oneself;* ~эрээ *one's self, personally, by myself;* ~ ~дээ тус болох *to be of mutual help/aid/assistance;* ~ дааж сурах *to learn by oneself;* миний ~ *I;* ~ ганц=ганц ~ эр хүн *an unmarried/single man;* ганц ~ бүсгүй/эмэгтэй *an unmarried woman;* нэгдүгээр ~ *first person;* ~ хүн *person, figure, individual;* өөрийн ~эр *oneself, personally;* биеэ даасан *independent;* биеэ тоох *to get a swelled head;* 3. *part, portion, side of a larger body;* голын баруун ~ *the west side of the river;* уулын ар ~ *the backside of a mountain;*

биегүй *bodiless; wasted, emaciated; ill, unhealthy;* эзэн ~ (gram.) *impersonal;*

биелгээ *Mongolian folk dance;*

биелүүлэлт *discharge, performance; fulfilment, carrying-out;*

биелүүлэ|х *to fulfil, carry out, execute, accomplish, perform, realize;* үүргээ ~ *to fulfil one's duty;* тушаал ~ *to execute a command;*

биелэл *realization, execution;* биеллээ олох *to be realized, materialize;*

биелэлт *fulfilment, execution, discharge, performance, realization;*

биелэ|х I *to be fulfilled or realized, come true, materialize;*

биелэ|х II *to dance, perform the биелгээ;*

биерхүү *large-bodied;*

биес pl. of бие;

биет *bodily, corporal; physical, material; real, substantial; having bodies, furnished with a body;*

биечлэн *personally, in person;*

бижрүү *rash, eruption of the skin;*

бижрүүтэ|х *to break out (in a rash);*

биз *(predicate particle) must be, maybe, (it) is probable;* санаж байгаа биз *surely you*

бий

remember;

бий there is(are); is(are), exist(s); хотод номын дэлгүүр олон ~ there are many bookstores in town; надад ~ I have;

бийр paint or writing brush, a small brushpen;

билет ticket;

билиг talent, gift, giftedness, endowments; wisdom, sence; the female or negative principle in nature; авьяас ~ talent; суу ~ genius; ухаан ~ төгс gifted; авьяас ~тэй talented;

билүү I whetstone, hone; grinder;

билүү II (interr. particle): тэр ирэх ~ ? is he coming? чамд шүдэнз байгаа ~ ? do you have a match? мэдэх ~ ? do you know?

билүүдэ|х to whet, hone; to grind with a hone/whetstone; to wet, sharpen;

билчир intersection; crossing;

билчээр pasture, grazing-ground; хонины ~ sheep-walk, sheep-run; ~т гаргах to drive cattle to pasture;

бин I scone, small cake;

бин II : ~ битүү tightly closed;

биологи biology;

биохими biochemistry;

битгий (with imperatives) don't: stop it, let it alone; ~ мартаарай! don't forget! ~ хэл! don't say! ~ яриарай don't talk; ~ тэрнийг уншаарай don't you read it;

битүү closed, shut or covered; thick, dense; secret. latent; ambiguous; ~ манан dense fog; ~ ой dense forest; ~ сахал whiskers; ~ үг hint;

битүүдээ secretly, in secret;

битүүлэг ambiguous, unclear, dubious, equivocal; uncertain, doubtful;

битүүлэ|х 1. to seal off, wall up, close hermetically; to stop up tightly; 2. to exchange sth for sth; 3. to celebrate New Year's Eve;

битүүмжлэ|х to seal, seal with sealing wax; захиа ~ to seal (up) a letter;

битүүн last day of the year; New Year's Eve; the last day of a month, the last day before fullmoon;

битүүрэ|х to be closed, obstructed, stopped up; to be clogged;

бич(ин) ape or monkey;

бичиг 1. system of writing, script; ~ үсэг script; ~ үсэг үл мэдэх illiterate; ~ үсэг сайтай literate; educated; бичгийн ширээ desk; бичгийн цаас writing paper; тэр ~ муутай

his writing is illegible; түүний бичгийг уншихад тун хэцүү/ярвигтай his penmanship is difficult to read; бичгийн машин typewriter; бичгийн хүн man of letters; 2. document, official paper; notes, written statement; "~ баримтаа үзүүлнэ үү?" гэж цагдаа хэлэв "can I see your papers, please" said the policeman; албан ~ official paper; баримт ~ document; эх ~ original of sth written; тунхаг ~ manifesto; ~ үлдээх to leave a note; 3. literature, book; сурах ~ textbook;

бичиггүй illiterate, unlettered, unlearned, unschooled;

бичил micro-; ~ амин судлал microbiology; ~ уур амьсгал microclimate;

бичи|х to write, pen, put pen to paper, commit to paper; тэр гаргац муутай бичдэг he writes illegibly; бичиж авах to write down, note, make a note of; тодорхой ~ to write clearly; би түүнд өдөр бүр бичдэг байв I wrote to her everyday; хуулж ~ to copy, rewrite; тууж ~ to write a novel; бэхээр ~ to write in ink; хаяг бичиж авах to write down sb's address; ~ээ боль stop writing; тайлан ~ to write up a report;

бичлэг 1. writing, spelling; хүүгийн чинь ~ сайжирсан your son's spelling has improved; 2. a performance, speech, or piece of music that has been recorded; монголын эртний дуу хөгжмийн зарим ~ some recordings of early Mongolian songs and music;

бичмэл handwritten, manuscript; гар ~ copy, manuscript; ~ээр хэвлэх in italics, italicize; маш тод гар ~ very clear handwriting;

бичээч clerk, scribe, typist;

биш (relative negation) not, no; nor; other, different; цас орж байсан ч, тийм ч их хүйтэн ~ байв although it was snowing, it was not very cold; миний ном энэ ~ this is not my book; тэгэхээс ~ there's no alternative; юу ч ~ nothing;

бишгүй much, a lot, a great deal; би таны тухай ~ сонссон I've heard a lot about you;

бишгүүр a woodwind instrument; бадралт баг ~ organ (mus.);

бишрэл religious faith; belief; reverence for, veneration of; ~ төрөх to revere, venerate; сүсэг ~ superstition; шүтлэг ~ religious faith;

бишрэ|х to have faith, believe; to revere, adore, venerate; to worship, to wonder at, be amazed; гайхан ~ to wonder at;

28

бишүүрхэ|х *to be shy or bashful;*

бог : ~ мал *sheep and goats, the so-called "small cattle";*

богд *holy, saintly, divine;*

богино *short;* ~ хугацаа *short period;* ~ хугацааны *short-term;* ~ нуруутай *of short stature;* ~ долгион *short wave;* ~ ухаан *limited intelligence;* ~ өмд *shorts;* ~ өгүүллэг *short story;*

богинодо|х *to be too short;*

богиносо|х *to get shorter; to shorten, shrink;* өдөр богиносож байна *the days are getting shorter;*

богинохон *rather short;*

богт : ~ чөмөг *radius;*

богтло|х *(obs.) to betroth to; to marry a woman;*

богтос *radius;*

богц *saddle bag;* аяны ~ *travelling bag;*

богцло|х *to put sth in a travelling bag or saddle bag;*

богши|х *(of tea, broth) to become too strong or thick in cooking;*

бод *horses, camels and cattle, the so-called "large cattle"; accounting unit for livestock:* one camel=2 бод; *one horse, cow or bull=*1 бод; *five to seven sheep=*1 бод; *seven to ten goats=*1 бод;

бодгаль *individual;*

бодис *object, physical body, matter, substance;* ~ зүй *physics;* түмэн ~ *material nature;* ~ын солилцоо *metabolism;* тэсрэх ~ *explosives;*

бодит *material, real;* ~ ертөнц *material universe;* ~ цалин *real wages;* ~ байдал *reality, a matter of fact;*

бодлого *thought; (arithmetical) problem; policy; politics; conception; concept;* тоо ~ *arithmetic;* ~ бодох *to solve a problem;* гадаад ~ *foreign policy;* улс төрийн ~ *politics;*

бодлогогүй *thoughtless, rash, reckless, unconsidered; groundless, baseless;*

бодлогошронгүй *preoccupied;*

бодогдо|х *to seem, be considered; to think of;*

бодол *thought, thinking, idea, meditation; intention, conception;* санал ~ *opinion;* санаа ~ *idea, intention;* ~ эргэцүүлэл *reflection, meditation, thought;* ~ болох *to become thoughtful, be deep in thought;* миний

бодлоор бол *to my mind;*

бодолгүй *dull, obtuse; not thought out, rash;*

бодолтой *thinking; carefully thought out;*

бодолхийлэ|х *to ponder, meditate over, brood over; to be lost in thought;*

бодолцо|х *to take into consideration, bear in mind; to think together;*

бодон *wild boar;*

бодо|х 1. *to think about/of, consider, reflect upon, ponder;* ургуулан ~ *to imagine;* сэтгэн ~ *to be quick to figure things out; to be quick-witted;* тунгаан ~ *to think over;* **2.** *to compute, count, calculate, estimate;* тоо ~ *to solve an arithmetic problem;* тооцоолон ~ *to calculate, compute;*

бодрол *thought, reflection;*

бодь *enlightenment, saintliness;* ~ сэтгэл *mercy, clemency;* ~ гөрөөс *unicorn;* бодий нь хөтлөх *to kill;*

бойжилт *growth, physical development;*

бойжи|х 1. *to grow up, become mature or of age;* **2.** *to prosper, thrive, develop;*

бойжуула|х *caus. of бойжих; to raise, grow, bring up; to breed;* хүүхэд өсгөн ~ *to raise a child;* төл ~ *to breed young animals;*

бойтог *fur-lined overshoe; boots worn by babies;*

бокс *boxing;*

боксчин *boxer;*

бол 1. *imperative form of the verb болох;* чи багш бол! *you be(come) a teacher!* **2.** *am, is, are; as for, if;* Дорж ~ багш *Dorj is a teacher;* би ~ оюутан *I am a student;* түүнийг явахгүй ~ би явна *if he doesn't go, I will;* хэн ч ~ *anyone (you like), whoever you like, no matter who;* юу ч ~ *anything (you like), whatever you like;*

болбол 1. *am, is, are;* **2.** *if; if possible, in case; as regards;*

болгон 1. *each, every;* сар ~ *every month;* тэр ~ *all the time;* хүн ~ *everyone;* **2.** *as, in the role; function, form, or capacity of;* бэлэг ~ *as a gift/present;* жишээ ~ *as an example;*

болгоомж *caution, care, circumspection, wariness; foresight;* анхаарал ~ *attentiveness, carefulness;* болгоомжтой байгаарай! *look out! watch out! take care! be careful!*

болгоомжгүй *careless, heedless, inattentive, imprudent;*

болгоомжлол *care, caution, precaution;*

болгоомжло|х *to be careful; to beware of;*

to mind, be wary of; to avoid;

болгоомжтой careful, cautious, circumspect; having foresight; ~ явах to watch one's step; ~ бай beware, be careful;

болгоо|х **1.** (obs.) to deign to, be pleased to; **2.** to be circumspect, act with care, beware of;

болго|х **1.** to turn into, convert into; цагаан ~ to whiten; сайн ~ to improve; жүжгийг кино ~ to turn a play into a film; түүнийг элчин сайд болгов they made him ambassador; **2.** to prepare; to cook until done; to cure; цай ~ to make tea; өвчтөнийг эрүүл ~ to cure a patient; ном ~ to prepare a book for publication; **3.** to wait until sth happens; to put off; тэмцээнийг хойшлуулж мягмар гаригт болгов the match has been put off till Tuesday;

болд steel;

болжмор lark;

болзол terms, provisions; agreement; ~ тавих to conclude an agreement;

болзолт agreed-upon, prearranged; conditional, provisional;

болзоо(н) rendezvous; appointment, date; agreed time, appointed place; хайрын ~ rendezvous; ~ тавих to fix or make an appointment with;

болзо|х to agree upon a date, time or place, make an appointment;

болзошгүй probably; indefinitely; possible, possibly; cannot be predicted;

болиула|х to cause to stop doing sth, cease; to dissuade from;

боли|х **1.** to stop doing sth, cease action, give up; ажлаа ~ to stop working; **2.** to worsen, become worse; to age;

болмоор possible, feasible; acceptable; идэж ~ edible; уншиж ~ readable;

боловсон civilized, cultured; ~ зантай cultured, kind, gracious; ~ хүчин cadres, staff;

боловсрол education; knowledge, skill, erudition; соёл боловсрол culture and education; сургуулийн ~ school education; би дээд ~гүй I never had a university education; оюуны/ёс суртахууны ~ intellectual/moral education; мэргэжлийн ~ proffessional education; дунд ~ secondary education; бага ~ primary education; ерөнхий ~ general education; ~ын яам the Ministry of Education; сайн ~ эзэмшихоолж авах to have/receive a good education;

боловсролтой educated, trained; schooled;

боловсронгүй well-trained, educated; cultured; highly developed; sophisticated, advanced;

боловсро|х to ripen, mature; to advance, develop; to become educated;

боловсруулаагүй uncultivated, untilled; unprocessed;

боловсруула|х caus. of боловсрох; to work, treat, process; to till, cultivate; to work up/out, put in final form; to refine, perfect; арьс шир ~ to process leather; мэдээлэл ~ to process information; хөрс ~ to cultivate soil; химийн бодисоор ~ to treat sth with chemicals; онол ~ to work out a theory; төлөвлөгөө ~ to work out a plan; бид хэлэх үгээ бодож ~ хэрэгтэй we must work out what we want to say; газрын тос ~ (of oil) to refine;

болов уу (interrogative word): тэр ирэх ~ ? is he coming?

боловч although, though, even if, but; тэр өндөр настай ~ бие эв эрүүл he is perfectly healthy though he's old; хэн ~ whoever it may be; анохе, anybody; хэдий тийм ~ however that may be; in any case;

бололтой it seems, it appears, most likely; эмэгтэй үнэхээр өвдсөн ~ it seems that she is really ill;

бололцоо possibility; potential; chance; арга ~ possibility; нөхцөл ~ conditions; нөөц ~ reserves, potential; ~той болох to become possible;

боломж possibility; opportunity, chance; арга ~ means; ~ алдах to miss or let slip an opportunity; ~ийг ашиглах to take the opportunity to; надад ~байсангүй I didn't get the opportunity to; аятай ~ийг харах to await one's opportunity;

боломжгүй impossible, not feasible;

боломжтой possible, feasible; having a possibility or chance;

болор crystal; rock crystal; ~ бие lens of the eye; дарсны ~ жүнз a crystal wine glass;

боло|х **1.** to become, get; to change into, turn into; to be; to come; хар ~ to become black; return to secular life; эрүүл ~ to become healthy; алга ~ to disappear, vanish; чулуу ~ to turn to stone; мөс ~ to freeze, become numb; хир ~ to get dirty; мах ~ to be exhausted; мохоо ~ *to become dull;* муу ~ *to worsen, become worse;* сайн ~ *to get better;* хэнхэг ~ *to be very active;* хэвшил ~ *to be or get used to;* багш ~ *to become a teacher;* баян ~ *to become rich;* гэр бүл ~ *to get married to;* богиню ~ *to get short;* өр ~ *to get into debt;* гарз ~, хохирол ~ *to have a loss;* шорвог ~ *to put too much salt in;* танил ~ *to become acquainted with;* харанхуй ~ *to get dark;* хавар ~ *(of spring) to come;* тус ~ *to give a helping;* өөр ~ *to be changed;* халуун ~ *to become hot;* сэтгэлтэй ~ *to fall in love with;* **2.** *to mature, ripen; to be cooked; to be burnt;* жимс ~ *(of berry) to mature;* болсон мах *cooked meat;* энэ тахианы мах сайн болсонгүй *the chicken isn't cooked enough;* **3.** *to acquire, gain possession of;* малтай ~ *to acquire livestock;* туршлагатай ~ *to gain an experience;* шинэ найз нөхөдтэй ~ *to acquire new friends;* ач хүүхэдтэй ~ *to acquire a new grandchild;* **4.** *to happen, take place, occur;* хурал ~ *to have a meeting;* юу болов? *what happened?* **5.** *it is possible; feasible; it is permissible, one may;* аль ~ *as... as possible;* явж ~ уу? *may I(we) go?* орж болно! *come in!* уншиж ~ *readable;* хийж ~ *feasible;* давж ~ *surmountable;* **6.** *on account of, because of;* чимээ шуугианаас болж унтаж чадахгүй байх *to be unable to get to sleep because of the noise;*

болохгүй *it is impossible, one cannot; it is forbidden, one may not;* хэлж ~ *it is impossible to say, one cannot say;* тамхи татаж ~ *smoking is forbidden;* ...болохгүй юу *can't you...? couldn't you...?* дуугаа аядаж ~ юу? *can't/couldn't you be a little more quiet?*

болохуйц *fit for, useful; as...as possible;* уух ~ ус *drinkable water, fit for drinking;* аль ~ их *as much as possible;* аль ~ түргэн *as soon as possible;*

болтол *till, until;* үдэш ~ *till night;*

болхи *clumsy, awkward; slow, inert; rough, crude;*

болц *ripeness, maturity;*

болцуу 1. *blunt horn arrow tip used in target shooting;* **2.** *onion; anything onion-shaped; bulb;* ~т ургамал *bulbous plants;*

болчимгүй *imprudent, rash, incautious, thoughtless;* ~ хүн *light-minded person; frivolous person;*

болшгүй *impossible, unfeasible; unattain-* able for; нөхөрлөж ~ хүн *unapproachable person;*

больниц *hospital;*

бондгоно|х *(for small round objects) to move repeatedly;*

бондгор *round, chubby;*

бондой|х *to be roundish, rather chubby; to be knotty, protruding;*

боов *pastry, cookie, flat cake;* нарийн ~ *pastry, confectionery;* чихэр ~ны үйлдвэр *confectionery;* таван салаа ~ өгөх *(for children) to strike with the palm, beat (as corporal punishment); spank, slap;*

боовчин *confectioner, pastry-cook;*

боогдол *restriction, hindrance, obstruction; difficulty, impediment;* саатал ~ *hindrance, hitch;* гачигдал ~ *necessity, impediment;*

боогдо|х *to be hindered, meet with obstacles; to be in a difficult position;*

боогдуула|х *caus. of боогдох; to hinder, impede, obstruct;*

боогч *make-up man;*

боодол *wrapping, package, parcel;* ~ торго *roll of silk;* боодлын цаас *wrapping paper;* боодлы нь тайлаарай *remove the dressings, please;*

боол *slave; bondsman, serf;* хөзрийн ~ *knave;* ~ болгох *to enslave;*

боолт *bandage; cord, band; wrapper;* уяа ~ *cord, band;* цэвэрхэн ~ хийх/тавих *to put on a clean dressing;*

боолчлол *slavery; bondage, servitude, enslavement;*

боолчло|х *to enslave; to live as a slave or serf; to oppress;*

боомило|х *to strangle, throttle;* боомилон алах *to put to death by strangling;* боомилж үхэх *to die by hanging, hang oneself;*

боомт 1. *barrier, barricade; hindrance, obstacle;* саад ~ *barrier, barricade;* ~ гэтлэх *to pass a hurdle;* **2.** *harbour, port; custom post;* далайн ~ *harbour, sea port;* хилийн ~ *customs post;*

боорцог *a kind of pastry resembling a cookie fried in butter;*

боос *pregnant (applied to animals only); in foal (horses); in calf (cows);*

боо|х 1. *to bind; to tie; to wrap; to roll sth up in;* цаасанд ~ *to roll sth up in paper; to bandage;* шарх ~ *to bandage a wound;* хүзүүгээрээ ороолт ~ *to wrap a scarf round* one's neck; **2.** to strangle, choke, throttle; боож үхэх to strangle oneself; энэ зах хоолой боож байна this collar is strangling me; **3.** to restrict, stint; мөнгөөр ~ to stint sb of money; **4.** to bar, block, obstruct;

бооцоо wager, stake, bet; ~ алдах to lose a bet; ~ тавих to place a wager, make a bet; **бор** gray, brown; ~ талх brown bread; ~ харцага a gray falcon; ~ царайтай swarthy, dark complexioned; ~ шувуу sparrow;

борви Achilles tendon; ~ бохирохгүй ажиллах to work without letup;

боргио rapids, cascade; white water;

борго|x to bark fiercely; боргодог нохой a fierce dog;

боргоцой pinecone; хан ~ pineapple;

боргоши|x (of children) to grow up; to become strong; to harden;

бордоо feed, fodder; manure, fertilizer; хиймэл ~ artificial fertilizer; химийн ~ chemical fertilizer; малын ~ feed, fodder;

бордо|x to fatten animals; to feed; to fertilize, manure; өтөг бууцаар ~ to cover with/ spread manure;

боржин granite;

борлог grey, greyish;

борлон a year-old goat;

борло|x **1.** to become tanned, brown, sunburnt; **2.** (of meat) to become or appear slightly cooked; **3.** to become strong, harden, get fit; **4.** to sell, realize, exchange or trade for money;

борлуула|x to sell, resell, turn over in trade;

бороо(н) **I** rain; ~ шиврэх to drizzle; ~ орох to rain;

бороо **II** bony growth;

борооло|x (of bony growth) to form;

бороохой stick, truncheon, club;

бороохойдо|x to hit with a stick club or truncheon or to bludgeon;

борооши|x to become or turn rainy;

бортго **1.** cylinder; **2.** small wooden bucket/ pitcher;

борц meat cut in strips and dried, jerky;

борцло|x to prepare jerky, cut meat in strips and dry it in the air;

босго(н) threshold, doorstep; ~ алхах to step/cross over the threshold;

босго|x to raise, lift, erect, make stand up; to assist in escaping or deserting; to get sb up; хүүхдийг сэрээж ~ to get the baby up; хөл дээр нь ~ to restore, reconstruct; to recover one's health; тоос ~ to raise a cloud of dust; байшин ~ to erect a house; хашаа ~ to erect a fence;

босгуул fugitive, escaped convict;

бослого revolt, rebellion, uprising, insurrection;~ гаргагч rebel, mutineer;

босоо standing upright, erect, vertical, up and down, perpendicular; ~ шугам vertical line;

босо|x to stand up, get up, rise; to rise up (in revolt), rebel; to escape, desert; эрт ~ to get up early; хөл дээрээ ~ to get up by oneself;

ботго young camel in the first year;

ботголо|x (of camel) to bear young;

боть volume; нэгдүгээр ~ volume one;

бохир dirty, untidy, filthy; ~ ус dirty water, sewage;

бохирдо|x to get dirty, be polluted;

бохирдо|x to soil, make dirty, foul, defile;

бохиро|x to bend the knees;

бохисхий|x to bow, bend the knees; to have a short rest;

бохь **I** the tars that collect in pipes;

бохь **II** chewing gum;

бошинз long shirt, kind of gown;

бөгж ring; metal band, hoop;

бөгжле|x to enclose in a ring, place a hoop, cramp or clamp around sth;

бөглөө cork, stopper, plug; үйсэн ~ cork;

бөглөөс stopping up, filling up; plug; шүдний ~ filling for a tooth;

бөглөрө|x to be(get) stopped up, obstructed, blocked; to choke, be suffocated by;

бөгле|x to plug up; to stop up; to block; to cork; нүх ~ to stop up a hole; ам ~ to do just anyhow; лонх бөглөөгөөр ~ to cork a bottle; чихээ ~ to stop one's ears; өр ~ to pay off a debt; зам ~ to block the way; орон тоо ~ to keep a vacancy;

бөглүү remote, distant, far, far-off; ~ газар out-of-the-way place;

бөгөөд and; тарган ~ намхан fat and short;

бөгс back, rear; behind, backside; rump, buttocks; (sl.) arse; тэр бөгсөөрөө унав he fell on his behind;

бөгтий|x to bend, bend over; to stoop, slouch;

бөгтөр hunchbacked, humpbacked;

бөгцгөнө|x (of a stooping person) to move;

бөднө quail;

бөлгөө *is(are), was(were);* хамт суух ~ *we live together;*

бөлций|х *to swell, be puffed up;*

бөмбийлө|х *to caress, cuddle, pamper; to tidy up; to roll up into a ball;*

бөмбөр(өн)' *ball;* гар ~ *volleyball;* сагсан ~ *basketball;* хөл ~ *football, soccer;* одон ~ *table tennis;* атомын ~ *A-bomb;* бөмбөгөн цахилгаан *ball lightning;*

бөмбөгдөгч *bomber; bombardier;* ~ онгоц *fighter(aircraft);*

бөмбөгдө|х *to bomb, bombard; bombing, bombardment;*

бөмбөгнө|х *(of a round object) to move; to shake or tremble with fear;* айж ~ *to tremble with fear;* даарч ~ *to tremble with cold;* бөмбөгнөтөл чичрэх *to tremble all over, be in a tremor;*

бөмбөгөр *ball-shaped, vaulted, spherical, globular; cupola-shaped;*

бөмбөлөг *sphere, globe, balloon; droplet;* агаарын ~ *balloon;*

бөмбөр *drum;* ~ дэлдэх *to beat a drum;*

бөмбөрдө|х *to beat a drum; to drum;*

бөмбөрө|х *to roll down;* өвсөн дээр ~ *to roll on the grass;* эмэгтэйн нулимс хацраа даган бөмбөрөв *tears rolled down her cheeks;*

бөмбөрцөг *sphere; globe;* дэлхийн ~ *the globe;* ~ хэлбэртэй *spherical;* бөмбөрцгийн зүүн хагас *east global hemisphere;* бөмбөрцгийн баруун хагас *west global hemisphere;*

бөмбөрчин *drummer;*

бөндгөр *spherical, round;*

бөндий|х *to become round; to appear rounded;*

бөндөгнө|х *(of a round object) to move; to fuss, bustle about;*

бөнжигнө|х *(of a round object) to shake or sway;*

бөнжий|х *to become ball-shaped;*

бөө *shaman;* бөөгийн мөргөл *shamanism;* ~ буух *(of a shaman) to evoke spirits;*

бөөгнөрөл *crowd; accumulation; conglomeration, concentration;*

бөөгнөрө|х *to accumulate, pile up, build up; to crowd round, get together; to concentrate;* улс амьтан ~ *to crowd, get together;*

бөөгнөрүүлэ|х *to (cause to) accumulate, pile up, collect; to concentrate;* юм хумаа ~

to get one's things together;

бөөгнө|х *to gather, group; to pile up; to crowd;*

бөөлжис *nausea, vomiting; vomit;* ~ хүрэх *to feel sick, nauseated;*

бөөлжи|х *to vomit;* цусаар ~ *to vomit blood;*

бөөлө|х *to shamanize; to evoke spirits with the shaman's drum;*

бөөм *lump; clod; corpuscle; nucleus;* цусны улаан ~ *erythrocites (red blood cells);* цусны цагаан ~ *leukocytes (white blood cells);*

бөөн *pile, heap; heaps of, lots of;* ~ хүн *crowd;* ~ мөнгө *heaps of money;*

бөөндө|х *to sell or buy wholesale;*

бөөнөөр *in a mass, in heaps; wholesale;* ~ худалдах *to sell wholesale;*

бөөр *kidney; side;* эрхиний ~ *large beads in rosary;* ~ний эмч *urologist;*

бөөрөнхий *round, spherical, globular, rounded;* бөв ~ *too round;* ~ шийдвэр *a vague decision;*

бөөрөнхийлө|х 1. *to make round, round off;* 2. *to lack conviction, be irresolute; to equivocate, hedge;* 3. *to put one's affairs in order;*

бөөс *louse;* нохой ~ *flea;*

бөөстө|х *to become infested with lice;*

бөөцийлө|х *to care for, nurse, look after;* хүүхэд ~ *to take care of child;*

бөртөлзө|х *to be seen or loom up in the dark or at a distance;*

бөс *textiles; cotton, cloth;* ~ бараа *textiles;* ~ гэр *a tent;* ~ барааны үйлдвэр *textile factory;*

бөх I *wrestler;* ~ барилдах *to wrestle;* ~ийн барилдаан *wrestling match;* ~ийн засуул *a wrestler's second;* ~ийн давaa *wrestling round, wrestling victory;* ~ амлах *to challenge an opponent in wrestling;* ~ засах *to act as a coach in wrestling;* ~ийн бай *prize awarded in wrestling match;*

бөх(өн) II *hump;* тэмээний ~ *hump of a camel;* хоёр ~тэй тэмээ *two-humped camel, Bactrian camel;*

бөх III *strong, solid, firm;* ~ зүрхтэй *fearless, intrepid;* нүүр ~тэй *shameless; brazenfaced;* амь ~тэй *tenacious of life;*

бөхий|х *to bend down, lean over, bow, stoop; to kowtow to;*

бөхөлзө|х *to bend or bow frequently;* бөхөлзөж нахилзах *to kowtow to;*

бөхөн(г) *a variety of antelope, saiga;*
бөхөө|х *to extinguish, put out;*
бөхө|х *to go out, be extinguished;*
бригад *brigade; work team;*
бувтнах *to mutter;*
буг *evil spirit, vampire; ~ чөтгөр devil;*
буга *male deer, stag;*
бугалга *humerus;*
буглаа *abscess, boil;*
бугла|х *to fester, become infected and swollen;*
бугуй *forearm; ~ н цаг wrist watch;*
бугуйвч *bracelet; wristlet; circlet; алтан ~ a gold bracelet;*
бугуйл *lariat, lasso;*
бугуйлда|х *to catch with a lasso;*
Буд *the planet Mercury; Wednesday;*
будаа *grain; groats, grits; cooked cereal; porridge; тариа ~ grain cereals; цагаан ~ rice; хүүхдийн ~ farina; шар ~ millet; бусдаас будаа идэх to crib (sth) (from/off sb);*
будаг *dye, paint, colouring, pigment; будгийн үе/ давхарга a coat of paint; уруулын ~ lipstick; усан ~ water-colours;*
будагчин *painter (a person who paints things);*
будан(г) *mist, haze;*
буданта|х *to become hazy or misty;*
буда|х *to paint, dye, colour; алтаар ~ to gild;*
Будда *the Buddha;*
буддизм *Buddhism;*
будлиан **1.** *muddle, confusion, disorder, trouble; mess, tangle; ~ хутгах to muddle;* **2.** *conflict, incident, disagreement; ~ өдүүлэгч provocateur; хилийн ~ frontier or border incident;*
будлиангүй *unquestionable, incontestable, indisputable; unmistakable;*
будлиантай *tangled, intricate, complicated, involved;*
будлиантуула|х *to confuse, complicate;*
будли|х *to get into a muddle, mix up, be(get) mixed up;*
будмал *painted, dyed, coloured, doubled;*
будра|х *(of rain) to fall in squalls; (of snow) to fall in flurries;*
бужигнаан *bustle, hurly-burly, confusion, fuss;*
бужигна|х *(of dust) to rise; to be confused or bewildered; to bustle; to swarm; to seethe;*

бужигнуула|х *to cause confusion; to cause to rise in clouds or swirls; тоос ~ to raise dust;*
бузамгайрха|х *to boast of one's strength; to consider oneself strong or robust;*
бузар **I** *dirty, soiled, untidy, grubby; sordid; filthy; disgusting; repulsive; abominable, infamous; ~ булай filth; ~ буртаг dirt, filth; ~ явдал infamous or abominable act;*
бузар **II** *very, awfully, terribly; ~ олон very much or many; ~ сайн very good;*
бузарда|х *to be dirty, soiled or defiled;*
бузарла|х *to soil, stain, defile; to tarnish; to desecrate; to bring dishonour;*
бузарта|х *to become dirty, defiled, desecrated;*
бузгай *quite good, fair;*
бузгайрха|х **1.** *to act or behave haughtily;* **2.** *to pretend to be a good person;*
буй *is, are, exist(s), existing; have, see also бий;*
буйд *distant, far-off, remote, secluded; зэлүүд ~ virgin, wild; ~ нутаг far-off land;*
буйдан *sofa, settee;*
буйл **1.** *wooden peg put through the nose of camel to which the lead rope is fastened;* **2.** *(anat.) gum;*
буйла|х **I** *(of camel) to bellow;*
буйлах **II** *(of drinks) to become strong/fortified;*
буйр **I** *home or camp site; imprint, trace; foundation, base; dwelling place for dismounting; гэрийн ~ ground on which a гэр is erected;*
буйр **II** *solidity, reliability, respectability;*
буйртай *respectable, solid, serious, reliable, sedate; ~ хүн reliable person;*
бул *hub of a wheel; stone roller for husking grain, mill stone;*
булаалда|х *to quarrel, dispute, argue; to fight over something; ам ~ to argue;*
булаа|х *to take, snatch away, rob; to wrest; булааж авах to take away, seize by force, usurp;*
булаалцалда|х *to quarrel, fight over; to debate; to (try to) snatch something away from one another; to grab; to seize; цэц ~ to try to win an arguement;*
булаг *spring; эх ~ origin, source;*
булагна|х *to be secretive; санаа нийлж ~ to come secretly together, be hidden secretly;*

булай *vile, foul, unclean; abominable, disgusting;* бузар ~ *filth;* ~ амьтан *vile creature;*

булан(г) I *corner, angle, nook;* өнцөг ~ *corner; part, morsel;* өнцөг ~ бүрд *everywhere, here/there and everywhere;* ~ тойрон *round/ around the corner;*

булан(г) II *bay; gulf;* Персийн ~ *the Persian Gulf;*

булбарай 1. *tender, frail, soft; plump, chubby;* 2. *infantile;* ~ хүүхэд *infant;*

булга(н) *sable;* ~н малгай *sable hat;*

булга *(adverbial particle with the meaning of out or completely):* ~ татах *to pull out by the roots; uproot;*

булгала|х *to detach, sprain, dislocate, break off at the root or at a joint; to pull out;*

булгара|х *to be disjointed or dislocated;*

булгила|х *to palpitate, beat, pound;*

булги|х *to buck, kick; to throw a rider;*

булдруу *lump, bump;*

булзаара|х *to evade, avoid, elude, dodge;*

булзааруула|х *to get out of; to divert someone's attention;*

булза|х *to evade, avoid, shun, elude;*

булиа *strong, powerful, husky, brawny;* ~ эр *brawny fellow;*

булингар *turbid, unclear, muddy; opacity; turbidity; dullness; mixed with blood;*

булингартай *turbid, dulled muddy; opaque; cloudy;* ~ шар айраг *cloudy beer;*

булингарта|х *to become turbid;*

булт *all, whole;*

бултаараа *all, completely;*

бултайлга|х *to show something partially;* хэлээ ~ *to stick out one's tongue;*

бултай|х *to stick out, appear, lean out; to be revealed;*

булта|х *to dodge, sneak or slip away; to shun, shirk;*

бултгана|х *to emerge or peer out from time to time;*

булуу(н) 1. *lump on the body;* 2. *thick end of a marrow bone;* 3. *mishap, harm, misfortune; burden;* толгойдоо ~ хураах *to burden oneself;*

булхай *ruse, deceit, cheating (especially in games) dishonesty;* ~ гаргах *to cheat;*

булхайла|х *to swindle, cheat;*

булхайца|х *see* булхайлах;

булхайч *swindler, cheater;*

булха|х 1. *to rinse;* 2. *to abound, be rich in, be well supplied flush;*

булцгар *plump, chubby;*

булчин(г) *muscle, calfmuscle;* гарын ~ *biceps;*

булчирхай *gland; ganglion; lumph;* ~ сочих *to have a swollen gland;* бамбай ~ *thyroid glands;*

булш(ин) *grave, burial-mound;* хэрэгсүүр ~ *burial-mound;*

булшлагч *grave-digger, burier;*

булшла|х *to bury, inter, put into a grave;*

бумба 1. *vase, urn, vessel, container;* 2. *suction cup;* ~ тавих *to apply suction cups;*

бурам *cane sugar;* цагаан ~ *powdered or granulated sugar;*

бурангуй *unjust, unfair; dishonest; vile;*

бурангуйла|х *to act in an ill-famed way;*

бурантаг *camel halter;*

бурантагла|х *to attach a halter to the nose plug of a camel;*

бура|х 1. *to foam, froth;* 2. *to babble, talk nonsense;*

бургас *willow grove or thicket;*

бургила|х 1. *to seethe, boil up;* 2. *(of a spring) to gush out, well up;*

бургуй *a piece of wire for cleaning a tobacco pipe; to use a catheter; syringe; catheter;*

бургуйда|х *to clean a tobacco pipe; to use a catheter;*

буржгар *curly, downy, fluffy;*

буржий|х *(of hair) to be curly;*

бурзай|х *to curl, twine, branch out;*

буриад *Buryat;*

буртаг 1. *dirt, filth;* 2. *afterbirth;*

буртагла|х *to defile, soil; to insult, abuse, vitiate, desecrate;*

буруу 1. *incorrect, erroneous, wrong, mistaken;* тэр ~ ойлгожээ *he understood it wrongly;* ~ зам *wrong way;* 2. *error, mistake, guilt, fault;* миний ~ *it is my fault;* ~гаа хүлээх *to admit one's guilt;* таны ~ байх шүү *I'm afraid you are mistaken;* 3. *left; left-hand side of a person or a riding animal;* ~ гар *left hand;* нар ~ *counter-clockwise; eastward;* морины ~ тал *right-hand side of a horse;*

буруула|х *to flee, retreat, run away or off, abandon;* нүүрээ ~ *to turn one's face away;*

буруутай *guilty; abnormal;*

буруутга|х *to blame, accuse, charge with,*

condemn;

буруута|х to make a mistake, be to blame;
буруушаал blame, censure, condemnation; rebuke, reprimand; charge, accusation;
буруушаа|х to reprove, rebuke; to accuse, condemn; to reproach; хөвүүдээ ихэд буруушаан зэмлэв she was exceedingly displeased with her sons;
бурхан the Buddha; an image of a Buddha; God; ~ багш Gautama Buddha; ~ болох to become a Buddha, an euphemism for "to die"; цагаан ~ smallpox; чамайг ~ өршөөг God be with you;
бурхангүй atheistic, godless; ~ үзэл atheism;
бурхи a male marmot of three or more years;
бурхира|х (of smoke or steam) to belch forth;
бус 1. other, another, other than; sundry, different; ~ хүн the other person; 2. not, is not; их ~ not big, not great; эндээс хол ~ not far from here; хууль ~ illegal, unlawful;
бусад the others, the rest; except, apart from, other, besides;
бусга|х (of a horse) to shy;
бусниулагч wrecker, saboteur, thug, ruffian, vandal;
бусниула|х to raid, sack, loot; to ravage, ruin; амийг ~ to poison sb;
бусни|х to be destroyed or ruined; амь ~ to lose one's life;
бут I bush, brushwood;
бут II (adverbial particle) in (to) fragments or pieces, completely; ~ нүдэх to pound, crush into pieces; ~ цохих to smash completely;
бутархай sparse, scattered; straggling; dispersed, crumbled, crushed; ~ тоо fraction (math.) ~ мөнгө small change;
бутач illegitimate child, bastard;
бутла|х I to scatter, disperse, crush into pieces; to change money into smaller denominations;
бутла|х II to grow in bushes;
бутра|х to break into pieces, smash to pieces; to disperse themselves;
буу rifle, gun, carbine, shotgun, firearm(s); ~ буудах to fire a gun, shoot with a gun; ~ тийрэх to kick back; ~ зэвсэг firearm(s); ~ шуу gun barrel; бууны ам muzzle; ~ны бөгс rifle butt; ~ны гох cocking-piece, hammer of a gun; ~ны

гэр holster; ~ны замаг breechblock; ~ны хараа gun sight; гар ~ pistol, revolver;
буудагч marksman, infantryman, gunner; мэргэн ~ good or crack shot, sniper;
буудай •wheat; ~н гурил wheat flour; улаан ~ wheat;
буудал the act of alighting or coming to the ground or shore; stop, camp, landing stage; аянчны ~ inn; хээрийн ~ a camping-place; зочид ~ hotel; нисэх онгоцны ~ airport; төмөр замын ~ railroad station;
буудалца|х to shoot together or simultaneously; to shoot at each other;
бууда|х to shoot, fire at or on, shoot at with firearm(s); бай ~ to shoot at a target; буудан алах to kill by shooting; буудан унагах to shoot down; нам буудуулах to be shot dead;
буудлага shooting, firing; shooting practice; shooting-range; буудлагын газар shooting gallery;
бууз a kind of steamed meat dumpling;
буулга|х to cause to come down or step down; to let down, lower; to unload; ачаа ~ to unload; бэр ~ to take/bring home a bride; to marry; доош нь ~ to bring down; зураг ~ to copy a photograph; гэр ~ to take down a гэр; буулган бичих to copy, rewrite, transcribe; бараа тавaap ачих ~ (ажил) the loading and unloading of goods; үнэ ~ to discount, reduce the price; тушаалаас ~ to dismiss from office;
буулт concession, compromise; ~ хийх to yield; concede, agree to a compromise;
буур camel (not a gelding camel);
буурай I weak, feeble, frail; poor; undeveloped; дорой ~ weak; бага ~ үндэстэн a powerless nation;
буурай II grey, greyhaired, white-haired, gray; ~ аав grandfather; ~ эмгэн a greyhaired old woman;
буурал I depression; weakness; decline; decay; degradation, degeneration; ~ сүйрэл failure, ravage; ~ доройтол depression, weakness; degradation;
буурал II grey, gray, grey-haired; ~ үс gray hair; ~ үнэг polar fox; ~ морь roan horse; цал ~ too grey, snow-white;
буурдалта|х to become grey; to shine like silver; to grow gray;
буура|х to fall, drop; to diminish, begin to fail; to come down; to decline, decay; үнэ ~ a

fall in prices;

буу|х **1.** *to descend from, drop, come down; to step down, dismount;* мориноос/тэмээнээс ~ *to dismount from a horse/camel;* манан бууж байна *it's misting;* шатаар ~ *to go or come down the stairs;* үсэрч ~ *to jump down;* **2.** *to encamp, settle down;* манайх энд буусан *we have settled down here;* **3.** *to touch down, land on, alight; to stop by;* пуужин саран дээр буув *the rocket landed on the Moon;* **4.** *to surrender;* бууж өгөх *to surrender;* татан ~ *to disband, break up;* цалин ~ *to receive one's wages;*

буухиа *special messenger, courier;* ~ өртөө *relay posts established by imperial command;* ~ галт тэрэг *express train;* ~ элч *courier;*

бууц **1.** *site, camp site;* **2.** *manure, dung;*

буфет *buffet; snack-bar;*

бух *bull;* ~ тэрэг *locomotive;* сайн үүлдрийн ~ *pedigree bull;* хөх ~ *grey bull; titmouse;*

бухал *haystack, hayrick, strawrick;* ~ өвс *haystack, hayrick;*

буха|х **1.** *(of a saddle animal) to throw its rider;* **2.** *to transfer blame to others;*

бухда|х *(of a bull) to cover a cow;*

бухимдал *despair; anger; hopelessness;*

бухимда|х *to be in despair; to be nervous; to be chagrined, grieved, upset;*

буцаа|х *to return, let return, give back;* буцааж өгөх *to give back;* буцааж хийх *to put back;*

буцалга|х *to boil;* буцалгасан ус *boiled water;* сүү буцалж байна *the milk is boiling;* ширгэтэл ~ *to boil down;* оргитол ~ *to boil over;*

буцалт *return;*

буцалтгүй *irrevocable, irretrievable; without returning;* ~ тусламж *disinterested assistance;*

буца|х *to return, go back; to go back on one's word;* буцах ирэх *to come back;* буцах амаа ~ *to go back on one's word;* ~ билет/тийз *return ticket;* ~ хаяг *return address;*

буцла|х *to boil, boil over; to cook;* хор шар ~ *to envy deeply;* уур ~ *to be angry;*

бушуу *quickly, rapidly, hurriedly;*

бушуула|х *to hurry, work or act hurriedly;* хүүхдээ бушуул гэж хэл *tell your son to get a move on;*

бушуухан *rather quickly or promptly; sooner;*

~ ир; тэр живж байна! *come quickly; he's drowning!*

буюу *or, either; is, are;* арга ~ *no other way, how else, no choice;*

буян *religious or moral merit; beneficence, charity, good deed;* ~ы үйлс *charity, philanthropy, beneficence;* заяа ~ *fortune, good luck;*

бүгд *all, everybody, in all; every, each; whole;* ~ хурал *plenum;* ~ найрамдах улс *Republic;* ~ийн хүчээр *with united strength;* юм ~ *everything;* айл ~ *an each family;* хүн ~ *everyone;* та ~ *you all, all of you;* би одоо тэр ~ийг сайн мэдэж байна *I know all about it now;*

бүгдээр *all together, in all;* бид ~ *all of us, we all;* ~ээ зэрэг битгий хариул *don't all answer together;* та ~ээ *all of you;*

бүгнэгдэ|х *to suffer from oppressive heat or sultriness;*

бүгчим *close, stuffy, sultry; stifling;* ~ халуун *oppressive or stifling heat;*

бүгчимдэ|х *to feel stuffy (from heat); to be nearly suffocate from heat;*

бүгэ|х *to hide, conceal; to lie in ambush;*

бүдрэ|х *to stumble over, trip over; to hesitate;*

бүдүүвч *sketch, scheme; diagram, layout; sketchy;*

бүдүүвчилсэн *roughly, sketchily; schematic, sketchy; estimate; primitive, oversimpflified;*

бүдүүлэг *crude, primitive, simpleminded; uncultured; backward;*

бүдүүн *large, big; fat, stout; corpulent; coarse, rough, crude;* ~ гэдэс *large intestine;*

бүдүүрэ|х *to grow fat, grow stout; to put on weight; to grow large;* дуу хоолой ~ *(of voice) to become deep;*

бүдэг *dim, dull, obscure, unclear, indistinct, vague;* ~ өнгө *subdued colours;*

бүдэгхэн *somewhat dark, dim or dull;*

бүжиг *dance, dancing;*

бүжиглэ|х *to dance;*

бүжигч(ин) *dancer;*

бүжин *leveret, young hare;*

бүл I **1.** *first cousins whose mothers are sisters;* **2.** *members of the same family;* ~ олонтой *having a large family;* ~ цөөнтэй *having a small family;* ам ~ *members of the same family;*

бүл II *power, strength;*

бүлбий|х *to lose taste, become tasteless;*

to weaken, become weaker;

бүлбэгэр tasteless, weak; delicate;

бүлгэм group, troupe, circle; society, guild;

бүлт (adverbial reinforcing particle) out; ~ цохих to knock out; ~ шахах to squeeze out;

бүлтгэр convex; bulging; ~ нүдтэй goggle-eyed;

бүлтийлгэ|х to goggle;

бүлтий|х to stare, (of eyes) to bulge out;

бүлтлэ|х to knock out sth protruding;

бүлтрэ|х to fall out;

бүлтгэнэ|х (of any round protruding object) to move repeatedly;

бүлүүр 1. churning staff, a wooden stick with a disk or cross pieces on the end for beating; 2. piston, plunger;

бүлх tendon, sinew;

бүлций|х (of eyes) to swell, be swollen;

бүлцэн having swollen eye-lids; goggle-eyed;

бүлэг 1. group, detachment, grouping; 2. chapter, paragraph, section; 3. clique, faction;

бүлэглэ|х to be divided into or to form groups, parts or sections;

бүлэ|х 1. to pierce, stab, spit; 2. to beat айраг or churn butter;

бүлээвтэр slightly warm;

бүлээн warm, lukewarm;

бүлээсгэ|х to make warmer, warm up;

бүлээсэ|х to become warmer, become somewhat warmer, warm up, grow warm;

бүлээцэ|х to become warm;

бүр each, every, each time; very, fully, completely, quite; once (and) for all; ~ сайн perfect, extremely good; ~ урьд long before; айл ~д in every family; хэлэх ~ each time I speak;

бүргэд eagle;

бүрдүүлэ|х to collect, assemble; to make complete, make up;

бүрдэл complement; collecting, making up into sets;

бүрдэ|х to complete, be(come) completed; to be filled with; to consist of;

бүрмөсөн entirely, completely; for ever, for good; ~ мартах to forget completely;

бүртгэгч someone who takes inventory; тоо ~ statistician;

бүртгэл account, registration; inventory, catalogue; census; тоо ~ statistics; ~ данс inventory, list;

бүртгэ|х to register, record; to take stock or inventory; to check, verify; to take account of; to list;

бүрхүүл cover, case, slip-cover; shell, envelope; дэнгийн ~ lamp shade;

бүрхэвч cover, enveloping layer; агаар ~ atmosphere; усан ~ hydrosphere; торлог ~ (med.) the retina; солонгон ~ the iris;

бүрхэг cloudy, overcast; ~ өдөр a gloomy day; өнөөдөр ~ байна it is cloudy today;

бүрхэ|х to cover; to become clouded; (of eyes) to become blurred;

бүрхээр cone-shaped wooden barrel used in distilling;

бүрэг vague, hazy, dim; shy, timid; ~ хүүхэд shy/timid child;

бүрэлгэ|х to waste, squander, ruin;

бүрэлдэ|х I to form, come into being; to be founded; to be completed, formed;

бүрэлдэ|х II to ferment, curdle; to coagulate; цус ~ of blood to curdle;

бүрэлдэхүүн composition, compound, make-up, structure; ~ хэсэг component or constituent (part); төлөөлөгчдийн ~д орох to be a member of the delegation;

бүрэн all, everything; a full set; completely, fully; ~ бүтэн safe and sound; ~ эрх authority; plenary powers; ~ эрхт төлөөлөгч plenipotentiary;

бүрэнхий twilight, gloaming, dusk; тасалгаан дотор ~, сэрүүхэн байв it was dim and cool in the room;

бүрэнхийлэ|х to darken;

бүрэ|х I to cover, envelop, upholster;

бүрэ|х II to add a ferment to warm milk so as to clot it;

бүрээ(н) trumpet, horn; ~ татах to blow a horn;

бүрээдэ|х to blow a horn;

бүрээс(эн) cover, case; upholster;

бүрээч(ин) trumpeter, horn player;

бүс belt, girdle, waist-band; belt, zone; ~эндээ on the front of the belt; аврах ~ life-belt; сэрүүн ~ (geogr.) temperate zone;

бүсгүй woman, girl, lass; ~ хүүхэд girl(s);

бүслүүр anything that encircles, ring, girdle, belt, hoop; zone; гэрийн ~ hair rope which encircles the гэр;

бүслэлт siege, blockade;

бүслэгдэ|х to be girded, surrounded;

бүслэ|х to gird, belt; to encircle; to be-

siege; to block; to blockade; to surround;
бүстэй man, male; ~ хүүхэд boy(s);
бүтэлгүй unsuccessful(ly), unlucky; unluck-
ily, unhappy; poor, unprosperous; ~ хэрэг an
unpleasant matter;
бүтэмжгүй unsuccessful(ly), impracticable,
unrealizable;
бүтэн whole, complete, full, entire, total;
safe; ~ биш half; ~ хагас one and a half; ~
долоо хоног the whole week; нар ~ барих
total eclipse; ~ сайн өдөр Sunday;
бүтэ|х I to be fulfilled, be possible, be real-
izable, be carried out successfully; to be
successfull;
бүтэ|х II to choke, suffocate, asphyxiate;
бүтэхгүй impossible, unfeasible, unrealiz-
able; bad, mean, base, ignoble; ~ хүн a good-
for-nothing person;
бүтэц structure, system, formation;
бүтээгдэхүүн product, production, output,
provisions, food-stuffs;
бүтээгч producer;
бүтээл works, creation, creative work; prod-
uct, output; invention; уран ~ artistic creation;
бүтээлч creative, productive, efficient; re-
sourceful, full of initiative;
бүтээлэг coverlet, bedspread, tablecloth,
any covering or lid; орны ~ bedspread;
бүтээмж productivity, output;
хөдөлмөрийн ~ productivity of labour;
бүтээ|х I to make, produce, construct, form,
create; to accomplish, carry out, bring to frui-
tion;
бүтээ|х II to cover, cover up; to put on a lid;
бүү particle not, don't, it is not allowed; энд
тамхи ~ тат! smoking is not allowed here! ~
яв! don't go!
бүүвэй a word used in lulling an infant to
sleep; ~н дуу lullaby, cradle-song;
бүүвэйлэ|х to lull or sing a child to sleep;
бүүр I completely, very, quite, for ever, eter-
nally; entirely; ~ эрт long before; ~ адилхан
absolutely similar; ~ хол very far; ~ их too
much, very great; ~ эцэст нь at the very end;
бүүр II pack of dogs or wolves; ring, gang,
band of conspirators; чонын ~ pack of wolves;
бүүрэг the upright pieces of wood at both
the front and back of a Mongolian saddle, ei-
ther the pommel or cantle;
бүх all, whole; general; the whole; ~ дэлхийн
world, world-wide; ~ хүн төрөлхтөн all man-

kind; ~ нийтийн ажил хаялт general strike;
~ ард түмний national, nation-wide;
бүхий 1. being, existing; having, possess-
ing; containing; being located at; энд оршин
~ амьтад animals existing in this place;
боловсрол ~ хүн an educated person; 2. all,
whole; ~ хүчээр ажиллах to work with all pos-
sible strength;
бүхэл one-piece, solid; whole; all; ~ зуутын
дэвсгэр a hundred unit bill (banknote) ; ~ тоо
whole number;
бүхэн all; every, each; хүн ~ everyone, every-
body, each person;
бүхээг cabin;
бүч string, cord, braid; ribbon, lace;
бүчи|х to gather round;
бүчлэ|х to tie up a cord;
бэгтрэ|х to become confused; айж ~ to
stiffen with horror, go numb with horror;
бэдрэ|х to look for, search for, seek;
бэдэ|х to wander, roam, rove, ramble;
бэл I capital, fortune, funds;
бэл II decorative cords hung from the belt
to which knife and flintcase are attached;
бэл III the foot of mountain ranges, lower or
middle slope of a mountain; уулын ~зэр past/
by the foot of a mountain; Зайсан толгойн ~д
at the foot of the Zaisan hill;
бэлбэрхий the heel bone of a horse, from
which the fetlock is hanging;
бэлдэ|х to prepare, make/get ready for
smth; to ready, equip with; to prepare, ready
or equip oneself; аянд ~ to arrange or plan a
tour; хүнс ~ to prepare food or provisions;
шалгалтанд ~ to prepare/read up for an ex-
amination;
бэлжи|х to become rich, accumulate wealth;
бэлтгүүлэ|х caus. of бэлтгэх; to cause/
permit to prepare or make ready;
бэлтгэгдэ|х to be made ready or prepared;
бэлтгэгч a person who prepares smth;
бэлтгэл preparation; training; reserves; pro-
visions; ~ ажил spade work; худалдаа ~ trade
and procurement; нөөц ~ reserves; ~ хийх to
make preparations; ~ цэрэг reserve troops;
бэлтгэ|х to prepare; qualify; get or make
ready; to train; шалгалтанд ~ to coach for an
examination; боловсон хүчин ~ to train spe-
cialists; би гар нүүрээ угааж, үсээ самнаж
явахад бэлтгэв I washed, brushed my hair
and got ready to go on a journey; оюутнуудыг

англи хэлний шалгалтад бэлтгэдэг курс *a course that prepares students for the English exams;* Чимгээ, бидэнд хоол бэлтгэж байна *Chimgee is preparing us a meal;*
бэлтрэг *wolf-cub;*
бэлтрэглэ|х *(of a she-wolf) to whelp, give birth;*
бэлхүүс *waist, loin;*
бэлхэн *ready, prepared; at hand; ready on/ at hand, very ready;*
бэлций|х *to become covered with blisters, swell;*
бэлцрүү *blister;*
бэлцэгнэ|х *to swell, bubble;*
бэлчир *cross-roads, crossing; confluence;* голын ~ *confluence of rivers;* замын ~ *the junction of roads;*
бэлчирлэ|х *to branch, fork, ramify;*
бэлчи|х *to graze, pasture;*
бэлчээр *pasture, a grazing ground; range;* ~т байгаа хонь *a flock of sheep grazing in the pasture;*
бэлчээрлүүлэ|х *to put animals out to pasture; to cause/permit grazing;* үхэр (сүрэг) ~ *to take cattle out to pasture;*
бэлчээрлэ|х *to graze, pasture;* голын захаар олон мал бэлчээрлэж байв *many animals were grazing along/on the riverside;* манайхны адуу голдуу энэ ууланд бэлчээрлэдэг *horses of our families usually graze on this/that mountain;*
бэлчээ|х *to pasture, put on pasture;* ямаагаа эртхэн бэлчээ *pasture the goats earlier;*
бэлэвсрэ|х *to be a widow, a widower;*
бэлэвсэн *widowed;*
бэлэг I *present, gift;* та энэ өчүүхэн бэлгийг авахсан болов уу? *will you accept this little present?* ~ болгон барих *to present as a gift;* ~ дурсгал *souvenir;* бэлгийн морины шүд хардаггүй *don't look a gift horse in the mouth;*
бэлэг II *sign, symbol, mark;* ~ тэмдэг *sign, symbol;*
бэлэг III *genitals;* эрийн ~ *male genitals;* эмийн ~ *female genitals;*
бэлэгдэл *symbol, symbolism;*
бэлэгдэ|х *to symbolize; to prognosticate; to tell fortunes; to predict;*
бэлэглэ|х *to make or give a gift/present; to bestow upon;*
бэлэгшээ|х *to take smth as a good omen;*
бэлэн *ready for, prepared for; ready-made,*

finished; on hand, available; easy; ~ мөнгө *ready money, cash, money in hand;* ~ хувцас *ready-made clothes;*
бэр *daughter-in-law; bride;* манай ~үүд ирлээ *our daughters-in-law are coming;*
бэргэн *wife of older/elder brother;*
бэрс *Queen in chess;*
бэртэгчин *simple, ordinary, common;* ~ хүн *Philistine; uncultured, hostile person;* ~ үзэл *philistinism, vulgarity, narrow-mindeness;*
бэртэнгэ *trauma, injury;*
бэртэ|х *to be injured, maimed, crippled, incapacitated; to get hurt/multilated;* бэртсэн гар *an injured arm;*
бэртээ|х *to injure, maim; to mutilate;*
бэрх I *difficult, hard; toilsome; troublesome, grievous; sophisticated; skillful, talented;* ~ цаг *hard times;* ~ийг амсах *to experience hardships;* ажилд ~ *skilled in work;* хүнд ~ *difficult;*
бэрх II *a kind of dice game played with four sheep anklebones;*
бэрхтэй *difficult, complicated, hard to do;*
бэрхшээл *difficulty; impediment, hindrance, obstacle, barrier; suffering;* ~гүй *without/with no difficulty;*
бэрхшээлтэй *difficult, embarrassing, involved, complicated;*
бэрхшээ|х *to fear difficulties; to despair; to consider sth difficult/unfeasible;*
бэрээсэй *boiled or steamed rice;*
бэсрэг *portable, handy; small, short;* ~хэн *smallish;*
бэтэг 1. *echinococcus;* ~ өвчин *echinococcosis;* 2. *the crop of a bird;* 3. *yearning;*
бэтэгрэ|х *to long (for), yearn;*
бэх *ink;*
бэхжи|х *to become stronger, solid, tough, be fixed;*
бэхжүүлэ|х *to strengthen, shore up, fix, fortify; to consolidate;*
бэхлэлт *fortification;* хороо ~ барих *to hold a fortress;*
бэхлэ|х *to strengthen, reinforce, fortify;*
Бээжин *Peking, Beijing;*
бээлий *mittens, gloves;*
бээр *a measure of length, now fixed at about two kilometers;*
бээрэг *sensitive to cold;*
бээрэ|х *to suffer from cold, become stiff and numb from cold;*

бээ|х *to rot, decay, become putrid;*

бяд *sturdiness, bodily strength;*

бялдууч *flattering;* ~ хүн *flatterer, sycophant, bootlicker, fawner; one who flatters or curries favour;*

бялдуучла|х *to fawn, fawn upon, cring to or before, kowtow to; to try to put oneself in favour, to toady;*

бялзуухай *a general term for small birds; a sparrow;*

бялуу *pie, tart; cake;* ~г хүүхдүүдэд хувааж өгөв *the cake was divided among the children;* шоколадтай ~ *a chocolate cake;* махтай ~ *meat pie;*

бялуура|х *to overeat, feel discomfort from overeating;* өөхөнд ~ *to overeat on fat foods;*

бялха|х *to overflow, spill over the rim;* голын ус ~ *the overflowing of a river, the breakingout of a river;*

бялхмал *extrusive;* ~ чулуулаг *effusive rocks;*

Бямба *Saturday;*

бянт *rifling, rifling groove;*

бяр *vigour, power, strength;*

бярвааз *ferry;*

бяргүй *weak, without vigour;*

бярда|х *to flaunt one's strength;*

бяртай *strong, vigourous;*

бяруу(н) *calf in its second year;*

бясаа *bug, bed-bug;*

бясалгагч *meditator;*

бясалгал *meditation, contemplation;* ~ үйлдэх *to practice meditation;*

бясалга|х *to reflect, think, imagine; to meditate, contemplate;* ном ~ *to practice religious meditation;*

бяслаг *cheese made of curds which are dried after the whey has been pressed out;* ~ шахах *to press cheese;*

бяц : бяц цохих *to beat into pieces;*

бяцархай *crock, splinter, fragment;*

бяцла|х *to crush, smash, beat to a pulp;*

бяцра|х *to be beaten or smashed to pieces, crushed to a pulp;*

бяцхан *small, tiny, little;* би энэ номыг нэгэн ~ дэлгүүрээс санаандгүй оллоо *I came across this book in a little store;* ~ хүүхэд *small child;*

Вв

ваадагна|х *to wrap sth in a piece of cloth in order to be able to carry it more easily;*

ваадан(г) *cloth wrapper; wrapping(s);*

ваар **1.** *pot, vase;* ~ан дийз/таваг *a pottery dish;* тэр, ~ыг усаар дүүргэв *she filled the vase with water;* **2.** *tiles;* ~ан дээвэр *tiled roofs;* ~ хийдэг газар *kiln where pottery and tiles are made;*

вааран *ceramic;*

ваарла|х *to tile;* дээвэр ~ *to furnish a roof with tiles;*

ваарчин *potter;*

вагон *(railway) carriage, coach;*

вазелин *vaseline;*

вакуум *vacuum;*

вакцин *vaccine;* цэцэг өвчин эсэргүүцэх ~ *smallpox vaccine;*

вакцинда|х *to vaccinate;*

вальс *waltz;* ~ эргэх *to waltz;*

валют *currency; foreign currency;* ~ын ханш *rate of exchange;* гадаадын ~ *foreign currency;* хатуу ~ *hard currency;* үнэт цаасны ~ *currency of bill;* чөлөөт хөрвөх ~ *free convertible currency;* үл хөрвөх ~ *non convertible (soft) currency;* төлбөрийн ~ *currency of payment;* хуурамч ~ *counterfeit currency;* нөөц ~ *reserve currency;*

ван(г) *prince; king;* ~гийн *royal;* ~т улс *kingdom;* Нэгдсэн ~т улс *the United Kingdom;*

вандан *bench;* цэцэрлэгийн ~ *a park bench;* ~ ор *plank-bed;*

вандуй *pea;* ~ хальслах *to shell peas;*

ваниль *vanilla;* ~тай мөхөөлдөс *vanilla ice cream;*

ватт *watt;* эрчим хүчний хэмжигдэхүүн: нэг кило~ нь 1000 ~тай тэнцдэг *a kilowatt is 1000 watts;*

вексель *promissory note; bill of exchange;*

вена *vein (anatomy);*

вивангирид *prophecy; promise; prediction, foretelling;* ~ өгөх *to promise; to foretell, predict;*

виз *visa;* тэдний ~ийн хугацаа дуусчээ *their visas have run out/expired;* орох/нэвтрэх ~ *an entry visa;* гарах ~ *an exit visa;*

винтов *rifle;*

вирус *virus;* ~ын халдварын тархалт *the spread of virus injections;*

витамин *vitamin;* үрлэн/шахмал ~ *vitamin pills/ tablets;*

витаминлаг *vitamin-rich;* зарим хоол хүнс ~, зарим нь ~ биш *some foods are rich in vitamins, some not;*

вокзал terminal; railway station; ~ын хүлээлгийн өрөө the station waiting room;
волейбол volley-ball;
вольт volt;
вольтметр voltmeter;
вольфрам (chem.) Tungsten;

Гг

га abbreviation for ректар (hectare);
гаа mint;
гааль 1. duty, customs; 2. custom-house; ~ татвар customs;
гаанс(ан) the long-stemmed Mongolian pipe;
гаара|x to worsen; to become impudent, become insolent;
гав I crack, split, cleft, fissure; ~ цав crack, fissure, crevice;
гав II handcuff, manacle;
гав III concord, harmony; accordance; means, method;
гав IV : ~ ганц solitary, only or sole;
гав V : ~ шав lively, quick, agile;
гавал skull;
гавар I camphor;
гавар II young fox;
гагналт soldering, welding; ~ салах to get unsoldered;
гагна|x to solder, weld together;
гагнуур welding, weld;
гагнуурч(ин) solder, welder;
гагцаар alone, by oneself; single; гагц ~ one by one;
гагцаарда|x to feel lonely, be all alone; to be isolated;
гагцхүү only, just;
гадаа 1. out, outside, out of door; ~ гарах to go out(side) or outdoors; ~ хийсэн ярилцлага street encounter; ~ хүлээх to wait outside; ~ гэртгүй everywhere; гэрийн ~ outside of гэр or house; 2. country side, rural district, open steppe; хөдөө ~ out in the steppe; хээр ~ open steppe; 3. external, the exterior or outside of sth; outward; ~ тал the exterior; 4. near at hand, hereabout(s), near to, door;
гадаад exterior; external; foreign; abroad; oversea(s); ~ байдал outward appearance; ~ бодлого foreign policy; ~ мэдээ international update, foreign news; ~ худалдаа foreign

trade; ~ хүн foreigner; ~ далайн oversea(s); ~ад цагаачлах to emigrate; ~ад гаргах to export;
гадаал|ах to go out (of doors); to make an interruption or intermission; to ease nature; хурал ~ to adjourn the meeting;
гадагш outward; out of; outside; ~ гарах to go outside, come out; ~ өгсөх to wear a furlined garment with the fur turned outward;
гадагшда|x to be far outward; to be outermost;
гадагшла|x to go or appear outside;
гадар I basin; нүүр угаах ~ washbasin;
гадар II surface; the outside; cover; outward form; outside or on top of; дэлхийн ~ earth's crust; дээлийн ~ garment material; ~ төрх outward appearance or form;
гадарга surface; дэлхийн ~ earth's surface;
гадаргуу surface; хөрсний ~гийн үе surface stratum of the earth;
гадарла|x I to cover with a surface; to plank; to revet; будгаар ~ to coat with paint;
гадарла|x II to guess, surmise, suppose; битүүгээр ~ surmise;
гадас(ан) stake, picket; pole; алтан ~ од Polaris, North Star; ~ шаах to drive in a stake or picket;
гадил banana;
гадна 1. outside of; on the outside; гэрийн ~ outside of house; гаднаас from outside, from abroad; 2. exterior, outer; outward, external; ~ байдал exterior, appearance; 3. except, besides, apart from, aside other than; түүнээс ~ besides, furthermore, moreover; 4. strange, alien; foreign; "гаднын хүн орж болохгүй!" "unauthorized persons not admitted!";
гаднахь exterior, external; in the vicinity of; ~ байдал external aspect or view;
гадуур 1. exterior, outside; external, outer; on the outside; ~ хувцас street clothes; ~ явах to take a walk outside; гэрийн ~ outside the house; 2. vicinity; in the vicinity of; near (to) хотын ~ near a town; 3. abnormal; illegal; ёсноос ~ contrary to custom;
гадуурха|x to consider as an outsider, look down; to discriminate; гадуурхан үзэх to look upon as an outsider;
гадуурхи 1. being situated outside; 2. being about or around; ~ хальс outside peel or rind; ~ мал cattle about the settlement;
гажаа|x to warp;
гажиг deformity, defect; anomaly; deviation;

зүрхний ~ *valvular disease of the heart*; соронзон ~ *magnetic anomaly*;

гажи|х **1.** *to warp, bend or twist; to go out of shape, deform; to become distorted; to deviate from*; зам ~ *to deviate from the road*; тархи ~ *to get concussion of the brain*; **2.** *to break smth, violate, infringe, transgres*; **3.** *disobey*; хууль ~ *to violate the law*;

гажуу **1.** *obstinate, stubborn; refractory, wilful*; ~ зөрүүд зан *obstinacy, stubbornness*; **2.** *roundabout*; ~ зам *roundabout way*; **3.** *abnormal, unnaturel, anomalous; perverse, depraved, immoral*; ёсноос ~ *abnormal*;

гажууд *abnormal; eccentric; perverse; distorted*;

гажууда|х *to become curved, bent, distorted or perverted*;

гажуудуула|х **1.** *caus. of* гажуудах; **2.** *to bent, twist, distort*;

газар **1.** *ground, soil; land; earth; world*; атар ~ *virgin lands, virgin soil*; ~ ангах *(of soil) to dry out*; ~ бүух *to land, bring in to land*; ~ гэр *underground house*; ~ доорхи *underground, subterranean*; ~ дээр *on the earth*; ~ дээрх *overground, surface*; ~ дэлхий *the world, earth*; ~ мандал *the various spheres of the earth such as theatmosphere, the lithosphere or the hydrosphere*; ~ савах *to strike the ground*; ~ сайгүй *everywhere*; ~ түрээслэх *to lease or rent land*; ~ ухах *to dig in the ground*; ~ хагалах *to plough, till the soil*; ~ хагарах *(of the earth) to split open*; газрын бордоо *fertilizer*; газрын тос *oil*; газрын эзэн *landowner, landlord*; газрын царцдас *earthcrust*; хадлангийн ~ *hayfield*; хар ~ *bare, snowless earth*; хуурай ~ *(dry) land*; **2.** *a locality, place, point; a region or area; country*; аглаг ~ *a remote place*; ~ бүр *everywhere, anywhere*; ~ нутаг *locality, territory, area*; газрын мухар *a secluded nook, remote place*; гарах ~ *exit, crossing*; зайдуу ~ *a distant place*; суурин ~ *colonization, settled areas*; хөл ихтэй ~ *populous place*; **3.** *a distance*; өдөрчийн ~ *a place that can be reached after a full day's travel*; харааны газраас *at a distance, out of sight*; **4.** *an office, bureau, institution*; албан ~ *office*; ерөнхий ~ *head-office*; удирдах ~ *board, administration, directorate*; засгийн ~ *government*; хэвлэлийн ~ *publishing house*; хэрэг эрхлэх ~ *office-in-charge*;

газаргүй *having no land; no place; having no possibility; no need, no reason*; суух ~ *no place to sit*; ~ тариачин *landless farmer*; нүүр хийх ~ болох *to be ashamed (of)*;

газарда|х *to land, touch down*;

газардахгүй *will have no difficulty*;

газарзүй *geography*; ~н солбицол *geographical coordinates*; ургамлын ~ *botanical geography*; эдийн засгийн ~ *economic geography*;

газарзүйч *geographer*;

газарла|х **1.** *to land, touch down*; **2.** *to bury, inter*;

газарлуула|х **1.** *caus. of* газарлах; **2.** *to bury, inter*;

газарч **1.** *guide*; **2.** *someone very familiar with an area*; шинжилгээний ангийн ~ *a guide of research party (expedition)*;

газарчла|х *to guide, conduct through an unfamiliar area*;

гай **1.** *misfortune, trouble, mishap, bad luck; calamity; disaster*; ~ барцад *misfortune; calamity*; ~ зэтгэр *trouble, misfortune*; ~ зовлон *suffering; calamity, visitation; harm*; ~ хөө *misfortune; bad luck*; ~ татах *to cause oneself trouble*; ~ болох *to cause calamity or disaster*; ~ дайрах *to encounter misfortune unexpectedly*; ~д гарах *to be condemned to suffering or misfortune, fall a prey to smth*; ~ болоход *unfortunately*; **2.** *street*; гудамж гайгаар сэлгүүцэх *to roam the streets*;

гайгүй **1.** *safe, harmless*; ~ хор багатай юм *harmless sth*; **2.** *light, easy, not difficult*; төвөг багатай ~ хөнгөн ажил байна *it is simple and very easy work*; **3.** *quite a good, fairly good, not too bad, not badly, well enough, quite well; tolerable*; эндхийн хоол ~ байна *the food here is not too bad*; тэр ~ хүү шүү *he is not a bad chap*; бие чинь яаж байна? гайгүй дээ *how do you feel? all right*;

гайлигүй *duty-free*; ~ худалдаа *free trade*; ~ бараа оруулах *duty-free import*;

гайль *custom-house; customs duty or tax*; гайлийн хороо *customs office*;

гайльч *customs official*;

гайтай *wicked, harmful, sinful, evil*;

гайта|х *to get into trouble; come to grief; to meet with bad luck*;

гайхагда|х *caus. of* гайхах;

гайхал *eccentric, crank, strange person*;

гайхалтай *amazing, marvellous, wonder-*

ishingly, wonderfully; marvellously; ~ жигтэй
хэрэг *it is strange; it's a strange thing;*

гайхам *amazing, astounding;*

гайхамшиг *wonder, marvel; marvellous,
wonderful;* техникийн ~ *wonders of engineer-
ing;* байгалийн ~ *wonders of nature;*

гайхамшигтай *remarkable, wonderful,
splendid; magnificent;*

гайха|х 1. *to waver, hesitate;* **2.** *to be as-
tonished at, be surprised at, be amazed at; to
wonder, to marvel at;*

гайхаш *astonishment, surprise, amazement,
wonder;* ~ барагдах *be in despair; to run short
of possibilities;* гайхшаа барах *to run short
of possibilities;*

гайхуула|х *caus. of* гайхах; *to amaze, as-
tound, astonish; to show off, parade; to boast
of, pride oneself on;*

гал 1. *fire; conflagration;* ~ авах *to catch
fire;* ~ авалцах *to take flame, catch fire, blaze
up;* ~ алдах *to cause a fire by accident; to be
out of fuel;* ~ асаах, ~ ноцоох *to set fire to;* ~
гарах *to blaze up; (of a fire) to be seen from a
distance;* ~ гаргах *to make a fire;* ~ түлэх *to
make a fire;* ~ голомт *hearth, fireplace; to set
fire to; to feed a fire;* ~ улалзах *(of a fire) to be
seen from a distance;* ~ дурвагнах *(of a fire)
to spread;* ~ын оч *spark;* ~ын нөл *flame(s);* ~
манах *to cover coals with ashes; to keep a fire
from going out;* ~ усны гашуун зовлон *(going
through) purgatory;* ~ усны аюул *natural ca-
lamity;* ~ нээх *to open fire, shoot;* ~д
тэсвэртэй *fire-resistant; fire-proof; refractory;*
~д тэсвэртэй тоосго *fire-brick;* ~ сөнөөгүүр
fire-extinguisher; ~ тахих *to make offerings
to the spirit of fire;* ~ унтрах *(of a fire) to go
out;* ~ хэс *fire;* ~ цогших *(of a fire) to make
coals; (of a fire) to die down;* ~ шил *magnify-
ing glass;* ~ цэцгий *pupil of the eye;* ~
тогооны өрөө *the kitchen;* ~ын наадам *fire-
works;* түүдэг ~ *a camp fire;* **2.** *(of travelling)
to accompany someone;* ~ын ах *chief of a
camping group;* **3.** *fiery;* ~ улаан *crimson,
purple;* ~ бурма *lava;*

галав *era, period, age, time;* мөсөн ~ *gla-
cial period, ice age;* ~ юүлэх *the end of the
world; the Flood, the Deluge;*

галбир 1. *shape, form; figure, build;* ~
муутай *ill-shaped, ill-formed;* **2.** *nature, dis-
position;*

галбиргүй 1. *ill-shaped, ill-formed;* **2.** *ill-*

tempered;* тэр бол ~ амьтан *he is difficult
person;*

галбиржи|х 1. *to form, take shape;* **2.** *to
come to one's senses, to become staid, be-
come respectable;*

галбиртай 1. *well-shaped, well-formed;* **2.**
having a good disposition;

галбын *quite a good, tolerable;* ~ сайн *quite
a good;*

галги|х *to walk at a slow pace; to slow down;*

галда|х *to set fire to; to set on fire; to burn
(up, down);* ~ түймэрдэх *to burn (up, down);*

галжий|х *to become crooked, warped;*

галжир *crooked, bent, slanting;*

галзуу 1. *hydrophobia, rabies;* **2.** *fury, rage;*
~ өвчин *hydrophobia, rabies;* **3.** *rabid, mad;*
~ нохой *mad dog;* **4.** *furious, violent, fierce,
savage;*

галзуура|х *to become rabid; to go mad; to
rage, be furious, become violent; to grow wild;*

галзууруула|х *caus. of* галзуурах; *to en-
rage, madden, infuriate, drive mad; to throw
into a rage;*

галиг *transcription;* авианы ~ *phonetic tran-
scription;*

галигла|х *to transcribe phonetically;*

галигчла|х *to transliterate;*

галла|х 1. *to make a fire, heat a stove;* **2.** *to
open fire, shoot at;*

галт *fiery, burning, fire;* ~ бөмбөг *bomb,
shell, grenade;* ~ зэвсэг *firearms;* ~ тэрэг
train; ~ уул *volcano;* сөнөсөн ~ уул *extinct vol-
cano;* ~ хорхой *glow-worm, fire-fly;*

галуу(н) 1. *goose;* ~ шувууны дэгдээхэй
gosling; ~ны хашаа *goose-pen, goose-run;*
2. *goose (adj.)* ~н хүзүүт *carafe, decanter;*

галч *stoker, fireman;*

гам 1. *thrift, economy, frugality;* ариг ~ *thrift,
economy;* **2.** *caution or care regarding dis-
ease;* ~ алдах *to lack care, be careless in
illness;* ~ хийх *to observe a strict regime in
illness;*

гамбир *a kind of pancake cooked without
using any grease;*

гамгүй *triftless, improvident; careless, neg-
ligent;* ~ эдлэх *to use smth carelessly;* хайр
~ *unsparing(ly), careless(ly), neglectful(ly);*

гамм *(mus.) scale; gamut;*

гамна|х 1. *to use sparingly, husband; to
save, economise on; to spare;* гамнаж
хэрэглэх *to use smth sparingly;* **2.** *to care; to*

44

take care of oneself; биеэ ~ to take good care of oneself;

гамнуула|x caus. of гамнах;

гамс (zool.) a salamander;

гамтай 1. thrifty, economical; **2.** careful, cautious;

гамшиг calamity, disaster, catastrophe; гай ~ calamity, catastrophe; аюул ~ calamity, disaster; ~ тахал plague, epidemic;

гамшигтай disastrous, calamitous;

ган(г) I drought; ~ гачиг drought; fodder shortage; ~ болох to have a drought; ~ тайлах (of abundant rain) to bring an end to drought;

ган(г) II steel, of steel; hardy, steady; ~ илд sword; ~ болд steel; ~ төмөр steel;

ган(г) III crack, cleft, crevice; ~ гав crack, cleft, crevice;

ган(г) IY 1. vat, tub, tank; **2.** tanning; tannery;

ган V : ~ ~ хийх to scream; to squeal; to yelp; гангинах дуу чимээ scream; squeal; yelp;

ганагар having a straight back, having a good figure; ~ нуруутай хүн person having a good figure;

ганай|x to appear straight and slender;

ганбай|x to have a good posture/appearance;

ганга 1. a high bank; **2.** (bot.) wild thyme;

гангала|x to dress in the latest fashion, follow the fashion; to dress foppishly; foppishness, dandyism;

гангамсаг foppish, dandified; overdressed;

ганган fashionable, elegant; foppish, dandyish, dressy; роё ~ elegant; foppish, dandyish, dressy; ~ эмэгтэй a stylish woman, woman of fashion; ~ хувцас elegant clothing; ~ зан dandyism;

гангар I a cup made of fine porcelain;

гангар II : гангар гунгар хийх **1.** the cry of migratory birds; **2.** the sound of talking voices;

гангара|x to deteriorate; to go to extremes;

гангина|x to yelp, whine; to moan, groan; нохой үүдэнд гангинаж байлаа the dog was whining to be let in;

гангис (zool.) the badger;

гандан a kind of trumpet made of human thighbone used in religious rites;

ганда|x I 1. to dry up; (of plants) to be stunted, turn yellow; to wither; өвс ногоо гандаж эхлэв the plants have begun to wither; **2.** to fade from exposure to the sun; to lose colour; эд ~ (of material) to fade; **3.** to change for the worse, be despondent; ~ гундах to be despondent;

ганда|x II to tan hides; арьс ~ to tan hides;

гандуу droughty, dry, arid;

ганжин rolling-pin;

ганжир a coneshaped ornament made of metal, found on the roof of Lamaist temples; the cross on churches;

ганзага(н) thongs on the saddle for strapping objects to it; saddle-bow straps; ~ нийлэх to share in, take part in unanimously; ~ татуу incapable; clumsy; ганзагын худалдаа peddling merchandise;

ганзагалаа baggage carried on horseback;

ганзагала|x to hang from a ганзага; толгойгоо ~ to become depressed; гуяа ~ to come home empty-handed;

ганира|x to grieve, be saddened; to be drunken;

ганируула|x caus. of ганирах; to intoxicate; ~ ундаа intoxicating beverages;

ганпанз board for rolling dough;

гансрал 1. sadness, grief, sorrow; dejection, despondency; despair; **2.** impoverishment, pauperization;

гансра|x 1. to grieve, mourn; to be sad; to despair of; to be/become depressed; **2.** to grow poor, be reduced to beggary;

гансруулах to grieve, distress; to sadden; to reduce to despair;

ганта|x to burst open, split, crack;

гантиг marble; of marble; marmoreal; ~ самбар marble slab; ~ багана marble column;

ганхалза|x to swing, sway, reel;

ганха|x to shake; to swing; to rock, reel; өвс ~ (of grass) to wave; дэнлүү салхины аясаар ганхалж байв the lamp was swinging in the wind;

ганц alone; single, solitary, lonely, singular; only; ~ бие хүн lonely man, bachelor; хүний ~ хүү only son; ~ тоо (gram.) singular (number); ~ бөхтэй тэмээ the dromedary; ~ би ч биш not only I; ~ нэг only one, solitary;

ганцаараа solitarily; singularly; private; on one's own, by oneself, alone; би ~ суудаг I live alone; ганц ~ байх to be completely alone;

45

solitary; цор ~ all by oneself;

ганцаарда|х to find oneself alone; to feel lonely;

ганцаарла|х to isolate; to segregate from others;

ганцагчин solitary; selfish, egoistic;

ганцд|ах to find oneself alone;

ганцхан only one, a single; all alone; but, only; however;

ганши|х I to suffer from drought;

ганши|х II (of dogs) to yelp or whine;

ганши|х III to grumble at;

гань solitary, lone;

ганьс 1. young of the badger; 2. an aquatic plant;

гар 1. hand, arm; side, hand; ~аа өгөх to offer one's hand; ~ барих, ~ барьж мэндлэх to shake hands (with); ~аа өргө! hands up! ~ бүү хүр, ~ хүрч болохгүй! please do not touch!; ~аас нь хөтлөх to lead by the hand; ~ ~аасаа барилцан hand in hand; ~аар бичих to write out by hand; зүүн ~ on the left; баруун ~ тийшээ at the right hand; ~ын үсэг signature; 2. (fig.; in var. senses) hand; manual; ~таа to take into one's own hands; ~ын дор байлгах to have in one's clutches; to have under one's thumb; ~т орох to fall into someone's hands; ~таа оруулах to appropriate; хүний ~ харах to be at someone's expense; ~ хоосон empty-handed; хүний ~ хөл болох to be stooge, myrmidon; ~ султай generous, open-handed; ~ татуу stingy; poor; poverty-stricken; хатуу ~ tight; tight-fisted; hard, stubborn, unyielding; ~ хүрэх to touch, lay hands on; to attempt to kill; ~аа гаргах to do one's best; ~аас гарах to become free or independent; to grow up; to be completely done or finished; ~ын дор in the power of; ready, available at hand; ~ын үзүүрээр хийх to do sth easily; урт ~тай хүн a thief; ~ сунгах to help, assist another; баруун ~ын хүн, ~ын нөхөр intimate, bosom friend; ~ цайлгах to give a token of appreciation; to make empty-handed; дунд ~ын medium-sized; их ~ын large-sized; scheming; deceitful; уран ~тай skilful; ~ бөмбөг hand grenade; ~ тээш hand luggage; ~ хөрөө hand-saw; ~ын алчуур hand towel; ~ урлал handwork; ~ урчууд handcraftsman; ~ үйлдвэр cottage industry; ~ буу revolver, pistol;

гараа 1. the initial speed of a running horse;

~ ихтэй морь a horse that runs swiftly for short distances; 2. start;

гарааш garage;

гараг 1. planet; day of the week; Даваа ~ Monday; ~ хоорондын автомат станц "interplanetary automatic station" (unmanned space research vehicle); од ~ planet; 2. paralysis; ~ өвчтэй хүн paralytic;

гарал origin; provenance; parentage, descent, extraction, birth; rise, beginning; тэр монгол ~тай хүн he is a Mongolian by birth, he is of Mongolian extraction; ~ үүсэл origin(s); үгийн ~ судлал etimology;

гаралт output, yield; product; сүүний ~ milk yield; үйлдвэрийн ~ industrial product;

гарам I ford, crossing; road crossing; гармын дохио traffic lights; олом ~ ford, crossing;

гарам II boots with long leggings;

гарамгай distinguished; outstanding, excellent; superlative;

гаран 1. ~ орон, орон ~ inconstant, changeable; fidgety, restless; 2. over, more than; довтолгоонд мянга ~ онгоц оролцлоо over a thousand planes took part in the raid;

гара|х 1. to go out of/from; to leave, depart; to separate oneself from, remove oneself from; to come out; хөдөө ~ to go into the country/open steppe; ажлаас ~ to quit work; эмнэлгээс ~ to be discharged from the hospital; чөлөөнд ~ to retire; өрнөөс ~ to get out of debt; салхинд зугаалахаар ~ to go out for a walk; тайз дээр ~ to come on to the stage; та зураган дээр сайхан гарчээ you have come out well in this photo; тамхинаас ~ to quit/give up smocking; ялаас ~ to escape punishment; 2. to arise, appear, emerge; to come into the open, come to light; to happen, take place, occur; саран авхай үүлсийн цаанаас гарлаа the moon emerged from behind the clouds; нар ~ (of the sun) to rise; sun-rise; to achieve one's heart's desire; гал ~ (of fire) to break out; ус ~ to leak or seep water; to be soaked; уур ~ to calm down; to steam; хөлс ~ to sweat, perspire; сорви ~ to leave a scar; баас ~ to be terrified; to make great efforts; гарз ~ to encounter loss; гарч ирэх to come out, appear, emerge; жил ~ (of the new year) to begin; нэр ~ to become famous; жужиг ~ to put on a play; гэдэс ~ to overeat; хүүхэд ~ (of a child) to be born; үнэр ~ to smell (of); to

46

reek (of); цус ~ to bleed; хайхрамжгүй байдлаас болж осол гарлаа the crash resulted from carelessness; алдаа ~ to be in error, be mistaken; асуудал ~ (of a problem or question) to come up; нөхөрт ~ to marry someone; буханд ~ (of a cow) to be pregnant; ярьж ~ to begin to speak; бичиж ~ to begin to write; **3.** to pass by or through; to pass over; to cross over to the other side; to go through/across; гол ~ to cross a river; замаар ~ to cross the road; усаар ~ to cross a stream; хажуугаар ~ to pass by, by-pass; үүдээр ~ to leave through the door; дайран ~ to pass, transit; **4.** to climb up, ascend; to reach, attain to, go to; to go into; тэд уулын толгой өөд мөлхөж шахуу гарав they had to clamber up the slope on all fours; модонд ~ to climb up a tree; ууланд ~ to climb up a mountain;

гарвал genesis, origins;
гаргагда|х 1. passive of гаргах; **2.** to be legible; ~гүй бичиг illegible hand(writing);
гаргагдахгүй illegible, indecipherable;
гаргалга conclusion, inference;
гарга|х 1. caus. of гарах; to cause to go out/from; to go away or move away; to release; to discharge; to emit; to take or carry out; to send; to export; гадаагаа ~ to take out, lead out; гадаа ~ to take out, lead out; ажлаас ~ to discharge from work; **2.** to cause to appear or emerge; to show, reveal; to express; to cause to happen or to take place; to bring about, start; to create, produce; to issue; to proclaim, promulgate, publish; to prepare; to kill or slaughter animals; ааш ~ to show one's character; их зан ~ to behave haughtily, arrogantly; гомдол ~ to make, lodge a complaint (about); өргөдөл ~ to put in an application; үг хэл ~ to brawl; to start a row; зориг ~ to show an heroic spirit; баталгаа ~ to guarantee, vouch for; тогтоол/шийдвэр ~ to decide, resolve; to decree; санал ~ to make a proposal; to propose; to suggest; идэвх санаачилга ~ to show initiative; бүтээгдэхүүн ~ to produce a product; ном ~ to publish a book; дүн ~ to sum up, summarise; дүгнэлт ~ to draw conclusion; хүч чармайлт ~ to make an effort; хууль ~ to issue, promulgate a law; хэвлэн ~ to print, publish; хонь ~ to slaughter a sheep; идэш ~ to preserve food for winter and spring; бэлтгэн ~ to prepare; гаргуунд

нь ~ to leave to the mercy of fate; хүүхэд ~ to give birth to a child;
гаргууд unusual; outstanding, extraordinary;
гаргуудаа 1. unusual, extraordinary; outstanding; **2.** unnecessary, useless, unfit; unserviceable;
гаргуула|х caus. of гарах;
гаргуур a device or container for removing things: a trash can, a chamber pot, sewerage; хогийн ~ a trash can;
гарда|х to do sth by hand, with one's hand(s); to take charge of; to charge, control, operate; гардаж хийх to do with one's own hand; гардан байлдаан хийх hand-to-hand fight;
гарди the garuda, a bird of mythology;
гардуула|х caus. of гардах; to hand smth over; to hand, deliver; to entrust; одон ~ to confer a decoration upon someone; to award someone a decoration;
гарз(ан) loss; waste; detriment; damage; injury; ~ гарах to incur losses; ~ хохирол loss; injury; гай ~ loss; harm; цагийн ~ waste of time;
гарзай|х to be exhausted; to have become lean or weak;
гарзгар exhausted and weak; emaciated, wasted; lean, thin; wrinkled, shrunk;
гарзда|х to waste; to suffer a loss;
гарздуула|х caus. of гарздах;
гариг see гараг;
гарлага 1. origins; **2.** expence, expenditures; loss, waste; орлого ~ income and expenditure; ~ их гаргах to spend too much;
гарнизон garrison;
гартаам agate;
гаруй more than, over, beyond, above; арав ~ more than, over ten; жил ~ more than, over a year;
гархи(н) ring; ring-shaped; ~ хуяг shirt of mail, hauberk; гархин ээмэг a ring-shaped earring;
гархида|х to affix rings;
гархила|х to be ring-like, have the shape of a ring; нүд ~ (of eyes) to become hollow, sunken;
гарц I productivity; yield, harvest, crop; germinating capacity; сүүний ~ milk quotient; нооосны ~ wool yield; тарианы ~ crop capacity;
гарц II passage, crossing; ford;
гарцаагүй 1. without fail; тэд маргааш ~

г

хүрээд ирцгээнэ *they are sure to come to-morrow;* **2.** *unquestionable, incontestable, in-disputable, undoubtedly, doubtless;* (jur.) ~ байдал *extreme necessity;*

гарчиг 1. *title, heading, headline, table of contents; index;* **2.** *sign, signboard; address; label; catalogue;* энэ номын ~ нь хаа байна? *where is the title of this book?*

гарчигла|х 1. *to title; to compile a table of contents, to entitle; to head;* **2.** *to address a letter; to compile index, catalogue;* **3.** *to read quickly; to glance over/through a magazine or newspaper;*

гарши|х 1. *to become accustomed to the service of someone;* **2.** *to be able to handle/ do;*

гаршуула|х *caus. of* гаршıх; *to domesticate, tame; to train;*

гасан *precocious;*

гаслан(г) *grief, sorrow, woe, affliction;* ~д уярах *to encounter sorrow, affliction;*

гасла|х 1. *to grieve (for); to mourn (over); to be sad; to lament;* гаслан энэлэх *to wail, lament;* **2.** *(of dogs) to yelp, whine;*

гаслуула|х *caus. of* гаслах;

гаталга *ferry; crossing;* ~ онгоц *ferry boat;*

гаталгагч 1. *ferryman;* **2.** *deliverer, liberator;*

гатла|х 1. *to cross over, ferry over;* ус ~ *to cross over, ferry over a stream;* **2.** *to get over; to tide over; to overcome;* хүнд бэрхийг ~ *to get over difficulties;*

гахай *hog, pig, swine;* ~ сар *the first winter month in the lunar calendar;* ~ цаг *the hours between 9 and 11 p.m;* ~ шиг амьтан *glutton;* ~ хавдар (med.) *mumps;* зэрлэг ~ *wild pig;* гахайн сүр *pigskin;* ~н мах *pork;* ~н өөх *lard;* ~н торой *piglet;* эр ~ *boar;* эм ~ *sow;*

гахайлиг *boar; wild boar;*

гахайчин 1. *swineherd;* **2.** *boar hunter;*

гацаа I *obstacle, impediment, hindrance;*

гацаа II *narrow way between rock and water;*

гацаа III *village;* ~ хүй *village;*

гацаа IV *pillars connected by cross-beams; fence, paling; palisade;*

гаца|х 1. *to become jammed; to be tangled, caught;* буу ~ *(of a gun) to jam;* **2.** *to lag, be late;*

гацуур *the small thin twigs of a tree, spruce;*

гачаал *time of drought, of scarcity; hard time;* өлсгөлөн ~ *famine;*

гачиг *time of drought, of scarcity, poverty, want or need;* зуд ~ *disaster caused by snow;* ган ~ *drought;*

гачигдал *want, straits, shortage (of); lack(of), deficiency (in); difficulty;*

гачигда|х *to be short of something, suffer from material need; to know hardship; to be hard pressed;*

гачуур *spruce, fir(-tree);*

гашла|х *to turn sour, spoil;*

гашуу : уй ~ *mourning; sorrow;*

гашуудал *grief, sorrow; mourning;* гашуудлын цуваа *funeral procession;* гашуудлын хөгжим *funeral/dead march;*

гашууда|х 1. *to grieve; to be sad; to mourn (for, over), bewail, bemoan;* **2.** *to be too bitter, too sour;*

гашуун *bitter; sour;* ~ нулимс *bitter tears;* ~ туршлага *bitter experience;* ~ болох *to turn rancid;* ~ зовлон *deep sorrow, bitter grief;* ~ үг *sarcastic word;* ~ ус *alcoholic drink;* ~ нясуун *bitter taste;*

гектар *hectare;*

генерал *general;* хурандаа ~ *colonel-general;* дэслэгч ~ *lieutenant-general;*

генератор *generator;*

геологи *geology;*

геологич *geologist;*

геометр *geometry;*

Герман *German; Germany;* ~ эмэгтэй *German(woman);*

гижиг *ticklishness; tickling;* ~ хүргэх *to tickle;* ~ хүрч байна! *it tickles!*

гижигдэ|х *to tickle;*

гижигтэй *ticklish;*

гийгүүлэгч *consonant;* ~ авиа *consonant sound;*

гийгүүлэ|х *to illuminate; to enlighten; to make glad, to give joy;*

гийгэ|х 1. *to light up;* **2.** *dissatisfaction, discontent;* ~ ч юм алга даа;

гий|х 1. *to shine, gleam, beam; to down;* үүр ~ *to down;* **2.** *to be happy (at), blissful, joyful;* **3.** *to be born;*

гийчин *guest;* айлчин ~ *guest;* ~ зочин *guest, visitor;*

гийчлэ|х *to be a visit (to); to treat to, entertain (to); to visit;*

гилбэгнэ|х 1. *to shine; to glitter; to flash or shine in the distance;* **2.** *to shiver with fright;*

to fear sth;

гилбэлзэ|x to shine, glitter; to flash;

гилгэнэ|x to sparkle, twinkle; to glitter;

гилгэр smooth; shiny, glossy; ~ толгой bald head;

гилжгий crooked, leaning over; curved; wry;

гилжий|x to be crooked, twisted; to slant; to become crooked, bent;

гилий|x to become smooth, glossy, shiny; to be slippery;

гилэлзэ|x to shine, glitter; to sparkle;

гимнастик gumnastics;

гингэнэ|x to emit a thin, monotonous sound; гингэнэн уйлах to wail; гингэнэж улих to howl;

гинж(ин) chain; fetters, shackles;

гинжлэ|x to chain, chain up; нохойг гинжлэн уях to chain up a dog;

гинши|x to wail; to chant;

гирэв feeble-minded, imbecile, moron;

гирэвши|x (of a child) to be bashful before a parent, or a dog before a master after a long separation;

гитар guitar;

гич mustard; ~ийн гоюу mustard-poultice; ~ийн сав mustard pot;

гичий bitch; ~н гөлөг (as term of abuse) son of a bitch;

гишгүүлэ|x caus. of гишгэх; to cover, mate (with);

гишгүүр step (of stairs), rung (of ladder);

гишгэгдэл suppression, oppression;

гишгэгдэ|x to be trampled underfoot; to be oppressed by another;

гишгэлт step, tread; pace;

гишгэлэ|x to trample underfoot/out;

гишгэм 1. sth the size of a boot sole; 2. step, pace; stride; ~ газар an area the size of a footprint;

гишгэ|x 1. to step on; to take a step; to tread; to trample on; хүний хөл дээр ~ to step on someone's foot; 2. (of animals) to cover; тахиа ~ to cover a hen;

гишүүн 1. member of some association or body; намын ~ member of Party; сурвалжлагч ~ corresponding member; үе ~ joint and extremity; 2. (math.) term; (gram.) part (of sentence); ~ өгүүлбэр subordinate clause; (gram) article; ялгац ~ article;

гишүү(н) branch, bough;

гишүүнэ (bot.) rhubarb;

гиюүрэ|x to be oppressed or afflicted by sadness/sorrow;

глицерин glycerine;

говил 1. cavity, groove, furrow; хамрын ~ a furrow of the nose; 2. a groover;

говилдо|x to make a furrow; to cut a groove;

говилто|x (of a cavity) groove or furrow to appear in something;

говирхог semi-desert and steppe like;

говирхуу semi-desert, dry;

говчуур I tax, duty, assessment; албан ~ impost, tax; ~ татвар tax, tax assessmsnt;

говчуур II seine, sweep-net;

говь Gobi, semi-desert; steppe with a pre-eminently desert character; цөл ~ semi-desert;

гогодо|x to catch with one finger or with a hook;

гогоог cock-a-doodle-doo;

гогоогло|x to cackle, crow;

гогцоо a skein of yarn; loop, sling; a roll (measure of fabrics); ~ утас a skein of thread; ~ торго a roll of silk;

гогцоолдо|x to make into loops, into skeins;

гогцооро|x to form into a loop;

год 1. foot hide of an animal; fur made of such hide; хурганы арьсны ~ foot hide of a lamb; ~он малгай foot-hide hat; 2. ~ ~ хийх sounds of a newborn child; ~ хийх to gush out, well up; ~ үсрэх, ~ хийх to leap up, jump; орноосоо ~ үсрэн босох to jump out of bed;

годгодо|x 1. to spurt forth in narrow stream; 2. to tickle a child;

годгойдо|x to spurt; to jet out, gush out in narrow stream;

годгоно|x 1. to move or curl (of a short tail); to wag; 2. to fidget; to be restless/fidgety;

годгонуур fidgety, restless; coquettish, arch; ~ хүүхэн flirtatious girl;

годгор sth short and sticking out (as a short tail); ~ сүүл a short tail; ~ гэзэг a short braid; ~ шодгор short and sticking out;

годил 1. horn-tipped arrow; 2. the level, bar (of weighing device), weight; 3. a group of ten hunters in a battue;

годойлго|x caus. of годойх; to stick up; to raise;

годой|x (of clothing) to ride up; (of a short tail) to stick up;

годон I narrow tip of a sheep's tail; a short tail; бор морь a grey horse with a short tail;

годон II *a disease of goats;*

годонто|x *see* годронтох;

годос : ~ ~ хийх *to wag;*

годройто|x *to turn a somersault;*

годрон *a disease of goats;*

годронто|x *to suffer from* родрон;

годхий|x **1.** *to leak out; to spurt;* **2.** *(of a small animal) to flee swiftly;*

гоё *beautiful; fine, smart, elegant;* ~ сайхан *beautiful, fine;* ~ ганган *elegant, beautiful;* ~ үг *hypocritical words;* ~ өвчин *lumbago;*

гоёдо|x *to be extremely beautiful;*

гоёл *ornament, decoration, adornment;* ~ын хувцас *fine dress, ceremonial dress;*

гоёлог *rather beautiful;*

гоёлхийлэ|x *to dress foppishly;*

гоёмсог *foppish; gaily decorated, festive; spruce, dapper;* ~ хүн *dandy;*

гоёмсогло|x **1.** *to adorn, decorate;* **2.** *to play the hypocrite, dissemble;* гоёмсоглон ярих *to talk in a high- flown manner;*

гоёмсгмоло|x *to play the hypocrite, dissemble;*

гоёо *a bulbous plant found in the Gobi;*

гоёто|x *to contract lumbago;*

гоё|x *to adorn, decorate; to dress up, dress stylishly, overdress;* ~ гангалах *to dress up, be the fop;* ~ гоодох *to dress in the latest fashion; to press up;*

гоёхон *beautiful, smart, graceful;*

гоёч *hypocritical; flattering, smooth-tongued;*

гоёчгүй *just, fair, impartial;*

гоёчло|x *to be the hypocrite;*

гожгодо|x *(of water) to flow, come out in a tiny stream;*

гожгоно|x *(of liquid) to trickle, appear in a thin stream;*

гожгор *thin and tall,l ong and erect;*

гожий|x *to be tall and erect;*

гозгор **1.** *tall and thin;* **2.** *upright, vertical;* ~ оройтой малгай *top hat;*

гозойлго|x *caus. of* гозойх; *to erect, raise, stick up;*

гозой|x *to stick up; to stand on end;*

гозолзо|x *to stick out;*

гозон I *see* **гозгор**;

гозон II : ~ толгой *solitary; lonely; lonely man;*

гойд *very, highly, extremely, extraordinarily; excellent; unusual;* ~ дулаан өдөр боллоо *it has become a very hot day;*

гоймон **1.** *noodles, vermicelli;* нарийн ~ *vermicelli;* хөндий ~ *macaroni;* **2.** *(fig.) long and thin; lanky;* ~ шиг нарийхан *long and thin as a noodle;*

гол I *river; river bed; dry river bed;* ~ гарах *to ford a river;* ~ хадаалах *for a light covering of ice to on a river;* ~ын түвшин *a river level;* ~ын цөн *ice floe on the river;* ~ын хурдас *alluvium;* ~ын цайр *thin ice formed on a river;* ~ын адаг *mouth of a river;* ~ын хөвөө *coast of a river;* ~ын тохой *bend (of a river);* ~ын тэртээ *beyond a river;* нэг ~ынх *persons from same district; neighbours;*

гол II **1.** *pivot; core, heart; center, middle; a spindle, axle; kernel; a wick;* тэрэгний ~ *axle of a wagon;* лааны ~ *wick of a candle;* (машины) тахир ~ *crankshaft;* ~ дунд *in the centre, in the middle;* ~ судас *aorta;* ~ыг нь таслах *to break the aorta; to murder;* харандааны ~ *pencil lead;* модны ~ *heartwood (of a tree);* **2.** *main, chief; central, pivotal, essential; principial;* ~ зорилго *main purpose;* ~ хүн *kingpin, keyman, linchpin;* ~ гудамж *main street;* ~ төлөв *mainly, in the main;* ~ асуудал *main problem;* ~ газар *central place;* ~ ёс *moral imperative;* ~ын хуудас *two-page opening;* ~ нуруу *the main or essential part of sth;* ~ утга *gist; chief meaning;* ~ мах *fillet;*

голдо|x *to prevail; to be predominant, prevalent;*

голдуу *chiefly, mainly, for the most part; mostly;* намын гишүүд ~ ажилчид *the party members are mainly workers;*

голдь *ten million;*

голигор *stout, fat; thick;*

голий|x *to become/grow stout, fat;* чи чинь ажил ч хийхгүй голийгоод л байна уу? *are you getting fat not doing any work at all?*

голилзо|x *(of a fat man) to waddle along;*

голио *a variety of cicada;*

голлолт *focus; focal point;* ~ тааруулах *to focus;*

голло|x **1.** *to be in, occupy the centre or focus;* голлон суух *to sit in the centre;* голлон тоглох *to star in;* **2.** *to divide in two, divide in half, halve;* голлон хуваах *to divide in half;* **3.** *to be basic, fundamental, pivotal; to prevail, predominate;* малын ажил ~ *(of livestock work) to predominate;*

гологдол *defective goods, rejects, spoil-*

age; production defects; ~ ноос *non-standard wool*; ~ бүтээгдэхүүн *defective products*; ~ бараа *rejects*;

гологдо|х *to be despised, looked down upon; to be rejected or excluded;* гологдсон хүүхэн *rejected girl*;

голомт *hearth; family line, kin; centre, seat;* айл гэрийн гал ~ *hearth, home*; ~ сахих *to continue a family line*; ~ тасрах *(of a family line) to become extinct*; ~ы нь баллах *to destroy, annihilate*; дайны ~ *seat of war*; халдварын ~ *nidus of infection*;

голо|х *to reject; to look down on, scorn, ignore; to dislike* үнээ тугалаа ~ *(of a cow) to reject its calf*; царайг нь ~ *to dislike her/his face*;

голцуу *chiefly, mainly; on the whole;* ~ эмэгтэйчүүд байв *there were mainly women*;

голч *honest, upright, straightforward;* ~ хүн *an honest man*; ~ шугам *diametre*;

голшиг *1. pleasant, kind, agreeable; 2. elegant, beautiful, handsome;* ~ үзэмжтэй *nice-looking, gratifying to the eye*;

гомдол *offence, injury, insult; (sence of) grievance, resentment; complaint; appeal;* гашуудал ~ *sorrow, grief*; хорсол ~ *resentment;* ~ эрэх *to complain (of, about)*; шүүхэд ~ мэдүүлэх *to go to law*;

гомдолтой *having a complaint/grievance; offensive; pitiable;* бид хожигдсон нь ~той байна *it is a pity that we were late*; ~той байна *it is a pity, it is a nuisance*;

гомдоо|х *to offend; to hurt (the feelings of), wound;* сайн нөхрөө гомдоож болохгүй *one mustn't offend one's good friend*;

гомдо|х *to take offence (at); to feel hurt (by), resent; to complain;* хэн нэгэнд ~ *to bear a grudge against someone*;

гоморхол *see* гомдол;

гоморхо|х *to feel hurt; to feel disappointed;*

гон : ~ бие *all alone, solitary*; ~ бие гозон толгой *all by onself, all alone*; ~ ~ хийх *to whimper, snivel; to whine*;

гонгино|х *to whine, whimper; to complain;*

гонгинуур *a person whining, whimpering persistently; peevish, shrewish;*

гонж *hopeless; vainly; impossible;* чи түүнийг дийлнэ гэдэг ~! *you never expect him to win!*

гонжгор *extremely oval or oblong;*

гонжий|х *to become oval or oblong;*

гонжилзо|х *(of oval or oblong sth) to move;*

гонзгой *oval, oblong; long;*

гонзгор *oblong, stretched;* ~ тархи *(med.) medulla oblongata;*

гонзойлго|х *to lengthen;*

гонзой|х *to be oval, oblong, stretched out;*

гонсгор *disappointed, disillusioned; morose; sulky;*

гонсой|х *to be disappointed; to be depressed, be in low spirits;*

гонсро|х *to become depressed, be disappointed;*

гонхон *any cubicle or cell built within or without a temple hall;*

гоншгоно|х *to moan, whine; to whimper, snivel; to complain, cry out, nag;*

гонши|х *see* гунших;

гоньд *(bot.) caraway;*

гоо *beautiful, fine, nice;* ~ зүй *aesthetics;* ~ сайхан *beauty;*

гоогло|х *to cluck, crow;* тахиа ~ *(of a chicken) to cluck;*

гоодо|х *to dress up; to deck oneself out;* гоёж ~ *to dress up; to array oneself in;*

гоожин *permission for felling trees;* ~гийн татвар *tax to fell trees;*

гоожинхой *in holes, full of holes;* ~ хоолны сав *a saucepan with a hole in it;*

гоожи|х *to leak, stream, pour out; to drip;* чиний хамраас цус гоожиж байна *your nose is bleeding;* миний арааны шүлс асгарч байв *my mouth was watering;* хөлс ~ *to be bathed in sweat;*

гоожуула|х *caus. of* гоожих; *to spill; to pour, shed;* цусаа ~ *to shed one's blood;* ус ~ *(of water) to spill;* хөлсөө ~ *to sweat profusely; to sweat one's guts out;*

гоожуур *faucet; gutter, sewer, drain;* усны ~ *tap, cock;*

гоомой *thoughtless, frivolous; unreliable; flimsy; slapdash;* ~ хэрэг *thoughtless action;*

гоомойдо|х *to be very weak, flimsy; to be unreliable;*

гоомойто|х *to show untrustworthiness, unreliability, thoughtlessness;* битгий гоомойтоорой, лавхан шиг барь *don't be careless, hold it firmly (surely);*

гоонь *bachelor; unmarried man;*

гооч *1. hope;* ~ горьдлого *hope, expectation;* ~ тасрах *to be hopeless, lose hope; 2. inclined to foppishness; 3. a tiresome per-*

son; harasser;

гоочло|х 1. *to pester; to annoy; to sting, wound;* 2. *to make only a small effort in smth, a half-hearted effort; to nibble, pick at food;* хурга ишиг өвс гоочилж байна *lambs and kids are beginning to nibble with green grass;* би зүгээр суухаар аар саар юм гоочилж л сууна *I'm doing some small (trifling) things instead sitting idly;*

гордгор *see* **горзгор;**

горзгор *dry, dried-up; thin and tall; emaciated;* ~ мод *stick;* ~ туранхай хүн *a lean person;*

горзой|х 1. *(of the skin) to harden;* 2. *to be emaciated, gaunt;*

горигүй *hopeless; impossible; hard, difficult; useless; unfit;* ~ хэрэг *a difficult business;* би явахгүй бол ~ нь *I must go;*

горил|ох *to expect, hope for;*

горим *rule, order, regimen;*

горой|х *to stick in the throat; to fret, be vexed;* хоол ~ *(of food) to stick in the throat;*

гороо *to go/make one's rounds; detour;*

гортиг 1. *pair of compasses, set of drawing tools;* 2. *circle, circumference; line;*

гортигло|х 1. *to use compasses to draw a line;* 2. *to draw a circle;*

горхи I *stream, small river;*

горхи II *clasp, buckle;* бүсний ~ *belt-buckle;*

горхило|х I *to close with a clasp or buckle;*

горхило|х II *to flow in a stream;*

горь *hope, desire, expectation;* ~ тасрах *to lose hope; to despair;*

горьдлого *hope, expectation;*

горьдлогогүй *hopeless;*

горьдомхой *given to expecting;*

горьдоо|х *to raise smb's hopes;*

горьдо|х *to hope for, expect, anticipate;* чамайг нөгөө номоо авчирсан байх гэж горьдов *I expected that you've brought the very book;*

госпиталь *hospital;*

гох 1. *hook; cock;* загасны ~ *fish hook;* 2. *trick, ruse, cunning;* мэх ~ *trick;*

гохдо|х 1. *to catch with a hook;* 2. *to trick, tempt; to seduce;*

гоц *especially, extremely; outstanding, excellent;* ~ сайн *extremely good;* ~ муу *extremely, quite bad;*

гоцлол *solo;*

гоцло|х *to be oustanding, distinguished;*

гоюу *plaster;*

гөвдө|х *to thrash, hit, beat;*

гөвдрүү *bulge; protuberance; relief; pimple, blister;*

гөвдрүүтэ|х *to blister, swell up;*

гөвий|х *to swell up;*

гөвши|х *see* **гөвдөх;**

гээхэн *rather shallow;* ~ болох *to become shallow;*

гөлгөнө|х 1. *to be glossy, shine;* 2. *to have a guilty look; to be confused;*

гөлгөр *smooth, slippery; shiny, glistening;* ~ мөс *slippery ice;* шил мэт ~ *smooth as glass;*

гөлж ~ борын цэцэг *lilac;*

гөлий|х 1. *to be smooth, slippery;* 2. *to be dumbfounded; to be indifferent; (of the eyes) to gape, glaze over;*

гөлөг I *puppy; cub;* нохойн ~ *a pup;* чонын ~ *wolf cub;*

гөлөг II *(bot.) bud, shoot;*

гөлөгле|х I *to whelp, cub; to pup;*

гөлөгле|х II *to sprout, bud;*

гөлөлзө|х 1. *to shine, be glossy;* 2. *to have a guilty look;*

гөлөм 1. *saddle-cloth;* 2. *sheet;* гөлмөн төмөр *sheet-iron;*

гөлөнгөр *calico;*

гөлрөө *apathetic;*

гөлрө|х 1. *to fix the eyes on, stare at;* 2. *to lose strength/potency;* цай ~ *(of a tea) stop boiling;* айраг ~ *(of kumiss) to lose potency;*

гөлтгөнө *alabaster;*

гөлчгий *young of some small animals such as rats and other rodents;* огтнын ~ *young mouse;*

гөлчгийлэ|х *(of small animals) to give birth;*

гөлчгөр *sth smooth or slippery;*

гөлчий|х *to become smooth, slippery;*

гөлчилзэ|х *to shine; to glitter, gleam;*

гөмс *insufficient, inadequate, incomplete;*

гөмсдө|х *to be lacking, deficient, missing; to decrease, become scanty;*

гөмсле|х *regard as insufficient or inadequate;*

гөмсхөн *too insufficient;* тэр ухаанаар ~ хүн *he has no special powers of intellect;*

гөнжи|х *to lift slightly, move with a lever;*

гөнжөө *a copper pail;*

гөнжүүр *lever, crossbar;* хөшүүр ~ *lever, crossbar;*

гөнтэй *sarcastic, caustic, biting;*

гөрдөөч *slanderer, libeller;*

гөрдө|х *1. to slander, libel, calumniate; 2. to hit, give a drubbing/hiding;*

гөрмөл *woven, plaited; wickerwork; ~* ташуур *lash;*

гөрөө *wild animal;* ан ~ *hunting; ~* хийх *to hunt;*

гөрөөлө|х *to go hunting, hunt;*

гөрөөс(өн) *antelope;* бор ~ *roebuck;* бух ~ *ibex;*

гөрөөчин *hunter;*

гөрөөчлө|х *to hunt;*

гөрө|х *to plait, braid;* гэзэг ~ *to plait hair;*

гөрч *inclined to slandering; ~* хүн *slanderer;*

гөхий *fishhook;*

гөхийдө|х *to fish with fishhook;*

гөхөл *forelock, fringe; topknot, tuft; crest;* морины ~ *forelock of a horse; ~* тавих *to leave a tuft of hair on the head;* шувууны ~ *bird's crest;*

гөхөлдө|х *to seize by the forelock/tuft of hair;*

градус *degree;* 45 градусын өнцөг *an angle of forty-five degrees;*

грамм *gram;*

гранат *grenade;*

график *chart, diagram; schedule;*

грек *Greek; Greece;*

гуа I *beauty; beautiful; ~* жавхлан *magnificence; ~* сайхны зүй *aesthetics;*

гуа II *gourds, Cucurbitaceae; melon;* амтат ~ *melon;* ший ~ *watermelon;*

гуаг : ~ ~ *croaking;* хэрээ ~ ~ дуугарав *the crow croaked;*

гуагла|х *to croak;* хэрээ ~ *(of crow) to croak;*

гуай *a polite form of address used after the name of a person senior in age or position, both male and female;* сайд ~ *dear/the Minister;*

гуайла|х *to address politely;*

гуалиг *beautiful, charming; elegant;*

гуалин *beam, joist; log; ~* байшин *log house; ~* гүүр *wooden bridge;*

гуамин *noodle;*

гуанз I *cafeteria; canteen; restaurant;*

гуанз II *a kind of flute;*

гуанзда|х *to eat in a restaurant;*

гувай *beautiful; ~* хүүхэн *beautiful woman; ~* хатан *(bot.) belladonna;*

гувай|х *to swell or appear to swell up, form welts;*

гувгар *swollen; uneven;*

гувж *stick or iron attached to the neck of an animal to prevent it from gnawing the tether or leash;*

гувжла|х *to tie a* гувж *to the neck of camel or dog;*

гувра|х *(of plants) to sway/wave or shake in wind;* мод ~ *(of a tree) to shake in the wind;* цэцэг ~ *(of a flower) to wave in the wind;*

гувруу I *camel plague;*

гувруу II *scar or weal on the skin caused by beating or lashing;*

гувруута|х I *to form a scar or weal;*

гувруута|х II *to contract camel plague;*

гувчгар *thin, lean;*

гувчий|х *to become, get thin;*

гувшаа *young animal accustomed to sucking its mother greedily;*

гувши|х *(of a young animal) to suckle greedily;* гүйж ~ *to run shamelessly after sth;*

гуд: ~ татах *to pull smth down;*

гудайлга|х *caus. of* гудайх; *to incline, bend, low;* толгойгоо ~ *to low one's head (to, before);*

гудай|х *1. to incline, slant, bend, low;* нар ~ *(of the sun) to set; 2. to become worse; to deteriorate;* хөрөнгө ~ *(of the wealth) to exhaust;* толгой ~ *to become depressed;*

гудам *passageway, hallway, corridor;*

гудамж(ин) *street;* ~инд гарах *to find oneself in the street;* ~наас *from out of doors;*

гудамжла|х *1. to stand in rows; 2. to build passages;*

гударган *inclined to the top;*

гудас I *along, lengthwise; on one's way;*

гудас II *a narrow felt mat;* орны ~ *mattress;*

гудгар *stooping, bent, hunch-backed;*

гудиг *1. grief, sadness, sorrow; 2. care, worry, attention;*

гудиггүй *careless, care-free; light-hearted;*

гудиггүйдэ|х *to be careless;*

гудрага I *small grooving chisel;*

гудрага II *distemper* (нохойн өвчин);

гудрагада|х *to chisel;*

гудрагата|х *to get distemper;*

гудра|х *1. to stick in, squeeze in; 2. to eat greedily; to misappropriate funds;*

гудра|х *see* **гудчих;**

гудчи|х *1. to stick in again and again; 2. (of animals) to snort;*

гуйвалда|х *to sway, stagger; to reel;*

гуйва|х I *to deliver, transmit payment;*

гуйва|х II **1.** *sway, swing, rock; to waver, falter;* салхинд мод ~ *(of a tree) to swing in the wind;* **2.** *to fluctuate; to be undecided;* аядан дагалдаж ~ *to follow sth blindly;* **3.** *to twist, distort;*

гуйвуула|х I *to transfer funds, remit;* валют ~ *to transfer currency;* цахилгаанаар мөнгө ~ *to wire money;*

гуйвуула|х II *to distort, garble, twist;* баримтыг ~ *to twist facts;*

гуйвууллага *remittance;* гуйвууллагын баримт олгох *to give a receipt;*

гуйгуур *mendacious, untruthful;* ~ хүн *a untruthful person;*

гуйгуурла|х *to play the hypocrite, dissemble; to distort;*

гуйгч *applicant; suppliant; petitioner, requestor;*

гуйланчин *beggar, mendicant; pauper;*

гуйланчла|х *to beg, go begging;*

гуйлга *begging, cadging;* ~ гуйх *to beg, cadge;* ~ хийх *to beg;*

гуйлга|х *caus. of* гуйх;

гуйлгачин *see* гуйланчин;

гуйлт *request* ~ хийх *to make a request;*

гуймтгай *see* гуймхай;

гуймхай *good at begging, cadging;*

гуйранч(ин) *beggar; pauper;*

гуйранчла|х *see* гуйланчлах;

гуй|х *to ask, request, beg, implore;* туслaмж ~ *to ask for help;* зөвшөөрөл ~ *to ask permission;* өршөөл ~ *to implore forgiveness;* ~ түүх *to beg, implore;*

гулбигар **1.** *weak, sickly; puny; frail;* **2.** *flexible, supple;* ~ төмөр *flexible iron;*

гулбий|х *to be weak or frail;*

гулбилза|х *to wriggle, twist, wind with the whole body;*

гулгалт *sleighing, skating, sliding;* уран ~ *figure skating;*

гулгамтгай *slippery;*

гулгараа *slippery area or ground;*

гулга|х *to slide, glide; to slip out;* тэшүүрээр ~ *to skate;* цанаар ~ *to ski;* гараас ~ *to slip out of the hands;*

гулгидас(ан) *belched-up particles of food;*

гулги|х **1.** *to belch, vomit;* **2.** *(of small children) to spit up;*

гулгуур *smooth surface; skating rink;*

гулд *along, lengthwise;* хөндлөн ~ *in all directions, far and wide;* тэр Монгол орноор хөндлөн ~ явсан *he has travelled the length*

and breadth of Mongolia;

гулдай|х *to lie outstretched full length; to lie prostrate, to be flat on one's back; to lounge, loll;*

гулдан(г) *vault, arch;* ~ хаалга *arch;* ~ хөндий *vault;*

гулда|х *to seduce, entice;*

гулдач *seducer;*

гулдгар *elongated, oblong;*

гулдмай **1.** *beam, girder, bar;* **2.** *the whole, individed carcass of a slaughtered animal;*

гулдра|х *to pull, drag sth along;* гараас нь татаж ~ *to pull along by the arm;*

гулдрил **1.** *seduction, corruption;* **2.** *(river)bed;* голын ~ыг өөрчлөх *to change the course of a river;* далангийн ~ *channel;*

гулдри|х **1.** *to corrupt, seduce others;* **2.** *to flow underground;* **3.** *to cut through, push through;* хүмүүсийн дундуур гулдрин явах *to fight one's way through the crowd;*

гулжгай *see* гулжгар;

гулжгана|х *to bend, twist; to wind;*

гулжгар *stretched and thin; flexible;*

гулжий|х *to be thin, lithe;*

гулзай|х *to bend; to become crooked;*

гулзгай *twisted, bent, crooked;*

гулра|х *to be (getting) worse;*

гулсал *sliding, slipping;*

гулса|х *to slide, slip; to glide;*

гултач *sth that comes sliding down from mountain rocks; mountain torrent;*

гултгал *a precipice;*

гулууз I *rolling pin;*

гулууз II *the whole, undivided carcass of a slaughtered animal;*

гулууз III *beam, bar;*

гулуузла|х *to leave a slaughtered animal as a whole, individed carcass;*

гуна(н) *the three-year old male of various animals;* ~ барс *three-year old male tiger;*

гунгана|х **1.** *(of animals) to make a variety of noises showing affection to their mates or young;* **2.** *to whine, whimper;*

гунда|х *to become frail, weak; to get tired; to be downcast;*

гундмал *emaciated; downcast;*

гунж(ин) *three-year old cow or female camel;* ~ үнээ *three-year old cow;*

гунжгар *thin and long;*

гунжий|х *to become too long;*

гуниг *grief, sadness, sorrow; (sence of)*

grievance, resentment;

гуниггуй 1. *free from grief or care;* 2. *outstanding, distinguished;*

гуниглал *sadness, affliction; melancholy;*

гунигла|х *to grieve, mourn; to pine (for); to be sad; to be melancholy, be depressed; to long (for);*

гунигт *sorrowful, downcast, sad, mournful, doleful, grievous;* ~ шүлэг *elegy;*

гунигтай *see* **гунигт;**

гуни|х *to grieve, be afflicted, be depressed;* гуниж гутрахын хэрэггүй *cheer up! don't give up!*

гунихра|х *to grieve about the past;*

гунхалза|х *to be elegant; to walk or move gracefully;*

гунха|х *to be graceful; to be handsome;*

гунхвай : ~ цэцэг *poppy;*

гунхгар *handsome, graceful;*

гуншаа *nasal, snuffling; nasalizing; nasal intonation;*

гуншгана|х 1. *to speak through one's nose;* 2. *to whimper, snivel;*

гуншин(г) I *title;*

гуншин II 1. *to speak with a nasal twang;* 2. *to speak with expressionless voice;*

гур *roebuck;*

гурав (гурван) *three;* ~ удаа *three times;* ~ үүд (бие, хэл, сэтгэл) *the three doors: body, speech, thought;* хоёрдугаар сарын ~ *the third of February;* ~ жил *three years;* ~ хар (тачаангүй, урин, мунхаг) *the three sins: passion, anger, dullness;* ~ цаг (өнгөрсөн, одоо, ирээдүй) *the three times: past, present, future;* ~ амттан (бал, бурам, чихэр) *the three sweeteners: honey, sugar cane, sugar;* ~ цагаан (өсөхөд шүд ~, өтлөхөд үс ~, үхэхэд яс ~) *the three white things: the teeth, white in youth, the hair, white in old age, and the bones, white in death;*

гуравдагч *third;*

гуравда|х *to do something three times;*

гуравдахь *third;*

гуравдугаар *third, number three;* ~ бүлэг *chapter three;* ~ бие *third person;* ~ сар *March;*

гуравт 1. *group or team of three; troika;* 2. *third, thirdly;*

гурамсан *triple, triple-spliced;* ~ дээс *three-ply rope;*

гурамсла|х *treble; to splice or twist three*

threads or strands together;

гурангида|х *to become extremely lean through hunger;*

гуранз *whetstone;*

гуранзда|х *to whet, grind;*

гуранхла|х *to become weakened through starvation;*

гуранхта|х *to starve, become greatly weakened through starvation;*

гурваад *three each, by threes; about (over) three;*

гурвалжин *triangle; triangular;* ~ судлал *thrigonometry;*

гурвалжла|х *to make sth triangular;*

гурвалза|х *to wriggle;* могой ~ *(of a snake) to crawl;*

гурвантаа *three times; thrice;*

гурви 1. *furrow, groove, notch, incision;* 2. *a chisel to make grooves;*

гурвида|х *to chisel; to notch;*

гурвита|х *to appear to be grooved, furrowed, notched;*

гурвуул(ан) *three (together);* бид ~ Лондон явав *the three of us went to London;*

гургалдай *nightingale;*

гургар *thin and long;*

гурил *flour,* ~ элдэх *to roll dough;*

гургуул *pheasant;*

гутал *shoes, boots, footwear;*

гуталчин *shoemaker, bootmaker;*

гурзай|х *to become thin as a stick;*

гутамшиг *shame, disgrace, infamy, dishonour; triteness, banality;*

гута|х *to be dejected, depressed; to deteriorate, worsen;* дур ~ *to lose pleasure or interest;* ой ~ *to feel an aversion;*

гутгаар *the third;*

гутра|х *to be sad or melancholy; to lose heart; to become dejected, depressed, despondent; to be distressed; to grieve;* бүү гутар! *don't take it to heart!*

гутруул *string of a sack;*

гуу I *hollow, ravine, ditch;* сувар ~ *ditch;* ~ жалга *ravine;*

гуу II *frame, show-case;* зураг ~ нд хийх *to frame a picture;*

гуу III *the title page or facesheet of an official document;*

гуугла|х 1. *to hallo, shout "hi";* 2. *to cackle;*

гуужи|х *to moult; to peel; to shed hair; to cast the coat; to slough; to shed feathers;*

могой ~ *(of snakes) to slough;* шувуу ~ *(of birds) to moult, shed feathers;*

гуула|х 1. *to frame;* **2.** *to compose a title or facesheet on an official document;*

гуулин *brass; made of brass;* ~ хөгжим *brass band;*

гууль *brass;* ~ нь цухуйх *for the poor quality of smth;*

гуур *gad-fly's larva under the back skin of animals;*

гуурс(ан) *straw, pipe, tube;* өдний ~ *quills;* цэцгийн ~ *stem of flower;*

гуурта|х 1. *to appear gad-fly's larva under the back skin of animals;* **2.** *(of containers) to devolop holes;* **3.** *to be in need; to be very deficient;* мөнгөгүй ~ *to be in great need of money;*

гуца|х *to lack, be lacking in;*

гуцуухан *deprived, needy, disadvantaged;*

гуч(ин) *thirty;* ~ настай *thirty years old;*

гуч *great-great-grandson;*

гучаад *about thirty; thirty each;*

гучдугаар *the thirtieth;* ~ хуудсанд үз *see page 30;*

гучинтаа *thirty times;*

гучинцар *son of great-great-grandson;*

гучуул *thirty together; numbering thirty;*

гуя *hip, thigh, rump; one of a pair of things;* өмдний өрөөсөн ~ *trouser leg;* хайчны ~ *half of a scissors;* ~ ганзагалж ирэх *to come empty-handed;*

гуяда|х 1. *to lash, whip; to strike the thigh;* морио ~ *to whip a horse;* салхи нүүр нүдгүй гуядана *the wind lashes one's face;* **2.** *to "whip" in wrestling;*

гув *deep place in water;*

гувгэнэ|х *to crawl, creep, wriggle;*

гувгэр *convex, protuberant;*

гувдруу 1. *polyp;* **2.** *pimple, spot, papula;*

гувий|х *to stick up, jut out;*

гувүүр *a duster made of feathers, beater;*

гувэ|х I *to beat the dust out of sth; to shake off; to fall off;* хивс ~ *to beat a carpet;*

гувэ|х II *to squander;*

гувээ *hill; knoll;*

гугэл *balsam, balm;*

гүдгэр *protuberant, bulge; convex; in relief; protuberance, convexity;*

гүдий|х 1. *to bulge;* **2.** *to stick in the throat;*

гүдэс *straightforward;* ~ хүн *straightforward person;*

гүдэсхэн *resolute, desided; too straightforward;*

гүжир I *slander; calumny, aspersion;*

гүжир II *hardy, strong; tough, wiry;*

гүжирдэ|х *to slander, calumniate, libel; to gossip; to abuse;*

гүжирмэг 1. *resolute, desided, straightforward; dogged;* **2.** *strong; hardy, wiry;*

гүжирмэглэ|х *to strive hard;*

гүжирч *slanderer;*

гүзээ(н) *paunch; tummy;* ~ суух *to get (quite) a paunch/tummy;*

гүзээлзгэнэ *strawberry;*

гүзээлэ|х 1. *to store dairy produce in the paunch;* **2.** *to develop a paunch; to grow fat;*

гүйгч *runner;*

гүйдэл 1. *run, running; race; trotting races; an animal run;* **2.** *current, circulation;* цахилгаан ~ *electric current;* цусны ~ *circulation of the blood;*

гүйлгэн *quickly, speedly;*

гүйлгэнэ|х *to become watery on the surface;* эмэгтэйн нүдэнд нулимс гүйлгэнэв *tears came to her eyes;*

гүйлгэ|х I *caus. of* гүйх; *to let run or gallop;*

гүйлгэ|х II *to have diarrhoea;* гэдэс ~ *to have diarrhoea;*

гүйлгэ|х III *to transmit; to conduct; to circulate;* цахилгаан ~ *to transmit electricity;* зоос ~ *to put money into operation;*

гүйлгээ *circulation; turnover; operation;* мөнгө ~нд оруулах *to put money into operation;* худалдаа ~ *trade;* бараа ~ *turnover of goods;* ~ сайтай бараа *goods with a good turnover;*

гүйлгээтэй 1. *saleable, marketable, having a good turnover, in great demand;* **2.** *(of person) smart, pushing, sly;* ~тэй бараа *popular line; saleable commodity;*

гүйлс(эн) *apricot;*

гүйлт *run, race; running;* холын ~ *a long-distance race;* ойрын зайны ~ *sprint;*

гүймхий *an animal prone to running away back to its old herd or former owner;*

гүй|х I *to run; (of animals) to run away back to old pasture; to move quickly;* гүйн ирэх *to come running;* гүйж гарах *to run out;* бусдад зарагдаж ~ *to run errands for someone; to be at someone's beck and call;* гүйж хүрэх *to run to;*

гүй|х II *to flow; to run; to crawl off; to circu-*

late; to be transmitted; to spraed over; to drift away; тугалга ~ *(of lead) to run;* ус ~ *(of water) to flow;* цахилгаан ~ *(of electricity) to be transmitted;* бараа ~ *(of goods) to be saleable;*

гүйхэн *weak; shallow;* ~ устай гол *shallow river;* ажлын чадвар ~ *weak capacity for work;*

гүйцдэ|х *to become complete;*

гүйцэгдэ|х *pass. of* гүйцэх; *to be reached or overtaken;*

гүйцэд *complete(ly), full;* бүрэн ~ тайлан *complete account;*

гүйцэлдэ|х *to be completed, accomplished; to be carried out completely or fully; to be fulfilled, be realized;*

гүйцэтгэгч *doer, executor;* шүүхийн тогтоол ~ *officer of the law;* захирлын үүрэг ~ *acting director;*

гүйцэтгэл *execution; fulfilment; result;*

гүйцэтгэ|х *to carry out, execute, accomplish, fulfil, complete;* тушаал ~ *to execute an order;* үүрэг ~ *to discharge one's duty;* ~ хороо *executive committee;*

гүйцэтгэшгүй *unfeasible; impractical;*

гүйцэ|х *1. to achieve, attain;* санаа ~ *to achieve/attain one's object; 2. to complete, finish; to come to an end, end in; to come to fulfilment;* хугацаа гүйцлээ *time is up;* хийж ~ *to complete, accomplish;* нас ~ *to come of age; 3. to overtake, catch up with;* гүйцэж түрүүлэх *to overtake and surpass;*

гүйцээгүй *incomplete, unfinished;* хийж ~ *unfinished;* боловсорч ~ *unripe, green;*

гүйцээ|х *caus. of* гүйцэх; *to finish, complete; to fill out; to accomplish;* тэр захиагаа гүйцээж бичив *he was finishing a letter;*

гүл *a variety of orange;*

гүлдгэр *having a long neck;* ~ хүзүүтэй *(of sth) with stretched neck;*

гүлдий|х *(of the neck) to appear outstretched;*

гүлмэр *Asian land salamander;*

гүм : нам ~ *silence, stillness;*

гүмбараа : ~ матар *crocodile;*

гүн I *deeply, depth, the depths; profoundly, grave;* гурван метрийн ~д *at a depth of three metres;* ~ санаа *profound thought;* ~ эмгэнэл *deep mourning;* ~ нойр *deep sleep;* нутгийн ~д *inland, towards the interior;* ~ий ус *artesian water;* ~ ухаан *philosophy;* ~ харанхуй *deep darkness;*

гүн II *thick, dence; rich; bright;* ~ ой *dence/*

thick forest; ~ улаан *deep/dark red;*

гүн III *dainty; refined; delicate;* ~ амттай оройн зоог *dainty supper;* ~ урлал *fine workmanship;*

гүн IV *count;*

гүнгэнэ|х *to hum, buzz; to mutter, mumble;*

гүнгэр : ~ гангар хийх *to talk friendly;*

гүнгэрваа *a showcase, frame;* бурхны ~ *a showease for figurine or statuette of a god;*

гүндүүгүй *peaceable; honest; simple-hearted; simple-minded;*

гүнж *princess;*

гүнзгий *deeply; depth; profoundly, profundity;* олонгүй ~ ус *bottomless water;*

гүнзгийвтэр *rather deep;*

гүнзгийдэ|х *to become extremely deep or profound;*

гүнзгийлэ|х *to deepen; to make deeper;* худаг ~ *to dig a well;*

гүнзгийрүүлэ|х *caus. of* гүнзгийрэх; *to make deeper;*

гүнзгийрэ|х *to become deeper, deepen; to go deep into;*

гүний *deep, plutonic, abyssal;*

гүнлэг *county;*

гүнээ *deeply; very much; greatly;* ~ итгэх *to hope deeply;* ~ болгоомжлох *to be too careful;*

гүр *iron ore;*

гүрвэл *lizard;*

гүрвэлзэ|х *1. to crawl, squirm; 2. (med.) peristalsis;*

гүргэм *(bot.) saffron;*

гүргэр *swollen;*

Гүрж *Georgia, Georgian;*

гүрий|х *to swell up; to bulge;*

гүрэм *religious ceremony;*

гүрэн *country, state, power;* аугаа их ~ *a world power;*

гүрээ(н) *the area of the neck below and in front of the ears;* ~ний судас *(med.) jugular vein;*

гүтгэлэг *slander, calumny, defamation; falsehood;* гүтгэлгийн кампани *smear campaign;*

гүтгэ|х *to slander, calumniate, libel; to distort, disgrace;*

гүү(н) *a mare;* ~ний унага *foal;* ~ барих *to tether mares for milking;* ~ний саам *mare's milk;* ~ний айраг *fermented mare's milk;*

гүүр *bridge;*

гүүргий words pronounced when separating kids and lambs from their mothers;

гүүрэг a small bridge; viaduct;

гүүрэ|х to become aware of;

гүүш 1. a good translator; 2. an educated person;

гүц teakettle; teapot;

гэв 1. reinforcing particle preceding adjectives and adverbs beginning with "гэ"; ~ гэнэт бүгдийг бүү хэлээрэй don't talk all at once; ~ гэнэт quite suddenly; unexpectedly; 2. past of гэх;

гэвч but; although, though;

гэвш title for a learned lama;

гэвэл if; яагаад ~ that is why; because; чи мэдье ~ if you want to know;

гэгдгэр stooping, bent; stooped; round-shouldered;

гэгдэ|х to be called, considered; багш ~ to be called a teacher; сайн мэргэжилтэн ~ to be considered a good specialist;

гэгч so-called; a certain; someone named; таныг Мандах ~ хүн асууж байсан someone named Mandakh was asking for you; сайн ~ийн хүн a very good man;

гэгээ(н) glow on the horizon before sunrize or after sunset; daylight; light; dawn; ~ орох to dawn; to grow light; ~ тасрах to grow dark; ~тэйд before dark; ~тэй тасалгаа a bright room; ~н дурсгал blessed memory; ~тэн минь your lordship, your grace; ~ завсар upper regions of the atmosphere; ether;

гэгээвтэр rather bright;

гэгээвч window; ~ийн ирмэг window sill;

гэгээн 1. light, bright; ~ наран bright sun; 2. extremely, very; great; ~ сэцэн possessing great wisdom; 3. title used in addressing and referring to an incarnate lama;

гэгээрүүлэ|х caus. of гэгээрэх; to enlighten, educate; to cultivate;

гэгээрэл enlightenment, education, culture; ~ боловсрол education; соёл ~ culture;

гэгээрэ|х 1. to dawn, grow light; үүр гэгээрч байна it is getting light, day is dawning; 2. to become enlightened, cultured; гэгээрсэн хүн a cultured man;

гэдвэлзэ|х 1. to be timid; to be shy; 2. to be fidgety;

гэдгэр 1. straightend the back; ~ толгойтой хүн with the head thrown back; 2. arrogant, supercilious; 3. lazy, sluggish;

гэдийлгэ|х caus. of гэдийх; толгойгоо ~ to throw one's head back;

гэдий|х 1. to straighten the back; 2. to balk, to be stubborn;

гэдрэг back, backwards; ~ харалгүй without looking back; ~ явах to go backwards;

гэдэг called, named; намайг Чимгээ ~ my name is Chimgee; үүнийг юу ~ юм? what is it called;

гэдэгнэ|х 1. to straighten the back; to throw the head back frequently; 2. to be fidgety;

гэдэл ear lobe;

гэдэлзэ|х to toss the head;

гэдэн I stubborn, obstinate; arrogance;

гэдэн II ~ годон frivolous;

гэдэргээ back, backwards; ~ харж хэвтэх to lie on one's back;

гэдэс(эн) stomach, belly, paunch, abdomen, intestines; бүдүүн ~ large intestines; нарийн ~, өлөн ~ small intestines; ~ гарах to eat one's fill; ~ өлсөх to be hungry, get hungry; ~ хурхганах (of the stomach) to rumble; ~ дотор internal organs; ~ дүүрэн full from eating; их ~тэй pregnant; ~ дүүрэх to eat one's fill; to have gas in the stomach; ~ний хижиг typhoid;

гэдэслэ|х 1. to grow a paunch; 2. to be pregnant;

гэж what, that;

гэзэг long hair, plait, braid, pigtail; үс ~ hair; ~ гөрөх to plait a pigtail; ~ тавих to grow a pigtail or a braid of hair;

гэзэгдэ|х to pull or seize by the pigtail or braid;

гэлдрэ|х to walk slowly, trudge along, plod along;

гэлдэрхийлэ|х to walk too slowly, trudge along;

гэлмэ|х to be frightened;

гэлэн(г) a monk; ~ болох to take the monastic vows;

гэлэнмаа a nun;

гэм 1. fault, blame, guilt, misdeed; mistake; би ~ буруутай it's my fault; би ~ээ хүлээж байна I know I'm to blame; ~тэн, ~ буруутан the guilty person; ~ зэм fault, mistake; 2. defect; harm, damage; зүрхний ~ valvular disease of the heart; ~ хийх to harm, injure; энэ танд ~ болохгүй it won't hurt you, it will do you no harm; ~тэх to hurt oneself;

гэмгүй 1. innocent, guiltless; harmless; ~

58

амьтан *harmless creature;* **2.** *it does not matter;*

гэмт *guilty; criminal;* ~ хэрэг *crime;* ~ этгээд *criminal(s);*

гэмтэгч *casualty;*

гэмтэй *harmful, dangerous; criminal;*

гэмтэл *damage, injury; defect; breakage; destruction;*

гэмтэн *the guilty or indicted; criminal;*

гэмтэ|х *to hurt oneself; to be damaged; to be breakable;*

гэмтээ|х *to damage, hurt, injure;* тэр унаад хөлөө гэмтээв *he hurt his foot in falling;*

гэмшил *repentance, remorse;*

гэмши|х *to repent, be sorry; be remorseful;*

гэмэргэн *quarrelsome, cantankerous;*

гэнгэнэ|х *to moan; to whine;*

гэндүү *a male tiger or leopard;*

гэндүүлэ|х caus. of гэндэх; *to take by surprise, catch unawares;*

гэндэл *mistake, blunder; slip, misstep;*

гэндэ|х *to make a mistake, slip up;*

гэнэ : ~ алдах *to lack foresight;*

гэнэн *naive, credulous;* хүүхэд шиг ~ *naive as a child;*

гэнэхэн *rather naive;* ~ амьтан *a naive person;*

гэнэт *suddenly; all of a sudden; unexpectedly;* ~ийн үхэл *sudden death;*

гэнэтхэн *suddenly, unexpectedly;*

гэр **1.** *the Mongolian nomad's tent; a house or dwelling place;* ~ орон *home, house;* ~ бүл *family;* ~ бүл болох *to get married;* ~ зуур *at home, near the house;* ~ ядуу *poor;* ~ баян *well-to-do, prosperous;* хар ~ *prison, jail, gaol;* ~ бараа *household goods;* ~ ахуй *housekeeping;* ~ийн даалгавар *homework;* улс ~ *country, the people; the nation;* ~ийн мухар сахих *to be a homebody;* ~ийн хүн *wife, a shut-in;* ~ийн эзэн *head of the house;* ~ийн эзэгтэй *mistress of the house; housewife;* ~ийн хэрэглэл *furniture, household goods;* ~ийн шувуу *poultry;* ~ийн хоймор *the portions of a гэр situated behind the hearth;* ~ийн мод (унь, хаалга, хана, тооно) *the woodwork of a* гэр: *poles, latticework, portals and smoke hole;* **2.** *case;* нүдний шилний ~ *eyeglass case;* бууны ~ *holster;*

гэргий *wife;* ~ авах *to take a wife;*

гэргийтэй *(of a man) married;*

гэргүй *homeless;* орох ~ хүн *vagrant, vagabond;*

гэрлүүлэ|х *to marry off;*

гэрлэгсэд *husband and wife; married couple;*

гэрлэлт *marriage;* ~ээ бүртгүүлэх *to register one's marriage;* ~ салалт *divorce;*

гэрлэ|х **I** *to get married;*

гэрлэ|х **II** *to encase, provide with a case;*

гэрлээгүй *single, unmarried;*

гэртээ *at home; home;* яг ~ байгаа юм шиг бай *make yourself at home;* ~ харих *to go home;*

гэрч *witness; proof; evidence;* ~ийн этгээд *witness;* ~ баримт *documentary proof;*

гэрчилгээ *certificate, license; diploma;* төрсний ~ *birth certificate;* дунд боловсролын ~ *secondary-school diploma;*

гэрчлэ|х *to testify; to give evidence; to bear witness;*

гэрэвч *candelabrum, chandelier;*

гэрэвши|х *to shun, shy away from; to keep away from;*

гэрэл *light, lighting; ray, beam; illumination;* нарны ~ *sunlight, sunshine;* ~ сацрах *to shine, emit light;* ~ тусах *(of light) to fall;* цахилгаан ~ *electicity;* ~ авахуулах *to light smth up;* гэрлийн хугарал *refraction;* гэрлийн ойлго *reflection of light;* гэрлийн хурд *speed of light;* ~ дохио *light signal;* рентген ~ *X-rays;* ~д харуулах *to do one's X-ray photograph;* ~ зураг *photograph;* ~ зургийн газар *photographer's studio;* ~ чимэглэл *decorative lighting;*

гэрэлгүй *dark; gloomy;* ~ газар *dark place;*

гэрэлдэ|х *to light up; illuminate;*

гэрэллэг *optics;*

гэрэлт *radiant, brilliant, shining;* ~ цамхаг *lighthouse;* ~ хөшөө *monument;* ~ мандал *ionosphere;*

гэрэлтүүлэгч *projector; searchlight; projectionist;*

гэрэлтүүлэ|х caus. of гэрэлтэх; *to light up; illuminate;*

гэрэлтүүр *projector, flashlight, headlight;*

гэрэлтэй *light, radiant;*

гэрэлтэлт *radiation, light-producing;*

гэрэлтэ|х *to shine, flash, beam; to glow; to be translucent, shine through;*

гэрээ **I** *treaty, contract, pact, agreement;* түрээсийн ~ *lease;* ~ байгуулах *to make/conclude a treaty or contract;* ~ хэлэлцээр treaty, contract; ~ батлах to ratify a treaty or contract; ~ зөрчих to infringe a treaty; ~ гэрч witness;

гэрээ II light, ray, beam; torch; ~ шарлах to dawn; Шинэ ~ New testament;

гэрээ III : ~ хацар cheekbone;

гэрээдэ|х to sign a treaty/contract;

гэрээлэ|х to contract for, sign a treaty/contract; мод ~ to contract for the delivery of timber;

гэрээс will; ~ хийх to make one's will;

гэрээслэ|х to bequeath; to will; to leave;

гэсгүүн melting, melted;

гэсгэлүүн not frozen;

гэсгээ|х I caus. of гэсэх; to thaw, defrost; хатуу сэтгэлийг ~ to melt someone's hardheartedness;

гэсгээ|х II to punish;

гэсэ|х to melt, thaw;

гэтлэ|х to overcome; to free oneself from; бэрхшээлийг ~ to overcome difficulties; голыг сэлж ~ to swim (across) the river;

гэтэл but, however;

гэтэ|х to sneak up to or on; to spy on;

гэ|х to say, speak; to wish, want; to intend; to call, name; ~ мэт and so on; et cetera; ~ зэрэг and so forth, and the like; such as; орох ~ to intend to enter;

гэц tambourine;

гэшүү 1. bough; 2. nuance;

гэшүүнэ (bot.) rhubarb;

гээгдэ|х to be lost; to be left; to get lost;

гээ|х to lose; to abandon, give up; гээсэн хүүхэд abandoned child;

гэюүрэ|х to languish; to pine for; гэрээ санаж ~ to be homesick;

гялаан : ~ од a very bright star;

гялав : ~хийх to flash, gleam, sparkle;

гялайлаа thank you, thanks;

гялайн : ~ цайн in plain view of; openly;

гялай|х to shine, glitter, gleam; to be satisfied with, pleased with; to be thankful; тус хүртэж ~ to be thankful for help;

гялалза|х 1. to sparkle, glitter; to twinkle, glimmer; 2. (of a person) to be energetic; to succeed; гялалзсан амжилт гаргах to make great progress;

гялбаа ray of light, beam; flash; glare;

гялбаала|х to glare; (of light) to be reflected;

гялбалзал : ~ цэцэг the nasturtium;

гялбалза|х 1. to glare, flash; to shine or

beam frequently; 2. (of a person) to be brisk, agile, lively;

гялбалзуур lively, active;

гялбарлага a beam of sunlight;

гялба|х 1. to shine, flash, beam; 2. (of light) to dazzle or hurt the eyes;

гялгар radiant, shiny;

гялс : ~ ~ хийх to flash or shine frequently;

гялсхий|х to flash, be seen in a flash;

гялтай|х to be brilliant, shining;

гялтгана brilliance, luster;

гялтгана|х to glitter, shine;

гялтгануур mica;

гялтгар brilliant, shining;

гяндан prison, jail; ~д хорих to imprison; шорон ~ prison, jail;

гярхай having a good visual memory;

Дд

даа I (obs.) great, grand; ~ лам lama superior in a monastery;

даа II an emphatic paricle; чи энэ номыг ав ~ please, take this book; яв ~ please to go!

даавуу(н) cotton cloth; cloth, textile, material; цоохор ~ printed cotton fabric; орны ~ bed sheet; ~ бээлий cotton gloves; ноосон ~ woolen fabric;

даага(н) colt between one and two years old; ~ сургах to break in, tame a colt; ~н тором two-year-old camel;

даагч guarantor;

даажигна|х to make fun of; to play a joke/trick on; to banter; to ridicule, deride;

даажин joke; banter; ridicule; derision; ~ хийх to play a joke/trick on;

даалгавар task, assignment; гэрийн ~ homework; ~ өгөх to assign a task;

даалга|х caus. of даах; to charge with; to assign; ажил ~ to charge with work;

даалин(г) clothing bag; a snuff-bottle pouch;

даалинба drilling cloth, drill;

даалинжин see даалинба;

даалт bail, surety, guarantee; ~анд авах to bail (someone) out; ~аар гаргах to release on bail;

даалуу dominoes; ~ тавих to play dominoes;

даалууч domino player;

даам checkers; ~ нүүх to play checkers;

даамай *reliable, trustworthy;*

даамал *headman, chief;* барилгын ~ *contsruction superintendent;*

даамгай *possessing great powers of endurance; resistant;* өл хоол ~ *resistant to hungry;*

даамда|х *to play checkers;*

даамжра|х *to build up slowly in intensity;* өвчин нь ~ *(of a disease) to grow progressively worse;*

даан *too, very, extremely, excessively;* ~ удаан *too slowly;*

дааич *too, too much;*

даапаа *joke, ridicule, derision;*

даапаала|х *to mock, ridicule, make fun of;*

даара|х *to be freezing (cold), be frozen; to catch cold; to feel cold;* ~ хөрөхийг үл мэдэх *(of a person) don't know a cold;*

даардас *chill;* ~ хүрэх *to get a chill;*

дааруула|х caus. of **даарах;** *to allow to catch cold;*

даатгал *insurance;* нийгмийн ~ *social insurance;* ~ хийх *to insure;*

даатга|х 1. *to entrust one's fate to another;* 2. *to insure;* амь биеэ ~ *to insure one's life;* эд хөрөнгөө ~ *to insure one's property;*

даатгуула|х caus. of **даатгах;** *to insure oneself, take out insurance (against);*

даа|х I 1. *to be able to lift/carry a load;* өрөөсөн гараараа ~ *to be able to lift with one hand;* 2. *to endure, bear, stand; to tolerate, withstand;* үг ~гүй байх *not stand up (to criticism), not hold water;* хүйтэн ~ *to endure, stand up to cold;* өвчин ~ *to bear pain;*

даа|х II *to cut well;* юм ~гүй хутга *the knife doesn't cut;*

даа|х III *to bear the responsibility for; to vouch for; to guarantee;* даан авах *to take upon oneself; to assume;* биеэ дааж сурах *to study independently;*

даа|х IV *to be saturated with a substance;* чийг ~ *(of moisture) to exude;*

даахира|х *(of hair) to become (en)tangled;*

даахь 1. *the hair of a cnild;* ~ авах *to give a child the first haircut;* 2. *tangled hair;* ~ гаргах *to comb out hair;* ~ халах *(of animals) to shed hair;*

даац I 1. *carrying capacity;* 2. *punctuality, care;*

даац II *sharpness;*

даац III *swamp, marsh;*

даашинз *дээл of thin material;*

дав : ~ дув хийх, ~ ~ хийх, ~ хийх *to give a start; to wince;* ~ хийн босох *to stand up abruptly;* ~ дээр *immediately, at once;* ~ын өмнө *first of all, first and foremost;*

даваа I *mountain pass;*

даваа(н) II *obstacle, difficulty;*

даваа(н) III *round (in wrestling);* гурвын ~ *the third round;*

Даваа IV *Monday;*

давaaда|х *to be exhausted; to be worn out; to suffer;*

давамгай *insolent, impudent; overweening;*

давамгайла|х *to be overweening, behave insolently;*

дава|х I *to climb over; to cross or pass over;* хашаа ~ *to climb over a fence;* даваа ~ *to cross over a mountain pass;*

дава|х II *to overcome, surmount, conquer;* бэрхшээлийг ~ *to overcome difficulty;*

дава|х III *to exceed; to surpass;* давуулан биелүүлэх *to overfulfil*

дава|х IV *to win, be victorious;* давсан бөх *victorious wrestler;*

дава|х V *to violate, break;* хууль ~ явдал *violation of the law;* хил хууль бусаар ~ *to violate the border/frontier;*

давахгүй *unfeasible, unattainable, impossible;*

давгүй *quite, fairly, rather, pretty;* ~ сайхан кино *quite a good film;*

давжаа *underdeveloped;* ~ хүүхэд *underdeveloped child;* ~ алим *a kind of apple;*

давжаада|х *to be very underdeveloped;*

давжаара|х *to become more underdeveloped;*

давжгана|х *to tremble, shiver;* шүд ~ *(of the teeth) to chatter;*

давира|х I *to spur on a horse with the feet;*

давира|х II *to show egoism/selfishness;* амь ~ *to be egoistical;*

давирхай *tar, pitch, resin;* модны ~ *resin;* ~ шил *amber;*

давирхайда|х *to tar, pitch; to become very tarry, resiny;*

давирхайла|х *to extract tar, pitch or resin;*

давирхайта|х *to secrete pitch or resin; to become tarry, resiny;*

давичи|х 1. *to spur on a horse with the feet;* 2. *to babble on, prattle, grumble;*

давлагаа(н) *large wave, billow;*

61

давлагаала|х to billow, seethe, (of the sea) to be agilated; to wave;

давла|х to wave, seethe, billow;

давра|х to become insolent; to overstep the bounds;

давруу insolent, overly familiar; presumptuous;

давруула|х caus. of даврах;

давс(ан) salt; ~ хийх to salt;

давсаг urinary bladder;

давсан(г) see давсаг;

давсархаг salty;

давсархуу salty; salt-like;

давсгүй without salt;

давсда|х to salt; to be too salty;

давслаг salty;

давсла|х 1. to salt, pickle; ногоо ~ to pickle vegetables; мах ~ to preserve meat; 2. to (grossly) exaggerate;

давсра|х to become salt-like;

давст salty; salted; ~ нуур salt lake;

давтагда|х to happen again; to repeat itself;

давтан a second, repeat; once again, for the second time; ~ сургах дамжаа refresher course;

давта|х 1. to forge; to beat down; төмөр ~ to forge iron; 2. to repeat, review; to rehearse; нэг юмны тухай давтан үглэх to talk endlessly about; дахин ~ to repeat; 3. to oppress; to hold smb under the thumb; доромжлон ~ to humiliate;

давтлага repetition, reteration, rehearsal, review of a lesson;

давтмал forged; pounded; ~ төмөр forged iron;

давуу better, excellent, superior; ~ зэрэг superlative degree; ~ чанар superiority;

давууда|х to excel;

давуула|х caus. of давах; to throw over; to exceed; to overfulfil; давуулан шидэх to throw over; давуулан хийх to overfulfil; давуулан зарцуулах to use too much (of); төсвийг давуулан зарцуулах to overexpend a budget;

давхар 1. layer, stratum; floor, tier, story; олон ~ байшин multistoried building; гуравдугаар ~т on the third floor; 2. double; in layers, stratified; ~ цэг colon; ~ ажил хийх to hold down two jobs; бие ~ болох to become pregnant;

давхарга layer, stratum; хүн амын бүх ~ all

strata (of segments) of the population;

давхаргадас (geol.) stratum;

давхарда|х to double; to reiterate;

давхардуула|х caus. of давхардах;

давхарлаг tier, story; гуа ~ (theat.) mezzanine;

давхарлага the felt covering of a гэр; covering, coating;

давхарла|х to cover; to coat; to become layered, stratified; to build up in layers;

давхий|х 1. to start, wince, startle; айж ~ to startle; 2. to move fleetly/agilely;

давхилт the races; gallop; ~ сайтай морь fast horse;

давхиула|х caus. of давхих; to let a horse to gallop;

давхи|х to gallop (on horseback); (of a horse) to race; to speed along; машинаар ~ to speed along in a car;

давхраа 1. stratum, layer; stratification, layering; үүлний ~ strati, нийгмийн ~ social stratum; хүн амын өргөн ~ all strata of the population; 2. fold, crease; ~тай нүд eyelid with a fold/crease;

давхраас stratum, layer;

давхца|х to coincide; to come at the same time; to double, build up in layers; ажил ~ (of work) to pile up; өвчин зовлон ~ to come disease and grief at the same time; амьсгал ~ to gasp for breath;

давцан the platform at a railway station; улс төрийн ~ political platform;

давч 1. tight, narrow; ~ өрөө small room; ~ хувцас tight clothes; 2. hurried, pressed for time; яаруу ~ hurried, hasty; ~ ухаантай not very bright mind;

давчда|х 1. to be crowded, cramped, tight; 2. to be in hurry, in a bustle; to be pressed for time; 3. to pant; to gasp for breath; to choke; дотор ~ to pant;

давчуу see давч; яаруу ~ in a hurry; in one's haste;

давчууда|х to be too tight; to be too hurried;

давчууса|х to become tighter; to become more hurried;

давчуухан rather narrow or cramped; rather hurried;

давшгүй insurmountable; insuperable; irresistible; ~ ажил (of work) impossible to carry out;

давшилт *advance; progress; (mil.) offensive, attack; progressive;* цэргийн ~ *offensive, attack;* ~ хийх *to advance, make progress;*

давши|х *to advance, make progress; to attack; to move forward;*

давшла|х *to advance, to progress; to assail; to pounce on; to attack;*

давшуула|х caus. of давших; *to move smth forward, move toward;*

даг I *always, continually, all the time;*

даг II *dirt; scorn, contempt;* ~ хиртэй *dirty;* ~ болох *to cause scorn;*

дагавар *following; suplementary;* ~ охин *stepdaughter;* ~ хүү *stepson;* ~ өгүүлэл *lower part of newspaper; special article;* тийн ялгалын ~ *case suffix;*

дагалдаа *one by one; in single file;*

дагалдагч *follower; supporter; advocate;*

дагалдан *apprentice;*

дагалда|х *to follow; to accompany;* дагалдан дуурайх *to imitate;* аялдан дагалдах *to be henchman;*

дагалт *smth following, accompanying;* ~ нар *suite, retinue;* ~ бичиг *enclosure, appendix;*

дага|х **1.** *to follow; to go after; to accompany;* зам ~ *to follow a road;* баруун гараа ~ *to keep/stick to the right;* газарчийг ~ *to follow the guide;* **2.** *to submit to; to obey; to surrender; to yield;* дагаар орох *to submit to; to succumb to; to surrender;* үг ~ *to yield to the advice;* ая ~ *to submit to/obey someone's will;* санаа ~ *to seem;* даган дуурайх *to imitate, take as a model;* ~ заншил ~ *to follow the custom;* дагаар орох *to surrender;*

дагдарши|х *to harden, become dense, compact, hard;*

дагдгана|х *to fidget;*

дагжи|х *to tremble, shake, shiver; to chatter, rattle;* чичрэх ~ *to shiver;* шүд ~ *(of the teeth) to chatter;*

дагз *back of the head;*

дагина *fairy; beautiful woman;* лусын ~ *mermaid;*

даги|х *to wear out an animal through overuse;*

дагнан *continually, always;*

дагна|х I *to carry out some function alone;* мэргэжлээ ~ *to specialize;*

дагна|х II *to rent, take a lease on;*

дагна|х III *to harrow;*

дагт(ан) *always, cotinually;*

дагтарши|х *to harden lumpy, become hard;*

дагтаршуула|х caus. of дагтарших; *to beat down; to smooth down;*

дагта|х **1.** *to get dirty, become soiled;* **2.** *to become contemptible, despised;*

дагтра|х see **дагтарших;**

дагуу **1.** *along; in the direction of;* замын ~ явах *to walk along (the side of) the road;* салхины ~ *with the wind;* усны урсгалын ~ *downstream;* **2.** *according to; in accordance with;* дүрмийн ~ *according to the rules;* хэлэлцээрийн ~ *according to the treaty;*

дагуудаа *completely, entirely;*

дагуул *smth in addition;* ~ эд *dowry; trousseau;* ~ хүүхэд *stepchild;* хиймэл ~ *satellite;*

дагуула|х caus. of дагах; *to lead; to cause to follow; to conduct;* байлдан ~ *to conquer;* дагуулж харах *to follow one's eyes;*

дадаагүй *inexperienced, untrained; unaccustomed to; not used to;* би орой унтаж ~ *I am not used to going to bed late;*

дадай|х *to be little; to be tight;*

дадамгай *experienced in; skillful; trained; accustomed to;*

дада|х *to get used to, get accustomed to; to get practice, acquire experience;* ном уншиж ~ *to get used to reading;* морь унаж ~ *to get accustomed to riding a horse;*

дадгана|х *(of a short thing) to move;*

дадгар **1.** *small, little, short;* ~ биетэй хүүхэд *an underdeveloped child;* **2.** *tight;* ~ хувцас *a tight garment;*

дадгарда|х *to be too short, too little, too tight;*

дадлага *experience, practice; skill;* дадлагын ажил *practical work;* ~ хийх *to practice;*

дадлагажи|х *to get practice, acquire experience;*

дадлагатай *experienced;* ~тай багш *experienced teacher;*

дажин *plundering or disorders as consequence of war; starvation;* дайн ~ *war calamity;*

дайвалзал *rocking, swinging, rolling (of a ship); swaying;*

дайвалза|х *to totter, wobble, swing, stagger;* дугуй сэнслэн дайвалзана *the wheel wobbles;* хөл ~ *(of one's legs) to wobble;*

дайвалзуула|х caus. of дайвалзах; *to toss,*

63

дайвар

pitch, roll; завь ~ to toss the boat;

дайвар incidental, secondary; ~ бүтээгдэхүүн by-product; ~ үг adverb;

дайварла|х to give smth in addition/into the bargain;

дайва|х to reel, stagger, totter, wobble, rock; гүйвж ~ to totter; to wobble;

дайвгар having a gait with heels knocking together or touching;

дайз ammunition belt; cartridge belt;

дайла|х I to treat, entertain; to give dinner; найз нөхдөө ~ to treat one's friends to dinner;

дайла|х II to be at war with, fight against;

дайллага banquet; dinner party; entertainment; ~ хийх to treat, entertain;

дайн war; ~ хийх to be at war with; иргэний ~ civil war; хүйтэн ~ cold war; ~ өдөөгчид warmonger; ~ы талбар battle field; ~ байлдаан battle;

дайр I sore (caused by rubbing);

дайр II deer;

дайралда|х to meet each other; to encounter; найзтайгаа ~ to encounter a friend;

дайралт raid, attack; offensive;

дайра|х 1. to knock off; to brush against; to attack, invade; дайран орох to burst/break into; дайрч унагах to knock down; 2. to occur, take place; 3. to pass by, call or stop on the way; 4. to insult, offend; дайрч доромжлох mudslinging; үгээр ~ to inflict an insult on someone;

дайрлага insult, affront;

дайрта|х (of sore/abrasion) to form;

дайс ribbon, band, string, cord;

дайсагн|ах to feud with, be at odds with; to hate, detest; to harm;

дайсан enemy, foe, adversary; vermin;

дайта|х to fight, make war against;

дай|х to take smth along; to carry as extra freight;

дайчин warrier, soldier; fighting man; militant; warlike, belligerent, bellicose;

дайчлага mobilization; цэрэг ~ military mobilization;

дайчла|х to mobilize; to summon up; to seize forcibly, force to do smth; цэрэгт ~ to call to arms; дайчлан баривчлах to arrest; хамаг хүчээ ~ to mobilize all one's powers;

дал I shoulder blade; ~ мөр shoulders;

дал(ан) II (num.) seventy; ~ настай seventy-year-old; ~ долоон үг дэлгэх to talk too

much; ~ хэлт чогчиго starling; ~ худалч a big liar;

дал III : ~ мод palm (tree);

дал IV shed for live-stock; warm and sunny place; үхрийн ~ саравч cowshed;

далаад seventy each; about or approximately seventy;

далавч 1. wing; blade; ~аа дэлгэх to spread one's wings; давхар ~тай онгоц biplane; 2. awning; цонхны ~ window awning; бөхийн ~ wrestler's jacket;

далавчла|х 1. to grow wings; 2. in wrestling to seize another's jacket;

далай I ocean, sea; Атлантын ~ Atlantic ocean; ~д дусал нэмэр help; дөрвөн ~ (төрөх, өтлөх, өвдөх, үхэх) the four unversalities: being born, getting old, becoming infirm and dying; ~н боомт seaport, harbor; ~н түвшин sea level; ~н ам bay; ~н дээрэмчин pirates; ~н заан sea elephant, walrus; ~н зараа sea urchin; ~н морь seahorse; ~н нохой/хав seal; ~н арслан stingray; ~н эрэг shore of the sea;

далай II universal, great; ~ лам the Dalai Lama; ~н ван planet Neptune; ~ даян аварга (in wrestling) champion;

далайлга|х to threaten, menace;

далай|х to lift the arm or weapon for striking;

далайц range, scope; amplitude;

далайч(ин) navigator; seaman;

далан(г) embankment, dike, levee, dam;

далантаа seventy times;

далбаа I 1. flag, banner; төрийн ~ national flag; 2. sail; fin;

далбаа II wrestler's jacket;

далбаат having a sail; ~ онгоц sailing ship;

далбагар wide, flat;

далбай|х to be broad and flat;

далбалза|х (of broad and flat object) to move;

далбара|х to become torn;

далба|х to flutter in the wind; туг хийр ~ to flutter a flag in the wind;

далбигар (of a broad, wide and flat object) to be awry, turned to one side; lopsided;

далбий|х to tilt to one side; (of a broad, wide and flat object) to be awry;

далбин see **далбигар**;

далд secret(ly), concealed, latent, hidden; ~ утга subtext; нүднээс ~ орох to disappear from view; to pass out of sight; ~ хийх to hide

64

sth; ~ газар *hiding place;* ~ орох *to be hidden; to hide, slip away;*

далдавч *screen, cover;*

далдавчла|х *to screen off; to hide, conceal; to cover; to fence off;*

далдалхийлэ|х *to attempt to hide sth;*

далдахь I *hidden, screened-off; secret;*

далдахь II *seventieth;*

далдираа *timid, faint-hearted;*

далдира|х *to cringe; to wince; to dodge;* цохиулахаас ~ *to dodge a blow;*

далдичаа *fearful, shrinking;*

далдичи|х *to wince, flinch repeatedly;*

далдлагч *concealer;*

далдла|х *to hide, conceal, cover;*

далдугаар *the seventieth;*

далдуу *linden tree, lime tree;*

далдуур *secretly, surreptitiously; stealthily;*

далжгар *listing, tilting to one side;*

далжий|х *to list, tilt to one side;*

далжуу *awry, crooked; lopsided;*

даливс *(bot.) burdock;*

далий|х *to slant, lean to one side;*

далим *reason, good opportunity, pretext;* ~д *on the occasion of; by the way; at the same time;*

далимдуула|х *to seize the opportunity, await oneself of the opportunity;*

далиу *awry, slanting; asymmetrical;*

дали|х *to become asymmetrical, lose shape;*

далла|х *to wave to someone;*

далуул *all seventy;*

даль *the wing of a bird;*

дам *through, by means of; second-hand; via; through the intercession of;* ~ сонсох *to hear indirectly, find out smth through others;* ~ хүний *smth belonging to someone else;* ~ гишгүүр *ship's ladder, boarding ramp;* ~ илд *large sword;* ~ ~аа өгөх *to hand on;* ~ нуруу *crossbeam of a building or gate;* ~ын наймаа *speculation, resale;* ~ын наймаачин/панзчин *speculator;*

дамар 1. *a double-faced hand drum;* **2.** *pulley, kingpin;*

дамарла|х *to play a trick on someone;*

дамжаа *a Buddhist theological examination; course of instruction;*

дамжиг *doubt;* ~гүй *without a doubt;* ~тай *doubtful, dubiable;*

дамжиггүй *undoubted, indutiable; unques-tioned;*

дамжи|х *to pass from one place, person, object to another; to pass into the hands of; to pass through; to move, relocate;* газар орон ~ *to migrate; to relocate;* гар ~ *to pass into the hands of;* цусаар ~ *to transmit through the blood;*

дамжлага *transfer, transmission;* ~ бааз *transfer base;* үйлдвэрийн ~ *conveyer;* угсрах ~ *assembly line;*

дамжла|х *to carry together;*

дамжуулагч *transmitter, conductor; transmission;* хагас ~ *semiconductor;* дулаан ~ *heat-conducting;*

дамжуула|х *caus. of* дамжих; *to transmit, transfer, pass on; to hand over;* түүнд миний мэндийг дамжуулаарай *give him my regards;* радиогоор ~ *to broadcast;* ~ чанар *conductivity;*

дамла|х *to resell, speculate;*

дамнагалза|х *to doubt, have doubts;* та үүнд ~ хэрэггүй *you can be sure of that;*

дамналда|х 1. *to carry on a pole or yoke;* **2.** *to weigh with the palm;* **3.** *to lie across;*

дамнуур *carrying yoke or pole; stretcher, litter;*

дамнуурга *yoke for carrying buckets; stretcher, litter;*

дамнуурчин *porter; person carrying things with a yoke;*

дампуу 1. *inactive, idle, indisciplined, dissolute;* ~ хүн *idler;* **2.** *old, worn out, tattered;* ~ эд *worn out clothes;*

дампуурал *bankruptcy, failure; back of discipline;*

дампуура|х 1. *to become bankrupt, be a failure;* **2.** *to wear out;*

дамсаг *bluff;*

дамсагла|х *to bluff;*

дан I *single; simple; similar; only, one, a lone;* сүмд ~ эмгэд байв *there were only old women in the church;* тэр ~г анцаараа амьдардаг *he lives alone;* ~ байшин *one-storied hause;* ~ ор *single bed;* ~ шөл *boullion;* ~ ганц *only one, quite alone;* ~ өөр *quite different;* ~ нэг өнгийн *one-colour;*

дан II *dried-up river bed;*

дан III *always;*

данагар *robust, vigorous, hale and hearty; handsome, fine-looking; mighty;* ~ мод *a big tree;*

данай|х *to look handsome; to become robust;*

даналза|х *to move vigorously; to step gracefully;*

дангинатал *firmly, fast, strictly; solidly;* ~ баглах *to tie firmly;* ~ хөлдөх *to freeze solidly;*

дангина|х 1. *to clank, jingle, jangle;* **2.** *to become more intence; to increase in intencity;* **3.** *to scold, curse out, swear at;*

дангинуула|х *caus. of* дангинах; *to finish in the best possible way;*

дандаа *all the time, always; all;*

дандай *in chess repeated check;*

данж *pawn, pledge;* ~ийн пүүз *pawnshop;*

данжаад 1. *the head of a household or family;* **2.** *boss or manager of a Chinese business firm;*

данжич *pawnbroker, usurer, moneylender;*

данжла|х *to mortgage, pawn, pledge;*

Дани *Dane; Danish;* ~ улс *Denmark;*

данс(ан) *account book; register, roll; list, records;* ~ нээх *to open an account;* харилцах ~ *bank account, checking account;*

дансла|х *to register, record, enroll;*

данстай *recorded, enrolled, entered into the books;*

данх(ан) *teakettle, teapot;*

данхай|х *to be a big head;*

данхалза|х *(of smth cumbersome or bigheaded) to move;* толгой нь ~ *to shake a big head;*

данхар *big-headed;* ~ толгой *big head;*

дараа I *afterward(s), later on; the next time; after; next; again;* хоолны ~ *after dinner;* нэг сарын ~ *after one month;* ~ нь *after, later;* ~ жил *next year;* дэс ~ *order;* би энэ эмэгтэйн ~ байгаа *I'm next after this lady;*

дараа II *hindrance, obstacle;* ~ болох *to be in the way;*

дараалал *order, sequence;* үсгийн ~ *alphabetical order;* он ~ *chronnology;*

дараала|х *to put in order; to follow in order sequence; to be next;*

дараахан *soon, presently; immediately;*

дараахь *following; next;* ~ маягаар *in the following manner;* ~ дугаарт үргэлжлэл нь гарна *to be continued in our next issue;*

дараач *next, following;* ~ийн долоо хоногт *in the next week;*

даравгана|х *(of thick lips) to move;*

даравгар *wide-open, gaping, yawning;* ~

ам *wide-open mouth;*

даравч *spur;*

дарагда|х *pass. of* дарах; *to be pressed; to be defeated, conquered; to be covered;* тоосонд ~ *to be covered with dust;* цасанд ~ *to be weighed by snow;* ажилд ~ *to be pressed for work;*

дарагдуула|х *caus. of* дарагдах;

дарай|х *to become stiff, hard, solid;* дарайсан зах *a stiff collar;*

даралт *pressure; a press; oppression; persecution;* агаарын ~ *atmospheric pressure;* хавчлага ~ *oppression, persecution;* бичгийн ~ *blotting paper;* хөхний ~ *brassiere;* цусны ~ *blood pressure;*

дарам *the width of a palm or of a finger;* алга ~ *width of a palm;* хуруу ~ *width of a finger; small in number;*

дарамт *pressure; load, burden;*

дарамтла|х *to oppress, depress;*

дарангуй *dictatorial;*

дарангуйла|х *to oppress, suppress; to rule, wield power over;* дарангуйлан захирах засаг *dictatorship;*

дара|х 1. *to press down, crush; to pin to/ down; to squeeze;* няц ~ *to crush;* **2.** *to apply to, affix to; to press a stamp or a seal;* тамга ~ *to affix a seal;* **3.** *to lower, incline; to reduce; to deduct;* үнэ ~ *to lower prices;* цалин ~ *to deduct from wages;* **4.** *to supress, put down; to defeat, conquer; to overcome; to curb, subdue;* амьсгаагаа ~ *to get one's breath back;* дайснаа ~ *to defeat the enemy;* **5.** *to hide, conceal; to keep back;* хэргийг нуун ~ *to keep back the facts;* насаа ~ *to hide one's age;* **6.** *to preserve, pickle; to store, lay in;* ногоо ~ *to preserve vegetables;* **7.** *to pursue, chase;* дайсны араас шил даран хөөх *to pursue the enemy;* өндөг ~ *to hatch eggs;* хуруу ~ *to count one's fingers;* эрхий ~ *to affix a thumbprint as a signature;*

дарвай|х *to open widely; to be thick-lipped, wide-mouthed;*

дарвиан *uproar, clamour; gaiety, merriment;* ~д гүйх *to make merry;* үймээн ~ *uproar, clamour;*

дарвиантай *noisy, uproarious; gay, merry;*

дарвигна|х 1. *to become numb;* хөл ~ *(of legs) to become numb;* **2.** *to have a spicy or sharp taste;*

дарви|х *to make merry; to become joyfully*

excited with others;

дарвуул sail;

дарга chairman, chief, head, boss, superior; manager; өртөөний ~ stationmaster; штабын ~ chief of staff; цэргийн ~ officer; нарийн бичгийн ~ secretary;

даргала|х to command; to preside; to head; to be at the head; тэр төлөөлөгчдийг даргалав he headed the delegation;

даргар hardened, callous; ~ зузаан цаас cardboard;

даргиа gurgling; gurgle;

даргиан merriment, merry-making;

даргил rapid stream of water; rapids in a river;

даргила|х to boil; to gurgle;

дардай|х to become hardened;

дардан wide, broad; ~ зам a wide road;

дардас impression;

дардгар hard, hardened;

дардгарда|х to become extremely hard;

дардгархан rather hard, hardened;

даржгар flimsy, thin;

даржгарда|х to be extremely thin and flimsy;

даржигна|х to rattle, jingle;

даржин poor, indigent, needy;

Дариганга Dariganga (area in the southeast of Mongolia);

дарлагда|х pass. of дарлах; to be oppressed, suppressed;

дарлагч oppressor; tyrant; despot;

дарлал oppression; tyranny;

дарламтгай tyrannical, despotic;

дарла|х to tyrannize, oppress; to humiliate, insult;

дарлуула|х caus. of дарлах; to be oppressed, humiliated;

дармал printed, pressed; preserved, pickled; stored; ~ бордоо silage; ~ ногоо pickled vegetables;

дармалда|х to write in print style;

дарс(ан) wine; улаан ~ red wine; ~ан чулуу tartar, cream of tartar;

дарсай|х to become hard or calloused;

дарсч(ин) winegrover;

даруй soon; immediately, at once; тэр ~ immediately;

даруйхан immediately, right away;

даруу 1. simple, plain; ordinary; ~ хувцаслах to dress quietly; 2. modest(ly), mild; restrained; ~ зантай хүн a person having soft temperament;

даруул I henhouse, chicken coop;

даруул II flummet;

даруул III key of piano, keyboard etc.

даруула|х 1. caus. of дарах; 2. to fasten, tie down with a rope; эм усаар ~ to take medicine with water;

даруулга 1. any device used for holding down or pressing down smth; гэзэгний ~ woman's headdress to which the plait is fastened; эмээлийн ~ metal plates for fastening saddle cushions; 2. discipline, obedience; 3. drink to wash down food or medicine;

даруулда|х 1. to tie up a load; 2. to confine a bird; 3. to fish with a plummet;

дарх I skilled trade, handicraft; ~ хийж сурах to learn a trade; ур ~ handicraft, skilled trade;

дарх II right, privilege; эрх ~ privilege;

дархад name of a Mongolian tribe;

дархан I craftsman, artisan, black-and goldsmith; төмрийн ~ blacksmith; алт мөнгөний ~ jeweler; дархны газар blacksmith's shop;

дархан II sacred; a nature reserve; a title; ~ цаазтай газар a nature reserve; ~ аварга a wrestler's title; ~ хил protected frontier;

дархи fallen trees;

дархигар huge, big; heavily built; massive;

дархий|х to be or become massive;

дархла|х I to forge, make; төмөр ~ to work in iron;

дархла|х II to make taboo; to make into a reserved or protected area; газар ус ~ to protect the nature;

дархла|х III to immunize;

дархчуул craftsmen, smiths;

дарцаг small flag, pennant;

дарш silage; ~ийн нүх silage pit;

даршла|х to silage, ensile;

дарь gunpowder; утаагүй ~ smokeless gunpowder;

дасал habit, attachment, affection; ижил ~ болох to become attached to;

дасамгай habitiual; attached/accustomed to;

дасамтгай accustomed/used to;

даса|х to be or get used to, grow accustomed to; to become attached to; тун удалгүй хүүхдүүд бидэнд даслаа the children soon got used to us;

дасгал exercise; practice, training; ~ хийх

.o practice;
дасгалжуулагч trainer, coach;
дасгалжуула|х to train, coach;
дасга|х to accustom to; to inure to; биедээ ~ to win over; хөдөлмөрт ~ to inure to labor;
дах I heavy fur coat(with fur both outside and inside);
дах II cloak of skin with the hair outside;
дахиад again, for the second time, once again; anew; all over again;
дахиж again; times;
дахилт refrain;
дахин I anew, again, once more; -fold, times, re-; ~ ~ again and again; ~ давтах to repeat again; to reiterate; ~ хэвлэх republish, reissue, reprint; ахин ~ anew, again;
дахин II all, the whole; дэлхий ~ the whole world;
дахи|х to repeat, renew, resume; to reiterate; to recur;
дахлай a weak lamb or kid born late or in the autumn;
дацан(г) a temple, where lamas studies medicine, astrology, etc.
дашинга a wall-shelf;
дашмаг 1. metal water flask carried on the back; **2.** frying pan;
дашрам occasion, grounds, cause, reason; occasional opportunity; incidentally, by the way; at the same time;
дашрамда|х to avail oneself of an opportunity or occasion;
даяан religious meditation; solitary life;
даяанч hermit; person practicing meditation; vegetarian;
даяар whole; on the whole, throughout; дэлхий ~ the whole world;
даян whole, entire; ~ аварга a wrestler's title; ~ дэлхий the whole world;
дебет debit;
декан dean (at a university)
деканат dean's office;
департамент department;
депо repair shop; галт тэрэгний ~ train repair shop;
депутат deputy;
дециграмм decigram;
дециметр decimeter;
децибел decibel;
дзюдо judo;
диабет diabetes;

диагноз diagnosis;
диагональ diagonal;
диаграмм diagram, chart, graph;
диалектик dialectics;
диаметр diameter;
дивиденд dividend;
дивиз division;
дизайн industrial design;
дизайнер designer;
дизель diesel engine;
дийз saucer, dish, plate;
дийлдэ|х to suffer a defeat, be defeated;
дийлдэшгүй invincible, unconquerable;
дийлшгүй insuperable, irresistible;
дийлэгдэ|х to be defeated; to surrender;
дийлэгдэшгүй inflexible; insurmountable, insuperable;
дийлэнх majority, main part, most; бидний ~ нь most of us; ~дээ for the most part, mainly;
дийлэ|х to defeat, vanquish, conquer; to triumph, win; to overcome;
диктатур dictatorship;
дилер dealer;
диплом diploma; degree;
дипломат diplomatic; tactful; diplomat;
дипломатч diplomat;
диспансер sanitarium; health centre;
диспетчер traffic manager; air traffic controller;
диссертаци dissertation; thesis;
диц nickel;
дицдэ|х to plate with nickel; to nickel-plate;
до music do; C;
дов hummock; knoll, mound; ~ сондуул knoll, hummock; ов ~ цоохор spotted;
довжоо(н) porch; foundation of a building;
довжооло|х to lay a foundation;
довтлого attack; assault; offensive; raid;
довтлогч forward; robber, assailant; someone hurrying or galloping;
довтло|х 1. to attack, assault, raid, invade; **2.** to race, speed along; to gallop; халдан ~ to attack, assault; үгээр дайрч ~ to insult; мориор ~ to gallop on a horse; **3.** to do sth quickly or hurriedly;
довтолгоо raid, storm, assault;
довцог hillock, knoll; ~ элс sand dune;
дог adornment of the roof of a temple;
догдло|х to be excited, disturbed; to be nervous; зүрх ~ (of heart) to beat;
догдолго|х to agitate, stir up;

догдолзо|х *to get excited; to be aroused;*
догдосхий|х *to give a start;*
догиро|х *to become experienced;*
догирхог *experienced;*
догирхо|х *to boast of one's experiences; to get a swelled head;*
догма *dogma;*
догматизм *dogmatism;*
догол *corner; blind alley, dead-end street;* байшингийн ~ *corner of a building;* ~ гудамж *blind alley;* ~ мөр *paragraph;*
доголдо|х *to work/operate unevenly/ irregularly;*
доголон *lame;* ~ хүн *lame person;*
доголо|х *to limp;*
догонцо|х 1. *to hop on one foot;* 2. *to be uneven or irregular;*
догщдо|х *to be very ferocious, violent, strong;*
догшин *ferocious, savage, cruel; restive, fast; strong;* ~ морь *restive horse;* ~ салхи *violent wind;* ~ архи *strong vodka;*
догшро|х *to harden, become stronger; to rage; to go on a rampage; to become violent, enraged;* салхи ~ *(of wind) to blow harder;* архи ~ *(of vodka) to become stronger;*
догь *experienced;*
догьшро|х *to become experienced;*
додигор *(of the people of no importance) conceited; smug, self-complacent;*
додий|х *to become conceited, smug;*
додомдлого *care, concern;*
додомдо|х 1. *to take care of, care about, be concerned about;* 2. *to patch up, repair;*
доёгоно|х *(of long and hooked sth) to move;*
доёгор *long and hooked;*
доёий|х *to become long and hooked;*
дойлуур *dollar;*
доктор 1. *doctor (holder of a doctoral degree);* 2. *phusician;* шинжлэх ухааны ~ *Doctor of Science;*
дол *experience of life;* хал ~ *hardship;*
долгило|х *to wave; to get rough, surge; to become agitated, be uneasy about;*
долгин 1. *(of a horse) restive;* 2. *frivolous, flighty;*
долгио(н) *wave, surge; billow;* дууны ~ *sound wave;* гэрлийн ~ *light wave;*
долгиоло|х *to get rough, surge; to billow;*
долгиото|х *to become curly; to wave;*
долгонцог *greedy, hungry for, insatiable;*
долдгоно|х *to try to ingratiate oneself with;*

to curry favor with; to flatter; to babble, chatter;
долдгонуур *flattering, ingratiating;*
долдой *flattering, servile;*
долдойдо|х *to curry favor with, play up to;*
долдойло|х *to flatter, toady;*
долдойч *toady, sycophant, fawner;*
долдугаар *seventh;* ~ сар *July;*
долигоно|х *to try to ingratiate oneself with;*
долигонуур *flattering, ingratiating;*
долий|х *to be cross-eyed, strabismus;*
долилзо|х *to squint at, cast a sidelong glance at;*
долингор *experienced, knowledgeable; wordly-wise;*
долингорши|х *to become experienced in; become an-expert at;*
долир 1. *cross-eyed;* 2. *asymmetrical;*
доллар *dollar;*
доллого *lacquer, varnish;*
дололго|х *to lacquer, varnish;*
долоо(н) *seven;* ~ хоног *the week;* ~ хоноод *after a week;* ~н ~ дөчин ес *seven times seven is forty-nine;* ~ хоног тутмын *weekly;* хоёр ~ хоног тутмын *fortnightly;* Долоон бурхан *Big Dipper, Ursa Major;* ~н голтой *hardy;*
долоовор : ~ хуруу *index finger;* ~ яр *herpes on the lips;*
долоогоно *(bot.) hawthorn;*
долоо|х *to lick; to lap up;*
долоохон *only seven;*
долор *experienced, wordly-wise;*
долро|х 1. *to fall out, come off easily in flakes;* 2. *to become experienced;*
долуул(ан) *all seven;*
дом *quackery, magic treatment;*
домбо(н) *copper jug; jug-shaped, oblong;* ~н ёотон *jug-shaped lump sugar;*
домбор *Kazakh musical instrument;*
домнолго *curing through magic; healing;*
домно|х *to cure/heal through magic;*
домог *legend, folk legend, folk tale;* улиг ~ *banality, platitude;* үлгэр ~ *folktale, legend;*
домогло|х *to do smth carelessly;*
домогч *teller of folktales;*
домто|х *to be afflicted with a mouth disease;*
домч *healer, witch doctor;*
дон(г) I *mania, obsession, passion; demon, devil;*

дон II : ~ ~ хийх *to rattle, jingle;*

донгио *foolish, dumb, silly, stupid;*

донгиодо|х *to be too foolish,*

донго *reprimand;*

донгодо|х I *to cuckoo;* хөхөө ~ *(of cuckoo) to cry "cuckoo";*

донгодо|х II *to make a rebuke;*

донгосо|х *to babble, prattle, chatter;* дэмий юм ~ хэрэггүй *don't talk nonsense;*

доноголзо|х *to worry, trouble oneself; to become worried, restless;*

донсло|х *to shake, bounce along; to be jolted; to be worried about;*

донсолгоо *bumpiness, shaking;* ~той зам *(of a road) lumpi;*

донсолго|х caus. of донслох; *to alarm; to worry, trouble;*

донти *bear's gall;*

донтой *having passion for, addicted;* ~ болох *to be addicted to;*

донхгор *having a big head; large at the top;*

донхой|х *to be large at the top;*

донхолзо|х *(of a big headed or smth large at the top) to walk with the neck forward or to move;*

донши|х *to wander/gad about; gallivant;*

доншмол *wandering, itinerant, stray;*

доншооч *addicted to wandering/vagrancy;*

доншуурч *tramp, vagrant, vagabond, hobo;*

доншуучла|х *to wander, gad about;*

доог *gibe, derision;* ~ хийх *to mock;*

доогло|х *to mock, deride, sneer at; to make fun of;*

доогуур *under, down;* усан ~ явдаг онгоц *submarine;* усан ~х хад *reef;* ~ харах *to glower at; to look down;* биеэ ~ үзэх *to underestimate oneself;* орон ~ чемодан хийх *to put a case under a bed;*

доогуурда|х *to be lower;*

доогуурла|х *to underestimate, ignore;*

доогуурхан *just a little down/lower;*

доод *lower, bottom;* ~ давхар *ground floor;* ~ тавиур *bottom shelf;* ~ дэвтэр *last volume;* ~ шатны *lower-level;*

доодчуул *underlings, inferiors;*

доожгүй *unscrupulous, unconscionable; unattractive, disagreeable; low-quality;*

доожигно|х *to mock, taunt;*

доожоо 1. *appearance, look;* 2. *character, manner(s);* ~ муутай *ugly; unattractive;*

доожоогүй *ugly; homely; unattractive; hav-*

ing bad manner(s);

доош(оо) *down, downward, below; lower; less than;* тэгээс ~ *below zero;* ~оо харах *to look downward;* ~оо буух *to go downstairs;* үнэ ~ нь буулгах *to cut in prices;* таваас ~ насны *less than five years old;* ~оо орох *(of adults) to debauch or lead a dissolute life with young people;* ~гүй *not less than;*

доошло|х *to go down, come down; to drop, fall; to land; to descend;* өвчтөний халуун нь доошилсон байв *a patient's temperature has fallen;* уулнаас ~ *to come down a hill;* голоор ~ *to go downstream;* манан ~ *(of fog) to descend;*

дор *under; underneath; lower; lowest, worst; just, immediately;* газар ~ ажиллах *to work underground;* модон ~ зогсох *to stand under a tree;* усан ~ *under water;* бусдын нэрэн ~ *under an assumed name;* хамар ~ *under one's very nose;* ~ дурдсан *the following;* ~ болох *to worsen, deteriorate;* ~ үзэх *to scorn, hold in contempt;* ~ нь *at once, immediately;* ~ орох *to become poor;* харсан ~оо дурлах *to fall in love at first sight;*

дорги|х *to vibrate; to shake;* галт тэрэг явж өнгөрөхөд байшин бүхэлдээ доргидог *the whole building shakes when a train goes past;*

дордуула|х caus. of дордох; *to make too low; to allow or let to worsen;*

дориун *fairly good, decent;* ~ хүн *decent person;*

дорно *east, eastern; the East; oriental;* ~ дахин *the East, the Orient;* ~ өмнө *southeast;* ~ умар *northeast;* ~ дахины судлал *Oriental studies;*

дорнод *eastern;* ~ын тал газар *the steppe in the eastern part of Mongolia;*

дорогш *down, downward; below, beneath; less than;*

дорогшло|х *to go down, come down; to become lower;*

дорой *weak; lax; poor; feeble, sickly;* сул ~ *weak, sickly, causing pain;* ~ буурай *poor, underdeveloped; feeble; powerless;*

доройтол *depression, regression; degradation; weakening;* хүч чадлын ~ *weakness, loss of strength;* насны ~ *senility;*

доройто|х *to weaken, become/grow weak; to fail, get worse; to worsen, deteriorate, decay, degenerate;* эрүүл мэнд ~ *(of health) to fail, get worse;*

доромж *placid, gentle, mild-mannered;*
доромжлол *humiliation, insult, affront;*
доромжло|х *to taunt, affront; to insult, offend; to treat with contempt; to belittle, humiliate;* үгээр дайрч ~ *to inflict a verbal abuse;* басамжлан ~ *to belittle, humiliate;*
дорсгой : ~ шүд *teeth that are sticking out, prominent;*
дорсгоно|х *to protrude, stick out;*
дорсгор *protruding, sticking out;*
дорсой|х *to protrude, stick*
дорсоо|х *to make worse;*
дортго|х *to worsen, make worse; to bring down;* биеэ ~ *to worsen one's health;*
дорто|х *to become lower, sink; to become worse, deteriorate;*
дорхи *being or situated below or behind;* газар ~ *underground, subterranean;*
дотаци *subsidy, grant;*
дотно I *inner, inside;* гадна дотнын хүн *foreigner;*
дотно II *dear, close, intimate;* дотнын хүн *intimate friend, dear one;* ~ харьцаа *intimate relations/terms;*
дотночло|х *to become close friends/intimate with; to be overly familiar with;*
дотогш *expressing direction inside; into;*
дотогшло|х *to move or penetate inside;*
дотоод *inner, interior, internal, domestic;* ~ зах зээл *home market;* ~ бодлого *internal policy;* ~ хэрэг *internal affairs;* ~ мэдээ *home/domestic news;* ~ын нөөц *internal resources;* ~ монгол *inner Mongolia;*
дотоож *women's underclothes;*
дотор 1. *inner, inside, internal; within, in the course of; during; between, among; in;* усан ~ *in water;* модон ~ *in the wood;* тэр үүнийг гурван хоногийн ~ хийнэ *he will do it in three days;* бидний ~ *among us;* дотрын өвчин *internal disease;* дотрын эмч *internist;* ~ газар *China;* 2. *internal organs, innards; stomach, intestines;* гэдэс ~ *intestines;* ~ хуржигнах *(of the belly) to rumble;* ~ муудах *to have a belly ache;* ~ базлах *to have abdominal cramps;* 3. *the soul, the heart; the thought;*
доторло|х *to put a layer or lining on the inside of smth;*
доторхи *inside, inner;*
дотуур *inner, within, inside, under;* ~ цамц *undershirt;* ~ тамир *egoism;* оюутны ~ байр *a hostel for students;*

дохигно|х *to low; to low down to; to take off one's at to;*
дохигор *hunched, stooped, bent;* ~ өндөр хүн *tall and stooped man;*
дохийлго|х *caus. of* дохийх; *to bent, distort;*
дохий|х *to become stooped, bent, crooked;*
дохио(н) *signal, sign; gesture; symbol;* гэрэл ~ *signal;* цугларах ~ *signal to assemble;* ~ өгөх *to give a signal;* ~ тэмдэг *signal, sign, gesture, symbol;*
дохиоло|х *to give a signal; to signal; to warn of;*
дохиоч *signalman, flagman;*
дохиур I *drumstick;*
дохиур II *stamen;*
дохи|х 1. *to give a signal;* нүдээр ~ *to give a signal with the eyes;* 2. *(music) to conduct;* 3. *to nod one's head;* 4. *to doze off;*
дош *hillock, mound;*
дошгин *cruel, brutal, fierce;*
дошгиро|х *to go on a rampage, wreak havoc;*
дөв : ~ дөрвөлжин *perfectly square;*
дөж *sound used in driving livestock;*
дөжин *disobedient, deaf-eared;*
дөжир 1. *not tiring easily or quickly;* 2. *firm, durable;* 3. *very lazy;*
дөжирле|х *to show stubbornness; to be very lazy;*
дөжре|х *to be indifferent to, show apathy for; to become deaf from noise;*
дөжрүүлэ|х *caus. of* дөжрөх; *to deafen;*
дөл I *flame;* очноос ~ бадрана *the spark will become a flame;*
дөл II *slope, level ground;*
дөлгөөн *calm, quiet, peaceful, placid, tranquil;* ~ өдөр *calm day;* ~ дуу *calm voice;*
дөле|х *to avoid, not to dare;* харцнаас ~ *to avoid smb's eye;*
дөмөг *fairly good, decent;*
дөмө|х *to lead a miserable existence; to do smth carelessly;*
дөнгө *a large board frame used to confine the neck and hands of offenders;*
дөнгөж *hardly, barely; as soon as; just; only;* ~ үүр цаймагц *at the crack of dawn;* ~ дангаж *hardly, barely;* ~ сая орж ирэв *I just arrived;* ~ гурван өдөр *only three days;*
дөнгөле|х *to put in cangue; to shackle, chain;*
дөнгөн ~ данган *hardly, barely, scarcely;* ~ данган хийх *to do with great difficulty;*

71

дөнгө|х *to do smth carelessly or with great difficulty;*

дөнгүүлэ|х *caus. of* дөнгөх; *to be defeated;*

дөнгүүр *a little better;*

дөнгүүрхэн *fairly good, tolerable;*

дөндгөр *rising or sticking out;*

дөндийлэг *stick for lifting up a* өрх *of* гэр;

дөндий|х *to raise oneself slightly; to stick out;*

дөндөгнө|х *to repeatedly raise and lower oneself slightly;*

дөнж(ин) *a four-year old cow or female camel;* ~ин үнээ *a four-year old cow;*

дөнө(н) *a four-year old bull or camel bull;* ~н үхэр *a four-year old bull;*

дөр 1 *nose-rope, nose-peg (for cattle);* 2. *rectangular container;*

дөрвөлжин 1. *square, quatrate, quadrangle; rectangle;* босоо ~ *cube, cubic;* гонзгой ~ *rectangle, rectangular;* хавтгай ~ километр *square kilometre;* 2. *(cards) diamonds;* ~гийн ноён *king of diamonds;* ~ бичиг *Mongolian script, compiled by Lama Pagva in 1269;*

дөрвөлжлө|х *to make square;*

дөрвөөд *by fours; about four;*

дөрвүүл *four together, all four;*

дөрдий|х *to warp;* банзнууд дөрдийжээ *the boards have warped;*

дөрий|х *to warp, buckle, shrivel up;*

дөрлө|х 1. *to equip with a nosering;* 2. *to restrain, curb;*

дөрөв(дөрвөн) *four;* дөрвөн улирал *four seasons;* дөрвөн зүг *four cardinal directions;* ~ дахин *four times;* дөрвөн хөлтэй *four-legged;* дөрвөн хөлт адгуус *quadrupeds;* дөрвөн мөрт шүлэг *qautrain;* ~ний гурав *three fourths (3/4);* долоо хоногийн ~ дэх өдөр *Thursday;* дөрвөн хөллөх *on one's hands and knees;* дөрвөн дугуйтай *four-wheel(ed);* дөрвөн удаагийн *fourfold, quadruple;* дөрвөн удаагийн *fourfold, quadruple;* дөрвөн жилийн *four-year;* дөрвөн настай *four-year-old;* дөрвөн сартай *four-month-old;* дөрвөн давхар *four-story;* дөрвөн талтай *four-sided;* дөрвөн өнцөгт *quadrangle, quadrangular;*

дөрөвдүгээр *fourth; number four;* ~ сар *April;*

дөрөвхөн *only four;*

дөрөлж *mountain pass;*

дөрөө(н) *stirrup; pedal;* хаазны ~ *accelera-*

tor pedal;

дөрөөвч 1. *make-shift loop for tying things to the saddle;* 2. *dog's leash;*

дөрөөвчлө|х *to tie smth to the saddle by a make-shift loop;*

дөрөөлө|х *to mount a stirrup;*

дөрсгөр *shriveled, warped, crumpled;*

дөрсий|х *to shrivel, warp, crumple;*

дөт *nearest, near, close; intimate; short;*

дөтлө|х 1. *to take a short cut;* 2. *to draw nearer; to come closer together; to become close friends with;*

дөтчилө|х *to take a short cut;*

дөхөм *easy, facile; use, benefit, good; expediency;* хялбар ~ *easy, facile;* тус ~ *use, good, benefit;*

дөхөмгүй *not easy; inadvisable; unprofitable;*

дөхөмтэй *advisable, expedient; convenient, suitable; profitable;*

дөхө|х *to draw near, approach; to be completed;*

дөхүү *near, nearest; more; similar to, like;*

дөч(ин) *forty;* дөчин настай *forty-year-old;*

дөчдүгээр *fourtieth;*

дөчинтөө *forty times;*

дөчөөд *by forty; about forty;*

дөчүүл *all forty;*

дөш *anvil;*

драм *drama;*

драп *heavy woolen cloth;*

дув *(intensifying particle)* ~ дуугүй *quite silent;*

дуг I : ~ нойр *sound sleep;* ~ хийх *to doze;*

дуг II *check! (when a bishop on used to check an opponent);*

дугаар *suffix of ordinal number; number, size, grade;* сонины ~ *issue of a newspaper;* ~ эрхлэн гаргагч *commissioning editor;* ~ тавих *to number;* ~ тав *number five;*

дугаарлал *numeration, numbering;*

дугаарла|х *to number; to grade, sort;*

дугай *silent, mute, speechless; taciturn, reticent; silently, in silence;* ~ байх *to keep quiet, be silent;* ~ бай! *stop talking!*

дуган(г) *a small temple;*

дуганцаг *low boots worn by women;*

дуганч *a monk watching a temple;*

дугараа I *loving cup;*

дугараа II *turn, order;*

дугара|х *to emit a sound; to speak; to*

sound, be heard; үг ~ to speak, say;
дугарга|х *caus. of* дугарах; *to play;*
дугариг *round; circle;* зууван ~ *ellipse;* ~
царайтай *round-faced;*
дугаригдуу *round, rounded;*
дугаригла|х *to make round; to round off;*
дугжра|х *to sleep; to doze, slumber;*
дугтра|х *to pull/tug at;*
дугтуй *envelope, case; tall pointed cap;*
захидлын ~ *envelope;*
дугтуйла|х *to put into envelope; to case;*
дугтчи|х *to pull at repeatedly;*
дугуй *circle, wheel; circumference; round;* ~
царайтай *round-faced;* унадаг ~ *bicycle;*
моторт ~ *motor scooter;* ~н уралдаан *bicycle
race;*
дугуйлан(г) *group, club;*
дугуйла|х 1. *to round, make round;*
дугуйлда|х *to somersault, turn somersaults;*
дугуйра|х *to whirl, go round; to circle;*
дугуйт *wheel, wheeled;*
дугуйтай *see* **дугуйт;**
дугууни|х *to spin a head;*
дугхий|х *to take a nap;*
дудрай *young animals; weak, sickly, feeble;*
дудран *young donkey;*
дужигна|х *to jabber, chatter;*
дулаа *check (with bishop);*
дулаавтар *tepid, lukewarm;*
дулаада|х *to become too warm;*
дулаалалт *heating;*
дулаала|х *to warm, heat, winterize;*
дулаан *warmth, heat; warm; cordial;* ~ы илч
heat, warmth; ~ хувцас *warm clothes;* ~ орон
subtropics; ~ орох *to get warm, warm up;*
дулаара|х *to get warm, warm up; to be-
come awarm;*
дулаахан *warmer;*
дулааца|х *to warm oneself; to get warm;*
дулаацуула|х *to warm, heat; to provide
warmth;*
дулаашра|х *to become warmer;*
дула|х I *to check with the bishop in chess;*
дула|х II *to hang/pound one's fist on
someone's head;*
дулдуйда|х *to rely on, count on; to depend
on;* тусламжинд ~ *to rely on help or aid;*
дулиара|х *(of sky) to become clear;*
дулим : дутуу ~ *incomplete; unfinished;*
дулимаг *uncompleted, unfinished; not quite
good or well;*

дуль *not completely full; incomplete; mid-
dling, mediocre; ordinary, of no particular dis-
tinction;*
дульхан *poor, not so good;*
думбагар *chubby, pudgy, plump; round-
cheeked;*
думбай|х *to be plump, chubby;*
дун(г) *shell;* ~ цагаан *extremely/gleaming
white;*
дунагар *big and handsome; robust;*
дунд 1. *the centre, middle; medium, aver-
age; in the middle of;* өдөр ~ *at noon;* ~ хуруу
middle finger; ~ сургууль *secondary school;*
~ насны *middle-aged;* шөнө ~ *in the middle
of night;* ~ зэргийн нууртай хүн *a man of
average/medium height;* 2. *between, among;
during;* цонх хаалга хоёрын ~ *between the
window and the door;* бидний ~ *among us;
between you and me;* зүүдэн ~ үзэх *to have a
dream about;* ажлын ~ *during work;* 3. *mid-
dling, mediocre, incomplete, partially filled;
not so good;*
дундад *being in the middle, middle period;
central;* ~ эртний үе *the Middle Ages;* ~
эриний *medieval;* Дундад азийн *Central
Asian;* Дундад иргэн улс *China;*
дундаж *the average, mean;* сарын ~ цалин
average monthly wage; халуун хүйтний
жилийн ~ *average annual temperature;* ~
хурд *average speed;*
дундахь *being in the middle;* ~ байшин *a
house which is in the middle;*
дундла|х *to halve, reduce by half;*
дундра|х *to become half-empty;* талдаа
ортол ~ *to be halved;*
дундуур 1. *through, in the midst; during,
while;* ой модон ~ явах *to walk through the
forest;* ажлын ~ *in the middle of work;* ~ нь
орох *to interfere with;* 2. *in two, in half;* тэхий
~ нь хуваах *to divide in two/half;* 3. *that is not
full;* ~ аяга *a cup that is not full;* 4. *poor, not
so good, mediocre;* сэтгэл ~ байх *to be dis-
satisfied;*
дундуурла|х *to reduce to half;*
дундуурхан *not full;*
дуниара|х 1. *(of the weather) to become
windless and calm;* 2. *to be bleary-eyed;*
дунигар *elegant, chic; seductive;*
дуни|х *to wear fancy clothes; to sport;*
дунхай|х *to become large, roomy and com-
fortable;*

дунхалза|х *(of big and handsome person) to move gracefully;*

дунхгар *big, large; roomy and comfortable;*

дуншаа *doubt, hesitation; irresolute;*

дунши|х *to hesitate, be undecided;* дуншиж өвдөх *to have birth pains;*

дуншмал *unsuccessful, having turned out badly;*

дур *will, wish, desire, liking for; taste;* ~ хүсэл *wish, desire;* хайр ~ *love, sympathies;* ~ булаах *to charm; to captivate;* муу ~ нь хөдлөх *to be not in the mood for ...;* ~ дарах *to satisfy one's wishes;* ~ ханах *to be satisfied with;* ~ хүрэх *to like, wish, want, desire;* ~ гутах *to feel an aversion for;* ~аараа аашлах *to act arbitrarily or without permission;* ~аараа болох *to follow one's fancy;* ~ ~аараа *everyone in one's own way;* ~ зоригоороо *without permission;* сайн ~ын *amateur, voluntary;*

дурай|х *to be clearly visible/seen;*

дурамжхан *reluctantly, unwillingly; with reluctance;*

дуран(г) *binoculars;* ~ авай *telescope;* хараатай буу *a gun with optical sight;*

дуранбай *microscope;*

дуранда|х *to look through binoculars;*

дурвагана|х *(of fire) to spark off;*

дурги|х *to follow one's fancy;*

дургүй *unwillingness, reluctance, dislike; not liking, unwilling/ly;* ~ хүрэх *to lose pleasure or interest in;* ~ болох *to want no longer, lose all desire (to or for);*

дургүйцэл *dissatisfaction, indignation, discontent; dislike; objection;*

дургүйцэ|х *to be outraged; to dislike; to raise objections to;*

дурдан(г) *crepe, silk;*

дурдаттал *memoirs; reminiscences;*

дурда|х *see* **дурьдах;**

дурдхий|х *to go very fast; to give a start and be aroused;*

дуржгана|х *to jabber, chatter;*

дурлал *love;* хайр ~ *love;*

дурлам *captivating, enchanting, charming;*

дурламаар *desired; desirable; dearest;*

дурла|х 1. *to wish for; to desire; to like; to be fond of;* **2.** *to fall in love with; to love;* **3.** *to be curious;*

дурмагчхан *having dislike of/for, reluctant/ ly;*

дурс(ан) *shell, bark;*

дурсамж *memory, recollection, remembrance;*

дурса|х *to recall, reminisce about; to remind; to mention;*

дурсгал *memory, recollection; souvenir; legacy;* ~ын хөшөө *monument, memorial;* ~ын самбар *memorial plaque;* бэлэг ~ *memento, souvenir;*

дурсгалт *memorable;* ~ явдал *a memorable occasion;*

дурсга|х *to give as a keepsake;*

дурсла|х *to bark a tree;*

дуртай *willingly, gladly; fond of, inclined to, disposed toward, in the mood for;* ном унших ~ *like to read a book;* ~ зөвшөөрөх *to permit gladly;* ~ дургүй *willy-nilly;* би түүнд ~ *I like it; I love him/her;*

дуртгал *memory, recollection, reminder;* бага насны ~ *recollections of childhood;*

дуршил *wish, desire; appetite;*

дурши|х *to wish, desire;*

дурьта|х *to mention, recall, recollect; to call, enumerate; to emphasize;* дээр дурьдсан *above-mentioned;*

дусаагуур *medicine dropper;* нүдний ~ *eye dropper;*

дусаал *drip, dripping; drop;*

дусаалга *drops; dropper;* нүдний ~ *eye drops;*

дусаа|х *to drip, spill;* зангиан дээрээ юм ~ *to spill smth on one's tie;*

дусал I *drop; a dot in Mongolian script;* усны ~ *a drop of water;* хөлсний ~ *beads of perspiration;* далайд ~ *a drop in the bucket;* ~ дуслаар *bit by bit;* усны хоёр ~ шиг адилхан *like two peas in a pod;*

дусал II *sperm;*

дуса|х *to drip, fall in drops; spill;* нулимс ~ *to drop tears;*

дусла|х *to fall in frequent drops;*

дутаа|х I *to flee, run away;*

дутаа|х II *caus. of* дутах; *to cause a shortage;*

дутагдал *shortage; scarcity; lack; defect; flaw; shortcoming; deficiency;*

дутагда|х *to be insufficient, be lacking; to be missing; to be missed;* танд юу дутагдаж байна? *what are you lacking?* бидэнд мөнгө дутагдаж байдаг *we are short of money;*

дута|х *to be missing, be insufficient, short, lacking;* хоёр хуудас дутаж байна *two pages* are missing; аз ~ *to have bad luck;*

дутахгүй *not lacking, not short; not any worse than;*

дутмаг *insufficient, inadequate; deficient, in short supply;* юмаар ~ байх *to live in dire straits; to be in need of;*

дутуу *insufficient/ly, incomplete(ly), missing, lacking; short of; uncompleted, unfinished; to under-;* ~ төлөх *to underpay;* ~ үнэлэх *to underestimate;* ~ болсон *not fully ripe; unfinished;* ~ шарах (болгох) *to undercook;* ~ нойртой байх *not to get enough sleep;* арван төгрөг ~ авах *to receive ten tugriks less than one was supposed to;* тахир ~ хүн *invalid;* ~ төрсөн хүүхэд *prematurely born baby;* ~ хийх *to fail to do, fail to finish;* долоод арван минут ~ байна *ten minutes to seven;*

дутууда|х *to be insufficient, short, incomplete; to be careless;*

дуу(н) *sound, noise; voice, vote; speech; song;* бууны ~ *gunshot;* ~ чимээ *noise;* хашгирах ~ *cry; shout;* ~ авиа *sound;* ~ны хөвч *vocal cords;* ардын ~ *folksong;* богино ~ *popular song;* уртын ~ *Mongolian traditional drawling song;* ~ цөөнтэй хүн *man of few words;* ~ шуу болох *to make a racket;*

дуугай *taciturn, reticent;* ~ хүн *man of few words;*

дууги|х 1. *to move agilely, quickly;* 2. *to be placid, calm;*

дуугүй *silent(ly); mute, speechless; taciturn, reticent;* үг ~ *silently; without a word;* ~ гийгүүлэгч *voiceless consonant;* үг ~ зөвшөөрөх *to agree; to acquiesce;*

дууда|х 1. *to call, call to; to appeal for; to hail, challenge; to summon;* утсаар ~ *to call on the telephone;* уриалан ~ *to call/appeal for;* 2. *to read aloud, recite; to utter (a word) to pronounce;*

дуудлага *call, summons, challenge; appeal; pronunciation; evocation;* ~ явуулах *to send a call;* ижил ~тай үгс *homonym;* зөв ~ *correct pronunciation;*

дуудуула|х *caus. of* дуудах; *to cause to call;*

дуулал *hymn, chant; poem, poetry;* төрийн ~ *national anthem;*

дуула|х I *to sing;* хоолой нийлүүлэн ~ *to sing all together;*

дуула|х II *to hear, listen to;* үг ~ *to obey;*

дуулга *helmet;*

дуулгала|х *to put on a helmet;*

дуулгар *obedient; obedience;*

дуулгаваргүй *disobedient;* ~ байх *to be disobedient;*

дуулга|х *to inform, tell, announce, report;*

дуулда|х *to be heard;* хөлийн чимээ дуулдав *the stamping of feet was heard;*

дуулиан *sensation;*

дууриал *imitation, example; model;* үлгэр ~ *example, model;*

дууриамхай *imitative;*

дууриан *echo, resonance, reverberation;*

дууриа|х 1. *to be similar/alike, resemble, look like;* тэр эцгээ дууриасан байна *he is like his father;* 2. *to imitate, follow; to take as an example or model;*

дуурь *opera;*

дуурьса|х *to become famous (for), have a reputation;*

дуурьсгал *glory; distinctions; fame, celebrity;*

дуурьсга|х *to glorify, do honour to, heap distinctions on;*

дуусан *in the course of, during;* жил ~ *in the course of year, within year;*

дууса|х *to end, finish; to come to an end; to complete, conclude; to be used up, run out;* ажлаа ~ *to finish one's work;* ном уншиж ~ *to finish reading a book;* дуустал *until finished; to the end, completely;*

дуусвар *end, completion, conclusion, consummation;*

дуусварла|х *to complete, finish;*

дуусгаргүй *endless, interminable;*

дуусга|х *caus. of* дуусах; *to end, finish, complete;* захиагаа ~ *to conclude a letter;*

дуут *singing; sound; rattling;* ~ гурил *potato flour;*

дуутай *sound, sonorous, resounding; having a loud voice;* ~ кино *talking pictures;* чанга ~ *loud;* ~ гийгүүлэгч *voiced consonant;*

дууч(ин) *singer;* ~ эм *prostitute;*

дух *forehead;*

духай|х *to become bent forward;*

духа|х *to hardly be in time for; to barely pass through; to barely be enough;* энэ гутал над ~гүй *the boot won't go on;*

духгар *bent forward;*

духда|х *to flick/flip on the forehead;*

дүгдрэл *stutter, stuttering, stumbling (in speech);*

дүгдрэ|х *to stumble, stammer, stutter;*

дүгдрээ : ~ хүн *stammerer, stutterer;*
дүгнэлт *conclusion, inference; summary, total, result;* ~ хийх *to come to a conclusion;*
дүгнэ|х *to sum up, summarize; to come to a conclusion; to add up;*
дүгрэг *round;* ~ сар *full moon;*
дүгрэглэ|х *to make round, round off;* данс ~ *to close an account;*
дүднэ|х *to babble, prattle; to mutter, mumble;*
дүжигнэ|х *to thunder; to clank, rattle;* чих ~ *to have a buzzing in one's ears;*

дүй *skill, knack, ability;* ~ муутай *clumsy, inept, unskillful;*
дүйвүүлэ|х *caus. of* дүйвэх; *to seize the opportunity, avail oneself of the opportunity; to distract;*
дүйвээлэ|х 1. *to make (a) noise;* 2. *to avail oneself of the opportunity;*
дүйвээн *fuss, stir, sensation;* ~ дэгдээх *to cause a sensation, cause quite a stir;*
дүйвээнтэй *noisy, disturbed; causing a sensation;*
дүйгүй *clumsy, inept, unskillful;*
дүйз 1. *pair;* ~ ~ээр *in pairs, two by two;* 2. *haycock;*
дүйзлэ|х *to arrange in pairs;*
дүйнгэ *dumb, stupid;*
дүйнгэрэ|х 1. *to be an idiot;* 2. *to become deaf;*
дүйрэн *stupid, silly;* ~ өвчин *idiocy;*
дүйрэ|х *to become dull; to become dazed; to be stunned; to lose one's wits;*
дүйтэй *able, skillful;*
дүй|х *to correspond/conform to one another; to become a pair;*
дүйхүйц *equivalent;*
дүлий I *deaf;* хоёр чих нь ~ *deaf in both ears;* тэр таг ~ *he is stone-deaf;* хэлгүй ~ *deaf-and-dumb;*
дүлий II *opaque, frosted, dull, lustreless;* ~ шил *frosted glass;* тэнгэрийн ~ *puff-ball;*
дүлийрхэ|х *to simulate deafness;*
дүлийрэ|х *to become deaf; to show no interest in smth;*
дүлий|х *to incline, lean;*
дүлэ|х I *to strain/brace the abdominal muscles; to bear down;*
дүлэ|х II *to exert oneself, make a great effort; to pass a sleepless night;*
дүн(г) I *total, sum; result; mark (in school)*

бүгд ~ *grand total; sum total;* үр ~ *result; outcome;* ~дээ *in general, on the whole;*
дүн(г) II *at the height of;* ~ өвөл *at the height of winter;*
дүн(г) III : ~ дан *ding-dong;*
дүнгүй *futile, unsuccessful; without results, in vain;*
дүнгэнэ|х *to drone; to hum (of insects); to emit a hollow sound;*
дүнгэр *shaman's tambourine;*
дүнз(эн) *rough-hewn log; log (attrib.), made of logs;* ~эн байшин *log house;*
дүнс(эн) *pipe tobacco;* ногоон ~ *Chinese tobacco;* улаан ~ *Russian tobacco;*
дүнсгэр *cloudy, overcast; dismal; gloomy, sullen, morose;* өнөөдөр ~ өдөр байна *it is cloudy today;* ~ царай *a dismal expression, gloomy appearance;*
дүнсгэрдүү *having a dismal or gloomy mood;*
дүнсий|х *to grow dark, to become gloomy, be sullen;*
дүнтэй *effective, successful, resultful; efficient;* үр ~ *effective, successful;*
дүнчүүр *hundred million;*
дүр *appearance, look, image; role; character; type;* хүний ~ байх *to behave decently;* царай ~ *appearance;* баримал ~ *statue;* байдал ~ *character;* ~д тоглох *to act as, play the part of;*
дүрвэлзэ|х *to blaze, flame;*
дүрвэ|х *to flee in panic; to take to flight;*
дүрвээн *flight; panic;*
дүрвээ|х *caus. of* дүрвэх; *to put to flight; to create/cause a panic; to scare off;*
дүрдхий|х *to jump up; to run up;* дүрдхийн нисэх *to fly up;*
дүрлий|х *to stare wide-eyed;*
дүрлэгэр *goggle-eyed;*
дүрс(эн) *portrayal, image, picture; form, shape;* хэлбэр ~ *form, shape;* ~ бичлэг *video tape;*
дүрсгүй 1. *formless, shapeless;* 2. *undisciplined; mischievous, playful;* ~ хүүхэд *a little prankster;* ~ зан *prank, trick; disorderly conduct;*
дүрсгүйтэ|х *to play pranks; to misbehave; to behave like a hooligan;*
дүрслэл *portrayal, representation;*
дүрслэ|х *to depict, portray, represent; to liken;* ~ урлаг *fine arts;*

дүрстэй *having a form or shape; similar in form or shape;*

дүрсхий|х *to blaze up, suddenly catch fire; to flare up (in anger);*

дүрэвч *knapsack;*

дүрэлзэ|х *to flare up, burst into flames, blaze;*

дүрэм *regulations, statues, charter, rule(s); law; order, regime;* ~ заавар *instructions, directions;* үсгийн ~ *spelling rule;* хууль ~ *decree; resolution;* хэв ~ *order, regime;* ~ үзүүлэх *to pretend (to be); to simulate;*

дүрэмдэ|х *to pretend, simulate; to threaten;*

дүрэмлэ|х **1.** *to follow the rule; to make into a rule, law or regulation;* **2.** *to follow, imitate;*

дүрэмт *provided for by law or regulation;* ~ хувцас *uniform;*

дүрэмч *malingerer;*

дүрэ|х **I** *to dip smth into a liquid; to dip into;*

дүрэ|х **II** *to stick/push into; to sheathe;* чинжалаар ~ *to stab with a dagger;*

дүрэ|х **III** *to intrude in, poke one's nose into;* бусдын хэрэгт хушуу ~ *to poke one's nose into other people's business;*

дүү *younger brother or sister; younger;* миний бага ~ *my youngest brother/sister;* ах ~с *brothers and sisters; relatives;* ~ хүүхэн *younger sister;* бүсгүй ~ *younger sister;* бүстэй ~ *younger brother;*

дүүгүүр *sling for hurling stones;*

дүүгүүрдэ|х *to hurl with a sling;*

дүүдий *endearing form of brother;*

дүүжигнэ|х **1.** *to dangle, hang loosely; to be suspended;* **2.** *to drag oneself along;* **3.** *to lead a miserable existence;*

дүүжин(г) *anything hanging or dangling; a swing; a pendulum;* ~ ор *a hammock;* ~ өлгий *a cradle;* ~ гүүр *suspension bridge;*

дүүжлүүлэ|х *caus. of* дүүжлэх; *to be hanged;*

дүүжлүүр *gallows;*

дүүжлэ|х *to hang up; to suspend;* дүүжилж үхэх *to hang oneself;* дүүжлэн алах *to kill by hanging;*

дүүжмэг *pendulum;* цагны ~ *balance wheel;*

дүүлэ|х *to leap from branch or from height to height; to shoot forward/ahead;*

дүүргэ|х *caus. of* дүүрэх; *to fill, fill up; to supply with more of smth; to finish, stop,* complete, close, conclude; to graduate from; ажлаа ~ *to finish/round off one's work;* сургууль ~ *to finish school;* их сургууль ~ *to graduate from/at the university;*

дүүрэг *district of a city; area; region;* сонгуулийн ~ *electoral district;*

дүүрэн(г) **1.** *full, filled;* **2.** *satisfied, contented;* сэтгэл ~ *satisfied, contented;*

дүүрэ|х **I** *to be filled, become full/filled; to end, be completed/concluded, expire;*

дүүрэ|х **II** *to carry someone or sth in front/ behind while riding on a horseback / bicycle;*

дүүчлэ|х *to show respect for elders;*

дэв **I** *terrace;*

дэв **II** : ~ зэрэг *rank;*

дэв **III** *impure, adulterated; dishonest;* бузар ~ *impurities;*

дэвдрэ|х *(of hoofs) to wear down and break on difficult ground; (of a tooth) to become loose;*

дэвжи|х *to develop, progress, grow stronger; growth, development;*

дэвжээ *boxing/wrestling ring;*

дэвлэг **1.** *sweep of the hand; flap of wings;* **2.** *boiling;*

дэврүү *boastful, braggart;*

дэврэ|х **1.** *to boil, bubble up;*

дэвсгэр **1.** *floor covering; bedding;* **2.** *territory;* **3.** *background, background colour;* цэнхэр ~тэй торго *silk on a blue background;* **4.** *banknote, denomination of currency;* нэгтийн ~ *a tugrik banknote;*

дэвсгэргүй *poor, superficial;*

дэвсгэртэй *profound, solid;*

дэвслэ|х *to trample down; to press into the ground; to stamp frequently with the feet;*

дэвсмэл *paved;*

дэвсэ|х **I** *to lay, spread out; to pave;* хивс ~ *to lay a carpet;* чулуу ~ *to pave;*

дэвсэ|х **II** *to trample down, stamp with the feet;*

дэвтмэл *soaked; saturated;*

дэвтэгши|х *to become steeped, soggy, bloated;*

дэвтэр *copybook, notebook, writing pad; volume;* хичээлийн ~ *exercise book;* өврийн ~ *notebook;*

дэвтэрлэгч *bookbinder;*

дэвтэрлэ|х *to bind a book; to bind together;*

дэвтэ|х **I** *to become soft, be soaked,*

steeped;

дэвтэ|х II to become filthy, impure;

дэвтээ|х to soak, steep in a liquid;

дэвүүр fan;

дэвүүрдэ|х to fan; to brush off;

дэвхлэ|х to leap, jump;

дэвхрэг grasshopper;

дэвхрэ|х to jump, leap;

дэвхцэ|х to jump up and down;

дэвшил progress, development;

дэвшилт advancement, progress, promotion; progressive; ~ хүн төрөлхтөн progressive humanity;

дэвшилтэй progressive;

дэвши|х to advance, make progress, develop; to move up; to rise;

дэвшүүлэ|х caus. of дэвших; to put forward (an idea, proposal, etc); to promote (in rank); өргөн ~ to present;

дэвэгнэ|х to sway, wave, flutter;

дэвэлзэ|х to wave, flutter;

дэвэр pitcher, jug;

дэвэ|х I to flap (one's wings); шувуу ~ to flap the wings;

дэвэ|х II to fan, winnow;

дэвээрэ|х to revel, carouse;

дэг I order, routine; decorum, propriety; discipline; ~ журам order, routine;

дэг II : ~ дуг half, not completely; ~ дуг газар uneven terrain;

дэггүй ill-bred, ill-mannered;

дэггүйтэ|х to act up, misbehave;

дэгд (bot.) gentian;

дэгдгэр short; (of clothes) skimpy; short• and tight;

дэгдий|х to be short and tight;

дэгдүүр aerostat, balloon; paper kite;

дэгдэгнүүр not serious, frivolous, flippant, flightly;

дэгдэгнэ|х to be frivolous, lightminded;

дэгдэлзэ|х to be agile; to be disturbed;

дэгдэнэ young quail;

дэгдэ|х 1. to fly up, skip; 2. to happen/ occur suddenly;

дэгдээ|х caus. of дэгдэх; to raize, stir up, startle up; дайн ~ to start a war;

дэгдээхий baby bird, nestling, fledgling; тахианы ~ chicken, chick; галууны ~ gosling;

дэгжил rise, increase; progress;

дэгжин elegant, stylish, fashionable; smart;

дэгжирхэ|х to wear fancy clothes; to dress

fashionably;

дэгжи|х to improve, get better; to develop; to prosper, thrive;

дэгжрэ|х 1. to become elegant/stylish; 2. to develop; to prosper;

дэгжээ|х to improve; to develop; to strengthen; to stimulate;

дэглий I fur jacket;

дэглий II heron; цагаан ~ egret;

дэглий III the pivot of scissors;

дэглүү(н) arrogant, haughty; capricious;

дэглүүлэ|х caus. of дэглэх; to put in order; to be subordinate;

дэглэгч (mil.) bully;

дэглэлт 1. choreography, staging; 2. bullying of recruits;

дэглэм order; regime; routine; system;

дэглэ|х to stage;

дэгнүүл hummock; knoll; turf, sod;

дэгнэгэр tall and big;

дэгнэлзүүр quagmire, swamp, bog;

дэгс not to the point; ~ буудах to miss the target in shooting; ~ мэдээлэл misinformation; ~ ярих to tell lies;

дэгсдүүлэ|х 1. to miss the mark in shooting; 2. to exaggerate; to lie, tell lies;

дэгсдэ|х to be off the point; буу ~ to miss the mark in shooting; дэгсдэж ярих to tell lies;

дэгслэ|х to miss in shooting;

дэгцэ|х to hop;

дэгэн : ~ догон unsteady, uneven; ~ догон хийсэн газар uneven terrain;

дэгэнцэ|х to be unsteady; to hop;

дэгээ hook, boat hook; grapple; загасны ~ fishhook;

дэгээдэ|х 1. to hook; 2. to cut to the quick;

дэд second, deputy, vice-; sub-; ~ ерөнхийлөгч vice-president; ~ хурандаа lieutenant colonel; ~ станц substation;

дэдгэр short and tight;

дэдий|х to be short and tight;

дэдэгнэ|х to bustle about;

дэл I mane, horsehair;

дэл II : ~ сул scattered; wasteful; ~ сул байдал wastefulness;

дэл III (bot.) sesame;

дэлбийлгэ|х caus. of дэлбийх; to stretch out; to widen;

дэлбий|х to become wider/broader; дэлбийсэн чихтэй хүн a man with big ears;

дэлбэг I : элбэг ~ abundant(ly); abundance; элбэг ~ амьдрах to live in grand style;

дэлбэг II reins;

дэлбэгнэ|х (of flat objects) to flap/sway;

дэлбэгэр wide, broad; protruding, prominent; ~ малгай hat with wide brim;

дэлбэлэгч explosives expert;

дэлбэлэ|х to blow up, detonate, set off, blast; гүүр ~ to blow up a bridge; чулуу ~ to blast a rock;

дэлбэрхий explosion, blast; explosive, blasting;

дэлбэрэлт explosion, blast; хэдэн явган зорчигч ~энд амь үрэгдэв several passersby were killed by the blast;

дэлбэрэ|х to explode, blow up, go off; to burst; галт уул ~ eruption of volcano; дэлбэртэл идэх to eat one's fill;

дэлбээ petal; auricle of the ear; цэцгийн ~ a petal;

дэлбээлэ|х to bloom, come out;

дэлгүүр store, shop; market; их ~ department store; хүнсний ~ grocery store;

дэлгэр abundant, rich (in); vast, extensive, widespread; зуны ~ цаг prosperous summer; ~ саран full moon;

дэлгэрүүлэ|х caus. of дэлгэрэх; to spread, disseminate, propagate, popularize; to develop; шинэ номлол ~ to disseminate a new doctrine;

дэлгэрэнгүй detailed, minute, extensive; in detail; widely-distributed; ~ төлөвлөгөө detailed plan; ~ бичих to write in detail;

дэлгэрэ|х to spread, extend; to develop; to bloom, blossom out; to flourish;

дэлгэ|х to straighten, smooth out; to spread out, lay; to open wide; to unfold; нарны халх ~ to put up an umbrella; ном ~ to open a book; жигүүрээ ~ to spread one's wings; эвхмэл ор ~ to put up a camp bed; атгаастай гараа ~ to unclench one's fist;

дэлгэц screen, shield, shade;

дэлдгэр protruding, bulging out, loose-hanging; ~ чихтэй lop-eared;

дэлдий|х to hang down; to stick out; ·

дэлдүү (bot.) polyporus, tree-fungus;

дэлдэгнэ|х 1. to lick someone's boots; to suck up to; 2. to move large and protruding ears;

дэлдэн(г) loose-hanging, baggy, protruding, sticking out; ~ чихтэй lop-eared;

дэлдэ|х I to beat, strike, hit; to give a beating to, thrash;

дэлдэ|х II to seize/hold by the mane;

дэлпэ|х to trim the mane;

дэлсэ|х to beat, pound; to pulse; to throb; эмэгтэйн зүрх дэлсэж байв her heart was pounding; улаан нүүр өөд нь ~ to slap someone in the face; зүрх ~ (of one's heart) to throb;

дэлт having a mane; with a long mane;

дэлүү(н) spleen;

дэлүүрэ|х 1. (of an animal) to stray from the herd; 2. to babble, chatter;

дэлхий the earth; world; газар ~ land, earth; даян ~ world; ~н бөмбөрцөг the earth, the globe; ~н царцдас the earth's crust;

дэлэгн|эх (of the udder) to grow large;

дэлэгч beetle;

дэлэм lineal measure about 80 cm;

дэлэн udder;

дэлэндэ|х 1. to seize by the udder; 2. to beg, plead with, entreat, beseech;

дэлэнч midge;

дэлэ|х to flap; to draw full; to spread; шувуу далавчаа дэлэв the bird flapped its wings; ус ~ (of water) to flood;

дэм 1. skill, approach; way, means; ая ~ skill; method; ~ муутай clumsy, awkward; 2. help, assistance, support; түс ~ help;

дэмгүй 1. clumsy, awkward; inept; 2. helpless;

дэмжи|х to help, support, assist; to back up, second; санал ~ to support a proposal; нэр дэвшигчийг ~ to support a candidate; ~ туслах to help, assist;

дэмжлэг support, help; сэтгэл санааны ~ үзүүлэх to give moral support;

дэмий to no purpose, for nothing; vainly, in vain; unneeded, needless, useless, worthless, good-for-nothing; ~ үг ярих to chatter idly; ~ хоосон ажиллах to plough the sand;

дэмийрэ|х to be delirious, rave; to be crazy/mad about;

дэмнүүр 1. swing; 2. help, support, aid;

дэмнэ|х 1. to swing, rock; 2. to help, assist, support;

дэмтэй 1. skillful, dexterous; 2. helpful;

дэн(г) I lamp, oil lamp; ~ барих to light a (oil) lamp; ~гийн бүрхүүл lampshade; ~ буудал inn, hostelry;

дэн II ~ дун barely, hardly, only just (with difficulty);

дэндгэр *long-legged;*

дэндий|х *to be long-legged;*

дэндүү *too, too much, excessively, to excess;* ~ олон *too much, too many;* ~ үнэтэй *too expensive;*

дэндэ|х *to be excessive/immoderately; to be too much/many; to exceed the measure or norm;*

дэнж *terrace;*

дэнжгэр *high and unsteady;*

дэнжигнэ|х *to move repeatedly (of smth high and unsteady);*

дэнжий|х *to be high and wobbly;*

дэнлүү *lantern;*

дэнс(эн) *hand scales for weighing of gold and silver;*

дэнслэг *shaking, jolting; emotion;*

дэнслэ|х I *to weigh on a scale;*

дэнслэ|х II *to shake, tremble; to worry, be nervous;*

дэнсэлгээ *bumpiness, jolting;*

дэнтэй : ~ дунтай *barely, only just (only slightly);* тэр ~ дунтай амь гарав *he had a very narrow escape;*

дэнхгэр *tall and broad-shouldered; macrocephalous;*

дэнхий|х *to be tall and broad-shouldered; to be macrocephalous;*

дэнчин *pledge, pawning, mortgaging;* ~ тавих *to pawn, mortgage;*

дэнчиндэ|х *to pawn, mortgage, make a down payment;*

дэншээ *bumpy, shaky, jolty; bumpiness, shaking, jolting;*

дэр(эн) *pillow; cushion; pad, padding;* ~ нэгдэх *to get married;* ~ний уут *pillowcase;* төмөр замын ~ мод *railroad tie;*

дэрвий|х *to spread out at the top;* эрвийх ~ээрээ *with all means/possible resources;*

дэрвэгнэ|х *to flutter, sway, wave;*

дэрвэгэр *spreading or widening towards the top; disheveled;*

дэрвэлзэ|х *(of smth spreading or widening towards the top) to move repeatedly;*

дэрвэ|х *to sway, wave, swing;* шувуу далавчаа ~ (of bird) to flap one's wings;*

дэргэд *at, by, near, next to, by the side of; in the presence of;* цонхны ~ зогсох *to stand at/by/near the window;* тэр миний ~ сууж байв *he was sitting by me;* гэрчийн ~ *in the presence of witnesses;*

дэргэдэх *at, near, near by; under the causpices of/control or jurisdiction;* Засгийн газрын ~ *under the Government;*

дэргэр *protruding, sticking up;*

дэрдгэр *stiff and rigid;*

дэрдий|х *to become stiff and rigid;*

дэржгэр *see* **дэрдгэр;**

дэржигнэ|х *to tremble, shake, vibrate;*

дэрий|х *to be stiff/rigid and protruding;* хатаж ~ *to wither;* турж ~ *to waste away;*

дэрлэ|х *to use sth as a pillow;* дэр ~ *to rest the head on a pillow;*

дэрс(эн) *feather grass, broom grass;*

дэрчгэр *protruding;*

дэрчий|х *to stick out, protrude;*

дэрэнхий *undisciplined; wilful, self-willed;*

дэс *ordinal, subsequent; following, consequent; vice-; deputy;* ~ тоо *ordinal numeral;* ~ дугаар *order, sequence; serial number;* ~ дараа *sequence;* нарийн ~ дараатайгаар *in strict sequence;* ~ түшмэл *deputy official;*

дэслэгч *lieutenant;*

дэслэ|х *to be next or following;*

дэц *aluminum;*

дэцдэ|х *to aluminize;*

дээвэр *roof, roofing, covering;* байшингийн ~ *roof of a building;*

дээвэрлэ|х *to cover with a roof;*

дээгүүр *above, over; on/above the surface; on top;* ~ нисэх *to fly above;* ~ харах *to look down on;* ~ зантай *haughty, arrogant;* ~ албаны хүн *V.I.P.;* ~ хөгжилтэй *highly developed;*

дээгүүрдэ|х *to be too high;*

дээгүүрх *that which is on top/the surface, above;*

дээд 1. *upper, top; supreme; highest, higher;* модны ~ үзүүр *the top of the tree;* ~ зовхи *eyelid;* ~ зэргийн (чанарын) *of the highest quality;* ~ ял *supreme penalty/capital punishment;* ~ боловсрол *higher education;* ~ зиндаа *high society;* ~ сургууль *university; institute;* ~ командлал *supreme command;* 2. *the best, the first; previous;*

дээдлэ|х *to honour, have greatest respect for; to regard as superior;*

дээдэс 1. *ancestors, forefathers;* өвөг дээдсийн өв соёл *anicient culture;* 2. *high society; aristocracy, nobility;* ихэс ~ *aristocracy;*

дээдэх *being above/over;*

дээдэчлэ|х *to extol; to respect, revere;*

дээж *the best, masterpiece the choicest part of smth; sample;* ургацын ~ *cream of the crop;* ~ амсах *to taste/try food;* ~ авах *to take a sample;* ~ *choice item of food;*

дээл *the traditional Mongolian robelike garment;*

дээр 1. *on, above; at; over the top of;* шалан ~ *on the floor;* гуравдугаар хуудсан ~ *on the page three;* шувуу дээвэр ~ нисэн гарав *the bird flew on to the top roof;* эмэгтэй даашинз ~ээ хормогч зүүв *she put an apron over her dress;* төмөр замын өртөөн ~ *at the railway station;* үнэн хэрэг ~ээ *actually, in point of fact;* **2.** *long ago; a long time ago; olden; ancient;* энэ явдал ~ үед болсон юм *it happened long ago;* ~ үеэс *for a long time, for ages;* тэр аль ~ нас барсан *he died long ago;* эрт ~ үейийн хүмүүс *the ancients;* **3.** *to addition to;* **4.** *better, better than; superior;* аль нь ~ вэ? *which is better;* тэр үүнийг надаас ~ хийдэг *he does it better than I do;* нарны халхаа авбал ~ биш үү? *hadn't you better take an umbrella?* **5.** *while (of time); for the time being; for the moment;* гэгээтэй ~ явцгаая *let's go while it's still day-light;* оройтоогүй ~ээ *before it is too late;* дав ~ *for the time being;* **6.** *high; upper;* ~ өргөх *to raise high;* ~ нь гарах *to gain the upper hand; to come out on top;* нас ~ гарах *to get old;* толгой ~ гарах *to become impudent; to climb the mountains;* **7.** *under the name of, in the name of;* нэр ~ *addressed to;* миний нэр ~ данстай мал *livestock registered under my name;* **8.** *into, onto, to;*

дээрдэ|х 1. *to be raised;* **2.** *to improve; to get better;* өвчтөний бие нь дээрдэж байна *the patient is improving;*

дээртгэ|х *to improve; to perfect;*

дээртэ|х *to become better; to improve;*

дээрэлхүү *arrogant, haughty;*

дээрэлхэ|х *to humiliate/humble others; to abase;*

дээрэм *robbery, pillage; plunder; brigandage;* далайн ~ *piracy;*

дээрэмдэ|х *to rob, pillage, plunder;*

дээрэмчин *robber, plunderer; bandit;* далайн ~ *pirate;*

дээрэнгүй *haughty, arrogant; supercilious;* ~ зан гаргах *to behave haughtily/arrogantly;* үндэсний ~ үзэл *chauvinism;*

дээрэнгүйлэ|х 1. *to humiliate, degrade, humble, abase;* **2.** *to behave haughtily/arrogantly;*

дээрээс 1. *from above, from the top;* ~ доошоо *from top to bottom;* **2.** *because of, on account of; as a result;* яльгүй юман ~ ам мурийх *to fall out over trifles;*

дээс(эн) *a rope, usually of hair;* олс ~ *rope(s);*

дээслэ|х *to measure with a rope;*

дээсрэ|х *to twist;*

дээш *up, upward; more than, above;* ~ өргөх *to lift up;* ~ суух *to sit in the place of honour;* ~ доош *upwards and downwards;* ~ дэвшүүлэх *to promote, give promotion;* ~ татах *to extend a helping hand;* зуугаас ~ *more than one hundred;*

дээшдэ|х *to turn out to be too high;*

дээшлүүлэ|х *caus. of* дээшлэх; *to raise, lift up; to improve, promote, enhance; to prefer, advance;* мэргэжлээ ~ *to raise one's qualification;* аж амьдралаа ~ *to improve the living standard;*

дээшлэ|х *to go up, rise; to improve, progress, advance;*

дян *inn, hostelry;*

Ее

европ *Europe, European;* ~ын орнууд *European countries;*

егөө *irony, sarcasm;* хорлонтой ~ *biting irony;*

егөөдөл *sarcasm, irony; slant;*

егөөдө|х *to speak ironicall; to be ironic; to say sarcastically; to mock at;*

егөөдүүлэ|х *caus. of* егөөдөх; *to be the object of mockery;*

ембүү *silver ingot;*

енхгөр *bony and thin;*

енхий|х *to be bony and thin;*

ер 1. *in general, generally;* **2.** *ordinary, common, everyday;* **3.** *never, at all;* ~ нь *generally speaking, in general;* ~ бусын *unusual; uncommon; extraordinary;* ~ийн хэрэг *everyday occurrence;* ~ийн хүн *ordinary person;* ~ мэдээгүй *I don't know at all;* ~ сонсоогүй *I never heard it;* **4.** *if; always, regular, for a long time;* ~ нь түүний зөв бол *if he is right;*

ер(эн) *ninety;* есөн арав ~ *nine time ten is ninety;*

ергөө *gentle trot, easy gallop;*

ердийн *ordinary, simple, usual, customary;*

~ хөсөг *cartage, animal-drawn transport;* ~
тээвэр *freight by cartage;* ~ сэдэв *standing dish;*

ердөө 1. *generally, in general, usually;* 2.
all in all, only; in all, all told; ~ л *all in all;* бид
~ тавуулаа байв *there were only five of us;* ~
хоёр мянган доллар төлжээ *in all two thou-
sand dollars has been paid;*

ердүгээр *ninetieth; number ninety;*

ерөндөг *antidote; antitoxin; counteraction;
coil;*

ерөнхий 1. *general, common; total, overall;*
~дөө *in general, on the whole; all in all;* ~ дүн
sum total, grand total; ~ дүрэм *general rule;*
~ боловсрол *general education;* 2. *main,
chief, principal; head, senior;* ~ эмч *head phy-
sician;* ~ инженер *chief engineer;* цэргийн ~
командлагч *Commander-in-Chief;* ~ эрхлэгч
editor-in-chief; ~ консул *consul-general;* ~
нарийн бичгийн дарга *general secretary;* ~
газар *main directorate;* ~ сайд *prime minis-
ter;*

ерөнхийдөө *on the whole, all in all; in gen-
eral;* ~ сайн болжээ *in general it was all right;*

ерөнхийдө|х *to become too general; sum-
marized;*

ерөнхийлөгч *president;* ~ийн сонгууль
presidential elections;

ерөнхийлө|х 1. *to make general, generali-
ze; summarize;* 2. *to preside at/over; to lead,
head;* ерөнхийлөн удирдах *to direct, man-
age;*

ереэл *blessing, benediction, wish; a ritual
felicitation;* ~ тавих *to wish well;* ямар ~өөр
бид явчихсангүй вэ *what a blessing we didn't
leave yesterday;* ~өөр болохтугай *it leaves
much to be desired;*

ереэлт *blessed, fortunate, lucky;*

ереэлч *teller of* ереэл;

ереэ|х *to wish; to felicitate; to say bless-
ings;* танд хамгийн сайн сайхныг хүсэн
ереээ! *I wish you the best everything;*

ертөнц *world, universe;* ~өд хүн болж төрөх
to be born; нарны аймгийн ~ *galaxy;* адгуусан
амьтны ~ *fauna;* ургамлын ~ *plant kingdom,
flora;* нөгөө ~ *the next (or other) world;*

ертөнцийн *wordly, mundane;* ~ гурав *tri-
ads of Mongolian saying; the world triads;*

ерэнтээ *ninety times;*

ерээд *about ninety; ninety each;*

ес(өн) 1. *nine;* есөн зуу *nine hundred;* есөн

настай *nine-year-old;* ~ний нэг *one-ninth;* 2.
the 81 days following solstice; ~ эхлэх *the
beginning of winter cold;*

есдүгээр *ninth;* ~ хичээл *lesson nine;*

есөнтээ *nine times, nine-fold;*

есүүл *all nine;* бид энд ~ байна *here are
nine of us;*

ээ *oh! eh!* ~ яасан замбараагүй юм бэ! *Oh,
what a mess;*

ээвэн *a cake with sugar and raisins;*

ээттэр *bent upward, up-turned;*

ээтий|х *to be bent or turned upward;*

Ёё

ёвроготой 1. *capricious, ill-natured;* 2.
caustic, biting, sarcastic;

ёвро|х *to nudge; to push slightly;*

ёвуур *a small pushing stick;*

ёвчи|х *to nudge repeatedly;*

ёвчоо *ill-natured, quarrelsome; captious;*

ёгт *allegorical;* ~ үг *allegory;* ~ үлгэр *fable;*
~үлгэр зохиогч *fabulist;*

ёгтлол *allegory;*

ёгтло|х *to say sarcastically;*

ёдор 1. *pole on grave;* 2. *lone tree in the
steppe;*

ёж 1. *sarcasm, irony, cynicism; satire;* 2.
trick, deceit, ruse;

ёжгүй *artless, ingenuous;*

ёжло|х *to be malicious;*

ёжтой *malicious, spiteful, snide;*

ёзоор *root; base, foundation, basis; lower
part;*

ёл *lammergeyer; golden eagle;*

ёлбогор *sickly, feeble; flabby;*

ёлбой|х *to become enfeebled;*

ёлхгор *big-bellied; paunchy;*

ёлхой|х *to become very fat; to be big-bel-
lied;*

ёлцгор *pale; slimy; weak; viscous;*

ёлцой|х *to be weak; to become flabby;*

ёмбогоно|х *(of smth protruding) to move
rapidly;*

ёмбогор *convex; bulging; protruding;*

ёмбой|х *to jut out, protrude;*

ёмбон *bulging, jutting;*

ёндгор *jutting, protruding;*

ёндой|х *to jut out, protrude;*

ёнтгор *snub-nosed; pompous, pretentious;*

ёнтой|х *to turn up one's nose, put on airs;*

ёнхгор *hollow, sunken;*
ёнхигор *tall and lean;*
ёнхий|х *to become lean; to lose weight;*
ёнхой|х *to be hollow or sunken; to gape (of things);*
ёнхор I *hollow, sunken;*
ёнхор II *silk thread;*
ёо *interj :* ~ ~ *ouch! (expressing pain)*
ёоз I *looks, appearance, condition, quality;* ~ *муутай эд low quality thing;*
ёоз II *deuce (dominoes);*
ёозгүй *bad; poor-looking; having low quality; indecent; lousy; unwholesome; миний бие нэг л ~ байна I feel awful (ill);*
ёозтой *decent, good-looking; fairly good;*
ёоло|х *to groan, moan;*
ёотон *lump sugar;*
ёотуу *pick-ax;*
ёохор *Buriat (a Mongolian nationality) round dance with singing;*
ёочин *a kind of santur, dulcimer;*
ёочиндо|х *to play the ёочин;*
ёр *presentiment, premonition, foreboding; bad omen;* ~ *орох to have a premonition about/a feeling that...; муу* ~ *bad omen;*
ёргио *boastful, arrogant, conceited;*
ёрги|х *to boast, sing one's own praises, plume oneself on;*
ёрдгор *jutting, protruding;*
ёрдой|х *to jut out, stick out; to lean out;*
ёрло|х *to have a presentiment of/about; to portend, premonish;*
ёрог *linen; flax;*
ёроол *bottom, base; уулын* ~ *foot of a mountain; далайн* ~ *ocean floor; bottom of the sea; савны* ~ *bottom of vessel; хэргийн* ~ *the heart (of crux) of the matter;*
ёроолгүй *bottomless; deep;*
ёроолдо|х *to reach the bottom; аяга* ~ *to (leisurely) drink tea;*
ёроолло|х *to make a bottom; to go along the bottom;*
ёрч *foreteller, soothsayer, sear;*
ёс(он) *customs, traditions, generally accepted rules; laws and principles observed by man; etiquette, morals, ceremony; formalities; энэрэнгүй* ~ *humanism; шударга* ~ *justice, fairness; ариун* ~ *holiness; хувирах* ~ *evolution; төрөх* ~ *nature or law of birth; үхэх* ~ *nature of death; хууль* ~ *law; шажны* ~ *religious ceremony; боловсон* ~ *standard of cul-*

ture; мэргэжлийн ~ зүй *professional ethics/ standards;* ~ *журам morals, morality;* ~ суртахүүн *morality;* ~ *заншил customs, traditions;* ~ *дагах to follow the customs/rules;* ~ *баримтлах to observe the customs/morals;* ~ *сахих to keep to the customs/ traditions;* ~ *ёс стоянд on ceremony;* ~ *алдах to be unceremonious, familiar;* ~*ноос гажуу,* ~*ноос ангид immoral, amoral; албан* ~*ны official; албан* ~*ны баримт бичиг official document;* ~ *тэдий дэмжих tokenism;* ~ *тэдий formal, formally;*
ёсгүй 1. *unethical, immoral, amoral; antisocial; indecent, uncouth;* 2. *cannot be, should not be; тийм байх* ~ *it should not be;*
ёслогч *sincerely yours (in letters); (at the close of a letter) respectfully yours;* ~ *Амар sincerely yours, Amar;*
ёслол *ceremony, rite, ritual; celebration, festivities; жагсаал* ~ *parade;* ~*ын үдэшлэг gala evening;* ~*ын хаалга triumphal arch;* ~*ын хувцас ceremonial dress, full dress;*
ёсло|х *to salute; to celebrate; to honour; to arrange a celebration in honour of (someone); to pay respect to; to play a fanfare; мэхийн* ~ *to bow respectfully; ёслон тэмдэглэх to celebrate; ёсолж үдэх to see off with great solemnity;*
ёсоор *according to, in accordance with; in accord with; fully, completely; хууль* ~ *шийтгэх to punish according to law; дүрэм* ~ *according to regulation; тушаал* ~ *гүйцэтгэх to carry out an order;*
ёсорхог *pedantic; ostentatious;*
ёсорхо|х *to be ceremonious; to stand upon ceremony;*
ёсорхуу *see ёсорхог;*
ёст *following customs, traditions;*
ёстой 1. *should be, must be; ought to; би явах* ~ *I must go, I ought to go; эмэгтэй энд мэдхөн ирэх* ~ *she should be here soon; галт тэрэг долоон цагт ирэх* ~ *the train is due/ scheduled to arrive at seven o'clock;* 2. *real; true; absolutely;* ~ *мөн truly, really;* ~ *алт real gold;* ~ *тэнэг амьтан he is an absolute fool;*
ёсчло|х *to do smth properly/thoroughly; to act according to the rules; ёсчлон гүйцэтгэх to do smth properly;*
ётуу *the hazel grouse;*
ёу *kiln;*
ёх *(interjection) oh!* ~, *ядарч байна! oh! I*

am tired;
ёхиволзо|х to be out of sorts; to show extreme unfriendliness;
ёхир unfriendly; morose;
ёхло|х to moan, groan;

Жж

жаа I *(particle)* yes, master! O.K., sure, of course; ~ дагая yes, I will do/follow; ~ тиймээ right;
жаа II a game of dominoes;
жаад not good; bogus, false; ~ эд poor quality thing; ~ мөнгө funny money; ~ хүн faker, deceiver;
жааз I a frame; зургийн ~ a picture frame; мөнгөн ~анд in a silver frame;

жааз II worst of smth; garbage; the worst; хүний ~ cur (contemptible person);
жаазла|х 1. to frame; 2. to sort out and reject; зураг ~ to frame a picture;
жаал 1. little, small; tiny; teeny; ~ хүү a little boy; ~ дүү a younger brother; 2. child, youngster, young one, little boy; 3. a little; bit; ~ азнацгаая let's wait a bit/stay a little longer;
жаала|х to play жаа (a game of dominoes);
жаалхан see **жаахан;**
жаахан 1. little, small, tiny; slight, bit; ~ тосгон a small village; чи хоёр ~ алдаа гаргажээ you made two small mistakes; ~ хүүхдүүд small/young children; ~ талх little bread; ~ мөнгө a small amount of money; ~ цаас a piece of paper; 2. a little, some, a few; not much, slightly, only slightly; ~ ус өгөөч give me, please, some water; түн ~ just little; ~ ахиу/илүү little more/better; ~ хүлээж бай! wait just a little! ~ жаахнаар бие нь сайжрав little by little, he got better; та ~ чангахан ярихгүй юу? could you speak a little bit louder, please;
жаваа ten million;
жавар severe cold, frost; chill; iciness; жаврын нь гаргах to warm up; ~тай салхи chilling wind; хүйтэн ~ bitter/icy coldness;
жаврай a kind of cake;
жавхаа boldness; daring, bravado; grandeur; agility; цог ~majesty, eminence, excellence, loftiness;
жавхаагүй ugly; homely; unattractive; apathetic; listless;

жавхаатай bold, daring; sprighly; active; lively; alive;
жавхалза|х to be slender and agile;
жавхгар slender and agile;
жавхлан splendor, grandeur; might; majesty; magnifisence; цог ~ pomp, glory, majesty; сүр ~ greatness, grandeur; augustness;
жавхлант majestic, splendid, grand; impressive;
жавшаан chance, luck, (good) fortune; opportunity; lucky combination of circumstances; ашиг ~ (allow) profits gain; ~ыг ашиглах to take/seize an opportunity; ~ тохиолдох to be fortunate, to chance on/upon; ~тай үйл хэрэг fortunate deeds; би түүнтэй ~аар уулзав I chanced to meet him; азтай ~аар by a lucky chance, luckily;
жавшаанч cleverfellow; person taking advantage of favorable circumstances and opportunities; a chap who acts cunningly;
жавшаач see **жавшаанч;**
жавшаачл|ах to seize the opportunity/advantage of smth;
жавшимтгай inclined towards opportunism; cunning, crafty, artful;
жавши|х to seize the opportunity; to misuse; to take smth for one's own purposes illegally; бусдын юмыг ~ to take or own others' things/property illegitimately; банкнаас мөнгө ~ to risk/get money from the bank in unlawfully;
жавшуур frank, candid, outspoken; man-to-man; ~ хүн a plain-speaking man;
жагар India, Indian;
жагжкүүв a medicinal herb;
жагсаал parade, celebration, demonstration, procession; row; rank and file; ажил хаях ~д 100000 гаруй хүн оролцжээ over 100,000 people had taken part in the striking; 7-р сарын 11-ний баяр наадмын ~ the eleventh of July Parade of Naadam; ялалтын ~ triumphal demonstration; сүрт ~ demonstration/ march; эсэргүүцлийн ~ a protest march; төр/ улсын баяр наадмын ~ a jubilant celebration; at state ceremonies; морин цэргийн ~ a cavalry formation; ~ын дарга a front-line officer; ~ хувцас ceremonial dress/uniform; улс/төрийн ~ a political march/procession; ~ дэмжих to support demonstration /march; ~аас гаргах to put smth out of action/operation; ~ын бэлтгэл drill; ~аас гарах to break

down, be disabled;
жагсаалт list, roll, register; нэрсийн ~ list of names;
жагсаа|х caus. of жагсах; to line up, arrange smth in a row/order; юмыг жагсааж өрөх to place smth in order; нэрсийг ~ to make a list of names;
жагсагч one who takes part in a parade;
жагса|х to form a row, fall into line, stand up in rows; to take part in a parade;
жад spear; lance; bayonet;
жадла|х to spear, stab with a bayonet;
жадлуула|х caus. of жадлах;
жадха appearance, look; gloss;
жайвгар crooked, wry;
жайвий|х to warp, buckle; to get out of shape;
жайжгар crooked, bowlegged, knock-kneed;
жайжиг see жайжгар;
жайжий|х to get out of shape; to become crooked; bowlegged;
жалавч pot; small pot for distillation of home-made vodka;
жалан harpoon;
жалар cat;
жалбалза|х (of pupil of the eye) to flash;
жалбигар flat; flattened out;
жалбийлга|х to flatten;
жалга ravine, precipice; ~ суваг ditch;
жалгай a deeply-sloped stream bottom, shallow on one side;
жалмагар 1. thin- and pale-faced; 2. shameless, brazen;
жалмай|х 1. to be insolent, behave shamelessly; 2. to flirt, make eyes;
жалх good spirits;
жам natural law; байгалийн ~ in the nature of things;
жамбигар thin-lipped; to purse one's lips;
жан soy sauce;
жангуас preserved vegetables;
жанжин military leader, general; ~ штаб general staff; бүх цэргийн ~ commander-in-chief of all armed forces;
жанжла|х 1. to tyrannize, oppress; 2. to command a military force;
жанчи|х to beat, hit; to give a beating;
жанчуула|х caus. of жанчих; to be beaten;
жанчуур club, mallet; rod for whipping;
жар(ан) sixty; sexagenary cycle in Tibetan chronology;

жараахай minnow, gudgeon; fry;
жаравган|ах to make eyes; to flirt, coquet;
жаравгар thin eyelids or rapidly moving eyes;
жаргаа|х caus. of жаргах; to make happy;
жаргал happiness, bliss, pleasure, enjoyment;
жаргалан(г) happiness, bliss, prosperity;
жаргалант see **жаргалтай**;
жаргалтай happy, blissful, joyous;
жарга|х I to be happy, be in a state of bliss; to enjoy oneself;
жарга|х II (of a light, fire, etc.) to go out; нар ~ (of the sun) to set;
жард musketeer;
жардам one-tenth of a second;
жармагар beardless or smooth-faced;
жартай|х (of the eyelids) to turn inside out;
жарталза|х to squint the eyes;
жартгай eyelids turned inside out;
жартгана|х to make eyes, flirt;
жартгар squint-eyed;
жас monastery property;
жасаа(н) (obs.) a regular duty shift;
жасаала|х (obs.) to go on regular duty;
жахор Mongols living in Tibet;
жац ammonium chloride;
жаяг (obs.) regulations, statutes;
жив : ов ~ cunning, slyness; trick; хов ~ gossip;
живаа ten million;
живүүл fishing float;
живүүлэ|х caus. of живэх; to sink;
живхий|х 1. to sting, feel a sharp pain; 2. to stick smth with a sharp instrument;
живэр I moustache;
живэр II fins of a fish;
живэ|х to sink, drown; живж үхэх to drown;
жиг cause, reason; ~ жуг хийх to backbite;
жигд evenly, equally; identical; even; ~ хөдөлгөөн simultaneous movement; нэгэн ~ evenly, uniformly;
жигдлэ|х to even, level, smooth out; to equalize, arrange equally; алхаагаа ~ to get in step;
жигдрэ|х 1. to become even, uniform; 2. to become complete;
жигнүүр 1. scale(s); 2. steaming-tray (for cooking);
жигнэмэл baked, steamed;
жигнэ|х I to bake; to cook by steaming;

жигнэ|х II to apply a compress;

жигнэ|х III to weigh;

жигтэй strange(ly), incomprehensible(ly); хачин ~ хэрэг it is a strange thing;

жигтэйхэн strange, extraordinary; incomprehensible;

жигүү fifth-generation grandson;

жигүүр wing; flank; зүүн ~ left flank;

жигүүрлэ|х to grow wings;

жигүүртэн birds; feathered creatures;

жигшил aversion, disgust, repugnance, loating;

жигши|х 1. to abhor, detest, dislike; to have an aversion to smth, be repelled by; to loathe; to be disgusted with; голж ~ to reject, turn down; жигшин үзэх to hate, detest; 2. (of animals) to shy at;

жигшмээр vile, foul; repulsive, disgusting, loathsome;

жигшүүлэ|х caus. of жигших; to disgust, fill with disgust, repel;

жигшүүр loathing, aversion, disgust;

жигшүүртэй loathsome, disgusting; vile, foul;

жигшээ|х see жигшүүлэх;

жид (chess) to stalemate;

жижиг little, small; minor, petty; ~ хүүхэд the baby; ~ хөрөнгөтөн petty bourgeoisie; ~ засвар minor repairs; ~ түшмэл minor official; ~ халбага teaspoon; ~ бараа merchandise;

жижигдэ|х to be too small;

жижиглэ|х to reduce to small particles/parts; to divide into particles; to pulverize; жижиглэн худалдах үнэ to engage in retail trade;

жижигрэ|х to become small; to break into pieces;

жижигхэн miniature, tiny, petty, small;

жижүүр person on duty; ~ийн хувиарь duty roster;

жижүүрлэ|х to be on duty; to keep vigil;

жийгэ|х I to speed along;

жийгэ|х II to chirp;

жийнгэ I high spirited and heavy on the reins (of a horse);

жийнгэ II stubborn, obstinate;

жийргэвч padding, washer, gasket;

жийргэвчлэ|х to pad, wrap up;

жийргэмши|х to be afraid, fear;

жийрхэ|х 1. to tremble; 2. to loathe; to fear; to feel uneasy;

жийрэг 1. padding, stuffing; 2. support, protection;

жийрэглэ|х to stuff, pad;

жий|х 1. to stretch one's legs; 2. to pedal;

жил year; өндөр ~ leap year; шинэ ~ new year; ~ бүр, ~ тутам, ~ болгон every year, yearly; ~ тутмын лавлах year-book; ноднин ~ last year; ~ийн орлого annual income; ~ээс ~д year after year; ~д, ~дээ a year, per annum; ~ тойрон, ~ турш the whole year round;

жилбэ beestings (of cow);

жилбэн(г) tip of the thigh bone, that part above the knees;

жилбэндэ|х to seize above жилбэн (wrestling);

жилбэрхэ|х to long for, lust after; to desire ardently;

жилдэм open plain;

жилий rosin, tar;

жилийгч the deceased; the late;

жилийдэ|х to rub with rosin;

жилий|х 1. to run away, run without looking back; 2. to die; талийх ~ to die;

жим I path; cleared path in a forest;

жим II turf, sod;

жимгэр 1. taciturn, reticent; 2. tightened or pursed lips;

жимий|х to purse one's lips;

жимн|эх to blaze a trail;

жимс berry, fruit; чихэр ~ confectioneries;

жимсгэнэ berry, berries;

жимслэ|х to bear fruit or berries;

жимст fruit, fruit-bearing; ~ мод fruit tree;

жимстэй see жимст;

жимсэрхүү fruit-like;

жимүүс shamelessness, brazeness;

жин(г) I a. catty (0,6 kilograms); b. balance, scales, weight; хувийн ~ specific gravity; relative amount (as against a total);

жин(г) II caravan;

жин(г) III compress, poultice;

жингүйдэл weightlessness;

жингүйдэ|х to become weightless;

жингэнэм piercing, sharp (of frost); ~ хүйтэн piercing cold;

жингэнэ|х to ring, jingle;

жингэр I bitch;

жингэр II ~ ~ хийх to jingle;

жинд real, pure, high-quality;

жиндүү freezing, chilly, very cold;

жиндэ|х *to be chilled to the bone;*

жинжүү *necklace;*

жинлүүр *scale(s);* ~ийн орд *Libra;*

жинлэ|х *to weigh;*

жинс 1. *small knot of rank worn on top of the hat;* 2. *pl. jeans;*

жинтүү *pillow, bolster;*

жинтэй *having weight, not weightless, weighty; heavy;*

жинхлэ|х *to become a full member, be promoted to full rank;*

жинхэнэ *real, true, genuine; original, authentic;* ~ эх *the original;* Шинжлэх Ухааны Академийн ~ гишүүн *(full) member of the Academy of Sciences;* ~ сувд *genuine pearls;* ~ сайд *minister;* ~ эрдэмтэн *a true scholar;* ~ үнэ *fair price;*

жинчин *carter, drayman, caravan-leader;*

жир I *common, ordinary;* ~ хүн *common man;*

жир II : ~ ~ урсах *(of water) to rumble;* ~ ~ жиргэх *to chirp, twitter;*

жирвий *narrow and thin;* ~ сахал *thin moustache;*

жирвий|х *to be or appear narrow and thin;*

жирвэгнүүр *illusion, vapour;*

жирвэгэр *narrow and even; graceful;* ~ хөмсөг *narrow eyebrows;*

жирвэлзэ|х *(of smth thin or narrow) to move repeatedly;*

жиргэр *arranged in even rows;* ~ нарийн бичиг *calligraphic handwriting;*

жиргэ|х I *to chirp, twitter;*

жиргэ|х II *to cut into smaller pieces;*

жирийн *ordinary;*

жирий|х *to tear along, dash, rush, run, fleet;*

жирмий|х *to squint;*

жирс : ~ ~ хийх *to dance before one's eyes; to flash;*

жирсхий|х 1. *to get creeps, get chills up and down one's spine;* 2. *to flash; to glimmer;* надад жирсхийн нэг санаа төрлөө *the thought flashed across my mind;*

жирх *(zool.) chipmunck;*

жирхрээ *cicada;*

жирэвгэр *thin and sticky;*

жирэвхий|х *to flash, flicker, glimmer;* .

жирэлзэх 1. *to flash, glimmer;* 2. *to rush, dash, sweep past;*

жирэм *bellyband, surcingle;*

жирэмслэ|х *to become pregnant; pregnancy;*

жирэмсэн *pregnant;* ~ эмэгтэй *pregnant woman;*

жихүүн *cool, cold, chilly; icy;* ~ салхи *cold wind;* ~ харц *cold sight;*

жихүүрхэ|х *to shiver from cold;*

жихүүрэ|х 1. *to become cold; to cool off;* 2. *to be chilled to the bone;*

жихүүцэ|х 1. *to be chilled to the bone; to shiver;* 2. *to loathe, feel an aversion;*

жич I *other; particularly, appart; especially; and; also;* тэр бол ~ асуудал *it is another matter;* ~ мэдэгдэх *to inform especially;*

жич II *great-grandson;*

жичинцэр *great-great-grandson;*

жишиг 1. *standard, stereotype; model, example;* 2. *diagram, graph or chart;*

жишим : ~гүй байх *to be indifferent to;*

жиши|х 1. *to compare, contrast;* 2. *to slip out of position;*

жишүү *slanting, oblique(ly); aslant, askew; rhombic;* ~ харах *to look askance;* ~ талтай дөрвөн өнцөг *rhombus;*

жишүүдэ|х *to be very slanting or oblique;*

жишээ 1. *example, model, pattern;* ~ нь *for example;* ~гээр *after/following the example of;* үлгэр ~ *model, pattern;* үлгэр ~ сахилга бат *exemplary conduct;* үлгэр ~ аж ахуй *model farm;* 2. *fact;* баримт ~гээр *үзүүлэх to show proof;* зэрэгцүүлсэн ~ *comparison;*

жишээлэ|х *to take as an example, make a model of; to compare;*

жов *get out! (used to chase away dogs);*

жодгор *a kind of tent;*

жодоо *fir;*

жолоо(н) *reins; helm, steering wheel;* төрийн ~ *the reins of government;*

жолоодлого *leadership;*

жолоодогч *leader; helmsman;*

жолоодо|х *to drive (a car); to rule; to lead;* удирдан ~ *to lead, direct;* нисэх онгоц ~ *to pilot or fly an airplane;* машин ~ *to drive a car;*

жолооч *pilot, driver, chauffeur;* нисэх онгоцны ~ *pilot;* тракторын ~ *tractor driver;* машины ~ *driver, chauffeur;*

жомбогоно|х *(of smth pointed) to move;*

жомбогор *smth bulging, round and pointed at the top;*

жомбой|х *to appear round and pointed at the top; to taper;*

жон : ~ ~ хийх *to nag at someone;*

жонглёр *juggler;*
жонжих *to trot;*
жонхуу *paste, glue;*
жонхууда|х *to paste;*
жонхуура|х *to become paste-like, sticky;*
жонш *spar;* хайлуур ~ *fluorspar; fluorite;* хээрийн ~ *feldspar;*
жоом *cockroach;*
жоотгор *having narrow and small eyes;*
жоотой|х *to have narrow and small eyes;*
жоотон *having small narrow eyes;*
жор *prescription, recipe;*
жорвой|х *to jut out, pout;*
жорлон *lavatory, toilet, public convenience;*
жоровгор *pout-lipped;*
жороо *ambling;* ~ морь *pacer horse;*
жорооло|х *to amble, pace;*
жөтөө(н) *envy;*
жөтөөрхөг *envious, jealous;*
жөтөөрхө|х *to envy, be jealous of;*
жөтөөрхүү *envious, covetous;*
жөтөөч *envious person;*
жудаг *modesty, nobility;*
жудаггүй *ignoble, treacherous, dishonest; insolent, impudent; selfish, egoistic;*
жудагтай *noble, responsive, kindhearted;*
жундан *silk with gold or silver threads;*
журам *order, routine; principle; procedure; regime; rules, system;* ёс ~ *customs;* дэг ~ *routine, regulations;* хэв ~ сахих *to keep order;* тогтсон журмаар *in accordance with established procedure;* хууль журмаар *legally;* санал хураах ~ *voting procedure;* сахилга ~ *discipline, behavior;*
журамла|х *to observe laws or customs; to introduce order in; to put in order;*
журамт *noble, honest, decent;* ардын ~ цэрэг *partisan, guerrilla;* ~ эр *faithful husband;*
журамтай *disciplined, well-organized; having an order, system;* ~ болгох *to put in order; to systematize;*
жууз *palanquin;*
жуулч(ин) *traveler, tourist;*
жуулчлал *trip, voyage, travel, tourism;*
жуулчла|х *to travel, tour;*
жуумалза|х *to smile, grin;*
жуух : ~ бичиг *certificate of merit;* итгэмжлэх ~ бичиг *credentials;*
жүжиг *show, performance; play;* ~ тоглох *to stage a play;* жүжгийн зохиолч *playwright;*

инээдэмт ~ *a comedy;* эмгэнэлт ~ *tragedy;* дуулалт ~ *vaudeville;*
жүжиглэ|х *to perform a play; to put on an act;*
жүжигч(ин) *actor, actress;*
жүлчгэр *prim and proper;*
жүн *a large wall clock;*
жүнз *small liquor glass;*
жүрж *orange;* амтат ~ *orange;* бэрсүүт ~ *grapefruit;* хүчит ~ *lemon;*

Зз

заа *(particle) all right, O.K, very well;* ~, ~ яах вэ! *no matter! it doesn't matter! ~* боль! *enough!* ~, ~ усан нүдлэхээ боль! *enough of your crying! ~* олон үг бүү хэл! *do be quiet! ~* тийм үү! *isn't that so? don't you think so?*
заавал *without fail; must; at all costs;* би ~ очно *I shall come without fail;*
заавар *instructions, directions; manual, admonition;* ~ зөвлөгөө *instructions, briefing;* ~ өгөх *to insruct, brief;*
зааварлагч *instructor;*
зааварла|х *to instruct, teach, give instructions/directions;*
зааг *1. joint, junction; border, boundary;* хилийн ~ *frontier;* **2.** *difference; distinction;*
зааггүй *without boundary; endless, infinite;*
заагда|х *caus. of заах;* ял ~ *to be sentenced;*
заагла|х *to demarcate; to differentiate;* нутаг ~ *to delimit area;*
заагтай *demarcated, distinguished, differentiated;*
заагч *index, indicator;* ~ зүү *arrow (pointing to smth);* цагийн зүү *hand (of a clock or watch);* луужингийн ~ зүү *needle of a compass;*
заадас *suture, joint; groove;*
зааз *defect, flaw; defective merchandise;*
заазла|х *to reject as defective;*
заазуур *chopping knife, kitchen-knife;*
заазуурда|х *to cut up with a kitchen-knife;*
заалга|х *caus. of заах;*
заалдагч *plaintiff;*
заалда|х *to go to court, sue; to be tried;* давж ~ *to appeal;*
заалдлага *appeal; suit, lawsuit;*
заалт *teaching; reading (on an instrument); provision;*
заарцагла|х *to crowd; to form a flock;*
заарь *musk, moschus;*

заа|х I *a. to teach;* англи хэл ~ *to teach English; b. to point out, indicate;* хуруугаар ~ *to point one's finger at;* буурь ~, хана ~ *to be experienced, wordly-wised;* зүрх ~, зориг ~ *to brave; to defy;* өмч ~, хувь ~ *to give sth in inheritance;* чадал ~, чийр ~ *to boast of one's strength, wealth;* яс ~ *to be stubborn; to show endurance;* ял ~ *to pass sentence;* ~ арга *teaching method;* ~ын тийн ялгал *accusative case;* ~ төлөөний үг *demonstrative pronoun;*

заа|х II *to disconnect, disjoint;*

зав *leisure, spare or free time;* зай ~аараа *in one's spare time;* ~ чөлөө *free time;* ~гүй *busy;*

заваан 1. *tasteless; insipid;* ~ хоол *tasteless food;* 2. *coarse, crude, rude, awkward, clumsy; absent-minded;* ~ будлиу амьтан *absent-minded person;* 3. *disgusting, unclean; sloppy;* ~ хүн *a disgusting person;* ~ үг *swear-words;* ~ ажил *unsuccessful work;* ~ болох *to become dirty/soiled;*

заваандуу *rather dirty;*

заваара|х *to get dirty;* ам ~ *(of the mouth) to become dry;* ажил ~ *(of one's work) to stop for long time;* бие ~ *to become lazy;*

заваруула|х *caus. of* заваарх; *to soil, dirty;*

заваг *the narrow opening between the felt walls and roof of a* гэр;

завдаа 1. *time to perform smth;* 2. *agility, dexterity; resourcefulness;*

завдаагүй 1. *not smart; simple-minded; ingenuous;* 2. *not have to do sth before;*

завдаатай *smart, agile; omnipresent, ubiluitous;*

завдал *leisure, spare or free time;* ~ гаргах *to devote free time;*

завда|х I *to have time to, be on time for; to find time to do smth, seize a moment;* галт тэрэг хөдлөхөөс өмнө завдаж хүрэх *to manage to catch the train;*

завда|х II *to get ready; to be about to, be going to; to intend to, make up one's mind to;* би тантай холбоо барихаар завдаж байв *I was going to ring you up;*

завила|х *to sit cross-legged in the lotus-position;*

завилгаа *posture assumed when sitting cross-legged in the lotus-position;*

завсар *an interval of time, moment, break,* intermission, pause, while; space (between two objects); crack, split; between, during; энэ ~ *at the present moment;* ~ чөлөө *break, pause, intermission;*

завсаргүй 1. *without interruption; without a space between two objects;* 2. *inseparable;*

завсарда|х *to be neither here nor there;*

завсарлага *recess, break, intermission, pause;* хичээлийн ~ *break between classes;*

завсарла|х *to interrupt, break off; to make pause; to recess;* хичээл ~ *(of the class) to recess;*

завсартай *having a space; split;* ~ үзэх *to discriminate;*

завтай *having free time, being free;* би өнөөдөр үдээс хойш ~ *today I am free after the noon;*

завхай *dissolute, dissipated, debauched;* ~ зайдан явдал *dissipation, debauchery, profligacy, libertimism;* ~ хүн *debauchee, libertine; vulgar person;*

завхайра|х *to lead a dissolute life; to debauch;*

завха|х 1. *(of sth) to be lost, disappear or vanish innoticed;* 2. *(of sth) to pass out of hearing; to lose sight of, lose track of;*

завхрал *distortion, misrepresentation; corruption, perversion;*

завхра|х 1. *(of the business) to sustain, be unsuccessful; to stray, be lost; to be wasted;* 2. *(of fog) to lift, (of clouds) to disappear; to disperse;* үүл ~ *(of clouds) to disappear;* 3. *to be wanton, lead a dissolute life;*

завхруулагч *corruptor;*

завхруула|х *caus. of* завхрах; *to corrupt, pervert, misrepresent; to give way to debauchery;*

завхуул *lost; gone; stray, wandering;* ~ хүн *tramp, vagrant;*

завчла|х *to find time, seize a moment;*

завшаан *see* **жавшаан**;

завши|х *see* **жавших**;

завь *boat;* шумбадаг ~ *submarine;* ~чин *a boatman;*

завьж 1. *corners of the mouth;* 2. *area along the sides of a mountain valley;*

завьяа *teapot;*

заг I *tree nature to Central Asia, saxaul;* ~ бор шувуу *saxaul sparrow (Passer Ammodendri Gould 1872);*

заг II *pus from the genitals;* ~ хүйтэн *gonorrhea;*

загал *colour of animals; basis white with some mixture of another colour;*

загалай *white-tailed eagle;*

загалмай *cross;* улаан ~ нийгэмлэг *Red Cross Society;*

загалмайла|х *to baptize, christen;*

загалмайлжин *in the shape of a cross; cruciform;*

загалмайлуула|х *caus. of* загалмайлах; *to be baptized;*

загалмайтан *(hist.) crusader;* загалмайтны аян дайн *crusade;*

загас(ан) *fish;* ~ барих *to fish;* ~ны тос *cod-liver oil;* ~ны дэгээ *fishhook;* ~ харвах сэрээ *fishing spear;* ~ны загалмай *gills of a fish;* ~ны хайрс *scales of a fish;* ~ан талх *roll of bread;* ~ны цавуу *isinglass;* ~анд явах *to go fishing;* ~ан од *Pisces;*

загасчин *fisherman;*

загасчла|х *to fish;*

загатнаа *itch;*

загатна|х *to itch;* миний нуруу загатнаж байна *my back itches;* ...гэхээс түүний гар нь загатнаж байна *he is itching to ...;*

загатнуур *prurigo;*

загвар *model, sample; pattern; fashion, style, vogue; form, shape;* хэв ~ нь хоцрогдох *to go out of style;* хувцасны ~ зохион бүтээгч *designer of clothes;* шинэ ~ын *fashionable; stylish;* хувцасны ~ын сэтгүүл *fashion magazine;* байшингийн ~ *a model of house;* ~ өмсөгч *model;*

загварда|х *to imitate a model;*

загварла|х *to fashion; to make a pattern or model; to model; to pattern;*

загзай|х *to be stocky and dishevelled;*

загзгар *stocky and dishevelled;*

загина|х *1. to curse out, swear at; 2. to behave;* аятай ~ *to behave, to act fairly well;*

заглагар *short and shaggy;*

загна|х I *to curse out, call names; to swear at, abuse; to scold, berate;*

загна|х II : гутал ~ *to sole a boot;*

загсаа|х *to cool, chill;*

загса|х *to clot, coagulate, congeal;* тос ~ *the fat to congeal;* сүү ~ *milk to congeal;*

загта|х *to contract gonorrhea;*

зад I *inclement weather, bad weather;*

зад II *(intensifying particle used with verbs) to pieces, to smithereens;* ~ татах *to tear asunder;* ~ угаах *to wash smth spotlessly clean;* ~ цохих *to break to pieces;*

задарга|х *to dismiss, disband; to spread; to break down; to demoralize; (chem.) to decompose; (phys.) to resolve; (math.) to expand;* бодисыг ~ *to break a substance down into its component parts;*

задархай *open, untied, unwrapped, unsealed;* ~ дугтуй *an unsealed envelope;*

задгай *open, loose; bare, uncovered;* ~ мөнгө *(small) change;* ам ~ *loquacious, garrulous;* ~ хатир *gait of a horse;* энгэр ~ *dissolute, profligate;* сул ~ *loose; undisciplined;*

задгайдуу *somewhat open, undisciplined;*

задгайра|х *1. to be open/bare/uncovered; 2. to get out of hand; to be undisciplined; to be disorganized;*

задлаг *analysis, test; analytic, analytical;*

задлагла|х *to analyze;*

задла|х *to open, untie, unseal, undo, unwrap; to dismantle; to separate (or break down) into (its) constituent parts; (math.) to expand;* нууц ~ *to reveal a secret;* ачаа ~ *to unwrap a luggage;* задлан шинжилсэн өгүүлэл *instant analysis;* задлан шинжлэх *to analyze;*

задра|х *to open, be opened; to be revealed, come to light; to come undone, loose, untied; to get out of hand;* баглаа нь ~ *to come untied;* нууц ~ *(of a secret) to be revealed;* задарсан хүүхэд *a spoiled child;* тэнгэр ~ *(of the weather) to become worse;*

задруулагч *unmasker, revealer;*

задуулай *titmouse, tomtit;*

задь *nutmeg;*

зажилгаа *chewing, mastication;*

зажла|х *to chew; masticate;* бохь ~ *to chew a chewing gum;*

зазгада|х *to become confused, bewildered; to be taken aback;*

зай I *space; distance; interval; room;* ~ хэмжигч багаж *range finder;* орон ~ *free space;* зав ~ *free time;* их ~тай *far, distant;* ~ тавих *to make room for;* хоорондын ~ *distance, interval;* мөр хоорондын ~ *line spacing;* бөгс эргэх ~гүй *no room to move;* ~ орхих *to leave a space;* Ховд эндээс их ~тай *Khovdo is far away from here;*

зай II *component/constituent part; element, (elect.) cell; battery;* жижиг ~ *small battery;* ~гаар ажилладаг *battery or battery-operated;* ~ хураагуур *electrical accumulator;* ~ цэнэглэх *to charge a battery;*

зай III *resourcefulness, quickness of wit; cunning;*

зайгуул *vagrant, vagabond;*

зайгүй I crowded; jammed, packed; lacking room or space; зав ~ busy, lacking free time; ~ чихэх to pack, jam;

зайгүй II intimate, close; үе ~ нөхөрлөх to be close friends;

зайдагна|х to ride an animal bareback;

зайдан(г) saddleless, bareback; ~ морь bareback horse;

зайдас(ан) blood sausage; ham made only from blood;

зайдла|х to ride an animal without a saddle; to go by riding;

зайдуу distant, remote; ~ газар remote place;

зайдуухан more distant or remote;

зайла|х I a. to rinse, wash out; хоолой ~ to gargle; b. to tin, tin-plate;

зайла|х II to evade, dodge, avoid; to stand aside, step aside; to make way; оргон ~ to escape imprisonment; эндээс зайл! get away from here! замаас зайл! get out of the way!; торгуулиас ~ to evade a penalty; ажлаас ~ to avoid work, dodge work;

зайлсхий|х to dodge, evade; эр цэргийн албанаас ~ to dodge military service;

зайлуул poor fellow; poor devil; ~, муу ээж минь бие нь тааруу байна даа poor mother isn't feeling well;

зайлуула|х caus. of зайлах; to push aside; to remove; to dismiss; ажлаас ~ to dismiss from the job;

зайлуур rinse, rinsing, gargle;

зайлшгүй inevitable(ly), unavoidable; certainly; absolute(ly); inescapable; ~ хэрэгтэй necessary, essential; ~ үнэн absolute truth;

займра|х to evade; to use cunning; залилан ~ to use cunning;

зайр thin ice; drift ice;

зайран shaman;

зайрмаг slush, thin ice; сүү ~ ice cream;

зайрмагта|х (of slush or liquid) to begin to freeze;

зайсан (hist.) title of an official in the administration of a lamasery;

зайтай 1. spacious, roomy; ~ байшин a big house; 2. sly, crafty, cunning, smart; 3. remote, distant; far; faraway;

зайчла|х to space, make room for;

залаа crest of a bird; tassel on a hat; ear of a cereal plant; тарианы ~ ear of wheat; тахианы ~ hen's crest;

залагда|х caus. of залах; to be invited;

зала|х I to correct; to straighten, put right; to direct;

зала|х II to invite; to call; to convey a sacred object; эмч ~ to call a doctor;

зала|х III to put livestock out to pasture;

залбирал prayer service; entreaty, supplication; ~ хийх to hold a prayer service;

залбира|х to pray; to idolize;

залгаа 1. joint, connection 2. consecutive, successive;

залгаас(ан) joint, connection; lengthening;

залгагч connector, successor;

залгамж successor; succession; continuity;

залгамжлагч successor; heir; continuer; эмч ~ heir; хойчийг ~ the rising generation;

залгамжла|х to inherit; to succeed; to follow in succession; to succeed (someone) to the throne; тэр эцгийнхээ хаан ширээг залгамжилсан he succeeded his father on the throne; тэр үхвэл хэн хөрөнгий нь залгамжлан авах вэ? if he dies, who inherits?

залга|х 1. to link, connect, join; to conjoin; утас ~ to connect lines; 2. to follow, succeed; хаврын дараа зун залгана summer follows spring; 3. to provide with, supply with; шатахуун ~ to provide with fuel; тэд бидэнд сүү залгуулж байна they keep us supplied with milk; 4. to continue once again, anew; залгаж хэлэх to continue one's speech;

залгидаг voracious, gluttonous;

залгила|х to gulp or drink rapidly;

залги|х to gulp, swallow; шүлсээ ~ to covet;

залгуула|х caus. of залгах; to supply with, provide with; to fulfil or carry out a duty or service; тэд бидэнд сүү залгуулж байна they keep us supplied with milk;

залгуур electric plug, electric outlet;

залилагда|х caus. of залилах; to be deceived;

залила|х to deceive, trick, cheat, seduce;

залилуула|х see **залилагдах**;

залирхаг cunning, deceitful;

залирхуу see **залирхаг**;

заллага invitation;

залмагай gills;

залра|х to favour with attendance; (hon.) to come, leave, die; засарч ~ to mend one's ways; заларч ирэх (of the titled person) to come;

залруула|х caus. of залрах; *to correct; to be corrected;*

залруулга *correction;* номын ~ *errata;*

залтас *log for burning;*

залуу *young, youthful;* ~ нас *youth;* ~ хүн *a young man;* ~ хос *young couple; newlyweds;* ~ харагдуулах *to make someone look younger; give a youthful appearance to;* ~ болох *to get younger, become young again;*

залуур *rudder, steering whel;*

залуурха|х *to act like a young person; to boast of youthfulness;*

залуурхуу *young-looking, youthful;*

залуус *young people, youth;*

залуухан *rather young;*

залуучууд *youth, young people;*

залхаалга *punishment, retribution;*

залхаалт see **залхаалга**; *long-drawn-out proceedings;*

залхаамж *punishment, reprimand, retribution;*

залхаа|х 1. *to punish;* 2. *to pester, bother, bore;* 3. *to spin out, drag out proceedings, procrastinate;*

залхаг I *lazy, sluggish, lackadaisicial;*

залхаг II *mucus¡ slime;*

залхай *careless, negligent, sloppy; lazy;*

залхал *bitter experience; long drawn-out affair;*

залха|х *to be cautious or prudent receiving bitter experience; to swear never to go again; to be tired or sick of; to get the nerves of, plague with;*

залхуу *lazy, idle, inactive, sluggish, negligent; laziness, idleness;* ~ хүн *lazy person, lazy-bones;* явна гэхээс ~ хүрч байна *I am too lazy to go;* ~ хүрэх *to loaf, idle, bore;*

залхуугүй *energetic, active, untiring, hardworking; tirelessly;*

залхуура|х *to be lazy, idle, to be too lazy to; to loaf;*

залхуутай *tiresome, depressing, tedious, dull; boring;*

заль *trick, ruse, cunning, guile;* цог ~ *ardor, zeal, fervor;* ~ гаргах *to use cunning, resort to guile;* ~т этгээд *cunning person;* ~тай *sly, crafty, cunning, wily;*

зальда|х *to deceive, trick, cheat; to betray someone's trust; to seduce;*

зальхай *perfidious, insidious, threacherous;*

crafty, cunning; ~ самуун *dissolute,licentious;*

зам 1. *road, way, trip; route; track, path, race;* ~даа ядрах *to be tired from the trip;* ~ тавьж өгөх *to make way for;* аян ~ын тэмдэглэл *travel notes, sketches;* ~ын зураг *road map;* буцах ~даа *on the way back;* аян ~д гарах *to start/set out on a journey;* аян ~даа сайн яваарай! *bon voyage!* төмөр ~ *railroad; railway;* усан ~ *water-way;* ~ харилцаа *communications;* та бидний ~ нийлэх юм байна *we are going the same way;* ~аа алдах *to lose one's way;* ~ын тэмдэг *road sign;* ~ын хань *fellow-traveller;* ~ын бэлчир *cross-roads, crossing;* төв ~ *arterial road;* засмал ~ *highway, surfaced road;* агаарын ~ *airline;* тойрог ~ *orbit;* ~ гарах *to cross a road;* 2. *way, means;* ямар арга ~аар? *in what way?* 3. *(anat.) passage, duct;* амьсгалын ~ *respiratory tract;*

замаг I *pond scum; aglae, seaweed;*

замаг II *bolt of a gun; gunlock;*

замагта|х *to be overgrown with seaweeds;*

замба : ~ гүрвэл *Mongolian agama (Stellio stolizkanus Blanf.,1875);* замбын хараалах *pin-tailed snipe (Callinago stenura Bpt.,1830);*

замбаа *parched barley flour;*

замбага *magnolia;*

замбараа *order, decorum; (good) organization;*

замбараагүй *chaostic, disorderly, unsystematic; disorganized;* эмх ~ байдал *disorder, confusion, chaos;*

замбараатай *well-organized, orderly, systematized;*

замбуулин(г) *world, universe;*

замгүй 1. *absence of passable roads; time of year when roads are impassable;* 2. *impossible; impracticable;* өөр арга зам байхгүй *there are no two ways about it;*

замнал *route; line;*

замна|х *to follow, go after; to blaze a trail;* мөрөөр нь ~ *to follow hard on someone's heels;*

замра|х I *(of activity) to be in full swing;*

замра|х II *to pass, stop; to be finished or completed;*

замхра|х *to scatter, disperse; (of fog) to lift;*

замч(ин) *guide; railway worker;*

замчла|х *to serve as a guide;*

зан(г) I *character, personality, disposition, nature, temperament, habit, manner; behav-*

92

ior, conduct; ~ заншил *habit, custom, tradition;* ~ ааль *character, temperament, disposition;* ~ байдал *manner, behavior, conduct;* даруу ~ *modesty;* догшин ~ *a cruel disposition;* их ~ *haughtiness, arrogance;* олон ~ *a fickle character;* ~ суртахуун *morality, morals;* ~ муутай *ill-tempered;* ~ сайтай *good-natured;* ~ үйл *ceremony, custom;* ширүүн ~ *a strong chracter;* тэдний ааш ~ таарсангүй *they could not get on (together);*

зан(г) II *sole of a shoe;*

зана *northern bullfinch (Purrhula purrhula);*

занал *threat, menace;*

заналт *hated, hateful, abhorrent; sworn;* ~ дайсан *sworn enemy, archenemy;*

заналхийлэ|х *to threaten;*

занар *slate, shale;*

зана|х *to threaten, menace; to frighten; to bear a grudge against;*

занга *trap;* хулганын ~ *mousetrap;* ~ зүүх *to set a trap;*

зангада|х *to set a trap; to catch with a trap;*

занга|х 1. *to threaten with; to brandish;* хутга барьж ~ *to threaten someone with a knife;* 2. *to point one's finger at; to gesticulate;*

зангиа(н) *knot; tie; necktie;*

зангиас(ан) *see* зангиа;

зангида|х *to tie a knot; to knot;* хөмсөг ~ *to knit one's brows;* гараа ~ *to clench one's fist;* шазуур ~ *to clench one's teeth;* бүх хүчээ ~ *to strain every nerve;*

зангилаа(н) *knot, tie, junction point; junction;* төмөр замын ~ *railway junction;* аж үйлдвэрийн ~ хот *industrial centre;*

зангила|х *to knot, tie;*

зангилгаа *junction; centre;* замын ~ *road junction;* аж үйлдвэрийн ~ газар *industrial centre;* мэдрэлийн ~ цэг *(anat.) nerve-centre, ganglion;*

зангира|х *to become knotted; to be tied;* хоолой ~ *to choke, sob;*

зангуу 1. *the water chestnut, caltrop;* ~ны үлгэр *write-off;* 2. *anchor;* ~ хаях *to anchor;*

зангүй I *frank, not arrogant, good-natured;*

зангүй II *impossible, infeasible; reluctant; intractable, unyielding, uncompromising;*

зандалчин *robber, criminal; butcher, killer;*

зандан *sandalwood; the sandal tree;*

занданшуула|х *to embalm, mummify;*

зандра|х *to scold, shout at;* багш сурагчдыг зандрав *the teacher shouted at the class;*

зантай|х *to have a big head;*

зантгар *having a big head;*

занчи|х *to beat, strike, hit;*

заншил *habit, custom, traidition;* энэ нь ~ болжээ *it has become a habit;*

занши|х *to be or get used to; to grow accustomed to; to be or get into the habit of;*

запас *supply, stock, reserve;*

запасла|х *to hold/keep in reserve; to stock up on;*

зар *declaration, announcement, advertisement;* ~ суртачилгаа *advertisement, commercial;* ~ сурталчилгааны булан *ad column;*

зараа(н) *hedgehog;* далайн ~ *sea urchin;* дагуурын ~ *daurian hedgehog (Erinaceus dauricus);* дэлдэн ~ *long-eared hedgehog (Erinaceus auritus);*

зарагда|х 1. *to be servile; to work as a lackey; to run errands, be at someone's beck and call;* 2. *to be spent; to be selling;*

зарам I *bran;*

зарам II : ~ загас *small fish;*

зара|х I 1. *to have as a servant or worker; to employ;* хөлслөн ~ *to hire a servant;* 2. *to send on an errand, message;* элч ~ *to send a messenger;* бичиг ~ *to message;* 3. *to spend, expend, waste;* мөнгө ~ *to spend money;* цаг ~ *to expend or waste time;*

зара|х II *to sell;*

зарга *lawsuit; ligitation, controversy;* ~ заальхай *lawsuit, ligitation;* ~ мэдүүлэх *to bring or file suit against;* ~ шүүх *to try a case;*

заргалдаан *lawsuit, trial;*

заргалда|х *to go to court, sue, be tried; to bring suit against;*

зардал *expenses; expenditure of, consumption of; outlay of; costs;* орлого ~ *income and expenditure;* төсөв ~ *estimate;* зардлаа даах *to bear the expenses;*

зарим *some, partial, a certain;* ~ хүн *some people;* ~ талаар *to some extent, to a certain extent;* ярианы ~ нь сонирхолтой байв *some of the lecture was interesting;* ~ хотуудад *in some towns;* бидний ~ нь англи хэл мэддэг *some of us know English;* ~ үед *sometimes, from time to time;*

заримаа *sometimes; at times, now and then; occasionally;*

заримдаг *half, not fully, incomplete, defective; partial, half-, semi-, demi-;* ~ сар *half moon;*

заримдагла|х *to do sth halfway; to fail to do;*

зарлага I *courier, messenger, errand boy;*

зарлага II *expence, expenditure; ~д гаргах to expend;* орлого зарлагын төсөв *budget;* орлого *~ income and expenditures;*

зарлагч *announcer, compere;*

зарлал *poster, bill, notice, notification, announcement; advertisement;* сонинд *~ гаргах to put an advertisement in a newspaper;*

зарлах *to declare, announce; to pubblish; to advertise; to notify, inform;* дайн *~ to declare war;* уралдаан *~ to announce a competition;* зарлан хуралдуулах *to summon a meeting;* шүүхийн зарлан дуудах бичиг *summons;*

зарлиг *decree, edict; command;* багшийн *~ the teacher's command; ~* буулгах *to command;*

зарсхий|х *to feel tremors of fear;*

зарц *servant, manservant; ~* эмэгтэй *maid;*

зарцлагда|х *to be enslaved; to work as a servant;*

зарцла|х *to employ as servant;*

зарцуулагда|х *pass. of* зарцуулах; *to spend up on, lay out money;*

зарцуулалт *expenditure, consumption;* шатахууны *~ fuel consumption;*

зарцуула|х *to utilize, use up, spend, expend, consume (fuel);* хэмнэн *~ to utilize economically;*

зарчим *principle;* зармын хувьд *in principle, fundamentally; theoretically; ~ч* хүн *man of principle;* зарчмын асуудал *question of principle;* зарчмын хувьд санал зөрөх *disagreement on a question of principle;* зүй *~ regularity, rule;*

зарчимгүй *unprincipled; unscrupulous;*

зарчимт(ай) *having a principle(s); in accordance with the laws; based on, guided by principle;*

зарчимч *of principle; based on, guided by principle; ~* хүн *man of principle;*

засаа *testicle;*

засаг *political structure; government; administration; power, rule; authority;* засгийн эрхийг авах *to come to power;* орон нутгийн *~ захиргаа local authority; ~* захиргаа *administration; ~* төр *government;* ардын *~ the people's regime;* төр засгийн бодлого *a policy of government;* эдийн *~ economics, economics management; ~* дарга *chairman*

of district committee;

засаггүй *anarchy; anarchist, chaostic;*

засаглал *reign, rule, authority;* хууль тогтоох *~ legislative authority;*

засагла|х *to rule, wield power over;*

засагч *one who repairs, corrects or fixes;* үс *~ a barber;* цаг *~ watch repairman;*

засал I *decoration, attive, adornment;* тайзны *~* чимэглэл *scenery; ~* чимэглэлчин *decorater;*

засал II *medical treatment, therapy, care;* мэс *~ surgery; ~* авахгүй өвчин *an incurable disease;*

засал III *exorcism; ~* хийх *to exorcise, -ize;*

засалч : мэс *~ surgeon;* гоо *~ cosmetologist;*

засамжла|х *to correct, adjust; to repair, fix, mend;*

заса|х *to repair, fix, renovate, refurbish, overhaul, recondition; to treat, cure; to castrate;* номын алдаа *~ to proofread;* алдаа *~ to correct a mistake;* алдаа дутагдлыг арилгаж *~ to eliminate deficiencies;* орон сууц *~ to repair a flat;* зам *~ to build a road;* үс *~ to cut sb's hair;* ор *~ to make a bed;* ширээ *~ to set the table;* тал *~ to lick someone's boots; to curry favor with;* явдлаа *~ to mend one's ways;* үүр *~ to build a nest;* биеэ *~ to treat oneself; to go to toilet;* нохой *~ to castrate a dog;* бие *~ газар toilet, grooming;* өвчнийг *~ to restore one's health;*

засвар *correction; amendment; repair; adjustment;* гутал *~ shoe repair;* (номд) *~ хийх to rewrite, edit;*

засварла|х *to fix, mend, repair; to decorate;*

засварчин *repairman;*

засдаг *hypocritical, false, insincere, pretended; ~* авир *sham, pretense;*

засдагла|х *to play the hypocrite; to pretend;*

засмал *corrected, repaired; made-up; ~* зам *paved road; ~* мал *castrated livestock;*

засрал *improvement, change for the better;*

засра|х *to improve, get better; to correct oneself; to get well, recover;* царайны өнгө *~ to look well; to look healthy;* яс чанар *~ to improve a quality;* засран хүмүүжих *to reform oneself;* өвчин *~ to recover from an illness;* тэнгэр *~ (of weather) to improve;*

засрашгүй *incorrigible, irreparable;*

засуул *a wrestler's second;*

зах I *edge, brim, brink; outlying areas; col-*

lar, lapel; хотын ~ outlying areas; ширээний ~ the edge of a table; даавууны ~ the edge of material; ~ ирмэг brink; цамцны ~ collar of a shirt; энгэр ~, ~ заам lapel; ~ хязгааргүй endless, boundless; ~аас аван everywhere;
зах II market; ~ зээлийн эдийн засаг market economy; ~ зээлийн үнэ market price/ value; ~ зээлийн судалгаа market research;
захда|х to be too far from the centre; to seize by the collar;
захдуу outlying, near the edge;
захиа letter; an order or moral admonition; ~ бичих to write a letter; надад хэл ~ өгөөрэй drop me a line, please; ~ занаа, ~ зарлиг an order or moral admonition; ~ гутал boots made to order; ~ хоол food cooked to order;
захиалагч customer, contractor; client; хэвлэл ~ subscriber to a publication;
захиала|х to order, place an order for; би өөртөө хувцас захиалсан I've ordered a new suit; хөлсний унаа ~ to order a taxi; үдийн хоол ~ to order lunch;
захиалга order; таны ~ хараахан бэлэн болоогүй байна your order is not ready yet; хэвлэл ~ to subscribe to a publication; захиалгын үнэ price of subscription;
захиалгат subscription, made to order;
захиас order, request; instructions; mandate (from the voters);
захидал letter; ил ~ postcard;
захирагда|х pass. of захирах; to be subordinate to; to submit to, obey; to be governed by, be subjugated by;
захирагч governor;
захирал director; сургуулийн ~ school principal; их, дээд сургуулийн ~ rector of a university;
захирамж decision, decree;
захира|х to place under the command or jurisdiction of; to subordinate to, subject to; to be in charge, give orders;
захиргаа(н) administration, managing officials;
захиргаагүй without subordination or subjugation; anarchist; anarchic; self-willed; unsupervised; засаг ~ anarchic;
захи|х 1. to give instructions, say (that); **2.** to order, place an order; to subscribe to;
захла|х to hem, border, edge; to be on the border; to sew on a collar;
захчин 1. name of a Mongolian tribe; **2.**

marketeer;
заяа(н) fate, fortune, destiny, lot; улс орны хувь ~ the fortune of the country; хувь ~ндаа баярлах to thank one's lucky stars; хувь ~ны эрхээр by the will of fate; бидний ~ мэдэг no one knows what fate has in store for us; ~ муут unhappy, unlucky; амар ~ үзүүлэхгүй to disturb someone's peace;
заяагүй unfortunate, ill-fated, ill-starred;
заяатай having a destiny, predestined; fortunate; тэр сайн явах ~тай хүн дээ he seemed predestined to succeed in life;
заяа|х to send down from heaven; to ordain, destine, be fated; тэдэнд уулзаж учрах тавилан заяасангүй they were destined never to meet;
зовлого very lean meat;
зовлон(г) torment, suffering; sorrow, grief; сэтгэлийн ~ sorrow; гаслан ~ suffering, sorrow; ~ зүдүүр torment; suffering; ~ эдлэх to suffer (torment);
зовлонгүй happy-go-lucky; easy, not difficult;
зовлонтой 1. tormented, grief-striken, distressing; anguished; **2.** difficult, intricate; ~ хэрэг an intricate matter;
зовнил sorrow, suffering; worry, anxiety, trouble;
зовни|х to become worried, suffer;
зовол : ухэл ~ death; хагацал ~ амсах to live apart from, be separated from; to lose one's dear;
зовомтгой shy, bashful, timid; сэтгэл ~ conscientious;
зовоох to torment; to worry sb/oneself, harass;
зовинги full of suffering; martyr's;
зоворь painful, agonizing, excruciating, anguished; ~ өвчин painful disease;
зово|х to suffer from, be in pain with, be plagued with; to worry, trouble; нойр хүрэхгүй ~ to suffer from insomnia; шүд өвдөж ~ to have (a) toothache; санаа ~ to worry, trouble; би түүний ирээдүйн төлөө санаа зовж байна I am worried about his future;
зовуурила|х to suffer from pain;
зовуурь pain; suffering;
зовхи eyelid;
зовхис azimuth;
зог : ~ тусах to stop suddenly;
зогдор mane; long hair on the throat of a

camel;

зогдорло|х *to cut* зогдор;

зогоо|х *to arrange, manage; to console oneself;*

зогсзоно|х *to stop for a moment; to pause;*

зогсолгүй *nonstop, uninterruptedly;*

зогсолт *halt, stop, stopping;*

зогсолтгүй *uninterrupted(ly), ceaselessly; continuously;*

зогсонги *stagnant, immobile;* ~ байдал *standing still, immobility;*

зогсоо *upright; erect, standing;* ~ зайгүй *one by one; continually;* ~ зайгүй цувах *to follow one by one;*

зогсоол *stop, stopping place; parking (of cars);* галт тэрэгний ~ *railway station;* автобусны ~ *bus stop;*

зогсоо|х *caus. of* зогсох; *to make stand up; to stop, bring to a stop; to discontinue; to cease; to put an end to; to break it off, sever, cut off;* дайныг ~ *to end the war;* гал ~ *to cease fire;* төлбөрийг ~ *to suspend, stop payments;* ажлаа ~ *to leave off work;* хэлэлцүүлгийг ~ *to close a debate;* захиалгыг ~ *to discontinue a subscription, stop subscribing;* холбоо харилцаагаа ~ *to sever relations with;*

зогсо|х 1. *to stop; to come to a stop, come to a halt; to cease to function, end;* миний цаг зогссон байна *my watch has stopped;* **2.** *to stand, be standing;* бид цаг хүлээж зогслоо *we stood waiting for an hour;*

зогтуса|х *to stop suddenly;*

зогьсо|х *to hiccup; hiccups;*

зодог *a special jacket worn by Mongolian wrestlers;*

зодогло|х *to put on a* зодог;

зодолдоон *fight;* ~д оролцох *to fight;*

зодолдооч *pugnacious, combative;*

зодолдо|х *to fight, brawl;*

зодоон *fight;* нударган ~ *fisticuffs;* ~ гаргах *to start a fight;*

зодоонч *pugnacious, combative; scrapper; brawler;*

зодо|х *to beat, hit, strike;*

зодуула|х *caus. of* зодох; *to beat; to be beaten up;* тэр аавдаа зодуулав *his father beat him;*

зожиг *unsociable;*

зол *luck, fortune;* ~ дайрах *to be lucky, have luck;* ~ завшаанаар *by good fortune;* ~оор

би нэг бичиг оллоо *I had the good fortune to get a ticket;*

золбигно|х *to be homeless, stray;*

золбин *homeless, stray, wandering, itinerant;* ~ нохой *stray dog;*

золбинт|ох *to be tramp, be on the road; to lead the life of a tramp;*

золбиро|х *to become a tramp;*

золбоо *fervour, ardour;*

золбоолог *fervent, ardent, enthusiastic;*

золголт *ceremony of New Year's greeting;*

золго|х *to greet each other at the Mongolian Tsagaan Sar (New Year);*

золгүй *unlucky, unfortunate; unhappy;* ~ явдал *bad luck;* ~ хэрэг *an unfortunate business;* ~ явдлыг мэдээлэх *accident story;* ~ зан гаргах *to behave badly;*

золиг *figures of dough used in Lamaist ritual;* ~т гаргах *ritual of sacrifice or burnt offering;*

золио *redeeming, redemption, ransom; sacrifice;*

золиос *sacrifice, victum;* ~ болох *to fall victum to;*

золи|х *to redeem, ransom;*

золиосло|х *to sacrifice, give up;* өөрийгөө ~ *to sacrifice oneself;*

зомгол *chip of wood; sliver; shavings;*

зондор *village elder;*

зонхи *majoring, for the most part, mainly;*

зонхило|х *to be in the majority; to be at the head; to dominate;* манай сургуульд эмэгтэй хүүхдүүд зонхилдог *in our school girls are in the majority;*

зоо *spine; back fur of a furbearing animal;* ~ны мах *tenderloin;* ~ нуруу *back; spine;* ~ авах *lumbago;* хөх зоот *red-flanked bluetail (erithacus cyanurus);*

зоог *food, meal;* ~ барих *to give dinner party;* ~ийн газар *snack bar;* ~ зугаа *entertainment, amusement;*

зоогдо|х *caus. of* зоох; *to stick, get stick;* тэрэг шаварт зоогдов *the car was stuck in the mud;* зунжингаа би Дарханд зоогдсон *I was stuck in Darkhan all summer;* хоолой дээр яс зоогдчихлоо *a bone got stuck in my throat;*

зоогло|х *(hon.) to eat;* цай ~ *to drink tea;*

зоодой *european carp;*

зоологи *zoology;*

зооло|х *(of dog) to put on weight, grow fat;*

зоомол *rooted, plunged into; that can be*

inserted;

зоорил|ох *to store in a cellar;*

зоорь *cellar; хөрөнгө ~ a fortune; хөрөнгө ~той болох to make a fortune;*

зоос *coin; сохор ~ны үнэгүй worthless, not worth two cents; ~ зүй numismatics;*

зоо|х *to sink (by digging), thrust; to insert in; to put in; духанд нь сум ~ to put a bullet in someone's brains; шон мод ~ a post into the ground;*

зор *(good) luck, (good) fortune; hunter's troply;*

зорго *strong-willed, head strong, self-willed, arbitrary; arbitrariness, high-handedness; дур зоргоороо аашлах to act without permission; зоргоороо байх to throw one's weight around;*

зоргодос *chips, shavings;*

зоргол *a one-year-old deer;*

зориг *courage, bravery, will power; boldness, daring; чин ~ courage, bravery; эрэлхэг ~ гаргах to show courage; дүр ~ wish, desire; хүсэл ~ aspiration; ~ орох to take courage; to dare; эр ~оо чангалах to pretend not to be afraid, keep a stiff upper lip; ~ мохох, ~ шантрах to lose courage; хатуу ~ determination;*

зориггүй *timid, weak-willed, cowardly;*

зоригжи|х *to be inspired, be brave;*

зоригжуулагч *inspirer; moving spirit;*

зоригжуула|х *to inspire, inspirit, hearten; түүний хэлсэн үг ард түмнийг зоригжуулж байв his speech was an inspiration to the whole nation;*

зоригло|х *to intend, be resolute, take a mind to, dare; to aim for;*

зоригтой *courageous, brave, bold, daring; strong-willed;*

зорилго *aim, goal, object; purpose; intention; түүний цорын ганц ~ бол мөнгө олох his one aim in life is to make money; ~доо хүрэх to achieve one's goal; ямар зорилгоор үүнийг хийв? what was his purpose in doing that? тэр өөрийн ~доо чамайг ашиглаж байна he is using you for his own purposes;*

зорилт *task, objective; short-range goal; энэ хэцүү ~ байна it's a hard task;*

зоримог *decisive, resolute, bold, daring;*

зоримогло|х *to dare to, be bold; make up one's mind to;*

зориуд *deliberately, intentionally, purposely;*

~ алах with intent to kill;

зориулагда|х *to be devoted, dedicated, given to;*

зориула|х *to devote to, give up to, dedicate to; шинжлэх ухаанд өөрийгөө ~ to devote oneself to (the cause of) science; тэр анхныхаа номыг ээжидээ зориулжээ he dedicated his first book to his mother; урлагт бүх амьдралаа ~ to dedicate one's life to art;*

зори|х 1. *to intend, aim at, strive for/after; тэр эмч болохоор зорьж байна he's aiming at becoming a doctor; сурахын төлөө ~ to strive for learning;* **2.** *to travel or get going from one place to another;*

зоро|х *to plane, shave, pare, carve;*

зорчигч *passenger;*

зорчи|х *to walk, travel, go, drive; явган ~ to walk; унаагаар ~ to go by a vehicle;*

зос *ocher;*

зосдо|х *to paint with ocher;*

зохил *accordance, conformity;*

зохилдо|х *to go well with, be in conformance with; to harmonize with; to suit, fit, be right for; тэд хоорондоо сайн зохилдож байна they are well suited;*

зохилдуула|х *to coordinate, bring into conformity or line with;*

зохимж *accordance, conformity, compliance; fitness; suitability;*

зохимжгүй *unsuitable, improper;*

зохимжтой *suitable, proper, looking good, well-dressed; ~ цагт нь at the proper time;*

зохиогдо|х *to be organized; to be composed;*

зохиогч *author, compiler; creator; ~ийн эрх copyright; ~ эмэгтэй authoress;*

зохиол I *literary work; written work; literature; утга ~ literature; уран ~ literature; belles-letters; уран зөгнөлт ~ science fiction; сонгодог ~ classical literature; жүжгийн ~ play, dramaturgy; хөгжмийн ~ composition; ардын аман ~ folklore; Марксын ~ бүтээлд in Marx's writings; Ринчингийн түүвэр ~ selected works of Rinchin;*

зохиол II *fate, fortune; хувь ~ fate, fortune, destiny; тэр эргэж ирэх хувь ~гүй байж дээ he was not destined to return;*

зохиолч *writer; author; кино ~ scenario writer; жүжгийн ~ play writer; хөгжмийн ~ composer;*

зохиомж *style of writing; stylistic;*

зохиомол unnatural, artificial; ~ хээлтүүлэг artificial insemination;

зохио|х to compose, write; to compile; to create; толь бичиг ~ to compile a dictionary; үүсгэн ~ to found, originate; зохион бүтээх to invent; төлөвлөн ~ to plan; зохион байгуулах to organize; хөгжим ~ to compose music;

зохирол accord, harmony;

зохиро|х 1. to become reconciled after a quarrel; **2.** (of favorable weather or season of year) to set in; **3.** to be harmonious; to conform to, correspond to;

зохис propriety; suitability; ~той арга right method; ~той шийдвэр proper decision; зүй ~оор in the proper way;

зохисгүй improper, unseemly, unsuitable, impossible, unsuccessful;

зохистой proper, befitting, becoming; suitable; appropriate, corresponding; pleasent;

зохи|х 1. to suit, fit, be right for; to be fit to be; to conform; to benefit; to be appropriate to; далайн уур амьсгал чамд зохино you will benefit from the sea air; энэ хувцас танд сайхан зохисон байна this suit fits you well; **2.** to be required; should, would, (one) must; та захиралтай уулзвал зохино you should approach the director; дүрэм журмыг мөрдвөл зохино one must observe the rules; **3.** proper, appropriate, becoming, befitting; ~ ёсоор properly; ~ хэлтэст нь хандаарай apply to the appropriate department; энэ ажилд хамгийн ~ хүн бол тэр эмэгтэй дээ she's the most suitable person for the job;

зохихгүй unsuitable, inappropriate, improper; unfit;

зохицол harmony; agreement, accordance;

зохицо|х to suit, fit; to agree; to be in harmony with; to correspond to, conform to; түүний яриа баримттай ~гүй байна his story does not correspond with the facts; бид үнийн талаар зохицсон we agreed on a price;

зохицуулагч coordinator;

зохицуула|х to coordinate; caus. of зохицох;

зочид pl. of зочин;

зочин guest, visitor;

зочир suddenly, unexpectedly, abruptly; ~ уууртай hot-tempered;

зочирдо|х to be shoked, be taken by surprise;

зочирдуула|х caus. of зочирдох; to shock; to surprise, catch unawares;

зочломтгой hospitable;

зочло|х 1. to go visiting, be a guest; тэр нагац эгчийндээ зочилж байгаа she is on a visit her aunt; Ангараг манайд зочлоод явсан we had a visit from Angarag; ~ урилга invitation; **2.** to treat to (food, drink);

зочмог suddenly, all of sudden; quick;

зочмогдо|х to be taken by surprise; to be shocked; үнийг нь сонсоод би зочмогдов I was shoked by the price;

зөв right, correct(ly), proper(ly); ~ хариулт the right answer; таны түмэн ~ you're quite right; таны хүрэлцэн ирсэн чинь ~ болжээ you were right to come; ~ талаа дагаарай keep to the right; нар ~ эргүүлэх to turn clockwise; ~ бичих дүрэм spelling rules, orthography; ~ дуудлага correct pronunciation;

зөвдэ|х 1. to be correct, right; **2.** to deliberate; confer with; зөвдөн хэлэлцэх to discuss; бид яг энэ асуудлыг зөвдөн ярилцав we were just deliberating the question;

зөвлөгч counsellor, adviser, consultant;

зөвлөл council; хотын ~ town council; Аюулгүйн ~ Security Council;

зөвлөлгөө advice, counsel; consultation; ~ өгөх to offer advice; to advise; би түүний ~г дагасан I took his advice; ~ авах to take counsel;

зөвлөлгөөн conference, meeting;

зөвлөлдэ|х to deliberate, discuss; consider; зөвлөлдөн хэлэлцэх to have a discussion about; юу хийхээ бүгдээрээ зөвлөлдье let's discuss what's to be done; эмчтэй зөвлөлдөөд тэд ингэж шийджээ it was decided in consultation with the doctor;

зөвлөмж instructions; recommendaiton;

зөвлө|х I to consult, seek the advice of; to advise; to discuss; хаанаас тусламж эрэхийг та надад ~ вэ? where would you advise me to apply for help? би өмгөөлөгчтэйгөө зөвлөнө I will seek my lawyer's advice; хуульчтай хэрэг ~ to consult a lawyer;

зөвлөх II counsellor;

зөвтө|х caus. of зөвтөх; to justify, excuse; ийм зан байдлыг ~ юм алга nothing can excuse such behaviour; өөрийгөө ~ to excuse oneself;

зөвтө|х to be correct, right; to turn out to be right; to prove to be correct;

зөвхөн only, nothing but, just, merely; ~ тэр л мэддэг only he knows;

зөвшилдө|х to take counsel, consult together;

зөвшилдөөн consensus;

зөвши|х to deliberate; to discuss;

зөвшлөг discussion, deliberation, consultation;

зөвшөөрөл permission, permit, agreement; sanction; approval; licence; тэдний ~гүй тийшээ оруулахгүй they won't let one enter without a permit; ~гүй нийтлэхийг хориглоно all rights reserved; гадаадаас оруулж ирэх ~ an import permit; ~ гүйх to ask (for) permission; ~ олгох to give approval/permission;

зөвшөөрө|х to permit, approve, sanction; to agree to; хүлээх ~ to acknowledge, recognize, -se; зөвлөл төлөвлөгөөр сайшаан зөвшөөрөв the council has approved the plans; эмч түүнийг гадаа явахыг ~гүй байгаа the doctor won't permit him to go out;

зөгий bee; хатан ~ queen bee; ~ үржүүлэгч beekeeper; ~н бал honey; ~н үүр beehive;

зөгнөгч prophet;

зөгнөл presentiment, premonition, foreboding; уран ~ fantasy;

зөгнөлт fantastical, futuristic; dreamy;

зөгнө|х to have a premonition about, predict; to dream, indulge in fantasies; тэр аюул гамшгийг зөгнөж байв he had a premonition of disaster; би Парист амьдарна гэж ер зөгнөж байсангүй I little dreamt that I would ever live in Paris;

зөн presentiment, omen, prescience, instinct; intuition;

зөнгөөр spontaneously, by intuition;

зөнд : ~ нь хаях to leave to the mercy of fate; to let things run their course;

зөндөө many, much; abundant, plenty; ~ олон хүн many people; ~ олон жил өнгөрчээ many years have passed; ~ хүн an innocent, harmless person;

зөнөг senility; senile;

зөнөглө|х to become senile; to lose possesion of one's faculties;

зөнөгши|х 1. to show signs of senility; 2. to get drunk;

зөнө|х see зөнөглөх;

зөнч prophet;

зөөвөр load, freight, cargo;

зөөвөрлөлт transportation;

зөөвөрлө|х to transport;

зөөг lukewarm, not too cold or hot; ~ цай lukewarm tea;

зөөгдө|х 1. pass. of зөөх; 2. to be lukewarm;

зөөгч transporter, carrier; porter; хоол ~ waiter, waitress; ачаа ~ longshoreman, stevedore; porter; шуудан ~ postman;

зөөгши|х to become lukewarm;

зөөлдө|х to be too soft/weak/tender;

зөөлөн soft(ly), tender(ly); gentle; easy, light; тэр доод ажилтнууддаа ~ ханддаг he's soft with the staff; онгоц ~ газардах a soft landing; ~ ажил a soft job; light work; ~ сэтгэл kindness; ~ мах tender meat; ~ зан gentle character; ~ явдалтай морь easy-paced horse; ~ гийгүүлэгч soft consonant; зөөлний тэмдэг soft sign "ь";

зөөлрө|х to become soft/tender/weak; to become mild; сэтгэл ~ to become minder;

зөөлрүүлэ|х caus. of зөөлрөх; to soften; to assuage; to make soft;

зөөлхөн soft, tender;

зөөлши|х to become soft, mild;

зөөмөр : ~ болох to pretend to carry sth;

зөөнгө see зөөг;

зөөтгөрө|х 1. to calm down from anger; 2. to become lukewarm; 3. (of a serious disease) to show a slight improvement;

зөө|х to carry, move, convey; to transport; манай үйлдвэрийн бүтээгдэхүүнийг Улаанбаатар руу төмөр замаар зөөдөг our products are carried by rail from the factory to Ulaanbaatar; гэрийн тавилга унаагаар ~ to move furniture by lorry; хов ~ to spread malicious gossip;

зөөхий cream; sour cream;

зөрлөг intersection, crossing; crossroads; замын ~ crossroads;

зөрөг 1. crossing; crossroads; 2. path, track, trail;

зөрөлдөөн disagreement;

зөрөлдө|х 1. to disagree with one another; to be at odds; өрөөний хөлсөн дээр бид зөрөлдөв we disagreed about the charge for the room;

зөрөө(н) difference; disagreement, discord, discrepancy; халуун хүйтний ~ a difference in temperature; санал бодлын ~ a difference of opinion; disagreement;

зөрө|х 1. to pass by each other; to miss each other, fail to meet; тэр миний хажуугаар дуугүй зөрөв he passed me without speaking; **2.** to disagree, be different, be at variance; **3.** to go against the established rules; to object, quarrel; дүрэм ~ to disregard regulations; үг ~ to disagree, quarrel;

зөрүү 1. slanting, askew, crooked; **2.** difference, variance, disagreement;

зөрүүд stubborn, obstinate;

зөрүүдлэ|х to be stubborn;

зөрүүлдэ|х to put sth on crooked, askew;

зөрүүлэ|х caus. of зөрөх; to cross, place crosswise; илд ~ to cross swords;

зөрчигч violator; infringer; хууль ~ infringer of law;

зөрчид the Jurched; the Manchus;

зөрчил contradiction; antagonism; violation;

зөрчилдөөн conflict; үзэл бодлын ~ a conflict of opinions;

зөрчилдө|х recip. of зөрчих; to disagree with one another;

зөрчилт contradictory; conflicting;

зөрчи|х to violate, breach; to infringe upon; to go against, do the opposite; хууль ~ to violate the law;

зөчи|х to disobey; to be stubborn; to get out of hand;

зөчүүд stubborn, obstinate;

зува|х (of wild animal) to hide in the grass;

зувчи|х 1. to risk, run risks, take the risk of; эрүүл мэндээ ~ to risk one's health; амь зувчин явах to risk one's own life; **2.** to run away, flee; **3.** to vanish sth changed hands; миний ном зувчиж үгүй болов my book vanished from sight;

зувчуула|х to squander away smth by transmission; малаа ~ to squander away one's livestock;

зугаа gaiety, merriment, amusement, entertainment; diversion; ~ цэнгэл entertainment, diversion; ~ хийх to amuse oneself; сүүдэр ший бол миний дуртай ~ the cinema is my favorite entertainment; ном унших бол түүний цаг нөгцөөх ~ reading is his pastime;

зугаала|х to amuse oneself, seek diversion; to take a walk; эмэгтэй хүүхдүүдтэйгээ зугаалахаар гарлаа she's taken the children for a walk;

зугаалга picnic; зугаалгаар явах to go for a picnic;

зугаатай amusing, funny, done purely for pleasure or entertainment; ~ хүн an amusing fellow;

зугааца|х to dispel boredom; to amuse oneself; to have a good time; to carouse, go on the spree;

зугий houseleek (Sempervivum L.);

зугта|х to escape; to flee, run away; биднийг хармагцаа тэд зугтан одоцгоов they ran for their lives when they saw us; тэр амраг хүүтэйгээ зугтжээ she ran away with her lover; тэр шоронгоос зугтжээ he escaped from prison;

зугтлага escape; desertion;

зугуу slowly, unhurriedly, at a leisurely pace; deliberately;

зуд disaster caused by snow or severe weather; өлөн ~ starvation, scarcity of food; ган ~ drought; цагаан ~ disaster caused by snow;

зудра|х to come untied, come loose, undone; to open, come out;

зузаада|х to be too thick;

зузаалаг rather thick;

зузаала|х to thicken, make thick;

зузаан thick, thickness; гүн ~ ус deep water; хөрөнгө ~ айл a rich family; ~ ном a thick book; 5 см-ийн ~ мөс the ice is 5 cm thick; нөхөрлөлийн бат ~ холбоо firm bonds of friendship;

зузаандуу rather thick;

зузаара|х to become thick, dense, thicken;

зузааса|х to become thicker or denser;

зузаатта|х to thicken; to strengthen, reinforce;

зузгар fat-cheeked;

зуйгар flattering, smooth-tongued; servile;

зуйгарла|х to flatter, be servile;

зуйра|х 1. to flatter, be servile; **2.** to weave intrigues;

зул oil lamp; ~ барих to light a lamp; ~ жаргах (of зул) to go out; ~ сарын баяр Christmas; ~ сарын баярын амралт the Christmas holidays;

зулай crown of the head; fontanel(le);

зулам the cambium layer of a tree; the membrane of an egg; rind of a nut; самрын ~ rind of a nut;

зуламла|х to peel, pare, remove the membrane or rind;

зула|х to lay or spread out;

зулбадас I fur of an unborn lamb or kid; the cast-off skin of a snake;

зулбадас II prematurely born baby, stillborn fetus; abortion;

зулбасга fur of an unborn lamb or kid;

зулба|х I to miscarry, be born prematurely;

зулба|х II to escape;

зулга (intensifying particle used with verbs) off, out, down, away; - угаах to wash off/out;

зулгаа|х to pull out, tear out, pluck; to seize; зэрлэг ~ to pull up weeds; шүдээрээ ~ to tear smth with one's teeth; цэцэг ~ to pluck flowers; үсээ ~ to tear one's hair;

зулгала|х to skin, flay, shell; би өвдгөө зулгалав I skinned my knee;

зулгара|х to fall out; to shed hair;

зулгархай bald spot; scratch; толгойны ~ bald spot on the head;

зулгуй flattery, toadyism; adulation;

зулгуйда|х to flatter, adulate, try to ingratiate oneself with;

зулгуйч ingratiating, adulating, flattering; ~ хүн flatterer, adulator;

зулзага young animal, cub, baby bird, nestling; fledgling; tree sprouts; арслангийн ~ lion cub; жигүүртний ~ baby bird, nestling, fledgling;

зулзагала|х to have pups or kittens; to whelp cub; to give out a shoot; шувуу ~ to hatch eggs; муур ~ to have kittens;

зулма|х to shed, molt, (of hair) to fall out;

зулра|х to escape, flee, run away; to get out of hand; to be lost or forborn;

зулхай carded wool used in felt-making;

зулсла|х to scald hides;

зумра|х to shed, scald oneself, fall out;

зун summer; халуун ~ high summer; ~ цаг summer time; өнгөрсөн ~ би Францад байсан last summer I was in France; ~ы туйл summer solstice; ~ы адаг сар last month of summer;

зунгаг meconium; mucus, sweat, unclean, body oil;

зунгагта|х to become dirty, unclean, oily;

зунжин the whole summer;

зунжи|х to spend or pass the summer;

зунши|х (of the summer) to set in;

зуншлага signs of summer; summer-like conditions;

зураа the femoral canal; a long, branching mountain ravine; нурууны ~ the spine; гуяны ~ the femoral canal; уулын ~ a straight ravine in the mountains;

зураадас stroke, line;

зураас line; dash; тасалдсан ~ dotted line; алганы ~ lines on the hand; ~ татах to draw a line;

зураач painter, artist, illustrator, drawer;

зураг I drawing, picture, painting; illustration; гэрэл ~ photograph, photo; тосон будгийн ~ зурах to paint in oils; усан будгийн ~ watercolor painting; шог ~ cartoon, caricature; шугам ~ drawing; drafting; газрын ~ map; будүүвч ~ diagram, outline; судалбар ~ study (of); ~ зүй cartography; mapping; ~ зүйч cartographer; ~ зурах to draw, paint, portray; ~ тодруулах/засах to retouch; сэтгүүлийн ~ чимэглэл pix; гэрэл ~ авах to photograph, take a picture of; ~ буулгах to print a photograph; ханын ~ fresco;

зураг II one's fate;

зураглал survey, surveying; mapping; агаарын ~ aerial surveying;

зурагжуула|х to map, draw a map;

зурагт illustrated, pictorial; ~ сэтгүүл pictorial magazine; ~ хуудас a placard; ~ радио television, television set; ~аар үзүүлэх televised coverage, televise;

зурагчин draftsman; photographer;

зурам a kind of ground squirrel; gopher (Citellus undulatus P.);

зура|х to draw, paint; муур ~ to draw a cat; газрын зураг ~ to draw a map; гарын үсэг ~ to sign one's signature; шүдэнз ~ to strike a match;

зурвас strip, stripe, band; ~ газар a strip of land; ~ бичиг үлдээх to leave a note;

зургаа(н) six; ~н ~ гүчин ~ six times six is 36; ~н сав the six organs: the bile, stomach, intestine, small intestine, bladder and the digestive tract; ~н уулзар six directions: north, south, east, west, up and down; ~н амт the six flavors: sweet, sour, astringent, bitter, hot and salty;

зургаантаа sixfold, six times;

зургаатай six years old;

зургадугаар sixth, number six; ~ сар June;

зургуул(ан) all six, six together;

зурлага drawing, painting;

зурмал drawn, painted;

зурхай astrology;

зурхайч astrologer;

зуршил habit, custom, tradition; муу ~ bad habits;

зурши|х to be or get into habit of;

зуршмал habitual, customary, practiced; established, traditional;

зусаг a two-year old ewe or nanny; ~ зур two-year old deer;

зусар flattery, toadyism, sycophancy;

зусарда|х to flatter, toady, adulate, play up to;

зусарч toady, sycophant, flatterer, adulator; flattering;

зуса|х to pass the summer;

зуслан(г) country house, summer cottage; summer camp; ~д гарах to live in the country;

зутан(г) a broth or gruel;

зута|х to become depleted, exhausted; to suffer starvation;

зутра|х to be in extreme difficulty; to become exhausted; to suffer discomfort;

зуу(н) I hundred; century; ~н жилийн ой hundredth anniversary; ~н мод group of isolated trees; ~н хоногийн ханиад whooping cough;

зуу II monastery, lamasery;

зуувай|х to become oval;

зууван oval; ~ хэлбэртэй oval-shaped;

зуувандуу slightly oval, somewhat oval;

зууванцар ellipsoid;

зуувгар see **зууван**;

зуугаад about a hundred; hundred each;

зуугда|х pass. of зуух; to stick, be bitten or caught; түлхүүр цоожиндоо зуугджээ the key stuck in the lock;

зуудугаар hundredth;

зуузай I the metal rings of a bit; амгай ~ a bridle; ~ холбох to go on a par with each other;

зуузай II back or counter of a shoe;

зуу-зуу interjection used in calling goats;

зуулга|х caus. of зуух; to be bitten; нохойд ~ to be bitten by a dog;

зуунтаа one hundred times, one hundredfold;

зуур 1. moment, a short period of time; while, whereas, when, between, during; түргэн ~ instantly, instantaneously, immediately; агшин ~ in an instant, in a flash; түр ~ for the moment; тэр унших ~аа дандаа тэмдэглэл хийдэг he always makes notes when reading; **2.** on the way, along the way; зам ~аа on the way; ~ хонох to spend the night on the way; гэр ~ байх to be at home; өөр ~аа among oneselves;

зууралда|х recip. of зуурах; to stick to, ad-

here to; to get involved with; тэр, муусайн юмнуудтай зууралджээ he has taken up with undesirable crowd; гэрийн ажилтай ~ to be caught up in housework; энэ хоч түүнтэй зууралдаж үлдэх болно that nickname will stick to him;

зуура|х I to mix, knead; гурил ~ to knead dough; цемент ~ to mix cement;

зуура|х II to cling to, hold fast to; to clutch; to jam, get stuck, be locked; хүүхэд зуурах the child clutched my hand; хүүхэд эхийнхээ хормойноос зуурчээ the child clung to his mother's skirt;

зуурд premature, intermediate; ~ын үхэл premature death; түүний өөдрөг сэтгэл ~ын байжээ his optimism was premature;

зуурмаг I paste, mixture;

зуурмаг II : дутуу ~ half-done, incomplete;

зуурмал mixed; ~ шавар mixed clay;

зуух I stove, oven, furnace; шатаах ~ kiln; ширэм хайлах ~ blast furnace; төмөр ~ iron stove;

зуу|х II to clutch or grip with the teeth; to bite; to clench; нохой ~ (of a dog) to bite; хөмхий ~ to bite the lower lip; to show discontent or displeasure; шүд ~ to clench one's teeth; to endure; to bear a grudge; шазуур ~ to harbour resentment against sb;

зуу|х III : амь ~, аж ~ to live, subsist;

зуухч stove-setter, stove-repairer;

зууч mediator, go-between; matchmaker;

зуучлагч see **зууч**;

зуучла|х to mediate, serve as a go-between;

зууш I snack, hors d'oeuvre, appetizer;

зууш II : амны ~ gossip, malicious pleasure, slander; их бууны ~ cannon fodder;

зуушла|х to have a snack; to eat or drink with;

зөв : ~ зүгээр pretty good, pretty well; absolutely nothing wrong with; ~ зүгээр бололтой that's pretty good; бие ~ зүгээр байна I am absolutely healthy; ~ зүгээр суух to sit around doing nothing;

зүг direction; cardinal points; Улаанбаатарын ~ in the direction of Ulaanbaatar; баруун ~ west; зүүн ~ east; Кембриж Оксфордоос зүүн ~т байдаг Cambridge lies east of Oxford; ~ ~ээс ирэх to come from all directions; ~ чиг cardinal point, direction; өмнө ~ south, southward; хойд ~ north; ~ чигээ олох to be oriented (toward) to direct one's efforts (toward);

зүггүй undisciplined, unruly; mischievous; disordered, orderless; ~ хүүхэд mischievous child;

зүггүйтэ|х to get into mischief; to misbehave, to be haughty;

зүглүүлэ|х caus. of зүглэх; to direct, orient, turn towards; толь бичгээ дуусгах санаатай бүх хүчээ тийш нь зүглүүлж байна I'm directing all my energies towards finishing the dictionary; тэр завиа эрэг тийш зүглүүлэв he headed the boat towards shore; **зүглэ|х** to head for, make for; to be bound in a certain direction; to be directed (toward); Очир гэрээ зүглэв Ochir headed for home; хойшоо ~ to make for, head for the north; тэр гарахаар зүглэв he made for the exit;

зүгшрэ|х to get used to, grow accustomed to sth; to find the right way; to settle down; ажил хэрэг зүгширч байх шиг байна things seem to be settling down; Амар гэрлээд түүний зан нь зүгширчээ Amar has married and settled down; ажилд ~ to get used to work;

зүгээр 1. for no particular reason, to no purpose; for nothing; idle, vain, needless; ordinary, common; simply; ~ хэвтэх to lie idle; ~ суух to be idle; тэр эмэгтэй ~ л байдгаараа байв she behaved quite ordinarily; тэр бол ~ нэг хөдөөний эмч he's an ordinary country doctor; **2.** good, fine, acceptable, tolerable; энд хийн хоол ~ шүү the food here is quite tolerable; ном бол хэзээд бэлгэнд өгөхөд ~ дэг a book is always an acceptable gift; ~ багш a good teacher; таны бие ~ үү? how do you feel? цагаан идээ биенд ~ dairy products are good for one's health; **3.** gratis, free of charge; үүнийг би ~ өнгрөөхгүй шүү you'll pay for this; ~ алга болох to be wasted; ~ авах to obtain free of charge;

зүгээргүй unusual(ly), uncommon; not all right; тэр ~ их авьяастай he is unusually talented;

зүдрүү worn out, exhausted; weak; эмэгтэйн царай ~ харагдав she looked worn-out;

зүдрэл exhaustion, fatigue; suffering; destitution;

зүдрэ|х to be exhausted, worn out; to suffer; to be tired out; тэр аян замдаа алжаан зүдэрсэн байв he was weary after his journey;

зүдрээ weariness, fatigue;

зүдрээ|х caus. of зүдрэх; to wear out, exhaust; to cause hardship; зовоох ~ to plague, harass; өөрийгөө ~ to exhaust oneself;

зүдүү poor, needy, indigent;

зүдүүр destitution, poverty; hardships; зовлон ~ destitution, hardship;

зүдэнгэ weary, exhausted;

зүдэргэ|х to wear out, exhaust; to make suffer;

зүдэргээ weariness, fatigue; биенд ~тэй ажил wearisome work;

зүй 1. regularity, conformity with a law; normality; the principle; rules of propriety, decorum; ~ тогтоол regularity, conformity with a law; ~ зарчим principle; ~ ёс propriety, decorum; morality; ~ бус аашлах to commit outrages; ~ ёсны regular, in accordance with the laws; rightful; **2.** branch of learning; study; theory; арга ~ metodology; авианы ~ phonetics; газарзүй geography; гоо ~ aesthetics; ном ~ bibliography;

зүйгүй improper, indecent, impermissible; illegal;

зүйдэл seam; extension piece;

зүйдэлтэй made of patches;

зүйл 1. kind, sort; type, class; variety; species; тарианы ~ a kind of wheat; амьтны ~ a variety of animal; ~ бүрийн all kinds of; **2.** item, article, paragraph; subject; хэдэн ~ дээр бидний санал зөрж байна we disagree on several items; бидний хөтөлбөрийн чухал ~ an important item in our programme; хэлцлийн 12-р ~ article 12 of the agreement; төрөл ~ийн товъёог subject catalogue; хуулийн ~ анги article of law; хэлэлцэх ~ agenda; **3.** thing, object; incident; matter, concern; thought; уншvх ~ reading matter; өөр ~ алга there is nothing else; гоо сайхны ~ a thing of beauty; би ийм эрхүү ~д дургүй I don't like that sort of thing; ~ ~ээр нь авч үзээд хүлээх нь дээр all things considered, it's better to wait; надад хийх аар саар ~ бий I have some things to attend to; би чамд нэг ~ийг хэлье let me tell you something;

зүйллэ|х to sort out, classify, itemize;

зүйлчлэ|х to classify, put into classess; сэдэв тус бүрээр ~ to classify by subject;

зүймэл made of pieces; pieced together; ~ шал parquet;

зүйр comparison; ~ үг saying, proverb;

зүйрлэл comparison; хэтрүүлсэн ~ hyperbole;

зүйрлэ|х to compare; to contrast to/with; Ононг дүү охинтой нь зүйрлээд үз дээ contrast Onon with her sister;

зүйрлэшгүй incomparable, unequalled; matchless; ~ их countless;

зүйтэй correct, right, true; proper; ~ хэрэг proper business;

зүй|х to piece together; to compose of pieces; зүйж оёх to add pieces by sewing; арьс ~ to piece together hides;

зүлгүүр sandpaper, polisher;

зүлгүүрдэ|х to polish with a sandpaper or polisher;

зүлгэ|х to wipe, polish;

зүлчилзэ|х to turn red; to be ashamed of;

зүлэг green meadow, lawn; ширэг ~ green meadow; ~ суулгах to put down a lawn;

зүлэгжи|х to turn into a meadow or lawn;

зүр the female brown deer;

зүрж orange;

зүрх(эн) I heart; ~ судасны эмч cardiologist; ~ цохих (of one's heart) to throb; ~ний цохилт heartbeat, palputation of the heart; ~ догдлох to be excited; ~ хагарах шахлаа my heart sank; ~ний гажиг a heart defect; ~ний өвчтэй хүн person with a heart ailment; 2. as symbol of courage, love; ~ зориг courage, bravery; ~ гаргах to dare, break the habit of; ~ үхэх/алдах/шантрах to be a coward, get cold feet; lose courage; ~ орох to become bolder; ~ эмтрэх/өвдөх to be heavy-hearted; be sick at heart; ~ний амраг lover, sweetheart; ~ний үг word of heart; чин ~нээс, ~ний угаас, үнэн ~нээс in all sincerity, sincerely; ~ мохох to lose heart; үгүй гэх ~ байсангүй I hadn't the heart to refuse; би тэр эмэгтэйд ~ сэтгэлээ өглөө I lost my heart to her;

зүрхгүй timid, cowardly, fainthearted;

зүрхлэ|х to dare, venture;

зүрхтэй brave, courageous, daring;

зүрхши|х to be afraid of smth; to be timid;

зүрхшээ|х to be afraid of smth; тэр хар ажлаас ер зүрхшээдэггүй he's not afraid of hard work;

зүрхэвч core of an electromagnet;

зүрэм thin strips of smth;

зүрэмлэ|х to cut into narrow thin strips;

зүс(эн) facial complexion or colouring of a person; colour of an animal; appearance; ~ царай appearance; ~ мэдэх to know (someone) by sight; ~ улайх to turn red in the face; to be ashamed of; хар ~тэй морь black horse; малын ~ colour of livestock; ~ бороо a gentle and continuous rain;

зүслэ|х to identify by colour or appearance; to memorize the colour or appearance of smth;

зүсмэл sliced; cut lengthwise;

зүсрэ|х : бороо ~ to rain gently and continuously;

зүстэй handsome, good-looking, attractive;

зүсэм I slice; cut; piece; тэр махнаас нэг ~ огтлов he sliced off a piece of meat; ~ талх a slice of bread; ~ мах a cut of meat;

зүсэм II the colouring of animals; цагаан зүсмийн морь white horse;

зүсэмнэ|х to slice up food; хиам ~ to slice up a sausage;

зүсэ|х to cut, slice; to cut through or across; надад талх зүсээд өгөөч please cut me a slice of bread; мөс ~ хөлөг онгоц icebreaker (ship); хотын дундуур зүсч гарах to cut through the city; уул зүсч хонгил гаргах to cut a tunnel through a mountain;

зүтгүүр locomotive;

зүтгэл zeal, effort, diligence, exertion; гавьяа ~ merit; тэр ажилдаа их ~ гаргадаг he shows great zeal for his work;

зүтгэлтэй diligent, zealous, assiduous;

зүтгэлтэн figure, meritorious persons; нийгмийн ~ public figure; улс төрийн ~ statesman, political figure; тэр гарамгай ~ байв he was an outstanding figure;

зүтгэмтгий diligent, assiduous;

зүтгэ|х to exert every effort, show great zeal, work hard; to exert one's strength to moving smth; өөрийнхөөрөө ~ to have one's way; хүчин ~ to give one's strength to;

зүтгээ unyielding, uncompromising; stubborn, obstinate;

зүү(н) needle; ~ний сүвэгч eye of a needle; ~ утас needle and thread; цагийн ~ hand of a clock, watch; энгэрийн ~ a brooch; тариани ~ hypodermic needle; ~ тавих to apply acupuncture; ~ сүвлэх to thread a needle; ~ орох зайгүй too close, intimate;

зүү : заа ~ болох to agree exactly;

зүүвч needle cushion, needle case;

зүүд(эн) dream; ~ зүүдлэх to have a dream; ~эндээ үзэх to have a dream about; ~энд орох *to dream, see in a dream;*

зүүдлэ|**х** *to dream; хүүхэд ахуй насаа зүүдлэв I dreamt about my childhood;*

зүүлт *necklace, pendant; footnote; хүзүүний ~ necklace, pendant; бичгийн ~ footnote;*

зүүн I *east, eastern, oriental, left; ~ зүг the East, east; ~ тийш to the left, on the left; ~ гар left hand; ~ өмнө southeast, southeastern, southeasterly; ~ хойт northeast, northeastern, northeasterly;*

зүүн II *(polit.) left-wing, left; ~ үзэлтэн left-winger, leftist;*

зүүрмэг *drowsy, half-asleep;*

зүүрмэглэ|**х** *to doze, slumber, have a doze; to take a nap; тэр суугаагаараа зүүрмэглэв he dozed off his chair;*

зүү|**х** *to hang or suspend an object on sth; to wear; to put on; би ер зангиа зүүдэггүй I never wear a tie; тэр эмэгтэй нүдний шил зүүдэг she wears glasses; надад өмсөж ~ ямар ч хувцас алга I've nothing to wear; одон ~ to put on a medal; пайз ~ to hang a sign; бөгж ~ to wear rings;*

зүхэл *curse, damnation, perdition, swearword;*

зүхэ|**х** *to damn, curse; бусдыг харааж ~ to call down curse on smb; тэр согтчихоод муу эхнэрээ зүхдэг when he's drunk he curses his poor wife;*

зүчээ *stable, cowshed; адууны ~ a stable;*

зэв I *rust, corrosion; ~ идэх to rust;*

зэв II *arrowhead, spearhead;*

зэврүүн *cool, chilly; өнөөдөр ~ байна it is cool today;*

зэврэ|**х** *to rust;*

зэвсэг *weapon, arm; instrument, tool; зэвсгээ барих to take up arms; буу ~ firearms; зэр ~ arms, weapons; хүйтэн ~ cold steel; галт ~ fire arms; ~ хураах to collect arms; disarm; багаж ~ tools, equipment; чулуун зэвсгийн үе the Stone age; хүрэл зэвсгийн үе the Bronse Age; ~ нэгтэй нөхөр colleague;*

зэвсэггүй *unarmed;*

зэвсэглэл *armaments, arms; ~зэр хөөцөлдөх arms race; ~ийг хорогдуулах to reduce armaments;*

зэвсэглэ|**х** *to arm; to equip, supply;*

зэвсэгт *armed; ~ хүчин armed forces; ~ бослого armed uprising;*

зээвтэ|**х** *to rust;*

зэвүү *disgust, loathing, aversion; түүнийг харахаар ~ хүрдэг he disgusts me;*

зэвүүн *disgusting, repugnant, unpleasant; ~ харц indignant look;*

зэвүүрхэ|**х** *to be indignant, be outraged;*

зэвүүцэ|**х** *to be disgusted with, have an aversion;*

зэвхий *wan, pale; grey, dull, drab; ~ өдөр a grey day;*

зэвэр *scarce, in short supply; scanty, meager;*

зэвэргэн *rather chilly;*

зэгзгэр *thin and tall;*

зэгс(эн) *reed, rush, cane;*

зэгсэн *quite good; decent;*

зэл *a tethering place for livestock; rope to hang things;*

зэлгээн I *tepid, lukewarm;*

зэлгээн II *portable, not too big, compact;*

зэллэ|**х** *1. to tie animals at a зэл; 2. (of vines) to twine; 3. to stretch out in a long line;*

зэлмүүр *half-starving; өлөн ~ hungry;*

зэлмэ|**х** *to starve, go hungry;*

зэлүүд *deserted, empty, uninhabited;*

зэлэн *ready, prepared, willing, finished;*

зэм *fault, blame, guilt, misdeed; ~гүй innocent, not guilty;*

зэмдэг *half-done; эрэмдэг ~ maimed, crippled; дутуу ~ unfinished, umcompleted;*

зэмдэглэ|**х** *to fail to do; to maim, cripple;*

зэмлэл *reproach, rebuke, reproof;*

зэмлэ|**х** *to rebuke, reproach; to chide;*

зэмс *share of a slaughtered animal taken by the slaughterer or the person cleaning the entrails;*

зэмсэг *weapons, arms; bridle decorations; instruments;*

зэнзгэр *graceful, foppish;*

зэргэд *parallel;*

зэргэлдээ *adjacent to, neighbourimg; ~ айл neighbouring family; тэр бид хоёр айл ~ олон жил болсон he and I were neighbours for years; бид ~ сууж хооллов we were neighbours at dinner;*

зэргээр *1. simultaneously, at the same time; 2. and so on, and so forth, et cetera; 3. as ... as possible; чадах ~ гүйцэтгэх to carry out smth as best one can; нэгэн ~ simultaneously, at the same time; гэх ~ so forth, et cetera;*

зэрлэг *wild; savage; ~ араатан wild beasts;*

~ гахай *wild boar;* ~ өвс *weeds;* ~ балмад *barbarian, barbarous; savage;* ~ хүн *savages;* ~ байдал *wild state, uncivilized state;* ~ сум *stray bullet;*

зэрлэгшиǀх *to become wild; to become unsociable;*

зэрмэгхэн *casually, in passing;*

зэрэг I *rank, grade, (gram. degree; academic degree, (math.) power;* арвын тавдугаар ~ *ten to the fifth power;* давуу ~ *superlative degree;* ~ дугаар *grade, ranking;* тэргүүн зэргийн зочид буудал *a first-class hotel;* ~ хэргэм *rank;*

зэрэг II *at once, at the same time; all at once; as soon as; and other, and so forth;* бүгд нэгэн ~ хашгиралдав *everybody cried out at once;* гэх ~ *so forth;*

зэрэглээ(н) *mirage, fata morgana;*

зэрэглээтэǀх *to appear as a mirage or fata morgana;*

зэрэгцүүлэǀх *to compare; to make even; to place side by side;*

зэрэгцэǀх *to be on the same level; to become the equal of; (mil.) to dress; to compete with, match;* мөр зэрэгцэн *shoulder to shoulder;* зэрэгцэж зогсох *to stand in line;* эн ~ *to become the equal of; to compete with;* зэрэгц! *(word of command) right dress!*

зэрэгцээ *next to each other; side by side; parallel to;* хэнийх ~ хаалганд суудаг вэ? *who lives next door?*

зэрэгцээгээр *at the same time; besides; furthermore;*

зэрэмгэр *having narrow eyes;*

зэрэмдэг *half-done; unfinished;* эрэмдэг ~ *maimed, crippled;*

зэрэмдэглэǀх *to fail to do, fail to finish; to maim, cripple;*

зэс I *copper;* ~ зоос *copper coin;* ~ нь цухуйх *to be shown in one's true colours;*

зэс II *eggplant;*

зэслэǀх *to copper;*

зэтгэр *hindrance, obstacle;* гай ~ *misfortune;*

зэтгэрлэǀх *to hinder, impede;*

зэттэǀх *to show great zeal, work hard; to make an effort;*

зэхий *mediocre; of poor quality;*

зэхэǀх *to prepare in advance;*

зэхээстэй *prepared in advance;*

зээ I *(particle) yes;*

зээ II *child of a daughter or sister;*

зээл I *street; market;*

зээл II *credit; debt; loan;* ~ авах *to receive a loan;* удаан хугацааны ~ *a long-term loan;* өр ~ тавих *to get into debt;*

зээлдэгч *debtor;* нэр ~ *an impostor;*

зээлдэǀх *to borrow, lend, loan;*

зээллэг *lend, loan, credit;*

зээлэǀх *to borrow, lend, loan;* мөнгө ~ *to borrow money;* нэр ~ *to impersonate, pose as;*

зээнцэр *children of a* зээ;

зээр(эн) *gazelle;* цагаан ~ *Mongolian or white-tailed gazelle;* хар сүүлт ~ *goitered or black-tailed gazelle;*

зээрд *chestnut;* улаан ~ *deep chestnut; intoxicated;*

зээрдэгч *a chestnut mare;*

зээрэнхий *(sports) discus; disk;*

зээтүү *hoe;*

зээтүүдэǀх *to hoe;*

Ии

ив *(intensifying particle) extremely, quite;* ~ ижил *quite the same;* ~ илэрхий *quite clear;*

ивлэǀх *to give milk (cow, etc.);*

иврэǀх *to slide, collapse, to rot, decay;*

ивтнэǀх *to itch; (of an insect) to creep, crawl;*

ивүүр *stay, support; padding;*

ивэр : ~ шивэр *whispering;* ~ шивэр ярилцах *to whisper to each other;*

ивэрхий *hernia, rupture;*

ивэǀх *to place under, lay under;*

ивээгч *patron, protector, sponsor;*

ивээл *patronage, sponsorship;* ~ доор *under the auspieces of;*

ивээлт *protective, patronizing;*

ивээс *stay, support; padding;*

ивээǀх *to patronize, sponsor; to protect, help;*

иг *spindle;*

ид I *high point, height;* ~ дундаа *at its height; in full swing;* зуны ~ үед *at the height of summer;* ажлын ~ үед *at the height of work;* тулалдааны ~ дунд *in the heat of the battle;* ажил ~ дундаа оргилж байна *the work is in full swing;* ~ ганган хувцасласан *dressed in the height of fashion;* ~ чадал *power, energy;* насны ~эд *in the prime of life;* ~ чадалтай үедээ *at the peak of one's powers;*

ид II: ~ шид *magic, sorcery;* ~ шидтэн *ma-*

gician, wizard, sorcerer;
идеализм *idealism;*
идеалист *idealist;*
идрээ *(bot.) chicory;*
идтэй *bold, daring; powerful, skillful, magic;*
~ сайн зураач *a talented painter;* ~ эм *effective medicine;*
идтэн *strong or powerful ones; magicians;*
идүүлэ|х caus. of идэх; *to leave to be eaten alive by; to leave at the mercy of; to eat away;* чононд ~ *to be eaten by a wolf;* төмөр зэвэнд цоо идүүлжээ *the iron has been eaten away by rust;*
идүүр *a trough for feeding animals;*
идүүш *a favourite food; forage, feed, fodder;* шувууны ~ *birdseed;*
идүүшгүй *inedible, uneatable;*
идэвх *activity, initiative; diligence; effort;* ~ зүтгэл *activity, effort;* ~ сайтай *active, energetic;* ~ санаачлага *initiative, enthusiasm;* ~ гаргах *to be active;*
идэвхгүй *passive, unenergetic, without initiative;*
идэвхжил *activism, enthusiasm, initiative; activization;*
идэвхжи|х *to become active, develop activity;*
идэвхжүүлэ|х caus. of идэвхжих; *to step up; to make more active;*
идэвхийлэл *activity, effort, zeal, enthusiasm; initiative;*
идэвхийлэ|х *to be active, show great zeal; to participate actively;*
идэвхлэ|х *to exert every effort;*
идэвхтэй *active, energetic; hard-working;* ~ оролцох *to take an active part;*
идэвхтэн *active member of political or social organisation;*
идэвхши|х *to become active;*
идэгдэ|х pass. of идэх; *to be eaten; to be rusted away; to be eroded by;* бороонд голын эрэг идэгджээ *the river bank has been eroded by the rains;* ярд ~ *to suffer from skin sores;*
идэмхий *gluttonous; voracious; bribe-taking; corrupt;* ~ хүн *a glutton, good-eater;* ~ түшмэл *a corrupt official;*
идэр *young;* ~ нас *youth;*
идэржи|х *to become youthful;*
идэрхэг *strong, powerful; daring;*
идэрхэн *very young;*

идэ|х *to eat, have smth to eat, eat up; to devour, consume; to eat away; to eat into;* хоол ~ *to eat a meal;* мах ~ *to eat meat;* үдийн хоол ~ *to eat one's dinner;* ~ юм *food, meal;* энэ машин шатахуун их иддэг *the car consumes a lot of petrol;* зэв ~ *to rust;* юм идэхсэн *I want smth to eat;* үүнийг чанаж иддэг *it is eaten cooked;* цадталаа ~ *to eat to fullness;* бялуурлаа ~ *to eat to excess;* хорхой идсэн шүд *a decayed tooth;* шүд хорхой ~ *tooth decay;* мөнгө ~ *to embezzle money/funds;* тэр албаны мөнгө иджээ *he embezzled official funds;* хээл хахууль ~ *to take bribes;* бэрсийг ~ *(in chess) to take the queen;* барьж ~ *to seize and devour; to scold;*
идэш *food, foodstuffs; provisions; fodder; victuals;* ~ хоол *food, meal;* ~ уушны дэлгүүр *grocery store;* ~ хийх, ~ гаргах *to prepare meat for winter and spring provisions;* ~ сайтай хөрөө *a cutting saw;*
идэшлэ|х *to graze, feed;*
идээ(эн) I *food, food set for guests;* цагаан ~ *dairy products;* ~ амсах *to taste food;* ~ тавих *to dry dairy products; to offer food to a guest;* самрын ~ *kernel of a nut;* чавганы ~ *pit of a plum;* цайны ~ *brewing of tea;*
идээ II *pus;* ~ татах *to fester;* ~ бээр *pus;*
идээ(н) III *tannin;*
идээлэ|х I *to tan;* арьс ~ *to tan a hide;*
идээлэ|х II *(of kernels or seeds) to form;* самар идээлж байна *kernels are formed in nuts;*
идээлэ|х III *to fester, form pus; suppuration;*
идээн *food, meal;*
идээр *pus; festering;*
идээрлэ|х *to fester, suppurate;*
идээшил *acclimatization;*
идээши|х *1. (of drinks) to have brewed; 2. to become acclimatized; to get accustomed or adjusted to;*
идээшмэл *tincture;* бамбайн ~ *valerian tincture;*
идээшүүлэ|х caus. of идээших; *to acclimatize; to brew or draw tea;* цай ~ *to let tea draw;*
иж *(complete) set;* цайны ~ хэрэглэл *a tea set;* ~ бүрэн зохиол *complete works;* унтлагын өрөөний ~ бүрэн тавилга *a complete bedroom suite;*
ижий *mama, ma;*

ижил *similar, the same, alike;* түүний машин минийхтэй ~ *he has the same make of car as I do;* ~ дасал болох *to get used or accustomed to one another;* ~ буруу *odd (one of an incomplete pair);* ~ бус *different, dissimilar;* ~ морь *two horses of the same colour; two horses accustomed to one another;* Ижил мөрөн *the Volga River;*

ижилгүй I *incomparable, matchless, peerless; extraordinary;*

ижилгүй II *odd, unpaired, single;* хань ~ хүн *single or unmarried person;*

ижилсүүлэ|х *caus. of* ижилсэх; *to make similar;*

ижилсэ|х *to resemble; to be similar; to become intimate;*

ижилши|х *to become similar; to become friends;*

ий *(interj. expressing fear or repugnance);* ~ би айж байна! *Oh! I am afraid!*

ийм *such, so; thus;* өнгөрсөн жил яг ~ юм болсон *there was just such a case last year;* амьдрал ~ дээ *such is life;* ~ тийм *so-and-so, such and such;* ~ янзаар *thus, this way, like this;* ~ийн тул *therefore, in view of this;* ~ олон *so many;* ~ их *so much;* ~д *thus, as a result of this;*

иймхэн *only, nothing but;*

иймэрхүү *as such; such; the same;* ~ пальто надад хэрэгтэй *I need a coat like that;* ~ маягаар *thus, in this way;*

ийн *thus; so; like that;* ~ тийн үг хэлэлцэх *to talk about this and that;* ~хүү *so; in this way;*

ийнхүү *thus, in this way;*

ийш *(adv., expressing direction) here; hither;* ~ тийш *here and there; around and about; hither and thither;*

ийшлэ|х *to go to some place;*

ил I *clear, open, not secret;* ~ гаргах *to put on display, show off;* ~ хэлэх *to say openly;* санал ~ хураах *an open ballot;* ~ захидал *postcard;* ~ болох *to be revealed, come to light;*

ил II *fawn, young deer;*

илбэ *magic; slight of hand; trick;* ~ үзүүлэх *to play tricks;*

илбэдэ|х *to play tricks;*

илбэрүү *pleasant; amiable; affable;*

илбэрэ|х *to favour; to work to the advantage of;*

илбэ|х *to stroke with the hand;*

илбэчин *magician; conjurer; prestidigitator;*

илгээлт *sending; shipping; a message;* шуудангийн ~ *parcel;*

илгээ|х *to send, dispatch;* мөнгө ~ *to send money;* хүн ~ *to send someone;* төлөөлөгч ~ *to delegate;*

илд *sword, saber;*

илжиг(эн) *donkey, ass;*

илжирхий *rotten, decayed;* ~ алим *decayed apple;*

илжрэ|х *to decay, rot;* мод чийгэнд илжирдэг *damp rots wood;*

илрүүлэгч *unmasker;*

илрүүлэ|х *caus. of* илрэх; *to reveal; to bring out; to make known; to discover; to expose; to unmask;* хуйвалдаан ~ *to discover a plot;* хамаг муу муухайг ~ *to bring out the worst;*

илрэл *expression, act of expressing;* түүний авьяас уран зурагт ~ээ олжээ *his genius found expression in painting;*

илрэ|х *to be discovered, become clear; to come to light; to be revealed;* тэр үед жолооч согтуу байсан нь илрэв *driver was discovered to have been drunk at the time;* нэг л өдөр үнэн ~ болно *one day the truth will be revealed;*

илэрхий *plain, clear;* ~ болох *to become plain/clear;*

илт *plain, clear, open, obvious; in the public eye;* ~ үнэн *an absolute truth;* тэд хоорондоо ~ дайсагналцдаг *there's open hostility between them;*

илтгэгч *person delivering a report; speaker; orator; (math.) exponent;* уран ~ *orator;*

илтгэл *report, lecture, paper;* жилийн тайлан ~ *an annual report;* ~ тавих *to make a report;*

илтгэ|х *to report; to make a report;* ~ хуудас *report;*

илтгэц *indicator;*

илтэд *openly, clearly; not in one's dreams;*

илтэс *plate, lamina;*

илүү *superfluous, excess; spare; extra; too much; better, excellent;* ~ цаг ажиллах *to work overtime;* ~ үг *a superfluous remark;* тэдний дунд өөрийгөө ~ хүн гэдгийг мэдрэв *he felt superfluous in their company;* ~ зардал *extra expence;* ~ морь *spare horse;* ~ харах *to want more than necessary;* ~ гарах *to have left over;* ~ сайн *better than;* ~ мөнгө төлөх *to overpay;*

улам ~ *still more;* ~ их идэх *to overeat;* тэр надаас ~ туршлагатай *he has more experience than me;* ес зургаагаас гурваар ~ 9 *is 3 more than 6;*

илүүвтэр *a bit too much;*

илүүдүүлэ|х caus. of илүүдэх; *to overdo, do in excess;*

илүүдэл *surplus, excess;* ~ үр тариа *surplus grain;* ~ ачаа тээш *excess luggage;*

илүүдэ|х *to be superfluous; to exceed; to be too many or too much;*

илүүр *a small iron (for ironing);*

илүүтэ|х *to become superfluous or unnecessary; to exceed;*

илүүхэн *with sth to spare; in excess;*

илүүч *superfluous, excess; surplus, excess;*

илүүчлэ|х *to give away that which is superfluous;*

илхэн *openly; clear, obvious; in plain view of;*

илч *warmth; heat;* ~ дулаан *heat;*

илчит *heat, thermal, caloric;* ~ тэрэг *diesel locomotive;*

илчлэг *caloric content;*

илчлэ|х *to expose, unmask; to reveal, make public;*

илчүү : ~ мод *cork tree;*

илэг(илгэн) *suede, chamois;*

илэн : ~далангүй *openly;*

илэрхий *overt, open; obvious(ly); evident;* ~ гүтгэлэг *brazen slander;*

илэрхийлэл *expression; utterance;* нүүр царайны ~ *expression on one's face;*

илэрхийлэлт *expression, utterance; message;*

илэрхийлэ|х *to express; to convey;* энэ талаар тэр санал бодлоо тодорхой илэрхийлэв *he expressed himself very strongly on this point;* хүсэл ~ *to express a wish;* тэр санаагаа яруу илэрхийлж чаддаггүй *he can't express himself well;* түүний илтгэл цугларсан олны санаа бодлыг илэрхийлж чадав *his report conveyed the views of the meeting;*

илэ|х *to stroke with the hand; to rub, massage;* толгойгий нь ~ *to indulge; to be lenient toward;*

им I *testicle;*

им II *mark, sign; earmark;* ~ тамга *earmark, stamp;* ~ тэмдэг *mark, sign;*

имж *kangaroo;*

имнэ|х *to earmark cattle;*

империализм *imperialism;*

импорт *import;*

имрэ|х *to twirl or rub between the fingers; to spin thread;*

имхэрдэ|х *to hem, edge; to put a border on a garment;*

имэрсэн *wick; percussion cap;*

ин(г) I *millstone, grindstone;*

ин(г) II : ~ хорхой *bacterium, microbe;*

ин(г) III *mania;* хулгайн ~ *kleptomania;*

ингүүмэл *sth crushed or broken into small pieces;*

ингүүхэн *simple, ordinary;*

ингэ(н) *female camel more than five years of age;*

ингэ|х I *to do smth thus, do smth in this manner;*

ингэ|х II *to crush, make into powder, small pieces, fragments, or crumbs;*

ингээд *so, and so; thus;*

ингээн : ~ үг *a rumour;*

индекс *index;*

индүү *an iron (for ironing);*

индүүдэ|х *to iron, press;*

индэр *speaker's rostrum;*

инж *dowry, throusseau;* ~гүй хүүхэн *girl without a dowry;*

инженер *engineer;* ~ механикч *mechanical engineer;* барилгын ~ *civil engineer;* цахилгааны ~ *electrical engineer;*

институт *institute;*

интернационал *international; the Internationale (revolutionary hymn)*

интернационализм *internationalism;*

интернет *internet;*

интоор *cherry;* ~ын мод *cherry tree;*

инч *flick, fillip;*

инчдэ|х *to snap one's fingers;*

инээд(эн) *laughter, laugh;* ~ алдах *to burst out laughing;* ~ хүргэх *to make (someone) laugh;* ~ хүрэх *to make one laugh at;* ~ хүрмээр *funny, amusing;* ~ хүрэхгүй байна *I am not amused;* ~ муутай *easily moved to laughter;* хөх ~ нь хүрэх *to laugh in derison;*

инээдтэй *funny, amusing; laughable, comical, humorous; ridiculous, ludicrous;*

инээдэм *laughter; laugh; laughing-stock;*

инээдэмтэй *funny; comical;*

инээлгэ|х caus. of инээх; *to cause to laugh; to make (someone) laugh;*

инээмсэглэл smile;

инээмсэглэ|х to smile;

инээсхий|х to laugh a little; to grin, smile;

инээ|х to laugh; шоолж ~ to make fun of, laugh off; scoff at;

иод iodine;

ир I cutting edge; ~ тохируулах to sharpen, hone; ~ мохох (of knife) to lose its edge; become dull;

ир II will, desire; power, might; ~ орох to desire;

Иран Iran; Iranian;

ирвэгнүүр sensation of being crawled or crept upon;

ирвэгнэ|х 1. to have the sensation of being crawled or crept upon; to get the creeps; 2. to glimmer, twinkle;

ирвэс snow leopard or ounce; (Panthera uncia Schr., 1775);

иргүй I dull, blunt;

иргүй II powerless; avid; greedy;

иргэн citizen; man; ард ~ people; ~ий эрх civil rights; ~ий дайн civil war; ~ий хууль civil law; ~ хүн citizen;

иргэншил civilization;

иржгэр grainy; rough;

иржий|х to be grainy, be rough;

ирлэ|х to sharpen, hone;

ирмүүн strong, powerful; good; ~ ажиллаж байна they are working very well;

ирмэг edge; тэр, хадны ~ дээр зогсов he stood on the edge of the cliff; ширээний ~ edge of the table;

ирмэгдэ|х to be on the edge, border;

ирмэ|х to blink one's eyes, wink;

иртэй 1. having an edge, sharp; 2. powerful, forceful; capable; willed; satisfied;

ирүүлэ|х caus. of ирэх; to let come; to bring, fetch; to send, dispatch; хариу ~ to send an answer; урилга ирүүлнэ I'll send on the invitation;

ирц attendance; ~ бүртгэл register;

ирчгэр rough, uneven;

ирчий|х to be rough, uneven;

ирэг castrated ram, wether;

ирэглэ|х to castrate a lamb;

ирэлцэ|х to come together; чи түүнтэй хамт ирэлцээрэй come together with him;

ирэ|х to come, arrive; to approach; to come to; occur to; явган ~ to come on foot; тэд цуварч ирэв they came one by one (one after

another); өдөр бүр ~ to come every day; зун ирэв summer came; номоо авахаар ~ to come for one's book; унаагаар ~ to come by car; галт тэрэг хагас цаг хоцорч ирэв the train arrived half an hour late; төлөөлөгчид өчигдөр хүрэлцэн ирэв the delegation arrived yesterday; санаанд орж ~ to come to mind, occur to; гүйж ~ to come running; нисч ~ to come flying in, arrive by plane; давхиж ~ to arrive at a gallop; мөлхөж ~ to reach by crawling; ойртон ~ to approach, come up to, come near; цугларан ~ to run into each other, gather, assemble; ~ жил next year; ~ нэг дэх өдөр on Monday next;

ирээдүй future; түүнд их ~ бий he has a great future in front of him; ~ цаг future time (tense); энэ ~гүй there's no future in that/it;

ирээдүйтэй promising, with future prospects; ~ залуу a young man with good prospects;

ис soot; ashes;

исгий felt; ~ дарах to press felt (in feltmaking);

исгүүр I a very small knife; (hon.) knife;

исгүүр II yeast, leaven;

исгэлэн sour; acid;

исгэрэ|х to whistle; тэр нохойгоо исгэрэн дуудав he whistled his dog; түүний толгой дээгүүр сум исгэрнэ the bullets whistled over his head;

исгэ|х to leaven, ferment;

ислам Islam;

Исланд Iceland, Icelander;

исмэг acid;

Испани Spain; Spanish;

истэ|х to become sooty, covered with soot;

исэл oxide;

исэлгэ|х to ferment, leaven, let rise;

исэлдэ|х to oxidize;

исэр stool;

исэ|х to ferment, turn sour; (of dough) to rise; to oxidize;

Итали Italy; Italian;

итгүүлэ|х caus. of итгэх; to make believe, inspire faith or confidence; to convince; тэр өөрийгөө буруугүй гэж эмэгтэйд итгүүлэв he convinced her of his innocence;

итгэгдэ|х to win sb's confidence;

итгэл belief, confidence; faith, trust; ~ найдвар confidence; ~ өгөх to give sb confidence; ~тэй ярих to speak with confidence;

тэр ~ эвдэв *he acted in bad faith;*

иттэлгүй *unreliable, untrustworthy; not instilled a confidence; uncertain;*

иттэлтэй *reliable, trustworthy; faithful; sure; certain; confident;*

иттэмж *confidence, loyalty; conviction;*

иттэмжлэгдэ|х *to win smb's confidence; to be a confidant;*

иттэмжлэл *trust, confidence;*

иттэмжл|эх *to confide, entrust;* ~ жуух бичиг барих *to present diplomatic credentials;*

иттэмжтэй *confident, sure, certain;*

иттэ|х *to believe, trust; to depend on, rely on; to hope; to have confidence in;* бурханд ~ *to believe in God;* үүнд бүү итгэ *don't you believe it;* түүнд итгэж болно *you can depend on him;* би түүний үгэнд итгэдэг *I rely on his word;* түүнд итгэж найдах хэрэггүй *he's not to be relied on;*

иттэшгүй *unbelievable; unreliable; improbable;*

их *big, large; great; much, many; very;* ~ хот *a large city;* ~ барилга *major construction;* ~ дэлгүүр *department store;* ~ сургууль *university;* ~ уншихь *to read too much;* ~ буу *cannon;* хүн ~тэй *populous, crowded;* ажил ~ *busy, not having free time;* авьяас ~ *endowed with talents;* мөнгө ~ *rich in money;* ус ~ *(of a river or lake) at a high level;* эрх мэдэл ~ *having full or absolute power;*

ихтэ|х *to increase; to become larger, more numerous;*

ихэвтэр *a bit too much; slightly big or large;*

ихэвчлэн *in the main;* ~ шинэ цэргүүд байв *the soldiers were in the main recruits;*

ихэвчлэ|х *to finish the larger part of smth;*

ихэд *extremely; very much, greatly;*

ихэмсэг *stately; majestic; haughty, arrogant;* ~ зан *haughtiness, arrogance;*

ихэмсэглэ|х *to put on airs;*

ихэнх *majority; most (of);* ~ тохиолдолд *in most cases;* бидний ~ *most of us;* манай хотод ~ дэлгүүрүүд төв гудамжинд байдаг *most of the stores in our town are on the main street;*

ихэнхдээ *for the most part; mainly, mostly;*

ихэр *twin(s);* тэд бол ~ эгч дүүс *they are twin sisters;*

ихэрлэ|х *to give birth to twins;*

ихэрхэг *haughty, arrogant; conceited;*

ихэрхэ|х *to put on airs, show haughtiness; to be conceited;*

ихэс I *dignitaries, high officials;*

ихэс II *placenta; afterbirth;* ~ цөглөх *separation of the placenta, expulsion of the afterbirth;*

ихэсгэл *growth, increase; magnification;*

ихээр *greatly; in great numbers;* ажиллахын ~ *ажиллахын to work greatly;*

ихээхэн *considerable; serious; greatly, considerably; a lot of, a great deal of;* ~ ажил *a lot of work;* ~ амжилт *considerable success;* ~ орлого *a considerable income;*

ичгүүр *shame, disgrace;*

ичимхий *bashful; shy;*

ичих *to be ashamed of;*

иш I *stem; stalk; grip, handle, holder;* сүхний ~ *axe handle;* үзэгний ~ *pen-holder;* цэцгийн ~ *stalk of a flower;*

иш II *origin, source; basis, foundation;*

иш III *quotation; theory;* ~дээ гуйвуулах *to misquote, miscitation;* ~ татах *to quote, cite;*

иш IV *(interjection)* ~ чаавас! *alas!*

ишиг *young goat, kid;*

ишиглэ|х *to give birth to a kid;*

ишлэл *quotation;*

ишлэ|х I *to attach a handle or grip;*

ишлэ|х II *to quote, cite;*

Кк

кабель *(утас) cable;*

кабин *cabin; cockpit; booth; cell, room;* ачааны машины/тэрэгний ~ *cab of a lorry.*

кабинет *private office, study; specially equipped room; small room, (polit.) cabinet;* физикийн ~ *physics laboratory;*

Кабул *Kabul;*

Кавказ *Caucasus;*

кагор *Cahors wine;*

кадет *(mil.) cadet; (hist.) member of the Constitutional Democratic party;*

казах *Kazakh (one of a people living in Mongolia) or the main ethnic group in Kazakhstan;*

казино *casino;*

Каир *Cairo;*

какао *cocoa;*

календарь *calendar;*

календарчла|х *to arrange day by day;*

кали *(chem.) potassium, calium;*

калибр *caliber or calibre (of a gun or bullet); bore, gauge;* ~ буу *small-caliber gun;*

111

калори (phys.) calorie; ганц нимгэн зүсэм талх 90 калоритай байдаг one thin piece of bread has 90 calories; ~ ихтэй хоол хүнс food rich in calories;

калош rubbers; galoshes, overshoes;

кальци (chem.) calcium;

камера 1. chamber; 2. cell (of a prison); 3. inner tube; 4. camera;

камертон tuning fork;

кампани campaign, drive; сонгуулийн ~ election campaign;

камфор camphor; ~ын тос camphorated oil; ~ын спирт spirits of camphor;

кандидат 1. candidate; 2. holder of an academic degree roughly equivalent to a master's degree;

канкан cancan;

канцлер chancellor;

капитал (ec.) capital; гүйлгээний ~ circulating capital; үндсэн ~ fixed capital; худалдааны/санхүүгийн ~ trade/financial capital; байнгын/хувьсах ~ constant/variable capital;

капитализм capitalism; монопольт ~ monopolistic capitalism;

капиталист capitalist; ~ орон capitalist country; ~ нийгэм/тогтолцоо capitalist society/system;

капрон kapron (a kind of nylon); ~ оймс kapron stockings;

карабин carbine;

каракуль Persian lamb; caracul; ~ арьс astrakhan;

карантийла|х to put under/in quarantine;

карантин quarantine; ~ы цэг quarantine station;

карат carat; 1 ~ 200 мг-тай тэнцдэг 1 carat=200 mg;

карбид carbide;

карбон carbon; ~ы хүчил carbonic acid;

карбюратор carburettor;

кардиограмм electrocardiogram;

карман pocket; ~ы толь pocket dictionary;

карт 1. map; 2. playing card; 3. card;

картель cartel;

касс cashier's office; cashier's desk; билетийн ~ ticket/booking office; хадгаламжийн ~ savings bank;

кассет cassette;

кастрюл saucepan, stewpan;

каталог catalogue; нэрийн ~ list of names, enumeration; номын сангийн ~ a library catalogue; шинэ ном ~т оруулах to catalogue new books; энэ ном ~т хараахан ороогүй байгаа юм this book is not yet catalogued;

каталогч cataloguer;

категори category, class;

катет (math.) cathetus;

католик Catholic; ~ шашин Catholicism;

катушка reel, bobbin, spool, coil;

каучук rubber, indiarubber; нийлэг ~ synthetic rubbers; түүхий ~ natural rubber; ~ийн мод Para rubber tree;

кафе cafe;

кафедр chair, professorship, readership, lectureship; органик химийн ~ chair/professorship of organic chemistry;

квадрат square (figure); (math.) square (second power); ~ зэрэг дэвшүүлэх to square; ~ язгуур square root (of); ~ тэгшитгэл quadratic equation; ~ сантиметр square centimetre; ~ хэмжигдэхүүн square measure;

квитанци receipt; sales slip; chit; түрээсийн ~ a receipt for the rent; ~д гарын үсэг зурах to sign a receipt;

керосин kerosene; paraffin; ~ дэнлүү oil/kerosene lamp;

кибернетик cybernetics;

кибернетикч cyberneticist, cybernetician;

Кидан Kitan;

кило see **килограмм**;

киловатт kilowatt; ~ цаг kilowatt-hour;

килограмм kilogram, kilogramme; 1kg = 1000g;

килокалори kilocalorie;

килолитр kilolitre;

километр kilometre;

кимоно kimono;

кинескоп kinescope; television/picture tube;

кинетик kinetics; ~ийн эрчим хүч kinetic energy;

кино motion pictures; films; movies; ~ үзэх to go to (or go to see) the movies; ~нд дуртай байх to be fond of the movies; ~ны хорхойтон a movie fan; ~ны од a movie star; ~ны урлаг the art of the Cinema, Cinematic art; ~ зохиол scenario; ~ сэтгүүл news-reel; ~ найруулагч cinema/film producer;

киноаппарат motion-picture camera; movie camera;

киномеханик projectionist;

кинооператор cameraman;

киностуди movie/film studio;

кинотеатр movie theater/house, cinema,

motion picture theatre;
кинофестиваль *film festival;*
киоск *kiosk, booth; stand;* сонин сэтгүүлийн ~ *news-stand;* номын ~ *book-stall;*
киргиз *Kirghiz (one of people living mainly in the Kirghiz Republic);* ~ хэл *Kirghiz language;*
кислород *oxygen;* ~ын дутагдал *oxygen starvation;*
кислота *acid;*
клапан *valve;*
кларнет *clarinet;*
классик *the classics; classical writer;*
клизма *enema;* ~ тавих *to give smb an enema;*
клиник *clinic;*
клипер *clipper;*
клиринг *clearing;*
клуб *club;*
кнопк *drawing-pin, (push-)button;*
кобальт *cobalt;*
ковбой *cowboy;*
код *code;*
кодейн *codeine;*
кокс *coke;*
коктейль *cocktail;*
колбаса *sausage;*
коллеги *board; collegium; college;* коллегийн хурал *a board meeting;* өмгөөлөгчийн ~ *college of barristers;*
коллеж *college;* эдийн засгийн ~ *an economics college;* хөдөө аж ахуйн ~ *an agricultural college;* техникийн ~ *technical college;* ~ид суралцах *to go to college;* би ~ид байхдаа *when I was at college;*
коллектив *collective; body; group;*
коллектор *distribution centre; commutator;* номын сангийн ~ *central office for the distribution of books to libraries;*
коллекци *collection;*
коллоид *colloid;*
коллоквиум *oral examination;*
колони *colony;* колонийн бодлого/дарлал *colonial policy/oppression;* колонийн асуудал *colonial question(s);*
колоничилогдо|х *to be colony;*
колоничлогч *colonialist, colonizer;*
колоничилол *colonization; forming a colony;*
колоничло|х *to colonize;*
колонка *any of a number of devices dispensing liquid;* бензин ~ *gasoline pump;* fill-

ing station;
команд 1. *command, order;* 2. *(sports) team;* гал ~ *fire brigade;* аврах ~ *rescue party;*
командир *commander, commanding officer;*
командлагч *commander;* (mil.) хороо ~ *regiment commander;*
командлал *command, order, direction, directive;*
комбайн *combine;* комбайнч/ы жолооч *combine-operator, combine driver;*
комбинат *industrial centre; combine;* аж үйлдвэрийн ~ *industrial combine/complex;*
комбинезон *overalls;*
комендант *commandant; superintendent; warden;*
комендатур *commandant's headquarters/office;*
комикс *comics;*
комисс *commission; committee; board;* засгийн газрын ~ *government commission;* шалгалтын ~ *board of examiners;* сонгуулийн ~ *election committee;* ~ын дэлгүүр *second-hand shop;*
комиссар *commissar;* цэргийн ~ *enlistment officer;*
коммун *commune;* Парисын ~ *the Paris Commune;*
коммунизм *communism;*
коммунист n. *communist;* adj. ~ нам *Communist Party;*
компани *company, firm;* хувь нийлүүлсэн ~ *Joint Stock Company;* төмөр замын ~ *a railroad company;*
компот *fruit compote; stewed fruit;*
компресс *compress;*
компрессор *compressor, blower;*
компьютер *computer;*
конвейер *conveyer;*
конвенци *convention;*
конгресс *congress;*
конденсатор *capacitator; condenser;*
кондуктор *conductor (on a bus);*
конкурс *competition; contest;* ~ын шалгалт *competitive examination;*
консерватори *conservatory (of music);*
консерв *canned food;* махан ~ *tinned/canned meat;*
консервло|х *(of foods) to can, tin, preserve, put up;*
консоль *console (bracket);*
конспект *synopsis; outline; abstract;*

113

конспектло|х *to make an abstract of;*
констант *(math.) constant;*
консул *consul;* ерөнхий ~ *Consul General;* ерөнхий ~ын газар *Consulate General;*
консультац *consultation;*
контакт *contact;*
контейнер *container (for shipping goods);*
контор *office;*
контрабанд *smuggling; contraband goods;*
контракт *contract;*
конус *(geom.) cone;*
конференц *conference;*
концепци *conception;*
концерн *(business) concern;*
концерт *concert; recital;* ~ тоглох *to give a concert;* ~ын танхим *concert hall;*
концесс *concession;*
концлагерь *concentration camp;*
коньяк *cognac; brandy;*
кооператив *cooperative;*
координат *(math.) coordinate;*
коран *the Koran;*
кордебалет *corps de ballet;*
коридор *corridor; hall;*
корпораци *corporation;*
корпус 1. *building (one of several in a complex);* 2. *corps;* дипломат ~ *diplomatic corps;*
корректор *proof reader;*
коррупци *corruption;*
корт *tennis court;*
корь *measles;*
костюм *suit; costume;*
котангенс *(math.) cotangent;*
котлет *chop; cutlet;*
кофе *coffee;* сүүгүй ~ *black coffee;*
кофеин *caffeine;*
коэффициент *coefficient, ratio, factor;* ашигт үйлийн ~ *coefficient of efficiency;*
кредит *credit;*
крейсер *cruiser;*
Кремль *the Kremlin (in Moscow);*
кристалл *crystal;*
кронциркуль *calipers;*
куб *cube (figure); (math.) cube (third power);*
Куба *Cuba;*
кубизм *(art) cubism;*
кубметр *cubic metre;*
кузов *body (of a car);*
кукла *doll;*
купе *compartment (on a train);*
курд *Kurd;*

курс *course; year (in school);* хамгийн сайн/ шилдэг ~ *the best course;* бэлтгэл ~ *a preparatory course;* англи хэлний хоёр жилийн ~ *a two year course of English; (med.)* ~ эмчилгээ *course of treatment;* франц хэлний ~т явах/сурах *to go to a French course;*

Лл

л *(intensifying particle) only; just;* над өг ~ дөө! *just give it to me!* хэл ~ дээ! *speak up!*
лаа(н) I *candle; suppository;* ~ барих *to burn a candle;* ~ асаах/унтраах *to light/blow out a candle;* ~ны гол *candle wick;* ~ны тос *candle wax;* ~ны тос ширээн дээр урсчээ *wax from the candle fell on the table;* ~ны суурь *candle stick; candelabrum;* ~ны гэрэл *candlelight;* олон ~ *candles;* 60 лааны чийдэн *a 60 watt light-bulb;*
лаа II *(interjection of disgust);* ~ ~! *ugh!*
лаав *lava;*
лаагалза|х *to be thick, be viscous;*
лаагалта|х *to thicken, become viscous;*
лаагуу *thick, viscous;*
лааз *can; cistern; tank;* ~ онгойлгогч *a can opener, a tin-opener;* усны ~ *water tank;*
лаахайда|х *to impose, extract (a promise);* өөрийнхөө ажлыг надад бүү лаахайд *don't impose your work on me;*
лаборант *laboratory assistant;*
лаборатори *laboratory;* гадаад хэлний ~а *foreign language laboratory;*
лав I *deep(ly); firm(ly); sure(ly), certain(ly); true; for sure;* ~ ухах *to dig deep;* тэр ~ мэднэ *he knows it for sure;* лавы нь олох *to find out all the facts;* чиний англи явах чинь ~ уу? *is it true that you are going to England?* тэр бүсгүй үгэндээ ~ *she is true to her word;*
лав II *wax; paraffin wax; bitumen, tar;* ~ зул *candle;* ~ тос *bitumen; paraffin;*
лавааз *stone-cutter;*
лавай *sea shell;*
лавда|х *to rub or smear with wax;*
лавир *canopy;*
лавла|х *to make sure; to find out; to inquire; to clarify, investigate;* би зогсоол хаана байдгийг лавлая *I'll find out where the station is;* тэр галт тэрэг хэзээ ирэхийг лавлаж байв *he was inquiring about the arrival of the train;* ~ товчоо *information office;* ~ бичиг *reference book, guide book;* утасны ~ *telephone*

directory, phone book;
лавмар plastic;
лавра|х to ooze out; to wear out;
лаврин (obs.) palace of a high lama;
лавс snow-flakes;
лавса|х (of snow) to fall in flakes;
лавтай (of information) reliable, truly, authentic; for sure; when one is sure of success; ~ эх сурвалжаас авсан мэдээ news from a reliable source; ~ биш uncertain, inauthentic, doubtful;
лавтра|х to wear out completely; to tear, fall apart; ном лавтаржээ the book fell apart;
лавх quiver;
лавшаа very greedy suckling by young animals; windbag;
лавши|х to babble, chatter;
лавшра|х (of an illness) to grow progressively worse; to go deep into, progress;
лаг I silt, mud, etc. carried by moving water (and left at the mouth of a river, in a pond, etc.);
лаг II : ~ буух, ~ хийх to bang; to drop (smth) with a thud;
лагалда|х to become extremely thick or sticky;
лагерь camp;
лаглагар heavy, weighty, stout;
лаглай|х to be heavy, bulky; лаглайн суух to sit occupying too much space; to be idle;
лагс large, heavy;
лагхий|х to drop (sth) with a thud, get down with a plop; to fall heavily;
лагшин (hon.) body; health; бие ~ body; person; health; ~ тунгалаг уу? how are you? ~ чилүүр indisposed, ill;
лазагна|х to be too lazy (to); тэдэнд лазагнаад захиа бичдэггүй байснаа тэр хүлээв he admitted that he had been too lazy to write them;
лазан lazy, idle; ~ жолооч lazy driver; ~ хүн lazy/idle person; чи яасан ~ хүн бэ? what a lazybones you are!
лай үйл ~, ~ зовлон misfortune, suffering; ~ болох to be a burden to; бөөн ~ long drawn-out affair; burden; ~ болохоор зай бол it's better you go away instead of being a burden to me/us;
лайдаа awkward, clumsy;
лал : ~ын шашин Mohammedanism; Islam; ~ын мөргөлтөн Moslem; ~ын сүм mosque;

лалхай|х to be large; to be idle or lazy;
лалхгар stout, corpulent; (of a tree) spreading;
лам lama; a Buddhist monk; ~ хүн lama; ~ нар lamas; ~ шувуу ruddy shalduck (Tadorna ferruginea Pall.); даа ~ abbot lama; ширээт ~ dean of a Lamaist monastery; хар ~ Christian priest; ~ хуврага monk;
ламархаг having the appearance or manner of a lama;
ламбугай respectful term used to address a lama;
ламп lamp; (radio) tube;
ламтан respectful term of reference to or address for a lama;
ламхай respectful term of reference to or address for a lama;
лан(г) a measure of weight equal to 37.3 grams;
лангуу counter; гуанз/дэлгүүрийн ~ a canteen/shop counter;
лантай|х to be large, heavy, corpulent;
лантанз (bot.) henbane;
лантгар large, heavy, massive, corpulent;
лантуу sledgehammer;
лантууда|х 1. to pound with a sledgehammer; 2. to press, demand of;
ланцуй lancet;
Латви Latvia; Latvian;
латин Latin; ~ цагаан толгой Roman alphabet;
лахгар big, huge; heavy, bulky;
лац sealing wax;
лацда|х to seal with wax;
лейборист Labourite;
лейкоцит leukocyte;
лектор lecturer;
лекц lecture; тэр, өчигдөр Монголын урлагийн тухай ~ уншив he gave a lecture on Mongolian art yesterday; тэр лекц сайн уншдаг he lectures well; ~ уншигч lecturer;
лент ribbon; tape;
либерал liberal;
либерализм liberalism;
либретто libretto;
Ливан Lebanon; Lebanese;
Ливи Libya; Libyan;
лийр pear;
лимбэ flute;
лимбэдэ|х to play a flute;
лимбэчин flutist, (Amer.) flautist;

лимон lemon;

литр litre;

литрлэ|х to measure in litres;

лиш pink (flower); carnation;

ловон (obs.) prior, rector; instructor-in-charge;

ловх marshy ground unsuitable for agriculture;

ловш rags; old things;

логик logic;

логлогор thick-set, short, plump;

логлой|х to be thick-set, short, or plump;

ломбо seal, lead seal; шүдний ~ filling (for a tooth); ~ лац seal; тугалган ~ lead seal;

ломбодо|х to place a seal on smth; to seal; to put a seal; шүд ~ to fill (a tooth);

лонх(он) bottle; ~ дарс a bottle of wine; миний охин өдөрт хоёр ~ сүү уудаг my daughter drinks two bottles of milk a day;

лонхгор potbellied;

лонхло|х to bottle;

лоовууз a kind of fur cap; үнэгэн ~ a hat made of fox;

лоож (theat.) box;

лоозон slogan, motto; улс төрийн ~ political slogans;

лоозогно|х to put forward a slogan;

лооль tomato; лоолийн шүүс tomato juice;

лоом crowbar;

лото lotto;

лөө : ~ ~ in vain, for nothing; ~ ~ болох to fizzle out, to fall apart;

лөөлгөр ugly, homely, unattractive;

луг : ~ ~ хийх to pulsate, throb, (of the heart) to beat, palpitate;

луглагар heavy, thick-set, corpulent;

лугши|х to beat, pulsate, palpitate, throb; зүрх лугшиж байна the heart beats;

луйвар swindle, swindling, fraud; cheating; trickery; энэ бол ~ it's a swindle;

луйварда|х to cheat, practice fraud; хүний юм ~ to cheat sb out of sth; эмэгтэйн их хэмжээний мөнгийг луйварджээ she was cheated out of a lot of money;

луйварчин swindler, cheat, cheater.

луйл weed;

лус water spirit, wood goblin; ~ын дагина nymph; mermaid;

лут giant; large, huge; great; enormous, immense, grand; powerful; firm; ~ барилга a large building; ~ орлого a large income; ~

амьтан a huge animal; ~ эр a big strapping man; daring person; ~ уулс grand mountains; ~ бөх firm; ~ хүчтэй хүн man of great strength; тэд ~ том байшинд суудаг they live in a very big house;

луу dragon; ~ цаг the hours between 7 and 9 am;

лууван(г) carrot;

луужин(г) compass;

луус mule;

лухгар heavy, thick-set, stout;

лүвхий|х (of warm wind) to blow from time to time;

лүг : ~ ~ хийх to pulsate, throb; ~хийм халуун sweltering heat;

лүглэгэр stout, heavy, thick-set; loose;

лүгхий|х to make a heavy muffled sound; to come intense heat;

лүжигнэ|х to rumble;

лүндэн(г) (obs.) command, bull, edict;

лүү earthenware pot, ewer; архины ~ wine container; a drunkard;

Лхагва the planet Mercury; Wednesday;

лэг : ~ бөх the collapsed hump of camel;

лэглий|х to be shaggy; to be stout, bulky;

лэглэгэр shaggy; bulky, cumbersome;

лэнсий trifle; small items;

люстра lustre;

лянхуа lotus, water lily;

Мм

маадай|х to be self-satisfied, self-complacent;

маадгар self-satisfied, self-complacent, smug;

маажин(г) varnish, lacquer;

маажинда|х to varnish, laquer;

маажи|х to scratch; to scrape or rub (the skin, esp. to stop itching); нуруу ~ to scratch the back; шилээ ~ to scratch one's head; маажихаа боль! stop scratching (yourself)! хорыг ~ to wound sb's pride;

маажл|ах to scratch occasionally; нохой газар маажлав the dog scratched the ground;

маажуур 1. scabies, mange; 2. currycomb, scraper;

маажуурта|х to contract mange;

мааз playful, jocular;

маазай|х to be reckless, devil-may-care;

маазгана|х to flirt with, play up to;

маазгар reckless, devil-may-care; frivolous;

маазра|х to clown around, jest, joke; to norse around;

маалинга I flax;

маалинга II vulgar, cynical;

маамаа a term used by children when addressing their mother or elderly female relatives;

маамуу baby, infant (in children's talk);

мааннаг idiot, fool, imbecile; stupid, foolish; dumb; тэр ямар ~ амьтан бэ! what a fool he is!

маанагар slightly touched in the head; stupid;

маанагла|х to behave stupidly;

маанагта|х to behave foolishly;

маань I (possessive pronoun) mine, ours; ах ~ brother of mine; багш ~ өвчтэй байгаа our teacher is ill;

маань II prayer or mantra; ~ уншиx to form words used in praying, recite the prayer; маанийн хурд prayer-wheel;

маапаан mess, muddle, jumble;

маапаанта|х to become (en)tangled;

маарал gauze;

маарамба a theological degree granted to graduates in Tibetan medicine;

маара|х to twiddle one's thumbs;

маасай|х to be self-satisfied; (of one's face) to break into a smile;

маасгана|х to flirt with; тэр албан газрынхаа бүсгүйчүүдтэй дандаа маасганаж байдаг юм he's always flirting ···· the women in the office;

маасгар self-satisfied, self-complacent, smug; smiling blissfully;

маахай I shoes made of cloth;

маахай II large adult male bear;

маахуур a twisted pastry;

мааюуз saddle cushion;

мааюур a thin pastry usually deep fried in vegetable oil;

магад 1. undoubted(ly); sure(ly); truth, real(ity); ~ үнэн invariable truth; **2.** probable, possibly, most likely; for; sure; бороо орж ~ it is possible that it will rain; тэд ~ ирнэ шүү they will probably come;

магадгүй probably, perhaps, possibly; maybe; тэр ирж ~ perhaps he'll come; маргааш бороо орох болов уу? - ~ will it rain tomorrow? - perhaps; үнэн байж ~ perhaps

it is true;

магадлал probability; version; verification; ~ багатай improbable, not likely;

магадла|х to verify, ascertain; to investigate, inquire into; to determine; гэмт хэргийг магадлан шалгах to inquire into crime; бид эдгээр тоог ~ ёстой we must verify these figures; ослын шалтгааныг магадлан тогтоох to ascertain the cause of the crash; үнэн худлыг магадлан тогтоох to ascertain the truth and falsehood;

магадлашгүй unforeseen;

магнаг silk brocade with dragon designs embroidered in gold and silver;

магнай forehead; ~ тэнийх to be very happy; ~д явах to march at the head; сургийн ~ the best of the herd; ~д гарах to be in the vanguard;

магнайла|х to lead, be in the lead; to be at the head; to be in the vanguard;

магнитофон tape recorder;

магтаал 1. praise, extolling, eulogy, panegyric; glorification; ~ сайшаал compliment; **2.** ode, canto;

магтаалч panegyrist;

магтагда|х to receive high praise (for), be praised, spoken highly of, be glorified;

магта|х to praise, glorify, panegyrize, eulogize; магтан дуулах to praise, extol (in verse or song); хүний эрэлхэг зоригийг ~ to praise a man for his courage; хоолны сайныг ~ to praise the meal as the best of its kind; түүнийг баатар мэт магтан өргөмжлөх to extol him as a hero; тэнгэрт тултал ~ to praise sb to the skies;

магтлага the act of praising; extolling, praise, eulogy;

магтуу cantata; eulogy;

магтуула|х caus. of магтах;

магтууштай praiseworthy;

мад checkmate; ~ хийх to checkmate; ~ тавих to shut someone up;

мадаг error, misprint; алдаа ~ mistakes, errors; хэвлэлийн алдаа ~ printing mistakes; миний англи хэлэнд алдаа ~ байна уу? are there any mistakes in my English?

мадаггүй errorless, correct; reliable;

мадагла|х to proofread;

мадагтай having errors; unreliable; of doubtful authenticity;

мадгар self-important, pompous; short and

fat;

мадла|х 1. *to checkmate;* **2.** *to render an opponent speechless by the strength of one's argument;*

мажар *Hungary; Hungarian; Magyar;*

мажий|х *to die;*

май I *heavy, billowing smoke; fire of dried dung to keep away flies;*

май II *(particle) here is; here, take it!* ~ ав! *here, take it!* номоо өгнө үү! май! *give me the book, please! here!* май! *here you are/it is!*

май III : ~ загас *herring;*

майга *bowlegged, bandy-legged; knock-kneed;*

майжгана|х *to hobble about; to be unsteady;*

майжганасан : ~ сандал *unsteady chair;*

майжгар *bowlegged; smth crooked or lopsided;*

майжгий *crooked, askew, wry, lopsided; worn on one side or down at the heels (of footwear);*

майжиг *crooked, askew, wry, lopsided;* ~ гутал *boots worn down at the heels;* ~ гишгэх *to walk or step crookedly;*

майжийлга|х caus. of майжийх; *to wear down (footwear);*

майжий|х *to be(come) crooked, askew, lopsided; to be worn down (of footwear);*

майлаан : уйлаан ~ *lamentation;* уйлаан ~ болох *to lament, be grief-striken;*

майла|х *to bleat; bleating;*

майлс *cypress;*

маймаа *trade, business, commerce;*

маймаала|х *to trade, barter, engage in commerce;*

маймай|х *to become toothless;*

маймар : ~ ~ хийх *(of infants or toothless old people) to eat; to walk or step unsteadily;*

маймгар *having sagging lips because of toothlessness;*

майра|х *to be disfigured by the loss of teeth; to grow old, age;*

майргар *having big feet;*

майрдаг *toothless; dull, blunt;* ~ эмгэн *toothless old woman;*

майтгар *bandy-legged, bow-legged;*

майтий|х *to be bow-legged;*

майхан *tent, marquee;* ~ барих *to pitch a tent;* майхны гадас/багана *a tent peg/pole;.* ~д унтах *to sleep under canvas or in a tent;*

мал *cattle, livestock;* ~ адгуус *animals;* ~ аж ахуй *animal husbandry, cattle-breeding, livestock (breeding);* ~ сүрэг *livestock;* таван хушуу ~ *the five major kinds of livestock: sheep, goats, cattle, horses, camels;* амины ~ *private livestock;* бод ~ *the so called "large cattle": horses, cattle, camels;* бог ~ *the so called "small cattle": sheep and goats;* төл ~ *young/newborn animals; younglings;* эх ~ *she-, females;* эцэг ~ *uncastrated animals for breeding;* халуун хушуутай ~ *sheep and horses;* хүйтэн хушуутай ~ *camels, goats and cattle;* ~ын хашаа *livestock enclosure, pen;* ~ төллөх *(of livestock) to produce young;* ~ отборлох *to move livestock to distant pastures;* ~ тэвээрэх *(of a sick animal) to begin to improve;* ~ маллагаа *cattle-raising;* ~ын тооллого *census of livestock;* ~ын тоо (толгой) *number of livestock;* ~ын тэжээл *fodder;* ~ын бэлчээр *pasture, grazing land;* ~ын туувар *cattle-drive to a livestock base;* ~ туугч *drover;* ~ын ашиг шим *animal products: wool and hair, hides, milk, meat;* ~ эмнэлгийн ухаан *veterinary science; veterinary medicine;* ~ын эмч *veterinary surgeon;* ~ хядлах *to slaughter animals;* ~ын зах *livestock market;* ~ ~ын захтай *having a few of each of the five major kinds of livestock;* ~ хариулах *to pasture; to shepherd;*

Малай *Malay, Malayan;*

малархаг 1. *rich in livestock;* **2.** *skilled or experienced in dealing with livestock;*

малгай *hat, headgear, head-dress;* сийрсэн ~ *straw hat;* зуны ~ *summer hat;* үнэгэн ~ *fox-fur hat;* ноосон ~ *knitted hat;* эсгий ~ *felt hat;* саравчтай ~ *cloth cap;* дугуй ~ *beret;* үстэй ~ *fur hat;* ~ өмсөх *to put on a hat;* малгайгаа авах *to take off a hat;* цаасан ~ өмсгөх *to flatter, overpraise;* ~ гарчиг *banner headline;* хадаасны ~ *nailhead;* тэр малгайтай байна *he has a hat on;* тэр сайхан таарч байна *that hat is very becoming;*

малгайла|х *(of snow) to fall in large flakes;*

малгайт *having a hat or head;*

малгайчин *hat maker;*

малжи|х *to acquire livestock;*

малигар *round-faced, chubby;*

малий|х *to become round-faced; to have a full face;*

малла|х 1. *to rear, breed livestock;* **2.** *to*

nurse, tend; to bring up; to look after; хүүхэд
~ to bring up children; **3.** to fool out of; to
deceive; мөнгий нь маллаж авах to fool
money out of sb;
маллуула|х caus. of маллах; to be fooled;
би хэнд ч ~гүй *I* am not going to allow myself
to be fooled;
малтагдахуун mineral; fossil;
малтагч (coal-)hewer, getter (in mine);
малта|х I to dig; to find out; нүх ~ to dig a
hole; худаг ~ to dig a well; нүүрс ~ to mine
coal; төмс ~ to dig potatoes; малтаж гаргах
to dig up, unearth; to dig out; малтаж олох to
dig down to; to find out; цас ~ to pile up snow;
хоры нь ~ to provoke; to cut to the quick;
малта|х II to act like an animal;
малтац I mineral; fossil;
малтац II ski poles;
малтмал sth excavated; mineral; fossil;
ашигт ~ minerals, mineral resources; нүүрс
төмрийн хүдэр хоёр бол ашигт ~ мөн coal
and iron are minerals; ашигт ~ын ордууд
mineral deposits;
малтуур rake; scraper;
малтуурда|х to rake;
малч able or skilled raiser of livestock;
малчин cattle-breeder, herdsman;
stockbreeder, shepherd;
мам witch;
ман we;
мана I : ана ~ equally with; on an equal foot-
ing with; ноход яс ана ~ булаалдан байв the
dogs were fighting over a bone equally;
мана(н) II (min.) chalcedony;
манаа guard duty; watch; sentry, watch-
man, guard; ~ манах to guard, watch; ~нд
гарах to mount guard; ~ хийх to be on guard;
~ны шовгор sentry-box;
манаадас mount of earth round a hut serv-
ing as protection from the weather;
манаач guard, night-watchman;
манай our; тэд нар бол ~ найзууд they're
friends of ours; ~ сургууль our school; ~ улс
our country; ~ төлөвлөгөө биелсэн our plan
was achieved; байр олтлоо ~д сууж бай stay
with us until you find your own accomodation;
манайх ours; ~ тэнд байна our home is over
there; эдгээр номнууд ~ these books are ours;
~ тэднийхээс том ours is larger than theirs;
манайхаар ороод хоол идээд яв stop by my
house for dinner;

манайхаас from ours, from our family, group
or place;
манайхан our people, people on our side;
түүнийг манайхны нэг гэдэг they regard him
as one of us; ~ одоо ирнэ our people will
come soon; манайхны үхэр нугад бэлчиж
байна the cows of our families are grazing in
the meadow;
манан fog; mist; ~ будан fog, mist; шингэн
~ haze; өтгөн ~ a dense or thick fog; ~ татах
to become enveloped in mist, become foggy;
утаа ~ smoke; тоос ~ dust; хадаах to stir up
trouble; сүйдийн ~ болох to become panic-
striken; толгодыг ~ бүрхсэн байв the hills
were hidden in mist; ~ арилав the mist has
cleared off; нисэгч мананд онгоцоо
буулгахыг оролдов the pilot attempted a land-
ing in the fog;
мананта|х to grow misty; to become envel-
oped in mist;
манантуула|х to dim, cloud, obscure;
манара|х to become clouded with; (of dust
or smoke) to rise; толгой ~ to faint; тоос ~ to
rise dust; яндангуудаас утаа манарч байв
smoke rose from the chimneys;
манарга|х caus. of манарах; тоос ~ to raise
clouds of dust;
мана|х I to guard, watch over; to be on
guard, to defend; to hold night-watch;
манайхан шөнө адуугаа манадаг we guard
our herd of horses at night;
мана|х II to cover up, seal off; гал ~ to cover
the fire with ashes to keep it going overnight;
хаяагаа ~ to cover or seal the lower edge of
one's гэр; to protect oneself from blame;
мангад monster;
манган (chem.) manganese;
мангар foolish, stupid; dumb; ~ хүн idiot;
fool; ~ тайлах to take a drink in order to cure
a hangover;
мангарла|х to be(come) stupid;
мангарта|х to act stupidly;
мангас monster; ogre;
мангир wild onion;
мангис (zool.) badger;
мангуу foolish, dumb, silly, stupid;
мангуура|х to become foolish; to act stu-
pidly;
мангуута|х to behave stupidly;
мангуухан dull, not very bright;
мандал I revival, rebirth, renaissanse; flow-

119

ering, golden age; rise;

мандал II surface; далайн ~ surface of the sea; агаар ~ hydrosphere; сарны ~ moon disk;

мандал III a kind of religious offering;

мандариваа (bot.) dahlia;

мандарин (bot.) mandarin;

манда|х to rise; to blossom out; to flourish; to develop; to become famous; нар ~ coming up of the sun; нар мандахад at rise of the sun, at sunrise; сэргэн ~ to be revived, be reborn; мандан хөгжих to develop; нэр ~ to become famous; нар дорно зүгт мандаж, өрнө зүгт жаргадаг the sun rises in the east and sets in the west; сар мандлаа the moon has risen;

мандолин mandolin;

мандтугай long live...! Монгол орон ~! long live Mongolia!

мандуула|х caus. of мандах; to develop, make prosper; to make famous; to raise; туг ~ to hoist a flag; хэрэг ~ to raise a matter; to do smth harmful;

манёвр maneuver;

маневрла|х to maneuver;

манж manchu;

манжин turnip; улаан ~ beet; чихрийн ~ sugar beet, white beet; шар ~ turnip;

манигар full-faced and narrow-eyed;

маний our, ours;

манин hermaphrodite; bisexual;

манлай vanguard; leader, head; the best of sth; ~д явах to be in the vanguard, in the forefront; адуун сүргийн ~ the best of the horse herd;

манлайлал vanguard; hegemony;

манлайлагч leader, spearhead;

манлайла|х to be in the vanguard; to take precedence over; to lead, guide, have the first place in; to go first; ямар морь манлайлж явна вэ? which horse is leading?

манлайчла|х to lead, guide;

мантгар having a large head and full face;

мантуу steamed bread;

мануул manul or pallas' cat (Felis manul Pall.,1776);

мануухай scarecrow;

манх(ан) sand dune;

манхаг medicine bag;

манхай|х to grow light;

манхан having a white colour (of horse);

манцуй swaddling clothes; ~тай хүүхэд newborn baby;

манцуйла|х to swaddle;

манцуурга cudgel; pestle for pounding tea;

мань our (used with a slighting or deprecatory nuance); ~ өвгөн fellow; this old man;

мар : ~ мур хийх to squabble;

мараа saline soil; salt marsh;

марал I female red deer;

Марал II Orion;

маргаадар tomorrow;

маргаан argument, dispute, disputation, controversy, conflict; хэрүүл ~ quarrel; маргаанд оролцогч disputant; ~ыг намжаах/ зөөлрүүлэх to impair the strength of the argument; үүнээс болж бидний дунд ~ гарав we had an argument over it;

маргаангүй indisputable, incontrovertible; unquestionably, without question, beyond dispute;

маргаантай disputable, questionable;

маргаач person who likes to argue;

маргааш tomorrow; ~ийн ~ the day after tomorrow;

маргад emerald;

маргалдаан see **маргаан**;

маргалда|х to argue about, dispute about, debate; to have a bet on;

марга|х 1. to argue about, debate, dispute about; to quarrel; эмэгтэй ~ дуртай she loves arguing; маргалдахаа больцгооё let's drop the argument; 2. to discuss, question the truth or validity of;

марз(ан) saline soil, salt marsh;

марзагна|х to play the fool; to behave in an affected manner; to be absurd; бүү марзагна! don't be ridiculous!

марзан absurd, senseless; funny, droll; strange, ridiculous, deserving to be laughed at; ~ хүн eccentric person; тэр хуучин малгайг өмсөхлөөр чи ~ харагдаж байна you look ridiculous in that old hat;

мариа stoutness, corpulence; plumpness; ~тай хүүхэд a plump child; ~ муутай thin; ~ суух to grow fat;

мариала|х to grow fat/ stout; to put on weight;

марк (postage-) stamp; mark, brand; ямар ~ийн дугүй вэ? what brand of bicycle;

марлигар having irregular features;

мармагар flat-faced;

мартагда|х to be forgotten; to be loot in thought; энэ амархан мартагддаг that is

easily forgotten;
мартагдашгүй unforgettable;
мартагна|х to forget temporarily;
мартамхай forgetful;
марта|х to forget; найз нөхдөө ~ to forget one's friends; намайг бүү мартаарай! don't forget me! би нэрийг чинь мартчихаад байх юм I forget your name;
марташгүй unforgettable;
мартен : ~ зуух open-hearth furnace;
мартууштай sth to be forgotten;
марчгар wrinkled; lined; creased; pitted, pockmarked;
марчий|х to crease, wrinkle;
марш march; алхаад ~! quick march!
маршал marshal;
маршла|х to march;
маршрут route, itinerary;
массаж massage;
мастер foreman; skilled workman; master; шатрын ~ chess master;
масштаб scale;
матаас I concavity; arc-like bend;
матаас II denunciation, information, delation;
матар crocodile;
мата|х I to bend in the form of an arc;
мата|х II to inform against, denounce;
матгар bent, curved, winding; ~ сэлэм curved sabre;
математик mathematics;
математикч mathematician;
матери (philos.) matter;
материал material; fabric; барилгын ~ building materials; илтгэл бэлдэх ~ material for a report; ноосон даавуун ~ woollen fabrics;
материализм materialism;
материалист materialist;
матигар bent, curved, winding;
матий|х to bend, curve;
матмал bent, curved; ~ сандал bentwood chair;
маузер Mauser (automatic pistol);
мах(ан) flesh, meat, beef; хонины ~ mutton; үхрийн ~ beef; тэмээний ~ camel meat; гахайн ~ pork; шувууны ~ fowl; тахианы ~ chicken; ангийн ~ game; тарган ~ fat meat; шарсан ~ broil; чанасан ~ boiled meat; татсан ~ chopped meat, mince; бөөрөнхий ~ meatball; шинэ ~ meat of a freshly slaugh-

tered animal; хуучин ~ meat kept a long time after the animal has been slaughtered; бүхэл ~ uncut meat, dressed carcass; тураг ~ dressed carcass; ~ болгох to slaughter livestock; хар ~ lean meat; шар ~ the membrane adhering to the underside of skins or hides; цагаан ~ rectum; улаан ~ raw meat; ~ан хоол meat dishes; ~ан хуурга fried meat, goulash; ~ны мухлаг butcher's; ~ комбинат meat-packing plant; ~ болох to be too tired to move; ~аа идэх to be worn out; ~ идэх to eat meat; ~ мариа fatness, obesity; мах цус flesh and blood; ~ татах to chop meat; ~ суух to put on weight, become fat; ~ шуурах to lose weight, become thin; ~ цусны, ~ ясны by blood; хүний ~ human flesh;
махархаг meaty, fleshy;
махбод element; organism; бие ~ body, organism; язгуур ~ element;
махигар crooked; bent, curve;
махийлга|х to make curved or bent;
махий|х to curve, bend;
махир bent, curved; crooked; ~ зураас curve;
махлаг fat, stout, plump, in flesh;
махла|х I to get fat, put on weight;
махла|х II to wear out, exhaust, enfeeble, cause hardship; to torment, rack;
махра|х to show great zeal, work hard; to take pains to do sth; махран ажиллах to work with great zeal;
махруу zealous, diligent, painstaking; их ~ оюутан a very diligent student; Тамир сурлагадаа ~ Tamir is diligent in his study;
махса|х to be hungry for meat, crave meat;
махсуу fond of meat;
махтай having meat, fleshy, fat; prepared from or with meat;
махчин beast, bird of prey; cannibal; ~ шувуу bird of prey; ~ амьтан beast of prey;
махчла|х I to torment, plague;
махчла|х II to translate literally; махчилсан орчуулга literal translation;
мацаг fast, fasting, abstinence; ~ барих to fast, keep the fast;
мацагла|х to fast, keep the fast;
маца|х to clamber, climb upwards/up; to show great zeal, work hard; би уснаас мацаж гарав I climbed out of the water;
маш very, extremely, greatly; very much; ~ сайн very good; ~ олон very many; ~ эвгүй байв it wasn't very pleasant; ~ их баярлалаа!

thank you very much!

машид *for ever, for good; once (and) for all; entirely, completely;*

машин(а) *machine, mechanism; car;* бичгийн ~ *typewriter;* махны ~ *meat grinder;* оёдлын ~ *sewing-machine;* тооны ~ *calculator;* ачааны ~ *truck, lorry;* ~ы тос *machine oil;* нэхэх ~ *power loom;* суудлын ~ *passenger car;* сүүний ~ *cream separator;* үсний ~ *hair clippers;* суурь ~ *machine tool;* хэвлэлийн суурь ~ *printing press;* нэхмэлийн суурь ~ *loom;*

машинда|х *to work with or use a machine;* үс ~ *to cut hair with electric clippers;* мах ~ *to chop or grind meat mechanically;*

машинч *machinist, engine-driver;*

машуу *sick to the stomach as a result of overeating;*

машууда|х *to be upset from overeating;*

машуута|х *to suffer from overeating;*

маяа : далны ~ *the neck of the shoulder blade, thin end of the scapula;*

маяг I *type, style; model, pattern; fashion;* загвар ~ *model; type; fashion, vogue;* хэлбэр ~ *form, shape;* ~ байдал *appearance, looks;* үлгэр ~ *model, pattern;* шинэ ~ийн *fashionable, stylish;* шинэ ~ийн хувцас өмсөх *to dress in the latest fashion;*

маяг II *manner, air, affectation; pretence; caprice, whim; oddity, vagary;* ~ гаргах *to behave in an affected manner;*

маяггүй *extraordinarily large or intense;* ~ хүйтэн өдөр *an extraordinarily cold day;*

маягла|х *to behave in an affected manner; to put on airs;*

маягса|х *to try to feign;*

маягт *having a style, form, pattern;*

маягтай I *possessed of certain form, shape or manner; stylish;*

маягтай II *ill-mannered; capricious; pretentious, affected;*

медаль *medal;*

металл *metal;* өнгөт ~ *non-ferrous metals;* хар ~ *ferrous metals;* ховор ~ *precious metals;*

метр *metre;*

метро *underground, subway;*

механизм *mechanism, gear(ing);*

механик *mechanics;*

механикжуула|х *to mechanize;*

механикч *mechanic;* ~ хөдөлгүүр угсрав

the mechanic assembled the engine;

мигуй *cat;* ~н нүд *opal;*

мий *cat;*

микроб *microbe;*

микробиологи *microbiology;*

микрон *micron;*

микроскоп *microscope;*

микрофон *microphone;*

миллиграмм *milligram;*

миллиметр *millimetre;*

миль *mile;*

минж(ин) *beaver;* ~ин зах *beaver collar;*

миний *my;* ~ бодлоор бол *in my opinion, in my eyes;* ~ ээж *my mother;* ~ бие I; ~ хойноос *after me, following me;* ~ эртний танил *an old acquaintance of mine;* тэд ~ тухай ярьцгааж байна *they are talking about me;* ~ буруу *it's my fault;* энэ ~ хэрэг *that is my affair;*

минийх *mine, belonging to me;*

минут *minute;* түүний цаг арван ~аар түрүүлж байна *his watch is ten minutes fast;*

минчгэр *swollen and crimson;* ~ нүүртэй *having a red, swollen face;*

минчий|х *to become swollen and crimson; to turn crimson;*

минчрэ|х *to become numb, feel a numbing;* хөл минчрээд байна *my leg is numbing;*

минь *my, of mine;* ээж ~ ирэв *my mother came back;* найз ~ надад хэлэв *a friend of mine told me;* чи ~ яав? *what did you do, my friend?*

мирээн *many-coloured, particoloured;* эрээн ~ *mothley, variegated, many-coloured;*

Мисир *Egypt, Egyptian;*

мич(ин) *ape, monkey;* ~ин жил *Year of the Ape, the ninth in the Cycle of the Twelve Beasts;*

мичид *(astron.) Pleiades;*

мишилзэ|х *to smile;*

мишээ|х *(hon.) to smile, laugh;*

мишээл *smile;*

могзгор *short and stocky;*

могзой|х *to be short and stocky;*

могой *snake;* ~ жил *Year of the Snake, the sixth in the Cycle of the Twelve Beasts;* аварга ~ *python, boa constrictor;* хорт ~ *poisonous snake;* ~ загас *eel;* ~н чуулган *the place where snakes gather to go underground to hibernate;* ~ зулбадас *the cast skin of a snake;*

могойрхог *abundant in snakes;*

могойрхуу *serpentine; sinuous, snaky;*

моголцог *sth having the shape of ellipse; pendant; pompon; cone-shaped;*

моготор *hornless; (dial.) polled;* ~ мод *a tree with a rounded crown;* ~ үнээ *hornless cow;*

мод(он) I *tree; woods, forest; timber, lumber; log, stick, piece of wood; wooden;* ой ~ *forest, woods;* ~ бэлтгэл *timber cutting; logging, wooding;* яс ~ *frame;* гэрийн ~ *the wooden parts of the гэр: smoke ring* (тооно), *roof poles* (унь), *latticework wall sections* (хана) *and door* (хаалга); ~ огтлох *to fell a tree;* ~ хагалах *to chop fire wood;* ~ суулгах *to plant trees; tree plantation;* түлшний ~ *firewood;* модон эдлэл *wooden household items;* улаан ~ *mahogany;* ~ны дүрс *bark;* модон завод *timber mill;* ~ны мужаан *carpenter;* ~ хөрөөдөх газар *saw-mill;* ~ны үйлдвэр *timber industry;* барилгын ~ *building timber;* навчит ~ *deciduous tree;* шилмүүст ~ *conifer;* хар ~ *larch;* нарс ~ *pine tree;* самрын ~ *cedar;* бүт ~ *bushes;* эмээлийн ~ *saddle frame;* модон хөл *wooden leg;* ~оо барих *to grow poor, be reduced to beggary; to be bankrupt;* ~ны гол *pith of a tree;* модод салхинд гулзайна *trees bend before the wind;* модод дараа сард цэцэглэнэ *trees will blossom next month;*

мод II *metre;* таван ~ торго *five metres of silk;*

мод III *unit of length equal to approx. one kilometre;*

мод IV *(playing-) card or hand;* ~ ирэх *(in card) to have a good hand;*

модель *model, pattern;*

модем *modem;*

моджи|х *to be wooded, be forested;*

моджуула|х *to plant trees; (forest) plantation;*

модорхог *wooded, woody; ligneous; hard (of fruit, etc.);*

модорхуу *see* **модорхог;**

модос *wood-pulp;*

модро|х *to become woody;*

модтой *wooded, woody;*

модчин *lumber-man; woodcutter;*

мойл(он) *bird cherry (Padus);*

мойног *knotty; nodal; crooked;*

мойногро|х *(of fingers) to become crooked;*

молекул *molecule;*

молиго *trick, ruse, subterfuge;* ~ үмхүүлэх *to deceive, to fool out of;*

молигдо|х *to deceive; to cheat, swindle;*

молигдуула|х *to be deceived, be fooled;*

молор *topaz;*

молтогчин *a kind of hare; rabbit;*

молхи *dull, dim-witted; slow; clumsy;*

молцог *tassel; (bot.) cluster, bunch;*

молцогло|х *to hang up tassels;* молцоглон унжсан усан үзэм *bunch of grapes;*

монгино|х *to putter about;*

монгол *Mongol, Mongolian; Mongolia;* ~ хүн *a Mongolian;* ~ хэл *the Mongolian language, including Buryat and Oirat, in addition to the Eastern and Southern Mongolian dialects;* ~оор ярих *to speak or talk in Mongolian;* ~ын судлал *Mongolian studies, Mongolistics;* Өвөр ~ын өөртөө засах орон *the Inner Mongolian Autonomous Region;* ~ бичиг *Mongolian writing;* уйгаржин ~ бичиг *the Uighur-Mongolian script, the traditional script for Written Mongolian;* шинэ ~ бичиг *the Mongolian Cyrillic alphabet of thirty-five letters;* ~ архи *liquor made by distilling fermented milk;* энэ үг ~ хэлэнд 18-р зууны үед оржээ *this word was maturalized in Mongolian in the 18th century;*

монголжи|х *to become mongolized;*

монголжуу *mongolized; having a Mongolian appearance;*

монголжуула|х *to make mongolized;*

монголорхог *mongolized; mongoloid;*

монголч *1. a Mongolist;* олон улсын ~э рдэмтдийн хурал *International Congress of Mongolists; 2. a person well-versed in Mongolian writing;*

монголчло|х *to translate into Mongolian;*

монголчууд *the Mongols;*

монголши|х *to become mongolized;*

мондгор *round; bulbous;*

мониторинг *monitoring;*

монополи *monopoly; monopolistic;* ~ эрх *monopoly;*

монополичло|х *to monopolize;*

монос *bird-cherry tree, black alder tree;*

монтаж *assembling, mounting, installation; montage;*

монтажла|х *to assemble, mount, fit; to arrange;*

монтор *bulbous, round; knobby;*

монтёр *fitter; electrician;*

монтой|х *to be bulbous; to become knobby;*

M

монхгор *hooked; crooked;*

монхор *having an aquiline nose;*

монцгор *knobby, knobbly; round; lump, ball;* ~ хүн *bigwig, big knob;* тэр нутагтаа бол нилээн ~ хүн дээ *in his own country he is a man of some consequence;* ~ тос *a lump of butter;*

монцог 1. *tassel;* 2. *crest of a bird;*

монцой|х *to be(come) knobby; to become a big knob;*

мордо|х *to mount a horse; to depart, start out;* хашаан дээр ~ *to sit on the fence;* аялахаар ~ *to start out on a trip;* моринд ~ *to mount a horse;* ~ын хазгай *sth that goes wrong from the very beginning;*

мордуула|х caus. of мордох; *to help someone mount a horse; to see someone off;* үдэж ~ *to see off sb;* цэрэгт ~ *to send off to the army;*

моригүй *pedestrian, traveling on foot, unmounted; unlucky, unfortunate;*

морило|х *(hon.) to go, leave or set forth;* морилон орно уу! *please come in!* тавтай морилно уу! *welcome!* та дээшээ морил! *mount up!*

морирхо|х *to brag about one's horses;*

морчгор *sour mood; sour-faced;*

морчий|х *to look sour; to frown, make a sour face;*

морь(морин) *horse;* хурдан ~ *racer, fast horse;* ~ шинжээч *a horse-fancier;* тэрэгний ~ *draught horse;* ~ унах *to mount a horse, ride a horse;* мориор сундалдан явах *to ride double;* ~ унаж явах *to go (horseback) riding;* сайн үүлдрийн ~ *thoroughbred;* мориноос буух *to dismount from a horse;* жороо ~ *ambler (horse);* эмнэг ~ *unbroken horse;* моринд сайн хүн *good rider, horseman, jockey;* амаа сайн мэддэг (мэддэггүй) ~ *the horse has a good (bad) mouth;* бор ~ *grey horse;* зээрд ~ *chestnut horse;* агт ~ *gelding;* шатрын ~ *knight;* ~ үсэргэх, ~ тавих *to start a horse race;* ~ ирэх *(of race-horses) to arrive at the finish line;* ~ уралдах *to race horses;* ~ уях *to condition a horse for the races;* ~ барих *to catch a horse; to meet the horses at the finish line of a race;* морин өртөө *postal relay station;* морин тойруулга *racetrack;* морин тэрэг *horse cart;* морины уя *the process of conditioning a horse for running; hitching post;* морины хүч *horsepower;* морин бөмбөг *polo;*

морин жил *Year of the Horse;* морин хад *gooseberry;* морин улаагана *viburnum;* морин агь *wormwood; sagebrush;* морин хараацай *swift(bird);* морин хэдгэнэ *horse-fly, gadfly;* морин шоргоолж *termite, white ant;* морин шил *large glass bottle;* морин хийл *cello;* морин хуур *horse-headed fiddle;*

морьсог *having a liking for riding; skilled at riding;*

морьт *having a horse, mounted; lucky, fortunate;* ~ цэрэг *cavalry;*

морьтой *mounted, having a horse, with a horse; lucky, fortunate; born in the Year of the Horse;* ~ хүн *rider, horseman;* би ~ *I was born in the Year of the Horse;*

мотор *motor;*

мотоцикл *motocycle;*

мохлиг : бодох ~ *abacus;*

мохоо *dull, blunt; obtuse; stupid, dull-witted;* ~ өнцөг *obtuse angle;* ~ хутга *blunt knife;* ~ ухаантай *dim-witted;*

мохоодох *to be too blunt or dull; to be too stupid;*

мохоо|х caus. of мохох; *to blunt, take the edge off; to dull;* намайг хэлэх үггүй болтол мохов *I was at a loss as to how to answer;*

мохо|х *to become blunt or dull; to lose heart;*

мохошгүй *inflexible, intransigent, unbending;* ~ зоригт *fearless; having an inflexible will;*

мохрол *impasse, deadlock;* ~д орох *to reach a deadlock;*

мохуул *end or conclusion of a matter;*

мөгөөрс(өн) *(anat.) cartilage, gristle;* ~өн хоолой *windpipe, trachea;*

мөд *right away, soon, after a short time;* ~ хавар болно *spring will soon be here;*

мөдхөн *sooner; immediately, forthwith;*

мөлгөр *smooth, even; blunt, obtuse;* ~ хад *smooth stone;*

мөлжигдэ|х *to be exploited;*

мөлжигч *exploiter;*

мөлжи|х *to pick, gnaw round; to exploit;* яс ~ *to pick the bone clean, pick the meat off/from a bone;* хүүхдийн хөдөлмөрийг ~ *to exploit child labour;*

мөлжлөг *exploitation;* дарлал ~ *oppression;*

мөлжүүлэ|х caus. of мөлжих; *to be exploited;*

мөлжүүр *meat left on the bone which can be gnawed off;*

мөлийлгө|х *to smooth, make round or blunt;*

мөлий|х *to be(come) smooth; to be(come) blunt;*

мөлөлзө|х *(of sth smooth round) to move;*

мөлө|х *to trim, level, even;*

мөлт *slightly; in passing;* хальт ~ *hurriedly, in haste; anyhow (badly, carelessly);*

мөлтлө|х *to dislocate, put out (of joint);* тэр хөлөө мөлтөлжээ *he has dislocated his foot;*

мөлтөрхий *dislocation; dislocated part;*

мөлтөс *almost, nearly, all but;* ам ~ галт тэргэнд суув *I almost missed the train;*

мөлтрө|х *to come loose; to dislocate, put out (of joint);*

мөлүүн *cold;* өнөөдөр ~ байна *it's cold today;*

мөлүүхэн *rather cold, chilly;*

мөлхөө *creeping;* ~ ургамал *creepers;* ~ болох *to be unable to move upright on two feet;*

мөлхө|х *to creep on all fours; to crawl;* хүүхэд шалан дээр мөлхөж байв *the baby was crawling on the floor;* мөлхөн зайлах *to crawl away;* мөлхөн ойртох *to creep up to;*

мөн *right, correct, true, real; really, truly; it is so, yes; the same; also, likewise;* ~ чанар *essence; true nature;* ~ үед *at the same time;* ~ үү биш үү *right or wrong;* мөнөөсөө ~ *exactly right;* ~ бишийг мэдэхгүй *not know right from wrong;* ~ түүнчлэн *also, too;* тэр ~ ажилчин *he is also a worker;* өнөөдөр бүтэн сайн өдөр ~ *today is Sunday;* би ~ ярьж байна уу? *am I right?* тийм ээ, ~ *yes;* ~ сарын *of this month;* ~ оны *of this year;*

мөнгө(н) *silver; made of silver; money, funds, finances; a mungu; 1/100 of a tugrig;* ~ төгрөг *money;* мөнгөн аяга *a silver cup;* мөнгөн тэмдэгт *banknote;* ~ гуйвуулах *to transfer money;* ~ задлах *to change money;* ~ солих *to exchange money;* ~ зээлээр авах *to take money on credit;* ~ зээлэх *to borrow money;* ~ төлөх *to pay money;* ~ хүүлэгч *money-lender;* ~ идэх *to misappropriate funds for one's own gain;* ~ний реформ *currency reform;* ~ний ханш *exchange rate;* бэлэн ~ *ready money; cash;* бэлэн мөнгөөр төлөх *to pay in cash, pay down;* ~ний хүү *interest, a rate of interest;* ~ний ханш буурах *inflation;* ~н торгууль *fine;* ~ний нярав *cashier;* мөнгөн тусламж *financial assistance;* ~ хадгалуулах *to save money;* ~ хэмнэх *to economize, cut expenses;* мөнгөн орлого *cash income;* ~ тушаах *to pay money into an account;* зээлсэн мөнгөө төлөх *to pay debts;* цалин ~ өгөх *to pay out the wages;* ~ буух *to get the wages;* ~ хялбар аргаар олох *to get money easily;* бутархай ~ *(small) change;* цаасан ~ *paper money, banknote;* улаан ~ *copper coins;* гадаад ~ *foreign currency;* сохор улаан ~ний ч үнэгүй *it's not worth a brass farthing;* ~ний түрийвч *purse;* мөнгөн өмбүү *ingot;* мөнгөн ус *mercury, quicksilver;* гулууз ~ *silver bar;* хөрөнгө ~ *fortune, wealth;* байрны ~ *rent;* мөнгөөр хийсэн *made of silver;* мөнгөн цаас *foil, silver-leaf;* ~ний дархан *silversmith;* мөнгөн хурим *silver wedding;* мөнгөн ээмэг *silver earrings;*

мөнгөгүй *having no money, impecunious;*

мөнгөжи|х *to become rich;* хөрөнгө ~ *to make a fortune;*

мөнгөлөг *silvery;*

мөнгөлө|х *to silver, cover with silver;*

мөнгөтэй *moneyed; wealthy, prosperous;* ~ хүн *a man of means;*

мөндөл *young of a marmot;*

мөндөллө|х *(of a marmot) to bear young;*

мөндөр *hail;* ~ цохих *to be hit by hail;* ~ буулгах *to hurl sth, rain;* ургац ~т цохиулжээ *the hail had beaten down the crops;*

мөнөө *just now; at present;*

мөнөөхөн *just now, right now;*

мөнх *eternal, everlasting; for ever, eternally; always; eternity;* ~ нойрсох *to take one's last sleep;* мөнхийн ээмшил *possession in perpetuity;* Шекспирийн мөнхийн шүлэг *Shakespear's deathless verse;* тэд үргэлжийн ~ хэрэлдэцгээж байдаг *they are always quarrelling;* ~ ногоон *evergreen;* ~ цэвдэг *permafrost;* ~ бус *not eternal, mortal;* хэн ч ~ бус *nobody is immortal;* ~ бусыг үзүүлэх *to die;* ~ тэнгэр *the Eternal Heaven;* мөнхийн ус *(folklore) water of life;* чи мөнхийн амьдрал гэдэгт итгэдэг үү? *do you believe in eternal life?*

мөнхжи|х *to be(come) eternal or immortal; to last forever;*

мөнхжүүлэ|х *to immortalize; to perpetuate;* нэр алдрыг ~ *to crown somebody with immortality;* гавьяаг ~ *to immortalize a deed;*

мөнхлө|х *to make lasting or perpetual; to immortalize;*

мөнхрө|х see **мөнхжих**;

мөөг mushroom; ~ түүх to gather mushrooms; иддэг ~ edible fungus; mushroom; иддэггүй ~ toadstool; ~ний хүрээ fairy ring, a ring of mushrooms; цагаан ~ common meadow mushroom;

мөөгөнцөр (biol.) fungus, microorganism;

мөөр rim; felloe; дугуйны ~ rim of wheel;

мөөрө|х to low, moo;

мөр I trace; track, trail, footprint, footstep; line; row, rank, file; ~өө баллах to cover up one's tracks; ~өөр нь мөшгих to follow in someone's footsteps; to pursue; ~ гаргах to leave traces on, leave footmarks; догол ~ break line, paragraph; догол ~ гаргах to indent; шинэ мөрнөөс эхлэх to begin a new paragraph; ~өөр тооцож шагнал олгох space rate; дөрвөн ~ шүлэг (lit.) quatrain; мөрийн хөтөлбөр political programme; мөрөөрөө явах to retrace one's steps; to go on one's way; ул ~ trace; цагдаа нар хулгайчийг ~өөр нь мөшгиж барьжээ the thief has been traced by the police;

мөр(өн) II shoulder; ~ зэрэгцэн shoulder to shoulder; ~ зэрэгцэх to go side by side; to compete with, compare with; ~өө хавчих to shrug (one's shoulders); дал ~ shoulder blade;

мөр III back of a knife or other edged tool; хутганы ~ the back of a knife;

мөргөл divine service, worship; prayer; faith; praying; pilgrimage; ~ хийх to pray for; to go on (a) pilgrimage; ~ийн газар chapel, meeting-house; бөөгийн ~ the Shamanist faith, Shamanism;

мөргөлдөөн collision; clash; conflict; зэвсэгт ~ armed conflict, hostilities; ашиг сонирхлын ~ clash of interests; хотоос зайдуу хоёр армийн ~ гарав the two armies clashed outside the town;

мөргөлдө|х to collide with, come into collision with; to clash with, conflict with; to run into; bump into; to butt; to fall upon; сурагчтайгаа ~ to bump into a pupil; машин хүчтэй мөргөлдөж жолооч гадагшаа шидэгдэв the force of the impact threw the driver out of the car;

мөргөлдүүлэ|х caus. of мөргөлдөх; to cause to collide;

мөргөлчин devout person; pilgrim;

мөргөмхий given to butting, liking to butt;

мөргө|х to butt or strike against sth with one's head, to pray for, offer prayers for; тэр бурханд мөргөж байна he is saying his prayers; мөргөдөг үнээ a cow that butts; хүүхэд сандал мөргөчихөв the child banged against the chair; хаалга ~ not to find someone at home;

мөргүүлэ|х caus. of мөргөх; to cause to butt or strike against;

мөрдлөг guidance; instructions, directions; investigation, inquiry; ~ явуулах to hold an inquiry into; би таны зөвлөлгөө ~ болгоно I shall be guided by your advice;

мөрдөгдө|х pass. of мөрдөх; to be subjected to investigation or prosecution;

мөрдө|х to trace, trail, follow; to comply with, adhere to; to investigate, look into, hold an inquiry into; дагаж ~ to follow; to comply with; adhere to; алдалгүй ~ to tail after; мөрдөн хөөх to hunt up; дүрэм дагаж ~ to conform to the rules; гэрээг дагаж ~ to adhere to an agreement; ~ мөшгих to trace; to track down; цагдаа нар түүнийг мөрдөж байв he had the police on his track: мөрдөн байцаах to investigate, hold an inquiry into; мөрдөн байцаагч investigator, detective;

мөрдүүлэ|х caus. of мөрдөх; to investigate;

мөрий stake, bet, wager; ~ тавих to bet, wager, lay a bet; мөрийтэй тоглоом game of chance, gambling game; ~ алдах to lose a bet; ~ хожих to win a bit; би ~гөө авав I won my bet;

мөрийцө|х to bet, wager, have a bet;

мөрлө|х I to put or carry on the shoulder;

мөрлө|х II to trail, trace, follow; to leave a trail; to form a row; мөрлөн суух to sit in rows;

мөрөвч braces, suspenders; covering for the shoulder, shoulder pad;

мөрөвчлө|х to put or carry on the shoulders;

мөрөг (fish) carp;

мөрөн large river;

мөрөөдөл desire, lust; longing, yearning; dream; хүсэл ~ wish, desire; ~ болох to dream of/about; to long for; wish or desire; киноны од болох гэсэн ~ a daydream about being a film star;

мөрөөдө|х to dream of/about; to long for, yearn for, pine for, miss; санаж ~ to long for, yearn for, pine for, miss; хүсэн ~ to wish, dream of/about; би ээжээ санаж мөрөөддөг

I long for my mother;
мөртлөө *for example; notwithstanding; in spite of; although;* тэр их ядарсан ~ хүрээд ирэв *although he was very tired he came;* өөрөө мэдэхгүй ~ хүнд заах дуртай *in spite of his own ignorance, he loves instruct others;*
мөртөө I *see* **мөртлөө**;
мөртөө II *different, another;*
мөртөө III *inoffensive, in itself, per se; minding one's own business;* ~ байх *to be one's own master;* ~ явах *to go one's own way;*
мөрч *pathfinder, tracker; bloodhound, sleuth-hound;*
мөс(өн) I *ice;* мөсөн галав *ice age;* мөсөн гол *glacier;* умард мөсөн далай *Arctic Ocean;* мөсөн уул *iceberg;* мөсөн чихэр *fruit-drop;* мөсөн гялбаа *iceblink;* мөсний сух *ice axe;* ~ зүсэгч хөлөг онгоц *icebreaker;* овоорсон/овон товон ~ *ice pack;* унжсан/соёо ~ *icicle;* мөсөн/~ шиг *icy;* мөнх цасны ~ орон *iceland;* ~ агих *to freeze;* ~ нэмүүрэх *(of ice) to thaw;* ~ далагнах *(of frost-heaving) to take place;* ~ цавтах *(of ice) to crack;* ~ хайлах *to melt;* мөсөн гулгуур *ice rink;*
мөс II *personality, humanity; conscience;* ~ муутай *dishonest, having a bad personality;*
мөст *iced, icy, glacial;*
мөстөл *freezing, glaciation;* мөстлийн үе *ice age;*
мөстө|х *(of ice) to form; to freeze, freeze over; to become icy, be covered with ice; to be glaciated;*
мөстэй *icy, covered with ice;* ~ ус *iced water (with ice cubes);*
мөтөр *at once, at one stroke, immediately, now;*
мөхлөг *grain, granula;* тарианы ~ *grain;*
мөхөл *failure, collapse; extinction;*
мөхөөл *destruction, extermination, extirpation;*
мөхөөлдөс *ice-cream;*
мөхөө|х *to destroy; to exterminate, extirpate;*
мөхөөшгүй *inexterminable; ineradicable; undying;*
мөхөс *weak, feeble; poor;* чадал ~ *weak, powerless;* ~ ядуу *poor;* ~ миний бие *my worthless self;*
мөхөсдө|х *to be too feeble; to become helpless; to lack; to be unable to do sth;* чадал ~ *to be unable to do sth; to be beyond one's*

power(s); to be outside one's competence;
мөхөстө|х *to lack, be lacking; to become weak or feeble;* бүл ~ *to be short-handed;*
мөхөсхөн *a little weak or feeble;*
мөхө|х *to die out, become extinct, perish;* сөнөх ~ *to be exterminated;* үхэх ~ *to die, perish;* сүйрч ~ *to collapse, be wiped out;* гал ~ *(of a fire) to die down;* мөхсөн хэл *a dead language;* түүний чадал мөхжээ *his strength was failing;*
мөч I *quarter of an hour;*
мөч II *(anat.) extremity of the body, limb;*
мөчиг : ~ тачиг, ~ хачиг *barely, with difficulty, hardly, only just;*
мөчид *incomplete, insufficient(ly); superficial(ly); frivolous;* ~ барих *to hold an object by the edge or end;* дутуу ~ ойлгох *to understand only part of the matter;* дутуу ~ хийх *to do a thing by halves;* ухаан ~ *feeble-minded;* ухвар ~ *irresponsible;*
мөчиддө|х *to be too close to the edge of sth; to be insufficient, be superficial;*
мөчидхөн *slightly lacking or superficial;*
мөчир *branch, twig;*
мөчирлө|х *to branch; to grow branches; to prune a tree;*
мөчирхөг *possessed of long arms and legs; lanky;*
мөчирхүү *high, tall, lanky;*
мөчиг *only just enough; barely, hardly; slightly superficial;*
мөчи|х *to cut branches, prune or trim a tree;*
мөчлөг *cycle;*
мөчлө|х *to dismember; to break up, divide;*
мөчөө : ~гөө өгөхгүй *steadfast, unyielding; standing up for oneself;*
мөчөөрхө|х *to stand up for oneself, (be able to) stick up for oneself; to resist, oppose;*
мөчүү *only just enough;*
мөшгөлөг *pursuit, chase; persecution, victimization;*
мөшгөлт *investigation, inquiry;*
мөшгө|х *to follow hard on someone's heels; to follow, go after;* мөшгөн хянах *to investigate, look into;* мөрий нь ~ *to follow the tracks;*
мугжгар *thick-set, stocky, bull-necked;*
мугжий|х *to be(come) short or stocky;*
мугзай|х *to be short or stocky; to be bull-necked; to be hornless;*
мугуйд *obstinate, stubborn; stupid;*
мугуйдалт *slander, calumny, aspersion, li-*

bel; obstinacy, stubbornness;

мугуйда|х to slander, calumniate; to libel; to act violently;

мугуйдла|х to be obstinate or stubborn; to act violently; to slander, libel;

муж region, district, belt; zone;

мужаан joiner, carpenter;

мужий|х I to be crooked, slanting, awry; to be obstinate;

мужий|х II to feel sick;

мужла|х to divide into provinces or districts; to zone;

музгай crooked; slanting; oblique;

музгар lame, limping; зүүн хөл нь ~ lame in the left leg;

музей museum;

муйхар stupid; obstinate, stubborn; physically strong;

муйхарла|х to do sth by brute force;

мулгуу slow-witted; muddle-headed; stupid;

мулгуувтар silly; rather stupid;

мулгууда|х to behave stupidly or foolishly; to be overly stupid;

мулзла|х (in cooking) to overdo; to pluck (hair, wool);

мулт (particle used to express complete or sudden dislocation or separation): ~ татах to pull out; шүдээ эмчээр ~ татуулах to have a tooth out;

мултархай dislocation; dislocated part; dislocated;

мултла|х to separate, disconnect, disengage, disjoint, pull out; to dislocate; тэр мөрөө мултлав he dislocated his shoulder; бөглөө ~ to pull out a cork; эрэг ~ to unscrew;

мултра|х to break loose, come loose; to become untied, disengaged; to become free; нохой уяанаасаа мултарчээ the dog broke loose from its chain; үе ~ (of the joint) to be dislocated; to be more than twelve years older than someone else; торгуулиас ~ to evade a penalty; боолчлолоос ~ to be freed from slavery; үнэнээс мултрахгүй one can't get away from = there is no getting away from the truth;

мултчи|х to pull out or off repeatedly or all at the same time;

муна club, cudgel, mallet; мунан шил (chem.) retort;

мунаг stupid, senile; abnormal; зөнөг ~ se-

nile, senility;

мунагла|х to become stupid, senile;

мунагта|х to behave or act stupidly or abnormally, be senile;

мунада|х to hit or strike with a club;

муна|х to become senile;

мунгинаа absent-minded; muddle-headed; ~ хүн muddle-headed person;

мунгина|х to muddle, putter; to dawdle;

мунгинуу too muddle-headed;

мундаг splendid(ly), magnificent(ly); very, very much; extremely good or well; excellent(ly), perfect(ly); strong, powerful; тэр англиар ~ойлгодог he understands English perfectly; чи ёстой ~ ажилласан даа you have worked splendidly; тэд өчигдөр ~ архидсан they had a great deal to drink yesterday; ёстой ~! well done! ~ их very much; ~ том huge, gigantic; ~ амжилт a huge success; ~ сайхан extremely good; ~ сайн extremely well;

мундагда|х to browbeat, bend to one's will; to get on top of;

мундагла|х to overawe with one's strength; to bully;

мундагчууд the rich; champions;

мундар shame, disgrace; infamy; мундраа хутгах to disgrace oneself, cover oneself with ignominy;

мунда|х to abound in, be rich in;

мундахгүй not lacking, plentiful, abundant; тэр, надад ~ олон захидал бичив he wrote me many times; тэднийх ~ их мөнгөтэй there's no lack of money in their family;

мундашгүй plenty, abounding in;

мунхаг stupidity, ignorance; stupid, ignorant; fool; харанхуй ~ ignorant; ignorance; тэр үүнийг уурын ~аар хийсэн he did it in a moment of anger;

мунхагла|х to behave stupidly or ignorantly; to think, ponder;

мунхагта|х to show one's dullness;

мунхрал dullness, stupidity; feeble-mindedness, imbecility;

мунхра|х to be mistaken or deluded; to be fooled;

мунхруулагч sth that dulls or deadens the mind; шашин бол ард түмнийг ~ хар тамхи мөн the religion is opium for people;

мунхруула|х to delude, mislead; to stupefy;

мунхруулга obscurity, superstition;

М

мунхуура|**х** *to suffer from feeble-mindedness or senility;*

муруй *crooked, awry, slanting, bent, curved;*

муруй|**х** *to bend, be crooked; to go astray;* зам ~ *to go astray;* ам ~ *to quarrel with, fall out with;*

мурчгар *crooked; wrinkled; angry, cross;*

мурчий|**х** *to crease, wrinkle; to make a wry face, wince;*

мутар *(hon.) hand;*

мутарла|**х** *(hon.) to sign one's name;*

муу *bad(ly), not good or well; poor, dear;* ~ зан гаргах *to behave badly,* ~ дүн авах *to have a bad mark;* ~ хүн *a bad man;* ~ нэр *bad name, ill name;* бие ~ байна *I feel bad;* ~ заяатай *ill-fated, ill-starred;* ~ ёр *bad omen;* ~ зуршил *bad habits;* ~ хэлэх *to fling mud at; to speak ill of sb;* ~гий нь үзэх *to torment, torture;* ~ санаатай *insidious, malicious, ill-intentioned;* бие ~тай *ill, weak;* ~ шүд *bad tooth;*~ цаг *hard time;* ~ үйлс *evil deeds;* ~ хийх *to do or make sth clumsily;* ~ бичих *to write badly;* ~ болгох *to make worse;* ~ хувцастай *shabbily dressed;* ~ ээж минь *my dear mother;*

муувтар *rather badly, not too well;*

мууда|**х** *to become worse, worsen; to fall into decline; to deteriorate;* шүд ~ *(of teeth) to decay;* бие ~ *to feel poorly; (of one's health) to decline;* тамир тэнхээ ~ *to become feeble;* харилцаа муудаж эхлэв *the relations have begun to deteriorate;*

муужра|**х** *to lose consciousness, faint away;*

муула|**х** *to speak ill of sb; to gossip;*

муур *cat;*

муура|**х** *see* **муужрах**;

муусайн *bad, worthless, good-for-nothing;*

муутга|**х** *to make worse;* нүдээ ~ *to ruin one's eyesight;*

муутуу *coarse Chinese writing paper;*

муухай *bad(ly), awfully; wretched, ugly, not good-looking; dirty; foul, nasty;* ~ болох *to become ugly; to become sth bad; to become dirty;* тэр ~ ааштай байна *he is in an ugly mood;* тэр эмэгтэй хөгширөөд их ~ болжээ *she has grown old and ugly;* ~ хэрэг *dirty business;* ~ аашлах *to behave badly;* ~ үнэр *a bad smell;* ~ цараітай *ugly;* муу ~д нь хүрэх *to abuse, disparage;* миний ~ хүү *my dear son;*

муухайвтар *rather bad, not too good;*

муухайда|**х** *to be too ugly, nasty, or bad;*

муухайра|**х** *to become sth bad;* тэнгэр ~ *(of the weather) to turn bad;* дотор ~ *to feel nauseous;*

муухан *rather bad(ly) or poor(ly);* тэр ~ дуулдаг *she sings badly;*

муучла|**х** *to speak badly of sb; to slander, calumniate; to treat someone badly; maltreat someone;*

муушаал *blame, reprimand, censure, disapproval, reproof; abuse, (hostile) criticism;*

муушаа|**х** *to blame, censure, condemn, disapprove;*

мухар *pointless, hornless; tailless; bobtailed; blunt;* ~ олгой *(med.) appendicitis;* ~ сүсэг *superstition;* ~ ямаа *hornless goat;* гар ~ болох *to become helpless or toolless;* газрын ~т суух *to live in a remote place;* гэрийн ~ сахих *to be a homebody or stay-at-home;* ~ гудамж *dead-end street;*

мухардал *desperate position, impasse, deadlock;* хэлэлцээр ~д орж шувтрав *the talks ended in deadlock;*

мухарда|**х** *to be in a desperate position; to reach a deadlock; to be stumped, be non-plussed, be at a loss;* гар ~ *to become helpless;* үгэнд ~ *to be at a loss for what to say;*

мухардуула|**х** *caus. of* мухардах; *to stump, nonplus;* сэтгүүлчийн тавьсан асуулт түүнийг мухардуулав *he was stumped by the journalist's question;*

мухарла|**х** *to make dull or obtuse; to deprive or rob someone of sth;*

мухир *crooked, bent, curved;*

мухлаг *kiosk, stall, shop, store;* сонины ~ *news-stand;* махны ~ *butcher's (shop);*

мухлайда|**х** *to tuck in, fold in, wrap up in;* би түүний дааруулахгүй гэж дулаан хөнжлөөр хөлий нь мухлайдан хучив *I wrapped the rug around his legs to keep him warm;*

мухри|**х** *to overturn; to topple over, tip over; to roll down;*

мушгиа *lock of hair, groove; rope; spiral; twisted, convoluted, winding;* ~ талх *twist (of bread);*

мушгимал *twisted, winding, spliced;*

мушгира|**х** *to curl, wind, twist;*

мушги|**х** *to twist (cloth, rope), twirl; to wring; to distort, mispresent;* үнэнийг ~ *to distort the truth;* гары нь ард нь ~ *to tie/twist*

someone's arms behind his back; хүзүүгий
нь хуга ~ to wring someone's neck; гэдэс ~
to have intestinal cramps; мушгин гүжирдэх
to slander, smear/damage sb's reputation;
сүүл ~ to be the last;
мушийх to make faces;
мушилза|х to force a smile;
мүглэн (obs.) prison;
мэгдрэ|х to be embarrassed, be confused;
to be thrown into a panic;
мэгдүү flurried, always in a hurry, bustling;
мэгдэл panic, hurry, fluster;
мэгдэ|х to hurry, be flustered or confused;
~ хэрэггүй there is no hurry;
мэгдээ|х to hurry up, rush; to disturb, con-
fuse; to daunt;
мэгж sow;
мэгши|х to weep/cry; мэгшин уйлах to sob,
weep pitifully/bitterly;
мэдлэг knowledge; эрдэм ~ knowledge,
education; тэр химийн гүн ~тэй he has a thor-
ough knowledge of the chemistry;
мэдрүүлэ|х to give to understand, explain;
мэдрэл nerve; the nervous system; sensa-
tion, feeling, consciousness; ~ийн судал nerve
fibre; ~ муудах nervous prostration; ~ийн
өвчин nervous disorder; ~ муутай хүн person
suffering from nervous disorder; ~ийн судас
nerve; таван ~ the five senses: seeing, hear-
ing, smelling, tasting, touching; ~ийн эмч
psychotherapist; ~ орох to come one's
senses;
мэдрэмж feeling; sensitivity; улс төрийн ~
political flair/prevision;
мэдрэ|х to feel, sense; to perceive; to ap-
preciate, have a feeling for; өлсөхөө ~ to feel
hungry; амт ~ to feel taste; ~ эрхтэнгүүд
senses, organs of sense; тэр хүчтэй өвдөхийг
мэдрэв he felt a sharp pain;
мэдрэхүй sense, feeling; (physiol.) sensa-
tion; таван ~ the five senses;
мэдүүлэг (leg.) deposition, affidavit; ~ өгөх
to testify, bear witness, make a deposition;
мэдүүлэ|х to testify, make a deposition; to
make known, report, inform; to let someone
take charge of;
мэдэгдэл statement, declaraton, commu-
nication;
мэдэгдэм noticeable, appreciable; тэдний
насны зөрөө ~ байна there is an appreciable
difference in age between them; тэр, хүүхэд

насаа дурсах дургүй нь ~ байна it is notice-
able that he does not like talking about his
childhood;
мэдэгдэ|х to become known or revealed; to
be perceptible, be noticeable; to announce,
declare, report, inform;
мэдэгдэхүйц it is noticeable; noticeable;
мэдэгдэхгүй imperceptible(y),
insensible(y), unnoticeable;
мэдэгдэхүүн concept; notion, conception;
тэр газар зуйн талаарх ~ муутai he has very
confused notions about geography;
мэдэл competence; disposal, command;
power; authority; миний мэдлийн юм биш it
is outside my competence, it is beyond my
scope; хүний ~д байх to be at someone's
disposal; өөрийн ~д авах to have at one's
disposal, command; эрх ~ power; өөрийн
~гүй powerless;
мэдэлтэй competent, with power or au-
thority;
мэдэмхий know-it-all;
мэдэмхийрэ|х to be a know-it-all;
мэдэ|х to know, have a knowledge of, un-
derstand; to be in charge of; та
Алтангэрэлийг ~ үү? do you know Altangerel?
зүс ~ to know by sight; ажлаа ~ to know one's
job; өөрийгөө ~ to know one's place; хирээ ~
to know when to stop; бичиг ~ to be literate;
миний ~ээр as I know; урьдчилан ~ to fore-
see; эмэгтэй зургаан хэл мэддэг she has a
command of six languages; нэрээр нь ~ to
know sb by name; цээжээр ~ to know by heart;
таних ~ хүн aquaintance; шүлэг ~ to know a
poem; толгой ~ to be on one's own; бүү мэд I
don't know; заяа мэднэ дээ! God knows!
мэдэц knowledge, horizon;
мэдээ(н) I piece of information, informa-
tion, tidings, message, report, news; (as a
title of periodicals) proceedings, transactions;
хүлээн авсан ~гээр бол according to infor-
mation received; ~ний цомог news summary;
тайлан ~ returns; тайлан ~ танилцуулах to
present a report; тоо бүртгэлийн ~ statisti-
cal information; ~ хүлээн авах to receive in-
formation; цаг агаарын ~ a weather report or
forecast; сүүлийн үеийн ~ the latest news;
Шинжлэх ухааны Академийн ~ Proceedings
of the Academy of Sciences;
мэдээ II sense, feeling, consciousness; ~
алдах to lose consciousness; to become

numb; ~ орох *to come round, regain consciousness, come to one's senses;*

мэдээж *it stands to reason; it goes without saying, of course; naturally;*

мэдээлэгч *informant, informer;*

мэдээлэл *information, communication, report;* ~ цуглуулагч *news gatherer;* ~ хийх *to read a communication (at a meeting of a learned society, etc);* ~ өгөх *to give an information;* ~ний үнэ цэнэ *news value;* ~ зүй *informatics, information science;*

мэдээлэ|х *to communicate, report, inform, announce; to inform against, denounce;* болсон явдлын талаар сонинд мэдээлжээ *the incident was reported in the newspaper;* ~ хуудас *newsletter;*

мэдээтэй *having feeling, being conscious;* ~ байх *to be on one's guard, be on the alert;* **мэл** : ~ гайхах *to be rooted to the spot from amazement;*

мэлгэр *wide, spread out; spacious, roomy;*

мэлзий|х *to become bald;*

мэлзэн *bald; bald spot;*

мэлзэ|х *to deny, disavow or retract one's words;* хуйвалдааны талаар юу ч мэдэгүй гэж тэр мэлзэв *he denied all knowledge of the plot;*

мэлий|х *to spread out, stretch;* мэлийсэн тал *a wide steppe;*

мэлмий *(hon.) eye(s);*

мэлмэлзэ|х *to be full to overflowing; (of tears) to well up;*

мэлрэг *jasmine;*

мэлрэ|х *to stare in amazement; to stare apathetically;*

мэлтий|х *to be full to overflowing; to shine, beam; to brim;* мэлтийсэн сар *full moon;* мэлтийтэл дүүргэх *to fill to the brim, pour brimful;*

мэлтэгнэ|х *(of water) to be agitated; (of tears) to well up;*

мэлтэлзэ|х *see* **мэлтэгнэх**;

мэлхий *frog;* яст ~ *tortoise, turtle;* ~ хаалга *wicket-gate;*

мэлцийм *bare; wide open;* ~ хөндий *a wide-stretching valley;*

мэнгэ *birthmark;* ~ нь голлох *to fall on evil days; to have no luck;*

мэнгэр *(med.) chronic bronchitis;*

мэнд 1. *healthy; safe and sound; well being;* эрүүл ~ *health;* Эрүүл ~ийн яам *Ministry of*

Health; ~ амар байх *to be healthy;* ~ гарах *to survive, escape with one's life; to turn out happily;* **2.** *greeting(s), regards;* халуун ~ *(one's) warmest regards;* ~ хүргэх *to send one's regards;* миний эхнэр танд ~ хүргэж байна *my wife sends her regards, asks to be remembered to you;*

мэндлэ|х I *to greet, salute, hail;* гар барьж ~ *to shake hands (in greeting);*

мэндлэ|х II *(hon.) to be born;*

мэндчилгээ *greeting, salutation; speech of welcome;*

мэндчилэ|х *to greet each other;*

мэнэг *paralysis, palsy;* ~ дайрах *to paralyse;* ~ өвчтэй *paralytic; imbecile;*

мэнэгтэ|х *to paralyze, be affected with paralysis;*

мэнэрэ|х *(of the senses) to become muddled; to become numb;*

мэр : ~ сэр *here and there; now and then; from time to time;*

мэргүү *stupid, fool;*

мэргэ : ~ төлөг *divination, fortune-telling, checking horoscopes;*

мэргэд I *pl. of* мэргэн; *sages, wise men;*

мэргэд II *name of a Mongolian tribe;*

мэргэжил *profession, trade; qualification;*

мэргэжилгүй *unqualified, untrained;*

мэргэжилтэн *specialist, expert;*

мэргэжи|х *to specialize in; to acquire a qualification;*

мэргэжүүлэ|х *to assign a specialization to;*

мэргэлэ|х *to tell fortunes by; to divine, predict;*

мэргэн *wise, sage; well-aimed, accurate;* ~ ухаан *wisdom;* ~ хүн *a sage, wise man; fortune-teller;* ~ үг *pithy words, proverb, aphorism;*

мэрийлт *effort, endeavour, diligence;*

мэриймж *striving for; diligence, painstakingness;*

мэрий|х *to make an effort, work hard, take pains;*

мэрэгчин *rodent;*

мэрэгшил *qualification;*

мэрэгшилтэй *qualified, skilled;*

мэрэгши|х *to become qualified, become skilled;*

мэрэ|х *to gnaw; to nibble;* хумсаа ~ *to bite one's nails;* яс ~ *to gnaw a bone;*

мэс *edged tool or weapon, knife, cold steel;*

M

~ засал *surgery;* ~ засалч *surgeon;* ~ заслын хутга *surgical scalpel;*

мэсдэ|х *to plunge a knife into; to cut with a sharp instrument;*

мэт *as, like, similar; such as, as if;* тэмээ ~ *like a camel;* илжиг ~ зүтгэх *to work like a horse;* тэр хөшөө ~ зогсож байв *he stood there as if turned to stone;* айсан ~ *as if afraid;* гэх ~ *and so on, and such like;* өнгөрсөн жил энэ ~ явдал болсон *there was just a case last year;* тэр өөрийгөө арван хэл чөлөөтэй эзэмшсэн гэх ~ээр ярьдаг *he says that he speaks/claims to speak ten languages fluently;* тэр ~ *like that;* энэ ~ээр *in this manner;*

мэтгэлцээ *dispute, controversy;*

мэтгэр *turned up at the end;*

мэтгэ|х I *to sweat over, toil over; to exert oneself;*

мэтгэ|х II *to argue, quarrel;*

мэтгээч *wrangler, arguer;*

мэтий|х *to turn up at the end;*

мэтчилэн *in such a way, in like manner; and such like; so forth; just as;* энэ ~ *in this manner;* гэх ~ *and so on, and such like;*

мэх *device, trick; (sport) hold, grip;* заль ~ *cunning, trick, guile, craft;* ов ~ *trick, ruse, subterfuge;*

мэхийсхий|х *to bend or bow the head slightly;*

мэхий|х *to bow to;* жүжигчин мэхийн ёслов *the actor took his bow;*

мэхлэгдэ|х *to be deceived, be cheated;*

мэхлэ|х *to deceive; to cheat, swindle;*

мэхлээч *deceiver; cheat, fraud;*

мэхт *swindling, cunning, sly, crafty, wily;*

мэхэлзэ|х *to bend oneself repeatedly;*

мэшил *lens;*

мэч(ин) *monkey, ape;*

мээтгэр *turned up at the end; crooked;*

мээтий|х *to turn up at the end; to become crooked;*

Мягмар *Tuesday; the planet Mars;*

мялаа|х *to give a present to a child for his/her 'new toy' or new dress; to give a housewarming party;*

мялай|х *to appear flattened; to become sleek or smooth;*

мялан(г) *cattle plague, rinderpest;*

мяланта|х *to suffer from rinderpest;*

мялгар *smooth; sleek, well-nourished; flat, flattened;*

мялзан(г) *see* мялан;

мялзанта|х *see* мялантах;

мялтгар *flat;* ~ ёроолтой *flat-bottomed;*

мянга(н) *thousand;*

мянгаад *about a thousand;*

мянгад *name of Mongolian tribe;*

мяндаг *degree in Buddhism;*

мяндас(ан) *floss-silk;* мяндсан утас *silk thread;*

мянтууз *noodles;*

мяраа|х *to sneak up to or on steal up to; to creep stealthily;* эмэгтэй цонх руу мяраав *she crept up to the window;* муур хашаа даган мяраав *the cat crept along the fence;*

мяралза|х *to glare, dazzle;*

мяра|х *to become dull ot blunted;*

мятрал *cowardice, depression, despondency;*

мятра|х *to be afraid; to lose heart, become despondent; (of an edge) to become dull or blunted;*

мятрашгүй *steadfast, inflexible, unbending;*

Нн

наагуур *on or along this side; outwardly, superficially;* амьнаас ~ *not mortal or fatal;* эмэгтэй ~аа тайван байв *she remained outwardly calm;* Улаанбаатарын ~ *on the outskirts of Ulaanbaatar;* ~аа сүрхий болох *to be outwardly friendly;*

наагуурда|х *to be too close; to be too superficial; to be mistaken or blundering;*

наагуурла|х *to examine sth superficially or carelessly;*

наагуурхан *nearer, closer;*

наад *this; situated on this side;* ~ номоо өгөөч *give me this book;* голын ~ эрэг *this bank of river;* ~ захын *elementary; extreme;* зах нь *at least;*

наадаг *sticky, sticking;* ~ цаас *sticking paper;*

наадал I *game, play, festival;*

наадал II *place that has been glued;*

наадалда|х *to play a game all together;*

наадам *game; a play; festival, celebration; the Mongolian national sports festival;* Олимпийн ~ *Olympic games;* найр ~ *feast, banquet;* баяр ~ *festival, celebration;* тоглоом ~ *game; joke, jest;* эрийн гурван ~

the ¦"three manly sports" of horse racing, archery and wrestling; ~ болгох *to say as a joke, play a trick on;*

наадамч *one who likes to play or have fun; joker, wag; player;*

наадамчин *participant in the* наадам;

наада|х *to play; to take part in a game; to amuse oneself;* галаар ~ *to play with fire;* тоглоомоор ~ *to play with toys;* тоглох ~ *to play, take part in a game;*

наадахь *this; that nearest or situated on this side;* ~ нь манай байшин *this is our house;*

наадгай I *toy, doll;*

наадгай II *calm; placid; lazy;*

наазгай *sluggish, slow; lazy;* цалгар ~ *careless, negligent;* залхуу ~ *lazy, lethargic;*

наазгайра|х *to be lazy, be sluggish; to shelve, put off;*

наалдамхай *sticky, adhesive;*

наалдангир *sth sticky or adhesive;*

наалдангира|х *to be sticky or adhesive;*

наалд|ах *to stick to, adhere to; to stick together; to cuddle up to, nestle close to; to make up to;* туурганд ~ *to flatten oneself against the wall;* нойтон хувцас биед наалдана *wet clothes cling to the body;*

наалдац *stickiness;*

наалдуур *fly-paper;*

наалинхай *kind, amiable; polite, couteous; affectionate, tender;*

наалинхайта|х *to do someone a kindness; to exchange pleasantries with; to say nice things to; to pay someone compliments;*

наалт *glueing together, pasting together; sticking on, pasting on;*

наамал *glued, pasted;* ~ банз *veneer, plywood;*

наана *on this side, closer to this side; before;* тэр миний ~ сууж байв *he was sitting by me;* амь ~, там цаана *to have one foot in the grave;* ~ цаана болох *to become flustered;* явахаасаа ~ чам руу ярина *I'll ring you before I leave;* энэ сарын хорины ~ *before the 20th of this month;*

наанги *clayly, argillaceous;* ~ шороо *loam;*

наангинцар *loamy; argillaceous;* ~ шавар элс *loam, loamy soil;*

наа|х *to glue, paste; to stick;* хананд зарлал ~ *to stick up a bill on a wall;* шуудангийн марк ~ *to stick on a stamp;*

наахна *near, a little more to this side;*

нааш *here, hither, until, till then, before; up to;* ~аа ир *come here;* ~аа хар *look here;* ~ харах *to help, assist;* ~аа болох *to draw near; to get well, recover;* түүний ажил ~тай байна *he is on the road to recovery; he is on the mend;* ~ нь татах *to win over to one's side; to pull; to knock off from a price;* ~тай цааштай *amenable, compliant;* би хагас сайн өдрөөс ~ ирж чадахгүй *I can't come until Saturday;* түүнээс ~ *since then;* машины үнэ 5 мянган доллараас ~гүй байна *cars cost up to $5000;*

наашда|х *to be too close, too near, too much to this side;*

наашла|х *to come nearer, approach; to recover from an illness, get better;* үнэ ~ *to knock off from a price;*

наашра|х *to come closer, approach;*

наашгай *positive; promising, hopeful, optimistic;* ~ алхам *a positive step;*

навсай|х *to become dilapidated; to become decrepit; to become ragged;*

навсгана|х *to move with ragged clothing fluttering; to run about to no purpose;* тэр голдуу гадаадынхныг дагаан навсганадаг *he mixes mostly with foreigners;*

навсгар *dilapidated, torn, ragged; worn-out; (of clothing) loose, loose-fitting;* ~ байшин *a dilapidated old house;*

навтай|х *to bend down, stoop; to become low;*

навтархай *torn, frayed, ragged, worn-out, tattered;*

навтас I *tatters, rags, shreds;* эсгий ~ *felt shreds;* ~ хөдөс *rags, pieces of fur;*

навтас II *the placenta of animals;*

навтас III : ~ ~ хийх *(of tatters) to flutter;*

навтасхий|х *to bend or stoop down suddenly;*

навтгана|х *to bend down uninterruptedly;*

навтгар *low, stunted, squat, stocky; short of stature;* ~ нуруутай хүн *a short man;*

навтгарда|х *to be too low or short;*

навтраг *rough copy, draft;*

навтра|х *to become frayed, get tattered, get torn;*

навхгар see **навтгар**;

навч(ин) *leaf; (fig.) the ear;* ~ нахиа *leaves, foliage;* ~ унах *(in autumn) fall of the leaves;* ~ин тамхи *leaf tobacco;* ~ боорцог *puff pastry;*

навчгар *flat, smashed down;* ~ хамар *flat*

nose;

навчийлга|х caus. of навчийх; *to flatten, smash down;*

навчий|х *to become flat or flattened; to be smashed down;*

навчирхаг *leafy, with a thick foliage;*

навчирхуу *leafy, with a thick foliage; leaf-like;*

навчит *deciduous; leafy, leaf-bearing;* ~ ой *deciduous forest;*

навчла|х *to grow leaves;*

навш *(chem.) ammonia;*

навшгар see **навчгар;**

навший|х see **навчийх;**

нагац *maternal relative;* ~ эгч *aunt; mother's sister;* ~ ах *uncle, mother's brother;* ~ эх *grandmother;* ~ эцэг *grandfather;*

нагван *ink-pot;*

нагжгар *short, low, squat, thickset;* ~ хүзүү *a short neck;*

нагжий|х *to become low; to be stocky; to be short and fat;*

над *me;* ~ алга *I have no; I haven't got;* ~ өгөөч *give me;* ~тай хамт яваарай *please go with me;* ~ хэрэгтэй ном *it's an important book for me;* ~аас гарсан хүүхэд *a child of mine;* чи ~аар яах гэсэн юм бэ? *what do you want from me? why do I need for you?*

нажигна|х *to rumble; to thunder; to howl (with laughter);* нажигнасан залуу *a business-like boy;*

нажигнуула|х caus. of нажигнах; *to make a great noise; to do sth quickly;*

нажид *torment, suffering; difficulty, hardship;*

назгай *sluggish, inert, lazy; careless, negligent;*

назгайра|х *to be sluggish, inert; to be too lazy to;*

назгайта|х *to show indifference, carelssness, or laziness;*

най *a trustful relation, friendly term;* ~ болсон хүн *an intimate friend/fellow;* ний ~гүй итгэсэн нөхөр *a tried and true friend;*

найгалза|х *to sway, wave; to rock, swing;*

найгалт *rocking, swinging;*

найга|х *to sway, swing, rock;* найгуулах *to cause to move/sway;* хүүхдүүд модны мөчрийг найгуулж байна *children are swaying the branches of the tree;*

найгүй *worst;* ~ муухай амьтан *scoundrel; a nasty person;*

найдал *hope, prospect;* ~ тасрах *to despair of;*

найдалтай *hopeful; prospective; reliable;*

найдангүй 1. *trusting;* 2. *envy; malevolence, ill-will;* ~ сэтгэл төрөх *to envy;*

найдангуйла|х *to show envy, ill-will;*

найда|х *to hope for; to rely on; to expect, count on; to trust;* хэрэг бүтнэ гэдэгт бат найдаж байна *I have high hopes of success;* чамайг ирнэ гэдэгт би найдаж байна *I hope that you'll come;* түүнд ~ хэрэггүй *he's not to be relied on;* чамд найдаж байна шүү *I rely on you;* түүнд итгэх ~ аргагүй *he is not to be trusted;* түүний үгэнд бүү итгэж найдаарай *you can't trust a word he says;*

найдвар *hope; faith, trust, reliance;* итгэл ~ *trust, confidence;*

найдваргүй *unreliable, untrustworthy; treacherous, perfidious; hopeless;* тэр эдгэрэх ~ байна *(of illness) his case is hopeless;* тэр эмэгтэй ~ хүн дээ *she is quite unreliable;*

найдвартай *reliable, trustworthy; safe;* ...талаар надад ~ мэдээлэл бий *I am reliably informed that ...;* үүнийг ~ газар хадгал *put it away safely;*

найдлага *hope; trust, confidence;* ~ тавих *to put one's trust in, hope to;*

найдлагагүй *untrustworthy, unreliable; hopeless; despairing;* өвчтөн хөл дээрээ босох ~ байна *the patient's case is hopeless;*

найдуула|х caus. of найдах; *to give hope to, reassure;*

найз *friend;* тэр миний сайн ~ *he's a great friend of mine;* тэд их ~ууд болжээ *they became great friends;* ~ нөхөд болох *to be friends with sb;* дотнын ~ *intimate or bosom friend;* тэр бол миний хамтран ажилладаг ~ *he or she is one of my business friends;* эмэгтэй ~ *girlfriend;*

найзархаг *friendly, amiable;* тэр ~ хүн шүү *he's a friendly soul;*

найзарха|х *to be friendly or amiable;*

найзархуу see **найзархаг;**

найзла|х *to be friends with, be on friendly terms with;*

найзлуула|х caus. of найзлах; *to make friends with;*

найланхай *friendly, courteous, polite, amiable;*

найлзуур *(bot.) sprout, shoot;*
найлзуурхай *glanders;* долоон булчирхай, найман ~гаа тоочих *to tell everything frankly or openly;*
найм(найман) *eight;* ~ дахин *eight times;* найман өнцөгт *(math.) octagon; octagonal;* найман зуу *eight hundred;* гуравдугаар сарын найман *the 8th of March;* найман настай *eight-year-old;* найман жилийн *eight-year;* найман мөрт *(lit.) octave, octet;* найман цагийн ажлын өдөр *eight-hour (working-) day;*
наймаа *trade, commerce;* арилжаа ~ *trade, commerce;* ~ хийх *to trade in, deal in, sell; to bargain for;* тэр савхины ~ хийдэг *he deals in leather;*
наймаала|х *to trade, sell, deal in;* хөвөн ~ *to trade in cotton;* зах дээр ~ *to sell sth at a market;* бэлэн мөнгөөр ~ *to sell for cash (for ready money);*
наймаачин *trader, dealer; business man;*
наймалж *(zool.) crab; octopus;*
наймдугаар *eighth; number eight;* ~ сар *August;* ~ ангийн сурагч *pupil of eighth grade;*
наймт *consisiting of eight; octavo;*
наймуул(ан) *all eight, eight together;* бид ~ байв *there were eight of us;*
наймхан *just eight, only eight;* би ~ төгрөгтэй *I have only eight tugrigs;*
найр I *friendliness; accord, concord; amity;* ~ тавих, ~ өгөх *to yield to, make concessions, compromise;* ~ засах *to do a favour;* тэр миний хүүтэй ~тай сайн байдаг *he is friendly with my son;* хайр ~гүй *mercilessly, relentlessly;*
найр II *feast, banquet; celebration;* ~ хийх *to feast, banquet; to celebrate with feasting;* ~ наадам *feast; celebration;* ~ хурим *wedding;* ~ хурим хийх *to celebrate a wedding;* наян тавны ~ *eighty-fifth birthday celebration;* шинэ байрны ~ хийх *to give a house-warming party;*
найраг *composition;* яруу ~ *poetry;* яруу ~ч *poet;*
найраглал *(long) poem;*
найрал *accord, harmony;* ~ дуу *chorus;* ~ хөгжим *orchestra;* үлээвэр ~ хөгжим *brass band;*
найралда|х *to be in accord, agreement; to harmonize with, go with; to tone with;*
найрамдал *friendship;* найрамдлын

нийгэмлэг *friendship association;* эв найрамдлын гэрээ *peace treaty;*
найрамдалт *friendly, amicable;*
найрамда|х *to be reconciled with, make it up with; to establish friendly relations with;* бүгд ~ улс *republic;* бүгд ~ нам *Republican party;*
найра|х *to find common ground; to be in harmony, accord or agreement; to make arrangements;*
найрлага *compound, composition; component; ingredient;* химийн ~ *chemical compound or composition;*
найрла|х *to feast, banquet; to celebrate with feasting;*
найрсаг *friendly, amicable; hospitable;*
найртай *friendly, amicable; pleasant;* ~ сайхан байх *to be pleasant;*
найруу *friendly, amicable, sociable;*
найруулагч *producer, (theat.) director; editor;* кино ~ *producer, film director;* театрын ~ *director;* эм ~ *pharmacist;* хянан ~ *editor;*
найруулал *feature; essay;*
найрууламж *composition;*
найруула|х *to blend, compound; to stage, produce; to edit;* найруулан засварлах *to edit;* жүжиг ~ *to stage a play;* эм ~ *to compound medicine;* кино ~ *to direct a film;* спирт ~ *to dilute spirits with water;*
найруулга *direction (of a play or film); stylistics; style, composition;* найруулгын алдаа *stylistic howlers;*
найрч *an active feast maker;* ~ хүн *one who likes feasting, singing and enjoyment;* ~ айл *a family makes feast very often;*
найтаалга *sneezing;*
найтаа|х *to sneeze;*
нал : ~ эрдэнэ *ruby; sapphire;*
налай|х *to be quiet, calm; to be sluggish, inert or slow-moving; to rest content (with what has been achieved);* налайсан сайхан өдөр *a calm day;*
наламгар *large and loose;*
наланги *inclined, sloping, slanting; fallen over;*
нала|х *to lean against, rest against;* тэр хаалганд налав *he leant against the door;* шон баруун тийшээ налсан байна *the post leans towards the right;* модод салхинд налж байна *trees are leaning over in the wind;*
налгар *calm, quiet; slow, sluggish; lazy,*

idle; carefree, unconcerned; ~ сайхан өдөр *a calm, sunny day;* ~ хүн *quiet or even-tempered man; lazy-bones;*

нали|х *to wheedle, slobber over; to gossip, tittle-tattle;*

налмагар *tattered, torn, ragged; large and loose;*

налмай|х *to get tattered, get torn; to be large and loose;*

налмархай *torn to pieces, in rags;*

налимгар *soft, flabby;*

налмий|х *to become flabby or soft;*

налуу *inclined, sloping; slope; leaning;* ~ хавтгай *inclined plane;* ~ эрэг *sloping riverbank;*

налууда|х *to prove to be too slanting, sloping or leaning;*

налуула|х *caus. of налах; to lean against;* тэр шат хананд налуулж тавив *he leant the ladder against the wall;*

налуур *back of article of furniture;*

налхай|х *to be slow, sluggish; to sit around doing nothing;*

налхгар *lazy, sluggish, clumsy;*

налчгар *low, squat, thickset, short; flat, flattened;*

налчий|х *to become flat, flatten out; to be low, squat, thickset;*

нальх *(anat.) tear-duct; slime;*

нальхр|ах *(of meat) to go bad;*

нальшим *pepper;*

нам I *low;* ~ дор газар *lowland;* нуруугаар ~ *short (in height);* ~ дуутай *low voiced;* ~ болох *to become low;*

нам II *quiet, calm; silent, noiseless; still;* ~ гүм *quiet, silence; stillness;* ~ гүм амьдрал *quiet life;* ~ гүм болов *it became quiet, the noise died away;* ~ унтах *to sleep soundly;* ~ цохих *to knock out; to strike dead;*

нам III *political party;* ~ын хороо *party committee;* ~ын гишүүний батлах *party-membership card;* ~ын үүр *party cell;* ~ын гишүүн *party member;* ~ын зохион байгуулагч *party organizer;* ~ын байгуулага *party organization;* ~ын их хурал *party congress;* ~ бус *non-party;* ~д орох *to enter or join the party;* ~аас хөөх *to expel from the party;*

намаа I : навч намаа *foliage;*

намаа II : хамаа намаагаа алдах *to behave defiantly;* хамаа ~гүй *defiant; familiar;*

намаг *marsh, bog, swamp;*

намагдуу *marshy, boggy, swampy;*

намагархаг *very swampy, marshy, boggy;*

намагта|х *to become marshy, boggy, swampy; to turn into swamp;*

намалза|х *to bob up and down; to go with gentle walk;*

наманчлал *repentance; remorse;*

наманчла|х *to repent of; to put the palms together as in prayer;* нүглээ ~ *to repent of one's sins;* гэмээ ~ *to confess;*

намар *autumn; fall;* өнгөрсөн ~ *last autumn;* намрын хонгор салхи *warm, gentle wind of autumn;* намрын шар нар *the warm sun of autumn;*

намарга *dew;*

намаржаа(н) *autumn encampment; autumn quarters;*

намаржаала|х *to move into the autumn encampment;*

намаржин *during the autumn;*

намаржи|х *to pass the autumn;*

намарши|х *to appear the signs of autumn;*

намба *staidness, sedateness; seriousness;* ~ суух *to steady down, have sown one's wild oats;*

намбагана|х *to wear fancy clothes; to show off, flaunt;*

намбагар 1. *sedate, staid;* **2.** *foppish, stylish, dapper;*

намбагүй *imprudent, staidless;*

намбай|х *to be quiet, sedate or staid;*

намда|х *caus. of намдах; to calm, pacify; to relieve;* энэ ханиалга намдаана *this will relieve your cough;* өвчин ~ эм *analgesic;*

намда|х I *to be too low;*

намда|х II *to calm down, abate, subside, die down;* өвчин намдлаа *the pain has abated;* хөл үймээн намдахыг хүлээе *let's wait till the fuss subsides;* салхи намдав *the wind calmed down;*

намжаах *to relax, sooth; to make calm;* түгшүүртэй/хурцадмал байдлыг ~ *to ease tension;*

намжир *haughtiness, arrogance; conceit, pride;*

намжирда|х *to behave haughtily, arrogantly; to cast an indignant glance;*

намжиртай *boastful, haughty, arrogant; foppish, dandified;*

намжи|х *to become quiet, still; (of sounds) to cease, die away; to abate, subside,* slacken; (of wind) to drop; to calm down;

намилза|х 1. to fly, flutter; 2. to soften, become soft;

наминчла|х to repent of, confess;

намираа dew; flying, fluttering; drizzling; ~ тугтай with banners flying; ~ бороо drizzling rain;

намира|х to flutter gently; to drizzle; үс ~ (of hair) to fly; өдөржингөө бороо намиран орно it's been drizzling all day;

намна|х 1. to shoot the bow on horseback; 2. to kill, assassinate; to hunt for;

намс : ~ ~ хийх to go down suddenly;

намса|х to become lower, go down; to be too low; to become quiet, silent or still; to abate, subside, slacken, drop;

намсхий|х to bend suddenly; to become still temporally; to die down, abate temporally;

намтар biography; (obs.) story, tale;

намуу(н) quiet, still, calm; peaceful; modest; ~н зантай хүн a modest person; ~ цэцэг poppy;

намуухан quiet; low, soft, gentle, faint; silent, still; ~ шөнө still night;

намхан rather low, short; тэр ~ хүн шүү he is quite short;

намханда|х to be extremely low or short;

намхандуу lower, shorter;

намхра|х to calm, subside, abate, die down; усны үер намхарч байна the floods are abating;

нандигна|х to treasure, keep or consider as precious; to hold sacred, cherish; эмэгтэй энэ бөгжийг нандигнаж явдаг she treasures the ring;

нандин rare, precious, dearly loved; relic; ховор ~ ном a rare book; тэр хуучин тоглоом бол миний хамгийн ~ юм that old toy is my most precious possession;

нанчилда|х to fight with each other, take part in the fisticuffs;

нанчи|х to beat, strike, hit, give a beating to;

наншаа grumbling, grouchy, grumpy; ~ хүн grumbler, griper;

нанши|х to grumble, gripe;

нар(ан) sun; наранд ээх, наранд шарах to sun oneself, bask in the sun; ~ зөв clockwise; ~ буруу anti-clockwise; ~ хиртэх solar eclipse; ~ны цацраг sunbeam; ~ны толбо sunspots; ~ны гэрэл sunlight, sunshine; ~ны

аймаг solar system; наранд цохигдох, наранд харвагдах (med.) sunstroke; ~ ургах, ~ гарах to rise (sun); ~ мандах, ~ дэгжих to rise the sun fully; ~ хүүшлэх (of the sun) to be covered by clouds; ~ жаргах, ~ орох, ~ шингэх (of the sun) to set; шар ~ бор хоног өнгөрүүлэх to drag out a miserable existence; шар ~ бор хоног day and night; наранд гаргах to expose sth to the sun; ~ны халх sunshade, umbrella; ~ны шил sun-glasses; наран угаал sun-bath; наран тэмээ the dromedary; наран цэцэг sunflower; наран цэцгийн тос sunflower oil; хурц ~ blazing sun; ~тай дулаахан байв it was sunny and warm; наранд нүд гялбаж байна the sun is in my eyes; тэр наранд борлов he got sunburnt; миний ~ my darling;

нар particle used to denote plurality of human beings; багш ~ teachers; ах дүү ~ brothers; relatives; дарга ~ the chiefs, heads, superiors, bosses; Тамир, Амар ~ ирэв Tamir, Amar and the others came;

наргиа gaiety, merriment; joke, jest;

наргиантай merry, cheerful; joyful, funny;

наргил : наргил мод coconut tree;

нарги|х to make merry, have fun; to loose, carouse, go on the spree; бид өчигдөр сайхан наргив we had lots of fun yesterday; тэрээр ууж наргисан байв he has bit merry;

нарийвчлал more precise definition; precision; occuracy;

нарийвчла|х to make more precise, define more precisely; to investigate carefully; to inquire in detail;

нарийда|х to be too narrow; энэ пальто надад нарийдаж байна this coat is too narrow for me;

нарийла|х to stint, grudge, skimp, be sparing with; тэр архинд мөнгөө нарийлдаг he stints on drink;

нарийн thin; fine; delicate; narrow, tight; precious; stingy; careful, painstaking; ~ гэдэс (anat.) small intestine; ~ дуу thin voice; ~ зүсэм thin slice; ~ ноос fine-wool, fine wollen; ~ асуудал nice point; ~ ялгаа subtle, fine, nice distinction; ~ ухаан subtle intellect; ~ зам (railways) narrow gauge; ~ нандин precious; ~ бараа fine-cloth, silks; ~ боов fine pastry; ~ хийц fine workmanship; ~ ширхэгтэй fine-grained; ~ хоол fine food; ~ зан stinginess; ~ хүн stingy person; ~ ширийн юм fine point; subtlety; niceties; ~ тодорхой in detail, precisely; down to the fine points; ~ учир nuance, fine point; ~ арга artistic or subtle method; ~ хэрэг subtle matter; hideous matter; ~ мэдэх to know in detail; ~ бичгийн дарга secretary; ерөнхий ~ бичгийн дарга secretary-general; хувийн ~ бичгийн дарга private secretary;

нарийса|х to become narrow or thinner; to taper; to become refined;

нарийсга|х to make narrow or thin; to make refined;

нарийхан thin; slender, slim;

наримгар flat-nosed;

нарлаг sunny, bright with sunlight; ~ өдөр a sunny day; ~ намар a sunny autumn;

нарла|х to sun oneself; to go out into the sun;

нармай I pan-; ~ монгол pan-Mongol;

нармай II (anat.) soft palate;

нармигар see **наримгар**;

нармийлга|х caus. of нармийх; to flatten; to smash, break;

нармий|х to be flat-nosed; to break, be smashed; машин нармийжээ the car broke down;

нарс(ан) pine; нарсан ширээ pine table;

нартай sunny; ~ өдөр sunny day; ~ бороо rain during sunshine;

нарши|х to get a sunstroke;

нас(ан) age; the years of one's life; life; та/чи хэдэн настай вэ? how old are you? тэр дөч гарсан he is over forty; бага ~наасаа from childhood; бид ~ сацуу we are of the same age; дунд ~ны middle-aged; ~ өндөр болох to grow old, age; нэг ~тай one year old, yearling; (bot.) annual; олон ~т ургамал (bot.) perennial; удаан ~тай, урт ~тай of many years; of many years' standing, long-standing; ~анд хүрэх to grow up, become an adult; залуу ~ youth; хижээл ~ны getting on in years; бүх насаар нь шоронд хорих life imprisonment; ~ гүйцэх (of animal) to become an adult; ~анд хүрээгүй under age; ~анд хүрсэн хүн an adult; ~ дарах to grow old, age; ~тай хүн old man or woman; ~аа идэх to look younger than one's age; to be small for one's age; их ~ны морь horse over five years old; ~аа дарах to lower one's age; ~ ахисан elderly; ~ааараа, ~ан туршид during one's whole life; ~ нөгчих, ~ барах, ~ эцэслэх to die, pass away; ~ ахих to

grow old; ~гүй болох to be at death's door; сургуулийн өмнөх ~ны хүүхэд child under school age;

насад always, during one's whole life;

насжи|х to grow old, age;

насжуу old, aged;

насла|х to live for a long time; to reach a certain age;

насос pump;

настайвтар oldish;

настайхан getting on in years; no spring chicken;

настан aged people, elders; өндөр ~ pensioner; old person;

нахиа(н) sprout, shoot, bud;

нахиала|х to sprout, grow shoots or buds;

нахигар bent, crooked, bending;

нахид (geogr.) col, saddle;

нахидаг see нахид;

нахий|х to bend, become crooked, low down; to stoop;

нахилза|х to low; to shake, swing;

нахисхий|х to bow, bend slightly; to stoop slightly;

нахиу I snub; saddle-like;

нахиу II see нахид;

нахи|х to ingratiate oneself with, win someone's approval;

начин I falcon;

начин II title given to the third-round winner in the national wrestling contest;

ная(н) eighty;

наяад about eighty; eighty each;

наяд one hundred milliard;

наядугаар eightieth, number eighty;

наяул(ан) eighty together, altogether eighty;

наяхан just eighty, only eighty;

нившрэ|х I (of the body) to become heavy with sleep, feel lazy; to be or become heavy, severe; нивширтэл ачих to overload; нивширтэл зодох to beat severely; нивширтэл унтах to oversleep;

нившрэ|х II to be overcrowded;

нигүүлсэл mercy, charity; compassion;

нигүүлсэлгүй merciless, unmerciful; ungracious; unkind;

нигүүлсэлтэй merciful, charitable, kind;

нигүүлсэнгүй kind, merciful, compassionate;

нигүүлсэ|х to feel pity for, be merciful, be compassionate; ~ сэтгэл pity, compassion;

нигши|х *(of food) to go bad, to smell bad or stink;*

нигшүүрэл *aversion, disgust, repugnance; loathing;* ~ төрөх *to have an aversion for, be repelled by;*

нигшүүрэлтэй *repulsive, disgusting, loathsome;*

нигшүүрэ|х *to loathe, have an aversion for;*

Нидерланди *the Netherlands;*

нидрэг *washboard;*

нидрэ|х *to rub briskly;*

нижгэр *great, big; sensational;*

нижгээд *one each;*

нижигнэ|х *to thunder, crash, rumble;* нижигнэсэн алга ташилт *loud cheers, stormy applause;* тэнгэр нижигнэн дуугарч байлаа *it was thundering;*

нижигнээн *roar, thunder; uproar, racket;*

ний ний нуугүй *frank, outspoken, open, unconcealed;* ~ нуугүй хэлэхэд *frankly speaking, be perfectly frank;* ~ нуугүй байх *to be frank with, open up to;*

нийвий *trowel;*

нийгэм *society; (the) public, the community;* нийгмийн амьдрал *public life;* нийгмийн ухаан *social science(s);* нийгмийн хөрөнгө *public property, public ownership;* нийгмийн ашиг сонирхол *public interests;* нийгмийн үзэгдэл *social phenomenon;* нийгмийн өөрчлөлтүүд *social changes;* нийгмээр оролцох ажил *public works;* нийгмийн халдварт өвчин *social disease;* нийгмийн гарал *social origin;* монголын ~ *the Mongolian public;* хүй нэгдлийн ~ *primitive society;* социалист ~ *socialism;* нийгмийн сэтгэхүй *social psychology;* нийгмийн даатгал *social insurance;* нийгмийн шударга ёс *social justice;* нийгэм ахуйн *social;* нийгмийн зүтгэлтэн *public figure;* ~ даяар *the whole society, whole community;* улс ~ *the entire nation;* феодалын ~ *feudal society;* ~ судлал *social science, civics;* нийгмийн шаар *the scum of the earth;*

нийгэмлэг *association; company;* хувь нийлүүлсэн ~ *joint-stock company;* найрамдлын ~ *friendship association;* спортын/биеийн тамирын ~ *sport association;* тэр өмгөөлөгчдийн ~ийн гишүүн *he is a member of the lawyers' association;*

нийгэмчлэ|х *to socialize; to collectivize;*

нийлбэр *sum;* гурав тав хоёрын ~ нь найм the sum of 3 and 5 is 8; ~ дүн *sum total;* ~ийг олох *to find the sum of two or more numbers, add;*

нийллэг *meeting, (evening) party;*

нийлмэл *mixed; hybrid;*

нийлүүлэг *coupling, pairing, mating;* мал нийлүүлгийн кампанит ажил *cattle pairing campaign;*

нийлүүлэгч *supplier, purveyor, provider;* хувь ~ *shareholder;*

нийлүүлэ|х *caus. of* нийлэх; *to join, unite; to combine; (of animals) to couple with, pair with, mate with; to supply, purvey;* хүч ~ *to combine efforts;* бараа ~ *to supply with goods, deliver goods to;* дуу ~ *to sing all together; to act in unison; to unite with;* хувь ~ *to become shareholder; to incorporate;* ~ гэрээ *contract for the delivery or supply of goods;* мал ~ *to couple cattle;*

нийлэг *synthesis; synthetic;*

нийлэл *(chem.) compound; (mil.) large unit;*

нийлэлдэ|х *to unite, be connected, be combined; to get mixed up;*

нийлэмж *agreement, harmony; consent, assent; accordance, correspondence;*

нийлэмжгүй *disunited, disharmonious; inappropriate;*

нийлэмжтэй *harmonious; appropriate, fitting;*

нийлэ|х *to join, unite; to combine; to gather together; to become (sexually) intimate with; to agree about;* санал ~ *to agree, come to an agreement;* санаа ~ *to act in agreement;* хэл ~ *to find common ground; to negotiate about, treat for;* муу хүмүүстэй ~ *to fall into bad company;* зам ~, ганзага ~, гар ~ *to act in concert; to be united in action;* хил ~ *to border upon, be contiguous with;* хоолой ~ *to tone; (mus.) to harmonize;* зүс ~ *(of the colour) to match;* хөл ~ *to match paces;* эмэгтэй сайн хүнтэй нийлжээ *she made a good match;* нам ~ *to plot, be plotting against;* бичиг ~ *to check a text;* ном ~ *to check proofs against a manuscript;*

нийнтэг *blackmail; unpleasant facts of person;*

нийнтэглэ|х *to blackmail;*

нийс *agreement; harmony;*

нийсгүй *disordant, difficult (to get on with); quarrelsome;*

нийслэл *capital; metropolis;*

нийт *all; in all; total; common;* олон ~ *(the) public, the community;* ~ийн санал сэтгэл *public opinion;* ~ийн хоол *public catering;* ~ийн дайсан *common enemy;* ~ дүн *sum total;* ~дээ *on the whole, in general, in sum;* ~ийн өмч *public property;* ~ийн байр *hostel;* олон ~ийн ажил *public works;* олон ~ийн идэвхтэн *person actively engaging in public life;* ~ийн хэрэгцээ *the public necessities;* ~эд алдаршсан *popular;* ~ийн дуу *popular song;* ~ даяар *whole people, nation, the public;* ~ийн баяр *public holiday;* ~ийн сонгууль *universal suffrage;* бүх ~ийн ажил хаялт *general strike;* ~эд зарлан мэдэгдэх *to announce publicly;* ~дээ хоёр мянган доллар төлөгдсөн *in all two thousand dollars has been paid;* ~эд тустай *socially useful;* ~ийн номын сан *public library;* ~ийн тээвэр *public transport;*

нийтгэмэл *twisted, braided;*

нийтгэ│х *to twist, braid;*

нийтийн *public;* ~ цэцэрлэгт хүрээлэн *a public park;* олон ~ мэдээллийн хэрэгсэл *mass media, mass communication media;*

нийтлүүлэ│х *caus. of* нийтлэх; *to publish;* сонинд зарлал ~ *to put an advertisement in a paper;*

нийтлэгдэ│х *pass. of* нийтлэх; *to be published, be in the press;*

нийтлэг *public, common, popular; generally used; generally accepted;*

нийтлэгч *publicist;*

нийтлэл *publication; essay, commentary;*

нийтлэ│х *to print, publish; to public;*

ний│х *to blow the nose;*

нийц *agreement; harmony; sociability;*

нийцгүй *unsuitable, inappropriate; unsociable;*

нийцтэй *harmonious; proper, appropriate; sociable;*

нийцүү *agreeing, conforming;*

нийцүүлэ│х *caus. of* нийцэх; *to submit smth to someone's approval; to make agree with, bring into conformity or line with;*

нийцэ│х *to accord with; to conform to; to correspond (to, with), be in keeping with;* шаардлагад ~ *to meet the requirements;* зорилгод ~ *to answer the purpose;* бүх шинэ барилгууд эрүүл ахуйн дүрэмд ~ ёстой *all new buildings must conform to the sanitary regulations;* түүний яриа баримт хэрэгтэй

~гүй байна *his story does not correspond with the facts;* санаанд ~ *to please;*

нил I : нил хийх *to stink, reek of;* ~ хийсэн үнэр *stink, stench;*

нил II *violet;* ~ цэцэг *(bot.) violet;* ~ ягаан *ultra-violet;*

нилээд *considerable(ly), significant(ly); rather, quite, pretty;* би ~ ядрав *I'm pretty tired;* ~ үүрэг гүйцэтгэх *to play an important part;* ~ орлого *a considerable income;* ~ мөнгө *a considerable sum of money;* ~ олон *very many, considerable in number;* ~ сайн кино *quite a good film;* ~ тэнэг хүн *rather a stupid person;*

нилзээн *see* нилээд;

нимбэг *lemon;* ~ийн хүчил *citric acid;*

нимгэдэ│х *to be too thin or shallow;*

нимгэлэ│х *to make thin or shallow;*

нимгэн *thin; shallow; slight, slim;* ~ цаас *thin paper;* ~ мэдлэг *shallow knowledge;* шүлгийн ~ ном *a slim volume of poems;* хөрөнгө ~ *not rich, of modest means;* ~ хувцас *a light clothing;* ~ хувцаслсан *lightly clad;*

нимгэрэ│х *to become thin, shallow, slight; to become little or empty;*

нимгэс│эх *to get thinner, be reduced more in thickness;*

нимгэс│эх *to become thinner or shallower;*

нимгэхэн *thin, thinner; slim;*

нингэн *see* нимгэн;

нинжин *kind, good, good-hearted;* ~ сэтгэл *goodness, kindness;*

нир : нир хийх *to rumble, thunder, roar;* ~хийн унах *to fall with a crash;*

ниргүүлэ│х *caus. of* ниргэх; *to be destroyed, be smashed;*

ниргэ│х *to destroy, smash, rout; to thunder against;* дайсныг ~ *to smash the enemy;*

нирхий│х *to roar, rumble, thunder, crack, crash;* нирхийн инээлдэх *to roar with laughter;*

нисгэгч *pilot, airman;* онгоц сүйрэхэд ~ амьд гарлаа *the pilot was not injured when the plane crashed;*

нисгэх *to cause/make to fly sth or sb;* цаасан шувуу ~ *to cause a kite to rise and stay high in the air;*

нислэг *flight; flying;*

нисэгч *pilot; aviator, flyer;* туршин ~ *test-pilot;* сөнөөгч онгоцны ~ *fighter pilot;*

нисэ│х *to fly; to fly down (from);* шувуу нисдэг

a bird flies; доогуур ~ *to fly low*; далай дээгүүр ~ *to fly accross the sea*; элчин сайд Лондонгоос Парис руу онгоцоор нисэв *the ambassador flew from London to Paris*; мянган метрийн өндөрт ~ *to fly an altitude of 1000 metres*; галт тэрэг ~ мэт хурдалж байна *the train is simply flying along*; ~ онгоц *plane, airplane, aircraft*; ~ онгоцны үйлчлэгч *stewardess or steward*; ~ онгоцны баг *aircrew*; ~ талбар *airfield*; ~ онгоцны буудал *airport*; ~ хүчин *air force*; ~ буух зурвас *landing strip*; нисч ирэх *to come flying in, arrive by plane*; *(of a plane) to arrive*; нисч одох *to fly away, fly off*; амралтын өдрүүд нисэн өнгөрөв *the holidays flew (by)*;

нитгэл *scum*;

нитгэлтэ|х *to form scum*;

нитгэрэ|х 1. *to twist, twine*; **2.** *to scrape with a sharp instrument*; **3.** *to rub smth between the fingers*;

нитэг *see* **нитгэл**;

ничигнэ|х *see* **нижигнэх**;

нишингэ *sugar-cane*;

новш *rubbish, trash*; *rags, old clothes*; тэр хог ~ түүхээр дөрөв дэх өдрүүдэд ирдэг *he comes on Thursdays to collect the rubbish*;

новширхог *full of trash or rubbish*;

новшро|х *to be heaped with rubbish or trash*; *to dawdle, move or do sth very slowly*; тэр хийсэн юмгүй өдөржин новшров *he dawdled all day*;

ногдол *portion; share*; ~ ашиг *dividend*;

ногдох *to be imposed, assessed to; to allot, allocate*; ногдсон албан татвар *assessed tax*;

ногоо(н) *grass; greens, vegetables*; өвс ~ *grass*; хүнсний ~ *vegetables*; хүнсний ~ны дэлгүүр *greengrocery, greengrocer's*; ~ны газар *garden*; ~ны зоорь *vegetable store*; ~ тарих *vegetable-growing*; ~ны хашаа *fence around a garden*; ~той шөл *vegetable soup*; ~той хоол *vegetable dish*; шинэ ургацын ~ *fresh vegetables*;

ногоовор *dark green*;

ногоовтор *greenish*;

ногоодо|х *to be too green*;

ногоолин *malachite*;

ногооло|х *to pasture the cattle for the first time in the spring*;

ногоон *green*; ~ вандуй *green peas*; ~ ургамал *(plantations of) trees and shrubs*; ~

алим *green apple*; ~ цай *green tea*; эмэгтэй ~ хувцастай байв *she was dressed in green*; ~ бүс *green belt*; ~ (мөнгө) *dollar, greenback*;

ногооро|х *to turn green, come out green; to show green; to look green*;

ногоочин *kitchen gardener*;

ногт *halter (of a horse)*;

ногтло|х *to put on a halter; to tie up in halter fashion*;

ногтмол *old boar*;

ногуул *young of the lunx*;

ноднин *last year*; ~ намар *last autumn*; ~ зун *last summer*; ~ жил *last year*;

ноёгтой *lady*;

ноёлог I *lordly, grand, haugthy, overbearing*;

ноёлог II *mountain peak*;

ноёлогдо|х *pass. of* ноёлох; *to be under someone's rule*;

ноёло|х *to hold sway, exercise dominion; to predominate, prevail; to command, dominate; to tower above*;

ноён *(hist.) lord, prince; master, gentleman; (as style) Mr.; (chess, cards) king*;

ноёрхог *lordly; haughty, overbearing*;

ноёрхол *supremacy, dominion, mastery; predominance*;

ноёрхо|х *(lit.) to hold sway; to predominate, prevail; to dominate*; намын дотор зүүн жигүүрийн үзэл бодол ~ чигтэй байлаа *the views of the left wing have tended to predominate within the party*; дундад зуунд олон улс гүрэнд шашин ноёрхож байв *in medieval times the Church held sway over many countries*; ~ анги *ruling class*;

ноёрхуу *see* **ноёрхог**;

ноёхон *princess, daughter of a noble*;

нозооро|х *to be exhausted from the heat*;

нойр *sleep*; ~ авах *to sleep, doze, take a nap*; ~ хүрэх *to be sleepy*; ~ ханах *to have a good sleep*; ~ханах *to have one's sleep out*; ~ноос сэрэх *to wake up, awake*; ~ сэргэг *light sleeper*; ~ хулжих *cannot sleep, cannot get to sleep*; ~ өвчин *sleeping sickness*; тэд дуг ~ондоо дугжирцгааж байна *they are all asleep*; ~ ихтэй *somnolent, fond of sleep*; ~ муутай *lacking sufficient sleep*; ~ муутай болох *to suffer from insomnia*; ~ны дүд *sleepyhead*;

нойргүй *sleepless, not providing sleep*; би

~ хонов *I had a sleepless night;*
нойрмог *sleepy, drowsy;*
нойрмогло|x *to be sleepy, drowsy, not fully awake;*
нойрсо|x *(hon.) to sleep; to die down;* үүрд ~ *to go to one's eternal rest;*
нойрсуула|x *(hon.) caus.* of нойрсох; *to put to sleep;*
нойртой *sleepy; fond of sleep; having a good sleep;*
нойт *humidity, dampness;*
нойтдо|x *to be too wet or damp;*
нойтло|x *to moisten, damp, wet;*
нойтовтор *rather wet, moist or damp;*
нойтон *wet, moist, damp; soggy;* ~ хувцас *wet clothes;* ~ мод *green lumber;* ~ оо *tooth paste;* ~ хамуу *(med.) leprosy;* ~ хамуу оргих *to be importunate;* ~ мах *fresh meat;* ~ болох *to become wet, become soaked;*
нойтро|x *to become wet, moist, damp;*
нолго : нолго баяжих *to become very rich;*
нолиг *long-winded, prolix;*
нолигло|x *to engage in idle talk;*
нолцгор *of poor quality; weak;*
нолчгор *weak, feeble;* ~ хүн *demure person;*
ном *book;* ~ унших *to read a book;* ~ бичиг *books;* ~ын шүүгээ *bookcase;* ~ын сан *library;* ~ын санч *librarian;* ~ судар *bible; scriptures, books;* ~ зүй *bibliography;* ~ын худалдаа *booktrade;* ~ худалдагч *bookseller;* ~ын тавиур *bookshelf;* ~ үзэх *to learn, study;* ~ заах *to teach;* ~ хаялцах *(theol.) to debate;* ~ бичих *to write a book;* ~ хэвлэх *to print a book;* ~ын шүүмж *book review;* ширээний ~ *reference book;* эрдэм ~ *education; learning;* эрдэм ~гүй *illiterate, ignorant;* түүхийн ~ *a history book;* шүлгийн ~ *a book of poems;* энэ ~ анх 1978 онд хэвлэгдсэн *this book was first published in 1978;*
номер *number;*
номин I *lapis lazuli; azure;*
номин II : сохор номин *the mole;*
номлогч *preacher; advocate of;*
номлол *teaching, doctrine; advocacy of, propagation of;* шашны ~ *religious teachings;*
номло|x *to teach; to preach; to teach someone a lesson;* Христосын шашин төлөв даруу байхыг номлодог *Christianity teaches humility;*
номой *humble, meek; phlegmatic;*
номойто|x *to display meekness; to be*

phlegmatic;
номорхо|x *to teach someone a lesson; to show one's learning or erudition;*
номхон *gentle; mild, meek; tame;* Номхон далай *the Pacific Ocean;* ~ дөлгөөн *gentle, placid, quiet;* ~ даруу *modest;* ~ хүлцэнгүй *submissive to, obedient;* ~ морь *gentle horse;*
номхотгол *subjugation, subdual; winning, conquest;*
номхотгох *to subjugate, subdue; to tame; to curb, check; to render harmless;* хүсэл тачаалаа ~ *to curb one's passions;*
номхочло|x *to take advantage of the timid or meek;*
номхро|x *to submit to; to resign oneself to; to become tame; to calm down;*
номхруула|x *caus.* of номхрох; *to tame; to curb, subdue, check; to put down;*
номч *bibliophile; scholar;*
номчирхо|x *to show one's learning or erudition;*
ноогдвор *see* ногдол;
ноогдо|x *to be due to; to be alloted, fall to one's lot or share;* хувь ~ *to fall to someone's lot or share;* түүнд зул сарын баярын өдрүүдэд харуулд гарах хувь ноогдов *it fell to his lot to be on guard on Christmas Day;* тэдэнд хүнд сорилт ноогджээ *a severe test has befallen them;* танд хоёр төгрөг ноогдож байна *there is two tugriks due to you, you have two tugriks to come;* татвар ~ *to be liable to tax, be taxable;*
ноогд|уулах *to impose, lay on;* торгууль ~ *to impose a fine;* засгийн газар тамхинд татвар ноогдуулав *the government has imposed a tax on tobacco;* шийтгэл ~ *to lay on a punishment;*
нооло|x *to play with, toy with, pester;*
ноолуур *down, soft wool;*
ноомой *meek, timid;*
ноорог I *rough copy, draft;* ~ зураг *(geod.) contour(s), outline;*
ноорог II *rag, rags;*
ноорогло|x *to make a rough copy, draft, or sketch;*
нооронхой *torn, frayed, ragged, tattered; worn-out;*
нооро|x *to wear out, become torn or tattered;*
ноорс *the down of birds;*
ноорхой *torn, frayed, worn-out;*

ноос(он) *wool; woolen; hair;* ноосон утас *wool yarn; a ball of knitting wool;* ноосон даавуу *woolen cloth or material;* үс ~ *wool, hair;* хонины ~ *sheep's wool;* өвлийн ~он хувцас *winter woolies;*

ноосорхог *fleecy, woolly;* ~ ойис *woolly socks;*

ноосорхуу *like wool, wooly;*

ноохой *a rodent hole;* оготнын ~ *a mouse hole;*

ноохойло|х *(of rodents) to make a hole in;*

норго|х *to wet, moisten, soak; to spill water (on the floor, etc);* хоолойгоо ~ *to wet one's whistle, to have a drink;* хоолой ~ төдий *barely enough to wet the throat;* тэр хөлөө норгов *he got his feet wet;*

норм *standard, norm; rate;* гүйцэтгэх ~ *rate of output;*

нормло|х *to regulate, normalize; to ration; place on the ration;*

норомло|х *to stack or pile wood;*

норо|х *to become wet, become soaked; to soak;* түүний цамц хөлсөндөө норжээ *his shirt was soaked in sweat;* бид нэвт норов *we got soaked to the skin;*

норхой *short hair;*

нот I *(mus. and diplomatic) note, (sheet) music;* ~ харж хөгжим тоглох *to play from music;*

нот II *strong, firm, solid;*

нотариат *notary office;* ~аар батлуулах *to be notarized;*

нотариус *notary;*

нотлогдо|х *pass. of* нотлох; *to be confirmed, ratified;* тэр хулгайн хэрэг үйлдээгүй нь нотлогдов *he was proved innocent of the theft;* түүний сэжиглэл бүгд нотлогдов *his suspicions were confirmed;*

нотло|х *to demonstrate, prove; to confirm, ratify;* теорем ~ *(math.) to demonstrate a theorem;* үзэл бодлыг ~ *to prove one's point of view;* тэр үүнийг туршилтаар нотлов *he proved it experimentally;* энэ захиа түүнийг одоогоор амьд гэдгийг нотолж байна *this letter proves him to be still alive;*

нотолгоо *proof, evidence, confirmation; (math.) demonstration;*

нохиото|х *to have to do with;* тэдэнтэй ~ хэрэггүй *don't have anything to do with them;*

нохой *dog;* гөрөөч ~, анч ~ *hunting dog, gun dog, hound;* өлөгчин ~ *bitch;* ~н гөлөг

pup, puppy; ~н байр *kennel, doghouse;* золбин ~ *a stray dog;* ~ тавих *to loose the dogs, set the dogs on someone;* мөрч ~ *bloodhound;* ~ түрхирах *to set the dog on; to harass with dogs;* ~ хүн *swindler, cheat, cunning person;* ~ зан гаргах *to cheat, swindle;* ~ нүцгэн *poor as a church mouce;* ~ гахайдаа хүрэх *to quarrel with;* ~н замаар орох *to become undisciplined; to lead a dissolute life;* ~н дуу ойртох *to be very near to completing sth;* ~ мич *(zool.) baboon;* ~ бөөс *flea;* ~н хушуу *dogrose;* хоточ ~ *watchdog;*

нохойдо|х *to be extremely sly, cunning or mischievous;*

нохойрхуу *sly, cunning;*

нохойто|х *to cheat, swindle;*

нохойч *dog-breeder;*

нохойчло|х *to follow hard on someone's heels; to run after;*

ноц *importance; peculiarity; essence;* хэргийн ~ *the heart, crux of the matter;*

ноцгүй *unimportant, unsignificant; harmless;*

ноцло|х 1. *to bite, snap at;* 2. *to pull at, tug at;* 3. *to tear (to pieces);*

ноцолдооч *pugnacious, quarrelsome fellow;*

ноцолдо|х *to wrestle; to fight; to spend time on, busy oneself with; to potter;* хэрэлдэн ~ *to fight;* барилдан ~ *to wrestle;* хүүхэд тоглон ~ *(of children) to play noisily, romp;* тэр цэцэрлэгтээ мод чулуутай ~ дуртай *he likes pottering about in the garden;*

ноцоолго *lighter; switch;*

ноцоо|х *to set fire to; to kindle, light;*

ноцо|х I *to burn, be alight;* пийшинд гал ноцож байна уу? *is the stove alight?*

ноцо|х II *to fall upon; to go for; to bite;* нохой над руу ноцов *the dog went for me;*

ноцтой *important, meaningful, significant; serious;* ~ шалтгаан *valid cause, good reason;* ~ өвчин *a serious disease;* ~ гэмт хэрэг *dangerous crime;*

нөгөө *the other, another; that; the same;* ~ талд нь *on the other side;* ~ эргээс нь *from the other shore;* нэг нь ~ нь хоёулаа *both;* нэг нь биш гэхэд ~ нь *if not one, then the other;* нөгөө хүн *the one (who), the person (who);* чиний өчигдөр үзсэн ~ кино *the film (which) you saw yesterday;* өндөр өсгийтэй гутал өмсдөг ~ эмэгтэй *the one wearing high-*

H

143

heeled shoes; ~ цагтаа *at the same time;* тэр одоо ~ хэн биш болсон *he is not the man he was;* энэ нь хуучин, ~ нь шинэ тэрэг *this car is old but that is new;* ~тэйгүүр *besides; on the other hand;*

нөгөөдөр *the day after tomorrow;*

нөгөөдүүл *the others;* ~ чинь хаа байна? *where are the others?*

нөгөөтөх *the other one; that very;* ~ий нь үзье *let me see the other one;* ах дүү хоёрын нэг нь эмч, ~ нь хуульч *one brother is a doctor, the other a lawyer;*

нөгөөх *the other; that;*

нөгчи|х *to pass by, pass on; to die; to become (sexually) intimate with;* нас ~ *to die;*

нөгчөө|х *caus. of* нөгчих; *to spend, pass (time);*

нөж *clot of blood;*

нөжрө|х *(of blood) to clot, coagulate;*

нөлөө I *apoplexy, paralysis;*

нөлөө II *distored reflection;* ~тэй толь *distorting mirror;*

нөлөө III *influence; effect;* тэр яаманд их ~тэй хүн *he has a lot of influence in the Ministry;* муу ~ *a bad influence;* тэр бол засгийн газрын хүрээнд ~ бүхий эмэгтэй юм *she's a woman of some influence in government circles;* ~нд орох *to come under the influence;* ~ үзүүлэх *to influence;*

нөлөөлө|х *to influence, affect; to exert influence, bring influence to bear upon; to bring pressure to bear upon;* үлгэр дууриаллаар ~ *to influence someone by one's example;* адал явдалд дуртай нь түүнийг усан цэрэг болоход нөлөөлөв *love of adventure influenced his decision to become a sailor;* түүний үг надад хүчтэй нөлөөлөв *his words influenced me greatly;* Байроны яруу найраг түүнд хүчтэй нөлөөлжээ *as a poet he was influenced by Byron;* ёс суртахууны ~ үзүүлэх *to bring moral pressure to bear upon;*

нөлөөтэй *influential;* ~ хүн *influential person;*

нөмгөн *ungirdled (of a person);*

нөмөр *shelter, cover against wind and rain; patronage, protection;* ~тэй газар *sheltered place;* бид модны ~т хоргодож бороо өнгөрөөв *we took shelter from the rain under the trees;*

нөмөрдө|х *to take shelter, find protection;*

нөмөрдүү *well-sheltered;*

нөмөрлө|х *to make a cover or shelter;*

нөмрөг *cloak, mantle, gown; cover;*

нөмрө|х *to throw a garment over one's shoulders; to cover oneself with; to flow over;* тэр эмэгтэй алчуур нөмрөв *she threw a shawl over her shoulders;* хөнжил ~ *to cover with a blanket;*

нөөлөг *whirlwind, gust;*

нөө|х *to store up, lay in a stock of, put sth for sth;* хожмын өдөр хэрэг болно гэж ~ *to put by sth for the future;*

нөөц *supply, stock; reserve;* барааны ~ *stock-in-trade;* ~ баялаг *recources;* тэдний мөнгөний ~ тун өчүүхэн байгаа *their financial recources are negligible;*

нөөцлө|х *to lay in stores or stock, prepare reserves; to save, economize;*

нөр(өн) 1. *continuous(ly), of lot duration; chronic;* ~ өвчин *a chronic disease;* бороо нөрөн орох *to rain continuously;* 2. *tireless, indefatigable, persistent, untiring;* ~ хүчин чармайлт *untiring efforts;*

нөрлө|х *to work out or act untiringly; to last for a long time;*

нөрөө *pockmarks;*

нөрөөтэй *pitted, pockmarked;*

нөрө|х I *to show persistence; to persist in;*

нөрө|х II *to become crooked, awry;*

нөрүү *bent, crooked, awry;*

нөхвөр *compensation, consolation, recompense;*

нөхверлө|х *to compensate, recompense;*

нөхөд *pl. of* нөхөр; найз ~ *friends;*

нөхөөс(өн) *patch (in garments); substitute;* ~ тавих *to patch, put a patch on;* ~тэй өмд *patched trousers;* шарх ~ *a wound;*

нөхөр *friend, comrade; companion; colleague; husband;* анд ~ *friend;* хань ~ *husband;* хамт ажилладаг ~ *colleague;* багын анд ~ *childhood friend;* хурц гэрэл бол зураачийн хамгийн сайн ~ *bright light is the painter's best friend;* үнэнч ~ *a friend in need;* эмэгтэйн хуучин/түрүүчийн ~ *her ex-husband;*

нөхөрлөл *companionship, friendship, fellowship, partnership; company, association, society;* хамтын ~ *commonwealth;*

нөхөрлө|х *to be friends with, on friendly terms with, form a friendship;*

нөхөрсөг *friendly, amicable;* ~ тоглолт *a friendly;* ~ шог зураг *harmless, well-meant* *caricature;* ~ дотно харилцаа *friendly relations, cordial relations;*

нөхө|х *to patch; to act as a substitute; to make up for, catch up with;* алдсан цагийг ~ *to make up for lost time;* алдсанаа ~ *to repair an omission;* цоорхойг ~ *to put a patch on a hole;* өмд ~ *to patch the trousers;* тэр өвчтэй ажилчинг нөхөв *he substituted for the worker who was ill;*

нөхцөл *condition; factor; circumstances;* ийм ~д ажиллах боломжгүй *in such conditions one can't work;* торгуулийн зэрэг хэргийн ~ байдлаас хамаардаг *the level of the fine depends on the circumstances of the case;* ~ үйл үг *converb;* ямар ч ~ алга *it is impossible; there is no chance whatever!*

нөхцөлгүй *impossible, infeasible;*

нөхцөлтэй *possible, feasible; on condition that, provided that;*

нөхцөө|х *caus. of* нөхцөх; цаг ~ *to kill time;*

нөхцө|х *to become (sexually) intimate with; to become keen on, become mad about;* нас ~ *to die, pass away;*

нуга I *meadow; water-meadow;*

нуга II *(particle expressive of overbending)* ~ татах *to bend;*

нугалаа *fold; pleat; tuck; crease; (polit.) deviation;*

нугалаас *pleat, tuck; crease;*

нугалаатан *(polit) deviationist;*

нугала|х *to bend, fold; to disjoint; (polit) to deviate; to finish or complete sth in general;* номын хуудас ~ *to fold down a page of a book;* цаасыг дундуур нь ~ *to fold paper in two;* тэр эмэгтэй нусны алчуурыг нугалаад хормойндоо хийв *she folded the handkerchief and put it in her pocket;* цаасыг дөрөв ~ ёстой *the paper must be folded into quarters;* тохойгоо ~ *to bend one's elbow;* ажлаа ~ *to finish one's work;* хүзүү ~ *to disjoint the neck;* тав нугалж төлөх *to recompensate fivefold;*

нугалбар *fold, crease;*

нугалра|х *to be bent, folded;*

нугалуур *(anat.) pylorus;*

нугалхийла|х *to bend, fold;*

нуган *son, boy;*

нугараач *acrobat, contortionist;*

нугарал *bend, pleat, crease, fold;*

нугара|х *to bend, be bowed, be bent, be folded; to be completed;* модны мөчир

нугарсан боловч хугарсангүй *the branch bent but didn't break;* ажил маань нугарч байна *my work is about to be completed;* хүйтний ид ~ *(of the weather) to get warm;*

нугас(ан) I *duck;*

нугас(ан) II *(anat.) spinal cord;* ~ны ус *spinal fluid;*

нугас(ан) III *hinge, joint;* хаалга ~наасаа мултарчээ *the door has come off its hinges;*

нугасла|х *to kill an animal by cutting or stabbing the spine; to affix hinges;*

нугац *hiding place;*

нугдай|х *to be short, stoop, become bent;*

нугдгар *short, bent, contorted, twisted;*

нуд нуд хийх *(of the bones) to crack;*

нударган *kulak, rich peasant;*

нудрага *fist; cuff;* ~ зангидах *to clench a fist;*

нудрагал|ах *to hit with the fist, push with the fist;*

нудра|х *to nudge, hit with fist; to kill;*

нудчи|х *to nudge constantly;*

нужигна|х *to crack, crunch, creak;*

нулима|х *to spit, expectorate;*

нулимс(ан) *tear;* ~ асгаруулагч хий *teargas;* ~ны булчирхай *lachrymal gland;* нус ~ *slobber, spittle;* ~ асгаруулах *to shed tears;* тэр эмэгтэйн хацрыг даган ~ бөмбөрөв *tears rolled down her cheeks;* муу юм дуулаад би ~ асгаруулж гарав *I burst into tears when I heard the bad news;*

нулмала|х *to spit constantly;*

нулмас *see* нулимс;

нулмидас *spit(tle), (med.) sputum;*

нулмуур *spittoon;*

нум(ан) *bow; arc, arch; spring (of vehicle); a measure equal to the length of a bow;* нум сум *bow and arrow;* ~ сумаар харвах *to shoot with bow and arrow;* ~ан хаалга *arch;* ~ан хөмсөг *arched brows;* ~ан, ~ан хэлбэртэй *arched, bow-shaped;* ~ны хөвч *bowstring;*

нумла|х *to measure in bow-lengths; to bend like a bow;*

нумч *bow maker;*

нунжгар *weak, frail; sluggish; inert; slack;*

нунжий|х *to be weak or frail; to fade;*

нунтаг *powder; powder-like, powdery;* угаалгын ~ *washing powder;* ~ эм *powdered medicine;*

нунтагла|х *to crush into powder; to grind into dust; to pound down;*

нунтагши|х to become powder, powder-like;

нураа|х caus of нурах; to destroy, demolish, wreck; to ruin; to tear down;

нурам ashes, cinders;

нура|х to come down, fall down, collapse; тэдний бүх төлөвлөгөө нуржээ all their plans have fallen to the ground; хашаа нураад эгээ л хүмүүсийг дарчихсангүй the fence fell down and narrowly missed some passers-by; байшингийн туурга нурав the walls collapsed;

нурги|х to hum, drone, buzz; to drizzle; to simmer on a slow fire;

нурма hot ashes, cinders, embers; төмс нурманд булах to bake potatoes in hot ashes;

нурмагар ugly, unattractive; weak, fragile;

нурмай|х to be ugly; to become weak or fragile;

нуруу(н) 1. back; (anat.) spine, backbone; stature; ~ны үе (anat.) vertebra; ар ~ back; ~гаа үүрэх to put the hands behind the back; тэр ~гаараа тань шиг he is (of) your height; өндөр ~тай tall; ~тай хүн a solid man; a respectable person; 2. mountain range; ridge; Алтайн ~ the Altai Mountains; 3. tie-beam, joist; 4. general state or condition; ажил ~тай байна the work is going well in general; 5. pile, heap, stack, rick; ~ өвс a rick of hay;

нуруувч sketch, draft; the major part;

нуруувчла|х to complete or finish the major part of sth;

нуруугүй without a back, spine or backbone; dishonourable;

нуруулда|х to stack, put in stacks;

нуршаа(н) loquacious, verbose, prolix; peevish, shrewish;

нурши|х to bore with repetitious talk;

нус drip; snivel, snot, mucus; ~ нийх to blow one's nose;

нусгай snotty, wet and dirty with mucus; ~ хүрэх to catch a cold; ~ амьтан sniveller; spinless creature;

нустай see **нусгай**;

нуста|х to be congested with mucus; to get the grippe;

нут бат нут strong, firm, solid;

нутаг native land, mother country; home, homeland; territory, area, locality; төрсөн ~ native land, mother country; birthplace; нэг нутгийн хүн fellow-countryman, person from same district; нутгийн зөвлөл friendly society of persons coming from same district; ~ дэвсгэр territory; area; district; орон ~ the provinces, the outlying districts; ~ билчээр pastures; ~ ус homeland, birthplace; нутгийн ардууд indigenous population; нутгийн аялга dialect; нутгийн захиргаа local government; оршин суух ~ дэвсгэр (place of) residence;

нутагла|х to settle down in a new place, camp; to inhabit;

нутаглуула|х caus. of нутаглах; to bury, inter;

нутагши|х to get accustomed to a new place, acclimatize; бид Африкт таван жил суусан авч нутагшсангүй (халуун уур амьсгалд нь) we lived in Africa for five years, but we never really got acclimatized (to the hot weather);

нутгийнхан natives, local/country people; inhabitants of the same place;

нутла|х see **нотлох**;

нуугда|х to hide, be hiding, conceal oneself; to lurk; нуугдаж тоглох to play hide-and-seek; би хаалганы ард нуугдана I'll hide behind the door; хүүхэд орон доогуур нуугдаж байв the child was hiding under the bed;

нууги|х to be well-blended, harmonious;

нуур lake; Мичиган ~ Lake Michigan;

нуурам well-blended; harmonious;

нуурмаг reservoir (natural or artificial), pond;

нуу|х I to hide, conceal; тэр өр зээлээ эхнэрээсээ нуув he concealed his debts from his wife;

нуух II pus from the eyes;

нуухта|х (of the eyes) to fester or discharge, develop pus;

нууц secret; mystery; mysterious; ~ үг password, countersign; ~ цоож combination lock; ~ нэр pseudonym, pen-name; alias; stage-name; ~ тушаал secret order; Монголын ~ товчоо the Secret history of the Mongols; ~ сонгууль secret ballot; ~ хадгалах to keep a secret; ... бол ~ биш it is no secret that; ~аар in secret, surreptitiously, by stealth; on the quiet, on the sly; behind someone's back; маш ~ 'top secret'; ~ эрхтэн sexual organs; өнгөрөгч долоо хоногт тэд ~ аар гэрлэцгээв they were secretly married last week; эдгээр төлөвлөгөө нь ~ байх ёстой these plans must be kept secret; усан онгоц алга болох нь тайлагдашгүй ~ юм the disappearance of the *ship is a mystery;* амттай талх барих ~ нь юунд байна вэ? *what's the secret of backing perfect bread?* та ~ хадгалж чадах уу? *can you keep a secret?*

нууцгай *secret(ly), confidential; in secret;*

нууцла|х *to place on secret list; to classify as secret, restrict; to keep secret;*

нухаш *puree;* төмсний ~ *mashed potatoes;* элэгний ~ *liver paste;*

нуха|х *to work up, knead; to mash; to rub; to grind; to kill, finish off;* гурил ~ *to knead dough;* төмс ~ *to mash potatoes;* нүдээ ~ *to rub one's eyes;* нунтаглан ~ *to grind to powder;* шавар ~ *to pug clay;* дайснаа ~ *to kill one's enemy;*

нухла|х *to rub continuously;*

нухмал *kneaded, ground; powder;*

нухуур *pestle;*

нүгэл *sin;* ~ буян *sin and blessing;* ~ хураах *to cast or put the blame on sb;* ~ хийх *to sin;* ~ хийсэн хүн *sinner;*

нүгэлгүй *innocent, sinless;*

нүгэлтэй *sinful; culpable; (colloq.) extremely;* ~ хурдан морь *extremely swift horse;*

нүд(эн) *eyes;* ~ний эмч *oculist, ophthalmologist;* ~ний цэцгий *the pupil of the eye;* ~ний дээд зовхи *upper eyelid;* ~ний доод зовхи *lower eyelid;* ~ний өвчин *eye disease;* ~ний шил *glasses;* тэр ослоор өрөөсөн ~гүй болсон бөгөөд одоо тэр шилэн ~тэй *he lost one eye in an accident, and now he has a glass eye;* ~ний ухархай *eye socket;* ~ний хараа (eye) sight;* ~ сохрох *to become blind, go blind;* өрөөсөн ~ сохор *blind in one eye;* ~ аних *to close the eyes; to die;* ~ нь орой дээрээ гарах *(of one's eyes) to pop out of one's head;* ~ сайтай *having a good eye;* ~нээс далд *behind one's back; sight unseen;* ~эн дээр илт *in plain view of; before the very eyes of;* ~энд өртөхгүй *invisible; microscopic; minute;* хурц ~ *penetrating look; bright eyes;* ~ цавчих зуур *in the twinkling of an eye;* ~ ирмэх зуур *instantly;* ~ий нь нээх *to open someone's eyes to;* миний ~энд бүү өрт! *keep out of my sight!* ~ээрээ инээх *to smile with the eyes;* ~ хийх *to make eyes at someone;* ~ дүүрэн *eyeful;* ~ ирмэх *to blink the eyes;* ~ээ бүлтийлгэх *to open one's eyes wide, stare;* юм үзэж, ~ тайлах *to have seen many things; to be experienced;* ~ бүлтрэх *(of the eyes) to come out of the sockets;* ~ний цэцгий мэт

хайрлах *to guard like the apple of one's eye;* ~энд дулаан *nice-looking, gratifying to the eye;* ~энд хүйтэн *unpleasant, loathsome; not good-looking;* ~ хуурах *to pull the wool over someone's eyes;* ~ үзүүрлэх *not to be over-fond of;* ~ улайх *to have red eyes; to be greedy;* ~ хужирлах *to feast one's eyes;* ~ний гэм *sth in short supply; rarity;* ~эн балай, чихэн дүлий *indifferent to, with indifference;* ~ тулах *to be close to, look at closely;* ~ булаах *to attract; to captivate;* ~ алдах *to be captivated by the sight of sth;* ~ чилэх *(of the eyes) to get tired;* ~ хөхрөх *to appear dark patches under one's eyes;* ~ний цагаа *walleye;* нүүхы нь авах гэзд ~ий нь сохлох *to do well-meant action having opposite effect;* ~энд орсон хог *eyesore; thorn in one's side;* ~ээр баримжаалах *estimation by eye;* өвдөгний ~ *patella; knee-cap;* ширээний ~ *drawer of the table;* үхрийн ~ *(bot.) gooseberry;* миний ~ний хараа сайн *I've got good eyes;* өөрийн ~ээр үзэх/харах *to see with own eyes;* энэ явдал түүний ~эн дээр болов *it happened under his very eyes;* ~ алдам уужим тал цэлийн байв *the steppe stretched as far as the eye could see;* ~ээ үл салгах *to keep one's eyes glued on sb;* энэ хийл хөгжим хэдийнээ миний ~энд өртсөн *I've got my eye on that violin;* шууд ~энд тусч байна *it catches the eye at once;* ~ гялбах *(of the eyes) to be dazzled;*

нүдгүй *eyeless, blind;* ~ болох *to lose one's eyesight;*

нүдлэ|х *to memorize; to take note of; to have an eye on;*

нүдтэй *having good eyes; of good quality;* ~ эд *thing of good quality;*

нүдүүр *pestle;*

нүдэвч *guide for a blind man; eye-piece, ocular;*

нүдэ|х *to pound, crush; to beat;* хаалга ~ *to bang on the door;*

нүжигнэ|х *to thunder, roar; to rattle;*

нүнжиг *nutritiousness, food value; good quality; generosity;* ~тэй эд *a thing of good quality;* ~тэй хоол идэх *to eat a lot of rich (of fatty) food;* ~тэй хүн *a generous, open-handed person;* ~тэй айл *a hospitable family;*

нүргэ|х *to thunder, roar, rumble;*

нүргээн *thunder, crash, rumble, hum;*

нүргээнтэй *bustling, noisy; thunderous;*

нүсэр *bulky; cumbersome; unwieldy; ex-*

tremely heavy;

нүүгэлтэ|х to billow up, come in a mass, swirl, curl; нүүгэлтсэн хар утаа curling black smoke;

нүүдэл migration, re-settlement, movement, move (to new place or residence); nomadic existence; (chess) move; нүүдлийн мал ахуй nomadic livestock breeding; нүүдлийн шувуу bird of passage; нүүдлийн үзэсгэлэн travelling exhibition; нүүдлийн номын сан travelling library; нүүдлийн театр strolling players;

нүүдэлл|эх to be a nomad, roam from place to place;

нүүдэлчин nomad;

нүүл windfallen trees, branches;

нүүлгэ|х caus. of нүүх; to move, relocate, resettle; evacuate; to throw, cast; чулуу ~ to cast stones at;

нүүр face, image; reputation; facade; page; ~ гараа угаах to wash one's face and hands; толинд ~ээ харах to look at oneself in the mirror; ~эн дээр нь хэлэх to say to someone's face; тэд ~ ~ээ харалцан сууцгааж байв they were sitting face to face; ~ улайх to be ashamed of; ~ өгөх to show indulgence (towards), panter to; ~ учрах, ~ тулах to meet with sb face to face; ~ хагарах to feel oneself free and at ease, break the ice; би түүнтэй ~ учирч байсангүй I have never seen him; ~ хийх газаргүй болох to be very embarrassed or ashamed; улаан ~ээрээ alone with one another; in private; ~ээ буруулах to turn one's back upon someone; to send someone to Coventry; ~ сайтай having a good reputation; having many friends; ~ муутай having a bad reputation; ~ бөхтэй, зузаан ~тэй shameless, brazen; ~ жалмайх to become impudent; ~ олох to gain favour, find favour in the eyes of; ичих ~эндээ элэг наах to lose all sense of shame; ~ алдах, ~ээ барах to lose one's reputation; тэр ~ тал ихтэй he has a wide circle of acquaintances; тэр миний ~ өөд харав he looked me in the face; түүнд үүгээр үзэгдэх ~ байхгүй he won't dare show his face here; танилын ~ээр by exploiting one's personal connexions, by pulling strings; байшингийн ~ the front of a house, facade of a building; ~ царай face, physiognomy; тавдугаар ~т on page 5; ~эн тал facade, front; titlepage;

нүүргүй faceless; without reputation, dishonoured; shameless, impudent; ичих ~ shameless; нэр ~ болох to disgrace oneself;

нүүрлэ|х to face with, revet with; to put on a title or heading; (of danger, a threat, etc) to hang over, threaten; байшинг гантигаар ~ to face the building with marble;

нүүрс(эн) coal; чулуун ~ coal; модны ~ charcoal; ~ний сав газар coal-field; ~ малтагч coal-miner; collier; ~ний уурхай mine, pit;

нүүрсши|х to become charred, char;

нүүрсшүүлэ|х to char; to carbonize;

нүүрсчин coal-miner, collier; coal-dealer; charcoal maker;

нүүрчлэ|х to be partial or biased; to dissemble;

нүүрэлдлэг (leg.) confrontation;

нүүрэлдүүлэ|х to confront with;

нүүрэлдэ|х to meet face to face, confront;

нүүрэмгий shameless, brazen;

нүү|х to be a nomad; to roam from place to place; to migrate; to move; бид дараачийн долоо хоногт нүүнэ we're moving next week; та эхлээд нүү you move first; шинэ байранд нүүж орох to move into new lodgings; тэр бидэн дээр нүүж ирэв he moved in with us; морио ~ to move the knight; үүл ~ (of clouds) to float or drift;

нүх(эн) hole, opening, aperture, orifice; (geogr.) depression, hollow; hole, lair; орох ~ inlet; гарах ~ outlet; торны ~ mesh; мөнгө хийх ~ slot; хамрын ~ nostril; хошногны ~ (anat.) anus; амьтны ~ the home of a small animal; тарваганы ~ marmot lair; ~ opening, pore; ~ сүв эрэх to seek ways; ~энд сүүх to live in a small unpleasant living-place; ~эн гэр dug-out; зүүний ~ eye of needle;

нүхлэ|х to make a hole;

нүхтэ|х to become holed, full of holes;

нүцгэн bare, naked, nude; ~ толгой bald head; ~ утас naked wire; ~ гараар with one's bare hands; гахай явган, нохой ~ poor as a church mouse; толгой ~ bare head; хөл ~ barefooted; чармай ~ naked, in one's birthday suit; ~ мод bare tree; ~ бие a naked body; улаан ~ poorly clothed;

нүцгэлэ|х to undress, strip; to take off one's things; to bare; хөл ~ to take one's shoes off;

нүцгэрэ|х to become bare, become naked;

нэвсгэр ragged, shaggy, long and loose; fluffy, downy;

нэвсий|х to be ragged or shaggy, be in rags; to be long and loose-hanging;

нэвсгэнэ|х (of ragged or shaggy objects) to flutter, blow about;

нэвт through (and through); throughout; ~ норох to get wet through; ~ мэдэх to know thoroughly; to see through someone; ~ гарах to go through; ~ харагдах to be seen through sth; ~ хатгах to pierce, transfix;

нэвтлэ|х to break through, lie through, go through, pass through, pierce, breach, penetrate; дайсан бидний хамгаалалтыг нэвтлэв the enemy broke through our defences; гэрэл харанхуйг нэвтлэв a ray of light pierced the darkness; тэр хүмүүсийн дундуур нэвтлэн гарав he went through the crowd;

нэвтрүүлэг passing; transmission; broadcast; телевизийн ~ television transmission; ~ дуусах to sign off; радио ~ transmission, broadcast; суртал ~ propaganda, propagation;

нэвтрүүлэгч (radio-) announcer; transmitter; broadcaster;

нэвтрүүлэ|х caus. of нэвтрэх; to let pass, let through, to pass through; to inculcate, instil; to disseminate, propagate; to conduct; to transmit, broadcast; шинэ арга ~ to introduce new methods; цахилгаан ~ to conduct electricity; гадаадаас бараа ~ to import; гадагш түүхий эд ~ to export raw materials; радиогоор жүжиг ~ to broadcast a play; урлагийн тоглолт шууд нэвтрүүлнэ the concert will be broadcast live; бидний дотогшоо нэвтрүүлсэнгүй they wouldn't let us through;

нэвтрэлцэх to be able to communicate in a language; to understand each other;

нэвтрэ|х to penetrate, pierce; to pass through or over; to filter through; to get soaked; to run through; сум түүний мөрийг нэвтрэн гарав the bullet pierced his shoulder; тэд өөрсдийн сүүлийн үеийн бүтээгдэхүүнээрээ японы зах зээлд ~ горьдлоготой байна they are hoping to penetrate the Japanese market with their latest product; атомын нууцад анх нэвтэрсэн эрдэмтэд the scientists who first penetrated the mystery of the atom; хил ~ to pass over the frontier; нэгэн үзэл санаа түүний бүх бүтээлд нэвтэрчээ one idea ran through all his works; архинд ~ to be dead drunk; ~ бичиг pass, permit; хэл ~ to understand one another's language; дээл минь бороонд нэвтрэв my coat is soaking wet;

нэвтэрхий perfectly, to perfection; completely, thoroughly; ~ толь encyclopaedia; ~ мэдэх to know thoroughly; ~ мэдлэг a thorough knowledge of a subject;

нэвчи|х to percolate; to seep through; to leak, ooze; цус боолт нэвчив blood seeped through the bandage; шарх буглаж нэвчсэн байв pus was oozing from the wound; тос савны цоорхойгоор нэвчиж байв oil was leaking out of a hole in the tank; ус хадны завсраар аажмаар нэвчив the water gradually percolated down through the rock;

нэвчрэ|х (of spring water) to ooze or seep out;

нэвшрэ|х 1. to feel too lazy to, not to feel like; бие нэвшрээд явж чадсангүй I ought to go, but I don't feel like it; 2. to go to extremes, overdo; нэвширтэл ачих to overload; нэвширтэл жанчих to beat mercilessly; нэвширтэл унтах to oversleep;

нэг(эн) one; a, an; a certain; би хамт ажиллаж байсан ~ нөхөртэйгээ тааралдав I met an old colleague of mine; ~ ширээ one table; ~ удаа once; ~ үгээр хэлэхэд in a word; ~ юм уу хоёр one or two; ~эн зэрэг, ~эн дуугаар with one voice, with one accord; ~эн сайхан өдөр one fine day, once upon a time; ... бол ~ хэрэг, ... бол өөр хэрэг it is one thing ..., another thing ...; ~ талаар ... нөгөө талаар on the one hand ... on the other hand; мянгаас ~ one in a thousand; ~ нэгээрээ one by one, one at a time; ~ ч хүн nobody, no one; тэнд ~ ч хүн байсангүй there was nobody there; энэ ~ ч хүнд байхгүй no one has it; ~ чихээрээ дуулаад нөгөөгөөр нь гаргах to let smth go in one ear and out the other; ~ бус more than once; time and again; өдөрт ~ удаа once a day; ~ амиар, ~ амьсгаагаар at once, without pausing for breath; ~ амьсгаагаар уух to drain at one draught; ~ ижил identical with, the same as; ~ зэрэг simultaneously, at the same time; ~ нүдтэй one-eyed; ~ жилийн one-year, of one year's duration; ~ үе тэнгийн of the same age (as); ~ бөхтэй тэмээ dromedary, Arabian camel; ~ өдрийн one-day; ~ оронтой тоо simple number, digit; ~ ангийн хүүхэд school-fellow; classmate; ~ өнгийн of one colour; ~ хүний op single bed; ~ амтай буу single-barrelled gun; замын ~ урсгалт хөдөлгөөн *one-way traffic;* ~ төрлийн *of the same type, of the same kind;* ~ чихтэй *one-eared;* нэр ~тэй хүн *person bearing the same surname (as), namesake;* ~ давхар *single-stage, one-storeyed;* ~ гартай *one-handed, one-armed;* ~ нүдний дуран *(single) eye-glass, monocle;* ~ сэдэвт зохиол *monograph;* ~эн жигд *even, uniform(ly);* ямар ~ *some, any;* бид үүнийг ямар ~эн аргаар хийнэ *we shall do it somehow;* ямар ~эн ном өгөөч *give me a book, any one at all;* хэн ~эн хүн *some person, someone, somebody ;* ~ хүнийг тахин шүтэх *cult of personality;* тэр ~ ч үг хэлсэнгүй *he did not say a single word;* бид ~ ~эндээ туслах ёстой *we must help one another;* тэдний аль ~ нь *any one of them;* зуны ~ өдөр *one summer's day;* ~ мөр *all at once; altogether;*

нэгбүр *everyone; each;* хүн ~т таван фунт ноогдов *they received five pounds each;*

нэгдмэл *united, joint, unified;*

нэгдүгээр *first, number one;* ~ сар *January;* ~т *first(ly); in the first place;*

нэгдэл *unification; union, association; solidarity, unity;* ~ нягтрал *cohesion, unity;*

нэгдэ│х I *to unite, federate, combine;* Америкийн нэгдсэн улс *the United States of America;* Нэгдсэн Үндэстний Байгууллага *the United Nations;* эвслийн засгийн газар байгуулах зорилгоор гурван нам нэгдэв *the three parties combined to form a coalition government;*

нэгдэх II *the first, standing in first place;* ~ өдөр *Monday;* ~ хуудас *page one;*

нэгж *unit;* мөнгөний ~ *a unit of currency;*

нэгжилт *search, inspection, examination;*

нэгжи│х *to search; to conduct a search;* хуяг ялтанг нэгжив *the guard searched the prisoner;* хар тамхи эрж цагдаа нар байшинг нэгжив *the police searched the house for drugs;*

нэгжлэг *search (of a person, premises, etc);* ~ хийх зөвшөөрөл *search warrant;*

нэглий *illegitimate;*

нэгмөсөн *once (and) for all; all at once; at the same time;* ~ алим авaад ир *buy some apples at the time;* энэ асуудлыг ~ шийдэхийнг бодъё *let's try to solve this problem once and for all;*

нэгтгэл *unified, united; unification; force;*

нэгтгэ│х *to unite, join together, form a single*

unit, combine; миний мэдлэгийг чиний найманы овсгоотой нэгтгэж пүүс байгуулъя *let's combine my scientific knowledge and your business skills and start a company;* нийтийн дайсны эсрэг хоёр орон хүчээ нэгтгэв *the two countries combined against their common enemy;*

нэгтэй *if; since; anywhere, somewhere;* тэр ~ англи хэл мэдэхгүй юм чинь энэ ажлыг хийж чадахгүй *since he doesn't know English, he can't do the job;* чи түүнтэй хаа ~ тааралдвал, ... гэж хэлээрэй *if you see him anywhere, tell him ...;*

нэгтэйгүүр *on the one hand;*

нэгэнт *if; once; already;* ~ мэдэхгүй бол бүү ярь *if you don't know don't talk;* ~ та Францад очихоос хойш наашаа ирэхгүй юм уу? *if you are going to be in France, can't you come here, too?*

нэгэнтаа *once;*

нэжгээд *one each;*

нэл *all over, throughout;* эмэгтэйн хөл шумууланд ~ хазуулжээ *her legs were covered all over with gnat bites;*

нэлгэр *vast, boundless; a sea of;* ~ тос *a sea of oil;* ~ хувцас *an ample clothing;* ~ уудам тал *the expanses of the steppes;*

нэлдгэр *wide brimmed (of hats); (of clothing) ample;*

нэлий│х *to stretch out, spread out;* бидний өмнө эрдэнэ шишийн талбай нэлийн харагдав *fields of corn spread out before us;*

нэлхгэр *large; loose;*

нэлхий│х *to be large and loose;*

нэлэмгэр *large and loose, loose-fitting;*

нэлэнхий *everywhere; as a whole; general* нийгэм ~дээ *society as a whole;* туужийг ~д нь авч үзвэл *if we take the novel as a whole;*

нэлэнхийрэ│х *to become wide-spread, general;*

нэлээд see **нилээд;**

нэмнэ│х *to cover an animal with a blanket;*

нэмнээ *coverlet used for animals;*

нэмүү *additional; (econ.) surplus;* ~ өртөг *surplus value;*

нэмүүн *rather more, rather much;*

нэмүүхэн *a little more;*

нэмэгдүүлэ│х *caus. of нэмэгдэх; to add; to supplement, increase; to intensify;* үнэ ~ *to raise the price;*

нэмэгдэл *addition; additional, extra;* ~

Н

татвар *additional taxes;*

нэмэгдэ|х *to be added; to increase, rise;* жин ~ *to put on weight;* ус нэмэгджээ *the water has risen;* татвараас хамааран барааны үнэ үлэмж нэмэгдэнэ *the tax will add considerably to the cost of the goods;* гэр бүлд хүн ~ *addition to the family;* 38 хувиар ~ *to increase by 38 percent;*

нэмэлт *addition, supplement;* ~ өөрчлөлт/ засвар *amendment;*

нэмэр *help, aid, assistance; addition;* тус ~ *help, assistance;* хувь нэмрээ оруулах *to contribute one's mite, (small) share;* ~ болох *to give help; to contribute;*

нэмэрлэ|х *to add; to contribute to, do one's bit, make one's contribution to;*

нэмэ|х *to add; to increase, augment;* жин ~ *to put on weight;* цалин ~ *to increase a salary, give a rise;* алхаагаа ~ *to quicken, hasten one's steps;* шөлөнд давс ~ *to add salt to the soup;* долоо дээр хоёрыг ~ *to add 2 and/to 7;* нэмж хэлэх юм алга *there's nothing to add to what's been said;* захианы төгсгөлд хэдэн мөр ~ *to add a few lines at the end of a letter;* галд мод ~ *to add some more logs to the fire;* ~ тэмдэг *plus sign, a sign (+);*

нэмээс *addition, augmentation;*

нэн(г) *extremely, especially, particularly; all the more, still more; even more;* ~ даруй *immediately, forthwith;* ~ ховор *extremely rare;* ~ түрүүнд *first of all, to begin with; first and foremost;* ~ чухал мэдээ *topmost news;* ~ шинэ *most recent, newest;*

нэр *name; reputation; term; title; noun; appellation;* ~ алдар *reputation, fame;* ~ төрөл *species, assortment; kind; range (of goods);* таны нэр хэн бэ? *what's your name?* ~ нэгт *person bearing the same surname as, namesake;* ~ дэвшүүлэх *to propose someone as candidate;* ~ зээлдэх, ~ зээлэх *to use the name of another, masquerade as another, be an imposter;* ~ хүнд *reputation;* ~ үг *noun, substantive;* ~ томьёо *term, terminology;* ~ төр *honour; prestige;* ~ийн хуудас *visiting card;* ~ийн цэс *list of names;* ~ олох *to gain favour with; to become popular;* ~ сүр *fame, repute, reputation;* сайн ~ *good name;* муу ~ *ill name;* сайн ~тэй байх *to have a good reputation, name;* ~ хүндтэй байх *to have a reputation, name for;* ~ээ бодох *to save one's face;* ~ бүхий *afore-named;* ~д гарах *to be-*

come famous (for); ~ төрөө алдах *to lose one's honour;* ~ алдарших *to become famous, popular or well-known;* ~ээ хугалах *to ruin one's reputation;* ~ээ гутаах *to cover oneself with shame;* ~ээ цэвэрлэх *to regain one's good name;* оноосон ~ *proper noun;* ~ өгөх *to call; to name, give a name to;* бүтэн ~ *full name;* голын ~ *the name of a river;* тэр эмэгтэй ~тэй зураач болов *she made a name for herself/ made her name as a painter;* ~ барин ярих *to speak in sb's name;* ~ий нь Даваа гэдэг хүүг чи таних уу? *do you know a boy by the name of Davaa?* энэ том пүүс болов ч захирал нь бүх ажилчдаа ~ээр нь мэддэг *although it's a big company, the director knows all the staff by name;* зоогийн газрын үйлчилгээ удаан учир муу ~тэй болсон *the restaurant got a bad name because of its slow service;* ~тэй жүжигчин *a name actor;* хуулийн ~ийн өмнөөс *in the name of the law;* удаан хугацаагаар гадаадад суудаг тэр эмэгтэй түүний ~ хэмээсэн эхнэр юм *she is his wife in name only, she lives abroad most of the time;* та бид хоёр ~ нэгтэй юм байна *you and I share the same name;* эмэгтэйн ~Мери Вильсон *her name is Mary Wilson;* тэд охиндоо Сараа гэдэг ~ хайрлажээ *they named their daughter Saraa;*

нэрвэгдэ|х pass. of нэрвэх; *to suffer from, be afflicted by sth;* өвчинд ~ *to suffer from illness;*

нэргүй *nameless, anonymous; having bad name or reputation;* ~ хуруу *the fourth finger;* ~ захидал *anonymous letter;*

нэрийдэл *pretext, excuse;* нэрийдлээр *under/on the pretext;* тэр надаас хөгжмийн нот авах нэрийдлээр ирэв *he called on the pretext of borrowing some music;*

нэрийдэ|х *to give a name to; to do in name only;* хийсэн гэж ~ *to do in name only;*

нэрийттэл *nominal;* ~ нэр *common name;* ~ үнэ *face value;*

нэрлэгдэ|х *to be called; to be termed;*

нэрлэ|х *to call, name, give a name to;* та энэ ургамлыг нэрлэж чадах уу? *can you name this plant?* ~ийн тийн ялгал *nominative case;*

нэрмэл *distilled;* ~ ус *distilled water;* ~ архи *home-made vodka;*

нэрмээс *burden, sth that makes worse, aggravates;* ~ болох *to be a burden to someone;*

нэрмээслэ|х to be a burden to someone; to torture, persecute;

нэрс(эн) I bilberry, blaeberry, worthleberry (Vaccinium myrtillus);

нэрс II plural of нэр; ~ийн жагсаалт list of names;

нэрт well-known, famous; called; ~ зураач famous painter; ~ эрдэмтэн scholar; Догшин ~ Иван хаан Tsar Ivan, called the Terrible;

нэрши|х to be known as; to acquire a name or nickname; to become famous or popular under some name;

нэрэлхүү see **нэрэлхэг**;

нэрэлхэг boastful, self-glorifying, pretentious, show-offish; ~ хүн a person who pretends for a dishonest purpose;

нэрэлхэ|х to puff up, as with pride; to speak at large; to give a false appearance of; to stand on ceremony; to behave affectedly; биднээс нэрэлхээд яахав there is no need to stand on ceremony with us; зочид зоог голсон боловч нэрэлхээд амсацгаав the guests didn't like the food, but they made a pretence of eating some of it;

нэрэмжит named after; named in honour of (usually not translated) Сүхбаатарын ~ талбай Sukhebaatar Square;

нэрэ|х to refine, distill, sublimate; to smoke a pipe; усыг нэрж цэвэршүүлж болно water can be made pure by distilling it; дарс нэрж архи гаргадаг brandy is distilled from wine;

нэт still worse; ~ болох to become worse;

нэтгэл see **нитгэл**;

нэтрэ|х to become worse;

нэхдэс (anat.) tissue; холбох ~ connective tissue; ~ судлал histology;

нэхий sheepskin; ~ дээл sheepskin coat;

нэхмэл knitted, woven; textile; торгон ~ silk; бөс ~ fabric, textile; ~ийн үйлдвэр textile industry; ~ийн зүү knitting needle;

нэхмэлчин weaver, textile worker;

нэхүүл pursuit, chase; a messenger;

нэхэгч I knitter;

нэхэгч II (leg.) plaintiff; petitioner;

нэхэл нэхэл дагал болох to chase, pursue;

нэхэмжлэг order, requisition, demand for payment;

нэхэмжлэгч plaintiff, complainant;

нэхэмжлэ|х to demand a payment of debts; to lodge a complaint against/with; to prosecute a claim for;

нэхэ|х I to weave; to knit;

нэхэ|х II to claim, demand; to pursue; өр ~ to demand payment of a debt; даагаа ~ (sport) to demand a return match; нэхэж дагах to chase, pursue; цагдаа нар хулгайчийн араас нэхэв the police pursued the thief;

нэхээс knitting; stitch;

нэшлэ|х to turn sour;

нээгдэ|х to open; to come to light, be revealed;

нээгч opener; discoverer;

нээлгий lid, cover;

нээлт discovery;

нээлттэй open; ~ хуралдаан public sitting; ~ маргаан talkathon; ~ хаалга an open door, a door left open; ~ бүс free zone; ~ хаалганы бодлого open-door policy; ~ эдийн засаг open economy;

нээрээ really, indeed, truly; тэр ~ шүү it is true, it is the truth; ~ юу? is that so? indeed? really? ~ сайн морь it's really a good horse; би ~ мэдэхгүй I really don't know; ~ юу, худлаа юу? true or false?

нээ|х to open; to reveal, disclose, lay bare; to discover; нүдийг нь ~ to open someone's eye to sth; цуглаан ~ to open a meeting; гал ~ to open fire; данс ~ to open an account; сэтгэлээ ~ to lay bare one's heart; нууц ~ to reveal or disclose a secret; ам ~ to open one's mouth; хаалт ~ (math.) to open brackets; Колумб Америкийг 1492 онд нээсэн Columbus discovered America in 1492; эрдэмтэд шинэ вирус нээжээ scientists have discovered a new virus;

ня-бо (contraction of нягтлан бодогч) bookkeeper; accountant, accounts clerk;

нягт thick(ly); compact(ly); dense(ly); close(ly); tightly-filled; ~ шигүүн thick, dense, compact; нарийн ~ detailed; accurate; ~ нямбай exact(ly), thoroughly, carefully;

нягтла|х to examine carefully; to review, study closely; нягтлан байцаах to investigate thoroughly; өргөдөл нягталж үзэх to consider an application; нягтлан бодох to make account; bookkeeper;

нягтрал thickness; compactness; density; хүн амын ~ density of population;

нягтра|х to condense, thicken, become compact or dense; to take in, give up part of one's accommodation to;

нягтруула|х caus. of нягтрах; to consoli-

152

date, concentrate, compress; to pack down;
to make more compact;

нядган (rel.) woman-shaman;

нядла|**x** to slaughter, kill, butcher;

нял : нял нял хийх to mumble;

няла|**x** to spread, smear; хананд будаг ~ to
smear paint on/all over the walls;

нялгада|**x** to smear or spread all over sth;

нялгана|**x** to be sticky, adhesive, or slimy;
to fawn upon, cringe to; тэр дандаа даргад
нялганадаг he always cringes to the boss;

нялзаа|**x** to spread, smear; to make a smear
against, charge unfairly;

нялза|**x** to get smeared;

нялзрай newborn; нялх ~ the baby; ~ хүүхэд
newly-born child;

нялмас tear;

нялма|**x** to spit; to extectorate;

нялтра|**x** to peel, strip off the surface;

нялууда|**x** to be too sweet;

нялуун sugary, sickly-sweet; extremely
sweet; ~ амт an excessively sweet taste; цай
~ байна this tea is too sweet; ~ үг sweet words,
flattery;

нялуура|**x** to be ceremonious, be extremely
polite;

нялх new-born; ~ балчир infantile; ~ бие
weakened body, exhausted from childbirth; ~
төл young animals; ~ хүүхэд newly-born baby;
~ын халуун puerperal fever; ~ бага нас baby-
hood; ~ залуу үе youth (age);

нялхамсаг babyish;

нялхас plural of нялх; babies;

нялхра|**x** to be or become weak, tender,
frail, or exhausted;

нялцай|**x** to become soft, turn into an jelly-
like substance; to be exhausted, weak, or frail;

нялцгай having jelly-like substance, watery,
sticky, weak, flabby; ~ биетэн mollusk;

нялцгайла|**x** to turn to a paste, to make
sticky/gluey;

нялцгайра|**x** to become more sticky and
soft;

нялцгар watery, sticky, jelly-like; weak,
flabby;

ням Sunday, sun;

нямбай careful, punctual, scrupulous, me-
ticulous; цэвэрч ~ tidy, neat; нягт ~ careful,
meticulous, scrupulous;

нямбайла|**x** to be scrupulous; to do care-
fully; to scrutinize;

нян bacterium; microbe, germ;

нянта|**x** to have bacteria, germs;

нярав storekeeper, keeper of supplies;
мөнгөний ~ (bank) teller;

нярай newly-born, recently born; ~ хүүхэд
newly-born baby;

нярайла|**x** to give birth to, bear; нярайлсан
эх woman who has recently given birth;

нярваан Nirvana, the final goal of Buddhism;
~ болох to enter nirvana, pass away;

нярдхий|**x** to crack; cracking sound;

нясалгаа snap;

няслах to snap the finger; to give a fillip or
rap;

няцаалт rebuff, repulse;

няцах to retreat, go back

няцашгүй irresistable; irrefutable;

няцрах to get broken/smashed;

Оо

ов I (intensifying particle used before ad-
jectives and adverbs beginning with о) ~
ондоо quite different; ~ олон very much;

ов II trick, ruse, subterfuge; ~ гаргах to use
ruse or stratagem; to simulate, feign; ~ мэх
ruse, trick, stratagem;

ов III : ~ тов here and there, in places;

овгоно|**x** to move up and down;

овгор prominent, bulging; in relief; ~ шороо
heaps of earth;

овъёос oats;

овжин cunning; resourceful;

овжинто|**x** to show one's cunning or re-
sourcefulness;

овилго disposition, temper; manners;

овилгогүй ill-mannered, having no man-
ners; ~ амьтан he has no manners;

овилгогүйтэ|**x** to carry on disgracefully, out-
rageously;

овог family, kin, clan; father's name; sur-
name; таны ~ хэн бэ? what's your family name?

овогло|**x** to give a surname to; to be called
by a surname;

овойлго|**x** caus. of овойх; to pile or prop
up;

овой|**x** to form itself similar to a heap or
bump shape; to swell out; овойж үзэгдэх to
be seen sth in the shape of a bump;

оволзо|**x** to move up and down; to seethe;
оволзсон олон хүн a seething mass of people;

овоо I heap, pile; heap of stones;

хилийн ~ *boundary mark;*

овоо II *foresight (of fire-arm);*

овоо III *not bad, quite; a lot of;* ~ сайн *quite good, much better;* ~ их мэдэх *to know a great deal;* ~ хэдэн жил *many years;* тэр ~ мөнгө олдог *he earns a lot of money;* тэр ~ хүн шүү *he's a good man;* тэр энд ~ нэртэй *he has a good name here;* би юм оёхдоо ~ шүү *I'm good at sewing;*

овооллого *pyramid;*

овооло|x *to heap up, pile up;* шуудайнуудыг дээр дээрээс нь овоолжээ *the bags were piled up one on top of the other;* аяга таваг ширээн дээр овоолоостой байв *cups and plates piled up on the table;* ажлыг хүн дээр ~ *to load sb with work;*

овооро|x *to pile up, accumulate; to crowd;* ажил овоорч байна *work piles up;* гудамжинд нэг юм болоход хүмүүс дороо овоордог *people quickly crowd round when there is a street accident;*

овоохой *shack, hut, hovel;*

овор *size, dimension; appearance;* бага оврын *portable;* ~ ихтэй *old-looking;*

оворжи|x *to look older;*

оворжуу *looking older;*

оворхог *cunning, crafty; resourceful; quick-witted;*

овсгоо *resource, resourcefulness, quick-wittedness;*

овсгоотой *resourceful, quick-witted;*

овт *sly, cunning, crafty;*

овтой see **овт**;

овхгор *protruding; snub;*

огдгор *short; bob-tailed; too short and tight;* ~ сүүл *bob-tailed;*

огдой *general name of bob-tailed mice;*

огдой|x *to be too short and tight;*

огзом *short; hot-tempered; short-sighted;*

огиула|x *caus. of* огих; *to be sick, throw up;*

оги|x *to feel nausea, be queasy; to be sick, want to vomit;*

огло *(particle expressing sudden and violent movement)* ~ үсрэх *to tear; to jump aside/away;* миний цамцны тохой ~ үсэрч орхижээ *my shirt is torn at the elbow;* дээлээ хадаасанд ~ татжээ *the nail tore her coat;* ~ цохих *to knock out;* товч ~ татах *to rip out a button with a bit cloth;*

оглоро|x *to be torn off; to come out or apart;*

огоорогдо|x *caus. of* огоорох; *to be abandoned or forsaken;*

огооро|x *to give up, leave off;* ажлаа ~ *to give up, throw up one's work;* архи тамхийг ~ *to leave off drinking and smoking;*

оготно *field rat; vole;*

оготор '*short; bob-tailed;*

оготордо|x *to be too short;*

оготорло|x *to shorten;*

огсгор *too short and tight;*

огсой|x *to be too short and tight;*

огт *completely, altogether;* хэргийн учрыг та ~ ойлгоогүй байна *you have completely failed to grasp the point;* ~ хэрэггүй *completely useless;* би тэр эмэгтэйтэй ~ санал нийлэхгүй *I don't altogether agree with her;*

огтлогч *cutter;*

огтлодос *sth cut off; rag, shred, scrap;*

огтлол *section;*

огтлолцол *intersection;*

огтло|x *to cut; to slice; (med.) to operate, open;* хуруугаа ~ *to cut one's finger;* хоолой ~ *to cut sb's throat;* хутгаар ~ *to cut with a knife;* мод ~ *to cut down trees;* мах ~ *to cut up meat;* зам ~ *to cross the road;*

огторгуй *sky, firmament; the vault of heaven; space;* ~н уудам *air space;* ~ нисэгч *astronaut;* ~н хөлөг онгоц *space ship;*

огтхон *(used only to emphasize negation) completely, entirely;*

огтчи|x ' *to cut, chop into many pieces;*

огцом *steep; stern, severe; suddenly, abruptly, sharply;* ~ эргэх *to turn round sharply;* ~ зан *stern temper;* ~ зантай *stern-tempered;*

огцро|x *to send in one's resignation; to resign;*

огцруула|x *caus. of* огцрох; *to discharge, sack;*

огшуура|x *to feel sick or nausea;*

од(он) *star;* одон гараг *planets;* Усан ~ *the planet Mercury;* одон орныг судлах оргил *observatory;* одон орны судлал *astronomy;* одон орны судлалч *astronomer;* ~ны дуран *telescope;* ~ түгэх *to come out the stars;* ~ сийрэх *(of the stars) to become sparse when daylight comes;* тэнгэрт ~ харвав *the meteor shot across the sky;* сүүлт ~ *comet;* киноны ~ *film star;* ~од түгсэн шөнө *starlit night;* ~той тэнгэрийн зураг *celestial map;* сайн ~онд төрөх *to be born under a lucky star;* ~той даавуу *spangled cloth;*

одой *dwarf, pygmean;* ~ хүн *dwarf, pygmy;*

О

одон *order, decoration;*

одонт *decorated with an order;*

одончуу *a kind of a woolen cloth;*

одоо *now, at present, soon, nowadays;* ~ бүх юм өөр болсон *things are different now;* ~ ирнэ *he'll be here right now;* ~ цаг *(gram.) the present tense;* ~гийн хүмүүс *people (of) today;* ~ цагт *at the present time, nowadays;* ~гийн засгийн газар *the present government;* бид радио их сонсдог байсан бол ~ голдуу зурагт радио үздэг *we used to listen to the radio a lot, but nowadays we mostly watch television;*

одоогийн *present, present-day;*

одоогоор *now, at present, for now, currently;*

одоохон *right now, at soon;* үүнийг ~ хий *do it at soon;*

одоохондоо *now, even now, up to now;*

одоохь *present, present-day;*

одо|х *to go away, leave, depart;* нисэн ~ *to fly away;*

одтой *star, stellar; starry; lucky;* ~ байх *to have luck;*

оёг 1. *indisposition;* ~ суух *to be indisposed, be unwell;* 2. *sluggish, tardy;* ~ морь *a slow-moving horse;*

оёгло|х 1. *to be indisposed, be unwell;* 2. *to be lazy;*

оёдол *sewing, needlework; seam; (med.) stitch, suture;* ~ тавих *(med.) to put stitches;* оёдлоор ханзрах *to burst at the seams;* оёдлын машин *sewing-machine;* оёдлын үйлдвэр *garment factory;* тэнгэрийн ~ *Milky Way;*

оёдолчин *seamstress, sewing industry worker; tailor, dressmaker;*

оёмол *sewn, stitched, embroidered;*

оёо *seam; stitch; (med.) stitch, suture;* ~ авах *(med.) to remove stitches;*

оёор *bottom (of vessel);*

оёос *see* оёо;

оёула|х *caus. of* оёх; *to have sth sewn;*

оё|х *to sew; to make (by sewing);*

озо|х *to kiss;*

ой(н) I *forest, wood(s);* ~н цагдаа *forester;* ~ газар *woodlands;* ~ мод *forest, wood(s);* ~н аж ахуй *forestry;* ~ цэцэрлэг *forest park;* ~н сургууль *school of forestry;* ~н мэргэжилтэн *forestry specialist;*

ой(н) II *anniversary, jubilee;* ойн баяр *anniversary celebrations;*

ой III *mind, intellect; memory;* тэр ~ муутай *he has a memory like a sieve;* ~ сайтай *having a good memory;* ~нд орох *to come into one's mind;* ~нд багтахгүй *unimaginable, inconceivable;* ~ тойнд орох *to be engraved on one's memory;*

ой IV *feeling of aversion, repugnance;* ~ гутах *to feel aversion;*

ойворгон *light (-minded), thoughtless; flippant; frivolous;*

ойгүй I *woodless, treeless, absence of forest;*

ойгүй II *forgetful, absent-minded;*

ойгүй III *incomparable, unmatched, not comparable;*

ойжи|х *to become afforested;*

ойжуулагч *forester;*

ойжуулалт *afforestation;*

ойжуула|х *to carry out afforestation;*

ойлго *(phys.) reflection;*

ойлгогдо|х *to be understood;*

ойлгогдохуйц *intelligible;*

ойлголт *concept; notion(s), idea; level of understanding;* тэр газарзүйн талаар таар уухан ~той *he has very confused notions about geography;* ~той байх *to have an idea about/of;*

ойлгомж *comprehension, understanding; clearness, intelligibility; perspicuity;*

ойлгомжгүй *unintelligible, incomprehensible;*

ойлгомжтой *understandable, clear, intelligible;*

ойлго|х I *to understand, comprehend;* Гегелийн гүн ухааныг би ойлгодоггүй *I can't comprehend Hegel's philosophy;* та асуултыг ойлгов уу? *do you understand the question?* тэр эмэгтэй англиар ойлгодог *she understands English;*

ойлго|х II *caus. of* ойх; *(phys.) to reflect; to rebound, ricochet;*

ойлгоц *comprehension, understanding;*

ойлгуула|х *to give to understand; to interpret; to explain;*

ойлог *wooded, woody;*

ойлт *reflection, bounce, ricochet;*

оймс *sock, stocking;* богино ~ *socks;* урт ~ *stocking;*

ойр *near, close; like, similar; close to, near to, near-by;* ~ын ирээдүй *the near future;* ~ төрлийн хүн *near relation;* эх зурагтайгаа ~ хуулбар *faithful copy;* ~ сэдэв *congenial topic*

~ дотно танилцах *to become closely acquainted with;* ~ын өдрүүдэд *in the next few days;* сургууль театрын ~ байдаг *the school is close to the theatre;*

Ойрд *Oirats (Western Mongols);*

ойрдоо *in the recent time;*

ойрдо|х *to be too close or near;*

ойрмог *recently;*

ойрмогхон *pretty recent;*

ойрноос *lately, of late, latterly, recently;*

ойролцоо *close by, not far from; like, similar;* тэдний ~ *they live somewhere near here;* номын сангийн ~ *not far from the library;* хотын ~ *living close by the city;* бидний санал бодол ~ байна *we have similar opinions;*

ойртолт *approach;*

ойрто|х *to approach, draw near; to draw nearer to, come nearer to;* зул сарын баяр ойртож байна *X-mas is drawing near;* бид Эрдэнэтэд ойртож байв *we drew near to Erdenet;*

ойртуула|х *to bring nearer, move nearer;* ном нүдэндээ ~ *to bring a book nearer one's eyes;*

ойрхи *neighbouring, near-by; near;* Ойрхи Дорнод *the Near East;*

ойрхог *woody, forest (land);*

ойрхон *near, close;*

ойт see **ойтой I**; ~ хээрийн бүс *(geogr.)* forest-steppe;

ойтой I *woody, forested;*

ойтой II *having a good memory;*

ой|х *to bounce back, rebound, ricochet; to be reflected;* эдгээр бөмбөг муу ойдог *these balls lost their bounce;* түүний хийсэн нүгэл өөрт нь муугаар ойжээ *the wrong he did rebounded on himself;* уулс нуурын мандалд ойж харагдав *the mountains were reflected in the lake;* гэрэл ойдог учраас сар тод харагддаг *the moon looks bright because of the reflection of light;*

ойчи|х *to fall down;* муурч ~ *to faint;* газар ~ *to fall to the ground;* гэнэт ~ *to fall suddenly;* усанд ~ *to fall into water;* цонхноос ~ *to fall out of the window;* мориноос ~ *to fall from a horse;*

ойчуула|х *caus. of ойчих; to let fall;*

ойшоогдо|х *to be reputed, be much regarded;*

ойшоо|х *to respect, esteem; to take into consideration; take into account, take cognizance of;* хүний сануулан хэлснийг үл ~ *to*

scorn advice;

ойшоохгүй *disregarding, scornful, slighting, disdainful;*

олби *flying squirrel;*

олбог *thick square cushion used to sit on;*

олбор *a find; extraction (of minerals), mining;*

олборлолт *mining, extraction, winning;*

олгой *large intestine;* мухар ~ *(med.)* appendix;

олгойдо|х *to gush forth;*

олго|х *to give, grant;* зээл ~ *to give credit;* эрх ~ *to concede a right;* боломж ~ *to afford an opportunity, give a chance;* цалин ~ *to pay out wages;* чөлөө ~ *to grant leave or vacation;* шагнал ~ *to grant a prize;* тусламж ~ *to grant aid;*

олдвор *a find; extraction (of minerals);*

олдмол *acquired;*

олдо|х I *to be found, turn up;* эмэгтэйн түрийвч нь олджээ *her purse has turned up;* таны цаг нэг л өдөр олдоно *your watch will turn up some day;*

олдо|х II *to be too much, be too many;*

олдоц *availability, supply;*

олдошгүй *not to be found; rare, precious;*

олз(он) *a find; booty, spoils, loot;* ангийн ~ *hunting bag;* ~ ашиг *profit; advantage;* дээрэмчид ~оо хуваацгаав *the robbers divided up their spoils;* дайны ~ *the spoils of war;* ~ны цэрэг *prisoner of war;* ~ хайх *to seek profit;*

олзвор *a find, gain;*

олзворлох *to extract, win;*

олзлогдогч *prisoner of war;*

олзлогдо|х *to be taken prisoner by;*

олзло|х *to take prisoner, take captive;* бид гурван зуун хүн олзлов *we took three hundred prisoners;*

олзуурхангүй *keen, eager;*

олзуурхах *to be keen, be eager, be greedy;*

олзуурхууштай *gratifying;*

олиг ~Муутай *not good; of poor quality;*

олиггүй *not good, inferior;*

олигор *lanky; squint-eyed;*

олигтой *decent, fine, good;*

олигтойхон *better, best;*

олий|х I *to become squint-eyed;*

олий|х II *to deviate from the road in an oblique direction;*

олимпиад *olympiad, competition;*

олиу *twisted, crooked;*

оли|х *to flip or toss up sth with a pointed instrument; to butt, give a butt;*

ололт *achievement, attainment;*

олом I *ford, crossing;*

олом II *saddle girth, belly-band;*

оломгүй *deep, unfordable;*

олон *many, a great number, a quantity; multitude; the mass;* ~ жил *many years;* ~ талаар *in many respects;* ~ хүүхэдтэй *having many children;* ~ улсын *international;* ~ үгтэй *verbose, prolix;* ~ талтай *(math.) polygonal, multilateral;* ~ зан, ~ ааш *changeable character;* ~ давхар *multi-layer; multistoried;* ~ нийт *the public;* ~ түмэн *people, the public;* ~ өнцөгт *(math.) polygon;* ~ өнгөт *many-coloured, multi-coloured, polychromatic;* ~ тооны *numerous;* ~ тоо *(gram.) plural (number);* ~ болгох *to multiply, increase, augment;* ~д алдарших *to become famous, be popular;* ~ дахин *repeatedly;* ~ гишүүнт *(math.) multinominal;* ~ сая *of many millions;* ~ юм үзсэн *experienced; wordly-wise;*

олонгодой *jack-boots, Hessian boots;*

олонлог *(math.) multinomial;*

олонтаа *many times, repeatedly;*

олонхи *majority, most (of);* олонхийн санал *a majority vote;*

олонхидоо *in most cases; often, frequently;*

оло|х *to find; to discover; to get, obtain;* нийлбэрийг ~ *to find the sum;* олж мэдэх *to find out;* эрж ~ *to find after searching;* ашиг ~ *to profit by;* нэр алдар ~ *to become famous;* учрыг нь ~ *to understand; to know about sth; to find out all about sth;* хэрэгтэй номоо олов *I got the book I needed;* хулгайчийг ~ *to get the thief;* өвчин ~ *to get an illness;* мөнгө хялбар аргаар ~ *to get money easily;* цонх угаах хүн ~ *to get sb to clean the windows;* хүүхэд ~ *to conceive a child, become pregnant with a child;*

олс(он) *hemp; rope;* ~ томох *to splice a rope;*

олсо|х *to grow, increase;*

олтох *see* олсох;

олтриг *archipelago;*

олуул(ан) *many of them, all of them; in a group, in a crowd;*

олхио *:* ~ муутай *remiss, sluggish, shiftless, good-for-nothing;*

олхиогүй *not good; good-for-nothing, useless; of inferior quality;*

олхиотой *skilful, crafty; high-quality;*

олширмол *increased, multiplied;*

олшро|х *to increase, multiply, grow in number;* хотод оршин суугчдын тоо улам олширч байна *the number of people living in the city is increasing rapidly;*

олшруулагч *copier;*

олшруула|х *to multiply (copies of), manifold, duplicate;*

омголон *hot-tempered; ungovernable; restive; ferocious;*

омголто|х *to chap, get chapped;*

омгонуула|х *to purse one's lips; to wrinkle, pucker;*

омгор *narrow, small (of an opening);*

омог I *impulsiveness, hot temper; arrogance, haughtiness; anger; уур* ~ *anger, rage, wrath;* ~ бардам *arrogance, haughtiness; overbearing;* ~ нь шатах *to flaze up, fly into a rage with;*

омог II *round edge;* чихний ~ *ear lobe;*

омог III *family, kin, clan;*

омогдо|х *to shout at, raise one's voice at; to fly into a rage; to be arrogant;*

омогтой *hot-tempered; arrogant; angry;*

омогши|х *to plume oneself on; to strut;*

омой|х *to purse, pucker, wrinkle; to tighten;*

оморхог *haughty, lofty, stuck-up;*

оморхо|х *to act or behave haughtily or arrogantly;*

омруу *sternum, clavicle;*

омтгой *superficial, thoughtless; careless; negligent;*

омтгойдо|х *to be too careless or negligent;*

он *year;* шинэ ~ *new year;* төрсөн ~ сар өдөр *date of birth;* ~ дараалсан бичиг *chronicle, annals;* ~ тоолол *chronology;* ~ сар (өдөр) *date;* ~д орох *to pass the winter;* ~ жилүүд өнгөрчээ *many years (have) passed, elapsed;* шинэ ~ы босгон дээр *on the threshold of new year;*

онги *(tech.) socket, seat, housing;*

онгило|х *to dig; to rummage in, ronsack;*

онгиргон *boastful, effusive;*

онгирго|х *to over-praise; to extol, shower praise;*

онгироо *boastful, smug, effusive;*

онгироодо|х *to be too boastful; to be too effusive;*

онгиро|х *to brag, boast; to become excited;* эмэгтэйд бүү итгэ, тэр бүүр онгирч байгаа юм *don't believe her, she's just boast-*

ing;

онгичи|х *to rummage in, ransack, burrow in;*

онгог *loving one's parents (of a child);*

онгод *guardian spirits, ancestral spirits; inspiration (to do sth);* ~ орох *(of a shaman) to enter into a trance; to be inspired;*

онгойлго|х *to open, turn on;* хаалга ~ *to open the door;* усны цорго ~ *to turn on water;* шилний бөглөө ~ *to open a bottle; to uncork;*

онгой|х *to become wide open, open up; to gape;* дэлгүүрүүд хэдийд онгойдог вэ? *when do the shops open?* эрт ~ *to open early;* тэнгэр ~ *(of weather) to clear up;* дотор ~ *to unbosom oneself; to compose oneself;*

онголзо|х *to open and close repeatedly; to boast, brag;*

онгон *virgin, virginal; holy, sacred;* ~ хальс *(anat.) hymen;* ~ уул *sacred mountain;* ~ үс *white hair of a young man;*

онго|х *to wither, cause colour to fade;*

онгорхой *opening, gap, hole; open; (of clothing) worn open, unfastened;* ~ хаалга *open door;* ~ амтай *toothless;*

онгосхий|х *to open slightly, half-open;*

онго|х *to fade, wither, wilt, droop;*

онгоц I *vessel, boat, ship; airplane;* нисэх ~ *airplane;* усан ~ *ship;* шумбадаг ~ *submarine;* ~ны зангуу *anchor;* ~ны шураг *mast of a ship;* ~ны дарвуул *sail of a boat;* гуя ~ *canoe;* ~ны зогсоол *port, harbour;* ~ны хэтгэ *stern, poop;* нисэх ~ны буудал *airport;*

онгоц II *bath, wash-tub, (water-) trough;*

ондгор *bulging, jutting;*

ондой|х *to bulge, raise; to jut out;*

ондоо *other, another; different;* үүнээс ~ *other than this;* шал ~ *quite different;* ~ хэлээр ярих *to speak different languages; not speak the same language;* түүний зураг зурах арга барил ~ шүү *his style of painting is different;*

ондооло|х *to make different; to change, alter;*

ондооши|х *to become dissimilar;*

ониволзо|х *to screw up one's eyes;*

онигоо *anecdote, joke; funny thing/story;*

онигор *narrow eyes; narrow-eyed; narrow;*

оний|х *to narrow, get narrow;*

онилзо|х *to flash, twinkle;*

онило|х *to aim at;*

оновч *optimum; optimal; expediency;*

оновчгүй *inappropriate, irrational;*

оновчтой *expedient, optimum, optimal, prudent;* ~ санаа *proposal for improving production methods; good idea;*

оног : алдаг ~ *now and then; from time to time;*

оногдол *allotment, share;*

оногдо|х *to be hit; to be alloted, fall to one's lot or share;* дайсны суманд ~ *to fall to the enemy bullet;* энэ үүрэг түүнд оногдов *the duty fell on him;*

оногдошгүй *invulnerable, unassailable;*

онол *theory;* хөгжмийн ~ *musical theory;* Дарвиний аажим хувьслын ~ *Darvin's theory of evolution;* ~ын бага хурал *theoretical conference;* ~ын физик *theoretical physics;* Эйнштейны харьцангуйн ~ *Einstein's Theory of Relativity;*

онолдо|х I *to coincide; to agree about;*

онолдо|х II *to theorize, speculate; to act according to theory but not really;*

онолч *theorist;* улс төрийн тэргүүлэх ~ *a leading political theorist;*

оноо I *mark (in school); (sports) point, score;* ~ 2:3 байв *the score was 2-3;* түүний англи хэлний шалгалтын ~ зуун хувь байсан *his score in the English test was 100 percent;*

оноо II *slit, long narrow out in the side of a gown;*

оноо III *partner, opponent in wrestling;*

оноо|х *to allot, allocate, assign;* оноосон нэр *(gram.) proper name;*

оно|х *to hit; to strike (a target, an object aimed at);* тэр бай онов *he hit the target;* онож хэлэх/хийх *to guess, say/do exactly the right thing;*

о_ош** *diagnosis;* миний өвчинд хоёр эмч өөр өөр ~ тавив *the two doctors made/gave different diagnoses of my disease;*

оношлого *diagnostics;*

оношло|х *to diagnose;* эмч миний өвчнийг ховор тохиолдох ясны өвчин гэж оношлов *the doctor diagnosed my illness as a rare bone disease;*

онхгор *sth tall and solitary;*

онхолдо|х *to turn over, upset; to topple over, tip over;*

онхолдуула|х *to overturn, knock over;*

онц *(e)special, particular, peculiar; extraordinary;* ~ юмгүй дээ *nothing in particular;* ~ биш *not very, not particularly;* ~бөгөөд бүрэн эрхт элчин сайд *ambassador extraordinary*

and *plenipotentiary*; ~ бүгд хурал *extraordi-
nary plenum*; ~ сайн *excellent*;

онцгой *special, unusual, extreme, extraordi-
nary*; ~ байдал *state of emergency*; ~ арга
хэмжээ *emergency measure*; ~ хөөрхөн охин
a girl of extraordinary beauty; ~ үзэгдэл *a pe-
culiarly phenomenon*;

онцгойдо|х *to be too peculiar or different*;

онцгойдуу *solitary, secluded*;

онцгойло|х *to attach importance to, empha-
size, stress, accentuate*;

онцгойро|х *to stand out for; to make a mark
by; to be singled out; to stand apart, keep
aloof*; бусдаас ~ *to stand out from others*; тэр
үргэлж ганцаараа онцгойрон байдаг *he al-
ways stands aloof*;

онцлог *peculiarity, feature, specific char-
acter or nature*; франц хэлний ~ зүйлүүд *the
peculiarities of the French language*; өвөрмөц
~ *specific character or nature*;

онцло|х *to make special; to distinguish; to
emphasize, accentuate*; тэр халдварын
аюулыг онцлон тэмдэглэв *he emphasized the
dangers of infection*;

онч *approach*; тэр ч ~ий нь олохдоо муухан
даа *he has the wrong approach to the matter*;

ончтой *suitable, proper, optimal*; ~ үе *right
moment*;

онь(онин) *at first, in the beginning*;

оньс I *bolt, catch, fastening; mechanism,
gearing*;

оньс II *gist, essence, key*;

оньсго *riddle; enigma*; ~ таах *to guess a
riddle*; ~ таалгах *to ask a riddle*;

оньсло|х *to shoot a bolt; to lock up, pad-
lock*;

оньстой *mechanical*; ~ тоглоом *mechanical
toy*;

оо I *tooth-paste*;

оо II *(interjection expressing contempt or
revulsion) ugh! ooh!*

оодогно|х *to run about in the heat of sum-
mer with the tail up (cattle)*;

оодой *see* **одой**;

оодон *short*; ~ сүүл *a short tail*;

оодондо|х *to be too short*;

оодро|х *to boast; to become conceited*;

ооль *adze*;

оольдо|х *to cut or hew with an adze*;

ооно *male antelope*;

оор *original, congenital, born, native*; ~ мэнгэ

large red or black birthmark; ~ монгол *a na-
tive of Mongolia*;

оорцог *isolated, solitary, lone*; ~ толгой *soli-
tary hill*;

оосор *cord, rope, string*; цагны ~ *wristlet*;

оосорло|х *to fasten with a string or cord*;

ооч I *the hollow beneath the lower lip*;

ооч II *gulp, mouthful*;

оочер *queue*;

оочерло|х *to queue*;

оочи|х *to take a mouthful of liquid*;

оочло|х *to drink by taking one mouthful af-
ter another*;

оочуула|х *caus. of* **оочих**; *to give to drink*;

опер *opera*;

оператор *operator*; дууны ~ *sound producer*;

оппортунизм *opportunism*;

ор(он) I *bed*; ганц хүний ~ *single bed*; хоёр
хүний ~ *double bed*; давхар ~ *bunk beds*;
эвхдэг ~ *camp bed*; хүүхдийн ~ *cot*; ~ны
даавуу *sheet*; орондоо орох *to get into bed*;
орондоо хэвтэж байх *to be in bed*; орноосоо
босох *to get out of bed*; ~ засах *to make up a
bed*; ~ны хэрэглэл *bedding*;

ор II *trace; imprint*; хурууны ~ *finger-print*; ~
сураггүй *without leaving a trace*;

ор(он) III *substitute; place, vacancy*; оры нь
олох *to substitute*; эмэгтэй эхийн оронд эх
болов *she was (like) a mother to the child*;
ирэх жил хоёр орон тоо гарна *there will be
two vacancies on the staff next year*; орон
тооны бус *not on permanent staff*;

ор IV *only, sole; completely, utterly*; ~ ганц
one and only; sole; ~ ганц хүү *only son*; ~ тас
мэлзэх *to deny completely*;

орвон *root*; ~гоор нь суга татах *to uproot,
tear up by the roots*; үсний ~гоо хүртэл улайх
to blush to the roots of one's hair;

органик *organic*;

оргил *peak; top, summit*; уулын ~ *mountain
top or peak*; уулын ~ цастай байв *the moun-
tain was covered with snow*; тэр нэр алдрын
~д хүрсэн *he had reached the summit of his
fame*; ~ ачаалал *(electr.) peak load*;

оргило|х *to boil up, seethe; to gush forth,
bubble out*; утаа ~ *(of smoke) to belch out*;

оргилуун *lively, cheerful, enthusiastic*; ~
сэтгэл *enthusiasm*;

оргилуур *fountain*;

орги|х I *to spurt, gush forth; to boil over*; сүү
оргив *the milk had boiled over*; цоорхой

159

хоолойгоор газрын тос оргин гарч байв *oil gushed out from the broken pipe;*

орги|х II *to feel or experience a sensation;* халуу ~ *to feel hot;* дотор муухай ~ *to feel sick;* эзгүй ~ *to feel lonely;*

оргодол *fugitive, deserter;*

орго|х *to escape, desert; to make off, do a bunk, flit;* шоронгоос ~ *to escape from prison;* цэргээс ~ *to desert the army;* тэр далимдуулаад оргон зайлав *he seized the chance and made off;*

оргүй *without leaving a trace; groundless, baseless; absurd;* ~ алга болсон нь *complete disappearance;* ~ худал (үг) хэлэх *to talk nonsense, tell a baseless lies;*

орд(он) I *palace;* гэрлэх ёслолын ~он *Wedding Palace;* ~ харш *palace, residence;* Букингемийн ~он *Buckingham Palace;* соёлын ~он *palace of culture;* засгийн газрын ~он *government building;* ~ны эргэлт *palace revolution;*

орд II *(geol.) deposit, layer;*

орд III *constellation;*

ордер *order, warrant;* орон сууцны ~ *authorization to an apartment;*

Ордос *an aimag in Inner Mongolia;*

ордо|х *to do sth anyhow (badly, carelessly);*

орилоо *noisy, loud-mouthed;* ~ хүүхэд *cry-baby;*

орилоон *wailing;*

орило|х *to cry, shout, bawl; to yell, scream;* хүүхэд шувт орилоод унтаж чадсангүй *I couldn't sleep because the baby wouldn't stop bawling;* эмэгтэй орилж чарласаар байв *she was screaming hysterically;*

орлого *income, receipts, gain(s), returns;* үндэсний ~ *national income;* мөнгөн ~ *money income;* цэвэр ~ *net income;* хөдөлмөрийн ~ *earned income;* орлогын татвар *income tax;* ~ зарлага *income and expenditure;* ашиг ~ *gain;*

орлогогүй *unprofitable;*

орлогодо|х *(econ.) to debit or put to the debit;*

орлогч *substitute; deputy; acting;* ~ захирал *deputy director;* манай захирал эмнэлэгт байгаа гэхдээ захирлыг ~ тантай уулзаж болох юм *our director is in hosplital, but the acting director can see you;*

орло|х *to stand proxy for, substitute for; to deputize for, act for;* даргыг ~ *to act for the chief;*

орлуула|х caus. of орлох; *to replace by, use sth instead of sth;* цөцгийн тосыг ургамлын тосоор ~ *to use vegetable oil instead of butter;*

орог *grey;* ~ саарал *grey;*

орогно|х *to take refuge or shelter; to live incognito;* улс төрийн тэрс үзэлтэн гадаадад орогнов *the political dissident took refuge abroad;*

орогнуула|х caus. of орогнох; *to give refuge;*

орой I *evening; late; in the evening;* ~н цагаар *in the evenings;* шөнө ~ болтол *until late at night, late into the night;* ~н хоол *supper;* ~н найман цаг *eight o'clock in the evening;* ~ болж байна *night is falling;* ~н сургууль *night-school;* ~н сонин *afternoon paper, evening newspaper;* ~н дамжаа *evening classes;*

орой II *summit, peak; top, roof; zenith;* уулын ~ *summit of a mountain;* дээврийн ~ *peak of a roof;* модны ~ *top of a tree;* уулчид ~д нь хүрэв *the mountain climbers reached the summit;*

орой III *a measure of cloth;*

оройгуур *towards evening;*

оройжин *all evening;*

оройло|х *to roof a building; to lead;*

оройто|х *to be late; to be delayed;* таван цагаас оройтолгүй ирээрэй *come by five o'clock at latest;*

оройтсон *belated;* ~ хүлцэл *a belated apology;*

оройт|уулах caus. of оройтох; *to delay;* бороо тэмцээний оройтуулж эхлүүлэв *the start of the match was delayed by a shower;*

оройхон *towards evening; late;*

оролдлого *diligence, painstakingness; endeavour; attempt, trial;* ~ сайтай сурагч *a diligent pupil;* ~ хийх *to make an attempt;* амь насыг хөнөөх ~ *an attempt on sb's life;*

оролдлогогүй *unindustrious, lacking effort;*

оролдлоготой *diligent, industrious, assiduous;*

оролдоо *hard-working, diligence;*

оролдо|х *to work at/on, be busy with; to study; to try, attempt, endeavour; to provoke;* грек хэл ~ *to work at Greek;* олон жил англи хэл ~ *to study English for years;* би оролдоод үзье *let me have a try;* хийх гэж ~ *to try or attempt to do sth;* хүүхдээр битгий оролд!

don't provoke the child!

оролдоц *effort, endeavour; diligence;*

оролт *entry; exit; input;*

оролцогч *participant in, member of;* тэмцээнд ~ *participant in a competition, competitor;*

оролцоо *taking part, participation (in); sharing (in); sympathy, concern;* хөндлөнгийн ~гүй *unassisted, single-handed;* ~тойгоор *with the participation of, including, featuring;*

оролцо|х *to take part in, participate in; to interfere in, meddle with; to intervene in;* тэр энэ хэрэгт оролцсонгүй *he took no part in the affair;* бусдын хэрэгт ~ *to meddle with other people's lives;* цагдаа зодоонд оролцов *a policeman intervened in the fight;*

оролцуулан *including;*

оролцуула|х *to include; to cause or permit to take part or participate;*

ором *trace, imprint;* хурууны ~ *finger print,* ~ гарах *to leave an imprint;*

оромдо|х I *to imprint, trace;*

оромдо|х II *to do sth badly or carelessly;*

оромж *refuge; shelter; shack, hut;*

оромтгой *susceptible, easily led;* хүний үгэнд ~ *inclined to follow other's advice;*

орон I *country; territory;* улс ~ *country, State;* гадаад ~ *a foreign country;* ~ нутаг *countryside, the provinces;* халуун ~ *tropical country;* эх ~ *homeland, mother country;* эх ~ондоо эргэж ирэх *to return home;* ~ даяар хийх нэвтрүүлэг *nationwide coverage;* ~ нутгийн захиргаа *local authority;* ~ нутгийн хэвлэл *local press;* ~ тоо *vacancy, post;* ~ тооны бус ажилтан *supernumerary, non-staff worker;* ~ зайн *spatial;* ~ зай *expance, space;*

орон II *dwelling, abode; roof, shelter;* орох ~гүй болох *to be left without a roof over one's head;* ~ сууц *flat, apartment(s);* ~ байр *dwelling, abode, living quarters;*

оронги *lame in the hind leg(s) (of an animal);*

оронжи|х *to settle down, get settled;*

оронцог *sth old, dilapidated or worn out; makeshift;* тэрэгний ~ *old, dilapidated conveyance;* хувцасны ~ *rags, worn out clothes;* гэрийн ~ *a roof over one's head;*

оронцогло|х *to do sth anyhow (badly, carelessly);*

оронч : эх ~ *patriot;* эх ~ үзэл *patriotism;* эх ~ сэтгэл *patriotic spirit;*

opoo I *difficult to catch;* ~ морь *a horse which is very difficult to catch;*

opoo II *heat (in animals);*

opooгдo|х *to be tied up, be entangled;*

opooдoc *wrapping; cord, tie;*

opooлгo|х caus. of opoox; *to lash, whip;* морио ~ *to lash one's horse;*

opooлдo|х *to be(come) entangled in, be(come) involved in;* гэмт хэрэгт ~ *to be involved in the crime;*

opooлoн *devil; imp;*

opooлo|х *to run away; to avoid;*

opooлт *wrapping;* хүзүүний ~ *scarf;* хөлийн ~ *foot bending;*

opooмог *(electr.) winding; anything made by winding;*

opooнгo *(bot.) liana, creeper, climber;* усан үзмийн ~ *vine;*

opoo|х *to wind round, twist round; to wrap up; to confuse, tangle;* могой мод opooжээ *the snake had wound itself round the tree;* би ваарыг хөвөнд opooв *I wrapped the vase in cotton wool;* хүзүүгээ opooлтоор ~ *to wrap a scarf round one's neck;*

opooцoлдo|х *to be(come) entangled in, be involved in; to wind; to falter (in speech);* тэр бүсгүйтэй нэг их ~ хүсэл над алга *I don't want to get too involved with her;*

opoc *Russian;* ~ хүн *Russian;* ~ хэл *Russian language;* ~ улс *Russia;*

opocжи|х *to become russified, become russianized;*

opocжуула|х *to russify, russianize;*

opocчлo|х *to translate into Russian;*

opo|х I *to enter, join; to go in(to); to come in(to); to become; to take to; to fall in(to); to get in(to);* автобусанд ~ *to get on the bus;* сургуульд ~ *to go to school, enter school;* их сургуульд ~ *to enter the university;* ажилд ~ *to find work;* цэргийн албанд ~ *to join up, enlist;* түүхэнд ~ *to go down to history;* хот ~ *to go into town;* дэлгүүрт ~ *to go into a shop;* замаар ~ *to go on the road;* гудамжаар ~ *to go along the street;* тамхинд ~ *to take to smocking;* шинэ байранд ~ *to move to a new flat;* усанд ~ *to take a bath;* далд ~ *to disappear;* дайсны гарт ~ *to be taken prisoner;* гарт ~ *to fall into someone's hands; to be practised hand at sth, become a dab hand;* нар ~ *(of the sun) to set;* дагаар ~ *to submit to, yield to;* хүргэн ~ *to get married and live on* wife's parents; хуйвалдаанд ~ to enter into a conspiracy; шашинд ~ to embrace a faith; хуралд ~ to participate in a meeting; байлдаанд ~ to join battle; өрөнд ~ to get into debt; санаанд ~ to remember; to come into mind; шинэ маягт ~ to come into fashion (into use); зүүдэнд ~ to see in a dream; зориг ~ to take courage; гэмт хэрэгт ~ to commit a crime; хэл амманд ~ to get into a mess; хэрэгт ~ to get into an awkward situation; бусдын хэрэгт хөндлөнгөөс ~ to meddle with other people's affairs; ухаан ~ to grow wiser; to come to oneself, regain consciousness; хуч ~ to restore one's strength; нүд ~ to recover one's sight; to begin to see clearly; амт ~ to become tasty; үнэр ~ (of foodstuffs) to go bad; амтанд ~ to begin to enjoy, develop a tasty for; элсэн ~ to enter into, join in; өнгө ~ to grow prettier; to improve in appearance; гэгээ ~ to dawn; царай ~ to look handsome, grow prettier; хөлд ~ to begin to walk (of a baby); хэлд ~ to begin to talk (of a baby); үгэнд ~ to obey another's order; архи дарсанд ~ to take to drink; цагаан хоолонд ~ to take to a milk diet; үнэд ~ to rise in price; дулаан ~ to get warm; сэрүүн ~ to get cool; хүйтэн ~ to grow cold; бодолд ~ to become thoughtful, become pensive; бороо ~ to rain; цас ~ to snow; голд ~ to come to the rescue; аминд ~ to rescue, save someone's life; урхинд ~ to fall into a trap; шоронд ~ to land up in prison; нөлөөнд ~ to fall under sb's influence; хүний эрхэнд ~ to fall into sb's power; дайран ~ to break in, into; довтлон ~ to attack;

оро|х II to be in rut; буур ~ (of a male camel) to rut;

орсгой protruding, jutting out; uneven (of teeth);

орсгор see **орсгой**;

орсой|х to protrude, jut out; to be crooked, uneven (of teeth);

ортой having a trace or mark; trustworthy, truthful;

ортоом second generation from a cross between a cow and a yak;

оруулалт : хөрөнгө ~ investment of capital; ашигтай хөрөнгө ~ profitable investments;

оруула|х caus. of орох; to let or allow to enter, go or come into; to let or allow to join; to involve; to insert; нэмэр хандив ~ to do

one's bit; санал ~ to move, table a resolution; хэлэх үгэнд засвар ~ to emend the text of a speech; жагсаалтанд ~ to enter on a list; усан онгоцыг зогсоолд ~ to bring a ship into harbour; эзэмшилд ~ (leg.) to put in possession; төөрөгдөлд ~ to mislead; зарлагад ~ to put to expense; бөмбөг ~ (sport) to score a goal; гадаадаас ~ to import; үйлдвэр ашиглалтанд ~ to start up a factory; эргэлтэнд ~ to put in circulation; үйлдвэрлэлд ~ to put in production; өнгө ~ to give a polish; impart lustre to; гартаа ~ to take someone in hand; to lay one's hands on sth; өөрийн талд татан ~ to win over (to one's side); ажилд татан ~ to recruit, enlist the services of; хариуцлагад татан ~ to make answer for, make answerable for, call account for; яруу найргийн амтанд ~ to inculcate in someone a taste for poetry; хөдөлгөөнд ~ to set in motion, set going; хүндрэлд (бэрхшээлд) ~ to cause difficulties, put in a difficult position; ухаан ~ to bring sb round; хэлэлцэх асуудалд ~ to enter in the agenda; шинжлэх ухаанд чухал хувь нэмэр ~ to make an important contribution to learning; усанд ~ to bathe; хүүгээ сургуульд ~ to enroll one's son in a school; агаар ~ to air, ventilate; хориотой бараа нууцаар ~ to smuggle; түлхэж ~ to push in(to); цохиж ~ to drive in, hammer in;

оруулга fixing, insertion; bringing in;

оруулсан introductory; imported;

орхигдогсод those left behind or abandoned;

орхигдо|х to be left behind or abandoned, deserted;

орхидос garbage, refuse; offal; abandoned, deserted; нийгмийн ~ the dregs of society;

орхимж an outer garment worn by lamas, consisting of a long piece of cloth passed over the left shoulder and wrapped around the body;

орхиро|х to roar, growl;

орхи|х to leave; to desert, abandon, give up; to throw up; as an auxiliary орхих expresses completion of an action; эр нөхрөө нэг мөр ~ to desert one's husband; ажлаа ~ to give up, throw up one's work; гэртээ ~ to leave at home; мартаж ~ to forget completely; унтаж ~ to miss, pass (due to being asleep); хэлж ~ to speak one's mind; to speak out;

орхиц the name of the form of the letters a, e, and n in final position (in Mongolian script);

орхоодой : хүн ~ *(bot.) ginseng;*
орц I *income, profit, gain; input; ingredients;*
орц II *porch, entrance, doorway;*
орчгор *dried-up; shrivelled; wrinkled;*
орчий|х *to dry up, shrink, shrivel;*
орчил *rotation, circulation;*
орчим *around, about; near;* дөч ~ настай хүн *a person about forty years old;* тэр энэ ~д байх ёстой *he must be about somewhere;*
орчин *environs; environment, surroundings; (biol.) habitat; (phys.) medium; around, in the neighborhood, about;* ~ тойрон *environs, vicinity;* хүрээлэн буй ~ *surroundings;* ойр ~ нэг ч хүн алга *not a soul in around;* ~ үе *the present;* байгаль ~ *environment;* бидний ~д *in our midst, among us;*
орчи|х *to circulate; to pass, go to and fro;*
орчлон *universe, world; material world; (rel.) cycle of reincarnations, cycle of transmigration;*
орчуулагда|х *to be translated;*
орчуулагдашгүй *untranslatable;*
орчуулагч *translator;*
орчуула|х *to translate (from into);* үгчлэн ~ *to translate literally;* монгол хэлнээс англи хэлэнд ~ *to translate from Mongolian into English;*
орчуулга *translation; version;*
оршдос *(geol.) deposit, bed;*
оршил *introduction, foreword, preface;*
орши|х *to live in, dwell in, reside in; to be (situated); to exist; to consist of;* мөнгө хүрэлцэхгүй байгаад гол бэрхшээл оршиж байна *the principal difficulty consists in the lack of funds;* оршин суугч *inhabitant; resident; inmate;*
оршуула|х *to bury, inter;*
оршуулга *funeral, burial;* оршуулгын газар *cemetery, graveyard;* оршуулгын газрын манаач *sexton;*
орь I *young;* ~ залуу *young;*
орь II *shout, scream;* ~ дуу тавих *to moan, groan;*
осгор *scratch; abrasion;*
осгоруу *red spots (on hands, etc);*
осго|х *to become numb from cold; to freeze;* осгож үхэх *to freeze to death; to be killed by frost;*
осол *damage; wreck, crash, accident; breakdown;* ~д орох *to crash, have an accident;*
осолгүй *safe, secure; faultless; infallible;*

осолдогч *casualty;*
осолдо|х *to crash, have an accident; to die;* осолдож үхэх *to die in an accident;*
осолтой *dangerous, perilous;* ~ зам *dangerous road;*
отго *(obs.) plume of peacock feathers worn on official hats as a symbol of office or rank;*
отголо|х *to conclude, end;*
оттон *youngest child; last;*
отог *hunter's camp;*
отоо *heat (of animals);*
отор *the pasturing of livestock in groups seeking good pasture away from the regular pasture;*
оторло|х I *to move with livestock to a temporary, good pasture;*
оторло|х II *to shun work;*
оторчин *herdsman who take cattle to a temporary pasture;*
ото|х *to be on the watch for, lie in wait for;* алуурчин амий нь бүрэлгэх хүнээ отож байв *the murderer was lying in wait for his victum;*
оточ *(obs.) physician, doctor;*
оточло|х *(obs.) to doctor, treat;*
охин *girl, maiden; daughter;* ~ дүү *younger sister;* найз ~ *girlfriend;*
охинцор *girlish, maiden-like;*
охор *short;* ~ дээл *short gown;* ~ сүүл *cossух;*
охордо|х *to be too short;*
охь I *top, superior; first-quality goods;* ~ манлай *the best, superior;*
охь II *spirit, essence, gist;*
оцгоно|х *to fidget; to hobble;*
оцгор *steep and high;*
оцой|х *to sit up; (of animals) to stand on their hind legs;*
оцон : ~ шувуу *penguin;*
оч *spark;* нүднээс ~ үсрэх шиг болов *I saw stars;*
очир *thunderbolt; sacred instrument used in Buddhist ceremonies;* ~ алмас *diamond;* элдэв ~ *a thunderboltcross;*
очи|х *to go to a place, reach;* зочилж ~ *to be invited out, visit (friends);* эргэж ~ *to visit, call on;* сургуульд ~ *to go to school;* нисч ~ *to fly over;* дэлгүүрт ~ *to go to a shop;*
оюу(н) *turquoise;*
оюун *intellect, mind; wisdom; spirit;* ~ы хөдөлмөр *brainwork;* ~ ухаан *mind, intellect;* ~ы өмч *intellectual property;* ~ы чадвар *men-*

tal ability;

оюутан *student, undergraduate;* анагаахын ~ *medical student;* хуулийн ангийн ~ *law student;* оюутны байр *student hostel;* ~ ахуй цаг *student days;* тэтгэлэг авагч ~ *grant-aided student;*

Өө

өв *heritage, inheritance, legacy, estate;* ~ийн тухай хууль *the laws of inheritance;* ~ хөрөнгө *estate, property;* ~ залгамжлах *to inherit;* соёлын ~ *cultural heritage;*

өвгөд *the elders, old people/folk;* ~ дээдэс *ancestors;* ~хөгшид *old people, old men and women;*

өвгөн *old man; old;* ~ хүн *old man;* хоёр луйварчин ~ий мөнгийг залилж авав *two raskals tricked the old man out of his money;* ~ аав *grandfather;* долоон өвгөн *(astr.) Ursa Major, the Great Bear;*

өвгөрө|х *to become old, age;* тэр хурдан өвгөрч байна *he's age(ing) fast;*

өвдгөвч *knee-pad;*

өвдөг I *knee;* ус өвдгөөр татаж байв *the water was knee-deep;* ~ нугалах *to bend the knee;* ~ сөгдөх *to kneel;* өмдөнд ~ гарах *to develop a knee bulge on the trousers;* ~ний тойг *kneecap, pattela, kneepan;* түүний ~ний хавдар хөлий нь гишгүүлэхгүй болгов *the inflammation of his knee made it difficult for him to walk;*

өвдөг II *sty (also stye);*

өвдөгле|х *to press the knees (against); to squeeze down with the knees;*

өвдгсөд *sick persons, patients;*

өвдөгч *kneepad, kneepiece;*

өвдөгчлө|х *to bind/tie the knee;*

өвдөл : ~ цөвдөл *crumbs/scraps of food;* ~ цөвдөл өөх/мах *small pieces of fat/meat;*

өвдөлт *pain;*

өвдө|х *to be ill (with), be ailing, be sick, feel pain, ache; to get an illness;* бие ~ *to be sick;* толгой ~ *to have a headache;* миний нуруу өвдөж байна *my back aches;* гэдэс ~ *to have a stomach trouble;* таны хаана өвдөж байна вэ? *where have you a pain?* толгой өвдөж байна *my head aches;* миний чих өвдөж байна *my ear hurts;* тэр хүчтэй ~ийг мэдрэв *he felt a sharp pain;* шүдээ авахуулсны дараа түүний буйл өвдөж

байлаа *his gums hurt after the tooth was pulled out;*

өвлөгдө|х *to be inherited, be passed on;*

өвлө|х *to keep as one's own; to inherit, get from ancestors;* тэр авга ахынхаа газар болон мөнгийг өвлөв *she inherited land and money from his uncle;*

өвлүүлэгч *testator, testatrix;*

өвлүүлэ|х *to pass down/on.*

өвөг *ancestor, forefather;* ~ аав/эцэг *grandfather, grandpa;* ~ дээдэс *ancestors;* миний өвгийн үе удам *my grandparents' generation;* **2.** *plumage;* шувууны ~ *a plumage on a bird's head;*

өвөгжөөр *old, aged;* ~ профессор *an aged professor;*

өвөл *winter;* өвлийн улирал *winter;* өвлийн өдөр *wintry day;* өвлийн турш *all through the winter;* өвлийн хувцас *warm dress;* би өвлийн спортод дуртай *I like winter sports;*

өвөлжилт *overwintering;*

өвөлжих *during the winter;*

өвөлжи|х *to pass the winter, wintering;* тэд дандаа өмнө зүгт өвөлждөг *they always winter in the south;*

өвөлжөө *winter camp, winter quarter;*

өвөө *grandpa, grandfather;*

өвөөлж *(zool.) hoopoe;*

өвөр *lap, breast, bosom; front side;* уулын ~ *southern side of a mountain;* дээлийн ~ *part of the dress covering the breast;* ~ийн дэвтэр *notebook, pocket-sized book;* **2.** *front, southern; inner;* Өвөр Монгол *Inner Mongolia;*

өвөрлө|х **1.** *to pocket;* **2.** *to nurse, cherish, foster (feelings, etc.);*

өвөрмөц *peculiar(ly), particular(ly), especial(ly), specific(ally), original(ly), distinctive(ly);* ~ байдал *peculiarity, originality;* ~ хэллэг *idiom;* ~ онцлог *peculiarity, specific features;*

өвөртлө|х *to put sth in one's bosom;*

өвөрчлө|х **1.** *to do otherwise, perform in another way; to act one's own way; to do sth privately or illicitly, act selfishly;* **2.** *to look at with amazement, gaze at;*

өврийн *pocket (adj.);*

өврөгө|х *to weaken, enfeeble; to make feeble or slack; to dry in the sun;*

өврө|х I *to become weak of old age, to be enfeebled;*

өврө|х II *to get dried; to make or become

dry; өөрсөн мод *a dried up tree;*

өвс *hay, grass;* ~ ургамал *herb, vegetation;* ~ ногоо *grasses;* ~ бордоо *grain forage;* ~ хадлан *hay-mowing, hay-making;* ~ний хашаа *hay-loft;* өвсөн бухал *haystack, rick;* ~ хадах *to mow grass, cut hay;* ~ бухалдах *to stack hay;* ~ нуруулдах *to stack hay;* тэр, өвсөн дээр хэвтэж байв *he was lying on the grass;*

өвсөрхөг *grass-covered; grassy, herbaceous;*

өвсчин *mower, haymaker;*

өвтгө|х *to cause to pain;* эл хурц гэрэл нүд өвтгөж байна *this glaring light hurts my eyes;*

өвч *complete, perfect, entire, thorough;* ~ бүрэн *complete;*

өвчигнө|х *to swank;*

өвчин *illness, disease, sickness, ailing, ailment;* ~ эмгэг *sickness;* ~ зовлон *illness, suffering;* хүнд ~ *serious/painful illness;* сурьеэ бол маш аюултай ~ *tuberculosis is a very serious illness;* ужиг ~ *prolonged disease, chronic disease, consumption;* архаг ~ *chronic disease;* халдварт ~ *catching disease;* арьсны ~ *skin disease;* арьс өнгөний ~ *venereal disease;* халуун хижиг ~ *typhoid fever;* сэтгэл мэдрэлийн ~ *mental disease;* солио ~ *psychoses;* зүрхний ~ *heart disease;* архины ~ *alcoholism;* халдварт ~ *infectious/contagious disease;* ~ний нян *pathogenic microbe;* ~ний түүх *medical report;* ~гүй *healthy; painless;* ~ тусах/хүрэх *to fall ill (with), be taken ill (with); to get an illness;* ~ үгдрэх *to have a relapse, complications set in;* ~д нэрвэгдэх/баригдах *ailing for a long time;* хир буртаг ~ үүсгэдэг *dirt breeds disease;*

өвчи|х *to skin, take the skin off; to peel, bark, pare;*

өвчлөлт *sickness, illness; falling sick/ill; sickness rate;*

өвчлөмтгий *liable to fall ill;*

өвчлө|х *to fall ill (with), be taken ill (with); to fall/get sick;*

өвчлүүлэгч *(med.) morbific, pathogenic;*

өвчлүүлэ|х *to cause illness, make someone ill;*

өвчтөн *patient, sick person;* эмч ~ дөө орноосоо босохгүй байхыг зааварлав *the doctor instructed his patient to remain in bed;*

өвчтэй *sick, diseased, unhealthy, ill, ailing, unwell;* ~ байх *to be indisposed;* ~ хүн *sick person;* ~ газар *tender/sore place;* ~ шүд

bad tooth; мэдрэлийн ~ *mentally diseased;* дүүгээ хүнд ~ гэж дуулаад тэр эмэгтэй их сандрав *she was agitated by the news of her brother's illness;* тэр ~ тул ирсэнгүй *he didn't come because he was sick;* ~ байхдаа тэр эмнэлэгт хэвтэж байв *during her illness she was in a hospital;*

өвчүү *(anat.) sternum, chest;*

өвчүүлэ|х *to cause/permit flaying or skinning;*

өгзөг *buttock(s);*

өглөг 1. *alms, charity;* ~ийн эзэн *(ar.) almsgiver, benefactor;* 2. *debt;*

өглөгч 1. *one who is charitable, one who bestows gifts; contributor, free-handed man/woman;* 2. *benefactory, generous, charitable, open-handed, helpful;*

өглөө *morning;* маргааш ~ *next/tomorrow morning;* бид маргааш ~ эрт хөдөлцгөөх болно *we have to get off early tomorrow;* ~ний хоол *breakfast;* ~ний цай бэлдэх *to fix a breakfast;* ~ний дасгал *morning gymnastics;* ~ний сонин *morning newspaper;* ~ний 9 цагт *at 9 o'clock in the morning;* тэр ~ эрт босох тун дургүй *he hates getting up early in the morning;* ~ний мэнд хүргэе! *good morning!*

өглөөгүүр *in the morning;*

өглөөжин *all morning;*

өгөгдөл *data;*

өгөгдөх *to be given;*

өгөгдөхүүн *data;*

өгөгч *giver;*

өгөө : ~ авва *debts and credits;*

өгөөж *return;*

өгөөжтэй *productive;*

өгөөмөр *generous, charitable, benevolent, open-handed, big-hearted, bountiful, beneficent;* ~ хүн *one who is willing to give, a donator, benefactor, benefactress;* 2. *bounteous, rich, abounding;* ~ худаг *a well with abundance of water;* ~ ургац *abundant harvest;* ~ намар *rich and bounteous autumn;* ~ өвөл *a warm winter with less snow;*

өгөр *faded, weathered, worn out;*

өгөршил *weathering, decay;*

өгөрши|х *to weather, decay;*

өгө|х 1. *give, hand, hand in, offer, present;* тэр надад ном өглөө *he gave me the book;* бэлэг ~ *to give a present;* шагнал ~ *to reward, confer;* өргөдөл ~ *to hand in an application;* даалгавар ~ *to assign a task;* заавар

~ to give instructions; бууж ~ to give away; to knuckle under, knock under; тушаал ~ to give order (to); команд ~ to give a command; танд үүрэг өгье here's a commission for you; зөвшөөрөл ~ to give permission; хариу ~ to give an answer; цохилт ~ to strike/deliver a blow; эрх ~ to give the right; өчиг ~ to testify/ шүүгч түүнд хоёр жилийн хорих ял өгөв the judge gave him two years; дохио ~ to give the signal; санаа ~ to give an idea; санал ~ to give one's opinion; to vote; сэтгэлээ ~ to love, have affection, be in love (with); өгч явуулах to send (by); 2. as an auxiliary verb; авч ~ to take and give; аваачиж ~ to bring; эргүүлж/ буцааж ~ to give back; бололгүй яахав, би танд хийж өгье certainly, I'll do it for you; мэдэлд ~ to put in charge; гэнэт унтаад ~ to fall into a fitful sleep; гардуулж ~ to hand (to, over); зааж ~ to show; хэлж ~ to tell, explain; хэдэн цаг болж байгааг хэлж өгнө үү could you tell me the time? хаалга тайлж ~ to answer the door; эмэгтэй хүүгийн хөлийг боож өглөө she bandaged the boy's leg; би тэр номыг үзээд өгч болох уу? could I look at that book? тэр баяртай ч гэсэнгүй яваад өглөө he went away without saying goodbye; надад захидал байна уу үгүй юу үзээд өг see if there is any mail for me;

егсөлт rise, ascent, up-gradient;

егсө|х to ascend, step up, climb up, go up; өөдөө ~ to go up; шатаар ~ to go upstairs; шатаар өгсөхдөө бариулаас нь сайн барьж яваарай keep your hand on the rail as you climb the steps; уул өөд ~ to ascend a mountain;

 егсүү ascending, rising, uprising; raised, elevated, reaching high; ~толгой a hill extending above; ~ газар rising or elevated land in general;

егсүүлээд from, starting from;

егсүүр steeply rising; ~ товцог uphill;

егүүлбэр sentence, clause; энгийн ~ simple sentence; нийлмэл ~ composite sentence; гол ~ main clause, principal clause; гишүүн ~ subordinate clause; асуух ~ interrogative sentence; хүүрнэх ~ narrative sentence; ~ зүй syntax; ~ийн бүтэц sentence structure; ~ийн гишүүн parts of the sentence, sentence parts;

егүүллэг story, tale; энэ киног Ч. Лодойдамбын ~ээр хийсэн юм this film is an adaptation of a story by Ch. Lodoidamba;

американы богино ~үүдийн түүвэр a miscellany of American short stories;

егүүлшгүй unspeakable;

егүүлэгдэхүүн (gram.) subject;

егүүлэл 1. article; display story; column; essay; тэргүүн ~ leading article; editorial; эрдэм шинжилгээний ~ scientific article; энэ ~д та өөрийнхөө жинхэнэ санааг тусган үзүүлж байна уу? does this article reflect your real opinion? 2. grumble, murmur; ~ тавих to grumble (at/over);

егүүлэмж subject, topic;

егүүлэлцэ|х to talk or chat together; тэд юун тухай өгүүлэлцэж байна вэ? what are they discussing about?

егүүлэ|х I to speak, say, tell, talk; ~ эрхтэн speech organs, vocal apparatus; ерөнхийд нь өгүүлэхэд generally speaking; өгүүлэхэд хэцүү байна it's difficult to say;

егүүлэ|х II to cause/permit to give; to send, convey, pass along; мөнгийг А-д өгүүлэв the money was sent to A;

егүүлэхүүн predicate;

ед feathers, feathering; ~ шиг хөнгөн as light as a feather; ~тэй адил feathery; чи тахианы ~ийг зулма, би ус буцалгая you pick the chicken, I'll boil the water;

едгөө now;

едий this much, as many as these, this many; ~ төдий large/considerable number, so many; ~ чинээ this much, this many, as much as this; ~ болтол/ хүртэл still, till now, up to now; up to this point; ~д , ~ үед at this time;

едийд now, at this time;

едле|х to grow feather;

едее|х to impel (to), incite (to), instigate (to), strike up, excite; дайн ~ to plot a war; to throw down the glove; ~ хатгах to provoke, instigate, prompt, incite; ~н хатгалга provocation; ~н хатгагч provocator;

едер day, day time; ажлын ~ working day; амралтын ~ day off, rest-day, day of rest, holiday; баярын ~ holiday; төрсөн ~ birthday; хагас ~ half day; хагас сайн ~ Saturday; бүтэн ~ the whole day; бүтэн сайн ~ Sunday; энэ номын сан ням гаригаас бусад ~ ажилладаг the library opens every day but Sunday; нэгдэх ~ Monday; хоёрдох ~ Tuesday; ойрын өдрүүдэд nowadays, in these days; ~ бүр/ тутам/болгон every day; өдөрт гурван удаа уу take three times a day; түүний хөлийн боолтыг ~ болгон сольж байв *the bandage on his leg was changed every day;* ~ бүрийн/ тутмын *daily;* ~ дунд *midday, noon;* ~ ирэх тутам *from day to day;* ~ шөнөгүй *day and night;* өдрөөс ~т *with every passing day, from day to day, day by day;* ~ийн ажил *daily work;* ~ийн сонин *daily newspaper;* ~ийн тэмдэглэл *diary;* ~ийн ээлж *day shift;* ~ийн од шиг *very rare;* би ~ шөнөгүй ажилладаг *I work round the clock;*

өдөржин *all the day, whole day;* ~ шөнөжин *day and night;* тэр ~гөө хийх юмгүй холхилоо *he hung about all day doing nothing;* хүүхдүүд бүх ~ телевизор үзсэн *the children have been glued to the television all day;* тэр эмэгтэй халуун наранд ~гөө ажиллав *she toiled all day in the hot sun;*

өдөрлөг *a day's meeting; a day of;*

өдө|х *to start, arouse, pick at;* хэрүүл ~ *start a quarrel;*

өл I 1. *nutritiousness;* ~ сайтай *nutritious;* **2.** *food, nourishment, aliment, provision; hunger;* ~ залгах *to fortify oneself, refresh oneself, re- fresh one's inner man;* ~тэй *nourishing, nutri- tive, nutritious;*

өл II *grey and white spotted colour;* өл буурал Хангай минь өндөр болоод сүрлэг байна *my grey and whitish Hangai looks high and ma- jestic;* ~ буурал морь *blue and whitish horse;* ~ халзан *completely bold-headed; blaze on all through forehead;*

өл III *low mountain pass;* ~ хөтөл *low pass over a mountain;* ~ овоо *a stone mound erected on the pass of a mountain;*

өлбөрө|х *to starve, perish with hunger;* өлбөрч үхэх *to starve to death;* тэд цөлд төөрөөд өлбөрч үхэцгээсэн *they got lost in the desert and starved to death;*

өлгий *cradle;* ~ нутаг *native land, home land;* ~ дуу *lullaby;* ~н даавуу *diaper, swaddling clothes;* ~тэй хүүхэд *a baby in a cradle;* ~тэй байхаасаа *from the cradle;*

өлгийдө|х *to put in a cradle, rock in a cradle;*

өлгө|х *to hang, hang out, suspend;* хананд ~ *to hang on the wall;* өлгөж авах *to catch up;* хувцас ~ *to hang clothes;* малгайгаа өлгүүрт өлгө *hang your hat on the hook;* өлгөөстэй байгаа зургийг би таашааж байна *I like that picture hanging over there;*

өлгүүр *clothes hanger, peg, hook, hanger;* хувцасны ~ *clothes hanger, hook for clothes;*

малгайн ~ *hat-stand;*

өлзий *goodness, good luck, auspiece, hap- piness;* ~ хутаг *goodness, happiness, bless- ing;* ~ утас *emblem of good luck;* ~ бус *unauspicious;* ~тэй *auspicious, lucky, happy, fortunate;*

өлий|х *to stretch out one's neck, crane one's neck;*

өлмий *instep, foot (hon.);* ~ дээрээ *on the tips of one's toes, on tiptoe;*

өлөгчин *female (of some carnivorous ani- mals);* ~ чоно *female wolf;* ~ бар *tigress;* ~ арслан *lioness;*

өлөн *empty, hungry;* ~ элэг *empty stomach;* ~ гэдэс *(anat.) the small/fine intestines;* хонины ~ гэдэс *entrails of sheep;* ~ зуд *time when needs food and fodder very much;* ~ ховдог *hungry, starving; dearth, a shortage of food;* ~ тоос *dust from old mud or houses;* замын ~ тоос/шороо *very thin white dust of the road;*

өлөн өвс *sedge, carex;*

өлөн хутгуур *(zool.) the lapwing, the pewit (a kind of bird);*

өлөнгөтгө|х *to cause hungering, devastate; to lay waste;*

өлөнгөтө|х *to hunger, suffer from want;*

өлө|х *to move (sth up, along, open/up/off; into/out of position, etc) with a lever;* эвэр, соёогоор өлж хатгах/шархдуулах *to gore;* хөшүүргээр ~ *to force with a lever;*

өлсгөлөн *starvation, famine, hunger;* ~ зовлон *starvation, famine;* ~ зарлах *to go on hunger-strike;*

өлсгө|х *to cause hunger; to starve;*

өлсө|х *to be/feel hungry, suffer starvation;* гэдэс ~ *to starve, be famished;* өлсөж үхэх *to die of starvation/hunger, starve to death;* өлссөн хүүхдүүд тавгандаа хоолны шавхруу ч үлдээсэнгүй *the hungry children did not leave a morsel of food on their plates;*

өлсхий|х *to toss up;*

өлхөн *easily, with room to spare;*

өлчир *one who is able to stand the cold;*

өм *broken, split, cracked, torn; crushed, trimmed, ruined;* ~ түлэгдэх *to be burnt par- tially;* ~ хазах *to bite partly;* ~ татах *to tear;*

өмбүү *sound made by a cow or ox;* манай тарлан үнээ ~ гэж мөөрсөөр ирж явна *our black and white cow comes mooeing;*

өмгөөлөгч 1. *(law) advocate, attorney, so-*

licitor; lawyer; bar; ~ийн итгэмжлэл power of attorney; ~ түүнийг шийтгүүлсэнгүй the lawyer got him off; **2.** ~ хамгаалагч этгээд defender, protector;

емгөөлө|x to protect, defend, plead (for, against), stand up (for), speak in support, side (with); to favour one side;

емд trousers, pants, breeches; гадуур ~ trousers; дотуур ~ drawers; богино ~ shorts, breeches; ~ний тэлий belt for trousers; ~ний суудал the seat of trousers; ~ний гуя legs of trousers; энэ ~ өвдгөндөө нөхөөстэй these trousers have a mend on the knee; миний түлхүүр ~ний халаасанд бий my keys are in my trouser pocket;

емне 1. south, southern; ~ зүг south; баруун ~ south-west; зүүн ~ south-east; **2.** before, in front (of); үнэ нэмэгдэхээс ~ нүүрс нэмж авах нь дээр you'd better get in some more coal before the price goes up; байшингийн ~ in front of the building; хичээллийн ~ before the beginning of the lessons; үдээс ~ forenoon; дайны ~ before the war; хувьсгалын ~ before the revolution; яг жилийн ~ one year ago to the day; хэдэн өдрийн ~ a few days ago; хоёр жилийн ~ two years ago; шөнө дундаас ~ before midnight; юуны ~ first of all, above all, before anything else; for one thing;

емнед southern, south; ~ туйл the South Pole;

емнөөс 1. against, towards; **2.** on behalf (of), for the sake (of); чиний ~ on your behalf, for your sake; хүний ~ нүүр улайх to feel ashamed for sb; эх орны нэрийн ~ for the sake of motherland;

емнөх previous, precedent, preceding, former, foregoing; ~ уулзалт previous meeting; ~ үг foreword, preamble, preface;

емнөхөн shortly before, on the eve (of); нар шингэхийн ~ just before the sunset; таван цагаас ~ уулзъя let's meet just before five;

емег : ~ түшиг protector, defender, supporter, guard; aid, help; миний ганц ~ түшиг болсон нөхөр бол Д. юм my only serviceable friend is D.;

емегле|x to protect or defend someone (even when he's wrong); to stand up for; to be inclined to one side; to set one's sail to every wind;

емен : ~ үү (med.) cancer;

емеере|x to protect, shield, intercede (for);

емре|x to tear off or break itself loose;

емсге|x dress, put on;

емсгел dress, attire, garb, costume;

емсе|x to wear, put on, dress; малгай ~ to wear a hat; өмссөн байх to have on; тэр бүсгүй сүүлийн үеийн загварын хувцас өмссөн байв she was dressed in the latest fashion; тэр дөрвөлжин хээтэй пиджак өмсөв he put on his checked jacket;

емх decayed, rotten; rottenness; ~ мод rotten wood;

емхий rotten, stinking, fetid, putrid, bad; ~ үнэр fetid/putrid smell, bad smell; ~ мах tainted meat; ~ санаа meanness, ill-will; ~ хүрэн (zool.) skunk; ~ цөөрөм a small pond or pool with frogs and worms;

емхийрдег usually getting stinking or smelling;

емхийре|x to become rotten, stinking, foul;

емхердег usually decaying;

емхре|x to rot, decay by processes of nature; өмхөрсөн мод rotten wood; өмхөрч буй шүд/ногоо decaying teeth/vegetables;

емч property, belongings, ownership; өвлөсөн ~ inheritance; амины ~ personal property; хувийн ~ private property; улсын ~ state property; нийгмийн ~ social property; хоршооллын ~ co-operative ownership; хөрөнгө property, possession; ~ хуваах to divide the property/inheritance, portion out;

емчлегч owner;

емчлөл ownership;

емчирхе|x to be possessive;

емчле|x 1. to inherit, receive property, take possession; **2.** to appropriate, apply to one's own uses; to put on one side for special purpose;

емчтөн owner;

ен fruitful, fertile, productive; ~тэй өвөл a warm winter; ~ жил a fruitful year; ~ хөрс fruitful soil; ~ тариалан a fruitful field;

енгийм overhanging cliffs, steep declivities of a mountain or precipitous rocks;

енгийлге|x to raise, lift up, heighten; to cause a person to get reputation; to ascend;

енгий|x to overlook, look down (on); to pass over;

енге 1. colour, hue; байшин цагаан ~тэй the exterior of the house is white; ~ зүс appearance, face, complexion; этгээд ~ garish colours; содон ~тэй хүрэм a garish jacket; ~ сайтай nice-coloured, pretty with good complexion, healthy; ~ өнгийн/бүрийн *colourful, multicoloured*; үндсэн/дэвсгэр ~ *ground-colour*; ~ орох *to become shining, improve in appearance*; ~ алдах *to fade, lose colour, grow dim*; арчсан ширээний ~ *a gloss on a polished table*; нар шингэх тусам ~ нь бүдгэрэв *the colours mellowed as the sun went down*; нэг ~ нь нөгөөдөө уусав *one colour merged into the other*; ~ үзүүлэх *to praise oneself, make oneself lofty*; **2.** *tone, timbre*; дууны ~ *timbre*; **3.** *outside of a garment*; дээлийн ~ *outside of a garment*; даавууны өнгөн тал *the right side of cloth*; **4.** *countenance; reputation*; арьсны өнгөөр ялгаварлан үзэх үзэл *racial discrimination*;

өнгөгүй *colourless; without reputation; insignificant*;

өнгөлгөө *(tech.) coat; polish; smoothing, surfacing*;

өнгөлгөөчин *polisher*;

өнгөлзөг *encroachment, attempt*;

өнгөлзэ|х *to peek (at), encroach (on, upon), infringe (on)*; бусдын хөрөнгөнд ~ *to encroach on other's property*; бусдын газар нутаг руу ~ *to raid into sb's territory*;

өнгөлөгдө|х *to be polished*;

өнгөлөгч *polisher*;

өнгөлө|х 1. *to polish, shine*; гутал ~ *to shine shoes*; **2.** *to put an outside covering on sth*; дээл ~ *to face with cloth fur-coat*; **3.** *to flatter*; өнгөлөн далдлалт *camouflage*; өнгөлөн далдлах *to camouflage*;

өнгөлүүлэ|х *to cause or permit colouring, polishing etc*;

өнгөр *thin coating, mold*; хэлний ~ *coating on the tongue*;

өнгөрдөг *usually passing by*;

өнгөрөгч ~ *cap last month*; энэ ~ есдүгээр сард болсон *it happened last September*;

өнгөрөө|х *to spend, let pass; to permit going by; to pardon*; цаг ~ *to pass the time*; цагийн дэмий ~ *to diddle away one's time*; *to waste one's time indolence*; анзааралгүй ~ *to blunder away*; тоглоом болгон ~ *to laugh off*; нэг насыг ~ *to live a life*; шөнийг ~ *to stay overnight*;

өнгөрө|х *to pass (by, over), go by, run out*; дуугүй ~ *to hush up*; хажуугаар ~ *to go by, pass by*; хажуугаар өнгөрч явах *to come by*; түргэн ~ *to pass lightly*; бороо өнгөрлөө *rain is over*; хөнгөн тэрэг бидний хажуугаар

сүнхийгээд өнгөрөв *the car flashed past us*; манай байшин дээгүүр онгоц нисээд өнгөрөв *a plane flew over our house*; зун өнгөрлөө *summer had gone*; тоглоом ямаршуу болж өнгөрөв? *how did the game go?* тэдний ахин уулзахыг хүртэл олон жил өнгөрчээ *years went by before they met again*; бөмбөг түүний гарыг шүргээд өнгөрөв *the ball grazed his arm*; жил ~ *to pass a year*;

өнгөрсөн *last, past*; ~ сар *last month*; ~ жил *last year; past year*; ~ цаг *(ling.) past tense*;

өнгөртө|х *to grow moldy, become coated*; өнгөртсөн хэл *dirty tongue*;

өнгөрүүлэ|х *to pass, spend*; унтаж ~ *to sleep away*; тэд амралтаа их сайхан өнгөрүүлсэн *they had a jolly holiday*;

өнгөсхий|х *suddenly to put forth one's head in order to look for sth*;

өнгөт *coloured, colour*; ~ металл *non-ferrous metals*; ~ зураг *colour photograph*; ~ кино *colour film*; ~ зурагт радио *colour TV*; ~ хэвлэл *colour printing*;

өнгөц *superficial, near the surface*; ~ харахад *at first sight*;

өнгөцхөн *from the outside, shallow, superficial*;

өнгөшрө|х *to colour, dye; to become more colourful after polishing, painting and colouring*;

өндгөвч *(anat.) ovary*;

өндийлгө|х *to raise up, erect*; толгой ~ *to raise up one's head*;

өндийлгөгдө|х *to be raised up, erected or lifted*;

өндий|х *to raise one's head, raise oneself; to be up*; өндийн босох *to raise up oneself from sitting or lying position*;

өндөг 1. *egg*; бид өглөөний хоолон дээрээ ~ идэв *we had eggs for breakfast*; тахианы ~ *hen's egg*; хуурай ~ *powdered eggs*; чанасан ~ *boiled eggs*; шарсан ~ *fried eggs, omelet*; ~ний хальс *egg-shell, the shell of an egg*; ~ний шар *yolk (of an egg)*; ~ний уураг *egg-white, the white of an egg*; ~ дарах *to brood over eggs, hatch*; ~ дэлбэрэх *the breaking of eggs, the coming forth of the young chickens*; ~тэй үүр *a nest of eggs*; **2.** *tip (of a finger)*; хурууны ~ *tip of a finger*;

өндөглөгч *laying hen*;

өндөглөдөг *usually laying eggs*;

өндөглө|х *to lay eggs*;

өндөр 1. *height, altitude, pitch*; ~ нам *height*;

гурвалжны ~ (math.) altitude of the triangle; **2.** high, tall, towering; ~ уул high mountain; ~ байшин tall building, skyscraper; ~ хүн tall man; ~ нуруутай of high stature; ~ хэвлэл letter-press printing; ~ даралт high pressure; ~ хүчдэл high tension; ~ дуу high voice; ~ жил leap-year; ~ тушаал high rank; тэмцээний дараачийн төрөл бол өндрийн харайлт the next event will be the high jump; түүнд ~ шагнал хүртээжээ he was given the highest award; тэд үйлдвэрлэлийн ~ түвшинд хүрчээ they reached a high level of production; тэдэнд ~ татвар ноогдуулжээ they are heavily taxed; ~ ёст from high race or family; privilege, special favour; **3.** emment, noble, exalted; ~ өвөг first parents or forefathers of a family; the oldest ancestors of a clan; ~ настан aged people; **3.** highly, in a great/high degree; ~ үнэлэх to appraise highly;

өндөрдө|х to be too high;

өндөржилт height, elevation;

өндөржи|х to rise, be heightened, be raised, be enhanced;

өндөржүүлэ|х to raise, heighten;

өндөрлөг 1. height, elevation; hill; **2.** high, rising;

өндөрлө|х to make high, put up high, elevate;

өндөрсө|х to rise, become high, get built up;

өндөртгө|х to elevate, highten; to place high up;

өндрөөшөө upwards, in height;

өнжиг : ~ санжиг the flabbiness of flesh of fat persons;

өнжилгөн : ~ хусран to calve every other year; ~ үнээ a cow which calves every other year; ~ гүү a mare which gives a foal every other year;

өнжилгүй without missing;

өнжи|х to pass two consecutive nights; passing every other day; жил өнжөөд passing every other year; замдаа айлд, амралтын газар ~ to stay over the day a camp or resting-place on journeys or at visits; нэг өнжөөд every other day;

өнжөөх 1. to miss out, skip; **2.** to leave; **3.** to season wood;

өнжүүл|эх to cause or permit staying over one day or having a day of rest;

өнжүүт : ~ хонуут a whole day and night, overnight;

өнө antiquity; for a long time; ~ эртний ancient, of great age; long ago; ~ удаан eternal(ly), everlasting(ly), consistently, without end; ~ үүрд forever, eternally, permanently; at all times, for ages;

өнөө I this; today, now; ~ өглөө this morning; ~ өглөө өвчтөний бие ямар байна вэ? how is the patient this morning? ~ хүртэл so far, still now, hitherto; ~ маргаашгүй one of these days, in a day or two; ~ үед for the time being; ~ орой тэр Лондонгоос ирнэ he is coming from London tonight;

өнөө II the same, just who/which; ~ хүн the very man (who); ~ юм the same thing (which);

өнөөгийн present, of today, current;

өнөөдөр today; өнөөдрийн сонин today's newspaper; бид ~ явах гэж байна we are going to leave today; тэр ~ телевизээр анх удаагаа гарна he will make his first appearance on television today; ~ хэдэн бэ? what's the date today?

өнөөдөржин all day today;

өнөөдөрхөн just today;

өнөөдүүл those, those people, the others;

өнөөх that, those, you know what;

өнөөхөн recently, not long ago; өнөөхөний of late; ~ гарсан ишиг a small newly born kid;

өнөр consisting of many members; ~ гэр бүл large family; ~ өтгөн айл болох to start a family;

өнхрүүлэ|х to cause to roll, drag along; to revert, overturn; чулуу ~ to roll stones over;

өнхрө|х to roll, roll about, turn round;

өнцөг corner, (math.) angle; ширээний ~ corner of a table; би цаасны өнцгийг наав I glued down the corner of the paper; тэгш ~ (math.) right angle; хурц ~ acute angle; мохоо ~ obtuse angle; олон ~т polygon; ~ хэвт малгай a mortar-board; an academic cap;

өнцөгдө|х to be at an angle;

өнцөглө|х to make a corner; to be in or at an angle;

өнцөгтэй cornered, edged, angular;

өнчин 1. orphan; ~ хоцрох to be left an orphan; эцэг эх нь нас барсан ~ хүүг тэд үрчилж авав they adopted a boy whose parents were dead; **2.** orphaned; ~ өрөөсөн/бүтэн ~ complete orphan; ~ хүүхэд an orphan child; ~ хүүхдийг асрах газар orphanage;

өнчрөл orphanhood, orphanage; ~ хагацал orphanage;

өнчрө|х to become an orphan; to become fatherless/motherless; дайнд өнчирсөн orphaned by war;

өнчрүүлэ|х to orphan;

өө 1. unevenness, roughness; ~ сэв unevenness; ~тэй uneven, rough; ~тэй сахал a ragged beard; ~гүй even, smooth, level, flat; ~г нь дарах to make even, grind; ~ сэвгүй without rebuke; **2.** defect, flaw, imperfection, error; ~ эрэх to find fault (with), cavil (at), carp (at); ~ хайх to pick at;

өөгши|х to be encouraged;

өөгшүүлэ|х to encourage, stimulate, cheer;

өөд up, upwards, uphill, towards, against; for; тэд ~ өөсөө харан сууцгааж байв they sat opposite each other; ~ нь чулуудах to toss up; би сургууль ~ явж байна I am going to school; уул ~ uphill; урсгал ~ upstream; ~ уруу up and down; ~тэй good, decent; ~ болох (hon.) to pass away, die; тэр ~ болохдоо их хөрөнгө үлдээсэн he left a large estate when he died; ~ татах to upward, help, improve; ~ нь өргөх to lift up; ~өөс against, towards;

өөдгүй unprosperous; villainous; cunning, wicked, mean; not good, useless; ~ хэрэг villainous acts; ~ амьтан a wicked man; тэр ёстой ~ эр he is no gentleman; ~ зан гаргах to show a villainy (wicked behaviour);

өөдлөл ascension, rising, increase, progress;

өөдлө|х 1. to rise, make progress, prosper, flourish; **2.** to ascend, go upward; to increase; **3.** to die, pass away; **4.** to arise from sleep, get up;

өөдлөшгүй 1. unable to increase, multiply or prosper; **2.** unable to rise in life; unable to reach a positive position in society or progress (in one's profession, etc); ~ муу этгээд a disobedient person; a man with incorrectable mistakes;

өөдлүүлэ|х 1. to cause or permit going upward; **2.** to let to make progress, support to develop;

өөдөө upwards; towards;

өөдөс little pieces (of material), scraps, rags, bit; clouts, scraps, fragment; chip, chink, smithereen, shreds, parings; даавууны ~ small pieces of cloth; цаасны ~ scraps of paper;

өөдрөг lively, cheerful; optimistic; ~ үзэл optimism;

өөдтэй good, decent, positive;

өөлд a name of one of the Western Mongolian tribes;

өөлөгч fault-finder;

өөлө|х 1. to trim, make trim, grind; **2.** to find fault (with), comlplain about, cavil (at); чиний ажилд ~ юм алга I have no fault to find with your work;

өөнтөг touchiness, susceptibility (to offence), sensitivity;

өөнтөглөх to take offence (at), feel hurt (by);

өөнтөгч touchy, susceptible (to offence), sensitive;

өөр I other, another; different, dissimilar, separate, unlike, else, not the same, apart from; ~ газар somewhere else, elsewhere; ~ хүн other person, different person; ~ нэг other one; ~ ~ different, each taken separately; different from each other; ~ үгүй/байхгүй no other; ~ хэн ч nobody else; ~өөр in a different way, differently; ~өөр хэлбэл in other words; түүнээс ~ besides that, apart from that; огт ~ completely different, have nothing to do with; ~өөр хийх to do in another way or manner; бид тавилгаа ~өөр байрлуулсан we have a new furniture arrangement; тэр бол ~ хэрэг that is another matter, that is quite different; энэ чинь огт ~ this is altogether different;

өөр II self; one's own; ~ хоорондоо among oneselves/themselves; ~ зуураа/ хоорондоо mutually, between themselves; ~ийн one's own, private, personal; of its own; ~ийн эрх personal right, free will; ~ийн эрхгүй involuntarily, automatically; ~ийн дур free will, one's own will; ~ийн дураар according to one's own wishes, voluntarily; ~ийн биеэр personally; ~ийн хэрэг private affairs; тэр өөрийнхөө дутагдлыг ер мэддэггүй he is blind to his own faults; өөрийнхөө талд оруулах to gain over; ~ийн өртөг prime cost, cost price; ~ийн шүүмжлэл self-criticism; ~ийн намтар autobiography; ~төө by oneself, upon oneself; ~төө засах autonomous; ~ рүүгээ татах to pull at;

өөрөө self in accusative case; self, myself, yourself, himself, herself, etc; үүнийг би ~ хийсэн I did it myself; би өөрийгөө танд танилцуулж болох уу? may I introduce myself to you? тэр ~ ингэж хэлсэн he told himself so; тэр эмэгтэй ~ өөртэйгөө ярьж байна she is talking to herself; тэр эмэгтэй үүнийг ~ хийсэн she did it all by herself; сармагчин өөрийгөө толинд олж харав the monkey saw itself in the mirror; алуурчин өөрийгөө (цагдаагийн газар) илчлэв *the murder gave himself up (to the police)*; тэд өөрсдөө байшингаа барьсан *they built the house themselves*; та нар өөрсдөө үүнийг хийж чадахгүй *you cannot do it by yourselves*; өөр ~ *everyone for himself; each one individually*; ~ авалцсан гал *spontaneous combustion*; ~ гарсан хөдөлгөөн *spontaneous movement*; ~ асдаг/гэрэлтдэг юм *it lights up automatically*;

өөрөөр нь *by oneself*;

өөрөөсөө *from oneself, than oneself*;

өөрсдийн *of ourselves/yourselves*;

өөрсдөө *by ourselves/yourselves*;

өөрсөд *ourselves, yourselves, themselves*;

өөрцгүй *it is all the same, it makes no difference, it does not matter, in equal measure*;

өөрчлөгдөмтгий *changeable*;

өөрчлөгдө|х *to be changed, turn into, alternate, break up; to grow into*; үндсээрээ ~ *to be changed fundamentally/radically*; түүнийг хачин өөрчлөгдсөнийг бид нүдээрээ үзэв *we witnessed a strange change in her*;

өөрчлөгдөшгүй *unchangeable, immutable*;

өөрчлөлт *change, alteration*; үндсэн ~ *radical change*; нийгэм-эдийн засгийн ~ *social and economic changes*; хувьсгалт ардчилсан ~ *revolutionary democratic changes*; социалист ~ *socialist reorganization*; тоо ба чанарын ~ *quantitative and qualitative changes*; ~ хийх *to make changes/alterations*; олон ~ хийсэн билээ *many changes have been effected*;

өөрчлөнгүй *changing*;

өөрчлө|х *to change, alter, modify, make different, reform; to abolish*; ярианы сэдвийг ~ *to switch to a new line of talk*; өөрчлөн байгуулах *to reorganize, reform*; албан татварыг ~ *to abolish taxes*; тэр төлөвлөгөөгөө жаахан өөрчлөв *he modified his plans*; даашинз охиныг залуу хатагтай болгон өөрчлөв *the dress transformed the girl into a young lady*;

өөх *fat, tallow, suet, lard*; малын ~ *animal fat*; гахайн ~ *lard*; ~тэй мах *fat/fatty meat*; өөхөн тос *melted lard or fat*; халим (загас)-ын ~ *fat of a whale*; өөхөн чулуу *a soaplike white stone*;

өөхлө|х *to grow fat*;

өөш **1.** *seine, sweet-net, catch, booby trap*; **2.** *a net for catching of birds or fishes*; шувуунд ~ тавих *to set a snare for a bird*; **3.** *bribe,*

graft, kickback; мөнгөн ~ *hush money, protection money*;

өөшлө|х *to net; to bribe, buy, pay off, buy off, corrupt*;

өр *debts, liabilities*; ~ хийх/тавих *to incur debts, borrow*; ~ нэхэх *to demand payment*; ~ төлөх *to pay a debt*; өрөнд орох/баригдах *to fall/get into debt, be saddled with debts*; тэр өрөө төлөв *he paid his debt*; би тэр бүсгүйд өртэй *I am in debt to her*;

өрвий|х *to bristle, stand on end*;

өрвийлгө|х *to make bristly*; өдөө ~ *to fluff one's feathers*;

өргөгдө|х *to be raised, be adopted*;

өргөгч *machine for lifting*; ~ цамхаг *crane*;

өргөдөл *application, petition*; ~ өгөх *to submit an application*; тэр эмэгтэй өргөдлөө бичиж өглөө *she put in a written application*; та гишүүнээр элсэх өргөдлөө өгсөн үү? *have you applied for membership?*

өргөдө|х *to be too wide/loose*;

өргөжи|х *to widen, spread, broaden*;

өргөжүүлэ|х *to widen, enlarge, expand, extend, increase*; харилцааг ~ *to widen the relations*; мэдлэгийн хүрээг ~ *to broaden the outlook*;

өргөл *gift, offering, contribution, present*; барьц *donation, present*; ~ өргөх *to make an offering, sacrifice*;

өргөлт **I** *lifting, raising*; хүндийн ~ *weightlifting*; огцом ~ *snatch*; түлхэлттэй ~ *jerk*; шахалттай ~ *clean*;

өргөлт **II** *(ling.) stress, accent*; амьсгалын ~ *expiratory accent*; утгын ~ *logical stress*; эгшиглэх ~ *musical stress*;

өргөмжлөгдө|х *to be conferred/granted*;

өргөмжлөл *respect, conferring a rank*;

өргөмжлө|х *to confer/grant the rank (of), confer a title, honour*; цол ~ *to confer a title*;

өргөмөл *adopted*; ~ хүүхэд *adopted child*;

өргөн **1.** *width, breadth*; ~ нарийн *width*; замын ~ *width of the road*; тууз ~өөрөө гурван ямх *the ribbon is three inches wide*; **2.** *wide, broad, vast, widespread*; ~ тал *broad land*; ~ мөрөн *wide river*; ~ дэлгэц *broad screen*; ~ төмөр зам *broad-gauge line*; ~ мөр *broad shoulder*; ~ магнай *large forehead*; ~ олон түмэн *the broad masses*; ~ боломцоо *ample opportunity*; ~ довтолгоон *full-scale offensive*; ~ мэдлэг *broad outlook*; ~ утга *broad sense*; ~ хүрээтэй *wide range, general purpose*;

хэрэглээний бараа *consumers' goods; ~ уудам vast;* **3.** *broadly, widely, on a large scale; ~ дэлгэрүүлэх to develop on a large scale; ~ сурталчлах to propagate/popularize broadly;*

ергөө *palace, residence of a king or prince;*

ергөрөг *(geogr.) latitude;*

ергес *splinter, thorn, bur, prickle, spike; ~ шаах to get a splinter (into); хуруунд шаасан ~ thorn embedded in the finger; түүний гарын алганд ~ шаасан байна he has a splinter in the palm of his hand; ~т хэмх (bot.) cucumber;*

ергесе|х see **ергөжих;**

ергөтгөл *expansion, broadening;*

ергөтгө|х *to widen, enlarge, expand; өргөтгөсөн хуралдаан broadened/enlarged session;*

ерге|х *to raise, scoop/lift up, elevate; би шуудайтай юм өргөж байгаад нуруугаа гэмтээчихэв I hurt my back lifting up the sack; гараа өрге! hands up! туг ~ to carry/hoist a flag high; хундага ~ to raise one's glass, give a toast; тангараг ~ to swear an oath, make a vow; тангараг өргүүлэх to swear in; хүүхэд өргөж авах to adopt a child; өргөн барих to offer, present; ~ бичиг petition; ~ хүч/чадал lifting power/force;*

ергүүр *lift, hoist; crane;*

ерде|х *to stoke up (a big fire);*

ерлег I *(hist.) paladin, a knightly defender; ~ жаньжин (mil.) marshal;*

ерлег II *adoptive; ~ эх wet-nurse;*

ерлег III *brickwork, bricklaying;*

ерлегчин *bricklayer;*

ерменцер *wafer;*

ернийн *western;*

ерне 1. *the West, the Occident; ~ дахин the West;* **2.** *west, western, occidental; ~ Европ Western Europe; ~ зүг western direction;*

ернед see **ерне;**

ернедийн *west, western;*

ернедийнхен *westerners;*

ернелт *development, flourishment;*

ерне|х *to develop, grow, rise, flame; өрнөн хөгжих to develop, flourish; өрнөн дэлгэрэх to spread out, widen; тэд үйл явдал хэрхэн өрнөхийг анхааралтай ажиглацгаах байв they closely observed the development of events;*

ернүүлэ|х *to develop, give rise, spread; өөрийн шүүмжлэлийг ~ to develop self-criti-*

cism; *өрнүүлэн хөгжүүлэх to develop; ~н дэлгэрүүлэх to spread, make public;*

ернүүн *growing(ly), expanding(ly), extending(ly); ~ амжилт big success;*

еревгөр *wispy, fluffy;*

еревдөлтэй *pitiful, pitiable, pathetic;*

еревдөм *sorry-looking; тэр тун өрөвдмөөр харагдсан he looked miserable;*

еревдөнгүй *kindly, sympathetic;*

еревде|х *to be compassionate, feel sorry (for), have compassion; to be sorry (for); ~ сэтгэл compassion; бүгдэд өрөвдүүлж байхыг тэр хүсдэг he wanted people to pity him;*

еревс|өх see **үрэвсэх;**

еревтас *stork;*

еревтэл *rasp;*

еревчхен *charitable, sympathetic, soft-hearted; ~ сэтгэл charity;*

ерег *game of chess; ~ хойшлуулах to adjourn a game (of chess);*

ерегч 1. *bricklayer;* **2.** *typesetter;*

ерелт 1. *bricklaying, typesetting;* **2.** *wrestler's stance before coming to grips;*

ерем I *skin; clotted cream (thin layer that forms on boiled milk);*

ерем II *borer, drill, auger;*

еремдлөг *drilling; хайгуулын ~ exploratory drilling; ~ийн анги a drill squad;*

еремдмөл *drilled, bored; ~ худаг bore-well;*

еремдөгч 1. *borer, driller;* **2.** *boring, drilling; ~ машин boring/drilling machine, coal-cutter;*

еремдө|х *to bore, drill, perforate;*

еремтө|х *to become covered with scum;*

ерее *room, compartment; ~нд орж ирэх to enter a room; ~ тасалгаа room; ажлын ~ study; тэр эмэгтэй ~нөөс гарав she went out of the room; унтлагын ~ bedroom; хоолны ~ dining-room; халуун усны ~ bathroom; хүлээлгийн ~ waiting-room, lobby; үүдний ~ lobby; дөрвөн ~тэй байр a four-roomed house; энэ ~ онгоцтой юу? does this room have a bath?*

ерөөл I *a half of something divided down the middle;*

ерөөл II *a hobble for the front and back legs on one side of an animal;*

ерөөл III *others;*

ерөөлдө|х 1. *to divide into equal parts, take half each, halve;* **2.** *to hobble two legs (of a horse);*

ереесгэл *one-sided;* ~ шийдвэр *one-sided decision;*

ереесен *one, one of the pair;* ~ гутал *one boot/shoe;* ~ гартай *one-handed;* ~ бээлий *an odd glove;* ~ нүдтэй *one-eyed;* өнчин ~ *complete orphan;* ихэрийн ~ *one of the twins;*

ере|х **1.** *to place in order, dispose, put in line, arrange in a row;* үсэг ~ *to set up in type;* туйпуу ~ *to lay bricks;* **2.** *to stand ready to wrestle;*

ерселдэгч *competitor, contestant, rival, opponent;*

ерселдеен *contest, competition, rivalry;*
ерселдеентэй *competitive;*

ерселдэ|х *to compete (with);* үхэн хатан ~ *merciless competition;*

ерсе|х *to compete (with), rival, be before-hand with, emulate, forestall;*

ертег *cost, value;* өөрийн ~ *prime cost, cost, cost-price;* хэрэглээний ~ *usevalue;* нэмүү ~ *surplus value;*

ертегде|х *see* ертех;

ертегтэй *costing, valued at;*

ертемтгий *susceptible (to), vulnerable (to), at risk (of);*

ертее **1.** *postal relay station;* морин ~ *horse relay service;* авто ~ *motor relay service;* ~ний алба *postal relay duty;* ~ хийх *to do relay, serve on postal relay;* та намайг ертеен дээр тосоод авч болох байсан шүү дээ *you could have met me at the station;* **2.** *relay system with stages about 30 kms;*

ертееле|х **1.** *to travel by the relay-services;* **2.** *to go from one to the other, be passed on;*

ертеечин *worker on the relay-services or re-lay-stations;*

ерте|х *to undergo, be subject to; to be felt, be touched; to be struck by, be affected by;* суманд ~ *to be hit by a bullet;* аюулд ~ *to run the danger, be in jeopardy;* шүүмжлэлд ~ *to be subject to criticism;*

ерх I *family;* ам ~ *family, household;* айл ~ *household;* ~ийн тэргүүлэгч *head of a family;*

ерх II *a flap covering a smoke hole of a гэр;*

ерц *(anat.) diaphragm;*

ершеел *mercy, clemency, blessing, provi-dential favour, forgiveness;* ~ хайр/энэрэл *mercy, providence;* ~ гүйх *to apologise, cry/beg for mercy;* ~ үзүүлэх *to amnesty, show mercy;* ~ үзүүлэхгүй байх *to give no quarter to;* ~гүй *without mercy;* ~ийн хууль *the act of indemnity;*

ершеелт *gracious, merciful, benevolent;*

ершее|х *to forgive, spare, pardon, show mercy to;* бурхан ершее! *God forbid! God bless you!* ершеегеерэй! *excuse me! I am sorry;* амь ершеех хайрла *spare my life;*

ес *revenge, vengeance, retaliation;* ~тэй *hostile, inimical;* ~ санах *to hate, bear malice (to), owe a grudge (to), be hostile (to);* тэр надад ~ санадаггүй байсан *he felt no hostility towards me;* ~ авах *to avenge, take revenge;*

есвер *growth, younger generation;* ~ийн үе *younger generation, the young generation;*

есгий *heel;* хөлийн ~ *heel;* гутлын ~ *heel of a shoe;* тэр ~гее чулуунд хага зүсчээ *he cut his heel on a stone;*

есгегч *amplifier, enlarger (of photography);* ~ шил *a magnifying glass;*

есгелен *well-built;*

есгелт *magnification, amplification, enlarge-ment;*

есге|х *to raise, increase, rear, bring up;* мал ~ *to raise livestock, breed cattle;* хүүхэд ~ *to rear a child;* тэднийг эмэг эх нь есген хүмүүжүүлжээ *their grandmother brought them up;* энэ микроскоп найм дахин есгедег *this microscope has a magnification of eight;* бид зургаан хүүхэд терүүлж есгецгеев *we've raised six children;* есген үржүүлэх *to raise, increase, multiply;* есген нэмэгдүүлэх *to add (to), increase;*

еселт *growth, increase, rise, upgrowth, mul-tiplication;* аж амьдралын ~ *rise in the liv-ing-standards;* хотын хүн амын ~ *a gain in the population of the city;* мал ~ *increase of live-stock;* үйлдвэрлэлийн ~ *growth of industry;* бүтээгдэхүүний ~ *expansion of production;* жилийн дундаж ~ *the average annual rate of growth;* гэнэтийн ~ *high jump;* мэдэгдэхүйц ~ *a marked increase;*

есе|х *to grow up, rise, increase, multiply, become greater;* есч торних *to grow up;* есен нэмэгдэх *to increase, multiply;* хотын хүн ам хурдан есч байна *the number of people living in the city is increasing rapidly;*

естен *enemies, foes, adversaries;* ~ дайсан *bitter enemy, enemies;*

ет *maggots, worms;* шувуу ~ эрж байлаа *the bird was looking for worms;*

еттевтер *thickish;*

өтгөдө|х to be too thick;

өтгөн thick, dense; ~ цай strong tea; ~ утаа dense smoke; ~ үс thick hair; ~ ой dense/thick forest; ~ манан татсан байв there was a thick fog;

өтгөрүүлэ|х to condense, lay it on thick, thicken;

өтгөрө|х to become thick, thicken, coagulate, clot;

өтгөс the elders, old people; өвгөд ~ ancestors, the elders;

өтлөлт ageing, growing old;

өтлө|х to grow old, age, become old; аав маань ~ тийшээ хандаж байна now father is getting on a bit;

өтөг manure, fertiliser;

өтөл old;

өтө|х to develop maggots;

өхөөрдөл fondness, doting;

өхөөрдөм attractive, nice, sweet;

өхөөрдөнгүй fondly, dotingly;

өхөөрдө|х to say loving words; to caress, pet, pat; хүүхдээ өхөөрдөн үнсэх to kiss one's child saying with amusing or sweet words; ишиг өхөөрдөн тэврэх to embrace a young kid with tender love and care;

өчиг testimony, confession; ~ мэдүүлэг testimony; ам ~ confession; ~ авах to extract testimony; нууц хадгалах ам ~ a pledge of secrecy; ~ өгөх to testify;

өчиггүй with no excuse, without a plea;

өчигдөр yesterday; ~ шинэ хуулийн төслийг хэлэлцсэн a new bill was introduced yesterday; ~ би тасалбар олж авч чадсангүй I couldn't get the ticket yesterday;

өчигдөржин all day yesterday;

өчигдөрхөн only yesterday;

өчил testimony, statement;

өчи|х to say, answer; to testify;

өчнөөн this much, this many; ~ төчнөөн so much, so many;

өчүүхэн little, small, of no account/consequence; ~ жижиг very little; ~ төдий a little, just a bit; ~ ч not even a little, not a bit, not at all; та энэ ~ бэлгийг авахсан болов уу? will you accept this little present?

өш see **өшөө**;

өшиглө|х to kick, punt, strike with the feet; би бөмбөг өшиглөв I gave the ball a kick;

өши|х to hate, feel vengeful, bear malice (to), dislike intensely, keep a grudge (against);

өшөө revenge, vengeance, hostility, animosity, hate, hatred; ~ хонзон/хорсол animosity, hostility, hatred; ~ авах to avenge, take revenge; ~тэй hostile, mortal, vengeful; тэр эцгийнхээ ~г авна гэж тангараглав he vowed vengeance on his father's murderer;

өшөөрхө|х to hate, bear malice (to), keep a grudge (against), be hostile (to);

өшөөтөн bitter-enemies, enemies, foes, adversaries;

Пп

паа (an exclamation expressing contempt, disdain, or repugnance) pah; ~, чи яаж байна? pah! what are you doing?

паадалза|х (of round object) to move;

паадгар short, stubby; ~ эр a stout short man;

паалан enamel; ~тай сав enamel ware; шүдний ~ tooth enamel; ~ гүйлгэх to enamel, lacquer, japan; varnish;

пааланда|х to enamel;

паах see **паа**;

павильон pavilion;

паг naught, good-for-nothing; utterly; ~ амьтан good-for-nothing; ignoramus; ~ болох to become completely silent; to be at a loss;

пагдай|х to be short or stubby;

пагдгар short, stubby;

пагдгарда|х to be extremely short or stubby;

пагс paintbrush;

пагсда|х to paint with a brush;

пад I : ~ ~ хийх to crackle, rattle;

пад II : ~ хар pitch black; ~ харанхуй pitch darkness;

падаан (comm.) invoice, bill;

падан see **пад** II;

падхий|х to crash, bang; to drop with a crash, bang down;

пажигна|х to rumble;

пайз signboard; shop-sign, mark; doorplate, nameplate; label; мөнгөн ~ a silver nameplate; модон ~ a wooden signboard; ачаа/тээшийн ~ luggage/baggage labels; хурдан морины ~ a registration signs for racehorses;

пал : ~ хийх to splash, plop; (of the heart) to sink; хаалга онгоймогц дотор зүрх ~ хийгээд л явчихлаа шүү my heart stopped beating

П

when the door opened; ~ ~ хийх *to chatter on to no purpose;*
палааж *dress;*
палан *careless, negligent;* ~ салан *careless, negligent;*
паланцаг *careless, negligent; slipshod;*
палеонтологи *palaeontology;*
палеонтологич *palaeontologist;*
палхай|х *to be squat or stubby;*
палхалза|х *(of squat or stubby sth) to move repeatedly;*
палхгар *squat or stubby;*
палхий|х *to fall (into water) with a plop; (of heart) to sink;* гэнэт айснаас зүрх палхийв *my heart nearly stopped as I was frightened suddenly;*
пальто *overcoat, topcoat;* тэр шинэ цэнхэр ~ өмссөн байсан *he had a new blue coat on;* өвлийн ~ *a heavy coat;* хавар намрын ~ *a light overcoat;* хэлхгэр ~ *a voluminous coat;*
памбагар *thick; thick but friable, thick and soft;* ~ уруултай *thick-lipped;*
памбагарда|х *to be too thick;*
памбайлга|х *to thicken, make thicker;*
памбай|х *to become thicker; to swell; to be thick and airy/soft;*
памфлет *lampoon;*
пан *the bark of a gun;* ~ ~ хийх *to bark (of gunfire);*
пандай|х *to grow fat, grow stout;*
пандгар *fat, stout;*
панер *plywood;*
панз *trading;* ~ үсэргэх *to speculate; to be a profit seeking merchant;*
панзла|х *to speculate; to deal in; to peddle;*
панзчин *(small) tradesman;* дамын ~ *speculator, profiteer, travelling merchant;*
панс(ан) *(text.) foulard, type of Chinese silk;* ~ан алчуур *rayon kerchief/headscarf;*
папирос *Russian strong cigarette;*
пар : ~ ~ хийх *to patter; to crack;* ~ ~ инээх *to roar with laughter;*
паразит *parasite;*
паразитла|х *to parasitize;*
параллел *parallel;* ~ шугам *parallel lines;*
парламент *parliament;* ~ын гишүүн болох *to go into/come to parliament;* ~ийн систем/ сонгууль *parliamentary system/election;* ~ийн ордон *parliament house;*
парашют *parachute;*
Парис *Paris;*

парк *park;*
парламентат *parliamentary;*
парт *(school) desk;*
партизан *partisan, guerrilla (fighter);* ~ы дайн *guerrilla war/warfare;* ~ы отряд *partisan/guerrilla detachment;* ~ мэт тулалдах/тэмцэх *to fight as a partisan;*
паспорт *passport; registration certificate;*
пассив *(comm.) liabilities;*
патент *patent (for);*
патиар *photo, picture;*
пах *(interj.) (expression of revulsion) phew! pugh!*
пацаан *kid, youngster;*
паян *adventure;*
пейжер *pager;*
перпендикуляр *(math.) perpendicular;* ~ татах *to drop a perpendicular;*
Перс *Persia;* ~ хивс *Persian carpet;*
печень *biscuit;*
пиво *beer;* ~ний мухлаг *alehouse, pub;* ~ эсгэх *to brew beer;*
пиг *jammed, full;* ~ дүүрэн *jammed full;* ~ дүүргэх *to pack, crowd;* автобус ~ дүүрсэн байв *the bus was packed, crammed;* өрөөнд/ тасалгаанд хүмүүс ~ дүүрэн байв *the room was full of people, the room was packed (to overflowing);*
пид : ~ ~ хийх *to thud, clap;* нуруугий нь ~ хийтэл алгадах *to clap someone on the back suddenly;*
пижигнээн *racket, row;*
пижигнэ|х *to crackle, clatter, rattle, resound;*
пийдал *feudal lord;*
пийжүү *Chinese beer;*
пийжүүдэх *to drink too much Chinese beer;*
пийпаа *(mus.) lute;*
пийшин *stove, oven;* цахилгаан ~ *electric furnace;*
пин I *shed; barn; shelter;* түлээний ~ *woodshed;*
пин II : ~ хийх *to crash, bang;* ~ хийтэл унах *to fall with a crash;*
пингвин *(zool.) penguin;*
пинс *balance scales;*
пинслэ|х *to weigh on a balance scale;*
пинтүү *French crop, crew cut;* ~ тавих *to have a French crop, crew cut;*
пионер *pioneer;* ~ багачууд *pioneer youth;*
пир : ~ ~ хийх *to crackle or thump;*
пиржигнэ|х *to crackle, clatter;*

пис : ~ хийх *to crack, pop;*
пиу *ticket; pass;*
платье *gown, dress;*
плитка *hot plate;* цахилгаан/хийн ~ *electric/gas cooker or stove;*
плакат *placard; poster;*
поваарь *black pepper;*
подвал *cellar, basement;*
пол I *(onom.) the sound of sth falling in water;*
пол II : ~ хийх *to plop;*
помбогор *swelling, chubby, plump;*
помбой|х *to swell; to fill out;*
поолуу *a kind of wicker basket;*
пор : ~~ хийх *to bubble, boil; to make the sound "por por" for describing of boiling and bubbling of liquids;* булгийн ус ~ ~ хийж байв *spring water was bubbling and bubbling;*
порно *pornography;*
порчгно|х *to bubble, boil;*
пөмбий|х *to fill out, swell out;*
пөмбөгөр *swollen; dome-shaped; domed;*
пөх *(interjection expressing disgust, contempt, surprise)* : ~, ямар муухай үнэр вэ! *yuk! phew! what an awful smell;* ~, ямар хөөрхөн охин бэ? *oh, what a pretty girl!*
практик *practice;* ~ хийх *to practise;* буудлагын ~ хийх *to have shooting/target practice;* ~ийн хичээл/ажил *practical training/work;* ихээхэн ~тай эмч *a doctor with a large practice;*
программ *program;* хичээлийн ~ *syllabus;* өнөөдрийн радио нэвтрүүлгийн ~ *today's broadcasting programme;* компьютерийн ~ *computer programme;* ~ батлах *to adopt a programme;* ~ зохиох *to draw up a programme;*
программчлал *programming;*
проекц *projection;*
прокурор *public prosecutor; procurator; investigating magistrate; counsel for the prosecution (in criminal cases);* ~ын хяналт *powers of procurator;* ~ын газар *office of public prosecutor;* улсын ерөнхий ~ *Prosecutor-General of the State;*
пролетари *proletariat;*
пролетарийн *proletarian;* ~ хувьсгал *proletarian revolution;* ~ диктатур *the dictatorship of proletariat;*
протокол 1. *minutes, record of proceedings;* ~ хөтлөх *to take the minutes, record the minutes;* ~д тэмдэглэх *to enter in the minutes;* 2. *(leg.) statement; charge-sheet;* ~ бичих/хөтлөх *to draw up a report; to record/take the minutes;* 3. *(diplomatic) protocol;* шүүхийн ~ *record;* хурлын ~ *proceedings, protocol, minutes;*
протоплазм *(biol.) protoplasm;*
профессор *professor;* X их сургуулийн түүхийн ~ *a professor of history at X University;*
процент *percentage, rate (per cent);* зуун ~ *one hundred per cent;* талхны үнэ 50%-иар өсөв *the price of bread has risen by 50%;*
психологи *psychology;*
пул : ~ хийх *to fall into the water with a plop;*
пулемёт *machine-gun;* хөнгөн/хүнд ~ *light/heavy machine gun;*
пун *a measure of weight equal to 0.375g;*
пүр : ~ хийх *to bubble, boil vigorously;*
пурчигна|х *to curl, wreath, swirl, whirl;*
пуужин *(mil.) rocket, ballistic missile;* тив хоорондын ~ *inter-continental ballistic missile (ICBM);* сансрын ~ *space rocket;* далавчит ~ *cruise missile;* ~ зөөгч *rocket carrier;* ~ харвах *to rocket;*
пуужинт : ~ хөдөлгүүр *rocket propulsion;*
пуулуу *polo;*
пүд : ~ хийх *to break, tear, crack, or snap;*
пүн *a tenth of a Chinese inch;*
пүл *(onom.) splashing sound;* том чулуу усанд ~ гэж унав *a big stone dropped into the water with a splashing sound;*
пүнз *shed, shelter; storage shed;*
пүнлүү *(obs.) salary; a pension;* таны сарын ~ хэд вэ? *how much is your salary for a month?*
пүнхгэр *vaulting, dome-shaped;*
пүнхий|х I *to bulge; to swell up, become bloated;*
пүнхий|х II *to become warm and windless;*
пүрш *(tech.) spring; mechanical spring;*
Пүрэв *Thursday; a planet Jupiter;* ~ гаригт *on Thursday;* ~ гаригийн өглөө *on Thursday morning;*
пүү I *pood, a measure of weight = 16.38 kg;*
пүү II : ~ халуун *the hot days;*
пүүз *a shop or store; trading firm;*
пүүлэ|х *to weigh in poods;*
пүүс *(econ.) firm;* худалдааны ~ *commercial firm;* ~ нээх *to open/start a frim;* номын ~ *a company of books;*
пүүсүү *silk without any design or pattern;*

177

пэндгэр see **пандгар**;
пэнс *washbasin*;
пэнсэлдэй *small bowl or washbasin*;
пээ *(interjection expressing disgust or surprise)*; oh! ~ ямар сайхан юм бэ! *oh my, how beautiful it is!*
пял *saucer*; ~ тавагтай мах *a plate of meat*;
пялай|х *to spread widely; to overeat*;
пянз *phonograph record*;
пяс : ~ хийх *to crack, pop*;

Рр

равжим *one hundred million*;
равнай *benediction; the consecration of religious objects*;
равнайла|х *to consecrate, sanctify, hallow, make holy*;
радиатор *radiator*; машины ~ *an apparatus which keeps the engine of a motor vehicle cool*;
·радий *(chem.) radium*;
радикал *(polit.) radical*; засгийн газар татварын системд зарим ~ өөрчлөлт хийв *the government made some radical changes to the tax system; (math.) radical sign*;
радикализм *radicalism*;
радио *radio, wireless*; ~гоор *on/over the radio*; ~ нэвтрүүлэг *radio broadcasting/transmission*; ~ телевизийн нэвтрүүлэгч *broadcaster*; ~ нэвтрүүлгийн программ *a broadcast program*; ~ сонсогч *(radio) listener*; ~гоор хөгжим нэвтрүүлэх *to broadcast music*; ~гоор үг хэлэх *to give a talk on the radio, go on the air*; ~ станц *radio station*; ~ техникч *radio mechanic*; зурагт ~ *television (TV),TV set*; ~ сонсох/чагнах *to listen to the radio*; ~ тавих/залгах/асаах *to switch on the radio*; ~ идэвх *radio-activity*; ~ идэвхт *radio-active*;
радиус *radius*;
размер *size*;
район *region, area; district (of a city)*;
рам I *(bot.) indigo*;
рам II *frame*; нүдний шилний ~ *rim (for eyeglasses)*; зургийн ~ *picture frame*; цонхны ~ *window frame*;
рапорт *report*; ~ өгөх *to report*; ~ хүлээж авах *to receive a report*;
рах *the demon Rahu (enemy of the sun and the moon)*; ~ барих *to be eclipsed*; ~ нар/сар дутуу барьсан байна *the sun/moon is partly eclipsed*;

рашаан *mineral spring; (rel.) holy water*; халуун ~ *geyser*; хүйтэн/сэрүүн ~ *cold/cool spring*; ~ хур *drizzle*; ~нд орох *to sit in mineral spring*; ~ сувилал/эмнэлэг *hydropathic, sanatorium*; ~ эмчилгээ *hydropathy*;
редактор *editor*; ерөнхий ~ *editor-in-chief*; хариуцлагатай ~ *managing editor*; ~ын тайлбар/үг *editor's note*; ~ын зөвлөл/коллеги *editorial board*;
редакторла|х *to edit, editing*; сонин ~ *to edit a newspaper*;
редакци *editorship*; редакцийн чиг бодлого *editorial line/policy*;
резин *rubber; elastic band*; ~ бөмбөг *ball*; оймсны ~ *elastic band of stockings*; ~ баллуур *eraser*; ~ин гутал *rubber footwear*;
рейс *trip, run*;
рейтинг *rating*;
реклам *advertisement*;
рекламда|х *to advertise*;
рекорд *record*; ~ тогтоох *to set/make/establish a record*; холын зайн гүйлтийн ~ (амжилт) эвдэх *to break a record for long-distance running*;
ректор *rector (of a university)*;
рельеф *relief*;
рентген *roentgen*; ~ий цацраг *X-rays*; уушигны ~ шинжилгээ *an X-ray examination of lungs*; ~ фото (зураг) *an X-ray photograph, radiograph*; ~ний кабинет/өрөө *X-ray room*; би баруун хөлөө ~нд харуулав *they X-rayd my right leg*;
ресторан *restaurant*;
ретушь *retouch, dodge*;
реферат 1. *synopsis, abstract*; 2. *paper, essay*;
референт *adviser, consultant*;
рефлекс *reflex*; болзолт ~ *conditional reflex*; болзолгүй ~ *unconditional reflex*;
рид *saint; supernatural power; magic*;
роль *role; part*; ~ гүйцэтгэх *to play a role/part*; гол ~ *main part, leading role*;
ром *Roman*; ~ тоо *Roman numerals*;
роман I *novel*; түүхэн ~ *a historical novel*; түгээмэл ~ *a popular roman*;
роман II *Romance*; олон ~ хэл *Romance languages*;
романтизм *romanticism*;
романтик *romantic*; ~ хүн *a romantic person*; ~ өгүүллэг *a romantic story*;

Р

романтикч *romanticist;*
руу *to, towards, in the direction of;*
рүү *see* **руу**;

Сс

саа I *paralysis, palsy;* ~ дайрах *to be paralyzed;*
саа II *galoon, braid;* алтан ~ *gold braid, gold lace;*
саагда|х *to diminish, decrease;* өдөр саагдаж байна *the days are getting shorter;* ажил ~ *to reduce work;* чадал ~ *to become weak;*
саад *obstacle, impediment, hindrance, difficulty; barrier;* ~ учруулах *to put obstacles in someone's way;* ~ыг давах *to get over an obstacle, overcome a difficulty;* ~тай гүйлт *(sport) steeple-chase;* ~ болох *to hinder, impede, hamper; to stand in the way of; to prevent from; to disturb;* тэнгэр муухайрч тэдний болзоонд ~ болов *bad weather interfered with their rendezvous;* таныг Улаанбаатарт ирэх гэхэд юу ~ болоод байна? *what prevents you from coming to Ulaanbaatar?*
саадаг I *quiver, arrow case;*
саадаг II *milch;* ~ үнээ *milch cow;*
саадгүй *free, clear, unimpeded;*
саадхий|х *to hinder, impede, hamper; to stand in the way of;*
сааз : ~ алт *completely unrefined gold;*
саалт I *milking;*
саалт II *reduction, diminution, decrease;* үнийн ~ *reduction of prices;*
сааль *milking; dairy products;* саалийн үнээ *milch cow;* саалийн хувин *milk-pail;* ~ сүү *dairy products;*
саальчин *milkmaid;*
саам I *milking; fresh mare's milk;*
саам II : арга ~ *pretext, pretense;* арга ~ хийх *to find a pretext;*
саамгана|х *to coquet(te), flirt with;*
саамгар *coquettish; unduly familiar;*
саамши|х *(of the udder) to be full of milk;*
саар I *bad, not good;*
саар II : аар ~ *trifles, trivialities;*
саарал *grey;* үнсэн ~ *ash-grey;*
саара|х *to become loose; to weaken; to abate, fail;* өвчин ~ *(of pain) to abate;*
сааргүй *without fail; free, unimpeded;*

саармаг *neutral;* ~ эгшиг *(gram.) a neutral vowel;* ажилчин зөгийнүүд ~ байдаг *worker bees are neuter;* солиг ~ *doubtful, questionable;*
саармагжуула|х *to neutralize;*
саармагла|х *to be undecided, be vacillating;*
саармагта|х *to be undecided;*
сааруу *indecisive, irresolute; faint-hearted;*
сааруула|х *caus. of* саарах; *to weaken; to loosen; to relax;*
саатал *delay, obstacle; defect, fault;*
саата|х *to be delayed; to stay too long; to linger; (of a child) to amuse himself; (hon.) to stay, put up;* галт тэрэг хоёр цаг саатаж ирэв *the train was delayed two hours;* замдаа бүү саатаарай *don't tarry (be long) on the way;* оройн зоог барьж ~ *to linger over supper;* найз нөхдийндөө ~ *(hon.) to stay with friends;*
саата|х II *to contract paralysis;*
саатуула|х *caus. of* саатах; *to hinder; to delay;* хүүхэд ~ газар *kindergarten;* аваар осол галт тэрэг саатуулав *the accident delayed the train;*
саа|х I *to milk;* үнээ ~ *to milk a cow;*
саа|х II *to reduce, shorten;* хурдаа ~ *to reduce the speed;* ханцуйн уртыг ~ *to shorten a sleeve;* үнэ ~ *to reduce prices;*
саах III *not so much/many;* туршлага ~ юм над байхгүй *I haven't got so much experience;*
саахалт *neighbouring; neighbourhood;* тэдний манайхан ~ *we (and they) are neighbours;* ~ын газар *distance between neighbouring settlements;* ~ одод *constellation;*
сав I *container, vessel, crockery;* ~ суулга *containers, utensils;* аяга ~ *cups, service;* цайны аяга ~ *tea-service;* шилэн аяга ~ *glassware;* шаазан аяга ~ *china;* хүүдий ~ *bags, sacks;* байшин ~ *buildings;* усны ~ *water container;* хоолны ~ *saucepan, pot;* бичгийн ~ *brief-case, portfolio;* хогийн ~ *dustbin;* үнсний ~ *ashtray;* халуун ~ *thermos;* голын ~ *river bed;* голын ~ газар *river basin;*
сав II *uterus, womb;*
сав III : ~ ертөнц *non-organic world; universe;* ~ шим *cosmos, material world;*
сав IV *intellect, ability;*
сав V *intensifying particle used before certain adjectives and adverbs beginning with* са: ~ саяхан *just now, a moment ago;*

саваа *long stick;*
саваагүй I *curious, inquisitive; meddlesome;*
~ хүн *curious person;*
саваагүй II *unbeaten (of wool);*
саваагүйтэ|х *to be curious; to be a meddler or busybody;*
сааада|х *to strike with a long stick;* ноос ~ *to beat wool in making felt;*
саван *soap;* гар нүүрийн ~ *toilet soap;* барааны ~ *household or kitchen soap;* ~гийн хайрцаг *soap box;* ~гийн үйлдвэр *soap works;*
саванда|х *to soap, lather; to wash with soap;*
савар *paw; wooden fork for collecting dry dung;*
саварда|х *to seize with the paws; to scratch;*
сава|х *to beat; to slam; to fall down;* унгас ~ *to beat wool;* хаалга ~ *to slam a door;* савж ойчих *to fall down;*
савга *long hair that grows on the belly of a yak;*
савдаа *acuity, agility; sharpness;*
савдаг *(rel.) spirit, deity;* ойн ~ *wood goblin;*
савира|х *(of liquids) to run; to drip, trickle;*
савла|х I *to put in a container, bag, or sack;*
савла|х II *to rock, swing; to throw here and there;*
савлуур *a swing; pendulum; (sport) parallel bars;*
савсаг *empty-headed, unstable; dissolute, debauched;* хөнгөн ~ *empty-headed, unstable;* самуун ~ *dissolute, debauched;*
савсагла|х *to be unstable; to lead a dissolute life;*
савса|х *(of steam or smoke) to rise or puff forth; to steam up;* уур ~ *to steam up;*
савсуула|х *caus. of* савсах; *to let out puffs;*
савтархай *worn-out, shabby;*
савх *chopsticks; lath;* ~ мод *lath;*
савханцар *(med.) bacillus;*
савхда|х *to pick up or eat with chopsticks;*
савхи *leather;* савхин дээл *leather coat;* савхин хүрэм *leather jacket;* савхин эдлэл *leather goods;* савхин гутал *leather boots;*
савхла|х *to nail a lath to sth;*
савчи|х *to slam; to swing;*
савчуур *(of a person) lacking steadiness of mind; changeable and not dependable;*
саг *the eggs of insects;*
сага : бага ~ *a little; some, not much;* би германаар бага ~ мэддэг *I know a little German;*

сагалдрага *cord for tying a hat under the chin;*
сагалдрагала|х *to tie a cord (of a hat);*
сага|х *to have fermented or risen; to overflow, run over; to be haughty;*
саглага *fetlock;*
саглагар *branchy, spreading;*
саглай|х *to be branchy, spreading;*
сагс(ан) *basket;* сагсан бөмбөг *(sport) basketball;*
сагсайлга|х *caus. of* сагсайх; *to tousle, rumple;*
сагсай|х *to rumple one's hair; to become dishevelled; to become spreading;* үс ~ *(of hair) to be dishevelled;* уушиг ~ *to fly into a rage;*
сагсгана|х *(of dishevelled hair) to fly; (of shuggy object) to move or sway; (of a person) to boast, brag (of);*
сагсгар *tousled, dishevelled; shaggy; branchy, spreading;* ~ үс *dishevelled hair;* ~ мод *a spreading tree;*
сагсра|х *to create uproar, behave violently;*
сагсуу *boastful, haughty, strutting;*
сагсуура|х *to begin to pride oneself on; to puff up, have a swelled/swollen head;*
сад : ~ тавих, ~ хийх *(of blood, rain, etc) to gush, pour;* хамраас цус ~ хийх *to gush blood from sb's nose;*
садаа *hindrance, obstacle, encumbrance;* ~ болох *to be a hindrance or burden;*
садаагүй *free, unimpeded;*
садаала|х *to hinder, impede, hamper;*
садаатай *obstructive;*
садагна|х *to behave cordially with one's relatives;*
садан *relation, relative;* ойрын ~ *next of kin;* ~ төрлийн холбоо *kinship ties;* холын ~ *distant relative;*
садар *dissolute, dissipated, promiscuous, debauched;* ~ самуун явдал *dissipation, debauchery, profligacy;*
садарла|х *to lead a dissolute life;*
садархай *spreading radially;* ~ гэрэл *(phys.) pencil of rays;*
садра|х *to spurt, flow out violently;*
сажи|х *to swing, move from side to side;* толгойгоо ~ *to nod, shake one's head;*
сажиц *swing, amplitude;*
сажла|х I *to shuffle one's feet; to drag one-*

self along;

сажла|х II to swing repeatedly;

саз grater;

сазда|х to grate, grind;

сайван dressmaker;

сайвар slow amble;

сайд minister; ерөнхий ~ prime minister, premier; элчин ~ ambassador; дэд ~ vice-minister;

сайда|х to become reconciled (after a quarrel); to be too good;

сайдуула|х to reconcile, bring back friendly relations between;

сайжрал improvement, amelioration;

сайжра|х to improve; to get better; бие ~ to recover one's health; байдал сайжирч байна the situation is improving;

сайжруула|х caus. of сайжрах; to improve; to ameliorate, make better; би англи хэлээ сайжруулмаар байна I want to improve my English;

саймсра|х to lick someone's boots, suck up to;

саймшра|х to be too friendly, amicable;

сайн good, well; ~ байна уу? how are you? ~ нөхөр a good friend; ~ нэр good name; ~ морь a good horse; ~ эцэг a good father; дураар voluntarily, of one's own free will; ~ үйл good deed; ~ санаа goodness, kindness, good will; ~ чанартай of good quality; ~ зантай good-natured, genial; хамгийн ~ the very best; ~ сайхныг хүсэх to wish well; ~ үгсаа pure breed; ~ угсааны pure-breed, thoroughbred, pedigree; ~ яваарай! bon voyage! хагас ~ өдөр Saturday; бүтэн ~ өдөр Sunday; ~ хүн a good person; ~ ажиллах to work well;

сайнгүй not good, not well, bad;

сайндаа at best;

сайр I pebbles; place with pebbles;

сайр II shagreen leather;

сайр III chapping, cracked skin;

сайрархаг pebbly;

сайрта|х to chap; (of skin) to become weather-beaten; to develop calluses;

сайрхагч boastful, conceited, haughty;

сайрхал conceit, bragging, boasting;

сайрха|х to brag of, plume oneself on; ·

сайрхуу vain, boastful, bragging;

сайтай having good quality; having a lot of; чанар ~ having good quality; бие ~ strong, healthy; нүд ~ having good eyesight; хүн ~

good natured, kind-hearted; сүү ~ үнээ cow that gives much milk; мал ~ having many cattles;

сайтар properly, thoroughly, well and truly; ~ үзэх to examine carefully; ~ хийх to do sth well; ~ боловсруулсан шийдвэр a considered decision; ~ ойлгох to understand completely; ~ ажиглах to observe or look attentively;

сайхан good, nice(ly), fine, beautiful(ly); ~ өдөр a nice day; ~ үнэр nice smell; ~ хоол delicious food; тэд бол ~ хүмүүс they're nice people; ~ бүсгүй a beautiful girl; гоо ~ beauty; уран ~ artistry, artistic merit; уран сайхны кино feature film; уран сайхны гимнастик eur(h)ythmics; ~ сэтгэлтэй хүн good-natured person; "Гамлет" бол их ~ жүжиг шүү 'Hamlet' is a very good play;

сайхи that, those;

сайчууд outstanding workers; foremost people;

сайчуул see сайчууд;

сайшаал approval, praise; ~ын бичиг certificate of merit; (school) certificate of good conduct and progress;

сайшаалтай praiseworthy, laudable, commendable; deserving approval or praise;

сайшаа|х to approve, praise; би орондоо тамхи татахыг сайшаадаггүй I don't approve of smoking in bed;

саксафон saxophone;

сал I raft;

сал II : ~ сул careless, sloppy;

салаа(н) branch, fork; модны ~ branch of a tree; голын ~ branch or arm of river; төмөр замын ~ branch-line; ~ мөчир branches; ~ зам branch road; road fork; цэргийн ~ (mil.) platoon; ~ны дарга (mil.) platoon commander; хурууны ~ space between fingers or toes;

салаавч fig (gesture of derision or contempt, generally accompanying refusal to comply with a request, and consisting of extending clenched fist with thumb placed between index and middle fingers);

салаавчла|х to put or do crosswise or alternately;

салаала|х to branch, fork; үсний үзүүр ~ (of hair) to split;

салаата|х to branch off;

салай sticky liquid from the womb of cattle;

салалгүй inseparably;

салалт divorce; separation;

С

салам (intensifying adverbial particle): ~ цохих to strike with all one's might;

саламгар ragged, tattered; ~ өмд frayed trousers;

салан careless, negligent; ~ задгай careless, sloppy;

салангад separate; separately, apart; хөвгүүд ба охидыг ~ сургах separate education for boys and girls;

саланги separate(ly), apart, divided;

саланхай detached, separated, unassembled;

сала|х to separate from, part from; to get divorced from; to get out of; өрнөөс ~ to pay off debts; муу зуршлаас ~ to get out of a bad habit; тэр, эхнэрээсээ салсан he has separated from his wife; өвчнөөс ~ to recover from illness; нүднээсээ ~ to lose one's sight; ~ ёс хийх to say good-bye to, take one's leave of, bid farewell;

салбагана|х to flutter, blow about; to play the fool;

салбагар (of clothing) baggy, hanging, loose; frayed;

салбагарда|х to be baggy;

салбадай idle talker, windbag; алиа ~ fool, jester;

салбай|х (of clothing) to be baggy; to become frayed; to become shabby;

салбан I frill, flounce;

салбан II lazy, careless, negligent;

салбар I branch; branch of an institution; аж үйлдвэрийн ~ branch of industry; эмнэлгийн ~ medical station; ~ анги subclass; ~ станц branch station; мал эмнэлгийн ~ veterinary station; гаалийн ~ customs office; ~ байгууллага branch office;

салбар II claw or paw of an antelope or bird;

салбара|х to become torn; to split; to crack;

салбарла|х to branch off;

салга having nervous shaking of the body from disease, habitual drinking of alcohol or old age, shaky;

салгала|х to suffer from shaking palsy; to get the shakes; to drag oneself along;

салган : үлгэн ~ явах to be hardly able to drag one's legs along;

салгана|х to be shaking;

салга|х to separate from, part from, sever from; to detach, disconnect, break; to deprive of; цагдаа зодолдогсдыг салгав the

policemen separated the fighters; дайн олон эрийг гэр бүлээс нь салгав the war parted many men from their families; ялган ~ to differentiate, sort out; эхнэрээс нь ~ to part sb from his wife;

салдаг collapsible; ~ ор collapsible bed;

салдай|х to be utterly exhausted;

салдан naked, bare;

салдар I (anat.) nerve; харааны ~ optic nerve;

салдар II : ~ сулдар free-and-easy;

салжий|х to lean to one side;

салиа mucus, mucilage, slime;

салмаа long dark hair in the tails of stags;

салмаандар salamander;

салмай|х to become torn, wear out;

салмара|х to become tattered, fray;

салс mucus, slime;

салст mucous, mucilaginous, slimy; ~ бүрхэвч (anat.) mucous membrane;

салста|х to produce slime or mucus;

салсул careless, sloppy; immodest;

салтаа (anat.) perineum; crotch;

салтаада|х to grasp by the perineum (in wrestling);

салхай|х (of clothing) to be baggy; to feel tired;

салхгар (of clothing) baggy; lazy; weak, decrepit;

салхи(н) wind; хойд зүгийн ~ a north wind; ~ шуурга storm; улаан ~ a sand storm; tornado; эрүүл ~ fresh air; ширүүн ~ a strong wind; цагаан ~ a gentle wind, breeze; хар ~ typhoon; хуй ~ whirlwind; жихүүн ~ a cool wind; халуун ~ a burning or summer wind; хүйтэн ~ a cold or icy wind; урин/урьхан ~ a gentle wind; ~ сөрөх to walk against the wind/in the wind's eye/in the teeth of the wind; ~ дагах to go down wind/before the wind; салхинд тавих to put or dry in the wind; to air; салхинд гарах to go out for a breath of fresh air; ~ гарах to rise wind, become windy; ~ орох (of wind) to come into; ~нд цохиулах to catch cold; ~ оруулах to ventilate, air; ~наас хоргодох to shelter from the wind; ~ шиг хурдлах to run like the wind; ~ны ая дагах to trim one's sails to the wind; ~н тээрэм windmill; ~н цэцэг chicken-pox;

салхивч vent in a pane, ventilator;

салхигуй calm, windless;

салхий|х to grow weak or tired;

салхила|х to become windy; (of wind) to

blow;

салчин *raftsman;*

салшгүй *inseparable; indissoluble; inalienable;* ~ хэсэг *integral part;*

сам *comb;*

самалдаг *(anat.) cartilage forming the nose ducts;*

самар *nut;* хуш модны ~ *cedar nuts;* ~ цөмөх *to crack nuts;* самрын яс *nut shell;*

самарда|х *to claw, paw, scratch;*

самарчин *nut gatherers;*

самбаа(н) *resourcefulness; readiness, quick-wittedness;*

самбаатай *resourceful, ready, quick-witted;*

самбаачла|х *to avail oneself of an opportune moment; to seize an opportunity; to find a moment for;*

самбагана|х *to attitudinize, behave with false modesty;*

самбагар *affected; precious;*

самбай I *gauze; cheese cloth;*

самбай II : сахал ~ *beard, whiskers;* сахал ~гаа ургуулах *to grow a beard;*

самбар *board, plank; panel;* зарлалын ~ *notice board;* онгоцны хянах ~ *an aircraft's control panel;*

самбарла|х *to decorate with panels;*

самган *an elderly woman;*

самгарда|х *to become flustered; to bustle; to panic;*

самгарди *Sanskrit;*

самгардуу *easily panicked;*

самгардуула|х *caus. of* самгардах; *to drive into panic; to bewilder;*

самди *(rel.) meditation;*

самна|х *to comb or dress the hair; to comb out thoroughly; to search (a place) throughly, comb for;* үсээ ~ *to do one's hair; to comb one's hair;* алга болсон хүүг эрж цагдаа нар ой самнав *the police combed the woods for the missing boy;*

самнуур *currycomb, scraper;*

сампин *abacus;*

сампинда|х *to operate an abacus;*

сампра|х **1.** *to ladle up and pour back;* **2.** *to swim;*

самсаа(н) *the wings of the nose;*

самуун *disturbed, troubled; disordered; immoral;* ~ дэгдээх *to spread trouble or commotion;* ~ явдал *disorder; debauchery;* ~ цаг *time of troubles;* шалиг/садар ~ *dissolute,*

debauched; үймээн ~ *disturbance, sedition;*

самуурал *muddle, confusion; disorder; trouble, commotion;*

самуура|х *(of mind) to become or get confused; to get mixed up in; to carry on with (a person of the opposite sex);* булхайтай хэрэгт оролцон ~ *to get mixed up in shady business;* эвгүй хүүхнүүдтэй ~ *to carry on with women;*

самхай : өмхий ~ *stinking, fetid;*

самши|х *to waste, eat up;*

самшуу *digestive tract;*

сан I *treasury, stocks, reserves; fund, foundation;* валютын ~ *currency fund or reserves;* ~ хөмрөг *treasury, treasure-house;* эрдэнэсийн ~ *treasure;* Сангийн яам *ministry of finance;* номын ~ *library;* эмийн ~ *drugstore, chemist's* усны ~ *(water) reservoir; pond;* манай жүжгийн хүрээлэн Фордын ~гаас мөнгөн тусламж авав *our theatre received financial help from the Ford Foundation;* тусламжийн ~ *relief fund;* цалингийн ~ *wage fund;*

сан II *(rel.) burning of incense in ritual of purification;*

санаа(н) *thought, mind, will, thinking, idea;* ~ сэтгэл *heart;* сайн ~тай *kind-hearted, good-natured, nice, kind;* ~ муутай *ill-willed, ill-natured, ill-disposed;* хар ~ *insidiousness, craftiness;* цагаан ~ *goodness, kindness;* ~ сайтай *kind, good;* ~ амрах *to rest content (with what has been achieved); to compose oneself;* ~ эргэх *to go back, betray;* ~нд орох *to come to one's mind;* ~ авах/сэрэх/төрөх *to get an idea;* ~ндаа санах *to keep in mind, keep in memory;* ~ алдах *to sigh or groan deeply;* үнэн ~ *faithful heart; candour;* гол ~ *main idea, essence;* ~ сэдэх/үүсгэх *to give an idea;* ~ндаа хүрэх *to reach one's goal;* ~ тэжээх *to give moral support;* ~ тавих *to show concern for/about, take trouble about;* хорт ~ агуулах *to harbour a grudge against;* ~гаар унах *to lose heart;* ~ зовох *to be worried;* ~нд хоногших *to be imprinted in the mind;* ~ бодол *opinion;* ~гаараа зохиох *to think up;* надад их сайхан ~ төрлөө *I've just had a good idea;* ~гаа үгээр илэрхийлэх *to put one's thoughts;* атгаг ~ *evil design;*

санаагаараа *arbitrarily, wilfully, wantonly;*

санаандгүй *unexpected(ly), accidential(ly), inadvert(ly), by chance;*

санаархал *design, intention;*

санаарха|x *to aim at; to covet, hanker after;*

санаатай *having thoughts; intending, planning; purposely, intentional(ly), deliberate(ly);* ~ байх *to intend;* би маргааш явах ~ байна *I intend to go tomorrow;* та юу хийх ~ байна вэ? *what do you intend to do?* ~гаар *purposely, intentionally, deliberately;*

санаачлага *idea, initiative;* өөрийн санаачлагаар *on one's own initiative;* ~тай *full of initiative, enterprising;*

санаачлагч *initiator, organizer;* шинийг ~ *rationalizer;*

санаачлал *initiative;*

санаачла|x *to initiate; to show initiative; to innovate;*

санааширха|x *to fall to thinking, become thoughtful; to desire, covet;*

санаашрал *thoughtfulness, pensiveness; desire, intention;*

санаашра|x *to be thoughtful, be pensive; to intend, covet;*

санагалза|x *to remember; to take care not to forget;*

санагда|x *to remember; to seem, appear;* энэ явдал арван хоёрдугаар сард болсон шиг санагдаж байна *as I remember, it happened in December;*

санагдашгүй *unimaginable, inconceiveable;*

санал *proposal, motion; suggestion; opinion, viewpoint;* ~ оруулах *to introduce a motion;* ~ нийлэх *to agree; to be of the same opinion;* ~ өгөх *to vote;* ~ хураах *to put to the vote, vote on;* ~ бодлоо илэрхийлэх *to give one's opinion;* ~ тавих *to put forth a proposal;* ~ хураалт *voting, plebiscite;* олон нийтийн ~ *public opinion;* ~ асуух *to ask sb's opinion;* ~ асуулга *opinion poll;* ~ бодол *opinion;* ~ сэтгэгдэл *impression;* ~ шүүмжлэл *criticism;* ~ гомдол *complaint;* ~ гомдол гаргах *to complaint about;* тэр, миний ~ыг сонсъё гэнэ *he wished to have my opinion;*

саналтай *having proposal, opinion;* та ямар ~ байна? *what's your opinion of it?*

санамж *instruction, written rules; memo; lesson;* энэ чамд ~ болог *let that be a lesson to you;* ~ сэргэмж *caution;*

санамжла|x *to notify in advance about, warn about;*

санамсаргүй *unexpected (ly); accidental(ly), unintentional(ly);*

сана|x *to remember; to think out, ponder; to long for, miss, be homesick;* ~ сэтгэх *to think out, ponder;* ~ бодох *to think about; to conceive the idea of;* тоо ~ *to think of a number;* тэр, санаж бодолгүй зөвшөөрөв *he agreed without a moment's thought;* хар ~ *to harbour a grudge against;* сайн ~ *to be kind-hearted, be good to sb;* гэрээ ~ *to miss one's home;* нутгаа ~ *to be homesick;* би таны нэрийг ~гүй байна *I don't remember your name;* би гэнэт хурлын тухай санав *I suddenly remembered about the meeting;* би ээжээ санаж байна *I long for my mother;*

санваар *religious vow;*

санваартан *priests, ecclesiastics;*

сангас I *(of hair) dishevelled, tousled;*

сангас II *excrement of birds of prey;*

сангасхий|x *to suddenly rise and rush out;*

санга|x *for birds of prey to drop excrement;*

санд(ан) : ~ мэнд *hurriedly, in haste;*

сандаа|x *to throw about, scatter;*

сандайла|x *to sit with feet hanging down;*

сандал *chair, stool;* ~ дээр суух *to sit down in the chair;*

сандра|x *see* **сандраах**;

сандархай *scattered around;*

сандраа|x *caus. of* сандрах; *to work up the panic; to alarm, worry, trouble; to hurry, hasten;*

сандрал *confusion, panic, disturbance, excitement, hurry, alarm;*

сандра|x *to be confused, be embarrassed, be flustered; to be panicky; to be in a hurry; to bustle;* яарч ~ *to be in a hurry; to bustle;*

сандруу *panicky; hurried(ly), in haste;* яаруу ~ *in a hurry, in haste;*

сандруула|x *see* **сандраах**;

сандуура|x *to be bored; to be restless;*

сандчи|x *to worry too much; to be confused greatly;*

санжгана|x *to dangle, swing; to be or come loose;*

санжгар *hanging, pendent;*

санжий|x *to be hanging;*

санжилза|x *(of sth hanging) to swing;*

санжир : унжир ~ *pendant;*

санжи|x *to hang askew;*

санжлага *hanging ornament;*

санитар *hospital attendant, hospital orderly;*

сансар *cosmos, outer space;* сансрын нисэгч *astronaut, space man;* ~ судлал *as-*

tronautics, (outer) space exploration;
сансрын хөлөг *space ship;*
сансрын *space, cosmic;*
санскрид *Sanskrit;*
сантехник *plumbing;*
сантиметр *centimetre;*
сануулагч *prompter;*
сануула|х *to remind of, recall; to let know beforehand about, notify in advance about, warn about/against;* хөрөг зураг надад өнгөрснийг сануулав *the portrait reminded me of the past;* өртөөн дээр халаасны хулгайч нараас сэргийлэхийг тэр надад сануулав *he warned me against pickpockets at the station;*
сануулга *warning; notice; reminding; reminder;* ~ авах *(leg.) to be dismissed with a caution;*
санхүү *finance; financial;* ~гийн хэлтэс *finance department;* мөнгө ~ *finances, money;* ~гийн ажилтан *financial expert;*
санхүүгийн *financial;*
санхүүжилт *financing;*
санхүүжүүлэх *to finance;*
санч *treasurer, keeper of the treasury;* номын ~ *librarian;*
санчиг *hair on the temples;*
Санчир *Saturday; the planet Saturn;*
сар(ан) I *the moon; a month;* заримдаг ~ *half moon;* тэргэл ~ *full moon;* ~ хуучрах *(of the moon) to wane;* ~ хавьслах *to rise new moon;* ~ баригдах *lunar eclipse;* ~тай шөнө *moonlit night;* ~ны туяа *the rays of the moon;* ~ны гэрэл *moonlight;* ~ын шинэд *first half of lunar month;* ~ын хуучид *second half of the moon;* ~ хүрээлэх *to appear a halo around the moon;* ~ тутам *every month, monthly;* цагаан ~ *the first month of the lunar year; the festivities celebrated during the first month of the lunar year;* бага ~ *a month with twenty-nine days in the lunar calendar;* ~ны зурхай *lunar horoscope;* ~ын тэмдэг/юм *(physiol.) menstruation;* Саран гараг *Monday;*
сар II *(zool.) harrier;*
сар III : ~ ~ хийх *to rustle, crackle;*
сар IV *a white spot on the forehead of a horse;*
сараала|х *to cover with drawings;*
сараалж(ин) *grating, trellis, lattice;* цонхны ~ *window lattice;*
сараалжин *lattice, latticed, trellised;* ~ цонх *a lattice window;* ойн ~ *(zool.) woodlock;*

сараалжла|х *to make latticework;*
сараана *a lily;*
сараанаг *(anat.) scrotum;*
сараачи|х *to cover with lines, drawings; to scrawl;*
саравгана|х *to wiggle one's arms and legs; to be curious;*
саравгар *sticking out, spreading;* ~ мод *a spreading tree;*
саравч *shed; eaves of a house; (cap) peak; glasses, a covering for protection of the eyes;* ~тай байшин *a house furnished with eaves;*
саравчла|х *to shade with the hand over the eyes and look;*
сарай|х *to stick up, stick out; to become spreading;*
сарампай *thin; dilapidated, threadbare, tattered;* ~ банз *plywood;*
сарваа *a two-year old colt;*
сарваада|х *to be a beginner at, be inexperienced;*
сарвайлга|х *to spread wide, stretch out;*
сарвай|х *to stretch out oneself; to hold out one's hand;* сарвайтал унах/ойчих *to fall backwards;* сарвайн хэвтэх *to lie on the back with straddling legs and outstretched arms;* гараа ~ *to hold out one's hand;* гар ~ *(of the hand) to become numb;*
сарвалза|х *to wiggle one's limbs repeatedly; (of spreading sth) to move repeatedly; to seek an advantage against an opponent when wrestling, seeking to attack any unprotected place;*
сарвасхий|х *(of spreading sth) to move suddenly; to move one's arm suddenly;*
сарвуу 1. *fingers, toes;* **2.** *claw;*
саргар *sticking out, protruding;*
сарзай|х *to be sparse, reticular; to stick out;*
сарзгар *sticking up; thin, sparse, crisp;*
сарий *crooked; curved;*
сарийлга|х *to scrawl, scribble;* хэдэн мөр ~ *to scrawl a few lines;*
сарий|х *to become curved, crooked, or awry;*
саримгар *too thin; fragile;*
саримс *garlic;*
сариу *curved;*
сари|х *(of dogs) to urinate;*
сарлаг *the Tibetan buffalo or yak;*
сарла|х *to scrawl, scribble; to scratch, tear;*
сармагчин *monkey, ape;*
сармагчла|х *to ape;*

сармай *sheepskin without wool, hide without hair; hairless, tattered;* ~ дээл *an unlined fur-coat of stag- or deer-skin;*

сармий|х *to be too thin;*

сарнагар *wide open (nostrils);* ~ хамар *a nose with wide open nostrils;*

сарнай *rose;*

сарнай|х *(of the nostrils) to be distended;*

сарни *yellow ocher;*

сарнилт *dispersion; diffusion; dissipation;* дулааны ~ *dissipation of heat, thermal dispersion;* гэрлийн ~ *diffusion of light;*

сарниу *diffused, dissipated, dispersed;* ~ сацраг *diffused light;*

сарниула|х *to disperse, scatter, dispel;*

сарни|х *to disperse, scatter;* үүл сарнив *the fog cleared;* дайсны цэргүүд зүг зүгт сарнив *the enemies scattered in all directions;* салж ~ *to be divorced from;*

сартай|х *(of nostrils) to widen or distend;*

сартан *distended or wide open (of nostrils);*

сартваахь *leader, helmsman;*

сартгана|х *(of nostrils) to move or distend;*

сартгануула|х *caus. of* сартганах; *to move or distend one's nostrils;*

сартгар *wide open (of nostrils);*

сартуул *the name of a Mongolian tribe; Uzbek; Sartaghol, ancient name of Bukhara;*

саруй : муруй ~ *aslant, askew, awry;*

саруул *light, bright; clear; spacious, roomy; precise, logical;* ~ ирээдүй *radiant future;* ~ болох *to become clear or bright;* ~ тасалгаа *light room;* ~ ухаан *precise or lucid mind;* ~ газар *an open land (without hills or forests);*

сархад *(hon.) wine;* ~анд хөлчүүрхэх *to get warm, lively and merry from drinking wine;*

сархай|х *see* **сартайх;**

сархгар *see* **сартгар;**

сархиаг I *broken terrain;*

сархиаг II *full of holes, holey;* бууны сумаар ~ болгох *to riddle with bullets;*

сархиата|х *to become porous; to become full of holes;*

сархий|х 1. *to crunch, rustle;* **2.** *to spurt; to spout;*

сархинаг *abomasum, the fourth or digestive stomach of a ruminant;* зөгийн ~ *honeycombs;*

сарчгар *sth dry and cracked; sth thin; dried, shrunken;* цаас шиг ~ *thin like paper;*

сарчигна|х *to rustle;*

сарчилза|х *(of sth thin or dry and cracked)*

to move repeatedly;

сарьдаг I *mountain or peak covered with snow and ice;*

сарьдаг II *impatient, everywhere restless, unsteady;*

сарьс I *coloured leather; morocco (leather);*

сарьс(ан) II *web (of bat or water-fowl); skin of muzzle (of dog or fox);* ~ан багваахай *a bat;*

сарьсла|х 1. *to decorate with morocco;* **2.** *to exhaust, tire out;*

сатаара|х *to get distracted, get diverted;*

сатин *sateen;*

сахал *beard; (bot.) tendril, awn; (zool.) antenna, feeler;* ~ тавих *to grow a beard;*

сахалгүй *beardless;*

сахалда|х *to grasp by the beard;*

сахаллаг *long-bearded, heavily bearded;*

сахалт *bearded man; bearded;*

сахалтай *bearded;*

сахигч *keeper, guardian;* энхийг ~ *peace maker;*

сахил *a vow;* ~ авах *to take priestly vows;* ~ санваар *a vow;*

сахилга *discipline;* сургуулийн ~ бат *school discipline;*

сахилгагүй *undisciplined;*

сахилгажи|х *to become disciplined;*

сахилгажуула|х *to discipline, train or develop self-control;*

сахилгатай *disciplined;*

сахилтан *ecclesiastics, clerics, priests;*

сахиул *watchman; one who keeps or takes care of sth;*

сахиула|х *to cause or permit to keep, watch;*

сахиус *talisman, amulet for protection; an idol; protecting spirit, a genius; name for God or a supreme being;* ~ даллах *(rel.) to call the spirit of a sick child;*

сахи|х *to keep; to guard; to take care of or watch over; to observe, abide by;* гэр ~ *to keep house;* сахин хамгаалах *to safeguard;* өвчтөнийг ~ *to take care of the sick person;* хууль дүрэм ~ *to observe a law;* хэв журам ~ *to maintain order;* төвийг ~ *to maintain neutrality;*

сахлаг *long- and thick-haired (of furs); thick, overgrown (of trees and shrubs);*

сахлархуу *heavily bearded; like a beard;*

сахуу *(med.) glanders;* хоолойн ~ *(med.) diphtheria;*

сахуута|х *to have or contract glanders;*
сацраг *ray, beam;*
сацра|х *to radiate, emanate;*
сацруула|х *caus. of* сацрах; *to radiate;*
сацуу *see* чацуу;
сая I *million;*
сая II *recently, not long ago, of late, a little while ago;* тэр дөнгөж ~ ирэв *he just arrived;* би ~наас л франц хэл үзэж эхлэв *I've only recently started learning French;*
саявтар *quite recently;*
саядаа *in the recent time;*
саянаас *recently, since not long ago;*
саятан *millionaire; one who has accomplished sth which can be estimated in millions of units;* ~ нисэгч *pilot who has flown over a million kilometres;*
саяхан *only just, just now, just a while ago, just recently;* тэр, ~ утастсан *he has just rung up;*
секс *sex;*
сексдэ|х *to have sex;*
сексологич *sexologist;*
секунд *(of time) second;* ~ын зүү *second hand;*
семинар *seminar;*
семинарла|х *to instruct;*
сенатч *senator;*
сенсаац *sensation;*
сийгэ|х *to blow through;* сандлаа нааш нь татаад суу эс тэгвээс салхи цаанаас чинь сийгэнэ шүү *bring your chair up, or else you will be in a draught;*
сийлбэр *carving, fretwork; engraving;*
сийлбэрлэ|х *to carve; to engrave;*
сийлбэрчин *engraver, carver;*
сийлмэл *carved; engraved;*
сийл|эх *to carve; to engrave;* ухаан ~ *to show resourcefulness in;*
сиймгэр *(of fabric) flimsy, light and thin;* ~ даавуу *flimsy fabric;*
сиймхий 1. *(of fabric) light and thin; with gaps or open spaces;* ~ даавуу *flimsy fabric;* ~ шүднүүд *widely spaced teeth;* 2. *a space between sth;* ойн ~ *a clearing in the forest;* 3. *the right moment, an opportunity;* ~гий нь олох *to seize an opportunity;*
сиймхийлэ|х *to take an opportunity;*
сийрс(эн) *straw, reed;* сийрсэн малгай *straw hat;*
сийрүүлэ|х *to thin, make thinner;* бичиг ~

to make a fair copy;
сийрэг I *not thick, thin, sparse; rarefied;* ~ даавуу *flimsy fabric;* ~ ой *sparse wood;* ~ агаар *rarefied air;*
сийрэг II *sensible, judicious;*
сийрэгжи|х *to thin, thin out;*
сийрэгжүүлэ|х *to thin out; rarefy (the air);*
сийрэгши|х *to become thin or sparse;*
сийрэ|х *to thin out, get thinner; to dry out, to become less;* наранд ~ *to dry in the sun;* ажил ~ *(of work) to become less;*
сий|х *to become widely spaced; to get gappy;*
сийхгүй *capable of anything; ready to act or do whatever thing;* тэр чинь ~ хулгай хийнэ шүү *he is capable of theft;*
сийчи|х *to cut up, loosen; to pierce with holes;* газар ~ *to loosen the soil;*
симфони *symphony;*
синдикат *syndicate;*
систем *system;*
системчлэ|х *to systematize;*
сиян *enamelled;*
скаут *scout;*
склад *warehouse;*
скооч *scotch tape;*
скоочдо|х *to tape, tape over;*
слесарь *locksmith;*
совин *omen, sign, premonition;* ~ татах *to forebode;*
сог *defect, flaw;* ~той бараа *defective goods;*
согогто|х *to become defective;*
согоо *the female of deer, doe;*
согсгор *shaggy (-haired), dishevelled;*
согсой|х *to become tousled, dishevelled;*
согтолт *intoxication;*
согтонги *drunken, tipsy; intoxicated;*
согтоогч *alcohol;*
согтоо|х *to make drunk, intoxicate; to go to one's head;* ~ ундаан *intoxicating liquor, alcohol;*
согто|х *to get drunk or intoxicated;*
согтуу *drunken;* ~ гүйлгачин *a drunken and destitute man;* ~гаар *drunkenly;* ~ байдал *drunkenness;*
согтуурагч *drunkard, wino;*
согтуурал *drunkenness;*
согтуура|х *to drink hard, drink heavily;*
согтууруула|х *to intoxicate, make drunk; intoxicating;*
сод(он) I *eye-catching, unusual, attractive,*

unique; ~ ухаантан *a genius;* Эйнштейн ~ ухаантан байв *Einstein was a genius;* содон харагдах *eye-catching, striking;*
сод II *wing-feather; an arrow with wing-feather;*
содоль (*bot.*) *ramson;*
соёл *culture; level of culture;* ~ боловсрол *culture and education;* эрдэм ~ *education;* ~ өв *cultural heritage;* хэл ярианы ~ *standard of speech;* оюуны ~ *spiritual culture;* ~ иргэншил *civilization;*
соёлжилт *promotion of culture; upgrading;*
соёлжи|х *to become cultured or civilized;*
соёлжуула|х *to civilize;*
соёлт *civilized;* өндөр ~ой хүн *a very civilized person;*
соёлч *cultured;* ~ хүн *a cultured person;*
соёлын *cultural;*
соёмбо *a first letter of the script developed by the Zanabazar; the emblem on the State banner of Mongolia;*
соёнбо see **соёмбо**;
соёнго *a post-castration disease;*
соёнгото|х *to have complications after castration;*
соёо I *canine (tooth); fang, tusk;* зааны ~ *elephant's tusk;* ~ сахал *mustache with tips bent upward;* ~ мөс *an icicle;* гаансны ~ *a pipe-cleaner;*
соёо II *sprout, shoot;* ~ цухуйх *to sprout, put out shoots;*
соёодо|х *to wound with tusks; to hold by the tusks;*
соёолон *five-year old horses, cattle and sheep;* ~ ямаа *five-year old goat;* хуучин ~ a *horse about six years old;* хавчиг ~ *six-years old horse;* шинэ ~ *a horse about five years old;*
соёоло|х I *to cut canines or fangs;*
соёоло|х II *to sprout, put out shoots;*
соёохой *two-year old male antelope;*
соёрхол *favour, grants; kindness;* төрийн ~ *the State Prize;*
соёрхо|х *to grant; to bestow favour, confer upon an inferior;*
соё|х *to educate, enlighten;* соён гийгүүлэх *to enlighten;* соён сургах *to educate, cultivate;*
сойвон (*obs.*) *head of a grand lama's staff;*
сойз *brush;* шүдний ~ *toothbrush;*
сойздо|х *to clean with a brush;*
сойлго *training and conditioning of a race*

horse or camel;
сойло|х *to shoot up, shoot out;*
сойлт I *a device to pull sth backward;*
сойлт II see **сойлго**;
сойр (*zool.*) *black grouse (blackcock);*
сой|х 1. *to pull backwards; to stretch tightly and attach firmly;* жолоогоо ~ *to pull the reins and attach to the pommels of the saddle;* 2. *training and conditioning of a race horse;* чонын гөрөөнд явахаар морь ~ *training a horse for the wolf-hunting;* 3. *to keep to a diet;* 4. *to store food in hot weather in a cool place;*
солби *crossing, lying across;*
солбилт *interchange;*
солбио *crossed;*
солби|х *to cross, place each other;* хөлөө ~ *to cross one's legs;*
солбицол *crossing, a place where two lines, tracks, etc cross; (geog.) co-ordinates;* газар зүйн ~ *geographical co-ordinates;* туйлын ~ *polar co-ordinates;* тэгш өнцөгт ~ *rectangular co-ordinates;*
солбицо|х *to cross;*
солгой *left, left-hand;* ~ гар *left-handed;* ~ хүн *left-hander;* би ~ *I'm left-handed;*
солгуур *a brush for applying glue;*
солжгор *unpaired;*
солжий|х *to be odd (not forming a pair); to become lop-sided;*
солжир *odd (not forming a pair); asymmetric;*
солигдмол *variable, changeable;*
солигдол *change, exchange;*
солигдо|х *to give place to; to change;* өдрийн халуун үдшийн сэрүүнээр солигдов *the day's heat gave way to the coolness of evening;* харуул ~ *changing of the guard;*
солилдо|х *to change; to get mixed up or muddled;*
солилцоо *exchange of, interchange of; barter;* бодисын ~ (*biol.*) *metabolism;*
солилцо|х *to exchange, interchange;* санал ~ *exchange of opinions;*
солио I *exchange, interchange; barter;* ~ наймаа *trade, barter;*
солио II *mess; muddle, confusion;* ~гий нь гаргах *to puzzle out;*
солио III *madness, craziness;*
солиорол *madness, lunacy, insanity;*
солиоро|х *to go mad; to become crazy about; to act or behave like a madman;*

солиорсон *mad, crazy, raving;*
солиоруула|х *to drive crazy, to drive out of one's senses;*
солиотой *mad, crazy, insane;* ~ амьтан *madman;*
солир I *meteor, comet;*
солир II *squinting; cross-eyed;*
солиу *abnormal; mad;* ухаан ~ *mad;*
солиура|х *to go mad;*
соли|х *to change, exchange for; to confuse, mix up;* ном ~ *to change a book;* нэрээ ~ *to change one's name;* орны цагаан даавуу ~ *to change the bedclothes;* мөнгө ~ *to change money;* нутаг ~ *to move or migrate;* хэдэн үг ~ *to exchange a few words;* хольж ~ *to confuse, mix up;*
солонго(н) I *rainbow;* ~ татах *the appearance of the rainbow;* нүдний ~н бүрхэвч *(anat.) iris;*
солонго II *(zool.) Siberian polecat;*
солонгоро|х *to appear in all the colours of the rainbow;*
солонгос *Korean;* Солонгос улс *Korea;* ~ хүн/хэл *Korean;*
сонат *(mus.) sonata;*
сонгино *onion;* зэрлэг ~ *wild onion;* ногоон ~ *spring onion;*
сонгогдо|х *to be elected;*
сонгогч *elector, voter;*
сонгодог *classical; selected, chosen; the very best;* ~ жишээ *a classic example;* эмэгтэй ~ хөгжмөөс поп ба жаз хөгжимд илүү дуртай *she prefers pop music and jazz to classical music;*
сонголт *choice; selection;*
сонгомол *chosen; selected;*
сонго|х *to choose, select, pick out; to elect;* түүнийг парламентын гишүүнээр сонгожээ *he has been elected a Member of Parliament;* би ханын цаастай өнгө нийлэх хөшиг сонгов *I chose curtains to match the wallpaper;* нутаг ~ *to choose a place to settle in;*
сонгууль *election;* сонгуулийн хуудас *voting-paper;* сонгуулийн кампанит ажил *election campaign;* сонгуулийн тойрог *electoral district;*
сонгуультан *elected member;*
сондгой *odd;* тав бол ~ тоо *5 is odd number;*
сондгойро|х *to become an odd number; to become an extra or without a pair;*

сондор *necklace;*
сондуул *hummock, knoll;*
сонжигдо|х *to be blamed; to be subjected to the testing; to be rejected;*
сонжи|х *to size someone up, take someone's measure; to refuse to use sth, reject;* сорих ~ *to put someone to the testing;*
сонжооч *see* **сонжимхой;**
сонжуур *shame, disgrace;* ичгүүр ~гүй *shameless, brazen;*
сонивчхон *inquisitive;*
сонин I *newspaper; news, new information;* өглөөний ~ *a morning newspaper;* оройн ~ *an evening newspaper;* ~ы цаас *newsprint;* ~ы мухлаг *newsstand;* ~ борлуулагч *newsvendor;* ~ы сурвалжлагч *a correspondent of the newspaper;* ~ы газар *newspaper office;* жижиг ~ *newssheet;* ~ сэтгүүл *periodical press;* ~ы талбайг хуваарилах *allot space;* ~ юу байна? *what's the news? what's new?*
сонин II *astonishing, surprising, amazing; interesting; strange;* ~ үнэр *strange smell;* тэдний маргааныг сонсох нь над ~ байна *I am curios to hear what they are arguing about;* Далийн ~ зөвүүн зургуудын нэг *one of Dali's strangest paintings;* ~ содон мэдээ *breaking story;* ~ хачин *strange, mysterious;* ~ юм даа *it is strange, it is astonishing, it is surpring;* ~ санаа *an interesting idea;*
сонирхогдох *to be interested;*
сонирхогч *person interested in, amateur; lover, dilettante;* ~ талууд *the interested parties;*
сонирхол *interest;* ~ татах *to be of interest, provoke curiosity, attract attention;* ~ муутай *not interested, distinterested;* ~ ихтэй *interested in;* ашиг ~ *interest, benefit, profit;*
сонирхолгүй *uninteresting; boring;* ~ ажил *a boring job;*
сонирхолтой *in the interest of, interesting;* би улс төрд ~ биш *politics doesn't interest me;*
сонирхо|х *to be interested in, show interest; to take an interest in; to be curious; to be amazed;* түүний гол сонирхдог юм бол хөл бөмбөг *his main interest is football;* би эртний түүх сонирхдог *I am interested in the ancient history;* энэ компани танайхаас шинэ тэрэгнүүд авахыг сонирхож байгаа юм *the company is interested in buying new cars from*

you;

сонирхуула|х to interest, arouse interest; to show or tell sth new;

сониуч inquisitive, curious; having a change-able interest; ~ хүн curious, inquisitive person; ~ зан curiosity;

соно gadfly, horsefly;

соном ceremonial scarf (hadakh) of medium size;

сономсор (of sense of hearing) keen, sharp; sensible, judicious;

сонор hearing; having good hearing; ~т хүргэх to inform, let know, bring to the notice of; ~ чихтэй with good hearing; ~ сэрэмж vigilance; ~ сэрэмжтэй watchful, alert;

сонордуула|х to inform, bring to the notice of;

сонордуулга memo; notice;

сонсгол I hearing; ~ зүй acoustics; эмэгтэйн ~ муудсаар байна her hearing is getting worse;

сонсгол II report, communication; statement;

сонсголгүй deprived of hearing, deaf;

сонсголонтой pleasant-sounding, sonorous;

сонсго|х to notify, inform, report;

сонсдо|х to become known; to be heard, be audible;

сонсогдо|х to be heard; to become known; танайхаар сонин юу сонсогдож байна? what news have you of yourself? чамайг шинэ роман бичиж байна гэж сонсогдох юм we hear you are writing a new novel;

сонсогч hearer, listener; audience;

сонсол hearing; audition;

сонсо|х to listen to, hear; лекц ~ to attend a lecture; хөгжим ~ to listen to music; тэр ер миний үгийг сонсдоггүй he never listens to my advice; би шөнө дунд хачин чимээ сонсов I heard funny noise in the middle of the night;

сонсохуй hearing;

сонсуула|х to let listen; to give to listen;

соньхон very interesting;

соосог dummy;

соотгоно|х (of animals) to move the ears;

соотгор having pointed ears;

соотон see **соотгор**;

соохгоно|х to behave in an affected manner;

соохгор showing affectation; boastful;

соохой|х to be affected, be boastful;

соохолзо|х to brag of, plume oneself on,

boast of;

сопран soprano (voice);

сор a long hair of fur; the best of sth;

сорви scar, cicatrice;

сорвижилт cicatrization, scarring;

сорвито|х to form a scar;

сорmaps keen of hearing; vigilant, watchful;

сорилго test, trial, testing;

сорилт test, experiment;

сори|х to test, put to the test, examine;

сорло|х to select or pick out sth good;

сормуус eyelash;

сорогдох to be sucked, be absorbed;

сорогч a person or thing that sucks; цус ~ blood sucker; шим шүүс ~ parasite; бусдын хөдөлмөрийг ~ parasite, sponger; тоос ~ vacuum cleaner;

соролт sucking, suction; absorption;

сором blind person;

соронзон magnet; ~ талбай magnetic field; ~ туйл magnetic pole; ~ гүр magnetite, loadstone; ~ гажиг magnetic anomaly; ~ той magnetized;

соронздо|х to magnetize;

соро|х to suck in; to absorb, imbibe; to draw in; тэр эмэгтэй гуурсаар ус сорж байв she was sucking water through a straw; тамхи ~ to draw at a cigarette;

сорс(он) liver wrapped in epiploon and broiled;

сорсло|х I to broil a liver wrapped in epiploon;

сорсло|х II to lay out pieces of wool (in making felt);

сорсон antelope skin;

сортгор having pointed ears (of animals);

сортойлго|х to prick up the ears;

сортолзо|х (of animals) to move repeatedly pointed ears;

сортоо zest, spirit;

сортоогүй sluggish, inactive, inert;

соруул mouthpiece;

соруула|х to cause to suck out;

сорьц standard (measure of purity of gold); sample; 960 сорьцын алт 24 carat gold;

сох blind; wholly, fully; ~ хатгах to put out someone's eyes, make blind; ~ дутах to lack completely;

сохло|х 1. to make unable to see; 2. to rub out, erase;

сохой|х to become blind; to look like a

blind; (of light) to grow dim;

сохолзо|х to behave like a blind; to emit a dim light;

сохор blind; нэг нүд нь ~ blind in one eye; ~ хүн a blind person, a blind; төрөлхийн ~ blind from birth; ~ болох to become blind; ~ номин (zool.) mole; би нүдний шилгүй бол ~ номинтой адил I'm as blind as a mole without my glasses; сохроор хийх to act blindly;

сохро|х to become blind, go blind; цэрэг тулалдаанд сохорчээ the soldier was blinded in battle;

социал-демократ a social-democrat;

сочи|х to start, wince; тэр эмэгтэй чимээнээс сочив she started at the noise;

сөг interjection used to make a camel kneel;

сөгдө|х to kneel to; to be kneeling, be on one's knees; to genuflect;

сөгдүүлэ|х to bring someone to his knees; to bend to one's will;

сөглө|х to urge a camel to kneel;

сөгнө|х to put out a vessel of айраг and wine for guests;

сөгөө ability to do sth; ~ тасрах to be unable to do sth;

сөгтгө|х to bring someone to his knees;

сөд sage, wise man;

сөдгий not fond of being with people;

сөдгөр 1. uplifted; sticking out, curtailed; 2. short of temper, short-tempered;

сөдлөг I feathering, plumage;

сөдлөг II a detour;

сөделзэ|х (of sth sticking out) to move;

сөдрөг hoof disease;

сөл grass which has remained green during the fall;

сөлжир slanting, oblique; squinting;

сөлий|х to be cross-eyed;

сөлөлзэ|х to cast a sidelong look at;

сөлөр cross-eyed;

сөмс vegetable broth; sauce;

сөн айраг and wine prepared for guests; ~ түших to serve айраг and wine at a banquet;

сөндлөгө ford, crossing of a river;

сөнөл crash, failure;

сөнөөгч destroyer; ~ онгоц fighter (aircraft); гал сөнөөгч fire extinguisher;

сөнөө|х to destroy, annihilate; to wipe out; to exterminate, extirpate; дайсныг ~ to wipe out the enemy's forces; гал ~ to extinguish a fire;

сөнө|х to perish; to be destroyed; to be exterminated; сөнөсөн галт уул extinct volcano;

сөнчин person serving айраг and wine at a banquet;

сөөг shrub;

сөөг сөөг interjection to make a camel kneel;

сөөлжир obliquely, slantwise; odd (not forming a pair);

сөөлжи|х to slant, become oblique;

сөөм a Mongolian measure, the short span between the top of the thumb and the top of the forefinger;

сөөмлө|х to measure with the top of the thumb and forefinger;

сөөнгө hoarse, hoarse-voiced;

сөөнгөдүү rather hoarse;

сөөнгөтө|х to become hoarse;

сөөргөө back, backwards; ~ явах to go back; to return;

сөө|х to become hoarse, lose one's voice;

сөөхий a kind of boots - the lower part of leather and the legs of wadded cloth;

сөрвийх to be tousled, be ruffled;

сөргөлдөөн confrontation, controversy, disagreement;

сөргөлдө|х to act against each other; to confront;

сөргөө|х to do or act against; to protest against, object to;

сөргө|х to protest against, object to; to go against, oppose, counteract;

сөргөцөлдө|х to act against each other;

сөргүү opposed, contrary;

сөрдгөр protruding, stuck-out;

сөрөг opposed, contrary, opposing; against; negative; ~ хүч the opposition; ~ нам an opposite party;

сөрө|х to go against; to protest against, object to; салхи ~ to go against the wind; урсгал ~ to go against the current or tide;

сөрс stubborn, obstinate;

сөс I bile, gall, spleen; ~ний гэр gall-bladder; ~ний чулуу gall stone;

сөс II daring, boldness; ~ их bold, daring; ~ хэмхрэх to be terrified;

сөх snow-drift;

сөхөгдө|х caus. of сөхөх; to be raised slightly, be lifted slightly; хэрэг ~ (leg.) to be reopened (a case);

сөхөгнө|х to lick someone's boots;

сөхөлзө|х to kneel repeatedly;

191

сөхөө *ability, power;*

сөхөөл *oppression;*

сөхөө|х *to oppress, keep down; to censure, condemn;*

сөхө|х *to lift up or raise sth hanging; to open; (leg.) to reopen a case;* хамраа ~ *to get a false idea of one's own importance;*

сөхрө|х *to kneel;* сөхөртлөө ажиллах *to work to the point of exhaustion;* өвдөг ~ *to genuflect;* тэр тахилын өмнө өвдөг сөхрөв *he genuflected before the altar;*

сөхрүүлэ|х *to bring to the knees;*

СПИД *(med.) AIDS;*

спирт *alcohol, spirit(s);* цэвэр ~ *absolute alcohol;* модны ~ *wood alcohol;* ариутгах ~ *methylated spirits;*

спорт *sport;* ~ын тэмцээнүүд *sports, sporting competitions;* ~ын хэрэгсэл *sports goods, sports kit;*

стандарт *standard;*

стандартжуула|х *to standardize;*

стандартчилал *standardization;*

станц *station;* усан цахилгаан ~ *hydro-electric power station;* гариг хоорондын ~ *interplanetary station;* цахилгаан ~ *electric power station;* цаг уурын ~ *meteorological station;*

статистик *statistics;*

стереометри *stereometry, solid geometry;*

стратег *strategy;*

стратегич *strategist;*

субъектив *subjective; subjectivity;*

сув *(intensifying particle):* ~сулхан *quite weak;*

суваг *ditch; canal; channel; (anat.) duct, canal;* Панамын суваг хоёр далайг холбодог *the Panama canal joins two oceans;* ~ шуудуу *ditch;* шээсний ~ *(anat.) urethra;*

сувай *barren, dry (of cows);*

сувайралт *infertility (in livestock);*

сувайра|х *to be barren, dry (of cows);*

сувд *pearl;* сувдан сондор *pearl necklace;*

сувдаг *greedy, grasping;*

сувдагла|х *to show cupidity or greed;*

сувдлиг *pearly, pearl-like;*

сувилагч *nurse;*

сувилал *nursing, tending, looking after;* сувиллын газар *sanatorium;*

сувила|х *to nurse, tend; to look after;*

сувилгаа see **сувилал**;

сувраа *column; series;* ~ тоо *column of figures;*

суврага *stupa, pagoda; pyramid;*

суврага|х *to follow or go after each other;*

сувс I *weak homemade vodka getting from final distillation;*

сувс II *beads;*

сувьдаг see **сувдаг**;

суга I *armpit;* ~ таяг *crutch;* сугандаа хавчуулах *to put under one's arm;*

суга II *(adverbial particle used to indicate a sudden jerky movement):* ~ татах *to pull out, snatch out/away from;* ~ үсрэх *to fall out, tumble out;* ~ цохих *to knock out, beat out;*

сугавчла|х *to put under one's arm; to hold under the arm; to take under the arm;*

сугада|х *to take under the armpits;*

сугалаа *lottery, raffle; lot;*

сугала|х *to pull out, extract;* сугалаа ~ *to draw lots or lottery tickets;* шүд ~ *to extract a tooth;* сэлэм ~ *to draw a sword;* гутлаа сугалж хаях *to take off one's shoes;*

сугалдрагала|х *to pull out one's garment (usually дээл) sleeve in hot weather;*

сугалдрагалан *with one sleeve pulled out;*

Сугар *Friday; Venus;*

сугара|х *to fall out; to slip out;*

сугачи|х *to draw or pull out repeatedly; to fall out suddenly;*

сугсра|х *to shake sth off; to shake severely;*

судаг *narrow, shallow gully;*

судал I *vein, artery, blood vessel; nerve;* хий ~ *nerves;* мэдрэлийн ~ *nerve;*

судал II *stripe; vein; (min.) vein, lode;* цагаан ба цэнхэр ~тай даавуу *material in blue and white stripes;* навчны ~ *a vein of the leaf;* алтны ~ *a vein of gold;*

судалта|х *to become veined; to become stripped;*

судар *sutra; book; textbook; manuscript;* түүх ~ *chronicle, annals;* бичиг ~ *sutra manuscript;* удам ~ *genealogy, kin or stock (of family);*

судас *blood vessel; vein, artery, pulse;* ~ барих *to feel the pulse;*

судлаагүй *unknown, unexplored; not experienced before;*

судлагаа *study, research;*

судлагда|х *to be studied, be explored, be experienced;*

судлагдахуун *topics to be studied; subjects of the research;*

судлагч *researcher; investigator; explorer;*

судлал *study, research; investigation; exploration;* амьтан ~ *zoology;* ургамал ~

botany; сансар ~ *space exploration;* агуй ~ *speleology;* шувууны ~ *ornithology;* шавьж ~ *entomology;*

судлалч see **судлагч;**

судла|х *to study, investigate, research;*

судлахуун *object of study or research;*

суйла|х I *to thrust one's hand into sth; to steal, pinch;* миний түрийвчийг суйлжээ *I have had my wallet stolen;*

суйла|х II *to grab one's opponent by the leg in wrestling;*

сул *weak; empty, vacant, unoccupied, free, loose; poor;* ~ яриа *idle talk;* ~ орон тоо *vacancy;* ~ өрөө *a vacant room;* энэ суудал ~ уу? *is this seat free?* ~ болох *to weaken, grow weak(er), come loose;* ~ тал *weak point, weak place;* давс нь ~ *insufficient salting;* ~ зогсох *standing idle, enforced idleness;* ~ зогсолтын мөнгө *demurrage;* ~ шороо *loose soil;* дэл ~ хүн *an idle person;* дэл ~ хэвтэх *(of things) to lie idle;* гар ~тай *free-handed;* ам ~тай *talkative, blurting out the secrets;* ~ авах *to buy for a song;* ~ өгөх *to sell very cheaply;* ~ биетэй *weak, sickly;* ~ сайд *State Minister;* ~ цалин *pension;*

сулавтар *somewhat weak, rather loose;*

сулбагар *tasteless; weak, sickly;*

сулбай|х *to become weak; to become tasteless;*

сулдай|х *to become tired or exhausted;*

сулда|х *to be too weak; to be insufficient (in flavour, strength, etc);*

суллагда|х *to be released;*

сулла|х 1. *to free, make free (from); to set free;* 2. *to vacate; to empty; to give up living in;* зочин өрөөгөө арван нэгэн цагт ~ ёстой *the guest must vacate his room by 11 o'clock;* тэд олон шил суллав *they emptied a great deal of bottles;* гэрээ/байшингаа суллаж өгөх *to vacate one's гэр/house for sb else;*

сулралт *weakening; slackening, relaxation;*

сулра|х *to get weak; to become empty; to come loose;* дээс суларчээ *the rope have loosened;* тоглолтын дараа танхим хурдан суларав *the hall emptied quickly after the concert;* түүнийг явснаас хойш багийн хүч сулрав *his departure weakened the team;*

сулруула|х *to weaken, make weaker; to loosen;* өвчин эмэгтэйн зүрхний ажиллагааг сулруулав *the illness weakened her heart;*

султгал *weakening, loosening;*

султга|х *to weaken, loosen;*

сулхан *rather weak, very loose; poor;*

сульдаа *weakness, exhaustion;*

сульда|х *to be exhausted, become weak(er), get tired;*

сульфат *(chem.) sulphate;*

сум(ан) I *cartridge, bullet; arrow;* ~тай буу *a loaded gun;* ~ны шарх *a bullet wound;* ~ны хонгио *cartridge case;* их бууны ~ *artillery shell;* зэрлэг ~ *a stray bullet;* нум ~ *bow and arrow;* ~ тоолох *to hit the target with every arrow;* ~аар заах *to indicate by arrow;*

сум II *a territorial administrative unit subordinate to an аймаг;*

сум(ан) III *ebony, ebony tree;* ~ан ташуур *a whip made of ebony wood;*

суман *(mil.) company;*

сумла|х *to load a firearm;*

сумчин *(railways) pointsman, switchman;*

Сумьяа *Monday; the moon (as a planet);*

сунагар *long and thin; tall and slender;* ~ биетэй хүүхэн *a girl having a good figure;* ~ гэзэг *long braid;*

сунай|х *to be tall and slender;*

сэналт *tension; stretch, stretching;*

сунамал *stretched out;*

суна|х *to become stretched; to sprawl;*

сунгаа *long-distance training (of a race-horse);*

сунга|х *to stretch out, lengthen; to extend, prolong;* би гэрэл асаахаар гараа сунгав *I stretched out my arm to turn on the light;* виз ~ *to extend a visa;* амралт ~ *to extend leave;*

сунгуу *stretching; extended;* ~ өдрийн сургууль *extended-day school;* ~ газар *fairly far distance;*

сунгуула|х *caus. of* сунгах; *to let to extend;*

сундаг *rubber; elastic;*

сундла|х *to ride two on the same horse, one sitting behind the other; to ride pillion;* дугуй дээр ~ *to ride pillion;*

сундуй : ундуй ~ *disorderly, straggling, higgledy-piggledy;*

сунжи|х *to continue for a long time;*

сунжра|х *to be delayed; to linger; to be dragged out, drag on;* үдэшлэг шөнө дунд хүртэл сунжрав *the party dragged on till midnight;* үг ~ *(of a word) to be corrupted;* төрөл ~ *to be in distant relationship (of relatives);*

сунжруула|х *caus. of* сунжрах; *to drag out, spin out;*

сунжуу *long drawn-out, lingering;*

сунна|х *to stretch oneself;*

сунчин *spirit(s); heart; strength for;* ~ хүрэхгүй байна *I have not the heart to;* ~ хүрэх *to have the strength for;*

сур(ан) *leather-straps, thongs;* суран бүс *leather belt;* ~ харвах *to shoot with bow and arrow;*

сураг *news, piece of news; rumour, hearsay;* ~ танаггүй алга болох *to be missing;* ~ чимээгүй *not a word has been heard of;* ... ~тай байх *it is rumoured that;*

сураггүй *missing, lost;*

сурагла|х *to ask about; to apply for information to; to make inquiries; to find out;*

сурагч *pupil; learner;*

сурал *search; investigation;*

суралцагсад *students;*

суралца|х *to learn or study all together;* эмэгтэй бүжигчин болохоор суралцаж байна *she is learning to be a dancer;*

сурамгай *experienced, practised, trained; accustomed;* ~ худалч *a practised liar;*

сура|х I *to learn, study; to gain knowledge; to acquire or get handy through constant practice; to get into the habit of; to study (to be, to become), learn (to be); to train oneself to, school oneself to; to become inured to;* би англи хэл ~аар оролдож байна *I'm trying to learn English;* монгол хэл ~ *to learn or study Mongolian;* сэлж ~ *to learn (how) to swim;* ~аар ирэх *to come to learn or study;* сургуульд ~ *to go to, be at school;* тэр орчуулагч болохоор сурч байна *he is studying to be an interpreter;* бид ингэж сураагүй *it is not our habit, not our practice;* тэр тамхи татаад сурчихсан юм *he has got into the habit of smoking;*

сура|х II *to ask about; to find out;* эрж ~ *to look for, search for;* асууж ~ *to inquire about;* тэр миний нөхрийг сурав *he asked to see my husband;*

сурвалж *source; genealogy;* орлогын эх ~ *a source of income;* түүхийн эх ~ *a historical source;* мэдээллийн эх ~ *a source of information;*

сурвалжит *hereditary; aristocratic, from noble families;* ~ гэр бүл *an aristocratic family;* ~ эрдэмтэн *a hereditary scholar;*

сурвалжлага *reportage, interview;* хэвлэл, радио, телевизийн ~ *Press, Radio, TV interview;*

сурвалжлагч *reporter, correspondent;* тэр бол "Ардчилал" сонины ~ *he is the 'Ardchilal' correspondent;*

сурвалжла|х *to report, write or give an account of (a piece of news); to try to find out;*

сурвалжтан *nobleman, aristocrat;*

сургааг(ан) *a long piece of wood;*

сургаал *teaching; moral; doctrine;*

сургагч *trainer, instructor;* амьтан ~ *animal trainer;* эмнэг ~ *horse breaker;*

сургалт *teaching, training, instruction;* ‹

сургамж *homily, preaching, lecture; lesson;* энэ явдал чамд ~ болог *let that be a lesson to you;*

сургамжла|х *to teach a moral lesson, preach at, lecture;* намайг сургамжлахаа болиоч *stop lecturing me;*

сургамжтай *giving a lesson, instructive, edifying;*

сурга|х *to teach, instruct, train, school to/in; to inure, accustom; to edify, preach at, lecture;* хүүхдийг бичиж ~ *to teach the child to write;* төгөлдөр хуур тоглож ~ *to teach to play the piano;* би түүнийг сургаад өгье! *I'll teach him a lesson;* тэрэг жолоодохыг зааж ~ *to instruct in driving;* шинэ ажилд ~ *to train for a new job;* эмнэг ~ *to break in (a horse);* нохой ~ *to train a dog;* тэднийг ёс журамд сайн сургажээ *they have been well schooled in etiquette;*

сургуулила|х *(theatr.) to rehearse; to coach;*

сургууль *school; schooling, training; lesson;* ~д явах *to go to school;* ~ төгсөх *to leave school;* дээд ~ *university, college;* сургуулийн сурагч *schoolboy or schoolgirl;* сургуулийн нас *school age;* сургуулийн багш *schoolteacher, schoolmaster;* цэргийн ~ *military school;* дунд ~ *secondary school;* ~ хийх *to rehearse; to coach oneself, train oneself; to be in training;* бага ~ *primary school;* хувийн ~ *private school;* улсын ~ *state school;* сонгодог бүжгийн ~ *ballet school;* Хегелийн гүн ухааны ~ *the Hegelian school;* жолооны ~ *driving school;* цэргийн хээрийн ~ *military exercises;* сайн ~тай нохой *a well trained dog;* энэ нь түүнд сайн ~ болов *that taught him a good lesson;*

сурлага *progress (in studies); studies, studying, learning;*

сурмаг *see* **сурамгай**;

суртал *code of morals, customs; propa-*

ganda; dogma; зан ~ customs; ёс ~ morals;
үзэл ~ propaganda; марксист ~ Marxist
dogma;

сурталда│х to lecture, preach to;

сурталтан dogmatic person; хүнд ~ bureau-
crat;

сурталч propagandist;

сурталчла│х to engage in propaganda for;
to propagandize; to advertise, publicize; бараа
~ to advertise goods; марксизм ~ to propa-
gandize Marxism;

суртахуун morals; хэв ~ customs; tradition;
ёс ~ morals;

суруула│х to be wanted by;

сурхира│х to whistle (a bullet);

сурчин archer;

суу genius;

суугаа sitting (adj.)

суугч dweller;

суудаг dwelling, residential, inhabited; ~
байшин dwelling house, block of flats; хүн ам
~ хороолол residential area; хотод ~ хүн city
or town dweller;

суудал seat; -seater; суудлын машин a car;
суудлын галт тэрэг a passanger train;

суулга I : сав суулга containers, vessels;
шилэн сав ~ glassware;

суулга II (med.) stool; улаан ~ (med.) dys-
entery;

суулга│х I to seat; to set, put; to plant; мод ~
to plant a tree; шилжүүлэн ~ (med.) trans-
plantation; to move, resettle; хүүхдүүдийг
хаана ~ вэ? where shall we seat the children?
сандал дээр ~ to seat sb on a chair; хананд
суулгасан дэлгэц a screen set in a wall;
шоронд ~ to put into prison;

суулга│х II to have a diarrhoea;

суултуур lavatory-pan;

суулца│х to seat together; to take part to-
gether; орой хамт ~ to spend an evening to-
gether;

суумал sitting;

суумгай sedentary; unable to move; ~ ажил
a sedentary job;

суумхай prone to sit a long time;

суунаг I creeping mist or smoke;

суунаг II trace of the comet;

суунагла│х (of smoke) to curl;

сууригүй without a base; baseless, un-
founded, lacking foundation; unsteady; байр
~ unstabbe, frivolous;

суурил│ах to base oneself on; to be based
on, be founded on; to divide up the livestock
into herds;

суурилуула│х caus. of суурилах; to place
on a pedestal; to instal (machinery, etc.);

суурин settlement (of urban type); (of a stay
or residence) permanent; stationary;

сууринши│х to settle, take up residence;

суурь 1. stand, base; foundations, pedestal;
foundation, basis; basic; лааны ~ a candle-
stick; ажилчид шинэ эмнэлгийн ~ тавьж
байна the workmen are laying the foundations
of the new hospital; боловсролын ~ нь унших,
бичих ба дөрвөн аргын тоо юм the basics of
education are reading, writing, and simple
arithmetic; 2. place; site; position, stand;
seat; байр ~ ээлэх to take up a position; to
take one's stand; буурь ~ staidness, sedate-
ness; 3. a group of livestock, a herd;

суурьтай stable, well-founded, firmly based;

суурьшил settled way of life;

суурьшилгүй nomadic, moving from place
to place;

суурьшилтай settled, fixed;

суурьши│х to take up residence, make one's
home, settle; тэд гэрлээд Манчестерын
ойролцоо суурьшив they got married and
settled near Manchester;

суурьшуула│х caus. of суурьших; to settle
sb in some place; хотын нутаг дэвсгэрт ~ to
settle them in urban area;

суусар (zool.) marten;

суут great, of genius; ~ удирдагч a great
leader;

суутгал deduction; цалингийн ~ууд deduc-
tions from salary;

суутга│х to deduct, keep back; цалингаас ~
to stop from wages; миний цалингийн гучин
хувийг татварт суутгав 30 per cent of my sal-
ary is deducted for tax;

суутгуула│х caus. of суутгах; to be deducted;

суу│х to sit down; to board, take; to alight,
settle, perch; явган ~ to squat; галт тэргэнд
~ to board a train; хаан ширээнд ~ to come to
the throne, mount the throne; хүнтэй ~ to
marry, get married to; шоронд ~ to be in
prison, serve a term of imprisonment; зүгээр
~ to have nothing to do; мах ~ to grow fat or
stout; хуралд ~ to take part in a meeting;
гэдрэг ~ (of animals) to move backwards; to
sit back; to be lazy, idle; хойш ~ to be lazy,

idle; хөлд нь ~ to coax sth out of sb; оршин ~ to live, reside; мөнгөөр ~ to be without money; хир ~ to become dirty; ухаан ~ to grow wiser; буурь ~ to become staid, become respectable; машин шаварт суужээ the car got stuck in the mud;

сууц lodging, (living) accommodation; орон ~ны барилга dwelling house, block of flats; орон ~ны хороолол residential area;

сүв 1. slit, narrow opening; an excavated passage; loophole; way out; зүүний ~ the eye of a needle; хавцал ~ defile in a mountain; орох гарах ~ inlet and outlet; шээх ~ (anat.) urethra; бүх нүх ~ийг мэдэх to know all the ins and outs; энэ байдлаас гарах арга ~ байсангүй there was no way out of this situation; 2. genitals, sexual organs; эр ~ a male sexual organ; эм ~ a female sexual organ; эр ~тэй male;

сүвлэ|х to thread a needle;

сүвэгч 1. the eye of a needle; 2. tapered off thread for threading a needle;

сүвэгчлэ|х to look for possibility; to find way out of;

сүвээ the side of a person, between the armpit and the hip;

сүг spectre, ghost, phantom, apparition; хий ~ ghost, spectre; apparition; хүний ~ (of a very thin person) walking skeleton;

сүеэ shoot, sprout;

сүеэлэ|х to sprout, come up;

сүж 1. (of animals) giving a lot of milk; 2. (of wells) full, having high water-level; 3. (of animals) attached to its young;

сүжиг faith, belief in;

сүжиглэ|х to believe, have faith in; бурханд ~ to believe in Buddha;

сүжигтэн believer;

сүй (obs.) the property that a man gives to his bride's family;

сүйд I detriment, damage, injury; ~ хийх to damage, injure; ~ийн манан хадаах to do a great deal of harm to;

сүйд II overly familiar; ~ болох to be overly familiar;

сүйдлэ|х to damage, injure, harm;

сүйдэл wrecking, act of sabotage;

сүйдэ|х to be ruined; to lose everything, go broke; to get into trouble; to be lost;

сүйжин rock crystal;

сүйрүүлэ|х caus. of сүйрэх; to destroy,

ravage, devastate, ruin;

сүйрэл wreck, crash, failure; devastation, ruin; downfall, collapse; усан онгоцны ~ shipwreck; эртний сүм ~д оржээ the ancient temple had fallen into ruin; өнөө өглөө онгоцны ~ болов there was a plane crash this morning;

сүйрэ|х to crash, collapse, be devastated, be ruined; бидний төлөвлөгөө сүйрэв our plans collapsed; компани эхний жилдээ л сүйрэв the company collapsed in its first year;

сүйт intended; betrothed, engaged; ~ залуу a fiancé;

сүйтгэгч wrecker, saboteur; хорлон ~ saboteur, wrecker; үрэн ~ squanderer;

сүйтгэл indemnity, contribution; damages; дайны ~ war indemnity, contribution;

сүйтгэ|х to destroy, ravage, ruin, devastate; to squander, blow; үрэх ~ to squander, blow;

сүйтэлзэ|х to limp slightly;

сүйх 1. carriage, coach; 2. drop ear-rings;

сүйхээ 1. connexions, contacts; тэр ~ ихтэй хүн he has many influential connexions; 2. shrewdness;

сүлбэлдэ|х to plot, intrigue, conspire; тэд түүнийг хөнөөхөөр сүлбэлдэж байна they're plotting to kill him;

сүлбэ|х to prick, pierce, pin;

сүлбээ connexions; tie, bond, link; холбоо ~ connexions, contacts; ураг удмын ~ kinship ties;

сүлбээр a pin; гэзэгний ~ hairpin; ~ зүү safety pin;

сүлд greatness, grandeur; ~ жавхлан grandeur, splendour; сүр ~ greatness, power; ~ тэмдэг arms, coat of arms; төрийн ~ National Emblem; ~ дуулал hymn; ~ мод Christmas-tree;

сүлжилдэх to move in and out; to weave about;

сүлжи|х to braid, plait, weave, tat, interlace; сүлжсэн үс plaited hair; тор ~ to net;

сүлжмэл plaited; knitted; ~ хувцас knitted wear; ~ сурав бүс a plaited leather belt; ~ийн үйлдвэр knitted-goods factory;

сүлжмэлчин knitter;

сүлжээ plain, knit; network, system; үгийн ~ crossword, puzzle; Британы төмөр замын ~ Britain's railway network; геодезийн ~ geodetic network;

сүлжээлэ|х to braid, plait, knit;

196

сүлжээс *plain, knit;*
сүлмүү : өлмүү ~ *hardly, scarcely, barely, only just;*
сүлэ|х **I** *to add milk in tea;*
сүлэ|х **II** *to sow disagreement between people; to engage in intrigue, scheme;*
сүм *temple, cathedral, church (building and organization);* ~ хийд *monastery;* Мормоны ~ *Mormon's church;* Буддын шашны ~ *Buddhist's temple;*
сүмбэ *ramrod, a stick for cleaning a gun;*
сүмгэр *see* сүүмгэр;
сүмий|х *see* сүүмийх;
сүмс *sauce;*
сүнгэнэ|х **1.** *to whistle;* яндангаар салхи сүнгэнэж байв *the wind whistled in the chimney;* **2.** *to speed along, tear along;*
сүндэрлэ|х *to tower above, be very tall;*
сүндэс *female elk;*
сүнс *spectre, ghost;* ~ халих *to give up the ghost;* ~энд итгэх үзэл *animism;* ~ минь зайлав *my heart sank to my boots;*
сүнсгүй *unscrupulous, dishonest;*
сүр **I** *greatness, grandeur; power, might;* ~ жавхлан *grandeur, majesty, splendour;* ~ хүч *power, might;* нэр ~ *authority, prestige;* ~ бадруулах *to assume an air of importance or pomposity; to strike fear into someone; (fig.) to make a mountain out of a mole-hill;* ~ээр дарах *to conquer through bravery, superiority or spiritual power;*
сүр **II** : ~ сар хийх чимээ *rustle, rustling;*
сүрдүүлэг *threat, menace;*
сүрдүүлэ|х *to threaten, put into fear;*
сүрдэмхий *fearful, timid;*
сүрдэ|х *to get fear or despondency on account of bravery and power, be overpowered, awed;*
сүржигнэ|х *to bluster, rant;*
сүржин *pompous, bombastic;*
сүрлэг *stately, majestic, grand;*
сүртэй *pompous; imposing, majestic;*
сүрхий *serious; strong; very, extremely, very much, greatly; badly;* ~ үнэр *strong smell;* ~ хүйтэн *hard frost;* ~ халуун *extremely hot;* ~ үг *impressive speech, strong language;* ~ нойр *sound sleep;* ~ дутагдал *serious defect;* ~ авгай *virago;*
сүрчиг *perfume, cologne, deodorant;*
сүрши|х *to spray, sprinkle;*
сүршүүр *watering can; pulverizer, atom-*

izer, *sprayer;*
сүрьеэ *tuberculosis;* уушигны ~ *pulmonary tuberculosis;*
сүрэг *herd, flock, crowd;* адуун ~ *a herd of horses;* шувууны ~ *a flock birds;* мал ~ *domestic cattle, livestock;* чонын ~ *a pack of wolves;* ~ хулгайч *a pack of thieves;*
сүрэглэ|х *to form a herd, form a group; to crowd;*
сүрэгчин *herdsman, shepherd;*
сүрэл *stalk, straw;*
сүсэг *religious worship, faith; belief;* ~ бишрэл *religious worship, faith, devotion;* мухар ~ *superstition;*
сүсэглэ|х *to worship; to believe in, have faith in;*
сүсэгтэй *devout, pious, religious;*
сүсэгтэн *believers, devotees;*
сүү(н) *milk;* ~тэй цай *tea with milk;* сүүн шүд *milk tooth;* сүүн тэжээлтэн *(zool.) mammal;* богшоосон ~ *condensed milk;* борцолсон ~ *dried milk;* ~ний аж ахуй *dairy farm;* тараг ~ *dairy products;* ~ний чиглэлийн мал *dairy cattle;* ~ саах *to milk;* ~тэй үнээ *milch cow;* ~ шиг цагаан *white as milk;*
сүүдгэр *vague, indistinct, unclear;*
сүүдий|х *to be vague, be indistinct, be unclear;*
сүүдрэвч *veranda, pavilion, kiosk; summerhouse;*
сүүдэгнэ|х *see* сүүтгэнэх;
сүүдэр **I** *shade, shadow;* ~т суух *to sit in the shade;* ~ тал *shady side;* тэр өөрийнхөө сүүдрээс хүртэл айж байдаг тийм аймхай амьтан шүү *he's such a timid chap, he's afraid of his own shadow;*
сүүдэр **II** *age, years;* нас ~ *age;*
сүүдэрлэ|х *to shade, shadow;*
сүүдэртэ|х *to be shadowy;*
сүүж *upper part of the thigh bone;*
сүүл **I** *tail; rear, end, tail end;* ахар ~ *(anat.) coccyx;* нохойны ~ *dog's tail;* загасны ~ *fish's tail;* хонины ~ *fat sheep-tail;* онгоцны ~ *tail of the plane;* номын ~ *an end of the book;* годон ~ *a short tail;* ~ээ шарвалзуулах *to wag one's tail;* ~ээ сэхэх *to lift one's tail; to get on one's high horse;* ~ээ хавчих *to draw in one's horns;* ~ барих/мушгих *to get behind, lag behind;* ~ агсах *to lift one's tail;* ~ээ сэрвээн дээрээ тавих *to give oneself airs, become conceited;*
сүүл **II** *attached final stroke to the right*

forming a and e in Mongol script;

сүүлд *afterwards; later (on); then, after that;* бид ~ ирнэ *we shall come later;* тэр бусдаас ~ ирэв *he came last;*

сүүлдэ|х 1. *to grasp by the tail;* 2. *to be last, lag behind;*

сүүлдээ *finally;*

сүүлийн *last, final; latest, recent; latter; actualites, fudge, day's news;*

сүүлт *having a tail, tailed;*

сүүлч *the last, end; last;* тэд дарсны ~ийг ууж дуусгав *they drank up the last of the wine;* "Шидэт лимбэ" нь Моцартын ~ийн дуурь байв *'The Magic Flute' was Mozart's last opera;* ~ийн удаа *for the last time;*

сүүлэ|х *to put milk into tea;*

сүүлээр *later, afterwards;* би ~ хэлье *I'll tell you later;*

сүүмгэр *not bright, dim;* ~ гэрэл *dim light;*

сүүмий|х *to become dim;*

сүүмхий *dim, dull, colourless;* ~ хүн *a person with poor vision;*

сүүмэгнэ|х *(of dim light) to be visible from afar;*

сүүмэлзэ|х *to twinkle; to be dimly visible;* ~ одод *twinkling stars;*

сүүрс : ~ алдах *to heave a sigh;*

сүүтгэнэ|х *(of objects) to be dimly visible and move;*

сүүхээ *see* **сүйхээ;**

сүх *axe;* том ~ *large axe;* жижиг ~ *hatchet;* ~ний иш *axe handle;*

сүхдэ|х *to cut with an axe, chop;*

сүхэвч *hatchet;*

схем *sketch, diagram;*

сэв I *defect, flaw, blemish;* ~тэй бараа *defective goods;* ~тэй учир дарсны хундаганууд тал үнээрээ зарагджээ *the wine glasses were sold at half price because of blemishes in the crystal;*

сэв II *intensifying particle preceding certain adjectives and adverbs beginning with сэ:* ~ сэрүүн *very cool;*

сэвгүй *undamaged, flawless;*

сэвлэг *baby's hair;*

сэврэ|х *to dry a little;*

сэврээгүй *not dry;*

сэвр|ээх *to dry;* салхинд ~ *to dry sth in the wind;*

сэвс *the dung contained in the stomach of an animal; cud;*

сэвсгэр *loose; fluffy; light; friable;* ~ цас *fluffy snow;* ~ боов *light pie;*

сэвсийлгэ|х *to fluff, loosen, make friable;*

сэвсий|х *to become friable, fluffy, or light;*

сэвтэ|х *to get stained or spotty;*

сэвүүн I *new, strange, unusual, odd, peculiar; nice, pleasant;* ~ юм *a marvellous thing;* ~ үгс *strange words;*

сэвүүн II *conceited, arrogant, strutting;*

сэвүүр *a fan;* цаасан ~ *a paper fan;*

сэвх *freckles;*

сэвхий|х 1. *to feel refreshed after resting;* 2. *(of a person) to move quickly and easily;*

сэвхтэ|х *to become freckled; the appearing dark spots in the face;*

сэвшээ : ~ салхи *gentle breeze;*

сэвшээлэ|х *(of gentle breeze) to blow;*

сэвэг *(wicker) basket;*

сэвэгнэ|х *(of wind) to blow gently; to wave sth slightly in the air; (of a person) to be agile;*

сэвэлзүүр *fresh (of wind); lively, agile; empty-headed, unstable;*

сэвэлзэ|х *(of wind) to blow gently; (of a person) to move quickly and easily;*

сэвэ|х *to fan in order to cool sth; to fan oneself; to air;*

сэг I *carrion;* зарим шувууд ~ээр хооллодог *some birds feed on carrion;*

сэг II *interval, break, intermission;* ажил ~ хийх *to break a work;*

сэггүй *without a break, uninterrupted;* бороо ~ гурван өдөр оров *it rained for three days on end;*

сэглэг *jog trot;*

сэглэгэр *shaggy, fluffy;*

сэглэ|х *to corrupt, mutilate, damage, mess up;*

сэгсгэр *tousled, dishevelled; shaggy, fluffy;* ~ нохой *a shaggy dog;*

сэгсийлгэ|х *to tousle, fluff;*

сэгсий|х *to become dishevelled or tousled;*

сэгсрэлт *an act of shaking, a shake;* эмэгтэй толгойн ~ээр "үгүй" гэж хариулав *she answered "no" with a shake of the head;*

сэгсрэ|х *to shake out, shake;* толгойгоо ~ *to shake one's head;* ширдэг ~ *to shake out a mat;*

сэгсүүрэг *sheepskin with long fleece;*

сэгсчи|х *to bump along, jog along; to be jolted;* тэрэг донсолгоотой замаар сэгсчиж явав *the carriage jogged along the rough* road;

сэгсэгнэ|х to move about with bristling hair;

сэгсэлээ|х see **сэгсэгнэх**;

сэгхий|х to interrupt, take a short rest;

сэгэлдрэг cord, lace, loop;

сэгээ native wit, sharpness; smartness; grasp;

сэгээлэ|х to be smart; to see the point of, grasp;

сэгээтэй sharp, keen-witted, smart;

сэдлэг initiative;

сэдрэ|х to develop, expand; (of illness) to get worse, deteriorate, become complicated;

сэдрээ|х to complicate, make deteriorate;

сэдэв theme; subject; topic; text; нэг ~т зохиол monograph; сэдвийг өөрчлөх to change the subject; ярианы ~ a subject for conversation, topic of conversation; энэ зургийн ~ бол Ватерлоогийн тулалдаан юм the subject of the painting is the Battle of Waterloo; өгүүллэгийн ~ theme of a story;

сэдэвлэ|х to borrow ideas; to bring up a subject, problem, etc; to initiate, originate sth; тэр энэ санааг Кантын бүтээлээс сэдэвлэн авав he borrowed this idea from Kant;

сэдэргэнэ (bot.) bindweed, convolvulus;

сэдэ|х to devise, invent, plan; to initiate; 1876 онд Александр Бэлл телефон утас сэдсэн Alexander Bell invented the telephone in 1876;

сэжиг suspicion, doubt; squeamishness, fastidiousness, feeling of disgust; ~ авах to suspect; ~ хүрэх to be squeamish, fastidious (about);

сэжиггүй without suspicion or doubt; not squeamish, fussy;

сэжиглэгдэ|х to be under suspicion; тэр хүн алсан хэрэгт сэжиглэгдэж байгаа he is under suspicion of murder;

сэжиглэ|х to doubt, distrust, mistrust, suspect; to feel no confidence in;

сэжигтэй suspicious(ly); хэрэв та ямар нэгэн ~ зүйл олж харвал тэр даруй цагдаагийн газар мэдэгд if you see anything suspicious, inform the police at once; тэр эмэгтэй над руу ~ харав she looked at me suspiciously;

сэжигч squeamish, fastidious; ~ хүн a squeamish person; би их ~ юм чинь хэзээ ч асрагч болж чадахгүй I could never be a nurse, I'm too squeamish;

сэжи|х to push against (someone or sth) with one horn; (of cattle) to shake its head;

сэжлүүр (tech.) connecting rod;

сэжүүр hem, edge, margin; дээлийн ~ hem of a garment;

сэлбүүр an oar; a scull; ~ хөлтөн (zool.) Pinniped;

сэлбүүрдэ|х to row, scull a boat;

сэлбэг spare parts;

сэлбэгэр baggy, hanging, loose;

сэлбэлзэ|х to dart a discontented glance;

сэлбэлэг repairing, mending;

сэлбэ|х I to repair, mend; цус ~ (med.) to administer a blood transfusion (to);

сэлбэ|х II to cool off hot liquid (tea, milk, etc) by adding in it cold water; to propel a boat by oars;

сэлбээс spares, spare parts;

сэлгүүцэ|х to loiter about, mooch about/around, wander about with no purpose;

сэлгэлэг change, replacement, substitution;

сэлгэ|х to change, exchange, shift, alternate, take turns; эгшиг авиа ~ (ling.) vowel interchange; нутаг ~ to move from place to place;

сэлгэц substitution, replacement; move; alternation;

сэлдий sex organs of male animals;

сэлт other, and so on, and so forth; нөхөд ~ийн хамт together with friends and others;

сэлтрэ|х to come off, break off, fall off; намайг гадуур хувцсаа өлгөнгүүт л дэгээ хананаас сэлтэрч унав the hook came off the wall when I hung up my coat;

сэлүүн free, (of streets, public places, etc) empty, not crowded; quiet;

сэлүүр oar, paddle;

сэлүүрдэ|х to row, paddle;

сэлүүрч rower, oarsman;

сэлүүхэн rather quiet, not crowded;

сэлхрэ|х to become swollen or puffy;

сэлхрээ swelling, a swollen place on the body;

сэлэг : бэлэг ~, бэлэг сэлт presents, gifts;

сэлэм(сэлмэн) sabre; sword;

сэлэмдэ|х to sabre, put to the sword;

сэлэ|х I to swim; to row; усанд ~ to swim;

сэлэ|х II to change, alternate; морь сэлж унах to ride horses alternately;

сэлээ change, shift, changing; хоёр ~ дотуур хувцас two changes/sets of underwear;

сэм *quietly, without a sound; in secret, surreptitiously, by stealth; on the quiet, on the sly; behind someone's back;* ~ чагнах *to eavesdrop;* ~ отох *to be on the watch for, lie in wait for; to spy on;*

сэмбий|х *to become fluffy; to be prim, affected;*

сэмбэгэр *fluffy, fuzzy; prim and proper;*

сэмгэр *thin, sparse;*

сэмж(ин) *(anat.) epiploon; fat around the intestines;* сэмжин үүл *fleecy clouds, cirri;*

сэмлэ|х *to pull out threads; to separate into fibers or threads;*

сэмрэ|х *(of threads, cloth, etc) to become separated or unwoven, unravel;*

сэмхэн *quietly, secretly, surreptitiously, by stealth;*

сэмэрхий *rag, shred; unraveled, threadbare, torn;*

сэмээр *secretly, surreptitiously;*

сэмээрхэн *quietly, without a sound;*

сэнгэнэ|х *(of a cool wind) to blow; to smell a pleasant odour;*

сэндийлэ|х *to loosen soil; to tunnel under;*

сэндчи|х *to dig the ground here and there;*

сэнж *handle, loop, eye;* ~ бариул *a handle;* ~ гаргах *to attach a loop;* ~тэй аяга *a cup, mug, tankard, stein;*

сэнжгэр *hanging, pendant;*

сэнжид *handle of a seal;*

сэнжлэ|х *to make or provide with a loop, handle;* нохой ~ *(of a dog) to bite through;*

сэнс I *propeller; ventilator, fan;* нисэх онгоцны ~ *propeller;* үсний ~ *hair dryer;* салхин ~ *ventilator;*

сэнс II *sheepskin with long fleece;*

сэнсрэ|х *(of a spoke) to bend;*

сэнхрүүлэ|х *to teach, make understand, enlighten;*

сэнхрэ|х *to understand, realize, become enlightened;*

сэр : ~ ~ чимээ *rustling sounds;* мэр ~ хүмүүс *some people;*

сэрвий|х **1.** *to stick out, bristle, stand erect;* үс ~ *(of hair) to stand on end;* **2.** *to get well, feel better;* сэхэх ~ *to return to the proper state of health;* түүний бие сэхэх ~гүйгээр их доройтсон байна *he is very ill and unlikely to recover;*

сэрвэгнүүр *hot-tempered;*

сэрвэгнэ|х **1.** *(of light objects such as*

grass, leaves, hair, etc) *to move in the wind; (of a gentle wind) to blow;* **2.** *to tickle, get a tickle;* хоолой сэрвэгнэж байна *I have a tickle in my throat;*

сэрвэлзэ|х *(of protruding object) to move repeatedly;*

сэрвэн *projecting, sticking out;*

сэрвээ *withers; fins;* загасны ~ *fish fins;*

сэргийлэгч *policeman;*

сэргийлэ|х *to warn against, caution against; to preserve, prevent from;* гэмт хэргээс ~ *prevent crime;* манах ~ *to guard;* урьдчилан ~ *to warn against, prevent, caution against;* урьдчилан ~ арга хэмжээ *precautionary or preventive measures;* эмчлэн ~ *prophylaxis;* цагдан ~ *the police;*

сэргэг *vigilant, watchful; alert; light sleeper;*

сэргэлэн *intelligent, smart, clever, bright; cheerful, happy and lively; alert; skilful;* ~ хүү *a intelligent or smart boy;* ~ цовоо *cheerful, happy and lively; awake;*

сэргэлэндэ|х *to show resource, resourcefulness; to be very intelligent;*

сэргэр *spreading;*

сэргэ|х *to cheer up, perk up, take heart, come alive; to be refreshed; to revive one's energies; to wake up;* үерхдэг залуугаасаа захиа аваад эмэгтэйн сэтгэл сэргэв *she perked up when her boyfriend's letter arrived;* нойр ~ *to wake up;* муурч унаад ~ *to regain consciousness;*

сэргээ|х *caus. of* сэргэх; *to wake, awaken; to bring to consciousness, sober up; to restore, renew, revive;* нойры нь ~ *to wake;* мартагдсаныг нь ~ *to refresh one's memory;* уйтгар ~ *to enjoy oneself;* аж ахуйгаа ~ *to restore the economy of a country;* согтуу хүнийг ~ *to sober up a drunken person;* хуучны ёс заншлыг ~ *to revive the old customs;*

сэрдхий|х *to give a start;*

сэрдэ|х *to suspect of;* хардах ~ *to suspect of; to be jealous of;*

сэржигнүүр *frivolous, flighty; gentle (of a wind);*

сэржигнэ|х *(of a gentle wind) to blow; to rustle;*

сэрий|х *to stick out, jut out, protrude;*

сэрсхий|х *to shudder;*

сэртвэлзэ|х *to flirt, be coquettish;*

сэртэр *protruding, erect, standing upright, sticking out;*

сэртий|х *to protrude, stick out;*

сэртэгнэ|х *to prick up one's ears; (of sth protruding, sticking out) to move; to play tricks; to flirt;*

сэртэн *upright or erect; coquettish, flirtatious;*

сэртэндэ|х *to flirt, be coquettish;*

сэрүү *coolness;* оройн ~ *the cool of the evening;*

сэрүүвтэр *rather cool;*

сэрүүлэг *alarmclock;*

сэрүүн I *cool, fresh; coolness;*

сэрүүн II *awake, not asleep;*

сэрүүхэн *somewhat cool;*

сэрүүцүүлэ|х *to cool, make cooler;* энэ хүүхдийг тэр модны сүүдэр дор жаахан сэрүүцүүлчих *please, cool this child off in the shade of that tree for a while;*

сэрүүцэ|х *to refresh oneself; to be aired out; to get some fresh air;*

сэрх *castrated goat over three years of age;*

сэрхий|х *to shudder, give a start;* би муухай зүүднээс сэрхийн сэрэв *I woke up from the bad dream with a start;*

сэрхнэд *chicken pox;*

сэршгүй *from which there is no waking;* санаж ~ *unattainable;*

сэрэвгэр *projecting, jagged, jaggy;* ~ хад *jagged rocks;* ~ мод *spreading tree;*

сэрэгдэ|х *to be under suspicion; to be felt, be sensed;*

сэрэмж *vigilance, watchfulness;*

сэрэмжгүй *careless, imprudent, indiscreet, incautious;*

сэрэмжлэ|х *to be vigilant, be careful; to be on one's guard, be on the quivive;*

сэрэмжтэй *vigilant, watchful; careful, cautious;*

сэрэ|х *to wake up, awake;* тэр эмэгтэй голдуу эрт сэрдэг *she usually wakes (up) early;*

сэрэ|х II *to suspect;* хулгайд ~ *to suspect someone of theft;*

сэрэхүй *presentiment, premonition;*

сэрээ *fork; pitchfork; tuning fork;* өвсний ~ *pitchfork;*

сэрээдэ|х *to fork;*

сэрээ|х *to wake, awaken, call;*

сэт *through (and through);* ~ татах *to pull out;* ~ цохих *to break off, break through;*

сэтгүүл *magazine, periodical, journal;* ~

зүй *journalism;*

сэтгүүлч *journalist;*

сэтгэгдэл *impression;* ~ төрүүлэх *to make an impression (upon);*

сэтгэгч *thinker;* Бэртрэнд Рассель, бидний үеийн сүут ~дийн нэг *Bertrand Russell, one of the great thinkers of our age;*

сэтгэл *the mind or heart, spirit; thought, thinking; conscience; inner reasoning faculty; mentality;* санаа ~ *heart; mind; thought; opinion;* санаа ~ нэг байх *to be of same opinion as someone;* бодол ~ *thought, meditation;* дүр ~ *attraction to, bent for;* дүр ~дээ хөтлөгдөх *to follow one's bent;* хүсэл ~ *wish; dream; striving for, aspiration to;* эмэгтэйн хүсэл ~ бол алдарт зохиолч болох *she has aspirations to become a great writer;* ~ тэжээх *to nourish the hope; to develop an idea;* ~ алгасах *to fall to thinking; (of thought) to get confused;* ~ үймрэх *to be frustrated or worried;* ~ тэнүүн байх *to be peaceful, untroubled; peace of mind;* ~ ханах *to content oneself with, be satisfied with;* ~ хөөрдох *to be undecided, hesitate;* ~ уярах *to be deeply moved or touched; to be moved to pity;* ~ хөдлөх *to be excited; to be moved or touched;* ~ зөөлрөх *to be moved to pity;* ~ төөрөх *to move away from the main idea;* ~ татах *to fascinate, charm, enchant;* ~ зовох *to worry, be troubled about; to be ashamed of; to have a burden on one's heart;* ~ булаах *to charm, fascinate;* цагаан ~ *a pure heart; innocence;* хар ~ *evil thoughts;* буруу ~ *amorality, immorality;* үнэн/чин ~ *frankness, sincerity, candour;* халуун ~ *cordiality;* ~ хангалуун *satisfied with, pleased with;* нинжин ~ *humanity, philanthropy;* энэрэнгүй ~ *mercy, charity;* хайр/янаг ~ *love;* хатуу ~ *hardheartedness;* зөөлөн ~ *softheartedness, tenderheartedness;* ~ийн хөдөлгөөн *emotion;* ~ийн зовлон *emotional suffering, worry, concern;* ~ийн өвчин *mental illness;* ~ мэдрэлийн цочрол *nervous shock;* ~д гэмсдэг *to be discontented;* ~д дотно *near to one's heart, intimate;* ~ харамгүй *disinterested;* ~д орох *to come back to one's mind;* ~д хадах *to be ingrained in one's memory;* ~д нийцэх/таарах *to please one's mind; to be pleased;* ~тэй болох *to fall in love;* ~ цэхэх *to lose hope, despair, not finding any means to live;* ~ээр унах *to lose heart, be dejected;* ~ судлал *psychology;* ~ мэдрэлийн өвчин *mental illness,* mental disease; ~ мэдрэлийн өвчтэй хүн mental patient, mental case; ~ судлагч psychologist; чин ~ээсээ sincerely;

сэтгэлгээ thinking, thought;

сэтгэлчилэн according to one's thoughts, wishes, hopes, or expectations;

сэтгэлэг see **сэтгэлгээ**;

сэтгэмж design; idea; fantasy, imagination;

сэтгэ|х I to think, reflect, figure out; хурдан, удаан ~ to be quick, slow in the uptake;

сэтгэ|х II to clean with flexible wire the interior of pipes or tubes;

сэтгэхүй thinking; psychology;

сэтгэшгүй unimaginable, inconceivable, unthinkable;

сэтлэ|х to break through; to tear, make a rent in; бүслэлтийг ~ to run the blockade; ус далангаа сэтлэв the dam has burst;

сэтрэ|х to burst open, rip open, tear open, crack open, break off;

сэтэр a piece of silk fastened to the neck of an animal, which has been offered to the spirits;

сэтэрлэ|х to tie five different coloured strips of cloth to the neck of an animal consecrating it as holy, never to be used or killed;

сэтэрхий broken, split, torn, open, cut; ~ шаазан a cup with broken edges; ~ уруул harelip;

сэхүй|х to rise, stand out, project;

сэхлүүн ambitious, hard to please; arrogant;

сэхэ|х to regain consciousness; to recover; to rise; to improve; өвчин тусаад ~ to recover from an illness; муужирч унаад ~ to regain consciousness; библи судart бичсэнээр бол Есүс үхсэнийхээ дараа гурав хоноод сэхжээ according to the Bible, Jesus rose from the dead on the third day after his death;

сэхээ consciousness; quickness of wit; ~ муутай slow to grasp things, dull; ~ орох to regain consciousness; to come to one's senses; to begin to understand; to come to reason; ~ авах to have the sense to; to figure out; самбаа ~ trick, ruse; resourcefulness;

сэхээвч French windows;

сэхээрэл awakening; оюун санааны ~ a spiritual awakening;

сэхээрүүлэ|х caus. of сэхээрэх; to cause to understand; бидний хүрээлэн буй орчныг хамгаалах хэрэгтэй гэдэгт бид хүн ардыг ~ ёстой we must awaken people to the need to

protect our environment;

сэхээрэ|х to come to one's senses; to come to reason; to be awakened;

сэхээтэй intelligent, prudent, conscious;

сэхээтэн intellectual; the intelligentsia; cultured, educated; ~ хүн member of the intelligentsia, intellectual; a cultured or educated person; ~ гэр бүл an intellectual family;

сэцэн brilliant, intelligent, wise;

сэчиг crest of birds or animals;

сээр spine, backbone, spinal column; ~ нуруутан (zool.) vertebrates; сээрэн дунгүй хийх to throw an opponent in wrestling over one's back;

сээрдүү haughty, arrogant, proud;

сээрдэ|х to plume oneself on; to be arrogant;

сээтэр flirtatious; haughty;

сээтэгнүүр coquettish; ~ хүүхэн a coquette;

сээтэгнэ|х to coquette, flirt;

сээтэн 1. having pointed ears; **2.** coquettish, flirtatious;

сээхэлзэ|х to flaunt, show off;

Тт

та (formal mode address to one person) you; ~ нар you (plural); ~ сайн байна уу? how are you? ~ хоёр the two of you; ~ бүгд all of you; танаа you (vocative); хүндэт Содном танаа Dear Mr. Sodnom; танаас from you (sing.), (taller, better, whiter, older, etc) than you or yours; таныг you (sing., Acc. case); таны your (sing.); танд to you (sing.);

тааваар according to one's own liking; ~аа ажиллах to work slowly, at one's own pace;

таавар answer or solution (to a riddle); supposition, assumption;

тааварла|х to suppose, assume, conjecture, surmise;

таагүй unpleasant, disagreeable; annoying, troublesome; hostile, inimical; ~ цаг агаар unpleasant weather;

таадай|х to be short of stature;

таадгар short; not tall; squat, pygmy;

тааз ceiling; ~ны хөндий attic, loft;

таалагда|х to please; to be loved or liked; надад энэ жүжиг их таалагдаж байна I like this play very much; бид танд ~ гэж чармайж байна we try to please you;

таалал *will, desire; affection; satisfaction; love; ~ төгсөх (hon.) to die, pass away;*

тааламж *pleasure; content, satisfaction;*

тааламжгүй *unpleasant, disagreeable; dissatisfied, discontented, displeased (with);*

тааламжла|х *to love, like; to be contented with;*

тааламжлуула|х *to make agreeable or pleasing;*

тааламжтай *nice, pleasant, agreeable, pleasing; contented, satisfied; сэтгэл ~ байх to be contented; ~ үнэр a pleasant smell;*

таала|х *to love; to like; to be contented with; to be willing to do; to take a liking to someone, be drawn to someone; дурлан ~ to love; to like, be found of; үнсч ~ to kiss and touch (someone else or each other) in sexual play, pet;*

таалга|х *to cause or permit solution (of a riddle, etc);*

таалца|х *to presume or guess (of several);*

таамаараа *according to one's own liking; not being under control;*

таамаг *guess, conjecture; таамгаар хэлэхэд тэнд таван зуу гаруй хүн байв I'd say that, at a guess, there were about 500 people there; тэр эмэгтэй ёстой таамгаар зөв хариултыг олов she arrived at the right answer by pure guesswork; сэжиг ~ suspicion, doubt;*

таамаглал *guess, conjecture, hypothesis;*

таамагла|х *to suppose, assume, conjecture, guess, surmise; to act on the off-chance; генерал дайсныг ердөө л таван өдрөөс хэтрэхгүй хүнсний нөөцтэй гэж таамаглав the general conjectured that the enemy only had about five days' supply of food left;*

таамнал *supposition, assumption, surmise, conjecture;*

таамна|х *see* **таамаглах;**

таана *(bot.) wild leek;*

таануус *you (plural), all of you;*

таар *sackcloth, sacking; тааран уут a bag for straining sour milk or whey;*

тааралда|х *to meet, encounter; to be found, be met with; гудамжинд ~ to meet sb in the street; эмэгтэй найзтайгаа онгоцонд санаандгүй тааралдав she encountered a friend on the plane; Шотландад зэрлэг муурнууд мэр сэр тааралдсаар байна wild cats are still to be found in Scotland;*

таарамж *compatibility, suitability; тэд*

ерөөсөө ~ муутай байсан учир тэдний гэр бүл салж сарнив *their marriage ended because they were simply not compatible;*

таарамжгүй *not compatible; unsuitable, inappropriate, improper, not corresponding to; богино даашинз чинь албан ёсны хүлээн авалтанд өмсөхөд ~ юм байна your short dress is inappropriate for a formal party;*

таарамжтай *suitable, fit, corresponding, proper, appropriate;*

таара|х *to suit; to fit; to coincide; to encounter; to run into, bump into; to get on with; энэ дуу түүний хоолойд таарч байна this song suits his voice; Дорж Дулмаа хоёр ёстой сэтгэл таарсан эр эм шүү Dorj and Dulmaa are ideally suited (to each other); Булганы шинэ ажил түүний сэтгэлд тун таарч байна Bulgan's new job suits her down to the ground; энэ хүрэм яг таарч байна this jacket fits like a glove; найзтайгаа ~ to encounter a friend; хуучин шавьтайгаа ~ to bump into an old pupil; хадам эхтэйгээ сэтгэл ~ to get on with one's mother-in-law; цэргийн албанд ~ to fit for military service;*

таарахгүй *unsuitable, unfitting; unharmonious, discordant; unjust;*

тааруу *1. fit, suitable, valid; 2. not too good, mediocre;*

таарула|х *to fit a thing on or together; to make fit or suitable; to adjust; цоожинд түлхүүр ~ to fit a key to a lock; цаг ~ to set a watch or clock;*

таарухан *not too well; poor, indifferent, so-so; ажил ~ байна things are not going too well; өвчнөөс хойш түүний бие ~ л байна he's still in poor health after his illness;*

таарцаг *purse, small bag;*

таатай *pleasant, pleasing, nice; сонсоход ~ байна it is nice to hear it;*

таа|х *to guess; to suppose, assume; оньсого ~ to solve a riddle; тэр эмэгтэй миний бодлыг таав she guessed my thoughts;*

таахай *a bone in the foot of animals;*

таахай|х *to be short or stubby;*

таахгар *short; squat;*

тааца|х *to correspond, suit, conform;*

таашаагда|х *to be loved or liked, be desired, be approved;*

таашаал *enjoyment, delight; satisfaction, gratification;*

таашаа|х *to pay attention; to enjoy;*

таблиц *table (in book, etc);*

тав(ан) I *five;* таван махбод *the five primary elements: water, fire, wood, metal and earth;* таван цул *heart, lungs, kidneys, liver, spleen (or stomach)-the five viscera;* таван эрхтэн *the five senses or regulators of the bodily functions: ear, eye, mouth, nose, heart;* таван хошуу *five-pointed star;* таван хушуу мал *the five kinds of domestic animals: horse, camel, cow, sheep, goat;* таван эгшиг *the five tones or notes of the ancient musical scale;* таван хор *the five evil things;* таван сар *the month of May;* таван хуруу *five fingers;* спортын таван төрөлт *pentathlon;* таван настай *five-year-old;* таван өнцөгт *(math.) pentagon;* таван хуруу шигээ мэдэх *to know as one's own five fingers;* ~ дахь өдөр *Friday;*

тав II *comfort, cosiness; rest, peace;* ~ тухгүй *uncomfortable; restless;*

тав III *malicious delight in others' misfortunes;* ~ ханах *to rejoice at, gloat over others' misfortunes;*

тав IV *head (of nail, etc); metal plate; rivet, clinch;* шургийн ~ *head of a screw;*

тав V *the hair on the crown of the head; forelock, tuft;*

тав VI : ~ хийх *to slam to;* ~ хийтэл хаах *to close with a bang;*

тав VII : яв ~ *exactly, precisely, punctually;* яв ~ хуулж авах *to make an exact copy;* нэг цагт яв ~ ирээрэй *please, come at one o'clock sharp/punctually at one;*

таваад *five each; about five;*

таваар *goods; wares; article; commodity;* таваарын вагон *goods truck/train;* ~ын бүтээгдэхүүн *commodity output;* бараа ~ *goods;*

таваг I *plate, dish;* шөлний ~ *a soup plate;* ~ шөл *a plate of soup;*

таваг II *sole (of foot);*

тавагла|х I *to put sth on a plate;*

тавагла|х II *to tie up an animal by the leg;*

тавалжин *pentagonal;*

тавантаа *five times;*

таварга|х *to gallop;*

таварцагла|х *to stumble;*

тавгүй *uncomfortable; inconvenient; (of health) poor, weak, not good;*

тавгүйдэ|х *to be uncomfortable, comfortless; to feel uncomfortable;*

тавгүйрэ|х *to feel awkward, feel ill at ease, feel uncomfortable; to feel ill;*

тавгүйтүүлэх *to upset, disturb;*

тавгүйтэл *discomfort;*

тавгүйцэ|х *to be displeased, be discontented;*

тавдахь *fifth;* ~ дугаар *number five;*

тавдугаар *fifth;* ~ бүлэг *chapter five;* ~ сар *May;*

тавиад *approximately fifty;*

тавиастай *placed, put;*

тавигда|х *caus. of* тавих; *to be placed;*

тавил *act of putting, placing or setting;* шатрын ~ *game of chess;*

тавилан I *fate, fortune, destiny, lot;* бид дахин учрах ~гүй байжээ *it was our fate never to meet again;* муу ~тай *unfortunate, ill-fated;*

тавилан II *ford, crossing (of a river);*

тавилга 1. *furniture;* албан өрөөний ~ *office furniture;* 2. *offering, sacrifice;* өргөл ~ *offering, sacrifice;*

тавин : барин тавин 1. *at odd moments;* 2. *without a twinge of conscience;* барин тавин худал хэлэх *to lie in/through one's teeth;*

тавинтаа *fifty times;*

тавиу(н) *spacious, roomy; (of clothing) ample; pacific, peaceful;*

тавиул(ан) *all fifty;*

тавиур *stand, rest, hanger; shelf;* номын ~ *book shelf;* лааны ~ *candlestick;*

тави|х *to put, place, set; to stand; to install; to apply, put on; to set free; to release; to place, stake (money on); to play;* ном тавиур дээр ~ *to put a book on a shelf;* цэцэг усанд ~ *to put flowers in water;* ханцуйдаа нөхөөс ~ *to put a patch on one's sleeve;* албан бичиг дээр нэрээ ~ *to put one's signature to a document;* өөрийгөө миний оронд тавиад үз *put yourself in my place;* би Пикассог Далигаас дээгүүр ~ байсан *I would put Picasso above Dali;* түүнийг хэлтсийн даргаар тавьжээ *they placed him in charge of the department;* сэрүүлэг зургаан цагт ~ *to set the alarm for six o'clock;* найдлага ~ *to hope, set hopes on;* харуул ~ *to set guards;* хавх ~ *to set a trap;* цагийг нэг цагаар ухрааж ~ *to set the clock/watch back one hour;* цагийг нэг цагаар урагшлуулж ~ *to set the clock or watch forward one hour;* нохой сул ~ *to set the dog loose;* зорилго ~ *to set a goal;* зочдод идээ ~ *to set food and drink before guests;* цонхны хажууд ширээ ~ *to* set a table by the window; ширээ тойруулж сандлууд ~ to set chairs around a table; хана түшүүлж шат ~ to set a ladder against a wall; гараа мөрөн дээр нь ~ to set one's hand on sb's shoulder; хөл дээр нь ~ to set sb on his feet; эд юмсыг байранд нь эргүүлж ~ to set things in their place again; үл таних хүн рүү нохой ~ to set dog on a stranger; хоригдлуудыг ~ to set prisoners at liberty; гал ~ to set fire; эгнүүлж ~ to stand sth in a row; ширээн дээр лонх ~ to stand a bottle on the table; халаалт ~ to install heating; утас ~ to install a phone; шинэ онгоц ~ to install a new bath; шарханд боолт ~ to apply a bandage to a wound; халуун жин ~ to apply a hot compress; дахин будаг ~ to apply another coat of paint; оо энгэсэг ~ to apply make-up; тэр эмэгтэй туулайг хавхнаас тавив she released the rabbit from the trap; тэр, эмэгтэйн гарыг тавив he released her hand; мөрий ~ to lay a bet; тэр, энэ моринд бооцоо тавив he staked money on that horse; хөзөр ~ to play cards; мөнгө төвьж тоглох to play for money; шатар ~ to play chess; сахал ~ to grow a beard; онош ~ to diagnose; жүжиг ~ to stage a play; бүх хүчээ ~ to strain every effort; тамга ~ to affix a seal; буу ~ to fire a gun; гүүр ~ to build a bridge; төмөр зам ~ to build a railway; зам ~ to build a road; to stand aside, make way; хүн ~ to bury; хүн ~ газар cemetery, graveyard; асуулт ~ to ask about, put forth a question; ерөөл ~ to wish (someone sth); to give a blessing; хараал ~ to curse, swear, use bad language; илтгэл ~ to report, make a report; дуу ~ to shout, yell, scream; цуурхал ~ to spread a rumour; эмэгтэй байдгаараа чих тавив she was all ears; эхлэл ~ to begin, commence; шинэ албан тушаалд ~ to appoint to the new post; санаа ~ to take care of, take trouble about; to care about; амь ~ to do one's utmost, try one's hardest; to die; to give up the ghost; чих ~ to listen carefully, be all ears; анхаарал ~ to pay attention; салхи ~ (of wind) to rise; өр ~ to get into debt; хориг ~ to take sanctions against; хойш ~ to put aside; to put off; to shelve; тагнуул ~ to find out (about); to reconnoitre, spy; араар нь ~ to cuckold someone;

тавлаг comfortable;
тавлангуй gloating (adj.);
тавла|х I to forge the head of a nail; to form

a scab;
тавла|х II to make oneself comfortable;
тавла|х III to rejoice at, gloat over others' misfortunes;
тавла|х IV to turn up fives in playing cards;
тавнан an old name for an imperial son-in-law;
тавра|х to go at a gallop; (of a camel) to run;
тавсгар flat-topped; flat-headed;
тавт bearing the number five;
тавтai comfortable, nice, agreeable, pleasant, pleasing; ~ хооллоорой! bon appetit! ~ нойрсоорой! good night!
тавтайяa very comfortable, very pleasant;
тавтир conduct, behaviour;
тавтиргүй undisciplined, unbalanced, bad-tempered, cantankerous, not staid;
тавуул(ан) five together, all five;
тавхай sole of the foot; paw;
тавцан platform; platform (of railway station);
тавши|х to slap someone on the back or shoulder;
тавь(тавин) fifty;
тавьдахь the fiftieth;
тавьдугаар fiftieth;
тавьт having or bearing the number fifty;
тавьтар steadiness;
тавьтаргүй unsteady, unreliable, moody, jittery;
тавьтаргүйтэ|х to be unsteady, be unreliable; to be on edge, be jittery;
таг I plateau, tableland;
таг II lid, cover;
таг III completely, absolutely; ~ болох to become speechless; to be at a loss for what to say; ~ чиг болох to vanish completely; ~ дүлий completely deaf; ~ сохор completely blind;
таг IV the sound of striking sth hard;
таг V ten milliard or billion (in U.S. usage);
тагалцаг cut off fat from slaughtered animal;
тагдай|х to become short; to be short of stature;
тагдгар short, small in stature, not tall;
тагжгар see **тагдгар**;
тагжи|х to stop up, obstruct, stuff up;
тагжранхай blocked, stuffed-up; ~ хамар a stuffed-up nose;
тагжра|х to be stopped up, be blocked, be

stuffed up; хамар минь тагжраад байна *my nose is blocked/stuffed up;*

таглаа *cover, lid; stopper, plug, stopgap;* **таглара|х** *to become stopped up, be blocked, be stuffed up;*

тагла|х *to cover, close with a cover or lid; to fill in; to plug; to stop up; to cork;* нүх ~ *to stop a hole;* хоолны сав ~ *to cover a saucepan;* үйсэн бөглөөгөөр ~ *to cork;*

тагнагч *informer;*

тагнай *the roof of the mouth, palate;* ~ таших *to smack with the tongue; to bring forth a sound with the tongue against the palate;*

тагна|х *to find out (about); to spy on, engage in espionage, scout, reconnoitre;* дайсныг ~ *to spy on the enemy;*

тагнуул *reconnaissance; espionage, secret service, intelligence service; scout; secret service man, intelligence officer; spy;* аюулаас хамгаалах албаныхан гадаадын ~ыг илрүүлжээ *the security police have uncovered a foreign spy;* ~ын төв газар *central intelligence agency;*

тагнуулч(ин) *spy, scout, secret service man, intelligence officer;*

тагнуур *a harrow; a rake;*

тагт *attic story; balcony;*

тагтаа *pigeon, dove;*

тагта|х I *to form icicles;*

тагта|х II *to thicken; to stick, become sticky;*

тагш *wooden cup;*

тагши|х *(of eagles) to cry;*

тажгар *short (of fur, wool, hair);*

тажигна|х *to crack, crackle, thunder, rattle;*

тайван *peaceful, quiet, calm, placid;* ~ амьдрал *quiet life;* энх ~ *peace;* ~ цаг *peacetime;* амгалан ~ байдал *calmness, quietude, tranquility;* одоо хил дээр байдал тун ~ байна *the situation at the border is fairly quiet at the moment;* тэр, дандаа ~ байдаг *he is always calm;* сэтгэл ~ байна *my mind is at ease;* энх тайвны корпус *Peace Corps;* ~ бай! *don't worry! keep calm!* ~ нойрсоорой! *good night!*

тайвуу *quiet, calm;*

тайвшра|х *to become calm, quiet; to calm down, compose oneself;* санасандаа хүрч ~ *to rest content with what has been achieved;* Дулмаа анхандаа бухимдуу байсан авч удалгүй тайвшрав *Dulmaa was nervous at first but soon composed herself;* айсан хүүхэд тайвшрав *the frightened child calmed down;*

тайвшруула|х caus. of тайвшрах; *to calm down, make calm, set or put at ease;* ~ эм *medicine with sedative effects;* эмэгтэй хүүхдэд сүү өгч түүнийг тайвшруулав *she calmed the baby by giving him some milk;*

тайга I *taiga, thick coniferous forest;*

тайга II *greyhound;*

тайган *eunuch;*

тайж *prince; noble, nobleman;*

тайз *stage, boards, arena;* ~ны заслал *scenery, decor;*

тайлаг *male camel from three to five years;*

тайлагда|х caus. of тайлах; *to come untied, come undone, come loose; to get rid of;* зангилаа ~ *(of a knot) to become untied;* бичиг үсэг ~ *to become literate or educated;*

тайлагна|х *to give an account of, report on;*

тайлал *solving; decipherment; denouement; interpretation;*

тайлан *account; report;* ~ сонгуулийн хурал *meeting held to hear reports and elect new officials;*

тайла|х 1. *to undo, unfasten sth tied, untie, untwine, unbutton, unlace; to undress, take one's clothes off;* та дээлээ тайл *take your coat off;* товч ~ *to unbutton;* үдээс ~ *to unlace;* боодлы нь тайл *undo the string round the parcel;* **2.** *to unlock, open;* хаалга ~ *to open a door;* **3.** *to solve, decipher; to explain, interpret;* зүүд ~ *to interpret a dream;* энэ үгний утгыг тайлж хэлж чадах уу? *can you explain what this word means?* оньсого ~ *to solve a riddle;* **4.** *to undo the effect;* үйтгар ~ *to dispel loneliness;* хор ~ *to neutralize a poison;*

тайлбар *explanation, elucidation, commentary, interpretation, explanatory note; annotation;* тэр өөрийн байхгүй байсанд ~ хэлсэнгүй *he gave no explanation for his absence;* ~ толь бичиг *explanatory dictionary;*

тайлбарлагч *commentator, expounder, excursion guide;* бөхийн ~ *a wrestling commentator;*

тайлбарлал *explanation, elucidation, interpretation;*

тайлбарла|х *to explain, elucidate, interpret, comment;* хуульч шинэ хууль тайлбарлав *the lawyer explained the new law (to us);*

тайлбарлашгүй *inexplicable, unaccountable;*

тайлбарлуула|х *to cause or permit inter-*

preting, explaining or analysing;
тайлбарлууштай liable to explain;
тайлга offering, sacrifice;
тайллага explanatory note;
тайр male deer;
тайрагда|х to be cut off;
тайралт clipping; amputation;
тайранхай stump; cut off, clipped; ~ үстэй short-haired;
тайра|х to cut off, clip, saw off; хөрөөгөөр ~ to saw off; үсээ ~ to cut one's hair; мэс засалч өвчтөний уушигны өвчилсөн эд эсийг тайрав the surgeon cut away the diseased tissue from the patient's lungs;
тайргар husky, strapping;
тайрдас things cut or chopped off; модны ~ block, log, chock;
тайрмал cropped, cut off, clipped; sth cut off or clipped;
тайтгана|х to hobble, walk bowlegged;
тайтгар bowlegged, pigeon-toed;
тайтгара|х to calm down, compose oneself, console oneself; (of anger) to abate, subside; түүний уур амархан гарч тайтгарав his anger quickly subsided;
тайтгаруула|х caus. of тайтгарах; to calm, quiet, soothe; to reassure, set at rest, set one's mind at rest; to console, comfort; эхий нь өнгөрсний дараа би Дулмааг ~ гэж үзэв I tried to comfort Dulmaa after her mother's death; намайг тайтгаруулаад аль set my mind at rest;
тайтгаршгүй inconsolable, uncomfortable, ill at ease; ~ зовлон inconsolable grief;
тай|х to make an offering or oblation; to sacrifice; to worship;
такси taxicab;
тактик tactics;
тал I steppe, field, plain; ~ нутаг flat country; цагаан ~ open steppe; ~ газар steppe, plain;
тал II side, direction, part; aspect; half; эхийн талын өвөг эцэг maternal grandfather; та хэний ~д вэ? whose side are you on? ~д орох to take someone's part, side with someone; баруун ~ right side; зүүн ~ left side; эерэг ~ positive aspect; ~ бүрээс нь from all aspects; ~ талаас from every side, from all sides; ар ~ back side, hinder; rear; нүүрэн ~ facade, front of sth; шоо зургаан ~тай a cube has six sides; дайснууд ~ талаас давшилсаар байв the enemy were attacking on every side/on all sides;

асуудлыг шийдэхийн өмнө бүх ~аас нь авч үзэхийг хичээ try to look at all sides of the question before deciding; манай ~ хожиж байна our side is/are winning; тэр эхийн талаасаа бол буриад хүн he's Buryat on his mother's side; ~ бөмбөрцөг hemisphere; ~ сар half-moon, crescent; ~ талх half-loaf of bread;
тал III acquaintance, friend; favour; танил ~ friend, good acquaintance; тэр, танил ~ ихтэй he has a wide circle of acquaintances; танил ~аараа by exploiting one's personal connexions, by pulling strings; ~ олох to get on the right side of someone; ~ харах, ~ тохой татах to show favour;
тал IV : ~ тул ярих to speak sth indistinctly; монголоор ~ тул ярих to speak Mongolian badly;
талаар I for nothing, to no purpose, in vain, uselessly; шалгалт авахаа больсон учир бидний бүх бэлтгэл ~ болов all our preparations were/went for nothing because the exam was cancelled;
талаар II about; with respect to, with regard to, concerning; from the aspect or viewpoint of; таны бусад саналын ~ бидний гаргах шийдвэрийг би танд одоохондоо хэлж чадахгүй нь with respect to your other proposals, I am not yet able to tell you our decision; олон ~аа шинэ хувилбар хуучнаасаа гойд юм in many respects the new version is better than the old one; түүний ~ бүгдийг ярь tell me all about him;
талагда|х caus. of талах; to be ruined, ravaged, pillaged, plundered;
талархаг I friendly, amicable;
талархаг II flat, level (of terrain); ~ газар flat country;
талархал gratitude, thanks, acknowledgement of thanks; намайг үдийн хоолонд урих маягаар тэр эмэгтэй надад талархлаа илэрхийлэв she showed me her gratitude by inviting me to dinner;
таларха|х to thank, be thankful or grateful; намайг тусалж зам хөндлөн гаргасанд эмгэн талархав the old lady thanked me for helping her across the road; хувь заяандаа ~ to thank one's lucky stars;
талархуу 1. grateful, expressing thanks, touched; 2. flat, level;
тала|х to rob, pillage;

талбай *field; ground, area; space; square;* хүүхдийн тоглоомын ~ *children's playground;* биеийн тамирын ~ *sports ground;* барилгын ~ *building site;* одон бөмбөгийн ~ *tennis court;* орон сууцны ~ *living space, floorspace;* Сүхбаатарын ~ *Sukhebaatar square;* ургацын ~ *sown area, area under crops;*

талбар *sphere, realm; (mil.) zone, area.*

талбира|х *to calm down, compose oneself; to come to one's senses; to relax after worry; to repose after sickness;*

талбиу *wide, broad, loose;*

талийгаач *the deceased, the late;* ~ эхнэртээ ихээхэн хэмжээний мөнгө үлдээжээ *the deceased left a large sum of money to his wife;*

талийгч see **талийгаач;**

талий|х *to disappear, become lost; to die;* цагдаа нарыг ирэх хооронд бүлэг хулгай хэдийнээ талийжээ *by the time the police arrived gang had dissappeared;*

талла|х *to divide in two, divide in half, halve;* алим ~ *to halve an apple;* таллаж тоглох *to play divided into two groups;*

талмиа *doe-eyed, having tranquil look;*

талмиара|х *to give a fond glance, look tenderly;*

талон *coupon, check;*

талс *many sides;*

талсаг I *crystal;*

талсаг II *grateful, showing thanks to another person;*

талст *crystal;*

талста|х *to crystallize;*

талт I *having sides;* олон ~ *polygonal, multilateral, polyhedron; many-sided, versatile;*

талт II : ~ мөлт *anyhow (badly, carelessly);* ~ мөлт хийх *to do a thing by halves;* ~ мөлт сонсох *to fail to hear all of;*

талх *bread;* ~ барих *to bake bread;* цагаан ~ *white bread;* хар ~ *brown bread;* ~ олох *to win one's bread;* бусдын ~ыг булаах *to take the bread out of someone's mouth;* ~ зүсэх *to cut a loaf of bread into slices;* ~ны үртэс *breadcrumb;* ~ны дэлгүүр *baker's shop;*

талхи I *scraper or beating stick used in tanning leather;*

талхи II *oppression, pressure;*

талхигдал *yoke, pressure, oppression;*

талхигда|х *to be oppressed;*

талхи|х I *to use a scraper or beating stick in tanning leather;*

талхи|х II *to torment, torture; to oppress with great labour, exploit;*

талхла|х *to crush, grind, pound; to trample down;*

талца|х *to divide into two groups or teams;*

там I *hell, Hades;* үргэлжийн дуу чимээтэй шинэ онгоцны буудал бидний амьдралыг амьдан ~ болгосон *the new airport has made our lives hell because of the continual noise;* энэ ажлыг дуусгах гэж бид ~аа цайтал ажиллав *we worked like hell to finish the job;* ~аа эдлэх *to be worn out; going through purgatory;* ~аа цайж явах *to suffer afflictions, undergo trials;*

там II *deep abys or pit, chasm;*

там III *a thousand trillion;*

тамга *seal, stamp; brand; (cards) ace;* төрийн ~ *State Seal, Great Seal;* ~ дарах *to affix a seal to;*

тамгала|х *to affix a seal to; to stamp; to brand;*

тамгатай *having a seal, stamp, or brand; sealed;*

тамир *bodily strength, health, energy, vim, vigour, cheerfulness;* ~ орох *to gain strength;* ~ доройтох *to become weak;* ~ муутай *feeble, weak;* биеийн ~ *physical training, gymnastics;* дотуур ~ *maliciousness;* гадуур ~ *hypocrisy, dissimulation;*

тамиргүй 1. *weak, feeble;* 2. *candid, frank;*

тамиргүйдэ|х *to be too weak or exhausted;*

тамирда|х *to lose strength, become exhausted;*

тамиржи|х *to gain strength;*

тамиржуула|х *to give strength, make stronger;*

тамиртай *strong, robust, vigorous;* дотуур ~ *insidious, crafty, perfidious;*

тамирчин *athlete;* авьяаслаг ~ *a talented sportsman;* эмэгтэй ~ *sportswoman;* тамирчны овсгоо/самбаа *sportsmanship;*

тамлагда|х *to be tormented or tortured;* өвчинд ~ *to be racked with pain;*

тамлагч *torturer;*

тамла|х I *to torture, torment;*

тамла|х II *(of a shaman) to pray or chant to idols;*

тамтаг *rags; dilapidated things;*

тамтаггүй 1. *dilapidated, tattered, worn out;* 2. *having bad conduct, undisciplined;*

тамтагла|х *to shred; to wear out, tatter; to do sth carelessly;*

тамта|х *to get tattered, torn, or dilapidated;*

тамтл|ах *to break to pieces, crush, ruin, devastate; to tyrannize;*

тамтра|х **1.** *to shred, fray, tear;* **2.** *to become bankrupt, become impoverished;*

тамтри|х *(of cattle) browse on, nibble;*

там тум *partly, half, not completely, carelessly, badly;* ~ сонсох *to hear only a few words;* ~ хийх *to do a thing by halves;*

тамтумла|х *to be careless;*

тамхи(н) *tobacco-plant; tobacco;* хамрын ~ *snuff;* ~ны навч *tobacco leaf;* ~ны хүүдий *tobacco-pouch;* хар ~ *opium;* ~ татах *to smoke tobacco;* ~нд орох *to take up smoking;* ~наас гарах *to give up smoking;* ~ны хорны талаар илтгэл *a report on the harmful effects of tobacco;*

тамхила|х *to smoke tobacco; to exchange snuffbottles in greeting;*

тамхичин *smoker;* хар ~ *drug addict;* тэр бол архаг ~ *he's a heavy smoker;*

тамшаа *fastidious, pernickety; squeamish;*

тамшаала|х *to be hard to please; to be fastidious; to be squeamish;*

тамшаа|х *to make a smacking sound with one's lips; to smack with the tongue (and lips) when one tastes food;*

тан I *ground herbal medicine;*

тан II : ~ газар *(sand-)bar, (sand-)bank;*

тан III : ~ түн *sound of a gong or shot;* буу ~ хийв *a shot was heard;*

тан IV *you;* ~тай танилцаж байгаадаа баяртай байна *I am pleased to meet you;*

тана(н) *mother-of-pearl;*

танаг I *well-being; bodily strength;* ~аа алдах *to lose one's good health and happiness; to become unfit or unsuitable;* ~ тасрах *to grow decrepit; to be needy, hard up;* би ажилгүй болоод, бид ~ тасрав *we were very hard up when I lost my job;*

танаг II : сураг ~ *hearsay, words, news;* сураг ~ байхгүй *not a word has been heard of;*

танаггүй **1.** *tattered, worn out; unfit, unsuitable;* **2.** *bad, having dishonourable character;* ~ муу хүн *a bad type;* **3.** сураг танаггүй *no words, no information, not a word has been heard of;*

танагтай *not bad; quite strong;*

танай *your;* ~ улс *your country;*

танайх *yours, belonging to you; your home, your family;* ~ хэдүүл вэ? *how many members are there in your family?*

танар : үнэр ~ *scent, smell;*

тана|х *to reduce in size, cut off, shorten;*

тангад *Tangut or Tibet; a Tangut or Tibetan;*

тангараг *oath, vow;* ~ тавих *to swear, vow;* ~ өргөх *to swear to; to take one's oath, swear an oath;* ~ өргөх ёслол *a swearing-in ceremony;*

тангараглал *act of swearing;*

тангарагла|х *to swear, vow, take an oath;*

тангара|х *to kick with both hind legs;*

тандалт *reconnoitring, probing;*

танда|х I *to run around;*

танда|х II *to explore, sound, probe; to spy out;*

танзуур *a kind of fried pastry rolled in sugar;*

танигдахуйц *recognizable;*

танигда|х *to become known, be recognized;*

танигдашгүй *unrecognizable;* тэр ~ болтлоо туржээ *he has become so thin that you would not recognize him;*

танил *acquaintance, familiar person; familiar;* ~ болох *to be acquainted with, know;* би тэр эмэгтэйтэй багаасаа ~ билээ *I have known her since childhood;*

танилгүй *not having acquaintances or friends;*

танилтай *having many acquaintances or friends;*

танилца|х *to meet, make the acquaintance; to become acquainted with, familiarize oneself with; to become familiar with;*

танилцуула|х *to introduce to; to acquaint with; to familiarize with;* би ноднин жил Самданг Бумаатай танилцуулсан ба тэд одоо гэр бүл болцгоосон *I introduced Samdan to/ and Bumaa last year, and now they're married;*

танилцуулга **1.** *handbook, guide, guidebook;* **2.** *briefing, familiarization;*

танимгай *good at recognition someone or sth;*

танимгайрха|х *to recognize a person previously known;*

таниула|х *to acquaint with, familiarize with; to make clear;*

таниулга *the act of familiarizing; elucidation;*

тани|х *to know, recognize;* би зураг дээр хуучин нөхрөө танив *I recognized my old* friend in the photograph; ~ хүн *a familiar person;* өвчин ~ *to diagnose a disease;*

танихгүй *unfamiliar, unknown; unacquainted with;*

танишгүй *unrecognizable;*

танк *(mil.) tank;*

тансаг *luxurious, sumptuous; delicious; splendid;* ~ идээ *delicacy, exquisite food;* ~ амт *delicious taste;* ~ зочид буудал *a luxury hotel;* ~ амьдрал *a life of luxury;*

тансагла|х *to live in luxury; to have delight or pleasure in sth; to experience joy;*

тантай|х *to become heavy, fat;*

тантан *spittoon, cuspidor; dustbin;*

тантгар *stout, heavy, corpulent;*

танхай *undisciplined, ill-bred;* ~ балмад *cruel, very unkind;* ~ этгээд *hooligan; playboy;* ~ явах *to live it up;*

танхайрагч *hooligan;*

танхайрал *hooliganism;*

танхайра|х *to behave like a hooligan;*

танхи *spoiled; mollycoddled, pampered;*

танхил *coddled, pampered; spoiled; capricious;*

танхилза|х **1.** *to act insincerely;* **2.** *to be unfaithful (to);* **3.** *to be spoiled;*

танхим *large hall, auditorium;*

тар I *nature, disposition;* тары нь таних *to see through (someone);*

тар II : ~ няр *onomatopoeia describing the sound of tapping on a hard surface;* ~ няр хийж унах *to fall with a crash;* ~ түр хийх *to have a quarrel;*

тараалт *distribution;* сонин ~ *the distribution of newspapers;*

тараа|х **1.** *to dismiss; to dissolve, break up, end;* парламентыг ~ *to dissolve parliament;* багш ангиа эрт тараав *the teacher dismissed the class early;* амралтаар ~ *to dismiss for the holidays;* хурал ~ *to close a meeting;* **2.** *to scatter, spread, strew; to distribute;* өвс ~ *to scatter hay;* цуурхал ~ *to spread a rumour;* сонин ~ *to distribute newspapers;* өвчин ~ *to spread a disease;*

тараг *sour milk, yogurt;*

тарай|х *to stretch one's body out wide in lying;*

таранги *scattered, sparse;*

тарангүй *scattered, dispersed, spread;*

тара|х *to disperse, scatter; to spread; to break up; to end, finish;* цугласан олон тарав

the crowd broke up; цуу үг амнаас ам дамжин тарав *rumours spread from mouth to mouth;* хичээлийн дараа хүүхдүүд гэр гэр рүүгээ таран одоцгоов *after school the children dispersed to their homes;*

тарвага(н) *marmot;*

тарвагацаа *"wolf-and-marmot", a children's game;*

тарвагачин *marmot hunter;*

тарвагачила|х *to trap marmots;*

тарвалза|х *to move one's legs and arms, kick;*

тарвас *watermelon;*

тарга *fatness, stoutness, obesity, corpulence;* ~ хүч *strength and fatness;* ~ суух *to become fat, put on weight;*

таргала|х *to become fat; to put on weight; to grow stout;*

тарган *fat, stout, obese, corpulent; fatty;* ~ мах *fatty meat;* ~ мал *fat cattle;* ~ цатгалан *corpulent, obese, stout;* баян ~ *rich, wealthy;*

таргил *rapid in a river;*

тариа(н) **1.** *grain, corn, crops; cereals;* ~ авах/хураах *to harvest a crop;* ~ хадах *to cut or reap a crop;* ~ тэгшдэх *to form ears;* ~ны болц *the ripening of the crop;* ~ гандах *the drying up of the crop because of lack of rain;* ~ны гүүрс *straw of grain;* ~ тарих *to cultivate, plant a crop;* ~ алдах *to lose a crop;* ~ны талбай *field of corn; ploughed field; area under crops;* ~ хураах комбайн *combine harvester;* **2.** *a medicine that is to be taken by injection;* ~ хийх/тарих *to inject;* урьдчилан сэргийлэх ~ хийх *to vaccinate;*

тариалалт *sowing, planting, plowing;*

тариалан *arable land, plow land; field; plantation; crops;* газар ~ *agriculture, farming;* газар ~гийн мэргэжилтэн *agronomist;*

тариаланч *(peasant) farmer;*

тариала|х *to cultivate, plant, sow;*

тариачин *peasant;*

тарилга *inoculation, vaccination, injection;*

таримал *sown, planted;* тасалгааны ~ ургамал *indoor plant;* ~ зүлэг *grass-plot, lawn;*

тариур *syringe;*

тари|х **1.** *to sow, plant;* луувангаа эрт тариарай *sow your carrots early;* **2.** *to inject, inoculate with, vaccinate;* лаборант оготныг шинэ эмээр тарив *the lab assistant injected the rat with the new drug;* **3.** *to do sth wrong;* чи ямар хэрэг тарьж орхив? *what have you* *done?*

тарлан *spotted, speckled, flecked;*

тарланта|х *to become spotted, speckled, or varicoloured;*

тармаг *scattered, dispersed, here and there; sparse;* армаг ~ *sparse;* ~ мод *sparse wood;*

тарма|х *to rake;*

тармуур *rake;*

тармуурда|х *to rake;* тэд нар унасан навчсыг тармуурдав *they raked up the dead leaves;*

тарни *incantation, mantra, spell, meaningless phonetic units used in religious rites;*

тарнида|х *to cast a spell over; to exorcize;*

тартай *(of an old person) very healthy and active, hale and hearty;*

таруу *scattered, dispersed; sparse;*

тархай *scattered, dispersed, spread, disseminated; disunited;*

тархалт *spreading, diffusion; dissemination;*

тарха|х *to spread; to become (more) widely known;* халдварт өвчнүүд маш амархан тархдаг *infectious diseases are very easily spread;* халдвар ~ *spreading of infection;* ихэд ~ *to be widely practised; to become widespread;*

тархац *spreading; diffusion;*

тархи *brain; brains, intelligence; head (=person);* ~ бол дээд мэдрэлийн системийн үйл ажиллагааны төв юм *the brain is the centre of higher nervous activity;* энэ төсөл дээр улсын хамгийн тархитай хэд нь ажиллаж байна *some of the best brains in the country are working on this project;* тархиа гашилгах *to rack one's brains;* уураг ~ *brain, cerebrum;* тархиа ажиллуулах *to use one's head;* ~ хөдлөх *(med.) concussion;*

тархигүй I *mischievous, naughty, disobedient;* яасан ~ жаал вэ! би чамайг зам дээр бүү тогло гэж хэлсэн шүү дээ *you naughty boy! I told you not to play in the road;*

тархигүй II *foolish, stupid, brainless;*

тархила|х *to call someone a fool;*

тархила|х *to predominate, prevail, dominate;*

тархмал *widespread, prevalent, widely-distributed;* зарим халуун оронд нүдний өвчнүүд ~ байдаг *eye diseases are prevalent in some tropical countries;*

тарч *three-year old female marmot or hamster;*

тарчиг *scanty, poor; slender, meagre; scant; poor in, short of;*

тарчигда|х *to grow scanty, run short; to be short of;*

тарчигна|х *to tap, clatter, rattle;* тэрэг чулуутай замаар тарчигнаж явав *the cart rattled along the stony road;*

тарчигнуур *a rattle; a baby's toy that rattles;*

тарчилга|х *to torment, torture; to plague the life out of;*

тарчлаа|х see **тарчилгах**;

тарчла|х *to suffer, be tormented;* тэр нэг их тарчилсангүй дороо нүд анив *he died very quickly; he didn't suffer much;*

тас I *vulture, condor;*

тас II *used with verbs and expressing completeness; completely, flatly, categorically; absolute(ly);* ~ алгадах *to slap sb hard in the face;* ~ огтлох *to cut off completely;* ~ хөрөөдөх *to saw in two;* ~ хазах *to bite through;* ~ цавчих *to cut off with one stroke;* ~ хаах *to shut loudly and with force, slam;* ~ цохих *to strike a swinging blow;* ~ шүүмжлэх *to criticize severely;* ~ зөрөх *to deny categorically;* ~ гүжирдэх *to slander openly;* ~ хориглох *to forbid categorically;* ~ гэдрэгээ унах *to fall on one's back;* ~ хар *jet black;* ~ харанхуй *pitch darkness;* ~ өөр *quite different;* ~ түс *(of character) straightforward;*

тас III *onomatopoeia expressive of a cracking sound;* ~ няс хийх *to crack;* гал ~ няс хийх *crackling of a fire;*

тасаг *section, department; shop, section (in factory);* бэлэн хувцасны ~ *clothing department;* гутлын ~ *boot-shop, shoe department;*

тасалбар I *conclusion, termination;* ~ болгох *to bring to an end;*

тасалбар II *coupon, ticket, voucher; receipt;*

тасалгаа *room;*

тасалдал *interruption;*

тасалда|х *to be interrupted, break;*

тасалдуула|х *to interrupt, break off;*

тасам *edging, bordering, facing;*

тасархай *a scrap or shred, piece of sth; torn off, cut off; detached; outstanding, exceptional;* цаасны ~ *a scrap/shred of paper;* даавууны ~ *a scrap/shred of cloth;* олсны ~ *a piece of string;* эмэгтэйн хүүхдүүд бүгд ухаантай харин хамгийн бага охин нь бусдаасаа ~ шүү *all her children are clever, but the youngest girl is really exceptional;* яс махны ~ *next of*

211

T

kin;

тасгим : ~ хүйтэн *hard frost;*

тасда|х *to tear apart, tear to pieces; to divide or separate into two or more parts;*

тасдуула|х caus. of тасдах; *to cause to tear, pull apart or into pieces by force; to be torn by or with;* тэр, хүрэн баавгайд тасдуулжээ *he was torn to pieces by a brown bear;*

таслага *comma;* цэг ~ *punctuation;*

таслал *comma;*

таслалгүй *without absenteeism; without a comma;* ажлаа ~ сурлцаа *to study while continuing (normal) work;*

тасла|х *to cut; to cut off, break off, sever; to tear off; to interrupt; to be absent from work (without good cause); to play truant;* хоол хүнсээр ~ *to cut off food supplies;* утас (ярьдаг) ~ *to cut off sb's telephone service;* цахилгаан (гэрэл) ~ *to cut off electricity;* бидний (утасны) яриаг дунд нь таслав *we were cut off in the middle of our conversation;* хоёр орон дипломат харилцаагаа тасалсан байна *the two countries have broken off diplomatic relations (with each other);* хуанлийн хуудас ~ *to tear off a leaf from a calendar;* илтгэгчийн үгийг ~ *to interrupt a speaker;* хичээл ~ *to play truant/ hookey;* амь/гол ~ *to kill, murder;* хэрэг ~ *(leg.) to hear a case;* маргаан ~ *to resolve a dispute;*

таслуула|х caus. of таслах; *to be cut off, be interrupted;*

тасрал *interruption, cessation, stoppage;*

тасралгүй *uninterrupted(ly), unbroken; continuous(ly);*

тасралт *interruption, stoppage, stopping;*

тасралтгүй *uninterrupted(ly), incessant(ly), continuous (ly); permanent(ly); regular;*

тасра|х *to be cut off (from), come off, break, be torn away (from); to be interrupted, stopped, discontinued; to get detached; to stop suddenly, stop short, come abruptly to an end;* товч тасарчээ *a button has come off;* олс тасрав *a rope broke;* ажил ~ *(of the work) to be interrupted;* гол ~ *to die, end life;* гэгээ ~ *to grow dark;* сүргээсээ ~ *to stray from the herd;* сураг ~ *to be missing;*

тасрашгүй *hard to break; interminable, uninterrupted;*

тасхийм : ~ хүйтэн *ringing frost;*

таталт *water pipe, waterline; sewer;*

татаар *Tatar;*

татаас I *string, twine;*

татаас II *(State) grant, subsidy; influential connexions;*

татагда|х *to be pulled, be drafted; to be attracted, be (feel) drawn to sb/sth;* тэр эмэгтэйд миний сэтгэл татагдав *I felt (was) drawn to her;* тэр, 1917 онд цэрэгт татагдаж байсан *he was called up in 1917;*

татай|х *(of clothes) to become short or tight;*

таталбар *sketch;*

таталган бичиг *shorthand, stenography;*

таталган бичээч *stenographer;*

таталга|х *to take down in shorthand;*

таталда|х *to twitch, get a cramp, go into spasm; (of clothes) to wrinkle at the seams;*

татанхай *paralysed; stiff, crippled;* өрөөл ~ *paralysed, disabled;* ~ гартай *miserly, stingy;*

тата|х 1. *to draw, pull, drag, haul, tug;* татаж гаргах *to drag out, pull out;* ханцуйнаас нь ~ *to tug at someone's sleeve, pluck by the sleeve;* хөшиг ~ *to draw the curtains;* олс ~ *to draw a rope;* ачаа ~ *to tie or tighten the load with rope;* загасны тор татаж гаргах *to haul up the fishing nets;* хойш нь ~ *to draw sth back;* 2. *to twitch, get a cramp, go into spasm;* нүд ~ *(of an eye) to twitch;* шөрмөс ~ *to have a muscle spasm;* хэрэв амьсгал нь хэвийн болохгүй бол өвчтөн татаж магадгүй *if breathing is not restored, the patient may go into spasm;* 3. *to draw, attract; to draw in; to have up;* анхаарал ~ *to attract attention;* өөртөө ~ *to win over (to one's side);* ажилд ~ *to recruit, enlist the services (of);* цэрэгт ~ *to call up (for military services);* шүүхэд ~ *to sue (in court), take to court; to bring to trial;* хариуцлагад ~ *to make answer for, make answerable for, call to account for;* 4. *to build; to install; to dig;* суваг ~ *to dig a canal;* цахилгаан гэрэл ~ *to install electricity;* 5. *to cut, chop;* мах ~ *to chop or mince meat;* 6. *to smoke, take snuff; (of a chimney) to draw;* би тамхи татдаггүй *I don't smoke;* хамрын тамхи ~ *to take snuff;* яндан сайн татаж байна *the chimney is drawing;* 7. *to play a musical instrument;* бүрээ ~ *to blow a horn or trumpet;* 8. *to stock up;* өвлийн нүүрс ~ *to stock up with coal for winter;* уруу ~ *to exert a bad influence, bias;* өөд ~ *to put in order; to bring to a better or more acceptable state;* хань ~ *to keep someone company;* нөхөр ~ *to be a partner (in* crime); тал тохой ~ *to show favour;* манан ~ *to become foggy;* жин ~ *to weigh;* солонго ~ *(of rainbow) to appear;* амаа ~ *to keep silence;* үнэ ~ *to lower a price;* татан буулгах *to abolish;*

таташ *chopped, minced or ground meat;*

татвалза|х *to get a cramp, go into spasm; cramp, convulsion, jerk;*

татвалзуур *spasmodic, spastic;*

татвар *fee, dues; tax;* гишүүний ~ *membership fee;* ашиг орлогын ~ *income tax;* ~ төлөгч *a taxpayer;* газрын ~ *land tax;* ~ эм *(obs.) concubine;*

татварла|х *to tax;*

татгалзал *refusal; denial; repudiation; renunciation (of), giving up (of);*

татгалза|х *to refuse, decline; to turn down; to renounce, give up;* тэр, түүнийг өөртэйгээ суухыг гуйсан боловч эмэгтэй татгалзав *he asked her to marry him but she refused;* дэвшүүлсэн саналаас ~ *to turn down a proposal;* тэмцлээс ~ *to give up the struggle;*

татгалзмаар *disagreeable, objectionable;*

татгана|х see **татвалзах;**

татлаа *hindrance, obstacle;* ~ түлхлээ *sb or sth that hinders; impediment;*

татлага I *rope, cable;*

татлага II *mobilization;*

татла|х I *to pull repeatedly;*

татла|х II *to write fast;*

татмал *drawn-out, pulled, stretched; chopped, minced, or ground;*

татра|х *to decrease, diminish; (of water) to subside, fall, go down;*

татуу 1. *not having or being enough, short;* ~ жигнэх *to give short weight (of); miser, stingy;* тэр, буяны үйлст мөнгө өгөхдөө тун гар ~ шүү *he's too stingy to give money to charity;*

татуур *drawer;* ~ ширээ *desk with drawers;* ~ онгоц *canoe;*

татуурга I *drawer;*

татуурга II *cord, strap, rope;*

татуурга III *branch, arm (of river);*

тах *horseshoe;*

тахал *epidemic;* булчин задрах ~ *a cholera epidemic;*

тахалта|х *to contract an epidemic disease;*

тахарвар *(zool.) panther;*

тахиа *hen; chicken;* эм ~ *hen;* эр ~ *rooster;* ~ны мах *chicken, fowl (as meat);* ~ны хонуурь

hen house, hen coop; ~ны дэгдээхэй *chicken;*

тахигар *tall and stooping; crooked;*

тахийлга|х *to bend, bow;* төмөр утас ~ *to bend the wire;*

тахий|х *to bend, be bowed; to stoop;*

тахил *offering, sacrifice, oblation;*

тахилга *ceremony of offering;*

тахилза|х *to bend, be flexible;*

тахилч *sacrificer;*

тахим *the hollow behind the knee joint;*

тахимда|х *to seize someone by his knee joint in wrestling;*

тахир *crooked, bent;* ~ гудамж *a crooked street;*

тахирла|х *to bend, crook;*

тахи|х *to sacrifice, make an offering; to revere, admire, worship;* нэг хүнийг тахин шүтэх *cult of personality;*

тахла|х *to shoe a horse;*

тахь *wild horse (Equus przewalskii);*

тачаада|х *to express sexual desires; to lust;*

тачаал *sexual love, lust, passion (for);* хурьцал ~ *sexual desire, lust, passion;* хүсэл ~ *desire, lust;* тэр, хурьцал ~лаа хангахаар эмэгтэй рүү дайрав *he attacked a woman to satisfy his lust;*

тачаалга|х *to stir up sexual desires;*

тачаангуй *strong desire, lust, passion (for); lustful, passionate;*

тачаа|х *to have a strong desire; to express a passion for; to lust after/for, desire very strongly;*

тачигна|х 1. *to rattle, crackle, crack, clap;* 2. *to cry out against, make a song about;*

тачир *short; sparse, thin; poor, barren;* ~ тариалан *unproductive barren fields;* ~ үстэй *having sparse hair or wool;* ~ ургац *a poor crop;* ~ ургамал *sparse vegetation;*

тачирда|х *to be short; to be barren, sparse;*

тачуу *narrow, tight (of clothes);*

тачьяадам *unbearable(y), intolerable(y), unendurable(y);* ~ халуун *unbearable heat;*

ташаа I *false, erroneous, mistaken;* худал ~ *lie, falsehood;* хилс ~ *error, delusion;*

ташаа II *side; hip joint;* ~гаа тулах *to place one's arms akimbo;*

ташаалавч *cell; partition;*

ташаала|х I *to partition off;*

ташаала|х II *to be partial or biased;*

ташаалда|х *to place one's arms akimbo;*

ташаарал *delusion, mistake, blunder, er-*

213

ror; erratum, misprint;

ташаара|х to err, be mistaken, be at fault; to be deluded;

ташимгай adulatory, flattering; flatterer, toady;

ташимгайла|х to toady, flatter, adulate;

таширла|х to put down in layers; to be lined up;

таши|х 1. to clap the hands; 2. to ascend or climb a hill on slanting and sloping roads; 3. (of the sun) to set; 4. to slip, slide; 5. to make one's opponent fall (when wrestling) by catching his leg with one's own;

ташрам occasion, opportunity; ~д нь on the occasion of favourable circumstances; at the same time, incidentally; ~д нь асуухад, та энэ зангиаг хаанаас авсан бэ? by the way, where did you buy that tie? явдлын ~д эмийн сангаар ороорой will you please call at the chemist's at the same time;

ташуу slanting; oblique; sloping; slope; шугамнууд ~ татагджээ the lines are drawn at/on a slant;

ташуур whip; ~ тас няс хийлгэх to crack a whip;

ташуурал carelessness, unconcern; idling; lounging; depravity, corruption;

ташуура|х to become corrupted, become depraved; to indulge in vices;

ташуурда|х to whip, flog, lash;

таяг walking cane, walking stick; авараас хойш тэр эмэгтэй ~ тулдаг болсон since the accident she has had to walk with a stick; суга ~ crutch; дараа нь суга ~тай явж болно then afterwards you can be on crutches;

таягда|х to throw or fling sth violently; to give up one's bad habits; to hit with a stick or cane;

таягла|х to use a walking stick when walking;

театр theatre; ~ын сургууль drama school; драмын ~ drama theatre; дуурийн ~ opera house;

теле-гүүр live link-up;

телевиз television; television set; ~ үзэгч viewer;

телескоп telescope;

телестуди television studio;

телефон telephone;

температур temperature;

теннис tennis; ширээний ~ a table tennis; ~ний талбай a tennis court; ~ тоглогч tennis

player;

теодолит theodolite;

теорем theorem;

теори theory;

техник engineering; technics, technology; technical equipment, machinery; арга ~ technique, art; ~ийн шинжлэх ухаан engineering science; ~ийн бие бүрэлдэхүүн technical staff; ~ редактор technical editor; ~ийн нэр томъёо technical term; ~ийн нөхцөл specifications; ~ийн удирдагч technical director;

техникч technician; шүдний ~ dental mechanic;

технологи technology; ~йн өндөртүвшин a high level of technology; шинэ ~ a new technology;

технологич technologist;

тив continent, mainland; Европ ~ the European continent;

тий interjection expressing cold: brr!

тийз seal, stamp; ticket;

тийздэ|х to stamp;

тийм 1. such, so, like; the same; тэр, ~ нинжин сэтгэлтэй хүн he is such a kind man; яг ~ пальто над хэрэгтэй I need a coat like that; ~ маягаар thus, in this way; 2. yes; "энэ ном толь бичиг мөн үү?" - "тийм, мөн" "is this book a dictionary?" - "yes, it is";

тиймхэн so-so, not too good, middling;

тиймшиг 1. like that; it looks as if...; 2. not well, rather bad;

тиймэрхүү 1. sth like that, somewhat similar; as...as; 2. so-so, not too good, mediocre;

тийн I so, such, thus;

тийн II : ~ ялгал (gram.) case;

тийнхүү so; thus; so that; that is why; consequently, therefore; ~ зогсч бай stand just so;

тийрэг noose, snare; butterfly net;

тийрэ|х to kick with the hind legs; (of a gun) to kick;

тийчигнэ|х to kick with the legs repeatedly;

тийчи|х to jerk or twitch the legs;

тийчлэ|х to kick with one's legs (several); to keep kicking out;

тийш to, towards, in the direction of; there, thither; баруун ~ to the right; зүүн ~ to the left;

тийшээ to, towards; there, thither; ~ хараач! look over there! үүнийг ~ тавь! put it (over) there!

титэм crown; coronet; нарны ~ (astron.)

214

corona;

тов I *decision;*

тов II : ов ~ *here and there;*

тов III : ~ хийх *to be tolerable, fairly good;*

тов IV *intensifying particle preceding certain adj. and adv. beginning with* то : ~ тодорхой *quite clear;*

тов V : тов тов *interjection rat-tat;* би хаалга чанга ~ ~ тогшихыг сонсов *I heard a loud rat-tat at the door;*

товгор *protuberant; prominent, bulging; in relief;*

товжигно|х *to talk or read quickly, continuously and clearly; to walk with noisy stamping;*

товимол *engraved, chiseled;*

тови|х *to engrave, cut ornamental designs on metal;*

товло|х *to decide, give judgment; to make a date (for);*

товойлго|х *to make sth prominent;*

товой|х 1. *to become prominent; to bulge;* 2. *to stand out (from/among);* детектив зохиолчдоос Агата Кристи товойж байна *among mystery writers, Agatha Christie stands out as a real master;*

товолзо|х *(of protuberant object) to move up and down;*

товрог *powder;* ~ болгох *to make mincemeat (of);* үнсэн ~ болох *to burn to the ground;*

товрогло|х *to make mincemeat (of), destroy completely;*

товруу *engraved round decorative plates;*

товруут(ай) 1. *having engraved round plates;* 2. *convex, swelling;* ~ хадаас *nail with a convex head;*

товтой *decided, having no doubt;*

товх *heel (of footwear);*

товхгор *thick;* ~ултай гутал *a platform shoe;*

товхимол *a booklet, brochure, pamphlet;*

товхи|х *to bind (books);*

товхойлго|х *to make a pile or heap of; to make thick;*

товхой|х *to bulge, protrude;*

товч 1. *button;* гадаа хүйтэн байна - товчоо товчил *button (up) your coat - it's cold outside;* ~ тайлах *to unbutton;* хөхний ~ *a nipple;* цахилгаан ~ *zip, zipper;*

товч II *short, brief, concise, abridged;* ~ захиа *a brief letter;* хэлэх юмаа ~ хэл дээ, би яараад байна *please be brief because I'm in a hurry;* "Дайн ба энх"-ийн ~ орчуулга *the abridged version of "War and Peace";* ~ мэдээ *the news in brief;* ~ тайлбар *a concise explanation;* ~ хэлэхэд *in short, briefly;*

товчлогдо|х *to be in abridged form;*

товчлол *abridgement, abbreviation; synopsis; summary, abstract;*

товчло|х I *to button;*

товчло|х II *to shorten, abridge, abbreviate, make a synopsis; to summarize;*

товчлуур I *(anat.) clavicle, collarbone;*

товчлуур II *knob, control button;*

товчоо I *sum total; summary;*

товчоо II *bureau, office;* лавлах ~ *inquiry office;*

товчхон *briefly, in short, in a few words;*

товши|х I *to tack, stitch;*

товши|х II *to kick an adversary's leg in wrestling;*

товши|х III *to play* товшуур;

товшуур *musical instrument resembling a mandolin;*

товшуурда|х *to play a* товшуур; *to play a stringed instrument;*

товъёог *table of contents; catalogue;*

тогдгор *short; (of clothes) skimpy, short and tight;* ~ дээл *a skimpy dress;*

тогдгорхон *rather short; very short and tight;*

тогдой|х *to be short and tight;*

тоглогор *burly, portly;* том ~ барилгачин *a big burly construction worker;*

тоглогч *player; gambler;*

тоглой|х *to grow fat, become burly;*

тоглолт *play, playing; game; show; performance;* Олимпийн ~ *the Olympic Games;* өдөрт хоёр ~той *two performances a day;*

тоглоом *a toy, plaything; game; mockery, joke;* ~ын дэлгүүр *a toy shop;* аюултай ~ *dangerous game;* мөрийтэй ~ *game of chance;* ~ хийх *to chaff, mock at; to make fun of;* ~ын засгийн газар *a puppet government;*

тоглоомч *one who likes to play;*

тоглоомчин *player, gambler;*

тогло|х *to play; to play (a game); to perform, act; to play (an instrument); to play with, toy with; to make fun of, mock;* жүжиг ~ *to put on a play;* симфони хөгжим ~ *to play a symphony;* хөзөр ~ *to play cards;* бильярд ~ *to play at billiards;* хөрөнгийн бирж дээр ~ *to speculate on the Stock Exchange;* төгөлдөр хуур ~ *to play a piano;* шатар ~ *to play chess;* кинонд ~ *to play in a film;* сонсголоор хөгжим

~ to play a music by ear; охидтой нуугдаж ~ to play hide-and-seek with the girls; тоглоомоор ~ to play with toys; хүний сэтгэлээр ~ to trifle with someone;

тоглочи|х to have a game;

тоглуулагч player; видео ~ video;

тоглуула|х caus. of тоглох; to be played; to cause to play;

тогоо cauldron, large pot; (tech.) boiler; гал ~ kitchen; cooking; ~ барих to cook; ~ны хүн (obs.) a wife; уурын ~ a boiler; ~ нэрэх to distil vodka from sour cow milk; нэг ~ноос хоол идэх to work with someone in the same place;

тогоотой sth that is inside the pot;

тогооч a cook; миний ээж бол үнэхээр сайн ~ my mother is a really good cook;

тогоруу (zool.) crane;

тогос (zool.) peacock; ~ын өд peacock feathers;

тогтвор constancy; permanency; stability, steadiness, firmness; ~ суух to become staid, become respectable;

тогтворгүй unstable, unsteady; changeable; fidgety, restless;

тогтворгүйжүүлэ|х to destabilize;

тогтворгүйтэ|х to be unsteady, be unstable, be restless;

тогтворжилт stabilization; stability;

тогтворжи|х to stabilize, become steady, unchanging; кофены үнэ огцом өсч, буурч байсан бол одоо тогтворжиж байна the price of coffee has been rising and falling sharply, but has now (been) stabilized;

тогтворжуулагч stabilizer;

тогтворжуулалт stabilization;

тогтворжуула|х to stabilize, cause to become steady, unchanging;

тогтвортой stable, firm; steady; гэр бүлийн ~ байдал a stable marriage; санаа зоволтгүй, энэ шат хад чулуу шиг ~ don't worry, the ladder's steady as a rock; эдийн засгийн ~ өсөлт steady economic growth;

тогтворши|х see **тогтворжих**;

тогтмол regular, fixed; constant, continual; standing, permanent; steadfast, unchanging; periodical; ~ ус a stagnant pond; ~ гүйдэл (electr.) direct current; ~ сэтгүүл a periodical; термостат халуун хүйтнийг ~ байлгадаг a thermostat keeps the temperature constant; ~ хэмжигдэхүүн (math.) constant; ~ ажил a permanent job;

тогтмолжилт regularity, regularization;

тогтмолжи|х to become fixed, unchanging, regular or, constant;

тогтмолжуула|х to make more regular, constant, or permanent;

тогтнил existence; тусгаар ~ independence;

тогтни|х to calm down; to be settled, be established; to settle down; тусгаар ~ to become independent;

тогтол formation, consolidation;

тогтолцоо order, regime, system;

тогтолцоотой systematic;

тогтонги stable; stagnant; эдийн засгийн ~ байдал economic stagnation;

тогтонгижи|х to stagnate;

тогтонгиро|х to become stagnant, not developing;

тогтоогдо|х to be established, fixed, prescribed; to establish; хэрэг гарах үед тэр эмэгтэй тэнд байгаагүй гэдэг нь тогтоогдсон it has been established that she was not there at the time of the crime;

тогтоогч holder, rest;

тогтоол decision, resolution; decree, enactment; зүй ~ regularity; conformity with a law;

тогтоомж regulation;

тогтоо|х 1. to establish, institute; to fix, prescribe; to determine; to ascertain; to set up; ослын шалтгааныг ~ to determine the cause of the accident; цагдаагийнхан түүний хаана байгааг ~ гэж оролдоцгоож байна the police are trying to establish where he is; холбоо ~ to establish communication (with); би үүнийг ханданд хадаасаар тогтоов I fixed it to the wall with a nail; уулзах цагаа тогтоое let's fix (up) a time for the meeting; үнэ ~ to fix a price; зуун долларын цалин ~ to fix one's salary at $100; ой тойндоо ~ to fix in one's memory; дээд амжилт ~ to set up a record; цус ~ to stop the bloodshed; 2. to decide, resolve; парламентаас тогтоосон нь ... parliament has resolved that ...; 3. to learn by heart, memorize; багш бидэнд энэ шүлгийг тогтоо гэж хэлэв the teacher told us to learn the poem (by heart);

тогто|х to be settled, be established; to set in; to be formed, be fixed; to settle; to be stopped; ардчилал ~ to be established a democracy; Япон улс дөрвөн том арлаас тогтдог Japan is formed of four big islands;

одоогоор тодорхой тогтсон юм алга *there is nothing fixed yet;* ус ~ *to form a puddle;* нас ~ *to become staid, become respectable;* сэтгэл ~гүй байх *to be upset, worry;* сорви ~ *to scar;* булдруу ~ *to form a raised round swelling;* тогтсон цагт *at the hour agreed;* заншил тогтжээ *it has become a custom;* цус ~ *(of the bloodshed) to be stopped;* салхи тогтов *the wind calmed down;* бороо тогтов *the rain has stopped;* хэлэлцэн ~ *to agree, settle;*

тогтоц *formation, structure;*

тогтуун *gentle, calm, quiet, steady;*

тогтууригүй *changeable, inconstant;* ~ ааш *a changeable temper;* ~ цаг агаар *changeable weather;*

тогтуурь *stability, steadiness; firmness;*

тогтуурьтай *stable, steady; firm;*

тогтуухан *calm, serene, peaceful;*

тогшилт *tapping, knocking;*

тогши|х I *to hit lightly and repeatedly against sth; to tap;* багш эмэгтэй уургтай гэгч нь хуруугаараа ширээ тогшив *the teacher tapped her fingers on the desk impatiently;*

тогши|х II *(of a hunted animal) to leave a hiding place;*

тогшоо *a net for catching birds;*

тогшуур *wooden rattle (used by night watchman); a small hammer;*

тод *distinct(ly), clear(ly); bright(ly);* ~ санах *to remember distinctly;* ~ ярих *to speak clearly;* ~ улаан *bright red;* ~ гэрэлтэх *to shine brightly;* ~ хэлэх *to pronounce distinctly;* ил ~ *open(ly), public(ly);* ~ томруун *perfectly clear;*

тоддол *brightness; clearness, distinctness;*

тоддо|х *to be too bright; to be extremely clear;*

тодог *(zool.) great bustard (Otis tarda L., 1758);*

тодол *(zool.) starling;*

тодорхой *clear(ly), distinct(ly), concrete(ly), certain, definite(ly); specific; detailed, minute(ly), in detail;* бид ~ хариулт шаардаж байна *we demand a definite answer;* ~ ялгац гишүүн *(gram.) the definite article;* тэр, өөрийн санааг маш ~ тайлбарлав *he explained his intentions very definitely;* машин бол ~ объект юм *a car is a concrete object;* ус ~ түвшинд хүрмэгц насос өөрөө унтардаг *when the water reaches a certain level, the pump switches itself off;* тэр эмэгтэй бидэнд

маш ~ заавар зөвлөмжүүд өгөв *she gave us very specific instructions;* түүний ажлын ~ тайлан *a detailed account of his work;*

тодорхойгүй *unclear, uncertain, indefinite;*

тодорхойлогч *(math.) determinant; decisive, determining;*

тодорхойлогдо|х *to be determined; to be characterized (by); to be defined;*

тодорхойлол *definition; determination; reference; certificate;* хуучин ажиллаж байсан газрын ~ *reference from former place of work;* эрүүл мэндийн ~ *a certificate of health;*

тодорхойлолт 1. *definition; explanation;* 2. *characterization;*

тодорхойло|х *to define; to determine; to characterize, describe;* одны байршлыг ~ *to determine the position of a star;* ослын шалтгааныг ~ *to determine the cause of the accident;* өвчний оношийг ~ *to diagnose a disease;* зай ~ *to judge a distance;* юу болсныг яг тодорхойлж хэлэхийг бод *try to describe exactly how it happened;* ~ цэг (:) *colon;*

тодоттогч *determinative;*

тодоттол 1. *making sth more precise; a clarification;* төсөлд ~ оруулах *to make some clarifications in the draft;* 2. *(gram.) attribute, modifier;*

тодотто|х *to make clear; to make more precise;*

тодрол *clarity;*

тодро|х 1. *to become clear(er);* 2. *the reincarnation (in Buddhism);* хутагт хувилгаан ~ *(of a saint) to return to life in a new body, after death;*

тодруулагч *(phot.) developer;*

тодруула|х *to make clear, clear up;* тодруулж асуух *to ask (about), inquire (about);* ~ шил *magnifying glass;*

тодруулга *clarification; more precise definition;*

тодсо|х *to become clear;*

тодхон *clear(er), more distinct;*

тожгоно|х *(of sth short, small) to move continually;*

тожгор I *shabby, bare;* ~ муур *a mangy cat;*

тожгор II *lean and little; (of clothing) short;*

тожигно|х 1. *to be heard a scratching noise; to patter;* 2. *(of bread, biscuit, etc.) to become stale and hard, dry;*

тожигнуула|х *to make a scratching noise;*

тожий|х *to be thin and short;* тожийсон

сүүлтэй морь *a bobtailed horse;*

тожин see **тожгор;**

той *a wedding breakfast;*

тойв *trouble, chore;* татварын хуудсуудыг бөглөнө гэдэг тун ~той ажил юм *it's such a chore filling in tax forms;*

тойвор *crutch;*

тойг I *the kneecap, patella;*

тойг II *(obs.) a silver ingot in the shape of a kneecap, small silver ingot used as money;*

тойго : тойго тойго *expression used to soothe animals, especially when a ewe will not let its lamb come near;*

тойговч *knee-guard;*

тойголо|х 1. *to soothe an animal by saying* тойго-тойго; 2. *to take someone in hand by a trick or in some dishonest way;*

тойло|х *to nurse, tend, take care of;* тэр эмэгтэй нөхрөө олон хоног өвчтэй байхад нь сайн тойлов *she tended her husband lovingly during his long illness;*

тойм 1. *approximation, approximate(ly), rough(ly);* сургуульд бүдүүн ~оор гурван зуун хүүхэд байдаг *the approximate number of children in the school is 300;* 2. *survey, review; brief;* Булган, орчин үеийн английн уран зохиолын ~ыг бичсэн *Bulgan has written a survey of modern English literature;*

тоймгүй *disorderly; innumerable, too many;*

тоймий *dumplings filled with chopped meat and vegetables;*

тоймло|х *to approximate; to survey, review;*

тоймог *hornless; shaven (of head);*

тоймтой *orderly, well-arranged;*

тоймч *author of survey or review; observer, analyst, commentator;* улс төрийн ~ *political correspondent (of newspaper);*

тойн *(hon.) lama;*

тойрог 1. *orbit;* хиймэл дагуулыг ~ замд оруулах *to put a satellite into orbit;* 2. *circumference; circle;* 3. *region, district, circuit;* цэргийн ~ *military district, command;* сонгуулийн ~ *electoral district;*

тойром *a dried-up lake;*

тойрон 1. *round, around, about; round about; surrounding;* орчин ~ *surroundings;* дэлхийг ~ аялах *voyage round the world;* эргэн ~ нам гүм байв *all around was still;* байшин маш таатай орчин ~д байрладаг *the house is situated in very pleasant surroundings;* 2. *during;* таван жил ~ тэд гадаадад суув *they lived*

abroad during the five years;

тойро|х *to circle, move or travel around, go about/round; to make a detour; to avoid, leave out, pass over; to gather round;* онгоц буухаасаа өмнө буудлыг тойров *the plane circled (around) the airport before landing;* дэлхийг тойрч буй сансрын хөлөг *a spacecraft circling the Earth;* дуугүй тойрч өнгөрөх *to pass over in silence;* бэрхшээлийг ~ *to get round a difficulty;*

тойруу *roundabout, indirect; ~* ярих *a roundabout way of saying sth; ~* зам *a detour, roundabout;*

тойруула|х *caus. of* тойрох; *to lead round; to encircle (with), surround (with);* тойруулан шуудуу татах *to surround with a ditch;* нүдээрээ тойруулан харах *to look round (at), take in (with one's eyes);*

тойруулга *roundabout, merry-go-round; ~* төмөр зам *circle line;* морин ~ *hippodrome, racecourse;*

ток *(elec.) current;*

токарьчин *turner, lathe-operator;*

толбо *spot, blot, stain; ~* аrilgax *to remove stain;* цаасан дээрх бэхний ~ *a blot of ink on the paper;* цагдаа нар сэжигтний хувцаснаас цусны толбонууд илрүүлэв *the police found blood stains on the suspect's clothes;* ~той *spotted, speckled, dappled;*

толбото|х *to stain, become spotted;* энэ хивс амархан толботдог учир юм асгахгүй байхыг бодоорой *this carpet stains easily, so try not to spill anything on it;*

толгод *hills; ~*ын бэлээр хонь билчиж байв *sheep were grazing on the side of the hills;*

толгой I *head; the mind or brain; a person (in the phrase ... a/per head); pl. head (used in counting animals); the top part of sth; a hill; ~* тархи *a head;* малгай ~ *headgear, headdress;* түүний зүрх сэтгэл ~ тархийг нь удирддаг *his heart rules his head;* толгойн өвчин *headache; ~* өвдөх *to have a headache;* миний ~ муу байна *I've got a bad head;* тэмээн ~ *дохих to nod one's head; ~* эргэх *(of a head) to go round; to feel giddy; ~* түрүүгүй, эх ~гүй *disorderly; ~* холбох *to select in order to make rhyme; to get married; ~* үсэг *a capital letter; ~* даах *to keep one's head above water; to become independent; ~* татахгүй байх *to get up to one's neck (in sth); ~* эргүүлэх *to turn someone's* head; тэр эмэгтэйн гоо үзэсгэлэн түүний толгойг бүр эргүүлсэн *her beauty had quite turned his head;* ~гоо даах *to stand on one's own (two) feet; to rise to one's feet after a long illness;* ~ өвдөхгүй *standing on one's head;* чам шиг суут ухаантан тэр бодлогыг ~ өвдөхгүй бодно́ биз дээ! *a genius like you can solve that problem standing on your head!* ~ дээрээ зогсох *to stand on one's hands/head;* ~гоороо хариуцах *to stake one's life on sth;* ~гоо мэдэх *to answer for oneself;* хар ~гоо бодох *to think only of oneself;* ~ мэдэх *to be independent;* ~гоо алдах *to lose one's head;* ~ хүрэхгүй *above someone's head;* ~ хоргодох *to have a roof over one's head; to have shelter;* цагаан ~ *alphabet;* дээрэмчний ~ *chief of a robber band;* гэр бүлийн ~ *the head of the family;* гурван мянган ~ мал *three thousand head of cattle;* тэр, дүүгээсээ хагас ~гоор өндөр *he is half a head taller than his brother;* орны ~д *at the head of the bed;* хадаасны ~ *the head of the nail;* би захидлын ~д хяагаа тавив *I put my address at the head of the letter;* уулын ~ *mountain summit, peak;* ухаантай ~ *a clear head;* мангуу ~ *a stupid person;* ~ дараалан *one and all; (all) to a man;*

толгой II *a bundle, packet, pack;* нэг ~ даавуу *a whole roll of cloth;* ~ лаа *a bundle of candles;*

толгойгүй *brainless, stupid; headless; disorderly;* модон дотроос ~ эрэгтэй хүний цогцос олдлоо *the headless body of a man was found in the woods;*

толгойлогч *head, chief, leader; ringleader;* өрхийн ~ *the head of the family;*

толгойло|x I *to be at the head of, lead;*

толгойло|x II *to tie sth into a bundle;*

толгойлуула|x *caus. of* толгойлох; *to place at the head;*

толгойт *-headed;* гурван ~ мангас *a three-headed monster;* улаан ~ *red-headed;*

толгойтой *having a head, top or tip; -headed;*

толигор *smooth; glossy;* нялх хүүхдийн ~ арьс *a baby's smooth skin;* ~ зам *a smooth road;* торго шиг ~ *as smooth as silk;*

толийлго|x *to smooth, remove (roughness) from a surface;*

толий|x *to become smooth;*

толило|x *to look into a mirror; (hon.) to favour with attention; to look at, see;*

толилуула|x *to present sth for reading or*

consideration;

толимон *smooth, unwrinkled;*

толио *a youthful complexion; a beautiful appearance; a glossy surface of sth;* тэр эмэгтэй тавь гарсан ч ~той байна *she's over 50 but has a youthful complexion;*

толиро|x 1. *to become smooth, unwrinkled;* 2. *to get better, recover;*

толиур *not very good, poor, indifferent, mediocre;*

толи|x *to smooth out;*

толти 1. *hilt (of sword, sabre, knife);* 2. *aorta;*

толхи *empty-headed, stupid, dull;*

толхилцо|x *to argue, debate;*

толхи|x *to abuse or misuse;* чи надаас авсан хутгыг бүүр толхиж орхижээ *you must have been abusing the knife I lent you - the blade is completely ruined;*

толь I *looking-glass, mirror; metal plate;* нөлөөтэй ~ *distorting mirror;* босоо том ~ *a full-length mirror;* жолооч цагдаагийн машиныг толиндоо харав *the driver saw the police car in his mirror;* толинд харах *to look into a mirror;*

толь II *dictionary, glossary, vocabulary;* герман-англи ~ *a German-English dictionary;* шинжлэх ухааны ~ *a science dictionary;* нэвтэрхий ~ *encyclopaedia;* тайлбар ~ *an explanatory dictionary;*

тольдо|x *to look into a mirror; (hon.) to look, glance at;*

тольтой I *having a mirror, with mirror; good, beautiful, fine;* ~ царайлаг *good-looking, beautiful;*

тольтой II *having a dictionary, glossary, vocabulary;*

том I *big, large, great; grown-up, adult, mature;* ~ хайрцаг *a big box;* ~ талбай *a big field;* Нью-Йоркийн хамгийн ~ зочид буудал *the biggest hotel in New-York;* тэр хүүхэд бол ~ биетэй *that child is big for his age;* битгий уйл; чи чинь одоо ~ охин шүү дээ *don't cry; you're a big girl now;* тэр цамц надад таарахгүй байна - хэтэрхий ~ юм *that shirt doesn't fit me - it's too big/large;* ~ байшин *a large house;* тэр бол ~ хүн *he's a great man;* ~ ололт *a great achievement;* ~ хүн *an adult; a great man; a big man;* ~ болох *to grow big; to grow up;* чи ~ болоод юу болох вэ? *what do you want to be when you grow up/are grown up?*

том II *track or path of wild animals;*

томбогор bulging, convex; ~ хөх tight breasts;

томбойлго|х to make a bulge, make sth become convex; алим түүний хормойг томбойлгожээ the apple made a bulge in his pocket;

томбой|х to bulge, swell, become convex;

томдо|х to be too big or large;

томилогдо|х to be appointed or nominated; to be sent on a mission; тэр эмэгтэй, захирлаар томилогджээ she's been appointed as director;

томилолт mission; (official business) trip; ~оор явах to go on a mission; ~ын мөнгө travelling allowance; ~ын хуудас authority (for travelling on official business, on commission);

томило|х to post, appoint, nominate; to dispatch, send on a mission; бид шинэ багш томилохоор шийдлээ we have decided to appoint a new teacher; захирал намайг бага хуралд өөрийнхөө албан ёсны төлөөлөгчөөр томилов the director nominated me as his official representative at the conference;

томмол twisted, spun, wound; ~ утас twisted yarn or thread;

томоо good conduct or behaviour; ~ орох to become well-behaved, sensible or wise; ~ суух to become staid, become responsible;

томоогүй immature; silly, thoughtless, unwise; naughty, disobedient;

томоогүйтэ|х to be naughty, make a nuisance of oneself;

томоожи|х to become mature; to become staid, become responsible;

томоотой having good conduct; staid; ~ гоонь эр a staid bachelor;

томорхог arrogant, conceited;

томорхо|х to be arrogant or conceited;

томо|х I to braid, twist or spin thread or rope;

томо|х II to shell nuts;

томо|х III to wander about;

томролт enlargement;

томро|х to become large or big, enlarge; to become conceited; элэг нь томорсноос болж тэр өвдөж зовж байсныг эмнэлгийн шинжилгээнүүд харуулав the medical tests showed that he was suffering from an enlarged liver; улам ~ to become larger or bigger;

томруула|х to make large or big; enlarge; to magnify; микроскоп эдгээр нянг томруулна тэгэхэд чи тэднийг яг байгаагаар нь харж чадна a microscope will magnify these germs, so that you can actually see them; томруулдаг шил magnifying glass;

томруун enlarged; detailed, clear, distinct; ~ тодорхой detailed; more distinct;

томсго|х to enlarge, make larger;

томсо|х to become larger, bigger;

томт|ох to be too large or big;

томуу (med.) flu, influenza; ханиад ~ grippe; тэр, ~ хүрээд хэвтэж байна she's in bed with flu;

томуура|х to catch cold; to suffer from influenza;

томуутай suffering from cold, grippe or influenza;

томуута|х to contract grippe, influenza;

томхон larger, bigger;

томчууд adults, grown-ups;

томшгүй : тоо ~ innumerable, a great number;

томьёо 1. formula; term; sign, symbol; нэр ~ term, terminology; эмнэлгийн нэр ~ a medical term; 2. senses, consciousness; мэдээ ~ алдах to lose consciousness;

томьёолол formulation; formulating;

томьёоло|х 1. to define, formulate; to express in clear terms; to define by conventional signs, symbols; томьёолсон тэмдэг conventional sign; 2. to estimate (approximately);

томьёолшгүй impossible to formulate; impossible to estimate;

тон I quite, very, extremely; absolutely; ~ хэцүү very difficult; ~ амаргүй hard, not easy; ~ сайн extremely good;

тон II : ~ ~ rat-a-tat;

тонгойлго|х caus. of тонгойх; to incline, bend, bow; тэр ичсэндээ толгойгоо тонгойлгов he bowed his head in shame;

тонгой|х to stoop, bend down, bow, incline the head; би үзэг авахаар тонгойв I stooped down to pick up the pen;

тонголзо|х to bend down and straighten up (several time);

тонгорог pocketknife, penknife;

тонгоро|х (of horse) to kick; to turn somersaults; to tumble over; to turn over, tip over, knock over;

тонгоруу reverse, upside-down;

тонгоруула|х caus. of тонгорох; to tip over, overturn, upset, cause to fall over; to invert, reverse; энэ цаасан дээрх нэрсийг тонгоруулж уншина уу *please read the names on this list in reverse order;*

тонгорцогло|х 1. *to turn a somersault; to tumble over;* **2.** *the sudden continual kicking of a horse that has turned wild;*

тонж *special(ly), particular(ly); outstanding;*

тонжро|х *to stand out (from, among), distinguish oneself;*

тонилго|х *to banish, expel; to deliver (from); to bump off, murder;*

тонило|х *to clear off; to escape from; to be saved or delivered; to die;* намайг цагдаа дуудахаас өмнө тонил! *clear off before I call the police!* үхэж ~ *to die;*

тонн *ton; a measure of weight;*

тоног *decorations; equipment, gear;* эмээлийн ~ *saddle decorations;* ~ төхөөрөмж *equipment, instrument, apparatus;* ~ хэрэгсэл *a part of a machine or other apparatus;*

тоногдо|х *to be robbed, be plundered;*

тоноглогдо|х *to be provided with equipments, instruments, or apparatus, be fitted out;* усан онгоц шинээр тоноглогджээ *the ship has been newly fitted out;*

тоноглол *equipment, implements;* ~ сайтай *well-equipped;*

тоногло|х 1. *to equip, fit out;* лаборатори ~ *to fit out a laboratory;* муу тоноглосон эмнэлэг *a poorly-equipped hospital;* **2.** *to decorate (a saddle, bridle, etc);*

тоногч *robber, looter; exploiter;*

тонодос *loot, things robbed or taken;*

тоно|х *to rob, plunder, loot; to exploit;* ~ мөлжих *to exploit;* ~ дээрэмдэх *to rob, plunder, loot;* тэд эзлэгдсэн хотыг тонож дээрэмдэв *they plundered the captured town;* ах дүүс банк ~ санаатай байв *the brothers planned to rob a bank;*

тонтгор *thick and protruding; round;*

тонтой|х *to be(come) round, thick and protruding;*

тонуул *robbery, plundering; plunder, loot;* дээрэм ~ хийх *to rob, plunder, loot;* ~ эд *plunder, loot;*

тонуула|х *to cause or permit robbing or plundering; to send someone to rob;*

тонуулчин *robber, bandit;*

тонхол : энхэл ~ *uneven, broken (terrain);*

тонши|х *to knock, rap; to peck;* тэр эмэгтэй үзгээрээ ширээ тонших чимээгүй байхыг

хүсэв *she rapped her pen on the table and called for silence;* тэр шувуунд бүү ойрт, тонших магадгүй шүү *don't get too near that bird, it might peck you;* хэрээ ~ махгүй *very lean;*

тоншуул *(zool.) woodpecker;*

тоншуур *watchman's rattle; drumstick;*

тоо(н) *number, figure; numeral; quantity, amount;* араб ~ *arabic numeral;* ром ~ *roman numeral;* бутархай ~ *(math.) fraction;* өрөөсгөл ~, сондгой ~ *odd number;* 1, 3, 5, 7, г.м. нь сондгой ~нууд *1, 3, 5, 7, etc are odd numbers;* тэгш ~ *even number;* хяналтын ~нууд *(econ.) scheduled figures;* ~ авах *to count, calculate; to make a list, take a census;* ~ноос хасах *to expunge, rub out a name from a list; to give up as dead;* ~ноос гарах *to be disabled;* ~нд орох *to enter into; to be numbered or counted among;* ~нд оруулах *to enter or write down (names, amounts of money, etc) in a book;* ~ тоолох *to count;* ~ бодлого *arithmetic;* ~ бодлогын ном *a book of mathematical problems;* ~ бодох *to solve mathematical problems;* ~ны хүрд *multiplication table;* ~ны хаан *mathematics;* ~ны машин *calculator, calculating machine;* ~ алдах *to lose count (of);* ~ бүртгэл *statistics;* ~ бүртгэл бол ~ны ухааны нэг салбар юм *statistics is a branch of mathematics;* ~ бүртгэгч *statistician;* олон ~ *(gram.) plural;* ганц ~ *(gram.) singular;* ~ны нэр *(gram.) numeral;* орон ~ *vacancy;*

тоогдо|х *to be regarded, respected or esteemed;*

тоогүй I *countless, numberless, innumerable;*

тоогүй II *it is a pity, it is a shame;* та дайллаганд ирж чадахгүй чинь ~ байна *it's a pity you can't come to the party;*

тоодгор *too short and/or tight;*

тоодог *(zool.) great bustard (Otis tarda L.,1758);*

тоодой|х *to be(come) too short and/or tight;*

тоодон *(of clothing) short; short, stumpy;* ~ сүүлтэй *bob-tailed;*

тоолго|х see **тоогдох;**

тооллого *census, inventory;* хүн амын ~ *census;*

тоологдо|х *to be estimated or counted;* учирсан хохирол мянга мянгаар тоологдож байна *the casualties are estimated at thou-*

sands;

тоолол method of numbering the years; numbering; он тооллын бичиг a chronicle; тооллын систем a numbering system;

тоололцо|х to count or calculate together;

тооло|х to count; to reckon (among/as); хорь хүртэл тоол тэгээд нүдээ нээ count (up) to twenty and then open your eyes; бид зорчигчдыг тоолоод хоёр нь алга болсныг мэдэв we counted the passengers and found that two were missing; эцэг эхийг минь тоолоод миний ам бүл зургуулаа there are six people in my family counting my parents; аваар ослын дараа тэд өөрсдийгөө амьд явах хувьтай юм гэж тоолов after the accident they counted themselves lucky to be alive; би түүнийг өөрийн найз гэж тоолдог I reckon him as a friend/among my friends; тоолж барагдахгүй countless, numberless, very many;

тоолуула|х to cause or permit counting;

тоолуур meter, counter (instrument); Гейгерийн ~ Geiger counter; цахилгаан ~ electricity meter;

тоолшгүй countless, numberless, too many to be counted;

тоомж esteem, consideration, attention;

тоомжгүй indifferent, scornful, slighting, disdainful; тэр, хөндий бөгөөд ~ байдалтай байв his manner was cold and indifferent; ~ байх to show one's contempt;

тоомжиргүй reckless;

тоомсог a thoroughbred horse;

тоомсор see **тоомж**;

тоомсоргүй indifferent; disrespectful; inattentive; disdainful;

тоомсорло|х to esteem, respect; to take into consideration, take sb into account, reckon (with);

тоон digital; numerical;

тооно I the wooden frame for the flue of a Mongolian гэр;

тооно II : ~ туших to tie a sailor's knot;

тоонолжин St. Andrew's cross;

тоонолжло|х to remove (from) by drawing two lines crosswise;

тоор peach;

тоормос brake;

тоормосло|х to brake;

тоорцог I a young tightly rolled-up flower;

тоорцог II skull-cap;

тоос(он) dust; ~ болох to get dusty, get covered with dust; ~ арилгах to dust; машин шороон замаар оронгуутаа ~ манаргав the car raised a cloud of dust as it went down the dirt road; энэтхэгийн халуун ~ шороо хоёр the heat and dust of India; хумхийн ~ speck of dust; ~ сорогч vacuum cleaner; ~ дарсан өрөө a dusty room;

тоосго(н) brick; тоосгон завод brickworks; тоосгон хана a brick wall; ~ цохих газар brickfield or brickyard; ~ өрөгч bricklayer;

тоосгочин brickmaker;

тоосжилт dustiness;

тоосжих to become dusty, be turned to dust;

тоосло|х to dust, remove dust (from);

тоосорхог like dust, powdery, dusty;

тоосорхуу see **тоосорхог**;

тоосро|х (of dust) to rise or swirl;

тоот a number (No., no.); бид ойн гудамжны 107 тоотод суудаг we live at no. 107 Wood Street; 4 тоот албан бичиг the official letter No. 4;

тоотой that which can be counted; few, in a limited quantity;

тоо|х to regard, esteem, respect; to value; биеэ ~ to give oneself airs, become conceited;

тоохгүй indifferent, paid no attention, showing a disregard; ~ байх to disregard, pay no attention, be indifferent;

тооцогдо|х to be calculated; to be considered, be thought, be reputed;

тооцоо calculation; computation; estimate, reckoning; accounting; account; settling (with); ~ хийх to calculate, compute; to settle accounts (with), reckon (with); to count; to settle a score (with); ~ны дэвтэр paybook; миний ~гоор бол банк надад 100 долларын хүү төлөх ёстой according to my computation(s), the bank should pay me $100 interest; эдгээр ~ нь хамгийн сүүлийн үеийн статистикийн мэдээн дээр үндэслэгджээ these calculations are based on the latest statistics; миний үнийн ~ бараг зөв болов my estimate of the cost was about right; даруйхан ~гоо хийнэ үү please settle your account immediately; данс ~ шалгах to audit the accounts; бэлнээр ~ хийх cash payment; бэлэн бус ~ payment by written order, by cheque; би түүнтэй ~той I've got a score to settle with him;

тооцоологдо|х to be calculated to (do sth); шинэ заавар журам нь луйвар хийх явдлыг

Т

таслан зогсоохоор тооцоологдсон *the new regulations are calculated to make cheating impossible;*

тооцооло|х *to calculate, compute, reckon;* эрдэмтэд сансрын хөлөг хэзээ саранд хүрэхийг тооцоолов *the scientists calculated when the spacecraft would reach the moon;*

тооцоолуур *calculator, computer;*

тооцо|х *to count, calculate; to count on/upon, take into account; to count as, consider, think;* сураггүй алга болсонд ~ *to count sb as missing;* түүнийг ухаантай хүнд ~ *to consider him a clever man;*

тоочигдо|х *to be enumerated;*

тоочин *mathematician;*

тоочи|х *to enumerate;*

топографи *topography;*

топографич *topographer;*

тор *net, netting; (luggage) rack;* үсний ~ *hair net;* солбицлын ~ *(geod.) grid;* эрвээхэй барих ~ *a butterfly net;* ~ тавих *to lay a net or a snare;* ~оор бүрхэх *to cover with net;*

торго(н) *silk;* ~ дурдан өмсөх *to wear silks;* ~н цамц *a silk blouse;* ~н хувцас *silken garments;* ~ны хорхой *silkworm;* хиймэл ~ *synthetic silk;* ~н илэг *morocco, fine soft leather;* ~н савхи *kid leather;* ~н утас *silk thread;* ~н цэрэг *imperial guards;* ~н элс *fine sand;*

торгомсог *silky, silken;* ~ үс *silken or silky hair;*

торгоо|х *to prop up, keep (something) going;*

торгор *an object dimly perceived in the distance;*

торго|х I *to fine, impose a fine;*

торго|х II *to tack, fasten or attach loosely or hastily;* оёж ~ *to tack, baste;*

торгууд *Torgut, a West Mongolian (Oirat) tribe;*

торгуула|х caus. of торгох; *to be fined;* тэр хоёр зуун доллараар торгуулав *he was fined $200;*

торгуулигүй *without penalty or fine;*

торгууль *fine, penalty;*

тордлого *care, treatment;*

тордо|х 1. *to feed or bring up with care; to look after, maintain;* 2. *to repair, decorate;*

торло|х *to cover with a net; to cast a net, catch with a net; to make into a net;*

тормогоно|х *(of the eyes) to rove; to look blank;*

тормогор *(of the eyes) sparkling;*

тормоз *brake;*

тормозло|х *to brake;*

тормой|х *(of the eyes) to sparkle, glitter, shine;*

тормолзо|х *to keep flashing (eyes);*

торнилт *growth, growing-up, development;*

торниула|х *to bring up (children); to rear, breed (livestock); to grow, cultivate (plants);*

торниун *tall, strapping, well-grown; healthy;*

торни|х *to grow up (children, young animals);*

торой *suckling pig, piglet; calf of a yak;*

торой|х 1. *to stick up or rise in the distance;* 2. *to stand out (from, among);*

тором I *a young camel in its second year;*

тором II *black radish;*

тором III *a silk thread wound below the notch of an arrow;*

торомгор see **тормогор**;

торомж *a groove, notch;*

торомжло|х *to make a groove or notch;*

торомтог *muzzle for domestic animal;*

торомтогло|х *to muzzle a domestic animal;*

торо|х *to get stuck (in, on); to get stuck between two objects; to stick, not move; to stumble (at, over);* загасны яс хоолойд торчихов *I've got a fish bone stuck in my throat;* торж унах *to stumble and fall;*

торохгүй *without a hitch;*

торт *a cake;*

тортог 1. *soot, lampblack;* ~ болох *to become covered with soot;* 2. *resin, tar, pitch;*

тортгдо|х *to be(come) covered with soot; to be black (from smoke, with soot);*

тортогло|х *to cover with soot, smoke up;*

тортогтой *covered with soot, smoky, sooty; resinous;*

торуу *one-year old pig;*

торх *barrel, cask;* дарс эсгэхээр царсан торхнуудад хийжээ *the wine is left to mature in oak barrels;*

торчигно|х *to rattle, clatter, crackle;*

тос(он) *butter, oil, grease; buttered, oiled, oily;* цөцгийн ~ *sweet butter;* шар ~ *melted butter;* машины ~ *lubricating oil, grease;* олсны ~ *hempseed oil;* нүүрний ~ *face cream;* гутлын ~ *shoe polish;* тосон толбо *grease stain;* ~ үл нэвтрэх цаас *grease-proof paper;* тосон будаг *oil paint;* тосон будгаар зурах *to paint in oils;* сүү ~ны үйлдвэр *creamery, butterdairy;* үсний ~ *hair oil;* тосон түрхлэг ointment; тосон туулга *castor oil;* ~ даах *to become oily;* наранцэцгийн ~ *sunflower oil;* газрын ~ *oil, petroleum;*

тосгон *village, settlement, (the) country;*

тосгуур 1. *tray, salver;* **2.** *funnel (for pouring liquids);* **3.** *washbasin, sink;* бохир тавагнууд ~т байна *the dirty dishes are in the sink;*

тосгүй *not having much fat, butter or oil;*

тосдо|х *to get oil or grease on sth; to grease;*

тослог *fat, fatty, oily, oiled, rich (of food), greasy;* ~ үс *greasy hair;* ~ арьс *greasy skin;*

тослогч *oiler, greaser;*

тосло|х *to grease, lubricate, oil; to butter;* унадаг дугуй ~ *to oil a bicycle;* өндөгний зуурмагийг хийхээс өмнө тавгийг цөцгийн тосоор тосол *grease the dish with butter before pouring in the egg mixture;* энэ машин тосолдог тос *this oil lubricates the machine;* хаалганы чахарсан нугасыг ~ *to oil the hinges to stop them squeaking;*

тослуур *grease gun; oilcan;*

тосолгоо *lubrication;*

тосолгоочин *oiler, greaser;*

тосорхог *oily, greasy;*

тосорхуу *oily, like oil;*

тосо|х *to go to meet someone who is expected or coming; to receive a guest; to catch sth falling while it is still in motion;* зам ~ *to lie in wait on the way, wait on the road;* гараа ~ *to hold out one's hand when take sth that is being given; to beg (for), ask (for food, money, etc);*

тостой *oily, greasy; with oil or grease;*

тосто|х *to get oily or greasy;*

тотго *lintel;*

тотгор *obstacle, hindrance; impediment;* ~ болох *to hinder, impede, hamper; to stand in the way (of);*

тотгорло|х *to hinder, impede; to be a hindrance or an obstacle;*

тоть *(zool.) parrot;* ~ мэт даган дууриах *parrot fashion;*

тохигүй *uncomfortable, not cosy; badly arranged; inconvenient;*

тохижилт *fitting out, furnishing, equipping, enhancement;*

тохижи|х *to get fitted out, get furnished, get equipped, get well ordered;*

тохижуулалт *fitting up; equipping with services and utilities;*

тохижуула|х *to equip, furnish; to make comfortable;*

тохилог *comfortable, cosy; well-arranged;* ~ жижиг байшин *a cosy little house;*

тохило|х *to feel comfort, be comfortable;*

тохинуула|х *to make sb comfortable; to settle; to regulate; to arrange;*

тохиол *coincidence; opportunity, occasion, chance;*

тохиолдлоор *by chance, casually;*

тохиолдол *case; opportunity, occasion, chance;* тэр ~д *in that case;* гал гарах ~д хонх цохиорой *in case of fire, ring the bell;* тохиолдлын хэрэг *a matter of chance;* миний нисэх хойшлогдоод дэлгүүрээр орох сайхан ~ гарав *my flight was delayed so it was a good opportunity for doing some shopping;*

тохиолдо|х *to happen, come about, come to pass, occur, befall; to meet by chance, encounter; to coincide;* түүнд юу тохиолдов? *what happened to him?* замд ~ *to meet unexpectedly on the way;* өвчин ~ *to fall ill, fall sick;* зовлон ~ *to get into trouble, come to grief;* бэрхшээл ~ *to meet difficulty;* аюул ~ *to meet with danger;*

тохиолдуулан *at/on the occasion of ...;*

тохиолдуула|х *to bring to encounter; to cause to happen;* хянан ~ *to edit (a manuscript, etc);*

тохио|х *to encounter, occur, happen;*

тохир *crippled, bent; stiff;* ~ нуруу *a stiff back;*

тохиргоо *act of adjusting (instruments), adjustment;* зурагт радионы ~нууд *adjustments on television set;*

тохирол *accordance, conformity, correspondence; agreement;*

тохиролцоо *agreement;*

тохиромж *conformity, correspondence; fitness, suitability; convenience;*

тохиромжгүй *unsuitable, uncomfortable, inconvenient;* уулзалт надад ~ цагт болох юм байна - би иж чадахгүй байх *the meeting is at an inconvenient time (for me) - I'm afraid I can't come;*

тохиромжтой *convenient, suitable;* гурван цаг танд ~ юу? *will three o'clock be convenient for you?*

тохироо *compatibility; harmony, concord; agreement;*

тохиро|х *to be in agreement with; to fit; to suit, be convenient (to, for); to do (for);* эдгээр

T

хувцас нь халуун орны цаг агаарт үнэхээр ~гүй *these clothes aren't really suited to a tropical climate;* наймаа ~ *to do a deal, conclude a bargain;*

тохируулагч 1. *regulator, control;* 2. *thermostat;*

тохируулалт *adjustment;*

тохируулан *according to, as suits;*

тохируула|х *to fit in, harmonize, cause to match to agree; to adjust, make suitable, adapt; to regulate (instruments);* зурагтын өнгийг энэ товчлуураар тохируулж болно *you can adjust the colour on the TV by turning this knob;*

тохируулга *adjustment;*

тохнил *arrangement; settlement;*

тохниула|х caus. of тохних; *to arrange satisfactorily; to settle, put in (good) order;*

тохни|х *to become calm; to settle down;* тогтож ~ *to become calm;* ~ төвхнөх *to settle down;* энэ бүх явуулын байдалд дургүй минь хүрэх юм; гэрлээд тохниж төвхнөх юмсан *I hate all this travel; I want to get married and settle down;*

тохгдо|х caus. of тохох; *to lay sth on sb;* нэг хүн дээр нилээд олон юм (үүрэг) тохогдох нь ээ *that's rather a lot to lay on one person;* үүрэг хариуцлага тан дээр тохогдоно шүү *it will be your duty; it will be incumbent upon you;*

тохой *elbow; elbow (of a garment); cubit (ancient measure);* ~гоороо нудрах *to nudge;* ~ нь элэгдсэн *worn at the elbows;* голын ~ *bend of a river;* үзүүр ~ *measure from the elbow to the end of the thumb;* ~ татах, тал ~ татах *to show favouritism;*

тохойлдо|х *to rest one's elbow against sth;*

тохойло|х *to measure with a cubit;*

тохойро|х *(of rivers) to meander;*

тохом *saddle cushion or pad;*

тохоо|х caus. of тохох; *to appoint, nominate; to lay on, cause to have (a serious responsibility) on;*

тохо|х *to saddle; to put one thing over another; to blame others;* эмээл ~ *to saddle;* буруугаа хүн дээр ~ *to blame others for one's own fault;* мөрөн дээгүүрээ ~ *to put sth over one's shoulder;*

тохош *saddle for a camel; saddle cushion or pad;*

тохошло|х *to saddle a camel;*

тохуу *joke, jest;* тэр үүнийг тоглоом ~ болгож хэлэв *he said it as a jest;* ~ хийх *to play a joke; to joke;*

тохуурхал *jest;*

тохуурхангүй *mocking, jeering;*

тохуурха|х *to joke or jest; to fool;* залуу минь, надаар бүү тохуурхаарай! *don't jest with me, young man!*

тохь I *staidness, decorum; cosiness, comfort;* тав ~, ~ тух *comfort, cosiness;*

тохь II *(zool.) ostrich;*

тохьтой *comfortable, cosy; staid;*

тошигно|х *(of water) to rise through cracks in the ice or flow over it;*

тошин *water that rises through cracks in the ice or flow over it;*

тошлог *(bot.) barberry;*

төв I *centre, central;* хотын ~ *the centre of the city or town;* хүндийн хүчний ~ *centre of gravity;* Хонг Конг бол банк санхүүгийн гол ~ *Hong Kong is a major banking and financial centre;* залуучуудын сургалтын ~ *a youth training centre;* Нью-Йорк дахь Дэлхийн худалдааны ~ *the World Trade Center in New York;* худалдааны ~ *shopping centre;* аймгийн ~ *centre or capital of an aimag;* Төв аймаг *Central Aimag;* Төв Америк *Central America;* ~ зөвлөл *central council;* ~ хороо *central committee;* ~ийн халаалт *central heating;* ~ийн сонингууд *newspapers published in the capital;* ~ийн тоглогч *(sport) centre forward;* мэдрэлийн ~ систем *central nervous system;* ~ийг сахисан орон *a neutral country;* ~өөс удирдах ёс *centralism;* ~ үзэл *a middle position in politics;*

төв II *upright, modest;* ~ хувцас *modest dress;* ~ зан *modesty;* магтууштай ~ зангаараа редактор өөрийн ямар ч шүлгийг түүвэрт оруулсангүй *with commendable modesty, the editor has not included any of his own poems in the collection;*

төвгөр *bulging, convex, in relief;*

төвд *Tibet; a Tibetan;*

төвий|х *to bulge, swell up;*

төвлөрүүлэлт *concentration, centralization;*

төвлөрүүлэ|х caus. of төвлөрөх; *to concentrate (on, upon); to centralize; (tech.) to centre;* анхаарлаа ~ *to concentrate one's attention (on, upon);*

төвлөрө|х *to concentrate (on, upon); to be centralized;* би юун дээр ч төвлөрч чадахгүй

225

нь *I can't concentrate on anything;*

төвле|х *to stay in the centre; to centre (on, upon, round);* төвлөн удирдах зарчим *centralism;*

төвөг *difficulty, trouble;*

төвөгшөө|х *to find sth a nuisance; to be diffident about;*

төвөн(г) *larynx; Adam's apple;*

төвөнтө|х *an inflammation of the thyroid;*

төвөнх *larynx;*

төвөнхий see **төвөн;**

төвөргөөн *sound of horse's hooves;*

төвхнө|х *to settle down, establish a home and live a quiet life;*

төвхнүүлэ|х *caus. of* төвхнөх; *to make one's home comfortable and cosy; to settle, put in (good) order;* ажил төрлөө ~ *to put one's affairs in order;*

төвхнүүн *well-arranged, comfortable, well-equipped;*

төгөл *small wood, grove;*

төгөлдөр *perfect, complete;* авьяас ~ *gifted, talented;* ухаан ~ *gifted, very clever or intelligent;* хүчин ~ *valid;* хүчин ~ паспорт *a valid passport;* утга агуулга ~ *full of meaning, rich in content;*

төгөлдөржи|х *to improve, be perfected;*

төгөлдөржүүлэ|х *to improve, perfect, bring to perfection;*

төгрөг I *tugrig, monetary unit of the Mongolian State;*

төгрөг II *circle, sth round;*

төгрөгле|х *to make or become round; to circle;*

төгс *complete, perfect; absolute; full;* ~ үнэн *absolute truth;* авьяас билиг ~ *talented, gifted;* ~ эрх *authority (to, for), full power;* ~ ураг *one's own parents, father and mother;*

төгсвөр *end, completion, act of completing sth;*

төгсөгч *school or college leaver;*

төгсгөл *end, completion;* ~ийн *final, concluding;* ~ийн үг *afterword, epilogue, concluding remarks;*

төгсгөлгүй *endless;*

төгсөлт *graduation (college, etc);*

төгсгө|х *to complete, end, finish;* тэр, захиагаа гэр бүлд нь сайн сайхныг хүссэнээр төгсгөв *he ended his letter with good wishes to the family;*

төгсө|х *to come to an end, finish; to be*

completed;

төгсүүлэ|х *caus. of* төгсөх; *to cause to finish;*

төгцөр I *a smouldering or charred piece of wood;*

төгцөр II *(sl.) old chap;*

төд *only just, at once, immediately;*

төдий *so much, so many;* ~ олон цаг чи хаана байсан бэ? *where have you been all this time?* ~ чинээн *so much, that much;*

төдийгүй *not only;*

төдийхөн *only so much, that much;*

төдөлгүй *without delay or loss of time, soon, in a short time; soon after;*

төдүүл *belt loops on trousers;*

төдхөн *pretty soon;*

төл *newborn young animals;*

төлбөр *payment, charge; fee;* ~ийн баланс *balance of payments;* бэлэн мөнгөөр ~ хийх *to pay in cash;* эмчид үзүүлсний ~ *doctor's fees;* өрийн ~ *payment of debt;*

төлбөрт *chargeable;*

төлжи|х I *(of livestock) to grow;*

төлжи|х II *to regenerate, grow again;*

төлжүүлэ|х *caus. of* төлжих; *to cause to regenerate, grow again;*

төллөлт *(time of) bringing forth young animals;*

төллө|х *(of livestock) to produce young;*

төлөв *state, condition; prospect; conduct; behaviour; (gram.) mood;* хэтийн ~ *prospects for the future;* их ~ *on the whole, major part, in general;* гол ~ *in the main...;* ~ төмөө *good conduct;* ~ хүн *a staid person;* цагийг заах ~ *(gram.) indicative mood;*

төлөвгүй **1.** *badly behaved;* **2.** *showing no sign of changing or improving;* сэхэх ~ *to show no sign of life;*

төлөвжи|х *to become staid, become respectable;*

төлөвжүүлэ|х *caus. of* төлөвжих; *to make staid; to bring out the best in someone;*

төлөвлөгөө *plan, project;* ~ зохиох *to make a plan;* ~ биелүүлэх *to fulfil a plan;* инфляцийг багасгах засгийн газрын шинэ ~ *new government plans for reducing inflation;* Улаанбаатарын гудамж талбайн зураг ~ *a street-plan of Ulaanbaatar;* ~ний хэлтэс *planning-department;*

төлөвлөгөөгүй *planless; unplanned;*

төлөвлөгөөт *planned;*

төлөвлөгөөтэй *planned, systematic; having a plan, project, or purpose;*
төлөвлөгч *planner; one who lays out a city, town, etc;*
төлөвлөлт *planning;* хот ~ *town planning;*
төлөвлө|х *to plan, project;* тэр, урьдаас юу ч төлөвлөдөггүй - юу болохыг харж байж болдог *he never plans (ahead) - he just waits to see what will happen;* бидний Австрали руу төлөвлөсөн айлчлал *our projected visit to Australia;*
төлөвтэй 1. *well-behaved;* **2.** *it seems, looks like, appears;* бороо орох ~ *it looks like it's going to rain;*
төлөвхөн *decent, upright;*
төлөвши|х *to be formed; to develop;*
төлөвшүүлэ|х *to form, shape;*
төлөг I *last year's lamb;*
төлөг II *means for telling fortunes (cards, dice, etc) prophecy, fortune-telling, divination;* ~ тавих *to divine, consult a book of divination;* ~ үзэгч *fortune-teller;*
төлөгдө|х *to be paid;*
төлөгч I *fortune-teller;*
төлөгч II *payer;* татвар ~ *tax-payer;* хүүхдийн татвар ~ *person paying alimony;*
төлөө *instead of; for the sake of; for;* таны эрүүл мэндийн ~! *your health! cheers!* би үүнийг зөвхөн чиний ~ хийж байна *I'm only doing it for your sake;* ~ний нэр *(gram.) pronoun;*
төлөөлөгч *delegate, representative; spokesman (for);* бүрэн эрхт ~ *plenipotentiary;* ард түмний сонгосон ~ *an elected representative of the people;*
төлөөлө|х *to represent, be a delegate or representative; to replace by, substitute for;*
төлөөлүүлэ|х *caus. of* төлөөлөх; *to put (sth or someone) in place of another, substitute for;*
төлөөний *representative, representing;*
төлөөнөө *instead of; for the sake of, for;* ~ гарын үсэг зурах *to sign for someone;* ~ баярлах *to be glad for someone;*
төлөөс *debt; payment; compensation; rent;* өр ~ *debts;* нөхөн ~ *compensation;*
төлөөслө|х *to purchase on credit;*
төлө|х *to pay; to make restitution or compensation for;* өр ~ *to pay off a debt;* банк хадгаламжинд есөн хувийн хүү төлдөг *the bank pays interest of 9% on savings;*

төлүүлэ|х *caus. of* төлөх; *to cause to pay; to cause or permit sb to compensate;*
төлчин *breeder of young animals;*
төмбийлгө|х *to make a bulge; to swell;* алим түүний хормойг төмбийлгэжээ *the apple made a bulge in his pocket;*
төмбий|х *to bulge (with, out), swell, become protruding or rounded;*
төмбөгөр *a bulge; round, spherical, protruding;*
төмөр *iron; metal; (chem.) ferric, ferrous;* төмрийн хүдэр *iron ore;* төмрийн хаягдал *scrap iron;* төмрийн үртэс *iron filings;* төмрийн хүчил *(chem.) ferric acid;* ~ зам *railway(s);* ~ замчин *railwayman;* төмрийн үе *the Iron Age;* төмрийн дархан *(black) smith;* ~ манцуу *sledgehammer;* ~ хайрцаг *a metal box;* ~ бетон *(tech.) reinforced concrete, ferro-concrete;* ~ хайлуулах үйлдвэр *(tech.) iron foundry;* ~ цувих үйлдвэр *(tech.) rolling mill;* ~ торны цаана *behind bars;* ~ мэт *iron, very strong and firm;*
төмөрлөг *metal, metallic;* эрхэм ~ *precious metals;* алт, мөнгө бол эрхэм ~ *gold and silver are precious metals;* өнгөт ~ *non-ferrous metals;* хар ~ *ferrous metals;*
төмөрлө|х *to cover sth with sheet iron;* дээвэр ~ *to roof with sheet iron;*
төмөрчин *blacksmith;* төмөрчний *blacksmith's;*
төмпөн *basin;* юм угаадаг ~ *washing-up basin or bowl, washbowl;*
төмс 1. *potatoes;* ~ний талбай *a field of potatoes;* шинэ ~ *new potatoes;* шарсан ~ *fried potatoes;* ~ний нухаш *mashed potatoes;* **2.** *(anat.) ovum;*
төмсөг *testicle;*
төнхө|х *to hollow out; to find fault with someone over trifles;* ухах ~ *to dig into; to rummage in, root in; to carp (at, about), cavii (at);*
төө 1. *the distance between the tip of the thumb and the tip of the middle finger when the hand is fully extended;* **2.** *a unit of length corresponding to this distance, commonly taken as nine inches;*
төөлө|х *to measure by* төө;
төөлүүр *caterpillar;*
төөнө *(med.) cauterization, searing;*
төөнөрө|х *to experience an unpleasant hot feeling; (of a sore) to burn;*
төөнө|х 1. *to scorch, burn; (of the sun) to*

beat down on; төөнөсөн халуун *scorching
heat;* **2.** *to cauterize, sear;*

тоонуур *moxibustion;*

тоороr *fate, fortune, destiny; horoscope;*
төөргөө үзэх *to try one's luck;*

тоорегдел *error; delusion;*

тоорегде|х *to be deluded, be mistaken;*

тоорегдуулэ|х caus. of төөрөгдөх; *to de-
lude, lead astray; mislead;*

тоорелде|х *to err or go astray (of several);*

тооре|х *to lose one's way, get lost; to be
confounded by the simplest problem;*

тооруулэ|х caus. of төөрөх; *to be led astray,
be misled;*

тор 1. *rule, government, state; power;* ардын
~ *people's state;* ~ийн айлчлал *a state visit;* ~
барих *to rule, be in charge of a country;* ~
булаах *to seize power;* ~-түмэн *people;* улс ~
politics; улс ~ийн зүтгэлтэн *political figure,
politician;* ~ийн эргэлт *coup d'etat;* ~өөс урвах
high treason; ~ эрх *public law;* ~ийн алба *pub-
lic service;* ~ засаг *government;* ~ийн нууц
state secrets; ардчилсан засаг ~ *a democratic
government;* орон нутгийн ~ийн захиргаа *lo-
cal government;* ~ийн байгуулал *a system of
government;* ~ийн тэргүүн *a head of state/
government, President;* **2.** *reputation, name;*
нэр ~өө унагах *to ruin one's reputation;* нэр ~
олох *to gain/acquire a good reputation;* нэр
~ийн хэрэг *a point of honour;*

торол *relationship, kinship; relations, rela-
tives; family, species, kind, sort; classification;*
цусан ~ *blood relationship, blood tie, consan-
guinity;* ~ байх *to be related (to);* ~ арилжих
*to die; to be reborn, be reincarnated, take a
rebirth;* хойт ~ *the next life;* тэр өөрийгөө
Клеопатра хатны хойт ~ гэж боддог *she
thinks she is a reincarnation of Cleopatra;*
садан ~ *relation, relative;* ясан ~ *paternal rela-
tions/relatives;* цусан ~ *maternal relations/rela-
tives;* ~ хэл *cognate languages;* уран зохиолын
~ *literary genre;* мигуйн ~д арслан, барс
багтдаг *the cat family includes lions and ti-
gers;* ~ төрлөөр нь ялгах *to sort out;* ~ анги
classification; шилмүүст модны ~ *varieties of
fir tree;*

торолжих *to be specialized;*

торолжсон *specialized;*

торолжуулэ|х *to sort, group, classify; to spe-
cialize;*

торолт *childbirth or child-bearing;* тэр ~ийн

улмаас нас барав *she died in childbirth;*

торолх *born, innate, congenital; native; own;*
~ийн гажиг *a congenital defect;* ~ийн сохор
born blind; ~ийн худалч хүн *a congenital liar;*
~ийн залхуу *innate laziness;* ~ хот *home town;*
~ хэл *mother tongue;* ~ нутаг *native land,
homeland;*

торолхтон *living beings;* хүн ~ *humanity,
mankind;*

торо|х *to give birth (to); to be born; to arise,
spring up; to come into being;* хүүхэд ~ *the
birth of a child;* шинэ нам төрөн гарах *the
birth of a new political party;* төрсөн эцэг эх
one's real parents; аж ~ *to live, make a living;*
~ийн халуун *puerperal fever;* ~ газар *mater-
nity home;* ~ тасаг *delivery room;* төрсөн хүү
one's own son; бидний нүдний өмнө шинэ
хот төрж байв *a new town was springing up
before our eyes;* түүнд эргэлзээ төрөв *a doubt
arose in his mind;* уйтгар ~ *to grow sad;* зориг
~ *to become inspired;* энэ телевизийн цуврал
кинонууд богино өгүүлэгээс төрсөн *this TV
series originated in/from a short story;*

торуулэ|х *to bear, give birth to; to give rise
to;* тэр эмэгтэй гурван хүүхэд төрүүлжээ *she
bore/has borne three children;* хүүхэд ~ насны
эмэгтэй *a woman of child-bearing age;*

торх *figure; character, personality, nature,
disposition;* биеийн ~ *figure, the shape of a
whole human body;* зан ~ *character, person-
ality, nature disposition;*

торхгуй *ill-tempered; (of children) naughty,
apt to get into mischief;*

торххи|х *to become staid, become respect-
able;*

торхом *a wife's family or kindred;*

торхомле|х *(of a married woman) to visit
her parental home;*

торхомсо|х *existing kinship between
husband's and wife's relatives;*

торхтэй *self-restrained, well-mannered;
staid, sedate;*

тос *resemblance (between, to), similarity in
appearance, likeness;* тэр эмэгтэй эгчтэйгээ
зан аашаар биш дүр төрхөөрөө ~тэй *she re-
sembles her sister in appearance but not in
character;*

тосгуй *not resembling, dissimilar;*

тосов *budget, estimate;* өрх гэрийн ~ *a family
budget;* жилийн ~ *annual budget;* зарлагын
~ *estimate of expenditures;* орлогын ~ *esti-*

mate of income; төсвийн алдагдал *deficit budget;* бэлэн мөнгөний ~ *cash budget;* төсвийн илүүдэл *surplus budget;* баланслагдсан ~ *balanced budget;* зар сурталчилгааны ~ *an advertising budget;* судалгааны ажлын ~ *a research budget;* төсвийн хяналт *budgetary control;*

төсөвлөл *budgeting;*

төсөвлө|х *to make a budget;*

төсөвт *budgeted;*

төсөг **1.** *near at hand, hereabout(s); near to;* **2.** *cheap, inexpensive;* хямд ~ *not expensive, cheap;* **3.** *not long ago;*

төсөл *project; plan; draft;* гэрээний ~ *draft treaty;* төслийн хүчин чадал *(tech.) rated capacity;*

төсөө **I** *resemblance (between, to), similarity in appearance, likeness;*

төсөө **II** *inexperience, lack of skill;*

төсөөгүй *unlike, dissimilar; having no idea;*

төсөөлөл *idea, notion, conception;*

төсөөлө|х *to imagine, picture; to have an idea; to be slightly familiar with;* сэтгэл минь яаж зовсныг чи ~гүй! *you have no idea how worried I was!*

төсөөрө|х *to lose one's skill; to grow unused to;*

төсөөтэй *resembling, alike, like; analogous;*

төсөр **1.** *nearest, not far;* ~ дөхөм *in a straight way;* **2.** *cheap, cheaply;*

төстэй *like, similar (to);*

төхөм *(geogr.) hollow, depression; lowland, valley;*

төхөөрөг *preparation; an arrangement for a future event;*

төхөөрөмж *equipping; equipment;*

төхөөрө|х **1.** *to make preparations, prepare;* **2.** *to butcher an animal;*

төчнөөн *so much, so many; that many or that much;*

төшөө *clumsy, unskilful;*

төшөөрө|х *see* **төсөөрөх;**

траектори *trajectory;*

трактор *tractor;* дугуйтай ~ *wheeler tractor;* гинжит ~ *caterpillar tractor;*

тракторчин *tractor driver;*

трамвай *tram-(car);*

трапец *(math.) trapezium;*

трест *trust, a group of firms;*

троллейбус *trolleybus;*

тувт *continually, all the time;*

туг **I** *flag, standard, banner;* ~ босгох *to set up, hoist a flag;* ~ баригч *flagbearer, standard-bearer;*

туг **II** *bunch, tuft;*

тугаар *just now, a moment ago;*

тугал *calf;* зааны ~ *elephant calf;* ~ын арьс *calf (skin);* ~ын хашаа *calf-house;* ~ын мах *veal;*

тугалга(н) *tin, lead;* хар ~ *lead;* цагаан ~ *tin;* тугалган цаас *foil;* хайлсан ~ шиг *friendly, kindly, good-natured;* ~тай *containing tin or lead;*

тугалла|х *to calve;* үнээ өчигдөр тугаллав *the cow calved yesterday;*

тугалмай *soft core in horns;*

тугалчин *calf-herd;*

тугдам *residence, palace;*

тугна|х *to measure out powdered medicine in doses;*

тугнуур *spoon for measuring powdered medicine;*

тугуй *a wooden bridge made of a single log or plank;*

тугтам *new, recently begun;*

тугч(ин) *flagbearer, standard-bearer;*

туж *during, all the time, whole; unbroken, continuous;* ~ мөс *solid mass of ice, ice-field;* ~ ой мод *dense forest;* өдөр ~ *all day long;*

туйвалза|х *to rock, swing, reel, sway;*

туйвалзуула|х *to rock, shake, cause to reel;*

туйван **I** *cotton plant;*

туйван **II** *cane, switch;*

туйвгана|х *to reel, sway; to be unsteady on one's feet;*

туйл **1.** *(geogr., phys.) pole;* Умард ~ *the North Pole;* Өмнөд ~ *the South Pole;* **2.** *limit; end; extremity, extreme; extreme(ly), of the highest degree, very;* ~даа хүрэх *to reach the limit; to be reduced to extremity;* ~ын хүйтэн *extreme cold;* ~ын муу *(the) worst;* ~ын сайн *(the) best; extremely good;* ~ын бага *minimum;* ~ын чухал *very important;*

туйла|х *(of a four-legged animal) to buck; to commit outrages; to be self-willed;*

туйлбаргүй *changeable, indecisive;*

туйлгүй *infinite, limitless, boundless; extremely, very, highly;* ~ их *a large mass of, a sea of;* ~ ядуу *extremely poor;* ~ их хөрөнгө *boundless wealth;*

туйлда|х *to become emaciated; to be exhausted;*

туйлшрал *polarization;*

туйлшра|х *to polarize, -ise (into sth);*

туйпуу(н) *brick;* түүхий ~ *unburnt brick;*

туйталза|х *to walk with toes pointed outward;*

туйтгар *pigeon-toed; lame, limping;*

туйтра|х *to limp, be lame; (of weak legs) to bend under;*

тул I *(zool.) taimen (Salmo taimen);*

тул II *for the sake of, for; as, because; in order to;* тавиурын дээр хүрэхийн ~ тэр сандал дээр гарав *he stood on a chair in order to reach the top shelf;* бороо орсон ~ би буцаад ирэв *I came back because of the rain;*

тулаас *sth used for supporting, brace, strut;*

тулай *gout, podagra;* хэлэн ~ *speaking thickly;*

тулайта|х *to suffer from podagra;*

туладаан *battle, fight, struggle;* Ватерлоогийн дэргэдэх ~ *the Battle of Waterloo;* ~д орох *to battle, fight;* ~ы талбар *battle-field, battleground;*

тулалда|х *to battle, fight;* хэрэлдэж ~ *to squabble;*

тулалца|х *to support or hold up (of several); to withstand (of several); to struggle, fight (with; for; against);*

тулам 1. *whole skin of an animal; large leather bag;* ямаан ~ *whole skin of a goat used as a vessel for liquids;* 2. *a person who has a greed for food, money, profit, etc;* хоолны ~ *a big eater, greedy-guts;* хэрүүлийн ~ *a quarrelsome person;* шуналын ~ *a greedy person;*

туламла|х 1. *to take off a skin of an animal without damaging it;* 2. *to put in* тулам *(large leather bag);* 3. *to eat greedily;*

тула|х 1. *to prop up; to lean (against, on, upon); to support;* таяг ~ *to lean on a stick or cane;* багана ~ *to support by prop;* эрүүгээ ~ *to lean one's chin on one's hand;* түших ~ *to prop up, support, help;* 2. *to touch; to reach; to approach quite closely;* нүүр тулан *cheek by jowl (with); face to face (with);* тэр, булан тойроод цагдаатай нүүр тулав *he turned the corner and found himself face to face with a policeman;* 3. *to fight, quarrel;* тэр эхнэртэйгээ машинаа булаацалдаж тувт тулж байдаг *he and his wife are always fighting about who will take the car;* ам хэлээр ~ *to quarrel;* байлдах ~ *to fight, battle;*

тулга 1. *trivet;* 2. *three-legged support, tripod;*

тулгам *pressed for time;*

тулгамда|х *to be pressed for time; to be confused or flustered; to be in a hurry;*

тулгар 1. *first, beginning; founding; new;* ~ төр *new regime;* ~ бичиг *primary source, origin;* ~ асуудал *bumping issues of the day; urgent/pressing matter;* 2. *pregnant;* бие ~ болох *to become pregnant;* 3. *timid, shy;*

тулгара|х 1. *to confront, run or get into (difficulties, problems); to run into sb, meet sb by chance;* төсөл, санхүүгийн бэрхшээлтэй тулгараад байна *the project is running into financial difficulties;* 2. *to be dislocated, put (a bone) out;* тулгарсан хуруу *a dislocated finger;*

тулгарда|х *to be inexperienced; to be confronted with a problem, difficulty, etc; to be confused;*

тулгардуула|х *caus. of* тулгардах; *to confront; to confuse, bewilder;*

тулга|х 1. *to press on, foist on, force on;* тэр, их шүтлэгтэй авч сүсэг бишрэлээ бусдад тулгахыг ер боддоггүй *although he's very religious he doesn't try to foist his beliefs on others;* буу ~ *to threaten sb with a gun;* санаа бодлоо ~ *to force one's ideas on sb;* тулган шаардах бичиг *ultimatium;* 2. *to put (to, against), place (to, against); to make touch; to push against;* ханан шат тулгаж тавих *to put a ladder against the wall;* хундага ~ *to chink glasses (when drinking toasts);* 3. *to exchange things with someone;*

тулгуур I *prop, support, column, pillar;* аав минь өнгөрсөн байхад Пүрэв их түшиг ~ болж байв *when my father died, Purev was a great support;*

тулгуур II *see* тулгар I;

тулгуурда|х *to support, prop up, lean upon;*

тулгуурила|х *to be supported; to be based;* шууд ноогдуулах татвар ердөө орлого дээр тулгуурладаг *direct taxation is usually based on income;*

тулд *in order to;* тэр эмэгтэй аятайхан суудал авахын ~ эрт ирэв *she arrived early in order to get a good seat;*

тулдуйда|х *to rely (on, upon), be supported;*

тулхи *clumsy, awkward; unskilful;* ~ хүн *an oaf;*

тультра|х *to be tongue-tied, stumble over*

one's words;

тумархаг *touchy, susceptible, sensitive;*

тумарха|х *to take offence (at), take umbrage (at), feel hurt (by), resent;*

тумархуу *see* **тумархаг;**

тумбагар *protuberant, swelling outwards from a surface;*

тумбай|х *to become protuberant; to pout one's lips;*

тумбан *see* **тумбагар;**

тумлайда|х *to tuck, put sth round sb or sth in order to make them comfortable, warm;* хөнжлөөр хөлөө ~ *to tuck a blanket round one's legs;*

тун I *dose of medicine;*

тун II *very, extremely;* ~ аюултай *extremely dangerous;* ~ халуун *very hot;* ~ их *very much;*

тунаа|х *caus. of* тунах; *to precipitate;*

туналт *precipitation;*

тунамал *precipitated, settled; sedimentary;* ~ чулуулаг *sedimentary rocks;*

тунара|х *to be deposited, be precipitated;*

тун|ах 1. *to settle to the bottom; to form a sediment; to become clear;* 2. *to be selected; to stand up (to sth);*

тунгаамал *refined, purified;* ~ алт *refined gold;*

тунгаа|х 1. *to refine, purify; (chem.) to precipitate;* 2. *to consider carefully, judge;*

тунгалаг 1. *transparent, clear, bright;* нуурын ~ ус *transparent waters of the lake;* ~ огторгуй *a clear sky;* ~ шил *clear glass;* ~ cap *a bright moon;* бие лагшин ~ уу? *how are you?* 2. *(anat.) lymph;*

тундас *precipitation, sediment;* агаарын ~ *precipitation;* дарсны ~ *the sediment at the bottom of a wine bottle;*

тундасжих *to be precipitated, be deposited;*

тундр *(geog.) tundra;*

тунжра|х *to appear thick or dense;*

тунимтгай *coy, delicate, sensitive;*

тунирха|х *to be coy, force others to entreat, beg one to do sth;*

тунирхуу *see* **тунимтгай;**

туни|х *to make others entreat one to do sth;*

тунтайлга|х *to cause to crowd in a pile, huddle up;*

тунтай|х *to huddle up (against/to sb/sth);* Довдон их даарч уурын пийшингийн дэргэд тунтайн суув *Dovdon was cold so he huddled up against the radiator;*

тунтгар *huddled (up);*

тунтра|х 1. *to tuck in/up;* 2. *to hoard;*

тунхаг *manifesto, proclamation, declaration;*

тунхаглал *the action of proclaiming sth;*

тунхагла|х *to proclaim, declare, promulgate, make public;*

тунхуу I *teapot, kettle;*

тунхуу II *(bot.) horseradish;*

тур I *ruins;* сүмийн ~ *the ruins of the cathedral;*

тур II *not firm, flexible, thin;*

тураал *emaciation;* ~д орсон хүүхэд *an emaciated child;* ~тай *emaciated;*

тураа|х *to starve, bring to a state of emaciation;*

тураг *big, huge (of animals);* ~ мал *cattle;* ~ гөрөөс *deer;*

туранги *thin, lean; emaciated;*

турангида|х *to become exhausted, emaciated;*

турангила|х *to become emaciated or wasted;*

туранхай *lean, thin;* эцэнхий ~ *emaciated, wasted;* ~ бие *a lean body;* ~ үхрийн мах *lean beef;*

туранхайда|х *to be too lean or thin;*

тура|х *to grow thin, lose weight;* эцэж ~ *to become emaciated;* турж үхэх *to die of starvation;*

турбин *(tech.) turbine;*

турги|х *(of animals) to snort; to spurt with water taken into one's mouth;*

тургун *not fully, incomplete, not enough, insufficient;*

турлиах *(zool.) rook;*

турсага *skin of an animal that has starved to death;*

туруу *hoof;*

туруутан *(zool.) hoofed, ungul;*

турхан *lithe, lissom; thin, lean, emaciated;*

турхиралт *instigation, incitement, setting-on;*

турхира|х *to instigate (to), incite (to), set on (to);*

турш(ид) *along, close to or parallel with the length of sth; during, in the course (of), the whole;* өдөр ~ *the whole day;* жилийн ~ *during the whole year;* хугацаа ~ *period of probation;* ~ын станц *experimental station;* онолыг ~аар батлах *to prove a theory by experiment;*

турши|х *to test, put to the test, try, experi*

T

туршигда|х to be tested; to go through an ordeal; to be on trial;

туршигч tester, experimenter;

туршилт test, trial; experiment, attempt; ordeal; ~ын талбай (mil.) testing ground; ~ын мент; цөмийн зэвсэг ~ testing nuclear weapons; амьтад дээр ~ to experiment on animals; туршин нисэгч test pilot;

туршлага experience; test, trial, experiment; ~ хийх to make an experiment; ~тай сувилагч an experienced nurse; туршлагын experimental; туршлагын туулай (fig.) guinea pig;

туршлагагүй inexperienced, inexpert; ~ жолооч inexperienced driver;

туршлагажи|х to become experienced;

туршуул reconnaissance, scouting; secret agent, plain-clothes detective;

туршуулч secret agent, plain-clothes detective;

тус I use, advantage, benefit, profit; good deed; help, aid, assistance, relief, succour; ~ болох to help, aid; to relieve, bring relief; ~ хүргэх to help, render assistance; нэмэр ~ help, assistance; ашиг ~ advantage, benefit, profit, interest; ач ~ good deed; ~д орсон хүү a helpful boy;

тус II this; the given; separate(ly), individual(ly); ~ улс this country; хүүхдүүд ~даа унтдаг the children sleep in separate beds; ~ бүр each; everyone; шанзыг тахианы махнаас ~д нь болгох нь дээр it is better to cook the stuffing separately from the chicken;

тус III around, near;

тусагдахуун (gram.) object;

тусам still more, even, more and more; the more... the more;

тусамтгай susceptible (to); өвчин ~ хүн a person susceptible to diseases;

тусархаг helpful;

туса|х 1. to hit, strike; (of a sunlight, a shadow, a light, etc) to fall on sth; to shine upon; to be reflected; түүний цээжинд сум тусав the bullet hit him in the chest; тэр, өвчин тусав he fell ill; уулын оройд нар тусав the sun fell on the mountain peak; гэрэл ~ (of a light) to shine upon; сүүдэр ~ (of a shadow) to fall on sth; нууранд уулсийн дүрс тусч байв the mountains were reflected in the lake; толинд ~ to be reflected in a mirror; 2. indicates suddenness or the completion of an action; хага ~ to break into pieces; хуга ~ to

break apart; цоо ~ to break through; зог ~ to start, move back suddenly;

тусбүр each, every one; separately; би бялуунаас огтлоод хүүхэд ~т өгөв I cut the cake into pieces and gave one to each of the children; тэд ~ өөрийн өрөөтэй they each have their own room;

тусгаар separate; independent; ~ тогтнил independence; ~ улс independent state;

тусгаарлагда|х to be isolated, segragated, or separated;

тусгаарлагдмал isolated; separate; segregated;

тусгаарлагч insulator;

тусгаарлалт insulation;

тусгаарла|х to separate, segregate, isolate; to cut off (with portion of estate, property, etc); халдварт өвчтэй хүүхдийг ~ to isolate a child with an infectious disease; ам данс ~ to take one's inheritance and separate from the family;

тусгагч 1. person in charge of lighting effects; 2. condenser (of microscope); 3. (phys.) reflector;

тусгай separate; special, especial, particular; specialized; ~ байлгах to separate, isolate; хэрцгий хоригдлуудыг бусдаас ~ байлгадаг violent prisoners are kept separate from the others; ~сургууль a school for children with special needs; тэрнийг хийхэд танд ~ багаж хэрэг болно you'll need a special tool to do that; ~ галт тэрэг a special train; ~ сурвалжлагч a special correspondent; ~ тоног төхөөрөмж specialized equipment; ~ сургалт specialized training; ~мэргэжил a specialty;

тусгайлан specially, particularly;

тусгайла|х to separate, segregate; to specialize, give particular attention to a subject, product, etc;

тусгайра|х to stand apart, keep aloof; to become separated; to become special;

тусгал reflection; (math.) projection; gunshot, the distance reached by a shot from a gun; бид нуурын усанд өөрсдийн ~ыг харж байв we looked at our reflections in the lake; гэмт хэргийн өсөлт бол тогтворгүй нийгмийн ~ юм the rising rate of crime is a reflection of an unstable society; босоо ~ vertical projection, front view; хэвтээ ~horizontal projection, plan view;

тусга|х to reflect; to shine, aim the light of a torch, etc in a specified direction; to throwlight;

цагдаагийнхан байшин руу прожектор тусгав *the police shone a searchlight on the house;*

тусгүй *useless, worthless, disadvantageous, bad, not good;* гомдол мэдүүлээд ч~*it's useless to complain;* ~ зан ааш *a worthless character;*

тусдаа *taken separately, individually;*

туслагч *assistant, aide, help(er);* цэргийн даргын ~ *aide-de-camp;*

туслалцаа *help, assistance, aid;*

туслалца|х *to help, assist;*

тусламж *help, aid, assistance; succour, relief, support;* үерт орон гэргүй болсон хүмүүст засгийн газар ~ илгээв *the government sent relief to the people who lost their homes in the flood;* хөгжиж буй орнуудад үзүүлэх ~ *aid to the developing countries;* ~ үзүүлэх *to help, extend help, render assistance;* ~ гуйх *to ask for help;* ~ авах *to receive assistance;* анхны ~ *first aid;* түргэн ~ *first aid, ambulance;*

тусла|х 1. *to help, assist; to succour; to support;* эмчийг мэс засал хийхэд хэсэг сувилагч туслав *a team of nurses assisted (the doctor) in performing the operation;* **2.** *auxiliary; subsidiary, supplementary;* ~ үйл үг *(gram.) auxiliary verb;* **3.** *aide, assistant, help(er);* ерөнхийлөгчийн ~ *a presidential aide;* ~ тогооч *an assistant cook;*

туслуула|х *caus. of* туслах; *to receive assistance; to be aided;*

тустай *useful, helpful, wholesome;* ашиг ~ *useful, advantageous, profitable;* эрүүл мэндэд ~ *wholesome, good for health;*

тустус *each, every, separate;*

тутам *each, every, per;* алхам ~ *at every step;* өдөр ~ *every day, daily, each day;* сар ~ нэг удаа гарах сэтгүүл *a monthly;*

тутрага *rice;*

туу *tallyho!*

туувар *drove of livestock;*

тууварда|х *(of livestock) to become very tired from being driven;*

туварла|х *to drive livestock from place to place;*

тууварчин *herdsman, drover;*

тууварши|х see **туувардах;**

туугда|х *caus. of* туух; *to be expelled;*

тууж *story, tale;*

туужуу *a broom;*

туужууда|х *to sweep with a broom;*

тууз *ribbon, band;* тэр эмэгтэй дандаа үсээ ардаа ~аар боодог *she always ties her hair back in a band;*

туулай(н) *a hare;* ~н бөөр *chestnut;* молтогчин ~ *a rabbit;* ~ үржүүлэх *rabbit-breeding;*

туулайда|х *to travel without paying for a ticket;*

туула|х *to pass, walk, go through; to wade through water; to overcome, get over;* ус ~ *to wade through water;* хүнд бэрхшээл ~ *to overcome a difficulty;* энэ улс тун ч олон дайныг даван туулсан даа *the country has gone through too many wars;*

туулга *(med.) laxative, purgative;*

туулга|х I *to have a bad attack of diarrhoea; to purge, act as a laxative;*

туулга|х II *caus. of* туух;

туули|х *to rob of goods with violence in war;*

тууль *epos, epic literature, saga;*

туульч *bard, storyteller, reciter of epics;*

туурай *hoof;*

туурайтан *hoofed animals;* ац ~ *(zool.) Artiodactyla;* битүү ~ *(zool.) solid-hoofed animal;*

туура|х *(of a rash) to break out;*

туурвил *undertaking, project; writings;* Дарвины шинжлэх ухааны бүтээл ~ *Darwin's scientific writings;*

туурви|х *to create, write, compose, compile;* ном ~ *to write a book;*

туурга *wall of a building; pieces of felt covering the frame of a гэр;*

туургатан *nation;*

туурь *genealogy;*

туус *direct, straight, longitudinal, lengthwise;*

туу|х *to drive (livestock);* хөөх ~ *to drive away sb;*

туухай *weight;* нэг килын ~ *a one-kilo weight;*

тууш *straight, lengthways, lengthwise; throughout; the whole;* тэр, тоосгонуудыг ~ өрөв *he laid the bricks lengthways;* өдөр ~ *all day, the whole day;*

туушгүй *indecisive, irresolute, weak in character;*

туушра|х *to straighten out; to come right;*

тууштай *steadfast, resolute, determined in purpose;*

тух *rest, peace; coziness, comfort;*

тухай *about, on, concerning, as regards; with regard (to);* та юун ~ бодож байна? *what are you thinking about?* Пушкины ~ лекц уншина the lecture will be on Pushkin; энэ ~ би дараа ярья I will tell you about it later; ~ бүр every time; ~ үе a given period; ~н үедээ at that particular time; цаг ~д нь in good time; opportunely;

тухайла│х 1. to accent, accentuate, emphasize; 2. to imagine, estimate (approximately);

тухайлбал in particular; specifically; хэд хэдэн орнууд, тухайлбал АНУ, Их Британи, Франц гэрээнд гарын үсэг зурж сэ several countries, specifically the US, Britain, and France, have signed the agreement;

тухгүй restless; uncomfortable;

тухгүйдэ│х to feel uncomfortable; to be comfortless;

тухгүйхэн more uncomfortable;

тухирагда│х caus. of тухирах; to cause to provoke, do sth at someone's instigation;

тухирагч instigator, provoker;

тухира│х to provoke, instigate (to), incite (to), set on (to); нохой ~ to set dog on; ажилчдыг засгийн газрын эсрэг ~ to incite the workers against the government;

тухирлага provocation, instigation, incitement;

тухлаг comfortable;

тухла│х to ensconce; to act in a leisurely manner; to be at one's ease;

тухтай comfortably; in a leisurely manner;

тушаа I hobbles for the front legs of horses; crosspiece, transom; fetters, chains, trammels;

тушаа II near, by, about, around; separate(ly); энэ ~ хэн ч алга there is nobody about; энэ ажил зул сарын баяр ~ дуусах болно the work will be finished (by) around Christmas;

тушаагда│х to be turned over, handed over; to be ordered;

тушаал order, command; post, position of paid employment; ~ өгөх to give an order, issue an order; өндөр албан ~ хүлээх to hold a high post; ~аас буулгах to dismiss, remove from a position;

тушаалт handing over;

тушаалтан official, officer, functionary, public servant; орон нутгийн засаг захиргааны албан ~ a local government officer;

тушаа│х I to order, command; to give orders; to direct; генерал довтлохыг тушаав the general ordered an attack;

тушаа│х II to hand (in, over); to pay; кассад мөнгө ~ to hand in money to a teller, pay (in); татвар ~ to pay taxes;

туши│х to hobble; морь ~ to hobble, tie together two legs of a horse;

туя ray; beam; нарны ~ the rays of the sun; рентген ~ X-ray; хэт ягаан ~ ultraviolet rays; лазерийн ~ a laser beam; туйлын ~ northern lights, Aurora Borealis;

туяара│х to shine, beam; to be radiant;

туягар thin, flexible, pliant;

туялза│х to bounce, wobble;

туяхан flexible, pliant; lithe, lissom;

түвдэ│х to restrain oneself (doing sth); хулцэн ~ to restrain one's anger;

түвдэшгүй unbearable, unendurable;

түвшин 1. quiet; calm, tranquil; placid, serene; composed; even, smooth, straight; ~ зан gentle disposition; ~ хүн a composed person; ~ амьдрал quiet life; 2. level; далайн ~ the sea level; усны ~ the water level;

түвшиттэ│х to make calm and quiet, pacify;

түвштэ│х to become calm, be established peace;

түвэг trouble; энэ бол амттай боловч хийхэд ~ ихтэй хоол юм it's a delicious dish but rather a trouble to prepare; ~ болох/удах to cause trouble, give trouble, be nuisance; ~ удагч troublemaker;

түвэггүй easy, not difficult, done without great effort; энэ бол ~ хүрэх газар it is an easy place to reach; ~ шалгалт an easy exam;

түвэглэ│х to cause trouble;

түвэгтэй troublesome, difficult, complicated; ~ хүүхэд a troublesome child; ~ асуудал a troublesome problem; нарийн ~ complicated; ~ ажил difficult or complicated work;

түвэгшил difficulty, worry, trouble;

түвэгшээл nuisance, annoyance, trouble;

түвэгшээ│х to consider troublesome, be afraid to get into trouble; to shirk;

түг I : ~ түм thousands, many, a lot;

түг II : ~ ~ хийх to knock, bang, tap; түг түг rat-tat;

түгдгэр round-shouldered, stooping; bulging, protuberant;

түгдий│х to stoop, be(come) hunch-backed;

түгдрэ│х to hesitate, stumble;

түгдчи│х to stumble repeatedly (in speech);

түгдэгнэ│х (of a stooping person) to bustle;

түгдэрхий fragile, frail, brittle; broken-off;

түгжгэр *hornless;*

түгжигдмэл *blocked; isolated, cut off;*

түгжигдэ|х *to be locked up;*

түгжий|х *to be(come) hornless;*

түгжи|х *to lock, bolt, shut up, bar, latch;* хаалга ~ *to lock a door;* хашааны хаалга ~ *to bar a gate;*

түгжрэ|х *to be blocked, stuffed up;*

түгжээ *latch, bolt;*

түгжээс see **түгжээ**;

түгмэл *widespread, prevalent;*

түгсүүр *flail, mallet, wooden hammer;*

түгсэ|х *to flail, beat sth with a mallet;*

түгши|х *to worry, be nervous, be anxious, be alarmed, be uneasy; to tremble, palpitate;*

түгшүүр *alarm, anxiety; uneasiness, disquiet;* ~ зарлах *to sound/raise the alarm;* агаарын ~ *air-raid warning, alert;*

түгшүүртэй *worried, anxious, uneasy, troubled; alarming, disturbing, disquieting;* ~ цаг *an anxious time;*

түгэ|х *to spread, be distributed; to be well known and generally liked or used; (of stars) to come out;*

түгээгүүр *any of a number of devices dispensing liquid;* шатахуун ~ *petrol pump;*

түгээгч *distributor; dispenser;*

түгээл *charity, alms;* ~ өгөх *to dispense charity;*

түгээмэл *generally accepted or used, widespread, widely-distributed, universal; entire, whole;*

түгээ|х *to distribute, give out, serve out, dispense;* ном ~ *to give out books;*

түдгэлзэ|х *to abstain (from), refrain (from);* санал өгөхөө ~ *to abstain from voting;*

түдэ|х *to postpone, put off; to be slow, late or delayed;*

түжгэр *short-haired; (of hair) short; (of sheep) sheared; (of tree) clipped;*

түжигнэ|х *to rumble, make a lot of noise;*

түжигнээн *rumbling;*

түжий|х *to be(come) short;*

түжир *stale; strong, hardy;*

түжирлэ|х *to be strong or hardy;*

түйвэргэ|х *to disorder, spoil, mess up;*

түйвэ|х *to be thrown into a panic or disorder;*

түйвээгч *panic-monger, scaremonger, alarmist; terror;*

түйвээн *trouble, disturbance, disorder;*

түйвээ|х *to throw into a panic; to create confusion, disturbance, or disorder;*

түймэр *fire, conflagration;* ойн ~ *forest fire;* түймрийн гал *big fire;* ~ тавих *to set fire to;* ~ унтраах *to put out fire;* түймрийн цурав/цурам *site of a fire;* ~т сүйдэх *to burn down, be destroyed by fire;* байшин ~т сүйдэж ердөө үнс цурам үлдэв *the building (was) burnt down and only ashes were left;*

түймэрдэ|х *to set on fire (with criminal intent);*

түйнэг *worn out, old;*

түйтгэр *obstacle, impediment, hindrance;* ~ хийх *to put obstacles in someone's way;*

түйтгэрлэ|х *to hinder, impede, hamper; to stand in the way (of);*

түлгэ|х *to devote oneself to;*

түлхлэ|х *to push slightly;*

түлхүү *more, to a greater extent;*

түлхүүр *key; (mus.) key, clef;* нууц ~ *code, cypher; cipher;* машины ~ *car keys;* хөгжмийн (соль) ~ *treble clef;*

түлхүүрдэ|х *to open or lock with a key;*

түлхэлцэ|х *to repel each other;*

түлхэ|х *to push, shove, jog; to wind (up), start (a mechanism);* цаг ~ *to wind up a clock;* тэр намайг түлхсэн чинь би усанд унав *he pushed me, and I fell into the water;* гараараа ~ *to jog, push with the arm or hand;* гадуурхаж ~ *to reject;* буруу бусдад ~ *to lump the blame on others;*

түлхэц *push, shove; incitement, stimulus;*

түлхээ *flow, flood (of tide), rising tide;*

түлхээс *push, jolt; instigation, influence;*

түлш *fuel;* шингэн ~ *fuel oil;* хатуу ~ *solid fuel;* түлээ ~ *firewood;*

түлэгдэл *burns, burning;*

түлэгдэ|х *to burn (on, with); to be scorched; to be burnt on the surface, receive surface burns;* халуун цайнд ~ *to scald oneself with hot tea;* халгайд ~ *to be stung by a nettle;* наранд ~ *to become sunburned;* ичиж нүүр ~ *to burn with shame;*

түлэнхий *burnt, charred, scorched; burn, scald, scorch mark;* цамцан дээрх ~ *scorch marks on a shirt;* түймрээс авсан ~гээс болж тэр нас барав *he died of the burns he received in the fire;*

түлэ|х *to kindle a fire; to burn, scorch, scald;* гал ~ *to kindle a fire;* тэр, халуун цайнд хэлээ түлэв *he scalded his tongue on/with the hot*

T

tea; түлээ ~ to burn firewood; хуруугаа ~ to burn one's fingers;

түлээ firewood; хашаанд ~ хагалах chopping firewood in the yard;

түлээчин wood-cutter, firewood seller;

түм(эн) 1. (num.) ten thousand; 2. host, large number, swarms (of), multitude; ард түмэн the people; олон түмэн the masses; улс түмэн the people of the world; таны түмэн зөв you are quite right; түмэн түм (num.) hundred million; түмэн бодис nature;

түмбий|х to swell out, bulge, become protuberant;

түмбэгэр bulging, protuberant, rounded, in relief;

түмд the Tumets, a tribe of southern Mongolia;

түмпэн washing-up basin or washing-bowl, bowl;

түнжин concord, peace and agreement, harmony; ~ хагарах to quarrel, be in discord; эдгээр хөрш улс нь олон зууны турш эв ~тэй байлаа these neighbouring states had lived in concord for centuries;

түнсэ|х to flail (grain);

түнтгэр rounded, bulging, protruding;

түнтий|х to bulge, swell outwards;

түнтэгнэ|х (of sth bulging) to move continually;

түнх hip joint;

түнхгэр swollen, bloated, blown-up; round; ~ гэдэстэй potbellied;

түнш (comm.) partner; companion;

түнши|х to beat with a wooden hammer;

түншлэл partnership;

түншлэ|х to be partners;

түншүүр mallet, wooden hammer;

түнэр the state of being seen pitch-black; ~ харанхуй pitch darkness; ~ харанхуй шөнө a pitch-black moonless night; ~ хар ой an enormous thick forest;

түнэртэ|х (of anything black) to appear, loom; to show up black;

түр I temporary, provisional (ly); temporarily, for a short time; ~ ажил a temporary job; ~ засгийн газар a provisional government; театр засварт орж ~ хаагджээ the theatre is temporarily closed for redecoration; ~ сургууль short-term course of studies;

түр II : ~ тар хийх to crash, let out a sudden loud noise; to fall out (with);

түргэвчлэ|х to quicken; to speed up, accelerate;

түргэдүү hot-tempered, quick-tempered;

түргэдэ|х to be too hasty or rash;

түргэлэ|х to quicken, accelerate; to hurry, hasten;

түргэн rapid(ly), fast, quick(ly), swift(ly), prompt(ly); ~ үйлчилгээтэй эм a quick-acting drug; ~ урсгалтай горхи a fast-flowing stream; ~ зууш fast food; ~ зантай эмэгтэй a quick-tempered woman; ~ сэтгэдэг оюутан a quick-witted student; ~ хэллэг tongue-twister; аль болохоор ~ ир come as quick as you can; юмыг аль болохоор ~ хийх to do sth as quickly as possible; өвчтөн ~ эдгэрэв the patient made a rapid recovery; ~ тусламж ambulance (service);

түргэсгэ|х to quicken; to speed up, accelerate; алхаагаа ~ to quicken one's pace;

түргэсэ|х to quicken, become quicker, accelerate;

түргэтгэ|х see **түргэсгэх;**

түргэсэ|х see **түргэсэх;**

түргэхэн pretty quickly, pretty soon;

түрдхий|х (of a bird) to flap;

түрий top (of a boot); урт ~тэй гутал (high) boot, top-boot, jackboot; өвөр ~дээ орох to become good friends (with); to have sexual intercourse;

түрийвч purse, change purse, wallet;

түрийвчлэ|х to put money in one's purse or wallet;

түрийлэ|х to shove sth into one's bootleg;

Түрк Turkey, Turkish;

түрлэг 1. verse of a long song; 2. tide

түрс (hard) roe; ~ орхих to spawn;

түрүү I ear, spike; улаан буудайн ~ an ear of wheat; тарианы ~ an ear of corn;

түрүү(н) II recently, not long ago, not long before; at the head of; at first; previously; салаа цэргийн ~нд дэслэгч алхаж байв the lieutenant marched at the head of the platoon; ~ бид хагас бүтэн сайнаар Эрдэнэт орсон not long ago, we went to Erdenet for the weekend; аль ~ long ago; юуны ~нд first of all, to begin with; first and foremost; толгой ~ the head; хамгийн ~ for the first time; ~нд орох to be at the head (of); to come first, lead; тэр эмэгтэй, ~нд нь телевизэд ажиллаж байв she had previously worked in television;

түрүүлгээ face down;

түрүүлэгч *winner, champion;*

түрүүлэ|х I *(agric.) to form ears;*

түрүүлэ|х II *to outstrip, leave behind; to be first, be ahead; to win sports;* Долгор өрөөнд түрүүлж оров *Dolgor came into the room first;* аль баг түрүүлэв? *which team won?*

түрүүлэ|х III *caus. of түрэх;*

түрүүтэ|х *(agric.) to form ears;*

түрүү I *beginning, first part (of); previous;* түүний ~ийн эхнэр *his first wife;* тэр, ~ийн өдөр тэнд байв *he was there the previous day;* ~ийн эзэмшигч нь хэн байв? *who was the previous owner?* би киноны ~ийг үзэж чадсангүй *I missed the beginning of the film;*

түрүүч II *sergeant;* ахлагч ~ *senior sergeant;* бага ~ *junior sergeant;*

түрхмэл *coated, smeared, applied;*

түрхэлт *the act of covering a surface;*

түрхэ|х *to put oil, paint, etc on sth; to paint; to smear;* будаг ~ *to paint over sth, put paint onto sth;* йод ~ *to paint with iodine;* талхан дээр цөцгийн-тос ~ *to spread butter on bread;*

түрхэц *coating, thin layer; ointment; smear;*

түрчигнэ|х *to thunder, rumble; to clatter;*

түрэмгий *imperious, commanding; masterful; aggressive; despotic;* ~ дайн *aggressive war;* ~ зан/хүн *a masterful character/person;* түүний ~ байдал заримдаа намайг айлгадаг *his aggressive behaviour frightens me sometimes;*

түрэмгийлэгч *despot, dictator, aggressor, usurper;*

түрэмгийлэл *aggression;*

түрэмгийлэ|х *to behave aggressively; to usurp, tyrannize, -ise;*

түрэ|х I *to force, press, push forward;* түрж гаргах *to force out or push out (from); to oust (from);*

түрэ|х II *to join (in singing); to take up a song;*

түрээс *rent; lease;* бид бага ~ төлдөг *we pay a low rent;* газар ~зэр өгөх *to give the use of a land by a lease;*

түрээслүүлэгч *lessor;*

түрээслүүлэ|х *to lease (out), rent (to, out);* тэр газрынхаа зарим хэсгийг бусдад түрээслүүлэв *he leased out some of the land to others;*

түрээслэ|х *to lease, rent;* машин ~ *to lease a car;* газар ~ *to rent land; to hold land under lease;*

түс : ~ хийх *to fall sth with a thud;* ~ тас *straight out;* түүний талаар юу бодож байснаа өөрт нь би ~ тас хэлж орхив *I told him straight out what I thought of him;*

түсгий|х *to become swollen; to be inflated; to get fat;*

түүвэр *collected, selected;* Пушкины ~ зохиолууд *selected works of Pushkin;*

түүвэрлэ|х *to select;*

түүгээр *there, in that place; thus; thereby;* үүгээр ~ *here, there and everywhere;* тэр, английн иргэн болж ~ сонгуульд оролцох эрхтэй болов *he became a British citizen, thereby gaining the right to vote;*

түүдэг I *bonfire, campfire;*

түүдэг II *a ball or skein of hair or wool;*

түүдэглэ|х *to make a ball of hair or wool from which cord or rope is made;*

түүдээрэ|х *to doubt;*

түүн- *oblique stem of* тэр; түүний *his, her;* түүнд *to him, her, or it;* тэр эмэгтэй түүнтэй суух санаатай *she wants to marry him;* түүнээс *after that, after him (her);*

түүнийх *(possessive adj.) her, his, its;*

түүнчлэн *also, too, as well;*

түүр : үүр ~, бүүр ~ *not clear, dim, vague;*

түүртэлгүй *easily, without trouble;*

түүртэ|х *to be overloaded, have too much on one's plate;*

түүрэг *suburb; small town;*

түүх(эн) I *history; autobiography;* эртний/ дундад зууны/орчин үеийн ~ *ancient/medieval/modern history;* ~ийн шалгалт *a history exam;* Шекспирийн түүхэн жүжгүүд *Shakespeare's history plays;* өвчний ~ *sb's medical history;* англи хэлний ~ *the history of the English language;* сүүлчийн дайны товч ~ *a short history of the last war;* цэргийн ~ судлагч *a military historian;* ~ийн баримтууд *historical documents;* ~ сэхэхүй *glimpse at history;* түүхэн роман *a historical novel;* түүхэн уламжлал *historical traditions;* түүхэнд орох/ бичигдэх *to make/go down in history;* амьдралын ~ *life story (life history);* ~ намтар *autobiography;* ~ домог *history and legend;*

түү|х II *to pick, gather sth (from sth);* жимс ~ *to gather berries;*

түүхий I *raw, green, unripe, uncooked, unfinished;* ~ мах *raw meat;* ~ ус *unboiled water;* ~ эд *raw materials;* ~ алим *unripe or green apple;* мах голдоо ~ байв *the steak was un-*

cooked in the middle;

түүхий II (med.) impetigo;

түүхийдэ|x to be too raw or uncooked;

түүхийрэ|x I (of food) to be raw or uncooked; to be underdone;

түүхийрэ|x II (of impetigo rash) to develop;

түүхт historical, historic; ~ өдөр a historic day; ~ явдал an historic occasion;

түүхч historian;

түүчээ the head wagon or animal in a caravan;

түүшүү ends of the jawbone;

түхгэр fat, thick; pot-bellied;

түхий|x to grow fat, be(come) pot-bellied;

түшиг support, prop; аавыг минь өвчтэй байхад тэр (эмэгтэй) их ~ болсон доо she was very supportive during my father's illness;

түшигггүй supportless, propless;

түшиглэ|x to lean on someone; to be supported; to depend on for support; to be under the auspieces of;

түшигтэй having a support or prop; reliable;

түши|x to lean (against); to support; to lean on/upon sb; to prop up; тэр эмэгтэй түүний мөрийг түшив she leant against his shoulder; энэ сайд зөвлөгч нараа түшдэг the minister leans on his advisers (for support);

түшлэг back of a chair; support for the arm;

түшлэгтэй with a back or supports for the arms; ~ сандал chair with a back; armchair;

түшмэл (pl. түшмэд) official, functionary, officer, dignitary;

түшүүлэ|x to be propped (up, against); хананд түшүүлж тавьсан унадаг дугуй the bicycle is propped against the wall; таван сартай хүүхэд өөрөө сууж чаддаггүй, дэрээр түшүүлж суудаг a five-month-old baby cannot sit unaided - she has to be propped up with pillows;

түшээ support, prop; ~ гүн (obs.) ducal rank during the Manchu period;

тэв I : ~ тав хийх, ~ ~ алхлах to move sprightly;

тэв II intensifying particle used before adj. and adv. beginning with тэ; ~ тэгш quite even/smooth;

тэвдүү fussy, bustling; hasty;

тэвдүүлэ|x caus. of тэвдэх; to hasten, to press;

тэвдэл hurry, haste; fuss, bustle;

тэвдэ|x to hurry; to fuss; to rush; to be taken

aback; цаг их байна; бидэнд ~ явдал алга there's plenty of time; we needn't rush; бүү тэвд! бид тэнд цагтаа очно don't fuss! we'll get there on time;

тэвнэ a large needle used for sewing leather;

тэврэлдэ|x to hug one another;

тэврэлцэ|x to embrace each other;

тэврэ|x to embrace, clasp in one's arms; to carry sth by the armful;

тэвх bridge (of stringed instruments); (tech.) cross-bar, strut, tie-beam, tie-rod, spreader bar;

тэвхгэр (of sth rectangular) thick; square; ~ ном a thick book;

тэвхдэ|x to lift with a stick; to set a bridge under the strings of a musical instrument;

тэвхий|x (of sth rectangular) to be thick; to become square;

тэвхлэ|x to cut sth into cubes;

тэвхэлзэ|x (of a person) to move sprightly;

тэвхэрлэ|x to lay (together); to make square;

тэвчил abstinence, temperance;

тэвчи|x to tolerate, stand, put up with; to abstain (from), restrain oneself (from); түүнд архи дарсыг ~ийг зөвлөжээ he has been advised to abstain from alcohol;

тэвчээр patience, tolerance, endurance, perseverance; self-control;

тэвчээргүй impatient, unable to control oneself;

тэвчээрлэ|x to be patient; to be temperate; to bear, endure; to give up a habit, abandon sth, renounce; хатуу ундаг ~ to renounce strong drink;

тэвчээртэй patient(ly), tolerant(ly); restrained, able to control oneself; ~ хүлээх to wait patiently;

тэвш trough; tray; ~тэй тэрэг a lorry; ~тэй тэрэгний жолооч a lorry driver;

тэвэг 1. a shuttlecock kicked from one player to another; **2.** a single lock on otherwise shaven head;

тэвэр armful; ~ дүүрэн амьд цэцэгс an armful of fresh flowers;

тэвээрэг : тарга ~ putting on weight;

тэвээрэ|x to put on weight;

тэг I nought, zero, nil, cipher; ~ бүхэл аравны нэг nought point one; самбар дээр гурван ~ бич write three noughts on the blackboard; энд агаарын температур ~ хэмээс доош буух нь ховор байдаг the temperature here rarely falls below zero; оноо 3-0 (гурав тэгийн) харьцаатай байв the score was 3-0 (three nil);

тэг II an emphatic particle; exactly, precisely, perfectly; ~ дөрвөлжин perfectly square; өрөөний ~ дунд right in the middle of the room;

тэг III used for agreeing to a request; yes; би энэ номыг түр хэрэглэж/авч болох уу? ~ ээ, ~ can I borrow this book? yes, of course;

тэгвэл if so, if one did, so, then;

тэгнэ|х 1. to adjust a load of a pack animal so that it becomes equally heavy on both sides; 2. to weigh;

тэгнээ load divided into two parts of equal weight;

тэгш flat, even, level; equal; even (of numbers); unbent, uncurved, straight; balanced; ~ эрх equality (of rights); ~ газар level ground; plain; ~ тоо even number; ~ хуваах to divide equally, into equal parts; ~ шугам a straight line; ~ өнцөг (math.) right angle;

тэгшдэ|х to be too even/smooth; to be straight;

тэгшитгэл the act of making equal, level, or even; equalization; (math.) equation; ердийн ~ (math.) simple equation;

тэгшиттэ|х to equalize, make equal, make level; to level, make even;

тэгшлүүлэ|х to cause or permit making level, even, or straight;

тэгшлүүр (tech.) level;

тэгшлэ|х to straighten, level, even; to trim; тэр эмэгтэй нойтон бетоныг модоор тэгшлэв she levelled off the wet concrete with a piece of wood; лам дээр очвол Дулмаагийн замыг тэгшлэхэд тус болж юу магад perhaps a talk with the lama will help to straighten out Dulmaa's affairs;

тэгшрэ|х to become straight or level; to straighten out/up;

тэгштэ|х to become more straight, level, or even;

тэгшхэн very straight, plain, level, or upright; exactly alike on one level; equally, evenly; ~ хуваасан evenly divided;

тэгье let's do that!

тэгэвч but, however;

тэгэлгүй яахав of course;

тэгэ|х to do that, do in this way, like this; тэгж хийх to do thus, in this way, like this;

тэгэхлээр so, thus, accordingly;

тэгээд after that, thereupon, then, next; бид Ромд долоо хоноод ~ Вена орцгоов we had a week in Rome and then went to Vienna;

тэд they; ~нийг them; ~нээс from them; (greater, stronger, heavier, etc) than they; ~энд to them; ~ний their;

тэдгээр those;

тэднийх theirs;

тэжээвэр tame, domestic, adopted; ~ амьтад domestic animals; ~ хүүхэд adopted son;

тэжээгдэ|х to be nourished;

тэжээч breadwinner; breeder; нохой ~ a dog breeder;

тэжээл fodder; food, foodstuffs; nourishment, nutrition; feeding; малын ~ fodder; хүүхдийн ~ baby foods;

тэжээлгүйтэ|х to be deprived of fodder;

тэжээллэг nourishing (adj.);

тэжээлгэ|х caus. of тэжээх; to be raised by sb; эцэг эхээрээ ~ to live on one's parents;

тэжээмэл adopted; domesticated, tame;

тэжээ|х to feed, nourish; to foster, raise, bring up (a child); гэдэс ~ to make a living; тэжээж өсгөх to raise, bring up; нохой ~ to breed a dog; тэжээсэн эцэг эх foster-parents; тэжээсэн хүүхэд a foster-child;

тэлмэн : ~ жороо an even-gated horse;

тэлрэ|х to come round, regain consciousness, come to one's senses;

тэлүү(н) spacious, roomy; wider;

тэлүүр wooden frame for stretching in hides;

тэлүүрдэ|х to stretch out sth on a frame;

тэлчлэ|х to kick with one's limbs while in a lying position;

тэлэлт expansion;

тэлэ|х I to stretch out; to broaden, widen, gain in breadth; to extend; (phys.) to expand, dilate; металлууд халахаараа тэлдэг metals expand when they are heated;

тэлэ|х II to suckle two mothers;

тэлээ I belt for trousers;

тэлээ II a young animal which has been suckling two mothers;

тэлээлэ|х I to put on or wear a belt;

тэлээлэ|х II to let young animals suckle two mothers;

тэмбүү (med.) syphilis;

тэмбүүрэ|х to contract syphilis;

тэмдэг sign; mark; token, symbol; omen;

тэмдэглэгдэх

тамга ~ *seal, stamp;* им ~ *a brand (on cattle);* одон ~ *decorations (and medals);* тооны тэмдгүүд (+, -, x, : *г.м) mathematical signs (eg +, -, x, :);* замын тэмдгүүд *traffic signs;* сарын ~ *(physiol.) menstruation;* шинж ~ *sign, symptom;* өвчний шинж ~ *symptom;* билэг ~ *symbol, emblem;* тагтаа бол энх тайвны бэлэг ~ *the dove is an emblem of peace;* тайжийн жинс (ургамал) бол Шотландын үндэсний сүлд ~ *the thistle is the national emblem of Scotland;* үйлдвэрийн ~ *a trade mark;* ёр ~ *an omen;* ~ нэр *(gram.) adjective;* үүрийн ~ *dawn;* ~ мэдэгдэх *to show a sign (of);*

тэмдэглэгдэ│х *to be registered; to be noticed; to be noted; to be marked;*

тэмдэглэгч *registrar; recorder;*

тэмдэглэл *note, notice, record; paragraph, review;* өдрийн ~ хөтлөх *to keep a diary;* замын ~ *travelogue;* ~ийн дэвтэр *notebook;*

тэмдэглэлт *noteworthy;* залуу гоцлоочийн ~ тоглолт *a noteworthy performance by a young soloist;*

тэмдэглэ│х *to mark, note; to make a note (of); to point to, mention, record; to celebrate, mark by celebration;* төрсөн өдрийн ~ *to celebrate sb's birthday;* цагдаагийн ажилтан түүний хэлсэн бүхнийг тэмдэглэж авав *the police officer noted down every word she said;*

тэмдэгт 1. *having a seal, sign, or mark; marked, labeled;* 2. *banknote;* 3. *declaration;* ~ бичиг *a certificate;*

тэмтрүүл *(zool.) tentacle, antenna;*

тэмтрэ│х *to grope (about/around), feel (about/around) for sth/sb;* хүйс ~ *to exterminate a whole family;*

тэмтчи│х *to feel or grope repeatedly; to grope (one's way) across, along, past sth;* харанхуй хонгилоор тэмтчиж явах *to grope one's way along a darkened corridor;*

тэмүүлэл *aspiration, ambition;* залуу хүмүүсийн ~ *the aspirations of young people;*

тэмүүлэ│х *to strive for, seek, aspire (to); to rush forward;* мэдлэг олох гэж ~ *to aspire to knowledge;* тэр эмэгтэй хаалга руу тэмүүлэв *she made a rush for the door;*

тэмцэгч *fighter (for);* арьсны өнгөөр ялгаварлахын эсрэг цуцашгүй ~ *a tireless fighter against racism;*

тэмцэл *struggle, fight (with; for; against); strife;* ангийн ~ *the class struggle;* бид

~гүйгээр бууж өгөхгүй *we will not surrender without a struggle;*

тэмцэлдэ│х *to struggle, fight, strive;* хоорондоо ~ *to fight among oneselves; to strive with one another;*

тэмцэ│х *to struggle, fight (with; for; against); to strive for;* намын дотоох завхралын эсрэг ~ *to struggle against corruption within the party;* өвчинтэй ~ *to fight (against) disease;* амжилтын төлөө ~ *to strive for success;* эрх чөлөөний төлөө ~ *to fight for freedom;* амь ~ *to choke; to be in one's death agony;*

тэмцээн *competition, tournament, match, contest;* хөлбөмбөгийн ~ *a football match;* одон бөмбөгийн ~ *a tennis match;* дэлхийн аваргын төлөө ~ *world championship;* боксын ~ *boxing competitions;* шатрын ~ *chess competitions;* гоо бүсгүй шалгаруулах ~ *beauty competitions;* бүжгийн ~ *a dancing contest;*

тэмээ(н) *camel; bishop (in chess);* атан ~ *castrated camel;* ганц бөхтэй ~ *dromedary;* тэмээн жин *camel caravan;* тэмээн сүрэг *camel herd;* тэмээний бөх *the humps of camels;* тэмээний ноос *camel wool;* тэмээн хяруул *ostrich;* тэмээний зогдор *the long wool on a camel's neck;*

тэмээжи│х *to become rich in or supplied with camels;*

тэмээлзгэнэ *dragonfly;*

тэмээчин *a herdsman for camels;*

тэн *load or burden divided into equal parts;* ~ адил *equal in weight, height, etc;* ~ хуваах *to divide equally;* ~ татах *to stretch a rope over a гэр to give stability;* ~ хагас *exactly half;* сацуу, ~ чацуу *quite equal; identical;* үе ~гийн хүн *a person of the same age;*

тэнгүй *matchless, incomparable;*

тэнгэр *sky, heavens; weather; heaven;* хөх ~ *a clear blue sky;* ~ дулаарах *to get warmer, get warm;* ~ бүрхэх *to become cloudy;* ~ бүүдийх *(of the sky) to become overcast;* ~ хаяарах *(of the sky) to clear from the horizon;* ~ хүйсганах *to become cloudy and windy;* ~ задрах *the heavens opened; (of bad weather) to set in;* ~ ниргэх *(of lightning) to strike;* ~ дуугарах *to thunder;* ~ хүйтрэх *to get colder, get cold;* ~ онгойх *(of weather) to clear up;* ~ цэлмэх *to become clear, cloudless;* ~ийн өнгө *sky-blue;* ~ийн хая/хормой *horizon, skyline;* ~ийн оёдол/заадал *the Milky Way;* ~ийн

240

орой *zenith;* ~ийн дуу *thunder;* ~ бурхан *God;* ~т гарах *to go to heaven;* ~ мэднэ байх *God/ goodness/Heaven knows;* Ээ тэнгэр минь! *(Good) Heavens! Heavens above!* ~ийн хөвгүүн *the son of heaven-the emperor;* ~ийн ван *(astron.) Uranus;*

тэнгэс *sea;* Хар ~ *Black Sea;*

тэнгэцэ|х *to do (for); to be suitable (for/to), to be equal;*

тэнд *there; at or to that place;* энд ~гүй *everywhere;*

тэндэх *of that place;* ~ хүмүүс *the local inhabitants, people from there;*

тэнжээ *rope used for fastening the load;*

тэнийлгэ|х *to straighten (out), unbend; to make smooth or even (of wrinkles);* хөлөө ~ *to stretch one's legs;* төмөр утас ~ *to straighten a wire;* нуруугаа ~ *to lie down (for a while);*

тэний|х *to straighten up, get smoothed out, unbent, or stretched out; to set one's mind at rest;*

тэнсэн *suspended sentence;*

тэнсэ|х 1. *to test, try out;* 2. *to commute;*

тэнтгэр *big and fat; large, heavy;*

тэнтий|х *to become heavy, fat, clumsy;*

тэнтэр : ~ тунтар хийх *to walk or move as if about to fall;*

тэнүүл *wandering, roaming, roving; (of domastic animals) stray;* ~ хүн *a vagrant, vagabond, wanderer;*

тэнүүлчин *vagabond, tramp;*

тэнүүн *untroubled, calm, quiet;*

тэнүүчлэ|х *to wander, roam;*

тэнхжи|х *to regain one's strength; to restore to good health;*

тэнхим *chair, department;*

тэнхлүүн *strong, vigorous and lively, hale and hearty (of an old person);*

тэнхлэг *axis; axle; spindle;* Дэлхий, Хойд ба Өмнөд туйлуудын хоорондох ~ийг тойрч эргэдэг *The Earth rotates about an axis between the North Pole and the South Pole;* дугуй эргэх ~ *an axle;*

тэнхрэ|х *to get back (one's health, strength, etc), recuperate;*

тэнхээ *strength, might;* ~ барах *to be tired out, be exhausted;* ~ дойртох *to weaken, become weak;* ~ муудах *to become weaker in health or strength;* ~ орох *to get back one's health or strength;* бие ~ чинь ямар байна?

how do you feel? how are you?

тэнхээгүй *feeble, weak;*

тэнхээжи|х *to become stronger; to regain one's strength;*

тэнхээтэй *strong, physically powerful or healthy;*

тэнцвэр *equilibrium; balance, equipoise;* худалдааны ~ алдагдах *a balance-of-trade deficit;*

тэнцвэргүй *unbalanced;* хэт үйлдвэрлэл нь эдийн засгийг ~ болгож байна *over-production is unbalancing the economy;*

тэнцвэржүүлэ|х *to balance;*

тэнцвэртэй *balanced;*

тэнцүү *even(ly), equal(ly); equally matched;* ~ хуваасан *evenly divided;*

тэнцүүгүй *unequal;*

тэнцүүлэ|х *to balance, make equal to sth; to bring to equilibrium;*

тэнцүүр *tightrope-walking; equilibrium, balance, equipoise;* утсан дээрх ~ *tightrope-walking;*

тэнцэтгэл *equality;*

тэнцэ|х *to balance; to equal, be equal (to), be equivalent (to), be tantamount (to); to be suitable, be suited to be;* та нэг хөл дээрээ хир удаан тэнцэж чадах вэ? *how long can you balance on one foot?* тэр үнэхээр багшийн ажилд ~гүй *he is not really suited for a teaching career;* x дээр нэмэх нь y ~ нь z x plus y equals z $(x+y=z)$;*

тэнэг *foolish, stupid; silly;*

тэнэгдүү *somewhat stupid;*

тэнэгдэ|х *to be extremely stupid;*

тэнэгжэл *folly, silliness, stupidity;*

тэнэглэ|х *to become stupid; to fool (about/ around);*

тэнэгтэ|х *to play the fool; to make a fool of oneself; to do sth foolish;*

тэнэгхэн *silly, dull, simple-minded;*

тэнэгэр *smooth, plain; quiet, calm, tranquil;*

тэнэмхий *having a passion for roaming;*

тэнэмэл *roaming, vagabond, wandering;*

тэнэ|х *to roam, wander; to lounge (about/ around);*

тэр *that; he, she, it;* ~ юун хүн бэ? *who is that man?* ~ явдал тэдний амьдралыг өөрчлөв *that incident changed their lives;* тэртэй тэргүй *in any event, whatever happens, anyway, one way or another;* ~ даруй *immediately, forth with;* ~ үед *at that time, in those*

Т

days; ~ тохиолдолд *in that case;* энэ ~ юмны тухай ярих *to talk about this and that, about one thing and another;*

тэрбум *milliard; (in US usage) billion;*

тэрбумтан *multimillionaire;*

тэргүүлэгч *head, chief; leader; president;* түүнийг крикет клубын ~ээр сонгосон *he was made president of the cricket club;*

тэргүүлэ|х *to head, be at the front of; to lead, be the leader or head of; leading;* ~ үүрэг гүйцэтгэх *to play a leading role;*

тэргүүн *head, chief; first, beginning; leading;* өрх гэрийн ~ *the head of the family;* засгийн газрын ~ *the head of a government;* ~ өгүүлэл *leading article;* ~ боть *the first volume;* ~ зэрэг *first grade, best; first degree;* улсын ~ зохиолчдын нэг *one of the country's leading writers;*

тэргүүтэн *headed by, and others;*

тэргэл : ~ *cap the full moon;*

тэргэнцэр 1. *trolley, small cart;* 2. *carriage;* 3. *invalid chair;*

тэрий|х *to sprawl;* би чулуунд тээглээд тэрийж унав *I tripped over a stone and fell sprawling;*

тэрлэг *summer gown; light дээл;*

тэрлэ|х 1. *(of an embryo) to form;* 2. *to near a finish, come to the end of sth;*

тэрмэ(н) *the kind of a woolen cloth;*

тэрс *opposed, contrary, antagonistic, adverse; eccentric, not normal;* ~ ном *heresy;* ~ номтон *heretic;* ~ үзэлтэн *dissident;* ~ этгээд *an eccentric person;*

тэрслүү *rebellious; obstinate, refractory; rebel;*

тэрслэ|х *to oppose; to resist, stand up (against);* урван ~ *to betray;*

тэрсүүд *not normal, eccentric; obstinate, stubborn;*

тэртээ *on the other side of; on that side; beyond; far, far-off;* голын ~ *on the other side of the river; beyond the river;*

тэртээх *situated on the other or far side;*

тэрүү(н) *see* **түүн-;**

тэрүүгээр *on the other side, on yonder side, over there;*

тэрүүхэн *see* **тэрхэн;**

тэрхүү *the one over there; that; that very same;*

тэрхэн *just that; that one (the one pointed at being near);* ~ зуур *in just that moment;* ~

газар *right there;*

тэрчлэн *also;*

тэрэг (тэргэн) *car, cart, van, vehicle, carriage; castle (in chess);* түрдэг ~ *handcart;* морин ~ *cart, wagon;* тэмээн ~ *camel cart;* ачааны ~ *van, lorry;* сүйх ~ *carriage, coach;* хөнгөн ~ *(motor) car;* түргэн тусламжийн~ *ambulance;* галт тэрэг *train;* хүүхдийн ~ *pram, baby carriage, buggy;* ~ түлээ *a cart of firewood;* ~ний гол *axle;* ~ний морь *a cart-horse;*

тэрэглэ|х *to put sth on a cart, load a cart; to ride in a cart or car;*

тэрэгчин *cart driver; cabman; drayman;*

тэрээхэн *see* **тэрхэн;**

тэс I *quite, absolutely;* ~ өөр *quite different;* ~ буруу *absolutely wrong; quite false;* ~ хүйтэн *extremely cold;*

тэс II *intensifying particle :* ~ цохих *to knock out, hit hard, break into pieces;*

тэсвэр *patience; endurance, perseverance; staying power;* ~ээ алдах *to lose patience;* ~ муутай *not hardy; impatient;* ~ сайтай *patient, enduring; hardy;*

тэсвэргүй *impatient, not hardy;*

тэсвэрлэ|х *to endure, bear, stand, tolerate, put up with; to be patient;* шүд өвдөхийг ~ *to endure toothache;* халууныг ~ *to tolerate heat;* түүний архи уухыг тэр яаж тэсвэрлэж байдгийм би мэдэхгүй юм *I don't know how she puts up with his drinking;*

тэсвэрлэшгүй *unbearable (y), unendurable, insufferable;* ~ халуун *unbearably hot;*

тэсвэртэй *patient; hardy, possessing great powers of endurance;*

тэсгий|х *to become potbellied or fat; to swell, puff up;*

тэсгэгэр *potbellied, fat; swollen, puffed-up;*

тэсгэл *self-control, self-possession; composure;*

тэсгэлгүй *intolerable, unbearable; impatient(ly);* ~ өвдөх *to feel unbearable pain;* ~ баярлах *to be extremely glad;* ~ хүлээх *to wait impatietnly;*

тэсгэ|х *to expropriate;*

тэслэгч *detonator;*

тэслэ|х *to explode, set off, blow up;*

тэсрэг *contrary, contradictory;* ~ тэсрэг *antagonistic;*

тэсрэлт *explosion, detonation;*

тэсрэмтгий *explosive;* ~ хий *detonating*

gas;

тэсрэ|х to blow up, burst, explode;

тэсэлгээ blasting;

тэсэлгээчин blaster;

тэсэргүүлэ|х to revolt, betray;

тэсэ|х to bear, endure, stand; to resist, hold out; ~ аргагүй impossible to endure; тэсэхүйеэ бэрх unbearable, unendurable; би тэсэлгүй түүнд нууцыг ярьчихав I couldn't resist telling him the secret;

тэсэшгүй unbearable;

тэтгүүлэ|х caus. of тэтгэх; to be supported, live off sb; to be pensioned;

тэтгэвэр pension; өндөр насны ~ an old-age pension; цэргийн албан хаагчийн ~ an army pension; тэтгэврээр амьдрах to live on a pension; тэтгэврийн газар an old people's home;

тэтгэвэрлэ|х to provide with help or assistance; to pay a pension to;

тэтгэлт assistance, help, aid; pension;

тэтгэлэг help, assistance; pension; grant, scholarship; оюутны ~ student grants;

тэтгэмж subsidy, support, aid; pension; tutelage;

тэтгэмжлэ|х to support, help; to be guardian (to), have the wardship (of); to take care (of);

тэтгэ|х to support, assist, aid, help; to protect, sponsor, patronize; to be guardian (to); to sustain life; to uphold in life; туслах ~ to support, help; ивээн ~ to sponsor;

тэх I wild goat, mountain goat;

тэ|х see тэгэх;

тэхий exactly half;

тэхлээр(тэгэхлээр) so, and so, so then; therefore;

тэхрэ|х to turn back; to return;

тэхүүн impudent, insolent;

тэхэл return, coming back;

тэши|х I to slip; to skate;

тэши|х II (of a camel) to run;

тэшүүлэ|х to ride a running camel;

тэшүүр skating-rink; skates; ~ээр гулгах to skate;

тэшүүрчин skater;

тэчьяада|х to feel passionate, feel lustful;

тээвэр transport; conveyance, transportation; нийтийн ~ public transport; төмөр замын ~ rail transport; тээврийн хэрэгслүүд means of transport; ачаа ~ conveyance, transporta-

tion;

тээвэрлэлт transportation;

тээвэрлэ|х to transport, convey; энэ галт тэрэг хүмүүс ба эд барааг хоёуланг тээвэрлэдэг this train conveys both passengers and goods;

тээвэрчин transport worker;

тээг any device to prevent things sliding; catch, fastener; snag, obstacle;

тээглүүлэ|х caus. of тээглэх; to make stuck;

тээглэ|х to fasten with a catch or fastener; to snag on; to be stuck, caught, or stopped; to be held up, bog down; хөлд чулуу ~ to catch one's foot on a stone; далайн ёроолд тор чулуунд тээглэчихэв the net snagged on a rock on the seabed; хэлэх гэсэн үг түүний цээжин дээр тээглэв the words stuck in his throat;

тээгч carrier;

тээгэлдэ|х to stick; to catch (on); тээгэлдэн унах to stumble and fall;

тээдэ|х to stammer, stutter;

тээл a pivot; хайчны ~ a pivot for scissors;

тээнэглэ|х to hesitate, pause in doubt;

тээнэгэлзэ|х to hesitate, pause in doubt; тэр эмэгтэй ~ юмгүй хариулав she replied without hesitating;

тээр a burden; тахир дутуу эцэг нь тэрэнд ~ болж байна his invalid father is becoming a burden (to him); ~ болох to be a burden to someone;

тээртэй burdensome, onerous;

тээршаа|х to consider sth to be a burden or bother;

тээрэм mill; усан ~ a water-mill; салхин ~ windmill; тээрмийн чулуу millstone;

тээрэмдэ|х to mill;

тээрэмчин miller;

тээр|эх I to satiate, overeat;

тээр|эх II (of livestock) to bunch together during extremely hot weather;

тээ|х to carry; to be a carrier of a disease, virus, etc; to be pregnant with; ачаа ~ to carry freight; шумуулнууд хумхаа тээдэг mosquitoes carry malaria;

тээхэлзэ|х to strut;

тээш luggage, baggage, load; гар ~ hand-luggage; онгоцоор явуулах ачаа ~ cargo; тээшинд ачаагаа өгөх to register one's luggage;

243

T

Уу

уваа : ~ цуваа *coming at intervals, one or two at a time;*

увайгүй *unscrupulous, not honest or fair;*

увайла|х *to apprehend, sense, feel;*

уван : ~ цуван ирэх *to come one after the other;*

увдис *magic charm; magic, sorcery; mysterious words;* Шекспирийн яруу найргийн ~ *the magic of Shakespeare's poetry;*

увдисла|х *to charm; to bewitch, entrance, enchant;*

увш *layman;*

үг *root; origin, source; original(ly), initial(ly), (at) first; given, present, in question;* үсний ~ *root of hair;* ~ нутаг *homeland, native place;* ~ учир *original cause;* ~аас үгүй *never;* ~ чанар *essence;* ~ түйл *the absolute - the ultimate principle of Mongolian philosophy;* ~ тохиолдолд *in the present case, in the case in question;* ~ нь *in general;* ~аас *originally, initially, from the beginning;* ~таа *in the beginning; in essence;* ~ эх *the original;* энэ зураг бол хуулбар, ~ эх нь Мадридад бий *this painting is a copy, the original is in Madrid;* миний гэрээ бол ~аасаа гурван жилийнх *my contract is in initially for three years;* зүрхний ~аас *from the bottom of one's heart; in all sincerity;* ~ийн бичиг *family register, genealogy;*

угаагда|х *caus. of угаах; to be washed; to wash sb/sth away;*

угаагуур *wash-basin, wash-hand stand, sink; scrubber, scourer;*

угаагч *washer;* сав ~ *dishwasher;*

угаадас *slops, dishwater;*

угаал *an act of washing; cleansing;*

угаалга *washing, wash;* угаалгын нунтаг *washing-powder;* угаалгын машин *washing-machine;* угаалгын газар *launderette (laundrette);*

угаалтуур *washbasin, washbowl, sink;*

угаа|х *to wash, launder;* тэр, халуун усанд гараа угаав *she washed her hands in hot water;* биеэ ~ *to bath(e);* гар нүүрээ ~ *to wash one's face and hands;* би аяга тавгаа угаана *I'll do the washing-up;* угааж болох *washable;* угаалгын машинаар угааж болох *machine washable;* хүүхэд ~ *to bathe the baby;*

to celebrate a child's birth;

угалз I *the male argali; a wild ram;*

угалз II *ornaments or decorations on a garment;*

угалз III *sand storm;*

угалзла|х *to draw or embroider a угалз;*

угж *feeding-bottle;* ~ны хөхөл *teat, nipple;*

угжи|х *to feed a baby or young animal from a bottle;*

угз *adv. particle describing complete or sudden dislocation or separation:* ~ татах *to pull out, tear out;*

угзра|х *to pull suddenly and quickly;*

угзчи|х *to pull many times;*

угла|х *to pull on, put sth in, fit into;* хуруундаа ~ *to put on one's finger;* толгойдоо малгай ~ *to pull a cap on one's head;*

углуур *tenon;*

углуурга *mortise (also mortice);*

углуургада|х *to mortise (also mortice);*

угсаа I *descent, family origins, ancestry; race; breed;* ~ залгамжлагч *successor; Crown prince;* сайн ~ны мал *pedigree cattle;* үндэс ~ *race, nationality;*

угсаа II *loops of reins;*

угсаалаг *pure-breed, thoroughbred, pedigree;*

угсаатай *high-born, well-born, from a noble family;*

угсаатан *race, nation; (obs.) people of noble birth or rank;*

угсаатны зүй *ethnography;*

угсаатны зүйч *ethnographer;*

угсармал *assembled; prefabricated;* ~ байшин *a prefabricated house;*

угсраа *successive, in sequence; standing in a row; coupling; series;* ~гаар *in series; in succession; on end; sth after sth;* тэр, ~гаар буудав *he fired shot after shot;* ~ холболт *a series connection;*

угсрагч *assembler, fitter, mounter;*

угсра|х *to assemble, fit; to do sth in succession;* гурав угсарч дуулах *to sing three times running;*

угта|х *to go to meet someone; to receive or welcome an arriving visitor;* алга ташин ~ *to greet with cheers;* зочид буудлын автобус ирж байгаа бүх онгоцыг угтдаг *the hotel bus meets all incoming flights;* Шинэ жилийг ~ *to see the New Year in;*

угтвар *(gram.) prefix;* ~ үг *preposition;*

угтуул *one who goes forth to meet an arrival;*

угц *sudden(ly), all of a sudden;*

угшмал *traditional, long-standing;*

уд *willow;*

удаа *time, occasion, after;* нэг ~ *once;* хоёр ~ *twice;* олон ~ *many times;* энэ ~ *this time, on this occasion, for (this) once;* ~ дараа *more than once; time and again; time after time;* едэрт нэг ~ *once a day;* хоёрдахь ~гаа *for the second time;* анх ~ *first time;* сүүлчийн ~ *for the last time;*

удаавтар *slowish;*

удаагүй *before long, soon afterwards, not long, not long after;* бид энд ирээд ~ *not long after we came here;*

удаада|х *to be too slow;*

удаан *long, a long time; slow (ly), tardy, tardily; lingering;* тэр ~ өвчтэй байсан *he's been ill for a long time;* хир ~ амрах вэ? *how long are the holidays?* ~ явах (алхах) *to walk at a slow pace;* өвчнөөс ~ эдгэрэх *to make a slow recovery from an illness;* улс төрийн аажим хувьсал бол урт ~ процесс юм *political evolution is a long slow process;* ~ ойлгоцтой хүүхэд *a slow child;* тэр, хаалга ~ тайлж өгөв *she slowly opened the door;* ~ явцтай хөгжил дэвшил *tardy progress;* ~ хариу *tardy response;* ~ хүн *a slowcoach;*

удаасга|х *to slow down, retard; to reduce speed;* алхаагаа ~ *to slacken one's pace;*

удаатай *more than once, time and again;*

удаа|х I *to drag out, protract, delay;* хариу өгөхгүй ~ *to delay one's answer, delay over answering;*

удаа|х II *to start, stir up;* хэрүүл ~ *to start a quarrel;*

удаахь *following, next;*

удааш рал *slowing down, delay, hold-up;*

удааш ра|х *to slacken, become slower, less active; to be dragged out, be prolonged; to drag on;*

удаашруула|х *to slow down, slacken, drag out;* хөрөнгө оруулалт мөхөсдөх нь манай эдийн засгийн өсөлтийг удаашруулна *lack of investment will slow (down) our economic growth;* бид алхаагаа жаахан удаашруулав *we slackened our pace a little;*

удал *delay; taking a long time;*

удалгүй *in a short time; soon;* бид ~ гэртээ очино/харина *we shall soon be home;*

удам *origin, lineage, genealogy, pedigree;* descendant, scion; heredity; хааны удмын гэр бүл *a family of royal lineage;* ~ угсаагүй хүмүүс *people without pedigree;* тэр, Хулан хатны ~ *he is a descendant of Queen Hulan;*

удамбар *fig-tree;*

удамла|х *to pass physical or mental characteristics from parent to child;*

удамтай *pedigree, high-born, well-born;*

удамшил *heredity;* удамшлын өвчин *a hereditary disease;*

удамши|х *to receive physical characteristics from one's parents or grandparents;*

уда|х I *to linger, tarry (over), defer, delay; to stay too long;* та Ромд удах уу? *will you be in Rome long?* би ~гүй *I won't be long;* битгий удаарай *don't be long;* би байшинг зарах санаатай дааич нөхөр маань хөдлөхгүй удаад байна *I want to sell the house, but my husband is dragging his feet;*

уда|х II *to start, stir up;* төвөг ~ *to stir up trouble;*

удвал *chrysanthemum;*

удган *female shaman;* ~ хатир *a trot on three legs;* ~ ээрүүл *top (child's toy);* ~ эрвээхий *moth;*

удирдаач *conductor (of band or orchestra);* ~ийн дохиур *the conductor's baton;*

удирдагч *leader; supervisor, head;* эрдэм шинжилгээний ~ *supervisor of studies;* улс төрийн ~ *political leader;*

удирдалт *management;*

удирдамж *instructions, directions; guidance;*

удирда|х *to lead, guide; to direct, manage, administer; to govern; to be in charge (of); (tech.) control;* банк ~ *to manage a bank;* ~ газар *(governmental) board, bureau, administration, agency;* улс орон ~ *to govern or rule a country;* удирдан жолоодох *to lead, guide;* шинжилгээний анги ~ *to lead an expedition;*

удирдлага *leadership; guidance, supervision; management, direction, administration; (tech.) control;* тэр, Лейборист намын ~д сонгогдов *he was elected to the leadership of the Labour Party;* уг ажил миний удирдлагаар хийгдэв *the work was done under my supervision;* Цэдэнбалын удирдлагын үед *during the Tsedenbal Administration;* орон нутгийн ~ *local government;* төр засгийн ~ *the Government;* алсын ~ *remote control;*

удиртгал *introduction, preface; (music) prelude;*

У

ужиг *chronic; lingering;* ~ өвчин *chronic or lingering illness;* ~ хүн *a slowcoach;*

ужигла|х *to linger, drag on, last a long time;*

ужид I *stubborn, obstinate;*

ужид II *dissolute, having immoral behaviour;*

ужидла|х I *to be stubborn, unyielding;*

ужидла|х II *to debauch, lead a dissolute life;*

уй *mourning; grief, sorrow;* ~ гашуу *mourning, sorrow, grief;* ~ хийх *to be in mourning;*

уйгагүй *tireless, showing a lot of energy;*

уйгур *Uighur;* ~ бичиг *Uighur script;*

уйда|х I *to be bored, be tired (of), be sick (of);*

уйда|х II *(of bolts, metal pins, etc.) to become loose;*

уйдмаар *boring, tedious, dull;*

уйл *whirlpool; swirl;*

уйлаа *weepy, tending to cry easily;* ~ хүүхэд *a cry-baby;*

уйлаан *weep, crying, sobbing;*

уйлагна|х *to sob;* "надад туслаач" гэж тэр уйлагнав *'help me', he sobbed;*

уйлалдаан *weeping of many people;*

уйлалда|х *to weep (of several);*

уйламтгай *weepy, tearful, tending to cry easily;*

уйламхай see **уйламтгай**;

уйланхай I *blister on the intestines of animals;*

уйланхай II see **уйламтгай**;

уйла|х *to weep, cry, be in tears;* баярлан ~ *to cry for joy;* эвдсэнээс болж ~ *to cry with pain;* хүүхдээ алдчихаад гашуудан уйлж буй эх *a mother weeping over the death of her child;* сайн уйлаад ав - дотор чинь онгойно *have a good cry - it'll make you feel better;* тэр, уйлж гарав *he burst into tears;*

уйлуула|х caus. of уйлах; *to make cry, move or reduce sb to tears;*

уймраа *absent-minded, tending to forget things;* нас ахих ~ болох *to become absent-minded with age;*

уймра|х *to be absent-minded, troubled or agitated, feel uneasy;*

уймруула|х caus. of уймрах; *to disturb, agitate;*

уйтан *narrow; tight;*

уйтатга|х *to make tight or narrow;*

уйтгар *boredom, tedium, melancholy, sadness;* ~ сэргээх *to amuse oneself;* ~ хүргэх *to*
bore sb to tears, make very bored; ихэнх сонгодог хөгжим миний ~ыг хүргэдэг *most classical music bores me to tears;*

уйтгарла|х *to feel lonely, become bored;* би ганцаараа байдаг боловч хэзээ ч уйтгарладаггүй *I live alone but I never feel lonely;*

уйтгартай *lonely, bored, melancholy (also melancholic), sad;* ~ ном *a boring book;* ~ ажил *a boring job;* ~ дуунууд *melancholic songs;*

ул *sole (of foot or boot); (tech.) base; basis, foundation;* хөлийн ~ *sole of the foot;* ширэн ~ *leather soles;* эрзээнэн ~тай гутал *rubber-soled boots;* чарганы ~ *(sledge) runner;* ~ мөр *track; trail, footprint, footstep;* ~ мөрөө баллах *to cover up one's tracks;* ~ үндэс *basis; reason;* улы нь олох *to investigate, discover facts, information, bases, etc.;* ~тай хөдлөх *to act after careful consideration;* ~ шагайх *to intrigue with sb, plot;*

улаа *relay horses, relay transportation;*

улаавтар *reddish;*

улаагана *a kind of fruit somewhat like cherry;*

улаагчин *red (of a female animal);*

улаада|х *to be too red;*

улаалзгана *(bot.) red currant;*

улаан *red;* ~ болох *to become red, redden, turn red;* ~ уруул *red lips;* ~ туг *red flag;* ~ дарс *red wine;* ~ чинжүү *red pepper;* ~ бор *red-roan (of horses);* ~ хүрэн *reddish purple;* гүн ~ *deep red;* тод ~ *clear red;* ~ нэлий *bloody, bleeding;* ~ арьстан *Red Indian;* ~ цах *newborn baby;* ~ нүцгэн *(of people) wearing old or torn clothes; naked;* ~ нярай, ~ нялцгай *(of a baby) newborn;* ~ нүүрээрээ учрах *to find oneself face to face with someone;* ~ тулгарах *to unavoidably meet someone;* ~ гараараа уулзах *to do sth with one's own hands;* ~ зээрд болох *to be intoxicated;* ~ худалч *a good liar;* ~ архичин *hard drinker, sot;* Улаан нүдэн гариг *the planet Mars;* ~ хоолой *gullet;* ~ буудай *wheat;* ~ манжин *beetroot;* ~ лууван *carrot;* ~ гүр *hematite;* ~ зандан *sandalwood;* ~ лооль *tomato;* ~ эсэргэнэ *(med.) scarlet fever;* ~ өндөгний баяр *Easter;* ~ мөр *(first line of) new paragraph, indentation;* ~ цайн *without a twinge of conscience;*

улаантан *Reds (political);*

улаач *relay coachman, relay-station atten-*

dant;

улавч *pads used inside boots or shoes;*

улай *carrion;* ~ хийх *to slaughter animals in great numbers;*

улайда|х *to get red hot;*

улайлга|х I *to redden, make red; to make red-hot;*

улайлга|х II *to force to plead guilty;*

улайра|х I *to grow red, turn red;*

улайра|х II *to become completely absorbed in, show great enthusiasm or strong feelings; to go on a rampage;* эрх мэдлийн төлөө ~ *to be greedy for power;*

улайса|х *to become red-hot;* улайссан төмөр *red-hot iron;*

улайсга|х *to make red-hot;*

улай|х I *to redden, be or become red;* эмэгтэйн нүд уйлаад улайсан байв *her eyes were red with weeping;* ичиж нүүр ~ *to go/be red (in the face) with embarrassment;* намайг шинэ найз охиных нь тухай асуумагц түүний царай чавга шиг час улайв *he went red as beetroot when I asked about his new girlfriend;* эмэгтэйн нэрийг дурьдахад түүний нүүр улайв *he reddened at the mention of her name;*

улай|х II *to strive, exert oneself;*

улай|х III *to plead guilty;*

улайшра|х *to bury oneself in sth;* ажилдаа ~ *to bury oneself in one's works;*

улалж *(bot.) sedge;*

улалза|х *to appear red, flush red;*

улам *still more;* ~ сайн *still better;* ~ ~ *more and more;* ~ чанга *even louder;*

уламжлал *tradition; (math.) derivative;* соёлын өв ~ *a cultural legacy;*

уламжлалт *traditional;*

уламжла|х *to inherit or continue a tradition; to hand down, transmit a message;*

улангаса|х *to become furious, get into a fury;*

улангасуула|х *caus. of* улангасах; *to infuriate, rouse to fury;*

улар *snowcock, snow chukar;*

уласхий|х *to flash, light up;*

улбаа I *dew;*

улбаа II *trace; relationship, kinship;*

улбаала|х *to derive from;*

улбагар *soft, tender, flabby, limp; weak;*

улбай|х *to become flabby, weak, or limp;*

улбалза|х *(of sth red) to flash or flicker;*

улбар *reddish;* ~ шар *orange (colour);*

улбас I *very soft, overboiled; weak from sickness;* ~ болох *to become overboiled; to become very weak or powerless;* ~ болтол нүдэх *to grind into dust; to beat up;*

улбас II : ~ ~ хийх *(of light) to flash or flicker;*

улгүй *without soles; groundless, baseless;*

улжгар *flabby, flaccid, limp; sluggish, inert;*

улжий|х *to become flabby, flaccid, or limp; to be sluggish, inert;*

улжи|х *to drag out a miserable existence;*

улиан *howl, howling;*

улиангар *(bot.) poplar;*

улиас *(bot.) aspen;*

улиг *annoyance, importunity; platitude;* ~ болох *to annoy; to importune;*

улигла|х *to importune, bother;*

улигт *troublesome, importunate; banal; boring;* ~ хэрэг *troublesome, tedious business; a tangled affair;* ~ ном *a boring book;*

улираа|х *to postpone, delay, put off;* анги ~ *(in schools) to keep in the same form, not move up;*

улирал *season, a quarter of a year; period; calendar;* дөрвөн ~ *the four seasons;* өвлийн ~ *winter season;* бороотой ~ *the rainy season;* улирлын ажил *seasonal work;* аялал жуулчлалын ~ *the tourist season;* шинэ ~ *Gregorian Calendar;* билгийн ~ *Lunar Calendar;* аргын ~ *Solar Calendar;*

улира|х *to change; (of time) to pass, go by, elapse;* цаг хугацаа ~ тутам ой ухаан минь улам муудаж байх шиг санагддаг *as time goes by my memory seems to get worse;* анги ~ *(in schools) to remain in the same form a second year;* улиран сонгогдох *to be re-elected;* улиран хувьсах *(biol.) to evolve;*

ули|х *to howl;*

уллага *putting a new sole onto a shoe or boot;*

улла|х *to sole;*

улмаар *still more; gradually; moreover, besides;*

улмаас *in consequence of, owing to;*

улс I *country, state; people, nation; dynasty;* бүгд найрамдах ~ *republic;* Монгол Улс *Mongolia;* Америкийн Нэгдсэн Улс хэдэн мужтай вэ? *how many States are there in the United States of America?* европын ~ууд *Eu-*

247

ropean countries; аж үйлдвэрээр тэргүүлэх ~ууд *leading industrial countries;* ~ даяараа амарч байна *the whole country is on holiday;* ~ын сургуулиуд *state schools;* ~ын нууц *state secrets;* олон ~ын *international;* ~ын болгох *to nationalize;* ~ үндэстэн *nation;* ~ гэр *the State;* Мин ~ *the Ming dynasty;*

улгай *well-founded, solid, thorough;*

улхгар *tasteless, poor, of low quality; weak;* давсгүй ~ шөл *a tasteless soup;*

улцай|х *to become flabby; (of the eyes) to become red and swollen;*

улцан *running, suffering from epiphora;*

улцгар *flabby, flaccid, slimy; mucous;*

умай *uterus, womb;*

умай|х *(of an opening) to become narrow, tight, or small; to wrinkle, warp;*

умар *the north;*

умард *the north, the North;* Японы ~ хэсэг *the North of Japan;* ~ туйл *the North Pole;*

умартагда|х *to be forgotten;*

умарта|х *(lit.) to forget;*

умартуула|х *to cause to forget;*

умархи *northern;*

умбагар *very soft;*

умба|х *to swim; to live on the fat of the land; to be rolling (in money, etc.);*

умгар *narrow, tight, small (of an opening);*

умдаг *(anat.) pubis; the skin covering the testicles;*

умс *large intestines of a horse;*

унаа *vehicles, means of transport; saddle horses;* унадаг дугуй бол түүний ганц ~ юм *his bicycle is his only means of transport;* ганц ~ны морьтой *having only one riding horse;* ~ тэрэг (машин) *vehicles;* ~нд муу *cannot ride a horse well;*

унаажи|х *to provide oneself with means of transport;*

унаашра|х *(of saddle animals) to become exhausted;*

унага(н) *foal;*

унагаа|х *to drop, let fall, throw; to overthrow, bring down;* коммунизмыг тайван замаар ~ *the peaceful overthrow of communism;* нулимс ~ *to shed tears;* мод ~ *to fell a tree;* уг шуугиант хэрэг засгийн газрыг унагааж мэднэ шүү *the scandal may bring down the government;*

унагала|х *to foal;*

унага|х *to cause to fall or collapse, throw,*

drop; to overthrow, bring down; to bring someone into trouble; to fail (in sth/to do sth); ханш ~ *to bring down prices;* мөнгө ~ *to make money;* дайсны онгоцыг ~ *to bring down an enemy fighter;* өрөнд ~ *to bring someone into debt;* шалгалтанд ~ *to fail someone in examination;*

унадаг I *riding;* ~ дугуй *bicycle;*

унадаг II : ~ өвчин *(med.) epilepsy;* ~ хүн *an epileptic;*

уналга *means of transportation; mount;*

уналт *fall, collapse; depression; overthrow;* ёс суртахууны ~ *degradation;* үнийн ~ *slump in prices;* эдийн засаг ~ын байдалд байна *the economy is in a state of (total) collapse;* долларын ~ *the collapse of the dollar;*

унанги *fallen; wind fallen trees;*

уна|х I *to fall (down/off/out/in), drop, fail, collapse, come down;* ном ширээнээс шалан дээр унав *the book fell off the table onto the floor;* тэр, голд унав *he fell into the river;* шүд минь унав *my tooth fell out;* цас унаж байна *it is snowing;* муужирч ~ *to faint;* дээвэр цэмөрч (нурж) унав *the roof fell in;* салж ~ *to fall apart;* тэрний үс нь унаж байгаа *his hair is falling out;* тэр, жолооныхоо шалгалтанд унав *he failed his driving test;* тэр, гудамжинд муужирч унаад эмнэлэг хүрэх замдаа нас барав *he collapsed (in the street) and died on the way to the hospital;*

уна|х II *to sit or ride astride; to mount;* дугуй ~ *to ride a bicycle;* тэмээ ~ *to ride a camel;*

унац *productivity (of crops); profit;*

унгалда|х *to neigh;*

унгар *Hungary; Hungarian;*

унгарил *down, fluff;*

унгас I *wool, hair;*

унгас II *wind, gas;* ~ алдах *to break wind;*

унгата|х *to smoulder;*

унга|х *to break wind;*

унд *tea;* бид голдуу дөрвөн цагт ~ уудаг *we usually have tea at four o'clock;* өглөөний ~ *breakfast;* хоол ~ *meal, food;*

ундаа *soft drinks; drink, beverage;* хөлчүүрүүлэх ~ *alcoholic beverages;*

ундааса|х *to be thirsty;*

ундла|х *to drink, have tea;*

ундрага *gushing out; output of water (from a well); fount;*

ундрал *gush; inexhaustible source;*

ундра|х *to gush out, well up; to be in full*

swing; ус ~ (of water) to gush out; ажил ундрав work was in full swing;

ундуй : ~ сундуй in a great disorder;

унжгана|х to dangle, swing;

унжгар hanging, dangling, swinging; drooping; flabby, weak, feeble; lanky; ~ царай sickly appearance; ~ хүү a lanky teenager; ~ уд weeping willow;

унжийлга|х to cause to hang down, droop;

унжий|х to droop, languish;

унжи|х to hang down, dangle, sag;

унжлага hanging piece; ~ зүүлт a pendant;

унжра|х 1. to drag on or out, last a long time; 2. to become numb with pain;

унжуу loose-hanging, drooping; long-lasting;

унзад cantor; ~ хоолой a deep voice;

униар thin mist, vapour; утаа ~ smog;

униарта|х to become covered with thin mist;

униартай hazy, misty;

унтаа sleeping;

унтамхай sleepy;

унта|х to sleep; муу ~ to sleep badly; нам ~ to sleep like a log; гадаа ~ to sleep out;

унтлага sleep, sleeping; унтлагын хувцас nightclothes; унтлагын вагон sleeping-car;

унтраагуул extinguisher;

унтраалга switch; гэрлийн ~ a light switch;

унтраа|х to switch off, turn off; to extinguish, put out; унтахаасаа өмнө зурагт радиог унтраагаарай please turn the television off before you go to bed; гэрэл ~ to turn off the light; гал түймэр ~ to put out the fire;

унтра|х to be extinguished, go out; (of an engine) to stall; гал унтрав the fire has gone out;

унтуу the state being angry or annoyed; уур ~ anger, rage;

унтуула|х to put to bed; to put to sleep;

унтуура|х to miss (in shooting);

унтуца|х to be angry or annoyed;

унуула|х to let or cause riding; to put astride sth;

унууль sth laid across two objects; ~ гүүр drawbridge;

уншигда|х to be read; to be legible; (of a book) to read (easily, quickly, etc.);

уншигч reader; уран ~ elocutionist, reciter;

унши|х to read; to recite; уншиж өгөх to read to someone; уншиж сургах to learn (how) to read; сэтгүүл ~ to read a magazine; шүлэг ~

to recite poetry; лекц ~ to lecture, give lectures; чанга ~ to read loud; бусдад чангаар уншиж өгөх to read out; захиа уншиж өгөх to read out a letter; хурлын хэлэлцэх асуудлыг уншиж танилцуулах to read out the agenda; уншиж судлах to read up; to read up on sb/sth; дуустал ~ to read over/through; над татварын хуулийг уншиж мэдэх хэрэг байна I need to read up (on) the tax laws; хүн уншдаггүй зохиол a little-read novel; ном их уншдаг эмэгтэй a well-read woman; компьютерийн санах байгууламжаас ~ to read from the disk into the computer's memory; ~ юм reading matter (=books, newspapers, etc.); ~ бичиг textbook, reader (book);

уншлага reading; уншлагын танхим reading-room;

уншуула|х to have someone read sth;

унь poles of a гэр which make up the roof;

ур(ан) I skill, craftsmanship, art, craft, skilful(ly), dexterous (ly); crafty; ~ чадвар craft, skill; гартаа ~тай хүн a craftsman; ~ сайтай мөнгөн хундага a beautiful hand-crafted silver goblet; уран зохиол literature, belles-lettres; уран зохиолч writer, author; уран зураг painting; уран баримал sculpture; уран баримилч sculptor; уран барилга architecture; уран бүтээл a literary or artistic creation; Толстойн уран бүтээлийн замнал Tolstoy's career as a writer; уран арга/мэх deceitful methods, craft; уран хатгамал embroidery, needle-work; уран хатгамалч needle-woman; уран сайхан art, artistry; уран сайхны кино a feature film; уран сайхны редактор art/feature editor; уран дархан master craftsman; уран үг a cunning word; an eloquent word; eloquence; уран илтгэгч orator; уран илтгэх чадвар oratorical skills;

ур II outgrowth, excrescence; burr, tumour;

ураг 1. relation, relative by marriage; тэр, миний ~ төрөл he is related to me by marriage; 2. (biol.) foetus (also fetus); 3. testicle;

урагда|х to tear, become torn; энэ даавуу амархан урагддаг this material tears easily;

урагла|х to become related through marriage;

урагса|х to be friendly to one's own relatives; to act like a relative;

урагш forward(s), onward(s); to the south,

towards the south; тэр, ~ хоёр алхав *she took two steps forward;* ~тай чухал алхам *an important step forward;*

урагшаа *the south; southwards; forwards;* тэр, ажил олж хийхээр ~аа явав *he went to the south to look for a job;* хэд хоногоор ~аа явах *to go down south for a few days;*

урагшгүй *not advancing, unsuccessful; good-for-nothing;* танай тэр ~ хүү хаана байна? *where's that good-for-nothing son of yours?*

урагшгүйдэ|х *to turn out unsuccessful;*

урагшда|х *to be too forward;*

урагшид *in the future;*

урагших *that which is ahead or in the future;*

урагшла|х *to go or move down south; to move forward, advance;*

урагшлуула|х *to move or put forward, advance;*

урагштай *successful; advancing;*

урай *interjection hurrah!, hurray!*

уралдаан *competition, contest; event; race; racing;* ~нд түрүүлэх *to come first in a race/contest;* морины ~ *a horse-race;* Гран при машины ~ *Grand Prix motor racing;*

уралда|х *to compete (with, against), contend (with); to engage in competition; to race;* наадамд дөрвөн удаа уралдсан морь *a horse that has competed in the Naadam four times;*

урам I *inspiration, enthusiasm, encouragement; stimulus; pleasure;* ~ орох *to become enthusiastic;* ~ хайрлах *to fill sb with enthusiasm, hearten; to stimulate, rouse;* ~ хугарах *to be disappointed (in someone, with sth); to lose pleasure in doing sth;*

урам II *deercall; bugle;*

урамгүй *disappointed, without inspiration;*

урамда|х *(of a stag) to bellow;*

урамтай *enjoying doing sth; with interest or pleasure;*

урамшил *incentive, encouragement;* шагнал ~ *reward;*

урамши|х *to become encouraged or stimulated; to take pleasure or interest in;*

урамшуула|х *to encourage or stimulate sb; to reward;*

уран I *skilful(ly), dexterous(ly); crafty;* ~ сайхны авьяас/мэдрэмж *artistic flair;*

уран II *(chem.) uranium;*

уранхай *torn, threadbare; torn piece, tatter; rags;* ~ хувцастай *(of a person) tattered;*

ура|х *to tear, rip; to scratch, claw; (of a dog or wolf) to bite someone;* тэр, цамцаа хадаасанд урав *he tore his shirt on a nail;* хумсаараа ~ *to scratch with the nails;*

урваач *(of a person) fickle;*

урвагана|х *to complain, lament;*

урвагар *(of a person) depressed, dejected, despondent; downcast; (of looks, etc.) melancholy, doleful, cheerless;* ~ царай *a long face;*

урвагч *betrayer, traitor;*

урвай|х *to make a long face;*

урвал *(chem.) reaction;*

урвалт *betrayal, treachery;*

урвамхai *shifty, fickle, treacherous;*

урва|х **1.** *to betray;* эх орноосоо ~ *to betray one's country;* **2.** *to be turned inside out;* хошного ~ *(med.) haemorrhoids;*

урвуу *reverse;*

ургаа *growing; rooted;*

ургалт *growing, growth;*

ургамал *plant, vegetation;* ургамлын аймаг *flora;* өвс ~, мод ~ *vegetation, verdure;* ~ судлал *botany;* ~ судлаач *plant expert;*

ургамалгүй *without plants;*

ургамалзүй *botany;*

ургамалзүйч *botanist;*

урга|х *to grow, sprout, spring up; (of the sun, moon, etc.) to rise;* Испанид жүрж ургадаг *oranges grow in Spain;* нар ~ *(of the sun) to rise;*

ургац *harvest, crop, yield;* ~ хураах *to gather in the harvest;*

ургацгүй *having no crop or yield; (of plants) barren;* ~ жил *lean year, bad harvest year;*

ургуула|х *to grow, raise;* сахал ~ *to grow a beard;* могойнууд шинэ арьс ургуулж чаддаг *snakes can grow a new skin;*

урд *south; in the south; front;* морины ~ хөл *the horse's front legs;* автобус яг манай байшингийн ~ зогсдог *the bus stops right in front of our house;* ~ хөл *forefoot;*

урдахь *southern; in front of;* АНУ-ын ~ мужууд *the Southern states of the USA;* миний ~ машин гэнэт зогсож би тоормослов *the car in front of me stopped suddenly and I had to brake;*

урдуур *in front, along the front; along the south;*

уржидар *the day before yesterday;*

уржигдар *see* **уржидар;**

у

урж|**ийн** : ~ цаад өдөр *the day before the day before yesterday;*

уржнан *the year before last;*

уриа *call, appeal, slogan;* ~ салхи *a gentle breeze before the rain;*

уриалаг *responsive, congenial;*

уриалагхан *quite responsive;*

уриала|**х** *to call, appeal to;*

уриалга *appeal (to), address (to);*

уриалган *see* **уриалаг**;

урианхай *the Urianghai people of west Mongolia; Tuvan;*

уригда|**х** *to be invited;*

урилга *invitation;*

урин : ~ дулаан *warm weather; mild;*

ури|**х** *to invite, ask;* үдийн зоогонд ~ *to invite, ask to dinner;* бүжигт ~ *to ask to a dance;* гэртээ ~ *to invite sb round/in/up;*

урлаг *art; artistic;* ~ийн бүтээлүүд *works of art;* дүрслэх ~ *fine arts;* бүжгийн ~ *the art of dance;* ~ сонирхогч *an art lover;* ~ судлалч *an art critic;* ~ судлал *art criticism;* соёл ~ *culture and art;* ~ийн авьяас *artistic abilities;*

урлал *arts and crafts;* гар ~ *handcraft;*

урла|**х** *to do skilful or artful work;*

урса|**х** *to flow, run, stream; to drift, be carried along by a current of water; to melt;* цус бүх биеэр урсдаг *blood flows to all parts of the body;* түүний хацрыг даган нулимс урсав *the tears ran down her cheeks;* угаалгын өрөөний шалаар нэг ус урссан байв *water was running all over the bathroom floor;* мөс наранд хайлж урсав *the ice melted in the sun;*

урсгал *flow, current, stream;* ~ сөрөх *to go against the stream;*

урсга|**х** *to cause to flow; to shed;* нулимс ~ *to shed tears;* цус ~ *to shed blood;* хөлсөө ~ *to work hard, sweat (over sth);*

урт *long; lengthy; length;* чиний үс минийхээс ~ *your hair is longer than mine;* ~ хувцас *a long dress;* ~ хөлтэй *long-legged;* ~ ханцуйтай *long-sleeved;* ~ын харайлт *the long jump;* ~ын хэмжээ *length; long measures;* ~ нь зургаан метр *six metres long;* ~ хугацаа *a long time;* цэцэрлэгийн ~ сандал *a park bench;* ~ долгион *a long wave;* ~ хэлт *long-tongued;* ~ чихт *long-eared;* ~ болгох *to lengthen, make longer;* ~ удаан амьдрал *long life;*

уртааш *lengthways (also lengthwise);*

уртавтар *somewhat long;*

уртай I *dexterous (also dextrous);*

уртай II *with an excrescence or outgrowth;*

уртасга|**х** *to lengthen, make longer;*

уртаттал *lengthening;*

уртатта|**х** *see* **уртасгах**;

уртда|**х** *to be too long;*

уртлаг *oblong;* ~ тархи *(med.) medulla oblongata;*

уртраг *longitude; meridian;*

уртса|**х** *to become longer;*

уртхан *somewhat long;*

уртшиг *longish; very long;*

уруу 1. *downward(s), down; downhill;* шат ~ буух *to go downstairs;* 2. *downhearted;* ~ царайлах *to be downhearted;* 3. *other meanings;* ~ татах *to corrupt someone;* ~ суух *to have a bad attack of diarrhoea;*

урууда|**х** *to go downward, downwind; to go downhill, go on the downward path, deteriorate;* салхи ~ *to go downwind;* гол ~ *to drift/ float down stream;* шатаар ~ *to go downstairs;*

уруул *lip;* дээд ~ *the upper lip;* доод ~ *the lower lip;* ~ дээр нь үнсэх *to kiss sb on the lips;* ~аа хазах *to bite one's lip;* ~аа унжуулах *to pout one's lips;* нимгэн ~тай *thin-lipped;*

урхаг I *reason, cause;*

урхаг II *inclined to be lazy;*

урхи *snare;* чонын хөл ~нд орсон байв *the wolf's foot was caught in a snare;*

урхида|**х** *to snare;* баян нөхөр ~ *to snare a rich husband;*

урхира|**х** *to roar, growl;*

урц *hut, wigwam;*

урчууд *craftsmen, artisans;*

уршиг *trouble; fault;* ~ удах *to stir up trouble;*

урь 1. *gentle breeze;* 2. *warm weather;* ~ орох *(of the weather) to thaw;* урин цаг *thaw;* 3. *kind, gentle;* урин зөөлөн сэтгэлтэй *good-hearted;*

урьд *before; formerly, in former times; previous, former;* ~ цагт *in the old days, in former times;* тэр ~ нь үйлдвэрт ажиллаж байв харин одоо багш хийж байна *formerly he worked in a factory, but now he's a teacher;* ~ өдөр *the day before; on the eve;* ~ үзэгдээгүй *first-ever, not seen before;* ~аар *in advance, beforehand;* юуны ~ *first of all, before all; first and foremost;*

урьдал *priority; more than anything else, first and foremost;* ~ болгох *to consider or treat sth as most important;*

урьдах *before; preceding, previous;*

урьдчила|х *to do in advance;* урьдчилан сануулах *to warn in advance;* урьдчилан захиалах *to make an advance booking;* цаг агаарын урьдчилсан мэдээгээр бол маргааш нартай байна *according to the (weather) forecast it will be sunny tomorrow;* урьдчилан сэргийлэх эмчилгээ *prophylactic treatment;*

урьдчилгаа *advance (of money);*

урьта|х *to do sth ahead of someone, beat someone to it;* Скотт хамгийн түрүүн Өмнөд туйлд хүрэхийг санаархаж байсан авч Амундсен түүнээс урьтжээ *Scott wanted to reach the South Pole first, but Amundsen beat him to it;*

урьхан *(of weather, a wind) gentle, mild;* ~ салхи *a gentle breeze;*

урьши|х *(of weather) to become warm; to dry in the open air;*

ус *water(s);* цэвэр ~ *fresh water;* уух ~, ундны ~ *drinking water;* далайн ~ *sea water;* крантны ~ *running water;* өлөн ~ *urine, water;* өвдөгний шар ~ *water on the knee;* мөнгөн ~ *(chem.) mercury, quicksilver;* ~төрөгч *(chem.) hydrogen;* ~ авах *to get water; to flood;* ~ асгах *to pour out water;* ~ бялхах *(of water) to overflow;* ~ гарах *to produce or discharge water; to cross a body of water;* ~ гатлах *to cross the water;* ~ туулах *to wade across/through water or stream;* ~ гэсэх *(of ice) to melt;* ~ нэвтрэх *(of water) to permeate, pass through;* ~ оргилох *(of water) to gush forth, boil up;* ~ татах *to supply water to (dry land);* ~ татрах *(of water) to recede;* ~ үерлэх *to flood, inundate;* ~ хадаалах *(of water) to freeze up;* ~ холих *to add water to sth;* ~ хөлдөх *(of water) to freeze;* ~ хольсон *watered-down;* ~ шүүрэх *(of water) to seep out, pass or flow slowly; (of a wound) to weep;* ~ зайртах *to freeze over;* ~ уух *to drink water;* ~анд хөвөх *to float, stay on the surface of water;* ~анд муу *unable to swim;* ~анд живэх *to sink, go down to the bottom of water;* ~анд сайн *able to swim;* ~анд орох *to take bath;* ~анд сэлэх *to swim;* усан будаг *watercolours;* усан буу *water-pistol;* усан болор *rock crystal;* усан доорхи *under water;* усанд шумбагч онгоц *submarine;* усан онгоц *ship;* усан хаван *(med.) dropsy;* усан зам *waterway;* усан нүдлэх *to weep, cry;* усан үзэм *grapes;* усан сан *reservoir; pool, swimming*

pool; усан тэнэг *complete fool;* усан оргилуур *water fountain;* усан хангамж *water supply;* ~ нэвтрэхгүй *waterproof, water resistant;* усан цэрэг *sailor;* усан эм *liquid medicine;* ~ны боргио *rapids;* ~ны ирэлж *ripples;* ~ны гарам *ford;* ~ны үер *floods, inundation by floods;* ~ны эх *source of the river;* ~ны хариг *a shallow place in a river, swift course, shoal;* ~ны хүрхрээ *waterfall;* ~ны аюул *damage or danger caused by water or floods;* ~ны уур *steam;* ~ны цорго *tap;* ~ны эргүүлэг *whirlpool;* ~ны сав *water-bottle; a container for water;* ~ны сав газар *a basin of a river;* ~ны цалгиа *lapping of waves;* ~ны дусал *drops of water;* ~ны замаг *seaweed;* ~ны урсгал *stream or current of water;* ~ны шувуу *water-bird; waterfowl;* ~ны түвшин *water-level;* ~ны цана *water-ski;* ~ны үхэр *hippopotamus;* усан гахай *guinea pig;* усан хулгана *water-rat;*

усархаг *watery;*

усгүй *waterless;* ~ цөл *waterless desert;*

усда|х *to become watery;*

усжуулагч *irrigation specialist;*

усжуулалт *irrigation;*

усжуула|х *to irrigate;*

усзуй *hydrography;*

услаг *watery;*

услалт *watering;*

усла|х *to water;* адуу ~ *to water the horses;* сарнай цэцгүүдийг ~ *to water the roses;*

услуур *watering can;*

уст *having water, watery;*

устай *having water; watered-down;*

уста|х I *to become annihilated; to be exterminated; to be liquidated;*

уста|х II *to become watery; to conceive (a child);*

устгагда|х *to be annihilated, be liquidated;*

устгагч *destroyer; liquidator;*

устгал *destruction, destroy, elimination;*

устга|х *to exterminate, obliterate, extirpate; to wipe out; to abolish;* бичиг үсэг үл мэдэх явдлыг ~ *to extirpate illiteracy;* динозаврыг юу устгав? *what exterminated the dinosaur?* хумхаа (өвчин) ~ аян *the campaign to wipe out malaria;*

устөрөгч *(chem.) hydrogen;*

усчин *ferryman; water carrier;*

утаа(н) *smoke;* ~ гарах *to smoke, emit smoke;* ~ тавих *to make smoke, fumigate;* ~ хэшиг *smokescreen;* ~ баагих *(of smoke)*

у

252

to puff out;

утаагүй smokeless; ~ түлш smokeless fuel;
утаат smoky; ~ од comet; ~ шил smoked glass;

утаатай smoky; үйлдвэрийн хотын ~ агаар the smoky atmosphere of an industrial town;

утагда|х to be fumigated, be smoked;

утас(утсан) thread; line; wire, electrical cable; telephone; telegram; ~ нийтгэх to twist threads; ~ ээрэх to spin threads; зүү ~ a needle and thread; цахилгаан ~ wire; telegram; утсаар ярих to speak by telephone; ~ сэм чагнах phone-tapping; чийдэнгийн ~ electric line; ~ татах to draw or stretch a line; зэс ~ a copper wire; авсаархан ~ a portable phone;

утасгүй not having a phone; without a phone; not having threads or sewing;

утасда|х to phone, ring up; олон зуун сонсогч гомдол мэдүүлж утасдав hundreds of listeners phoned in to complain; Нью-Йорк руу ~аа мартавуузай don't forget to phone New York;

ута|х to smoke, fumigate; to smoke out; (med.) steam inhalation for colds; гахайн утсан мах smoked ham; хэдгэнүүдийг үүрнээс нь утаж гаргах to smoke out wasps from a nest;

утга content, meaning; significance, concept, sense; ~ агуулга content; concept; ~ санаа content; significance; далд ~ санаа undermeaning, underneath meaning; ~ учир meaning; sense; ижил ~тай үг synonym; хэдэн ~тай үг a word with several meanings; гүн ~ бүхий шүлэг a poem with a deeper meaning; амьдрал минь бүх ~ учраа алдах шиг санагдаг my life seems to have lost all meaning; гэрээний энэ хэсгийн ~ санааг надад тайлбарлаж өгнө үү? could you explain to me the significance of this part of the contract? ~ зохиол literature; далд ~ hidden meaning; ёгт ~ allegory; ~ уянга lyric;

утгагүй meaningless, senseless; ~ мэдэгдэл a meaningless statement;

утга|х to draw (water), scoop;

утгачла|х to interpret the content or meaning; to paraphrase;

утгуур scoop, ladle;

утлага (med.) inhaling; censing; fragrant herbs burnt for censing;

утопи Utopia;

уу 1. interrogative particle used at the end of a sentence containing no interrogative pronoun, adjective, or adverb, but not translated; сайн байна уу? how are you? тэр явсан уу? did he go? 2. after a verb in future tense it also expresses a polite request; please; энэ зургуудыг үзэж болох уу? may I look at these photos? эмч дуудна уу? would you call a doctor? тасалбараа авна уу take the receipt, please;

ууган eldest; ~ хүү first born son;

ууги|х (of smoke) to wreathe;

уудам spacious, vast, extensive, wide; ~ тал vast steppe; ~ сэтгэл magnanimity, generosity;

уудла|х I to pour liquid from one container into another;

уудла|х II to take out sth from a chest, a box, a trunk; to find out; to discover or expose (a dishonest act); to get a lot of money; өврөө ~ to empty out one's breast pocket;

ууж a long sleeveless garment for ladies;

уужим wide, spacious; calm, slow, unhurried; ~ тасалгаа a spacious room; ~ амьсгаалах to breathe freely;

уужимда|х to be too wide or spacious; (of clothing) to be too loose;

уужимхан quite wide or spacious; freely;

уужра|х to calm down, be relieved;

уужуу spacious, roomy; loose; unhurriedly; calm; ~ аажуу slowly, leisurely; дотор ~ болох to calm down;

уужуухан rather wide, spacious; freely; quietly, calmly; easily, with ease;

уул I mountain; ~ нуруу mountain range/chain; ~ усны нэр geographical names; ~ уурхай mining; ~ын ар the northern side of a mountain; ~ын өвөр sunny side of a mountain; ~ын орой/оргил mountain peak; ~ын жим mountain path; ~ын бэл mountainside; ~анд авирах mountaineering;

уул II tinder used with flint and steel;

уул III native, own, original; from or in the beginning; ~ нутаг native place;

уулархаг mountainous; ~ газар a mountainous terrain;

уулга exclamation; ~ алдах to exclaim;

уулгала|х to exclaim;

уулгамч a person who acts with too much hurry or without care or thought;

уулга|х to give to drink, cause to drink;

уулзалт meeting, encounter, get-together;

253

уулзар *joint, junction; crossing;*

уулза|х *to meet, get together, see one another; to join;* надтай уулзах гээ юу? *did you wish to see me?* гурван цагт ~ *to meet someone at 3 o'clock;*

уулзвар *see* **уулзар;**

ууль *eagle owl (Bubo bubo);*

уульхай *fearful, timorous;*

уулчин *mountaineer;*

уур I *steam;* ~ын тэрэг *steam engine;* ~ амьсгал *atmosphere; climate;* цаг ~ *weather;* ~ын индүү *steam iron;* ~анд болгох (жигнэх) *to steam, cook using steam;* ~ гарах *to send out steam;* ~ын халаалт *steam heating;* ~анд орох/суух *to have a sauna/to sit in the sauna;* ~ын халуун ус *sauna;* ~ болох *to evaporate, change into steam;*

уур II *anger;* тэр, ~аа арайхийн барьж чадав *she could hardly contain her anger;* ~ хүрэх *to be angered;* ~ хүргэх *to anger, make angry;* ~ гарах *(of anger) to abate;* ~ хилэн *fury, rage;* дарагдсан ~ *suppressed anger;* ~аа барих *to control one's anger;*

уур III *mortar;* ~ нүдүүр *mortar and pestle;*

уураг *(biol., chem.) albumen, protein; white of egg; colostrum, the milk secreted for few days after childbirth, beestings;* үнээний ~ *beestings of a cow;* өндөгний ~ *the white of an egg;* эхийн ~ *colostrum;* ~ тархи *brain;*

уурга *a long rod/pole with a noose for catching horses;*

уургала|х *to catch a horse with a уурга;*

уургачин *a person who is skilled at catching horses with a уурга;*

уурла|х *to be angry (with, at, about), be cross (with, about);* намайг удаан хүлээлгэсэн түүнд би уурлав *I was angry with him for keeping me waiting;*

уурлуула|х *to anger, make angry;*

уурса|х I *to become angry, be filled with anger;*

уурса|х II *to evaporate, change into steam;* наранд ус дороо уурсав *the water soon evaporated in the sunshine;*

ууртай *angry, furious(ly); angrily;* намайг хүлээлгэсэнд би их ~ байв *I was furious at being kept waiting;* ~ харц *an angry look;*

уурхай *mine, pit; a mine of information (about/on sb/sth);* мөнгөний ~ *a silver mine;* нүүрсний ~ *a coalmine, pit;* ~н ажилчин *miner;* ил ~ *open pit, strip mining;*

уурхайчин *miner;*

уурши|х *to steam, change into steam;*

ууса|х *to dissolve;* давс усанд уусдаг *salt dissolves in water;* ~ чанар *(chem.) solubility;*

уусахгүй *insoluble;*

уусгамал *(chem.) solution;* давсны ~ *a solution of salt in water;*

уусга|х *to make a solid become liquid, dissolve;* ус, давс уусгадаг *water dissolves salt;*

уусдаг *(of food preparations) instant; soluble;* ~ аспирин *soluble aspirin;*

уусмал *soluble; solution;*

уут *bag, sack;* дэрний ~ *pillowcase;*

уутанцар *small bag, sack;*

уутла|х *to put in a bag or sack; to take sth for oneself dishonestly, pocket;*

уу|х *to drink; to absorb;* та өдөрт хэдэн аяга цай уудаг вэ? *how many cups of tea do you drink in a day;* тэр ер архи уудаггүй *he never drinks;*

уухай *interjection hurrah!, that's good!, that's right!, bravo!;*

уухила|х *to pant, puff and pant;*

ууц *posterior part of an animal's back; small of the back; loin; a large piece of cooked mutton including the sirloin - a delicious Mongolian dish served whole at feasts;* ~ны яс *(anat.) sacrum;*

ууч *magnanimous, generous;*

уучлаарай *excuse me! I beg your pardon!*

уучлаач *able to forgive;* зөөлөн ~ сэтгэл *a gentle forgiving nature;*

уучлагда|х *to be forgiven;*

уучлал *excuse, pardon;* ~ гүйх *to ask for pardon;*

уучламаар *pardonable;*

уучла|х *to forgive, pardon, overlook, excuse;* уучлаад мартах нь дээр *it's best to forgive and forget;* гаргасан алдаар ~ *to pardon a fault;* намайг уучлаарай *I beg your pardon, excuse me;* уучилж болмоор *pardonable, forgivable;*

уучлашгүй *unpardonable, unforgivable;*

ууш *drink, beverage;* идэш ~ *food and drink;* идэш ~ны дэлгүүр *grocery store;*

уушиг *(anat.) lung;* ~ үрэвсэх *pneumonia;* ~ны сүрьеэ *pulmonary tuberculosis;* ~ны өвчнүүд *pulmonary diseases;*

ухаа I *reddish, fawn coloured;*

ухаа II *eminence, hill, elevation;*

у

ухаан mind, intellect; wits; consciousness; wisdom, knowledge; meaning, idea; ~ ихтэй very clever, wise, intelligent; ~ гаргах to think up a way; ~ алдах to lose consciousness; to lose one's head; ~ орох to recover consciousness; to become wiser; ~ жолоогүй madly, crazy about; ~ муудах to become stupid, lose one's mind; to go mad, lose one's reason; ~ заах to give advice; to give the (required) idea; ~ балартах (of consciousness) to grow dull; ~ зарах to reason out; ~ доройтох to become senile; ~ суух to grow wiser; нарийн ~ subtle intellect; хар ~ one's experience; ~ мохоо stupid, obtuse; эрүүл ~ common sense; sound mind; ~ муутай stupid, foolish; мэргэн ~ wisdom; эрдэм ~ knowledge; ~ мэдрэл consciousness; оюун ~ intellect, mind, reason; ~ санаа mind, one's memory; хурц ~ a brilliant mind; ~ бодол mind, one's thoughts; one's memory; ~д баггамгүй mind-blowing; шинжлэх ~ science; нийгмийн ~ social sciences; social studies; гүн ~ philosophy; сурган хүмүүжүүлэх ~ pedagogics; анагаах ~ medical science; химийн ~ chemistry;

ухаагч reddish, fawn coloured (of female animals);

ухаалаг clever, intelligent, sensible, smart; (of an argument, etc.) reasoned;

ухаангүй stupid, foolish, obtuse; unthinking, thoughtless; not sensible; unconscious, senseless; out of one's mind (about), madly, crazy about; ~ дурлах to be madly in love (with); тэр эмэгтэй түүнд ~ хайртай she's crazy about him; уг ослоос хойш тэр олон хоног ~ байв she was unconscious for days after the accident;

ухаантай intelligent, clever, reasonable, sensible;

ухаантан wise man, scholar;

ухаарал reasoning, understanding;

ухаара|х to realize, come to one's senses or understanding; to grow wiser; алдаагаа ~ to realize one's mistake;

ухаарха|х to show off one's cleverness; to boast of one's intelligence;

ухааршгүй unintelligible, incomprehensible; inconceivably;

ухагда|х I to be understood or comprehended;

ухагда|х II to be hollowed or scooped out;

ухагдахгүй incomprehensible;

ухагдахуун concept;

ухал knowledge; understanding;

ухамсар awareness; intelligence, acumen; consciousness; улс төрийн ~ political awareness, political sense;

ухамсаргүй irresponsible, unconscious of social obligations;

ухамсарла|х to realize; to be conscious of;

ухамсартай conscious; intelligent;

ухамтгай intelligent, receptive, perceptive;

ухархай eye socket;

ухас : ~ хийх to dash forward;

ухасхий|х to jump up from one's place; to dash forward; to leap; to scoot; to go for; ухасхийгээд ирэх to go and come back at short time; над руу нохой ухасхийв the dog went for me;

уха|х I to dig, excavate, root up, burrow; to rummage (in), ransack; to hollow out, scoop out, cut out; шүдээ ~ to pick one's teeth; хамраа ухахаа боль! stop picking your nose! газрыг хөлдүү үед нь ~ хэцүү байдаг it is difficult to dig the ground when it is frozen; хонгил ~ to dig a tunnel; дарагдсан хотыг ухаж гаргах to excavate a buried city; нүх ~ to burrow a hole; тэр, нусны алчуур эрж хормойгоо ухав she burrowed into her pocket for a handkerchief;

уха|х II to understand, comprehend, dig;

ухвар the ability to think, understand and form opinions; ~ мөчид stupid, dull; unconscious, not aware of;

ухварла|х to understand, make out; to be conscious of, realize;

ухлаадас sth cut out, cutting; notch;

ухмал dug out, excavated, hollowed out;

ухми carving tool, chisel, cutter;

ухна male goat;

ухраа|х to back, make sth move backwards; to push backwards, withdraw;

ухра|х to retreat, back, move backwards,

255

step back, go backwards;

ухуулагч agitator, propagandist;

ухуула|х I to make understand; to agitate, carry on agitation; to try to persuade;

ухуула|х II to cause or permit scooping or hollowing out;

ухуулга agitation, drive;

ухуур scoop, pick, digging implement;

ухчла|х (of a horse or bull) to paw the ground;

уцаар irritable, short-tempered; short-temper;

уцаарла|х ·to get irritated, get annoyed;

уцаарлуула|х to irritate, make sb short-tempered;

учиг a thread passed through (the eye of) a needle; a left-over end of thread (after sewing);

учир cause, meaning, purport, purpose, reason; occasion; matter; because of, by reason of, on account of; ~ шалтгаан cause, reason; argument; ~ утга meaning; ~ холбогдол causation; logic; учры нь олох to investigate, look into; to understand; to finish making sth; ~ зүггүй very, extremely; ~ начиргүй pointless(ly), with no sense or purpose; би амарч байсан ~ энэ тухай мэдээгүй I didn't know about it because I was on leave;

учиргүй without a cause or reason, pointless; illogical; very, very much; ~ халуун very hot; ~ хурдан very quickly;

учирлал reason, argumentation;

учирла|х to reason with, argue; to state a case/reason for;

учиртай causal, reasonable; logical;

учрал meeting, encounter; occasion; event, happening;

учралт fated to meet; predestined;

учра|х to meet, encounter, come across; to happen; үхэлтэйгээ ~ to meet one's death;

учруула|х to cause to meet, encounter; to occasion; уг шийдвэр бидэнд их түвэг ~ the decision occasioned us much anxiety;

уюула|х to be tied or bound with rope;

уяа cord, rope; string; leash; tether; морины ~ tethering post; нохойн ~ leash, lead; ~ны нохой watch dog; house-dog; нарийхан ~

string;

уяас knot; уяаны үзүүрт ~ гарга make a knot at the end of the rope;

уяатай tied or bound with a cord or string; fastened with a tether; ~ нохой a dog on a leash; ~ морь a tethered horse;

уяачин a person who trains a horse for a race;

уягда|х to be stopped or delayed the advance of an activity;

уялга the act of fastening or tying up with a rope, leather, or cord; ~ төмөр a metal ring for fastening sth; ~ үг preface, foreword;

уялдаа interconnection; co-ordination; бага ба дунд боловсролын хоорондох ~ interconnections between primary and secondary education;

уялда|х to interconnect; to correspond (to), accord (with);

уялдуула|х to make sth interconnected; to co-ordinate;

уялца|х to bind or tie (of several);

уяман (med.) leprosy;

уян flexible, pliant; lithe, lissom; soft-hearted; ~ сэтгэл tender-heartedness, soft-heartedness; ~ хатан чанар flexibility, elasticity;

уянга euphony; lyricism; lyrical, melodious; утга уянгын шүлэг a lyric poem;

уянгалаг melodious, harmonious, sweet and pleasant;

уянгала|х to sound lyrically or melodiously;

уянгатай melodic, melodious, lyrical;

уярал emotion, tenderness;

уяралтай moving, touching, affecting;

уяра|х to be (deeply) moved, touched; (of metal) to become tempered;

уяруула|х to move, touch; to temper metal; уяруулсан ган tempered steel; бид бүхнийг уяруулсан гунигтай түүх a sad story that touched us all deeply;

уята|х to become soft; to begin to melt or thaw;

уя|х to tie, bind, knot, fasten with rope, string; to tether; морь ~ to tether, to train a horse for race; тэр, морио шонгоос уяв she tied her horse to the post; тууз ~ to tie a ribbon; гутлын оосор ~ to tie (up) shoelaces;

уяхан more flexible; soft-hearted;

Үү

үвтэгш harmonious;

үг word, speech; language; дууны ~ the words of a song, lyrics; уран ~ fine speeches; ~ийн гарал судлал etymology; ширүүн ~ swearword; хараалын ~ curses; strong language; муу ~ unpleasant words; bad news; the flowers will wither if you don't put them in water soon; үгсэн навчис withered leaves; сайхан ~ good words; зэвүүн ~ scornful words; сүүлчийн ~ last/final words; үнэн ~ truth; худал ~ lie; зүйр ~ proverb; цэцэн ~ aphorism, proverb; мэргэн ~ wise words; ~ийн сан lexicon; бүдүүлэг ~ vulgar words; нялуун ~ sweet talk; хоосон ~ empty words; хайрын ~ loving words; хуурмаг ~ cunning words; хачин ~ strange words; хэлэх ~ speech, address; талархлын ~ grateful words; өмнөх ~ preface, foreword; төгсгөлийн ~ postface, concluding remarks; их ~ хэлэх to be boastful; ~ээр дайрах to insult someone with offensive remarks; ~энд итгэх to take on trust; ~ хэл гаргах to express discontent; ~ авах to heed sb's advice; to extract a promise from sb; ~ алдах to blurt out; to breathe a word (of/about); ~ дуулах to listen (to), obey; to hear the news; ~ өгөх to give one's word; ~эндээ хүрэх to be as good as one's word; ~ дагуулах to eat one's words; ~ алдалгүй сонсох to hang on sb's word/on sb's every word; ~ шивнэх to have a word in sb's ear; ~ булаалдах to have words (with sb) (about sth), argue with; зөөлөн ~ хэлэх to put in/say a (good) word for sb; ~ хүргэх to deliver a message; ~ хэлэлцэх to talk, converse (with); ~энд хуургтах to be deceived; ~ солих to talk, exchange words; ~ хэлэх to say; to address, make a speech; ~ дуугүй биелүүлэх to obey orders unquestioningly; нэг ~ээр in a word; ~ийн шарх эдгэдэггүй мэсний шарх эдгэдэг the tongue is not steel, but yet it cuts; ~ бүрчлэн word for word; түүний ярьсан чинийхтэй бараг ~ бүрчлэн таарч байна his story matches yours almost word for word; цөөн ~тэй хүн a man of few words; би баярласнаа ~ээр илэрхийлж чадахгүй нээ

I have no words/can't find words to express my gratitude; би түүний ярьсан нэг ч ~энд итгэхгүй I don't believe a word of his story;

үгдрэ|х to have a relapse;

үглэ|х to grumble (at/to sb) (about/at/over sth); аман дотроо ~ to mutter (into one's beard);

үглээ querulous;

үгс words;

үгсэл agreement, understanding;

үгсэ|х I to agree, have a similar opinion to sb;

үгсэ|х II (of plants) to wither; цэцэгнүүдийг тэр даруйд нь усанд хийхгүй бол үгсэнэ шүү the flowers will wither if you don't put them in water soon; ~ навчис withered leaves;

үгтэй having a word; wordy; олон ~ wordy; talkative;

үгүй no, not; absent; not existing, lacking, missing; after the verbs expresses negation; after the nouns indicates the lack of sth; -less; non-; without; ~ болох to die; to disappear, vanish; ~ хийх to embezzle; to destroy, annihilate; to wipe out; to abolish; to kill, mortify; би мэдэхгүй I don't know; "бороо орж байна уу? - ~, ороогүй" 'is it raining? - no, it isn't'; ~ хоосон, ~ ядуу poor, having no money; үггүй wordless; хаашаа ч ~ nowhere; эдгэрэшгүй incurable; халдваргүй non-contagious; эвэргүй hornless; алдагдалгүй not entailing loss; ухаангүй mad, crazy, senseless; чихгүй earless; энд тэндгүй here, there and everywhere; хот хөдөөгүй in towns and in villages; хөгшин залуугүй the old and the young;

үгүйдэ|х to want for sth; мөнгө ~ to lack money;

үгүйлэгдэ|х to be missed;

үгүйлэ|х to miss, notice the absence or loss of sb/sth;

үгүйрүүлэ|х to ruin, bring to (financial) ruin; to impoverish, make poor;

үгүйрэл (financial) ruin, impoverishment; оюун санааны ~ spiritual impoverishment; үр тарианы үнэ унаснаар жижиг фермерүүд үгүйрлийн ирмэг дээр байна with the collapse of grain prices the small farmers are on the brink of (financial) ruin;

үгүйрэ|х to be ruined, grow poor; үгүйрсэн

фермерүүд *impoverished farmers;*

үгүйсгэх *to deny;*

үгүйтэй *extremely poor, destitute;*

үгүйтэ|х *to become extremely poor;*

үгчлэ|х *to tell, report word for word (also word by word);* үгчилсэн орчуулга *a word-for-word translation;*

үгээгүй *extremely poor, destitute;*

үгээр *weeping sore;*

үгээрлэ|х *(of a body) to be covered with weeping sores; (of a wound) to weep, give out liquid;*

үд *noon, midday;* бага ~ *forenoon;* ~ийн цай *afternoon tea;* ~ийн хоол *lunch;* ~ээс хойш *afternoon;* ~ийн унтлага *afternoon sleep;* ~ийн нар *the noonday sun;*

үдлэг *parting, leave-taking;*

үдлэ|х *to have a noon rest during a journey, camp at noon for meal; to have a lunch-hour;*

үдэлт *farewell, goodbye;*

үдэ|х I *to see off;* түүнийг үдэхээр бид бүгд онгоцны буудал руу явцгаав *we all went to the airport to see her off;*

үдэ|х II *to lace up; to fasten sheets of paper between covers, bind; to tie things together with a piece of a rope, a cord, or a thong;* үдээстэй сонин *newspaper file;* гутлынхаа үдээсийг ~ *to tie one's shoe-laces, lace one's shoes up;* ном ~ *to bind a book;*

үдэш *evening; twilight;* үдшийн бүрэнхий *twilight;* гудамжны гэрлүүд ~ асч үүр гэгээрэхэд унтардаг *the street lights come on at dusk and go off at dawn;*

үдэшлэг *party, evening;*

үдээр *a piece of raw leather used for tying things together;*

үдээс **1.** *binding, tying, or fastening sth together;* **2.** *lace; staple;* ~ний машин *stapler;*

үе *layer, stratum; (anat.) joint, articulation; time(s); stage, phase; period; generation; (sport) round, lap;* геологийн ~ давхраа *geological strata;* өвдөгний ~ *knee joint;* үгийн ~ *syllable;* дөрвөн ~тэй үг *a four-syllable word;* ~ийн үрэвсэл *arthritis;* ~ мөчний өвчин *(med.) rheumatic fever;* юрийн ~ *(geol.) the Jurassic period;* гуравдугаар ~ *(sport) a third round;* одоо ~д *at present, at the present moment;* эхэн ~д *at first;* сүүлийн ~д *lately, of late;* эрт дээр үеэс *from time immemorial, time out of mind;* дөрөвдүгээр сар бол яг

Парист очдог ~ *April is the (right) time to be in Paris;* чөлөөтэй ~ (цаг) *free time;* цаг ~ *time;* хүнд хэцүү ~ *a hard time;* ~ шат *stage, phase;* үеэ олсон *timely, opportune;* ~ ~ *from time to time;* ~ийн хүн *a person of the same age;* шинэ ~ *a new generation;* үеэс ~ дамжсан түүх *a story handed down from generation to generation;* ~ийн ~д *for ever;*

үелэ|х **1.** *to divide into periods;* **2.** *to be arranged in layers or strata (stratum);* ~ систем *(chem.) the periodic table;*

үен *(zool.) stoat;*

үенцэр *great-nephew, great-niece;*

үер *flood; heavy rain;*

үерлэл *flooding;*

үерлэ|х *(of a river) to flood, overflow;*

үерхэ|х *to be friends (with);*

үес *about, around; at ... time or period;* тэр ~ *about that time, at that time;*

үет *jointed; syllabic; layered; segmented; having stages or phases;*

үетэй **1.** *jointed; syllabic; layered; having stages or phases;* **2.** *strong, physically powerful;*

үечлэл *division into periods;*

үечлэ|х *to divide into periods;*

үеэлд *first cousin (on the father's side);*

үжрэ|х *to rot, decay;*

үзвэр *sight; spectacle; show;*

үзлэг *examination; inspection; check-up;*

үзмэр *exhibit, display;* үзмэрүүдэд хүрч болохгүй *do not touch the exhibits;*

үзмэрч *diviner, clairvoyant, fortune-teller, soothsayer;*

үзүүлбэр *item on the programme, number, turn; display;*

үзүүлэгч *guide; bearer (of a certificate, a document, etc.);*

үзүүлэлт *index;* амьдралын өртгийн ~ *the cost-of-living index;*

үзүүлэн *visual; by visual demonstration;*

үзүүлэ|х *to show, display, demonstrate; to do; to render;* нөлөө ~ *to influence, exert influence (upon);* анхаарал ~ *to pay attention (to);* дарамт ~ *to exert pressure (upon), bring pressure to bear (upon);* тусламж ~ *to help, give help;* эсэргүүцэл ~ *to offer, put up resistance (to);* ном ~ *to show a book; to teach;* сүр ~ *to make a demonstration of strength; to threaten;* мэдлэгээ ~ *to display one's knowledge;* тэд бяцхан охиныг эмчид үзүүлэв *they*

258

took the little girl to the doctor; тэр, уурласан дүр үзүүлэв he feigned anger;

үзүүр point; tip; end; зүүний ~ the point of a needle; хурц ~ a sharp point; хуруўны ~ the tip of a finger; хамрын ~ the tip of a nose; сүүлний ~ the tip of an animal's tail; нум сумны ~ the tip of an arrow; билльярдны цохиурын ~ the tip of a billiard cue; модны ~ treetop; уулын ~ mountain peak; дээсний ~ the end of a rope;

үзүүргүй (of points) not sharp, dull, blunt; endless, limitless;

үзүүрлэгч sharpener; харандаа ~ a pencil sharpener;

үзүүрлэ|х to make pointed; to sharpen; to win (in wrestling); тэр, харандаагаа хутгаар үзүүрлэв he sharpened his pencil with a knife; уурга ~ to attach a flexible stick to the end of a lasso pole; нүд ~ to despise, feel contempt for sb;

үзүүрсэг a long-haired skin of a sheep that has been killed in the autumn;

үзүүртэй tipped, pointed, having an end;

үзүүштэй should be regarded, fit to be seen, worth seeing;

үзшил visibility;

үзэг pen; ~ нэгт нөхөд fraternity of the press, fellow writers; ~ цаас нийлүүлэх to put pen to paper;

үзэгдэл phenomenon, occurrence, happening; (theatr.) scene; байгалийн ~ natural phenomenon; нийгмийн үзэгдлүүд social phenomena; нар бүтэн хиртэх нь ховор ~ a total eclipse of the sun is a rare phenomenon; "Гамлет"-ын халз тулалдаантай ~ the duel scene in 'Hamlet'; хий ~ illusion, hallucination;

үзэгдэ|х to be seen, be visible; to appear, seem; to happen, occur;

үзэгдэшгүй invisible, impossible to see, seldom seen; without an equal; superlative;

үзэгч spectator, observer; audience;

үзэл view, opinion; (one's) philosophy; conviction, belief; ~ суртал ideology; ~ бодол view, opinion; ~ бодлын эрс өөрчлөлт switchover; ~ санаа ideas, point of view; үндэсний ~ nationalism; дэвшилт ~ progressivism; хуучинсаг ~ conservatism; улс төрийн ~ political views; харгис ~ reactionism; прагматик ~ pragmatism; номлолч ~ dogmatism;

үзэлтэй having a certain view; -minded;

үзэлтэн one who has certain views or con-

victions; supporter; ардчилсан ~ democrat; үгүйсгэх ~ nihilist; үндэсний ~ nationalist; бөөрөнхий ~ opportunist;

үзэлцэ|х to see (of several); to vie with each other, contend with each other, fight against (each other);

үзэм raisins, sultanas; усан ~ grapes;

үзэмж I appearance, aspect; view, scenery; beauty; ~ муутай unattractive, ugly;

үзэмж II discretion, judgement; өөрийн ~ээр болох to use one's own discretion, act as one thinks best;

үзэмжгүй unattractive, unsightly;

үзэмжтэй attractive, nice-looking;

үзэмчин Üjümchin, the Mongolian tribe;

үзэсгэлэн 1. beautiful; beauty; тэр, ~ төгөлдөр эмэгтэй байв she was a woman of great beauty; байгалийн ~ the beauty of nature; 2. exhibition, show; олон улсын худалдааны ~ an international trade exhibition; ~гийн танхимууд exhibition halls; өөрийгөө олны өмнө ~ болгох to make an exhibition of oneself;

үзэсгэлэнтэй nice, beautiful;

үзэ|х 1. to see, look at, view, watch; 158-р нүүрийг үз see page 158; бид орой кино үзэхээр явав in the evening we went to see a movie; телевиз ~ to watch television; хөл бөмбөг ~ to watch a football match; жүжиг ~ to see a play; музей ~ to visit a museum; 2. to study, learn; ном ~ to learn, study; гадаад хэл ~ to study a foreign language; 3. to count, consider (that), think; to regard (as); дайсан гэж ~ to regard as an enemy; бид таныг буруугүй гэж үздэг we consider that you are not to blame; 4. to examine, scrutinize, inspect; өвчтөн ~ to inspect a patient; данс тооцоо шалгаж ~ to examine accounts; байцаан өнгөрүүлэх албаныхан миний паспортыг сайтар үзэв immigration officers inspected my passport; 5. to feel, experience, undergo, go through; to suffer, endure, bear; бэрхшээл ~ to experience difficulty; ялагдал ~ to suffer defeat; жаргал ~ to achieve true happiness; to live happily; өнчрөл ~ to be orphaned, become an orphan; үйлээ ~ to endure one's fate, suffer the consequences of one's actions; 6. to divine, tell fortunes; 7. to test, put to the test; хүчээ ~ to test one's strength; 8. to taste, try food; давсы нь ~ to taste for salt; 9. to try (to), attempt (to), endeavour (to); машин

259

асахгүй бол түлхээд үз *if the car won't start, try pushing it;* **10.** *other meanings;* их юм үзсэн хүн *very experienced person;* ~ харах *to nurse, take care of, watch over;* анхаарч ~ *to take into consideration;*

үзэшгүй *unsightly, repulsive, ugly;*

үзээгүй *unknown, unseen, unfamiliar;* ийм маягийн компьютер ~ юм байна *I'm unfamiliar with this type of computer;*

үй : ~ олон, ~ түмэн *multitude, innumerable;*

үйл **1.** *work, act, action, activity; deed, event; cause;* ~ ажиллагаа *activity, operation; activities;* зүрх судасны ~ ажиллагаа *operation of the heart;* ~ хэрэг *cause, act, deed;* ~ үйлдвэр *work, activity;* ~ хөдлөл *a way of moving, action;* ~ явдал *event;* ~ явц *process;* гэмт ~ *crime;* ~ үг *(gram.) verb;* **2.** *sewing, needlework;* ~ хийх *to sew, do needlework;* **3.** *suffering; (one's) fate, (one's) lot;* ~ зовлон *suffering, torment;* ~ийн үр *karma;* ~ тамаа цайх *to experience great suffering;* ~ нь ирэх *to reach the point of death;*

үйлдвэр *production; industry; enterprise; factory, plant, works, mill;* химийн аж ~ *the chemical industry;* машины аж ~ *the car industry;* аж ~ *industry;* улсын өмчийн ~үүд *state-owned enterprises;* ~ийн ажилчид *factory workers;* гутлын ~ *a shoe factory;* түүхий эд боловсруулах ~ *a mill;* цаас боловсруулах ~ *a paper mill;* машин угсрах ~ *a car assembly plant;* нэхмэлийн ~ *textile industry;* олборлох ~ *extractive industry;* хүнд ~ *heavy industry;* хөнгөн ~ *light industry;* хүнсний ~ *food industry;* ~ийн эзэн *industrialist, factory-owner, mill-owner;* гар ~ийн бүтээгдэхүүн *hand-made goods;*

үйлдвэржи|х *to become industrialized;*

үйлдвэржүүлэ|х *to industrialize;*

үйлдвэрлэгч *producer;*

үйлдвэрлэл *production, manufacturing;* ~ийн харьцаа *relations of production;* ~ийн хүчин чадал *production capacity;* ~ийн хэрэгсэл *means of production;* нөхөн ~ *reproduction;* таваарын ~ *commodity production;* өргөн хэрэглээний ~ *production of consumer goods;* эрчим хүчний ~ *energy production;* хүнсний ~ *food production;* ~ийн өртөг *production costs;*

үйлдвэрлэ|х *to make, produce, manufacture;* дотоодод үйлдвэрлэсэн *locally pro-*

duced; гутал ~ *to manufacture shoes;* Монголд үйлдвэрлэв *made in Mongolia;* ~ хүчин *productive forces;*

үйлдвэрчин *worker, manufacturer;* үйлдвэрчний эвлэл *trade union;* үйлдвэрчний эвлэлийн хороо *trade-union committee;*

үйлдэгч *performer (of an action);*

үйлдэл *action, function, operation;*

үйлдэ|х *to do, make;* үйлдэхийн тийн ялгал *(gram.) instrumental case;*

үйлээ|х *to turn, whirl, spin around; to be excited, be disturbed, be nervous;*

үйлс *acts, deeds, works; success, one's luck; aims;* баатарлаг ~ *deeds of heroism;* сайн ~ *good deeds;* ажил ~ *works;* ~ нь харлах *(of one's business) to turn into a complete fiasco;*

үйлсгүй *unsuccessful; unlucky;*

үйлстэй *successful(ly), lucky;*

үйлт : ~ нэр *verbal noun;*

үйлтэй *unhappy, unfortunate, unlucky;* ~ амьтан *an unfortunate person, wretch;*

үйлчин *seamstress, tailor;*

үйлчилгээ *service; utility;* нийтийн ~ *public service, public utilities;* ахуйн ~ *consumer service (including such facilities as hairdressing, dry-cleaning, domestic utensil repairs, etc.);* эмнэлгийн ~ *health service;* ~ний нэмэгдэл *service charge;* энэ зочид буудлын хоол нь сайн боловч ~ муутай *the food is good at this hotel, but the service is poor;* шуурхай ~тэй зоогийн газар *a quick-service restaurant;*

үйлчлүүлэгч *customer, purchaser, buyer;*

үйлчлүүлэ|х *caus. of* үйлчлэх; *to be served;*

үйлчлэгч *serving person who works in service industry;* зоогийн газрын ~ *waiter or waitress;*

үйлчлэ|х *to attend (to), serve;* үйлчлүүлэгчийг ~ *to serve a customer;*

үймрүүлэ|х *to disturb, trouble, upset;*

үймүүлэ|х *to disturb, stir up trouble, disorder; to agitate; to throw into a panic;* миний ширээн дээрх бичиг цааснуудыг бүу үймүүлээрэй *don't disturb the papers on my desk;*

үймэлдэ|х *to be in disorder, panic, or confusion;*

үймэ|х *to be thrown into a panic, become disturbed; to bustle; to be excited;* үймсэн гудамж *a bustling street;*

үймээн *confusion, chaos, turmoil, hurlyburly; mutiny, revolt; disturbance(s), unrest;* ~

самуун *turmoil, revolt, mutiny, war;* хөл ~ *war, pillage, tumult;*

үйрмэг *crumbly; crumb;*

үйрүүлэ|х *to crumble; to pulverize;*

үйрэ|х *to crumble, disintegrate;*

үйс(эн) *birchbark;*

үйслэ|х *to cover with birchbark; to peel bark from a birch;*

үйтэн : ~ хуар *a kind of silk in which the pattern is of a solid colour;*

үй|х I *to put chopped meat into boiling water;*

үй|х II *to die by drowning;*

үл *no, not, un-, in-;* ~ барагдах *inexhaustible;* ~ биелэгдэх *unrealizable;* ~ таних *unacquainted (with);* ~ бүтэх *impossible; unreliable;* гадны хүн орж ~ болно *unauthorized persons not admitted;* ~ тоох *to scorn, despise;* ~ хөдлөх хөрөнгө *immovable property, real estate;* бичиг үсэг ~ мэдэх *illiteracy;*

үлбий|х *to become flabby, weak, slack;*

үлбэгэр *weak, insipid; flabby, flaccid; slack; tasteless;*

үлбэн *glass bead;*

үлгэн : ~ салган *weak, feeble;*

үлгэр I *tale, story;* шидэт ~ *fairy story;* ~ домог *legend, myth;* ~ тууль *epic;* ардын ~ *folktale;* ёгт ~ *fable;* Эзопын ёгт ~үүд *Aesop's fables;*

үлгэр II *model, pattern;* ~ жишээ *example, model;* ~ жишээ үзүүлэх *to give an example, give the lead;* ~ жишээ авах *to follow someone's example;* ~ авах *to cut out a pattern;* ~ жишээч оюутан *a model student;* ~ дуурималал *model, pattern, excellent example;*

үлгэрлэл *likening, comparison;*

үлгэрлэ|х *to instance; to illustrate by means of an example;*

үлгэрлэшгүй *incomparable;*

үлгэрч(ин) *a teller of tales, storyteller;*

үлгэ|х *(of a baby) to suck its mother's breast greedily;*

үлдэгдэл *remainder, (chem., law) residue, remnant, remains, leftovers; vestige;* хоолны ~ *the remnants of a meal;* хийдийн ~ *the remains of an abbey;* ~ тоо *(math.) remainder;* феодализмын ~ *vestige of feudalism;*

үлдэгсэд *survivors;* газар хөдлөлтөөс амь үлдэгсдэд тусламж хүргэх *to send help to the survivors of the earthquake;*

үлдэ|х *to remain; to be left (over); to survive;* өртэй ~ *to be in debt;* амьд ~ *to survive, come through;* үдийн хоолноос юу ч үлдсэнгүй *there is nothing left over from dinner;* түүний үлдсэн хөрөнгө охинд нь очиж байна *the residue of the estate goes to his daughter;* нөхөр нь гадагшаа гарахад тэр эмэгтэй хүүхдүүдийг харж гэртээ үлдэв *she remained at home to look after the children when her husband went out;* арваас долоог хасахад гурав үлддэг *seven from ten/ten minus seven leaves three;*

үлдэц *remains;*

үлдээ|х *to leave, cause to remain; to reserve;* бичиг ~ *to leave a note for sb;* зай ~ *to leave a place/space;*

үлий *ground honeycombed with rodent tunnels;*

үлт *asunder, apart, to pieces;* ~ цохих *to smash to pieces;* ~ чанах *to boil until soft;*

үлтрэ|х *to wear out; to be tattered; to disintegrate, fall to pieces;*

үлтэс *small pieces, rags, tatters;*

үлхгэр *loose; weak; flabby, flaccid; flimsy;*

үлхий|х *to be flimsy; to be flabby or flaccid;*

үлэг *suffering from mental depression;* ~ гүрвэл *dinosaur;*

үлэмж *much, many; very, highly;* ~ийн *immense;* ~ биетэн *a giant;*

үлэмжхэд|х *to be too much or too many;*

үлээвэр : ~ хөгжим *wind instrument;*

үлээ|х *to blow;* салхи ~ *(of the wind) to blow;* шил ~ *to blow glass;* бүрээ ~ *to blow (on) a horn;* лаа ~ *to blow at a candle;* цонхноос үлээж байна *there is a draught from the window;*

үмбүү *moo;*

үмх *mouthful; small amount or piece;* ~ хоол *a tiny morsel of food;*

үмхэ|х *to swallow sth in one mouthful; to take into the mouth;*

үнгэгдэ|х *to become crumpled, rumple easily;*

үнгэ|х *to crumple, rumple (a dress, etc.); to crumble;*

үндсэрхэг *nationalistic; chauvinistic;*

үндсэрхэгч *nationalist;*

үндсэрхэ|х *to show or support nationalism or chauvinism;* ~ үзэл *nationalism, chauvinism;*

үндэс(үндсэн) *root, foundation, fundamental, base, origin; basic, fundamental; race, na-*

Y

tionality; усан үзэм их урт ~тэй байдаг *vines have very long roots;* энэ хэргийн ~ нь юу вэ? *what lies at the root of this matter;* ~ болох *to be the basis of;* ~ сууриа тавих *to take root;* үгийн ~ *the root of a word;* үндсээр нь шинэчлэх *root-and-branch reforms;* үндсэн хөрөнгө *(fin.) fixed capital;* үндсэн өнгө *primary colours;* үндсэн хууль *constitution;* компьютерийн программчлалын үндсийг үзэх *to learn the basics of computer programming;* геометрийн үндсүүд *the fundamentals of geometry;* үндсэндээ *fundamentally, basically, on the whole;* яс ~ *nationality;* ~ угсаа *parentage, descent, birth;* яс үндсээр ялгаварлах *to discriminate on grounds of race;*

үндэсгүй *without root, baseless, groundless;* ул ~ сэжиглэх *baseless suspicions;*

үндэсжи|х *(of a plant) to take root;*

үндэслүүлэ|х *(of a plant) to cause to root;*

үндэслэг *with strong roots;*

үндэслэгдэ|х *to be substantiated;*

үндэслэгч *founder, founding father;*

үндэслэл *basing; basis, ground, root;*

үндэслэлгүй *baseless, groundless, with no foundation;*

үндэслэлтэй *well-founded;*

үндэслэн *on the basis of;*

үндэслэ|х 1. *(of a plant) to root;* ургамлын энэ төрөл амархан үндэслэдэг *this type of plant roots easily;* 2. *to ground (on/in), base (on/upon), substantiate; to found;* тэд тооцоогоо сүүлийн гурван жилийн тоо баримт дээр үндэслэв *they based their estimate on the figures for the last three years;* үндэслэн байгуулах *to found;*

үндэсний *national;* ~ дархан цаазат газар *national park;* ~ ашиг сонирхол *the national interests;* ~ өр *the national debt;* ~ цөөнх *national minority;* ~ үзэл *nationalism;* ~ фронт *the National Front;* ~ театр *a national theatre;* бидний ~ зан чанар *our national character;* ~ сургалтын хөтөлбөр *national curriculum;*

үндэстэн *nationality; race(s), nation(s), national(s);* тэр бол Италид ажилладаг франц ~ *he's a French national working in Italy;* улс ~ *nation-state;* Нэгдсэн Үндэстний Байгууллага *United Nations Organization;*

үнс(эн) *ash; ashes;* хивсэн дээр тамхины ~ бүү унага *don't drop cigarette ash on the carpet;* ~ний сав *ashtray;* үнсэн саарал *ashy;*

Үнсгэлжин *Cinderella;*

үнстэ|х *to become covered or filled with ashes;*

үнсүүлэ|х *to let to kiss oneself;*

үнсэлдэ|х *to kiss one another;*

үнсэ|х *to kiss;* тэр, түүний уруул дээр үнсэв *she kissed him on the lips;*

үнхэлцэг *(anat.) pericardium;* ~ нь хагарах *to be extremely afraid;*

үнэ *price, cost; worth, value;* ~ төлбөр рау, *charge, fee;* ~ төлбөргүй *free of charge, gratis;* хорин хувиар ~ нэмэх *to raise the price by 20 per cent;* ~ тогтоох *to fix a price;* ~ хайрлахгүй *at any price;* ~ өгөх *to offer the price for;* ~ арцах *to argue prices, bargain;* ~ буух *(of price) to come down;* ~ хадах *to inflate prices;* ~ хэлбэлзэх *(of price) to fluctuate;* ~ хаялцах *to haggle (with sb) (about/over price);* ~ хаялцах худалдаа *auction;* өндөр ~ *a high price;* ~ хямд *cheap, inexpensive;* их үнээр *at a high price;* тэр, морио хүргэж өгөв *he sold his horse at/for a good price;*

үнэг(эн) *fox;* үнэгэн заль/мэх *slyness of a fox;* тэр бол зальт хөгшин ~ дээ *he's a sly old fox;* үнэгэн шогшоо *foxtrot;*

үнэгүй *valueless; free, for nothing;* ~ захиалга *complimentary subscription;*

үнэгчлэ|х 1. *to hunt the fox;* 2. *(of a newborn baby) to smile in one's sleep;*

үнэлгээ *estimation, evaluation; assessment; appraisal; estimate; appreciation;*

үнэлшгүй *inestimable, priceless, invaluable;*

үнэлэгдэ|х *to be estimated, be appreciated, be priced;*

үнэлэлт *see* **үнэлгээ;**

үнэлэ|х *to value, price; to estimate, evaluate; to appraise;* биеийн хүчин ~ *to become employed, get a job;*

үнэмлэх *certificate;* жолоочийн ~ *driving licence;*

үнэмлэхүй *absolute;*

үнэмшил *belief, trust;*

үнэмшилгүй *unbelievable, not worthy of belief;*

үнэмши|х *to believe as true; to be assured (about); to credit;*

үнэмшүүлэ|х *to assure, make sure, convince; to make true;*

үнэн *truth; justice; true, correct; real, genuine;* чин ~ *the honest truth;* туйлын ~ *absolute* truth; ~ сэтгэл *sincerity, candour;* үнэндээ *in truth;* ~ үг хатуу ч явдалд тустай, эм гашуун ч биед тустай *the truth hurts the eye, but heals the soul;* ~ийг хэлэхэд *to tell the truth, truth to tell;* ~ уу? *is that so? indeed? really?* ~ хэрэг *fact, truth;* ~ хайр *true love;* ~ үг *a true word;* ~ голоосоо *from the bottom of one's heart;*

үнэнхүү *true, truly;*

үнэнч *honest, faithful, loyal, true;* ~ найз *a true friend;* ~ шударга *honest;* ~ байх *to be faithful, loyal, or true to sth;* тэр, нөхөртөө хэзээд ~ байв *she was always faithful to her husband;*

үнэр *smell, odour, fragrance, aroma; whiff (of sth);* эхүүн ~ *reek;* хурц ~ *a strong smell;* эвгүй ~ *an unpleasant smell;* өмхий ~ *stink, stench;* сайхан ~ *aroma;* хоолны ~ гарч байна *there's a smell of cooking;* ~ авах *to catch the smell or scent;* ~ гаргах *to emit odour; to stink;* ~ орох *to have a very unpleasant smell; (of foodstuffs) to go bad;* ~ анхилах *to emit aroma;* ~ ханхлах *to reek of sth;* түүнээс тамхины ~ ханхлав *his breath reeked of tobacco;*

үнэрлэ|х *to smell, sniff, take a whiff of;*

үнэртүүлэ|х *to get (someone) to smell; to cause a smell;*

үнэртэй *having an odour, smell, or fragrance; smelly;* муухай ~ *smelly;* ~ ус *perfume; eau de cologne;*

үнэртэн *fragrance, perfume, perfumery;*

үнэртэ|х 1. *to smell (of), reek (of);* 2. *see* **үнэрлэх;**

үнэрхэг *one who forces others to entreat him;*

үнэрхэ|х 1. *to jack up the price;* 2. *to force others to beg one to do sth; to do sth only as a favour;*

үнэт *see* **үнэтэй;** ~ цаас *(fin.) securities;*

үнэтэй *having a certain price; expensive, valuable, costly; paid, requiring payment, chargeable;* их ~ *expensive, pricey;* ~ зөвлөгөө *valuable advice;* уран зургийн ~ цуглуулга *a valuable collection of paintings;*

үнэтэйдэ|х *to be too expensive for sb;* худалдаж авахад арай л үнэтэйдээд байна *it's too expensive for me to buy;*

үнэхээр *truly, really, indeed;*

үнэхээрийн *true, real, truly, really;*

үнээ *cow;* сувай ~ *a barren cow;*

үр I *seed; (biol.) semen, sperm;* ~ тариа

grains; үрийн төмс *seed potato;* ~ цацах/ тарих *to plant seeds; to sow;*

үр II *child, offspring; descendants;* ~ хүүхэд *children;* ач үрс *descendants, posterity;*

үр III *result;* ~ дүн *results;* ~ ашиг *benefit, profit;* ач үрээр *thanks to, owing to, because of;*

үрвэлзүүр *short of temper, short-tempered;*

үргүй *barren, sterile; fruitless, futile;*

үргэдэг *(of animals, birds) shy, easily frightened;*

үргэлж *always, constant(ly), continual(ly); whole, entire; unbroken, continuous;* би чамд ~ хайртай байна *I'll always love you;* цаг ~ *at all times, on every occasion, always;*

үргэлжид *always, continuously; entirely; continually;* тэд ~ маргалдаж байдаг *they're continually arguing;*

үргэлжлүүлэ|х *to continue;* тэр, ухэн үхтлээ өдрийн тэмдэглэлээ үргэлжлүүлэн бичиж байв *he continued writing his diaries until he died;*

үргэлжлэл *continuance, continuation, sequence;* ~ бий *to be continued;* Балтийн тэнгис бол Хойд далайн ~ юм *the Baltic Sea is a continuation of the North Sea;*

үргэлжлэ|х *to continue, last, go on, be in progress;* үргэлжилсэн бороо *continual rain;* тэмцэл долоо хоног үргэлжлэв *the fighting continued for a week;* энэ сайхан цаг агаар хир удаан үргэлжилнэ гэж чи бодож байна? *how long do you think this fine weather will last?*

үргэмтгий *shy, easily startled (of horses);*

үргэ|х *(of horses) to shy; to become frightened or alarmed;* даага салхинд хийссэн цаасан уутнаас үргэв *the colt shied at a paper bag blowing in the wind;*

үргээ|х *to frighten, scare away;*

үрдэс I *dried fruits or berries;*

үрдэс II *shreds, leftover small pieces;*

үрхвэр *(math.) product;*

үржигдэхүүн *(math.) multiplicand, multiplier;*

үржил *(biol.) reproduction, propagation;* ~ шимтэй *fertile, fecund;*

үржилгүй *barren, sterile; infertile;*

үржи|х *to propagate itself; to breed, spawn;*

үржлэг *breeding, rearing; cultivation;*

үржүүлэгч 1. *breeder;* 2. *(math.) multiplier;*

үржүүлэ|х 1. *to breed, rear;* 2. *(math.) to*

Y

multiply; **3.** to increase, augment;

үрлэг waste; цагийн ~ a waste of time; ~ зарлага expense, expenditure;

үрлэгч prodigal, spendthrift;

үрс plural of үр II : children, descendants;

үрслүүр seed-bed; seedlings;

үрслэ|х (of a plant) to seed itself;

үрслүүлэ|х to plant seeds in seed-bed;

үртэс shaving, filing; sawdust; төмрийн ~ (metal) filings;

үрүүл grater;

үрчгэр wrinkled, lined, frowning; creased;

үрчийлгэ|х to crease, wrinkle; амархан үрчийдэг даавуу material that creases easily;

үрчий|х to become shrunk and wrinkled; to grimace; үрчийсэн царай a wrinkled face; **2.** to crumple, crease;

үрчлэ|х to adopt a child; үрчилж авсан эцэг foster-father;

үрчлээ wrinkle, crease;

үрэвсэл (med.) inflammation; бөөрний ~ nephritis;

үрэвсэ|х to become inflamed;

үрэвтэл rasp (tool);

үрэгдүүлэгч waster, squanderer;

үрэгдүүлэ|х to let go; to waste, squander, dissipate;

үрэгдэл waste, loss; damage;

үрэгдэ|х to be rubbed, scraped; to be wasted; to be ruined, be killed; амь ~ to be killed, lose one's life; дайны хөлд ~ to be wasted by a long war; суйрч ~ to be ruined; хоосон үрэгдсэн амьдрал a dissipated life;

үрэл small ball, drop; үрлэн чихэр candy drop;

үрэлгэн extravagant, wasteful;

үрэлдэх to rub together;

үрэлт friction;

үрэмтгий wasteful;

үрэн : ~ таран хийх to blow (sth on sth), squander;

үрэ|х I to rub; to grate, rasp; to sprinkle (with); өсгийгөө ~ to rub one's heel; зах хүзүү үрээд байна my collar is rubbing my neck; лууванг сайтар үр grate the carrot finely; давс ~ to sprinkle with salt; to salt;

үрэ|х II to dissipate, blow, squander, waste; цахилгаан ~ to waste electricity;

үрээ three- to five-year-old male horse;

үс hair, fur; (bot.) tendril; down; fur, scale; ~

авах to cut hair; ~ засах to trim or clip hair; ~ тавих to grow one's hair long; ~ самнах to comb one's hair; ~ сэгсийх to become shaggy-haired; ~ даахирах (of long hair) to entangle itself; ~ татах to sew on a fur; ~ засах газар barbershop; ангийн ~ fur, pelt; хиймэл ~ synthetic fur; wig; ~ ургах (of hair) to grow; to grow mouldy or musty;

үсдэ|х to grab by the hair;

үслэг hairy, downy; furry;

үслэ|х to remove hair;

үсрэлт leap, jump, rush, dash, skipping;

үсрэнгүй leaping, rushing;

үсрэ|х to jump, leap, skip; to squirt; галт тэрэг хөдлөнгүүт тэр үсрээд орчихов he leaped onto the train as it started to move; үс ~ (of water) to squirt;

үстэй hairy, furry; fur-lined;

үсчин a hairdresser;

үсчи|х to jump or leap up and down; to pick a fight or quarrel with sb;

үсэг letter (of the alphabet), font; script; ~ бичиг script; араб ~ Arabic script; үсгийн хэв typeface; шинэ ~ Cyrillic script; үг үсгийн алдаа misspelling; үсгийн дүрэм orthography, spelling; гарын ~ signature; бичиг ~ writing, literature;

үсэглэл ABC, primer; латин ~ a Latin primer;

үсэглэ|х to spell; үсэглэн унших to read haltingly, spell out;

үсэд very, extremely, extraordinarily, exceedingly;

үсэргэ|х to cause to jump; to splash; шалан дээгүүр ус ~ to splash water on/over the floor;

үсэрхийлэ|х (of a sore) to develop, metastasize;

үтрэм threshing floor;

үтрээ (med.) vagina;

үтэл common, ordinary, simple; ~ суух to idle, do nothing; ~ ардууд common people;

үтэр immediately, rapidly, quickly, at once;

үтээрхэг envious, jealous;

үтээрхэ|х to envy; to do evil to others;

үтээрэ|х to be ungrateful;

үү I interrogative particle used after feminine words, but not always translated; миний нэр дээр чек ирэв үү? have you received a cheque in my name? цааш үргэлжлүүлэхийг зөвшөөрнө үү please allow me to continue; өгнө үү please give me;

үү II wart;

үүгэ|x *(of a wind, draft) to blow through;*
үүгээр *through this, by this, with this;*
үүд(эн) *door; doorway; ~* тогших *to knock on the door; ~* тайлж өгөх *to answer the door; ~ний* алчуур *doormat;* үүдэн шүд *front teeth;* үүднээс *in order to do sth, with the purpose or intention of doing sth;* туслахын *~ in order to help;*
үүдэч *door-keeper, doorman;*
үүл(эн) I *cloud;* сэмжин *~ fleecy clouds, cirri;* үүлэн хээ *cloud-like pattern or design; ~* бүрхэх *(of the sky) to cloud over;*
үүл II *(med.) cataract;* нүдний *~* авах мэс хагалбар *an operation to remove cataracts;*
үүлгэр *(of a person) fussy, hasty; light-hearted; panicky;*
үүлгэрдэ|х *to hurry; to wear oneself out with fussing;*
үүлдэр *breed, strain, race, species, stock;* хонины *~ a breed of sheep;*
үүлтэй 1. *clouded, cloudy; ~* тэнгэр *a cloudy sky;* 2. *having cataracts on the eye;*
үүлтэ|х *to become cloudy, cloud over;*
үүлши|х *to start to cloud over;* үдээс хойш үүлшив *it started to cloud over in the afternoon;*
үүлэрхэг *cloudy, overcast;*
үүн *demonstrative pronoun* энэ *(this);* үүнд *dative of* энэ; үүнийг *accusative of* энэ; үүнтэй *comitative of* энэ; үүнээс *ablative of* энэ;
үүнийх *his, her, its;*
үүнчлэн *thus, in this way;*
үүр I *nest, eyrie; cell;* шувууны *~ bird nest;* махчин шувууны *~ eyrie;* намын *~ party cell;* шоргоолжны *~ an ants' nest;* хулгайч нарын *~ a nest of thieves;*
үүр II *dawn, daybreak;*
үүр III : *~* түүр *vaguely;*
үүргэвч *knapsack, rucksack;*
үүрд *for ever, eternally;*
үүрлэ|х *to nest, build one's nest; to live in a nest;*
үүрмэг *see* үйрмэг;
үүрсэ|х *to whinny, neigh;*
үүртэ|х *to be overburdened;*
үүрэг 1. *knapsack, rucksack;* 2. *duty, task, obligation, responsibility; role, function;* захирлын *~* гүйцэтгэгч *acting director;* сургалтын явц дахь багшийн гүйцэтгэх *~ the role of the teacher in the learning process;*
үүрэглэ|х *to doze off;*

үүрэ|х I *to carry on one's back; to carry sb piggyback; to take a burden or responsibility upon oneself;*
үүрэ|х II *to be broken into pieces, smash to pieces;*
үүсвэр *beginning, origin, source;*
үүсгэгч *founder, initiator, founding father; instigator; source;* гэрэл *~ source of light;* өвчин *~ (med.) pathogenic organism;*
үүсгэл *beginning, origin; initiative; ~* санаачлага *initiative;*
үүсгэр *trajectory;*
үүсгэ|х *to begin, initiate; to instigate; (leg.) to institute;* хэрэг *~˙to institute proceedings (against);*
үүсэл *origin; parentage, descent, extraction;*
үүсэ|х *to spring (from), originate (from), arise (from), result (from); to come (from/of), descend (from);* уран барилгын хэлбэр маяг эртний Грегүүдтэй хамт үүссэн *the style of architecture originated with the ancient Greeks;*
үүтэ|х *to grow warts;*
үүхрэ|х *to cry, shout;*
үүхэрдүү *person always in a hurry;*
үүц *meat prepared during winter and preserved for use in spring;*
үүцлэ|х 1. *to slaughter animals in winter for use its meat during spring;* 2. *to reserve sth for future use;*
үх *a person who harbours evil thoughts;*
үхдэл *dead body, corpse;*
үхжил *gangrene, necrosis;*
үхлүүт 1. *near death, deathbed, (be) at death's door; ~* байх *to be on one's deathbed;* 2. *tightly, fast;*
үхмэл *dead; ~* хөрөнгө *dead stock, unemployed capital;*
үхтэгч : *~* өвчин *epilepsy;*
үхтэ|х *to faint;*
үхүүлэ|х 1. *to kill, destroy; to cause to die;* 2. *to tie, fasten, or fix sth tightly;*
үхширтэл *strongly, deeply; thorough; dogmatically; ~* унтах *to fall into a deep sleep;*
үхшира|х *to fade; (of people) to fade away; to be dogmatic;*
үхэг *a kitchen cupboard;*
үхтлээ *to death;* би *~* ядрав *I'm dead tired;*
үхэл *death;* гэнэтийн *~ a sudden death;*
үхэлдэ|х *to be dying for sth/to do sth;*
үхэлт *mortality, death-rate;*

үхэнги *lifeless;*

үхэр *the horned cattle; cow, ox; (in compounds) the largest variety of a species; ~ сүрэг a herd of cattle; хорин толгой ~ twenty head of cattle; үхрийн өвчнүүд bovine diseases; ~ шахах to fatten cattle for slaughter; үхрийн хэл beef tongue; үхрийн мах beef; ~ тэрэг bullock-cart; ~ буу cannon; ~ чулуу boulder; үхрийн нүд gooseberries; усны ~ hippopotamus;*

үхэржи|х *to become rich in cattle;*

үхэрчин *cowboy, cattleman, cow herder;*

үхэтхий|х *to faint; (of the face) to go/turn deathly pale;*

үхэ|х *to die; үхэн зүтгэх/тэмцэх to be dying for sth/to do sth; өтөлж ~, өвчнөөр ~ to die in one's bed; цувраад ~ to die off; энэ айлынхан бүгд цувраад үхсэн the members of the family had all died off; үхэж дуусах to die out;*

үхэшгүй *immortal;*

үхээнц *stupid, feeble, inert;*

үхээр *corpse; ~ийн газар graveyard;*

үхээртэ|х *to lose one's strength;*

Фф

фабрик *factory, mill;*

фагот *(mus.) bassoon;*

фазотрон *(phys.) synchro-cyclotron;*

факт *fact;*

фактор *factor;*

фактур *(comm.) invoice, bill;*

факультет *faculty, department;*

фасад *facade, front;*

фашизм *fascism;*

фашист *Fascist;*

фельдмаршал *field-marshal;*

феминизм *feminism;*

феминист *feminist;*

фен *drier; fan;*

феодал *(hist.) feudal lord;*

феодализм *feudalism;*

ферм *farm;*

фермент *(chem., biol.) ferment;*

фермер *farmer;*

фестиваль *festival;*

физик *physics;*

физикч *physicist;*

физиологи *physiology;*

физиологич *physiologist;*

философи *philosophy;*

фильтр *filter;*

фирм *(econ.) firm;*

фокус *(math., phys.) focus;*

фонд *fund; stock, reserves, resources;*

фонтан *fountain;*

форинт *forint (Hungarian currency unit);*

формалин *formalin;*

фосфат *(chem.) phosphate;*

фосфор *(chem.) phosphorus;*

фото *photo; ~ зураг photograph; ~ зургийн аппарат camera;*

фотон *(phys.) photon;*

фотосинтез *(bot.) photosynthesis;*

фотоэлемент *(electr.) photoelectric cell;*

фрак *tail-coat, tails;*

фракци *(polit.) fraction; faction, group;*

франк *franc;*

франц *France; French;*

фронт *front; front line;*

фтор *(chem.) fluorine;*

функц *function;*

фунт *pound (measure of weight); pound (sterling);*

фут *foot (measure of length);*

футбол *football, soccer;*

футболк *football jersey, sports shirt;*

футуризм *futurism;*

футурист *futurist;*

фүнтүүз *noodles made from potato flour;*

Хх

хаа I *the part of an animal consisting of shoulders, ribs and forelegs;*

хаа II *exclamation used in urging on oxen and camels;*

хаа III *where; at which place; everywhere, wherever; таны гэр ~ вэ? where do you live? ~ дуртай газраа суу sit wherever you like; ~ хаагүй everywhere; ~ нэг газар somewhere, anywhere;*

хаагдал *a state of being blocked; shutdown;*

хаагда|х *to be closed/shut, be blocked;*

хаагуур *where (expressing motion), along where? by what way? чи чинь ~ алга болчихов? where did you vanish to;*

хаагч 1. *a device which closes or blocks sth; цорго ~ a tap;* 2. *one who serves in an official capacity; албан ~ white-collar worker, office worker;*

хаадай|х *to become short and stubby;*

хаадгар *short and stubby;*
хаалга *door, gate; arch; (sport) goal;* урд/хойд ~ *the front/back door;* ~ны хонх *a doorbell;* хотын ~ *the gates of the city;* гулдан ~ *arch;* ялалтын ~ *a triumphal arch;* явган ~ *wicket-gate;*
хаалгач *door-keeper, commisionaire, doorman; gatekeeper; goalkeeper;*
хаалт 1. *blocking, obstruction; screen, shutter, obstacle, barrier, obstruction;* **2.** *bracket;* () бага ~ () *round brackets or parentheses;* [] дунд ~ [] *square brackets;* {} их ~ {} *braces;*
хаалттай *closed, shut, shuttered; in private; behind closed doors;* ~ хурал *private meeting;* хаалга ~ байв *the door was shut;* дэлгүүр дөрөв дэх өдрүүдэд ~ байдаг *the shop is closed on Thursdays;* хурал ~ болов *the meeting was held behind closed doors;*
хаан *khan; king, ruler, monarch;* эзэн ~ *emperor;* ~ эзэн *lord khan, imperial majesty;* ~ ширээ *throne;* ~ы *royal;* ~ болох *to come to the throne;* ~ хөвгүүн *prince;* хатан ~ *queen;* хошин шогчдын ~ *the king of comedians;* Испанийн ~ *the King of Spain;* арслан бол араатны ~ *the lion is king of beasts;*
хаана *(interrogative) where, whereabouts;* та ~ сурдаг вэ? *where do you study?* би цүнхээ ~ орхичихов оо? *whereabouts did I leave my bag?*
хаанаас *(interrogative) whence, where from, whereabouts, wherever (expressing surprise);* та ~ ирсэн бэ? *where do you come from? where are you from?* та энэнийг ~ олсон бэ? *whereabouts did you find it?* тэд ~ ирсэн тийшээгээ буцав *they returned whence they came;* ~ даа! *how could that be!*
хаанах *(interrogative) of what place, where from;*
хаант *having a khan, emperor, king or monarch;* ~ засаг *monarchy;* ~ улс *empire, kingdom;*
хаа|х *to close; to block, obstruct, close or shut off; to parry;* цонх ~ *to close a window;* энэ хайрцагны таг нь сайн хаагдахгүй байна *the lid of this box doesn't close properly;* үдийн хоолны цагаар дэлгүүр *the shop closes for lunch;* Лондон дахь салбараа хаахаар тус пүүс шийдвэрлэсэн *the firm has decided to close (down) its London branch;* зохион байгуулагч товчхон үг хэлснээр бага хурал хаав *the conference closed with a short*

speech by the organizer; банктай тооцоогоо ~ *to close one's account with a bank;* ~ цаг *closing-time;* хүнсний их дэлгүүрийн хаалганууд нь өөрөө хаагддаг *the supermarket doors shut automatically;* ном ~ *to shut a book;* ус ~ *to shut the water off;* үйлдвэр ~ *(of a factory) to shut down, close a factory;* тэнд байгаа модод хаагаад юм харагдахгүй байна *those trees shut out the view;* уурхай хааснаас олон зуун уурхайчин ажилгүй болоод байна *since the shut-down, hundreds of miners have been out of work;* осол хотын төвийн замын хөдөлгөөнийг хаав *the accident blocked down town traffic;* алба ~ *to serve in an official capacity;* өр ~ *to liquidate a debt;*
хаахалза|х *to strut; to put on airs;*
хаахгар *broad-shouldered, large-bodied;*
хаацайла|х *to shield; to protect, screen, or shield sb from blame, punishment, responsibility, etc;*
хаачи|х *where (expressing motion);* чи ~ гэж байна? *where are you going?*
хааш(аа) *where, whither;* миний номыг тэр~нь тавьчихав аа? *where did he put my book?* ~ хаашаа *in all directions; in length and width;* хаашаа янзын *what kind of, what sort of;* ~ яаш *careless(ly);* ~ боловч *in any case; at any rate;*
хааяа *sometimes; seldom; now and then, from time to time;* тэр, над дээр ~ ирдэг *he visits me occasionally;*
хааяагүй *absolutely everywhere;*
хав I *lap-dog, dachshund;* бээжин ~ *pekinese;*
хав II *intensifying particle used before adj. beginning with* ха; ~ харанхуй *pitch darkness;* ~ хар *pitch-black; jet-black;*
хав III *delight, admiration;* ид ~ *a state of greatest strength, beauty, vigour, etc; a state of highest perfection;* залуу насны ид ~ *the prime of youth;*
хаваас *line of stitches; basting;* ~тай хүрэм *a quilted jacket;*
хавагна|х *to swell; to suffer from edema (also oedema);*
хаван I *(med.) edema (also oedema);*
хаван II *boar;*
хавар *spring (season);*
хаваржаа(н) *spring quarters or camp;*
хаваржаала|х *to pass the spring in spring quarters;*

267

хаваржин during the whole time of spring;

хаваржи|х to pass the spring;

хав*рши|х (of the signs of spring) to appear;

хава|х to quilt; to baste;

хавгүй unpleasant; uncomfortable; unattractive;

хавдар swelling; (med.) tumour; тархины ~ a brain tumour;

хавда|х to swell up;

хавигүй much, far (with comparatives); ~ дээр much better;

хавийнхан those or that which is in the vicinity;

хавира|х to rub on/against; to whet, grind a blade; шүд ~ to gnash one's teeth; шүдэнз ~ to strike a match; хутга ~ to whet, grind a knife;

хавирга(н) rib; edge, side, flank; богино ~ short rib; ~ гэмтэх a rib injury; уулын ~ slope or spur of a mountain;

хавиргала|х to go along the side; to lie on one's side; (of a star or planet) to appear on the western horizon; хавиргалж хэвтэх to lie on one's side;

хавсаа accomplice, confederate; partner (in crime); (leg.) accessory; цагдаагийнхан түүнийг хоёр хань ~тай нь хамт баривчлав the police arrested him and his two accomplices;

хавсайда|х to act jointly, unite against another;

хавсарга|х to enclose (with sth), annex, combine, put together;

хавса|х to work jointly or collectively;

хавсрага piercing cold wind; applied;

хавсралт enclosure; appendix, attachment, supplement;

хавсра|х 1. to hold more than one office, combine jobs; 2. to join forces (with sb), join hands (with sb); хавсарсан (gram.) subordinate; 3. to join the palms of the hands; 4. (of strong winds) to rage;

хавтаг any flat or level surface, plane; хэвтээ ~ the horizontal plane;

хавтага pouch; тамхины ~ a tobacco pouch;

хавтай adroit, dexterous, deft; skilfull; gratifying, satisfying; ~ харваач a skilful archer; сэтгэлд ~ gratifying; ~ сайхан delightful; ~ чадалтай эр a man of great strength;

хавтан tile, panel, plate, board;

хавтас binder, cover, folder or file for docu-ments; ширэн ~тай ном a book with a leather cover; бичиг цаасны ~ a folder; files; ~т хэрэг dossier, file;

хавтаслагч bookbinder;

хавтасла|х to bind; to panel; хавтасласан хана a panelled wall; ном ~ to bind a book;

хавтастай having a binder, cover or folder;

хавттай I flat, plane, even, level; plane surface; widespread; ~ дөрвөлжин (math.) square; ~ мод a board; a board for rolling dough; ~ загас flat-fish; ~ хөлтэй flat-footed; төмрийг давтаж ~ болгох to flatten (out) a piece of metal by hammering it; ~н геометри нь гурвалжин гэх мэт хоёр хэмжээст дүрсүүдийг авч үздэг plane geometry is concerned with two-dimensional figures, such as triangles;

хавттай II (zool.) wild camel;

хавттайда|х to be extremely flat;

хавттайла|х to flatten, make flat;

хавттайра|х to become flat, flatten; to become widespread;

хавх trap; ~ тавих to set a trap; хулгана ~анд оров the mouse was caught in a trap;

хавхаг lid, cover; би ~ийг онгойлгож чадахгүйнээ I can't unscrew the lid;

хавхагла|х to cover with a lid or cover; to keep a/the lid on sth;

хавхда|х to trap, catch an animal in a trap;

хавхлага (tech.) valve;

хавцал ravine, gorge, canyon;

хавцгай cliff, crag;

хавч (zool.) crawfish, crayfish;

хавчаар paper-clip, bulldog clip, hair-clip; clothes-peg (or clothes-pin);

хавчаахай a catapult;

хавчгар 1. compressed from both sides; narrow, tight; 2. lean, thin; exhausted;

хавчиг 1. compressed from both sides; flat; narrow, tight; 2. an oval-shaped wooden barrel;

хавчигдал constraint, strong pressure;

хавчигда|х to be pressed, be squeezed; to be oppressed; цагт ~ to be pressed for time; мөнгөнд хавчигдсан squeezed for money;

хавчийлга|х to flatten out, compress sth from both sides;

хавчий|х 1. to be flattened out; to tighten; 2. to be exhausted, worn out;

хавчи|х to press or squeeze from both sides; to pinch, squeeze; to oppress, keep down, in-

fringe (on/upon); to persecute; хуруугаа хаалганд ~ *to pinch one's finger in the door;* шинэ гутал хавчиж байна *these new shoes pinch (me);* эрх чөлөөг ~ *to infringe sb's liberty;* бахиар ~ *to press with pliers;*

хавчлага *squeezing; pressure; oppression; persecution;*

хавчлагагүй *without pressure, oppression; free;*

хавчрай *prematurely born young animal;*

хавчуула|х *caus. of* хавчих; *to place/put sth between sth; to tuck, put (sth flat) into a convenient narrow space for protection, safety, etc;* сугандаа ~ *to put under one's arm;* толгой ~ *to take shelter;* номын завсар ~ *to put between the pages of a book;*

хавчуур *bookmark;*

хавь *neighbourhood, vicinity; around, near, close;* ойр ~ *neighbourhood, vicinity;* ~д болоогүй *for a long time (up to and including the present moment);*

хавьс 1. *(anat.) rib;* 2. *(zool.) scales;*

хавьта|х 1. *to approach, draw near, come up (to sb);* 2. *to have sex (with sb), be intimate (with);*

хавьтахгүй *incomparable(ly), beyond comparison;*

хавьтуула|х *to allow to approach, allow to come near;*

хавьтуулахгүй *to ward off; not let approach or draw near; to jib (at sth/doing sth);*

хавьцаа *near, close; in the vicinity; around, about;*

хавьцаг *groin;*

хаг I *thin coating;* ~тай чулуу *moss-covered rock;* үсний ~ *dandruff;* шүдний ~ *tartar on the teeth;*

хаг II *placenta of animals;*

хага *to pieces, to smithereens; into parts;* ~ цохих *to smash to smithereens;*

хагадас 1. *log, billet;* 2. *fishbone;*

хагала|х 1. *to break, crack, smash, split, shatter; to cut; to operate (on sb) (for sth); to settle, resolve (a dispute, conflict, etc);* цонх ~ *to break a window;* түлээ ~ *to chop wood;* тэр, сүхээр мод хагалав *she split the log (in two) with an axe;* тэр, чулуун зам дээр унаад толгойгоо хагалав *he fell and split his head open on the pavement;* тэр, шилний хагархайд хуруугаа хагалав *she cut her finger on a piece of broken glass;* үсээ ~ *to part*

one's *hair;* тэр, үсээ дундуур нь хагалдаг *he parts his hair in the middle;* газар ~ *to plough (US plow) fields;* зарга ~ *to settle an issue;* эмч нар (тэр эмэгтэйг) даруй хагалахаар шийдэцгээв *the doctors decided to operate (on her) immediately;*

хагалбар 1. *a ploughed field;* 2. *watershed;* 3. *parting (of the hair);* мэс ~ын ажил *(med.) operation;*

хагалгаа 1. *ploughing, tillage;* 2. *(med.) operation;* ~ хийх *to perform an operation; to operate (on sb);* ~ны өрөө *operating theatre (US operating room);* өвчтөн ~ны орон дээр өнгөрөв *the patient died on the operating table;*

хагарал *(rel., hist.) schism, dissent; split, division;* Консерватив намын дотрох ~ *splits in/within the Conservative Party;*

хагарамхай *brittle;*

хагара|х *to break or fall to pieces; to split, crack, burst, shatter; (of the skin) to chap, crack; to split up (with sb);* шил дороо хагардаг *glass breaks easily;* намайг хөл тавимагц мөс хагарав *the ice cracked as I stepped onto it;* усны хоолойнууд хүйтэнд байнга хагарч байдаг *water-pipe often burst in cold weather;* хагарсан уруул *chapped lips;* түнжин ~ *to quarrel with, split up (with sb);*

хагархай *broken; cracked; split; splinter, fragment; having a gap, opening, slit, crack or hole;* ~ аяга *a broken cup;* мөсний ~ *splinter of ice;* цамцны ~ нөхөх *to mend a split in a skirt;* Ромын үеийн ваарны хэдэн ~ олох *to find several fragments of a Roman vase;* ~ амтай хүн *a blabbermouth;*

хагас *half; half-, semi-; halved; half-and-half;* хоёр ~ *two and a half;* тав ~ (цаг) *half past five;* ~ үнийг төлөх *to pay half-price for sth;* ~ цаг *half-hour (half an hour);* ~ өдөр *half day;* ~ жил *half a year, six months;* ~ ухаантай *semi-unconscious; half-witted;* ~ дутуу хийх *to do sth by halves;* ~ дамжуулагч *(phys.) semi-conductor, transistor;* ~ боловсруулсан бүтээгдэхүүн *half-finished product, prepared raw material;* ~ шигшээ тоглолт *(sport) semifinal;* ~ арал *peninsula;* ~ сайн өдөр *Saturday;* ~ хугас *in part;*

хагасла|х *to divide in half; to go half and half/ go halves (with sb); to do sth by halves; to reach halfway;* их үнэтэй хоол байсан - үнийг нь хагаслаж төлцгөөе *that was an ex-*

269

pensive meal - let's go halves;
хагацал separation; үхэл ~ bereavement;
хагацаа|х to separate (from sb), part (from sb);
хагаца|х to separate (from sb), part (from sb); to be/get rid of; арван жилийн дараа тэд салж хагацахаар шийдэв after ten years of living together they decided to separate;
хагацашгүй inseparable;
хагацуула|х see **хагацаах**;
хагачи|х to break or smash up many things;
хагд I dry grass of the preceding years;
хагд II the wrist bone;
хагдра|х to fade, wither, dry up;
хагсаамал desiccated, dried up;
хагсаа|х to desiccate, dehydrate;
хагса|х 1. to dry up, be desiccated; (of wooden containers) to dry out and crack; 2. to lack food for a long period; 3. to rest (of horses);
хагсраа|х to put a horse on a slimming diet to train it for a race or hunting;
хагта|х to become coated or covered with a thin layer of sth; толгой ~ to develop dandruff;
хагшаас alluvium, drift;
хад(ан) I crag, large rock; cliff; ~тай уул rocky mountain; уйан доорхи ~ reef;
хад II (bot.) black currants;
хадаала|х to freeze over;
хадаас nail, tack, spike, rivet; peg; малгайгаа ~анд өлгөх to hang one's hat on a peg; хивс тогтоох ~ a carpet tack; ~ хадах to spike;
хадаасра|х to become like a nail, rivet or spike;
хадаастай having nails, spikes, or pegs; nailed (on); spiked, riveted, or pegged;
хадааши|х to be fixed in one's memory;
хадаг a kind of blue silk-scarf, which is used in greetings between friends or sent with presents and messages; also used in religious ceremonies;
хадагда|х to be fastened with nails; сэтгэлд ~ to be fixed in one's memory;
хадам in-laws, father and mother of one's husband/wife; ~ ax an elder brother-in-law on the husband's/wife's side; ~ эх a husband's/wife's mother; ~ эцэг father-in-law, father of husband/wife;
хадамла|х to give a daughter in marriage; to pay a visit to in-laws;
хадамсаг affectionate to one's in-laws;

хадарган gluttonous; tending to destroy, destructive; хоолонд ~ gluttonous; бүх жижиг хүүхэд тоглоомондоо тэгтлээ ~ гэж үү? are all small children so destructive to their toys?
хадархаг rocky;
хада|х I to nail sth down, nail sth on/onto/to, nail sth up; to sew on; to transcribe the words in phonetic symbols; хадаасаар ~ to nail sth down; гутал ~ to repair boots; цамцны товч ~ to sew a button on(to) a shirt; галиг үсгээр ~ to transcribe in phonetic symbols;
хада|х II to mow, harvest; өвс ~ to mow; шинэ хадсан өвсний үнэр the smell of new-mown hay;
хада|х III to resound, echo; to rise, go up; сүмийн хонхны дуу хөндийгөөр нэг хадав church bells resounded through the valley; түүний нэр Европ даяар хадав her name resounded throughout Europe; тоос ~ (of dust) to rise;
хада|х IV : хавирга ~ to separate ribs from the spine;
хадгалагда|х to be stored up, preserved, or saved up;
хадгалагч a person who stores or preserves; saver; keeper;
хадгалалт storage, preservation, conservation; мэдээллийн ~ (computing) data storage;
хадгаламж savings; storage; ~ийн касс savings bank;
хадгала|х to save up (for sth), preserve, conserve, keep, put in a place of safety, store away; байшин авахаар мөнгө ~ to save money for a house; найдвартай газар паспортаа хадгал keep your passport in a safe place; мэдээлэл компьютерт ~ to store information on computer; юм ~ газар/өрөө storehouse/storeroom;
хадлан hay-mowing, haymaking; haymaking (time); hayfield; өвс ~ hay, straw; ~ авах to make hay;
хадмал appended; supplied with footnotes;
хадран (zool.) ruff (fish);
хадра|х to gore with the fangs or tusks; to slash; хоол ~ to tuck into/in; тэр,том таваг гоймон хадарч байв he was tucking into a large plate of spaghetti;
хадуун : бүдүүн ~ fat, stout; simple, plain;
хадуур scythe, sickle; алх ~ hammer and sickle;
хадуура|х 1. to go astray; 2. to talk utter

nonsense; to digress; хадуурч сонсох *to mishear;*

хаж *a decorative edge or border on metal work;*

хажаас *hem, edge of garments;*

хажиг *unsociable, not friendly;*

хажигла|х *to spurn, be unsociable;*

хажи|х I *to hem, edge garments;*

хажи|х II *to decorate metal work with a decorative edge or border;*

хажлага see **хажаас;**

хажуу *side; flank; neighbouring, adjacent, next; outside;* дайсан бидэн рүү зүүн ~гаас дайрав *the enemy attacked us on the left flank;* хажууд *side by side, next to, in the neighbourhood;* хажуугаар *on the side; from the side; by, past; while, during; at the same time;* хажуугаар өнгөрөх *to pass by, go past;* үүний хажуугаар *besides this;* тэр багшлахын хажуугаар чөлөөт цагаараа машин засч жаахан мөнге олдог *he's a teacher, but he makes a little money on the side by repairing cars in his free time;*

хажуугаархи *alongside;*

хажуудхан *just by, near-by;*

хажуула|х I *to lie on the side; to lie down for a while; to lean, rest against;*

хажуула|х II *to go along the side of;*

хажуулда|х 1. *to lie on one's side;* 2. *to go along the side of;*

хазаар *bridle;* ~ын хамар *bridle-noseband;* ~ын зуузай *bridle-bit;*

хазааргүй *unbridled;*

хазаарлагда|х *to be restrained, hindered;*

хазаарла|х *to bridle a horse; to bridle, restrain, control, curb;*

хазаарлуула|х *to cause to bridle;*

хазайлга|х *to incline, bend; to bow; to misrepresent, distort;*

хазай|х *to incline, lean to one side; to deviate, diverge; to disobey;* үнэнээс ~ *to diverge from the truth;* гол сэдвээсээ ~ *to digress;*

хазамтгай *prone to bite;*

хаза|х *to bite, seize with the teeth; to sting; (of a tool) to grip;* хэлээ ~ *to bite one's tongue;* зарим шавьж хаздаг *some insects sting;*

хазгай *inclined, sloping; uneven; awry;* ~ гишгэх *to step awry, take a wrong step;* ~ газар *a sloping place;* буруу ~ *wrong, incorrect, false;* ~ дуудах *to mispronounce;*

хазгана|х *to limp, hobble;*

хазгар *lame, limping; shaky (having one leg broken or shorter than others);* зүүн хөл ~ *lame in the left leg;*

хаздаг *prone to bite;*

хазла|х *to bite again and again;*

хазуула|х *to be bitten; to cause to bite;*

хазуур *a bite;*

хазчи|х *to bite repeatedly; to bite off;*

хай *interjection (expressing fear, doubt, disappointment, surprise) oh!*

хайв I *frying pan;*

хайв II *expert, connoisseur;*

хайва|х *to sway or rock from side to side;*

хайгуул *search, prospecting; (mil.) reconnaissance party;* алтны ~ хийх *to prospect for gold;*

хайгуулчин *prospector;*

хайдаг I *milch animal whose young has died;*

хайдаг II *flattering, servile;*

хайдагта|х *to be flattering, sycophantic;*

хайлаас *elm;*

хайлалт *melting, fusion;*

хайла|х *to melt; to dissolve or dissipate into;* мөс наранд хайлав *the ice melted in the sun;* аманд хайлдаг амттан *a sweet that melts in the mouth;* уйлах ~ *to weep;* элсэн чихэр усанд хайлдаг *sugar dissolves in water;*

хайлган : ~ цаг *period during the autumn when the livestock lose weight;*

хайлгана *seagull;*

хайлмаг 1. *melted, molten;* 2. *magma;* 3. *a milk food prepared from cream;*

хайлмагра|х *to become melted or molten;*

хайлмал *molten; alloy;*

хайлуула|х *to melt, smelt; to fuse;* халуун нар мөсийг дорхноо хайлуулав *the hot sun soon melted the ice;* ~ зуух *smelting furnace;*

хайлуур *smelter; melting pot;* ~ жонш *(min.) fluorspar;*

хайлц *fusibility;*

хайлш *alloy, fusion;*

хайнаг *a cross-breed between yak and ordinary horned cattle;*

хайнга *careless, sloppy;* ~ ажилчин *a sloppy worker;*

хайнгада|х *to be extremely careless, sloppy;*

хайнца|х *to play a drawn game, draw; to take a fall together in wrestling;*

хайр I *love; favour;* үр хүүхдийнхээ төлөө эхийн ~ *a mother's love for her children;*

хайрын дуу *a love song*; хайрын захидал *love-letter*; ~ дурлал *love*; ~ хишиг *grace, favour*; ~ булаах *to win someone's love*; ~ халамж *loving care, love and concern*; ~ найргүй *ruthless, pitiless*; ~ гамгүй *thriftless, improvident*; ~тай юм *a thing that one loves*;

хайр II *small stones, pebbles*;

хайрагда|х *to burn oneself, be burnt slightly; to suffer from frostbite; to be hit by horse's kicking*;

хайран *an expression of pity or regret (eg. Poor man! Poor thing! Pitiable! Sad!); it is a pity*;

хайрархаг *gravelly, pebbly*;

хайра|х I *to roast, fry; to cauterize, sear; to singe; to apply sth cold to sth*;

хайра|х II *(of a horse) to kick forward with the hind leg*;

хайрга *1. coarse whetstone; 2. gravel*;

хайргүй *without love; loveless; pitiless; merciless; unsparing*;

хайрлагда|х *to be in someone's favour or good graces; to be cherished; to be spared*;

хайрлалт *taking loving care*; ~ хамгаалалт *careful protection*;

хайрламаар *lovable; pitiable; not wasting*;

хайрла|х *to love, cherish; to spare; to be thrifty; (obs.) to deign (to), be pleased (to); to grant (to); to bestow, confer (on); to reward (with); to favour*; эцэг эхээ ~ *to love one's parents*; эх орноо ~ *to love one's country*; цагаа ~ *not to waste one's time*; шагнал ~ *to reward (with)*; өгөх ~ *to bestow, confer (on)*; хайрлан гамнах *to spare, take loving care*; цол хэргэм ~ *to confer a title on sb*;

хайрлууштай *see* **хайрламаар**;

хайрмал *roast, broiled; fried, grilled*;

хайрс *(zool.) scales*;

хайрсла|х *to remove fish scales*;

хайрт *beloved; dear, darling; favourite*;

хайртай *beloved, loving; favourite*;

хайруул *frying pan; instrument for cauterization*;

хайрхан *euphemistic reference for sacred mountains or tabooed creatures*; урт ~ *(euph.) snake*;

хайрцаг *small box, case*; хурдны ~ *(tech.) gear-box*; шүдэнзний ~ *match box*; амны ~ *the cavity of the mouth*;

хайрцагла|х *to put sth into a box*;

хайс I *fence, paling, palisade*;

хайс II *a small cooking-pot*;

хайсла|х *to fence*;

хай|х *to look for, search for, seek*; мэдээлэл ~/эрэх *information retrieval*;

хайхрамж *care; attentions; kindness, consideration; attentiveness; heed*;

хайхрамжгүй *careless; inattentive, thoughtless; indifferent; heedless*;

хайхра|х *to pay attention to, heed; to take into consideration*;

хайч(ин) I *scissors, pair of scissors, shears; tongs, pincers, pliers; forceps*; үс орооx ~ *curling/hair tongs*; галын ~ *fire tongs*; мод хяргах ~ *gardening shears, secateurs*; үйлийн ~ *tailor's scissors*;

хайч II *a border point*;

хайчин *falcon*;

хайчла|х *to cut off, clip or shear*; сонины өгүүллэг хайчилж авах *to clip an article out of the newspaper*;

хал *hardship; one's bitter experience; harm, detriment*; ~ авах *to be weary of hardship; to harbour a grudge*; ~ үзэх *to suffer hardship*; ~ хөнөөл *harm, detriment*; ~ балгүй *harmless, without detriment to sb/sth; no trouble*; бидний ашиг сонирхолд ~тай үйл ажиллагаа *activities detrimental to our interests*; ~ үзсэн *hardbitten, experienced*;

халаа *changing, change; successors; relief, shift*;

халаад *overall*; лаборант цагаан ~ өмссөн байв *the lab assistant was wearing a white overall*;

халаас *pocket*;

халаа|х *1. to warm up, heat up; 2. to embarrass*;

халаг *interjection expressing sorrow or regret: alaş! oh!*

халагда|х *to retire, be discharged or demobilized; to be dismissed*; хэрэв та дахиад хожигдвол ажлаасаа ~ болно шүү *if you're late again you'll be dismissed from your job*; тэр, ирэх жил цэргээс халагдана *he will retire from the army next year*;

халаглал *lament (for)*;

халай|х *1. to show favour; 2. to look at, observe*;

халамж *care, attention(s), concern, solicitude*; түүний хүүхдүүддээ тавих ~ *her solicitude for her children*;

халамжгүй *inattentive, unfeeling, lacking in*

solicitude;

халамжла|х *to take care of, be solicitous about sb's health, welfare, etc;*

халамжтай *solicitous, thoughtful;*

халамца|х *to get intoxicated;*

халамцуу *intoxicated, slightly drunk;*

халанги *tipsy, high;*

халанхай *scars from burns;*

хала|х I *to become warm, become hot; to warm up, heat up; to become heated or excited, get carried away; to get somewhat drunk;* ам ~ *to get carried away by a conversation;* нүүр ~ *to be embarrassed, feel shame;*

хала|х II *to change, replace; to discharge, dismiss;* ажлаас ~ *to discharge from a position/job;*

хала|х III *to approach to, come near; to be reluctant to do sth;*

халбага *spoon; spoonful;* цайны ~ *teaspoon;* хоолны ~ *soup-spoon;* хоёр ~ элсэн чихэр *two spoons/spoonfuls of sugar;*

халбагада|х *to spoon;* шөл ~ *to spoon up soup;*

халбагар *baggy;*

халбигар *rather flat; (of a person) large, rather fat;*

халгаа **1.** *ice-covered ground, icy condition of roads;* **2.** *risk; trouble, difficulty;*

халгаатай *risky; dangerous; troublesome;* ~ ажил *risky business, venture;*

халгаа|х *to allow to approach/come near;*

халгаахгүй *not to allow anyone approach/come near; to rebuff, snub;*

халгай *nettle;*

халга|х I *to slip over (on sth);*

халга|х II *to fear, be afraid of;* тэр, эмчид үзүүлэхээс халгаад байна *he is afraid to go to the doctor;*

халгиа *lapping, spilling;*

халги|х *to spill, overflow;*

халдаа|х *to infect (with);* өвчин ~ *to infect with disease;*

халдагда|х *to be infected (with);*

халдамхай *infectious, contagious; quarrelsome; encroaching, aggressive;*

халда|х *to be infected (with); to encroach (on, upon), infringe (on, upon); to attack;* эрх чөлөөнд ~ *to infringe sb's liberty;* ханиад ~ *to be infected by influenza;* аминд ~ *to make an attempt on someone's life;* эрхэнд ~ *to encroach on someone's rights;* халдан довтлох

to attack;

халдац *approach; accessibility; contagiousness, infectiousness;*

халдацгүй *inaccessible;* тэр, ~ хүн *he is quite inaccessible;*

халдашгүй *inviolable; unapproachable;* ~ эрх *inviolable rights;* ~ дархан хил *inviolable borders;*

халдвар *infection; contagion, harmful influence;* ~ тараах *to spread an infection;*

халдваргүй *non-contagious;*

халдваргүйжүүлэ|х *to disinfect;*

халдварла|х *to infect, contaminate;*

халдварт(ай) *contagious, infectious; influential;*

халдлага *aggression, encroachment, attacks;*

халз I *face to face; head-on;* ~ тулгарах *to meet face to face;* ~ тулалдаан *a duel;* ~ дайрах *to blitz;* ~ мөргөлдөх *to collide head-on;*

халз II *a forest clearing;*

халзавтар *somewhat bald; sparsely haired;*

халзан *bald; white-faced (of an animal); a clearing in forested area;*

халзла|х *to make bald;*

халзра|х *to grow bald;*

халиар *(bot.) ramson;*

халив I *cover, lid;*

халив II *screwdriver;*

халивда|х *to screw into or unscrew;*

халивла|х *to cover with a lid;*

халил *precipice; abyss;*

халим I *whale;*

халим II *the fat adhering to the hide of an animal just skinned; a thin film over the fat of boiled meat;*

халимаг I *Kalmuck or Kalmyk, a member of any of a group of Buddhistic Mongol tribes of a region extending from western China to the valley of the lower Volga River;*

халимаг II *a short hairstyle for men;*

халимал *overflowing;*

халимла|х *to remove the fat adhering to the skin of an animal just slaughtered;*

халимта|х *the freezing on the surface of the snow;*

халира|х *to be scared (of doing sth/to do sth); to shrink from sth/doing sth; to give up;*

халирхай *timid, fainthearted; weak-willed;*

халиу(н) *(zool.) otter;*

халиугч bay (colour of mare or cow); ~ гүү a bay mare;

халиун dun (colour of horse or ox);

халиура|х (of sth yellowish or light) to sway, ripple or swing;

хали|х I to overflow, spill over;

хали|х II to fly, soar; to hover or float in the air;

хали|х III (hon.) to die;

халт : халт мөлт barely, anyhow (badly, carelessly);

халтан dirty, soiled;

халтанта|х to become dirty;

халтар I variegated; multi-coloured; ~ морь a bay horse with white breast and whitish around nose, mouth and eyes; ~ нохой a black dog with yellow spots around the mouth and eyes; ~ үнэг a silver fox; ~ нугас a large brown duck;

халтар II dirty, covered with dirt, soiled; ~ гар dirty hands; ~ болох to become dirty or soiled; ~ болгох to dirty, make sth dirty; цагаан бээлий амархан ~ болдог white gloves dirty easily;

халтарла|х 1. to make sth dirty; 2. to do sth badly or carelessly; бичиг үсэг ~ to be barely able to read or write a little;

халтарта|х to become spotted, variegated, motley; to become soiled or dirty;

халтгана|х (of a fish) to wriggle; (of a person) to be overly friendly;

халти quickly passing, cursorily, fleetingly; ~ мөлт slipshod, anyhow, carelessly; in a disorderly hurry; ~ мөлт хийсэн ажил a slipshod work; ~ гишгэх to stumble (on, over); тэр, ~ гишгээд унав he stumbled and fell; ~ сонсох to fail to hear all of; ~ харах to catch a glimpse of; би хулгайчийг ердөө ~ харсан учир түүнийг үнэхээр дүрсэлж чадахгүй нь I only caught a glimpse of the thief, so I can't really describe him;

халтираа a slippery place; ~ ихтэй зам a slippery road;

халтира|х to slip, slide; хөл минь халтираад унахаа шахав my foot slipped and I nearly fell; хэл ~ to make a slip of the tongue;

халуун hot; warm; heat; fever, (high) temperature; hot weather; ~ өдөр a hot day; ~ ус hot water; bath-house; ~ хоол a hot meal; ~ хүйтэн temperature; ~ хижиг malaria; ~ы эм a febrifuge medicine; ~ тогоо samovar; ~ оргих to be/feel hot; ~ аршаан hot spring; ~ цэг hot spot; ~ зэвсэг fire-arms; ~ амт a strong taste; ~ ногоо spice; ямааны мах ~ дээрээ strike while the iron is hot; ~ мөрөөр нь hot on sb's/sth's heels/tracks/trail; аспирин ~ буурууулдаг aspirin can reduce fever; наранд ~ оргих to feel the heat of the sun's rays; ~ нүүр face-to-face; ~ намар early autumn; ~ салхи warm and mild wind;

халуура|х to have a fever; to be flushed with; to become feverish;

халууца|х to suffer from the heat;

халууцуула|х caus. of халууцах; to make one feel hot;

халх I shield; screen; protection; нарны ~ sun shade;

халх II Khalkha, an Altaic language, the official language of the Mongolian Republic and the chief vernacular of its eastern half; ~ монгол the Khalkha mongol, a member of a pastoral people now living chiefly in Mongolia;

халхавч shield; screen; shelter; protection;

халхавчла|х to cover with, shield;

халхай interjection upon touching sth hot: ouch!

халхгар wide, baggy;

халхгарда|х (of clothing) to be too wide and baggy;

халхжи|х to become Khalkha mongol in custom or in culture;

халхла|х to hide, cover; to shield, screen; нүдээ гараараа ~ to shield one's eyes (from the sun) with one's hand; цагдаагийн офицер охиныг биеэрээ халхлав the police officer shielded the girl with his body;

халхчууд the Khalkha Mongols;

халхши|х to acquire a Khalkha nature;

халц an intensive particle: apart, asunder, into pieces;

халцархай mangy; bare; hair- or wool-less spots on an animal skin; ~ нэхий sheepskin with wool-less spots;

халцгай I grassless, sparsely covered by plants; hairless; bare;

халцгай II see халхай;

халцла|х to tear off the top layer of sth; унаж ~ to bark, rub the skin off (a knee, elbow, etc) by falling;

халцра|х to fall out (of hair, fur); to moult;

халчгар (of clothing) too light or thin;

халшрал fear (of); reluctance, disinclination;

халшралгүй *indefatigable; without shirking;*

халшра|х *to give up/in; to be afraid (of doing sth/to do sth);*

хальс *shell; thin skin, film, peel, skin (of fruit); (anat.) membrane, coat;* нимбэгний ~ *lemon peel;* сонгины/ төмсний ~ *onion/potato skins;* өндөгний ~ *eggshell; (anat.)* онгон ~ *hymen;*

хальсла|х *to shell, peel, skin;* төмс ~ *to peel a potato;*

хальста|х *to develop more skin, peel, or shell;*

хальт *see* **халти**;

хальтра|х *see* **халтирах**;

хам *together, together with; joint, combined; co-;*

хамаа *connexion (with); concern; decency, propriety; decorum; relationship;* ~тай байх *to bear a relation to sth;* энэ чамд ~ байхгүй *it is no concern of yours;* ~ намаагүй аашлах *to behave improperly;*

хамаагүй *unrelated; of no concern; unconcerned; not a relative; unceremonious; far, by far;* над ер ~ *I don't mind; it's all the same, all one to me;* ер ~ байх *to bear no relationship; to have no connection with; to have nothing to do with;* надтай ~ хүн *a person is no relative of mine;* ~ хүн *a person who doesn't stand on ceremony;* ~ дээр *far better;* тэр, ахаасаа ~ хурдан гүйдэг *he runs far faster than his brother;* чамд ~ юманд бүү оролц *don't interfere in what doesn't concern you;*

хамаарагда|х *to relate (to); belong (to); to be attributed (to);*

хамаарагч *charge d'affaires;*

хамаарал *dependence; connection;*

хамаара|х *to concern, relate (to), have to do (with); to depend (on); to be in charge of;*

хамаарахгүй *not related or connected;*

хамааруула|х *to refer (to), relate (to), attribute (to); to draw (into), involve (in);*

хамаарха|х *to become related (to) or connected (with);*

хамааса|х *to try to become related (with);*

хамаатай *related (to), connected (with); having a relationship;* энэ надад ямар ~ юм бэ? *what has this to do with me?*

хамаатан *relatives;* ойрын/холын ~ *close/distant relatives;*

хамаг *all; whole;* ~ чадал, ~ хүчээрээ *all out, with all one's might;* ~ сэтгэлээсээ *with all one's heart;* эмч ~ хурдаараа ирэв *the doc-*tor came with all speed;*

хамагч *sth raking, gathering, or sweeping together;*

хамар 1. *nose;* гутлын ~ *toe of a shoe or boot;*~ хоншоор *snout, muzzle;* хамрын нүх *nostrils;* хамраа сөхөх *to cock one's nose;* **2.** *a partition;* ~ хийх *to partition off;* **3.** *adjacent, neighbouring;* ~ хашаа *an adjacent courtyard;* **4.** *a leaf of a book;* **5.** *the spur of a mountain between valleys or ravines;*

хамарла|х *to partition off; to go along a mountain spur;*

хама|х *to rake up, gather in or up; to seize, appropriate;* өвч ~ *to rake up hay;*

хамба I *bishop;* гандангийн ~ *the Bishop of Gandan;*

хамба II : хамба торго *a fine silk with large circular patterns;* ~ хилэн *velour(s);*

хамгаалагда|х *to be under guard, be protected;*

хамгаалагч *guard; protector; defender; defense attorney; (sports) defensman, back;*

хамгаалал *defense, protection; guarding;* хөдөлмөр ~ *measures for protection of labour;*

хамгаалалт *guard; defense; protection; safety; preservation;* хилийн ~ *frontier guard;*

хамгаалалтгүй *defenseless; unprotected;*

хамгаала|х *to guard, preserve, protect, defend; to stand up for; to shield sb; (adj.) preservative, protective, defensive;* над руу нохой дайрахад би өөрийгөө модоор хамгаалав *when the dog attacked me, I defended myself with a stick;* дайснаас эх орноо ~ *to defend one's country against enemies;* хүрээлэн буй орчныг ~ *to protect the environment;* өвчнөөс ~ *to guard against disease;* ерөнхийлөгчийг хамгаалж буй цэргүүд *soldiers guarding the president;* та өөрийнхөө эрхийг ~ ёстой *you must stand up for your rights;* жирэмслэлтээс ~ эм *a contraceptive pill;*

хамгийн *used in forming superlatives:* ~ чухал асуудал *the most important question;* ~ тэнэг *the stupidest, the most stupid;*

хамжаа *help, assistance; support;* ~ болох *to come to the aid (of), lend a hand;*

хамжи|х *to do sth cooperatively or collectively; to club together (to do sth);*

хамжлага *(obsol.) serf;*

хамжлагат *having serfs;* ~ ёс *serfdom;*

хамра|х *to draw sb into doing sth, draw sb in, involve sb (in sth/doing sth);* ажил хаялт олон хүнийг хамрав *the strike involved many people;*

хамруула|х caus. of хамрах;

хамсаа *complicity;* хань ~ *accomplice;*

хамсаатан 1. *cooperator;* **2.** *associate, confederate, supporter;*

хамса|х *to collaborate (with sb), do sth together;*

хамсра|х *to cooperate (with sb), collaborate (with sb);*

хамт *with, together, joint; taking place at the same time;* хамтын *collective, joint;* хамтын нөхөрлөл *community, commonwealth;* хамтын эзэмшил *joint ownership;* хамтын ажиллагаа *collaboration, co-operation;*

хамтад *together, jointly, in common;*

хамтатга|х *to combine; to join together; to unite, unify;*

хамтлаг *collective; group;* миний дуртай ~ өнөө орой энд тоглолт хийнэ *my favourite group is/are going to play here tonight;*

хамтрагч *a business partner;*

хамтра|х *to unite, join; to go/enter into partnership; to cooperate in doing sth;* хамтарсан *joint;* уг төсөл дээр хоёр сургууль хамтарч байна *the two schools are cooperating on the project;* тэд хамтарч ажиллав *they worked in partnership;*

хамуу *(med.) scab, scabies, rash, mange;* ~тай нохой *a mangy dog;* нойтон ~ шиг наалдах *to stick like a leech;*

хамуура|х *to develop scabies or mange;*

хамхи|х *to shut or close (but not tightly);*

хамхуул *(bot.) baby's breath (Gypsophila paniculata);* ~ шиг хүн *(of a person) rolling stone;*

хамшаа *flat-nosed;*

хамшгар *flat, flattened; compressed;*

хамший|х *to become flattened or compressed;*

хан I *khan, the title given to a person appointed to govern an aimag or province in feudal Mongolia;* ~ гарди *garuda, phoenix;*

хан II : ~ хийх *(of metallic objects) to jingle; to reek, smell very strongly of sth;*

хана(н) *wall; wooden lattice of a Mongolian гэр; scaffolding;* ханан хад *a steep rock;* ханан хээ *lattice design;* ханын цаг *wall clock;* ханын цаас *wallpaper;* хананд тогтоосон гэрлүүд *wall-mounted lights;* ханын зураг *wall-painting;* таван ~тай гэр *a гэр with five lattice wall*

sections;

ханагар *large or big; wide; well-to-do, rich, wealthy, affluent;* ~ гэр *a large гэр;* ~ айл *an affluent family;* ~ амьдрах *to live a life of affluence;*

ханай|х *to appear large or big; to be rich, wealthy, or affluent;*

ханал *content, contentment; satisfaction, gratification; pleasure;*

ханалгүй *insatiable; greedy (for sth);*

ханамжтай *contented, satisfied, pleased;*

хананцар *(med.) wall;* судасны ~ *the wall of an artery/a blood-vessel;*

ханара|х **1.** *(of a row of objects) to incline, lean or fall toward the same side;* **2.** *to become addicted (to), become keen (on);*

хана|х I *to content oneself with sth, be satisfied with; to be sated, be full; to be satiated (with), be surfeited (with);* нойр ~ *to have a good sleep; to have one's sleep out;* үзэж ~ *to have looked enough (at), see enough (of);* ханатал *to satiety, to one's heart's content;* тэр, ханатлаа идэв *he ate his fill;*

хана|х II *to bleed someone;* эмч нар эмчлэх замаар хүмүүсийг ханадаг *doctors used to bleed people as a way of treating illness;*

ханачла|х *to sew or decorate sth in lattice design;*

хангагда|х *to be satisfied, appeased;* -аар ~ *to be supplied or provided with sth;*

хангай **1.** *Khangai, a hilly and wooded country with cool climate, abundant water and fertile pastures;* ~ дэлхий *earth, land;* **2.** *(euph.) wolf;*

хангал *wild, refractory, (of a horse) unbroken;*

хангалт *providing (with), provision (of, with); satisfaction;*

хангалтгүй *unsatisfactory, not goot enough;* түүний ажил маш ~ байна *his work is highly unsatisfactory;*

хангалттай *satisfactory, good enough for a purpose;* ~ тайлбар *a satisfactory explanation;*

хангалуун *contented, satisfied; rich, wealthy, affluent;*

хангамж *providing (with), supplying (with); supply;* зүрхний цусан ~ *the supply of blood to the heart;*

хангамжгүй *not provided (with), poorly supplied;*

хангамжтай well provided for;
ханга|х to provide (with), furnish (with), supply (with); to satisfy; to give satisfaction (to); to comply (with); to answer, meet; шаардлага ~ to answer requirements; хүсэлтийг ~ to comply with a request; хоол хүнсээр ~ to supply with food; түүний хүслийг ~ юу ч алга : тэр үргэлж гоншгинож байдаг nothing satisfies him : he's always complaining;
хангина|х 1. to ring, tinkle, resound; хаалганы хонх хангинав the doorbell rang; чих ~ (of the ears) to ring; 2. to chide, reprove, take to task; 3. to reek (of), stink (of); 4. (of ringing frost) to set in;
хангинуур ringing, tinkling, resounding, clear; (of a person) lively;
хангир : ~ жингэр хийх to ring, jingle;
ханд syrup; extract; tincture; brewing (of tea); infusion; decoction;
ханда|х to apply (to), appeal (to), address; to head for; to turn to; to turn towards; хуульчид ~ to take legal advice; туслалцаа эрж хэнд хандахаа тэр эмэгтэй мэдэхгүй байв she did not know to whom to turn for help; муу ~ to treat someone badly, maltreat someone;
хандгай elk;
хандлага tendency (to, towards), trend;
хандла|х to infuse, draw; цай ~ to let tea draw;
хандуула|х caus. of хандах; to direct (to, at); анхаарлаа ~ to direct one's attention (to);
ханжаар a sleeveless jacket;
ханз 1. ka'ng, a chinese brick-bed; 2. kanji, a system of Japanese writing using Chinese-derived characters; ~ үсэг any one of these characters;
ханзархай tear, torn place in cloth, shoe, etc;
ханзла|х to open, unseal; to unpick the stitches/seams; to rip open;
ханзра|х to come unstitched, come undone, rip;
ханиад cold; grippe; influenza; ~ томуу grippe; ~ хурэх to catch (a) cold;
ханиалга(н) cough, coughing;
ханиалга|х to give a cough;
хания|х to cough, have a cough;
ханигүй friendless; incomparable;
ханила|х to become friends (with), become intimate (with); to associate with someone; to keep someone company; ханилан суух (of two

people) to get married;
ханирха|х to turn to someone for companionship;
хантааз waistcoat;
хантайра|х to raise the head of a horse by fastening the reins around the saddle (after riding);
хануур a lancet for bleeding; ~ хорхой leech;
ханхай I unfurnished; empty; without freight;
ханхай II castle in chess;
ханхайла|х to empty out;
ханхай|х to be empty; to be broad and wide;
ханхалза|х to move one's shoulders as a way of expressing bdast, bragging, etc;
ханхар large; broad-shouldered;
ханхгар see ханхар;
ханхигар large; large-boned;
ханхла|х to emit a strong odour;
ханхлуула|х caus. of ханхлах; to stink sth out;
ханцуй sleeve, arm; ~ шамлах to roll up the sleeves; богино ~тай хувцас a dress with short sleeves;
ханцуйла|х to put sth in the sleeves; to steal;
ханчир 1. the skin of the abdomen; (anat.) peritoneum; 2. (of a person) lacking one hand or arm, having a withered arm;
ханш I (fin.) rate (of exchange);
ханш II friendliness; sympathy; kindheartedness;
ханшаар bridge of the nose;
ханшгүй unfriendly; unkind;
ханштай friendly; congenial;
хань friend; companion; нохой бол үнэнч ~ a dog is a faithful companion; ~ нөхөр friend; companion; husband; ~ татах to seek companionship; замын ~ fellow-traveller;
ханьс the young of the badger;
ханьса|х to seek friends; to turn to someone for companionship;
ханьца|х to live together, cohabit;
ханьшаа|х to seek companions or friends;
хар I black; dark; ~ гутал black shoes; ~ зах black market; ~ талх brown bread; ~ мах dark meat; meat without fat; ~ шороо black earth; ~ арьстан negro, black (man); ~ лам Christian priest; ~ тамхи opium; narcotic; ~ мод (bot.) larch; ~ хөлс sweat in large drops; ~ дом black magic; ~ санаа insidiousness, craftiness; malice; malicious intent; ~ үйл evil deed; harm; ~ буруу санах to think evil, bad thoughts;

to harbour ill; ~ салхи typhoon; ~ хүч very strong physical force; sheer force; ~ ажил labour, hard physical work; ~ бага наснаас from one's very childhood; ~ ажилчин labourer; ~ болох to become dirty; to become a layman; ~ хүн husband; civilian; a man who is not a lama; ~ амиа бодох to act selfishly; to think first of one's own interests, needs; ~ буух to regret, be sorry (for, about); ~ дарах to have a nightmare; ~ элгийн not related by blood; ~ данс blacklist; каратэгийн ~ бүс black belt of karate; ~ цагаан телевизор a black-and-white television; ~ хир dirt, filth; ~ нүдний шил dark glasses; ~ улс the common people; ~ бор iron grey; ~ хээр dark brown (of horses);

хар II jealousy; envy;

хар III : ~ няр хийх the sound produced by the falling, rubbing, crushing of some hard object; ~ хур хийх the harsh sound made by dogs;

хараа I sight, vision; sights; ~, сонсгол муутай having poor sight and hearing; бууны овоо ~ the sights of a rifle; алсын ~ vision, foresight; хараандаа авах to take into consideration;

хараа II (watch-) tower;

хараагүй unseeing; unseen; blind; ~ болох to become blind, lose one's sight;

хараал curse; damnation, perdition; abuse; ~ тавих to curse, swear at, use foul language; ~ хийх to cast/put a spell/curse on sb; to curse, swear at; ~ идэх to be cursed;

хараалга|х to be cursed, be upbraided; to be under a curse;

хараалч a person who curses and swears;

хараамхай having the habit of cursing or upbraiding;

хараат dependent, vassal;

хараа|х to curse, swear at, damn, upbraid;

хараахан still not yet, not quite yet;

хараацай swallow (bird);

харавтар blackish, rather black;

харагда|х to be seen, be visible; to be overlooked; манай цэцэрлэг хөрш айлын цонхноос харагддаг our garden is overlooked by our neighbours' windows;

харагч(ин) black (of female animals); ~ гүү black mare;

харайла|х to jump about, leap repeatedly;

харайлт jump, jumping, leaping, caper,

spring; өндрийн ~ high jump; уртын ~ long jump;

харай|х to jump, leap, spring; to bound; дарга нь орж ирмэгц тэр босон харайв he jumped to his feet as the boss came in;

харалган nightblind, nyctalopic; shortsighted or longsighted;

харалдаа near, close, next to;

харам stingy, miserly, niggardly; possessive (about sth/sb); Ангараг тоглоомондоо мөн ч ~ шүү Angarag's very possessive about his toys;

харамж gratuity;

харамла|х to be possessive (about sth/sb); to be stingy, be miserly;

харамсал regret; нас барсанд ~ илэрхийлэх to express regret at sb's death;

харамсалтай regrettable; deplorable; ~ нь regrettably; unfortunately;

харамса|х to regret, deplore, be sorry (for, about);

харамч a miser; miserly, possessive (about sth/sb);

харанга gong; ~ цохих to beat a gong;

харангада|х to faint from starvation;

харангаса|х to starve; ган гачигт харангассан зэрлэг амьтад wild animals starving in the drought;

харангуй 1. darkness; ignorance; 2. blackish;

харандаа pencil; ~ны сав pencil-case; ~ үзүүрлэгч pencil-sharpener; ~гаар бичих/зурах to pencil;

харанхуй dark, gloomy; darkness, gloom; ignorant, benighted; ~ гудамж a dark street; шөнийн ~ darkness of night;

харанхуйда|х to be too dark;

харанхуйла|х to darken; to black out; дотор ~ to black out, faint; шуурга босч тэнгэр харанхуйлав the sky darkened as the storm began;

хара|х to look (at, over, through), see, watch; to look after, care for; to face; толинд ~ to look at oneself in the mirror; тэр над руу хараад инээмсэглэв she looked at me and smiled; тэд өөд өөдөөсөө харан сууж байв they sat facing each other; ийш тийш ~ to look around; эргэж ~ to look back (behind, round); нүдний булангаар ~ to look out of the corner of one's eye; цоожны нүхээр ~ to look through the keyhole; хүүхэд ~ to look after a child;

айлын гэр ~ *to look after sb's house;* тусламж ~ *to look to sb for help;* өөдөө ~ *to look up;* муухай ~ *to look askance;* бараа ~ *to catch sight of;* морь ~, мөр ~, бараа ~ *to defecate or urinate;* хуний, царай ~ *to be dependent on others for a home, food, money;* эцэг эхийнхээ гарыг ~ *to be dependent on one's parents;* нүүр ~ *to act with bias;* өө сэв ~ *to find fault (with), cavil (at); carp (at);* харж үзэх *to take care (of), watch (over);*
харваа *archery skills;*
харваач(ин) *archer;*
харвагч *shooting;* ~ од *shooting or falling star;*
харвалт *shooting; (med.) stroke;*
харва|х *to shoot with a bow and arrows; to shoot; to dart;* би сумаар бай харвав *I shot an arrow at the target;* алтан хараацайнууд тэнгэрт харван нисэцгээнэ *swallows are darting through the air;* пуужин ~ *to launch a rocket;* од ~ *(of a small meteor) to fall;* тархинд цус ~ *to have/suffer a stroke;* тэр, тал цус харважээ *the stroke left him partly paralysed;* сүр ~ *(humor) to have the trots (to have diarrhoea);*
харвин *abdomen fat; a paunch;* ~ суух *to become fat around the belly; to develop a paunch;*
харвис *placenta;*
харгаа *bad consequence;* эх нь гэмтсэний ~гаар хүүхэд гажигтай төрсөн *the child was born deformed in consequence of an injury to its mother;*
харгай *(bot.) larch tree;*
харгалда|х *to come into conflict;*
харгалзагч *overseer, supervisor; jailer;*
харгалза|х *to oversee, supervise; to inspect; to take into consideration, take into account;* харгалзан асрах *to look after, attend to;*
харгалзлага *supervision; surveillance; care, looking after, tending;*
харга|х *to clash (with), come up (against);*
харгис *cruel, brutal, atrocious; despotic; tyrannical;*
харгислагда|х *to undergo great cruelty; to be tyrannized;*
харгислал *brutality, atrocity; tyranny;*
харгисла|х *to be cruel to sb; to tyrannize;*
харгуй *way, track, path;* зам ~ *roads;*
хардагда|х *to be under suspicion;*
харда|х *to suspect; to be jealous;*

харжиг : ~ ~ хийх *to rattle;*
харжигна|х *to rattle along, off, past;* хуучин автобус чулуун замаар харжигнан явав *the old bus rattled along the stony road;*
харз *an ice-hole, water which never freezes;*
хариг *rapids, whitewater;*
харил *decline, decay, collapse; return;*
харилт *return;*
харилцаа(н) *dealings, relations; relationship, contact, connection; communications;* зам ~ *communications (rail, road, canal, etc.);* дипломат ~ *diplomatic relations;* ~ холбоо *communications; relationship;* Америк Монголын ~ *US-Mongolian relations;* тэдний ~ холбоо гурван жилийн хойно тасрав *their relationship broke up after three years;* тэр хүүтэйгээ ~ тасраад байна *she's lost contact with her son;*
харилцан *mutual(ly), reciprocal(ly);* ~ туслах *mutual aid/support;* ~ ойлгох *mutual understanding;* ~ ашигтай *mutually beneficial/advantageous;* ~ адилгүй *mutually different;*
харилца|х *to communicate (with sb); to have dealings (with sb); to correspond (with sb);* дүлий хүмүүс дохионы хэлээр харилцдаг *deaf people communicate by sign language;* захидлаар ~ *to correspond with sb, exchange letters;* ~ данс *bank account;* ~ утас *contact number;*
харилцуур *receiver;* утасны ~ *telephone receiver;*
харимал *declining;*
харимгай *resilient, elastic;*
харин *but; (not only) but; on the contrary, however;* ~ тийм *yes, just so;* ~ ч *moreover; on the contrary; in spite of everything;*
хариу I *answer, reply, response; back, in return; re(-pay,-turn, etc.);* ~ авах *to obtain a reply; to take revenge;* ~ барих *to repay sb (for sth); to reply;* ~ тайлбар *reply comments;* тэр, толгой дохиж ~ өгөв *he replied with a nod;* дайсан бидэн рүү ~ галлав *the enemy replied to our fire;* ~ захиа бичих *to answer a letter;* ~ өгөх *to answer, reply (to);* бэлгийн ~ *in return for a gift;* ~ айлчлал *return visit;* ~ үг хэлэх *speech in reply;*
хариу II *curved, bent; crooked; awry;*
хариугүй 1. *without reply, without response;* 2. *weak; of poor quality;*
хариула|х I *to answer, reply (to); to pay back (to), repay, requite;* ~аасаа өмнө сайтар бод

279

X

think carefully before you answer; асуулʼтанд ~ to answer a question; хичээлээ ~ to recite one's lesson; тусыг ~ to repay, return a favour;

хариула|х II to return; to send; to give change; гэрт нь ~ to send someone home; мөнгө ~ to give change; бөмбөг ~ (in sports) to return a ball;

хариула|х III to graze, pasture; мал ~ to graze, pasture; нүд ~ to distract someone's attention, pull the wool over someone's eyes;

хариулал repayment; return, recompense; retribution;

хариулга answering questions; grazing;

хариулт an answer; a return; change; мөнгөний ~ change;

хариуца|х to answer for, be answerable (for), be responsible (for), bear the responsibility for; жолооч зорчигчдынхоо амь насыг хариуцдаг the driver is responsible for the safety of his passengers; би түүний амийг хариуцана I will answer for his safety;

хариуцлага responsibility; (leg.) amenability; ~д татах to call to account, bring to book; ~ хүлээх to bear the responsibility for;

хариуцлагагүй irresponsible;

хариуцлагатай responsible; ~ нарийн бичгийн дарга executive secretary; ~ эрхлэгч managing editor;

хариуцлагатан senior official;

хариуцуула|х caus. of хариуцах; to assign responsibility;

хари|х 1. to return, go back; гэртээ ~ to return to one's home; **2.** to subside, become less intense; үерийн ус аажмаар харив the flood waters gradually subsided; хаван ~ (of edema) to subside; чадал ~ to become weak; to grow old;

харла|х to turn black, grow black; (of anything black) to appear, loom;

харлуула|х to blacken, make black or grey dark;

хартай jealous; ~ нөхөр a jealous husband;

харуу I grit spread on icy roads; ~ асгах to grit;

харуу II blight, smut, rust (disease of crops);

харуу III stingy, jealous of one's possessions;

харуул I guard, watch; watchtower; ~ын цэрэг a soldier on guard; хилийн ~ border guards; ~ солих the changing of the guard;

харуул II carpenter's plane;

харуула|х caus. of харах; to show, display,

demonstrate; to let attend to; мэдлэгээ ~ to display one's knowledge; хэн болохоо ~ to prove oneself, prove one's worth;

харуулда|х I to wait impatiently;

харуулда|х II to plane;

харуулда|х III to fall face down;

харуулда|х IV to spy on someone;

харуута|х to develop smut;

архан somewhat black; ~ нүдтэй black-eyed;

харц I look, glance; gaze, stare;

харц II commoner;

харцага hawk;

харчгар emaciated, very lean;

харчигна|х to grind (away);

харчигнуула|х to grind, gnash; шүдээ ~ to gnash, grind one's teeth;

харчий|х to become emaciated;

харчин Kharchin, name of a major tribe in Eastern Inner Mongolia;

харш I palace;

харш II contrary to, alien, against; anti-, un-; contradictory; (med.) contraindicated; harmful; ~ төсөөлөл an alien concept; нийгэмд ~ · antisocial; хуулинд ~ contrary to the law;

харшил allergy;

харшилда|х to contradict, be contrary to, be at variance with;

харши|х I (of hard objects such as stones, porcelain) to knock, bump, hit or strike against one another; to contradict, be contrary to; to contrast;

харши|х II to become exhausted or emaciated;

харшил contradiction; (med.) contraindication;

харшлалдаан conflict; antagonism;

харшлалтай contradictory, conflicting, antagonistic;

харшла|х to be at variance (with), conflict (with), run counter (to), be contrary (to); (med.) to be contraindicated;

харшуулал antithesis;

харь foreign, alien; ~ улс foreign country; ~ хэл foreign language; харийн хүн an alien, foreigner; ~ гаригийнхан aliens from outer space;

харьцаа(н) relations; terms; correlation, ratio; сайн ~тай байх to be on good terms with; хүчний ~ correlation of forces;

харьцангүй relative(ly); comparative(ly); by comparison (with); ~ тохилог суудаг living in *comparative comfort;* ~ баян *comparatively wealthy;* ~ зэрэг *(gram.)* comparative;

харьца|х *to treat; to have dealings (with sb);* тэр, биднийг хүүхэд шиг санаж харьцдаг *she treats us like children;*

харьцуула|х *to compare (to, with);* хуулбарыг жинхэнэ эхтэй нь харьцуулахад нэг их ялгаа байсангүй *I compared the copy with the original, and/but there wasn't much difference;*

харьяа(н) *dependent (on); within the jurisdiction (of);*

харьяалагда|х *to be under the jurisdiction (of);*

харьяалал *jurisdiction; subordination;*

харьяала|х *to place under the command or jurisdiction (of); to be dependent upon, be subject or subordinate to;* харьяалахын тийн ялгал *(gram.) genitive case;*

харьяат *subject; citizen;* Францын ~ *a French subject ;*

хас I *(min.) jasper;*

хас II *swastika;*

хас III : гуя ~ *crotch;*

хасаг *Kazakh;*

хасагда|х *caus. of* хасах; *to be reduced, deducted, excluded, or eliminated;* ажиллагсдын тоо дөчөөс хорин тав хүртэл хасагджээ *the number of staff was reduced from 40 to 25;*

хасагдахуун *(math.) subtrahend;*

хасалт *reduction, diminution, decrease; deduction;*

хасарваань *date (fruit);*

хаса|х *to shorten; to curtail; to abbreviate; to exclude, eliminate; to reduce, cut down; (math.) to subtract; to deduct;* ~ тэмдэг *minus sign (-);* нийгэмлэгийн гишүүнээс ~ *to exclude a person from membership of a society;*

хасмал *reduced, diminished, decreased;*

хасуур *wire cutter;*

хат I *(tech.) temper; strength of character, guts, backbone;*

хат II *an interjection expressing rejection, dissatisfaction or disappointment;*

хатаагч *drier (also dryer);* хувцас ~a *clothes drier;* үс ~ *hair-drier;*

хатаалга *drying;*

хатаалт 1. *drying;* 2. *(tech.) tempering;*

хатаамал *dried; rusk;*

хатаа|х I *to dry (out, up); to dehydrate; to dry-cure, jerk (meat, fish, etc.); to parch;* гараа хатаа *dry your hands;* нойтон хувцсаа ~ *to dry one's wet clothes;* хуурай сүү гаргахаар сүү ~ *to dehydrate milk to make milk powder;* хатаасан жимс *dried fruit;* хатаасан ногоо *dehydrated vegetables;*

хатаа|х II *to temper steel or harden iron;*

хатавч *the junction between the door of a* гэр *and the latticework;*

хатагтай *lady; madam; Mrs; Miss;*

хатамжи|х *to harden, become hard; to become inured;*

хатан I *hardened, hard;* ~ төмөр *hardened iron;* уян ~ *flexible, pliant; adaptable;* ~ архи *sharp acrid brandy;*

хатан II *a female sovereign, queen; lady; (cards) queen;*

хатангир *parched; lean, thin; emaciated; atrophied;*

хатангира|х *to become lean, thin, or emaciated; to atrophy;*

хатанхайрал *(med.) atrophy;*

хатанхайра|х *to atrophy;*

хата|х *to dry, become dry, dry up; to wither; (of a person) to waste away; to become parched;* наранд хатсан хөрс *earth parched by the sun;* хатсан уруул *parched lips;* Африкийн хатсан цөлүүд *the parched deserts of Africa;* ам хатлаа - уух юм өгөөч *give me a drink - I'm parched;* усанд хурдан хийхгүй бол наад цэцэгнүүд чинь хатна шүү *the flowers will wither if you don't put them in water soon;* хувцаснууд наранд дороо хатна *the clothes will soon dry (out) in the sun;* ам хатаад байна *my mouth/throat feels dry;* өвчинд ~ *to waste away from illness;*

хаттаа I *stabbing pain;* уушигны ~ *pneumonia;*

хаттаа II *at the same time; simultaneously; (of two horses in a race) neck and neck;* хоёр морь харваа ~ орж ирэв *two horses were neck and neck at the finish;*

хаттагч *that which stings;* өдөөн ~ *an instigator, provoker;* уран ~ *a skilled embroiderer;*

хаттгалга *(med.) pneumonia; instigation, provocation;* миний хатгалгаар тэр үүнийг хийв *he did it at my instigation;*

хаттамал *embroidery, needle-work; embroidered, brocaded;*

хаттамалч *embroiderer, needle-woman;*

хатга|х 1. *to prick; to stab; to stick; to drive into;* хуруугаа зүүнд ~ *to prick one's finger on a needle;* хадаас ~ *to drive a nail into sth;* тэр, агаарын бөмбөлгийг хатгаад хагалчихав *he pricked the balloon and it burst;* тэр, махыг сэрээгээрээ хатгав *he stabbed the meat with his fork;* цээжээр ~ *to have/feel a stabbing pain in the chest;* малгайдаа өд ~ *to stick a feather in one's cap;* **2.** *to sting; (of insects and snakes) to bite;* зарим шавьжнууд хатгадаг *some insects sting;* **3.** *to embroider or brocade;* би даавуун дээр хээрийн цэцэгс ба шувуудыг хатгав *I embroidered wild flowers and birds on the cloth;* хатгамал хатгасан ширээний бүтээлэг *an embroidered table cloth;* **4.** *to instigate, incite trouble; to spur on, provoke;* **5.** *other meanings* : хаяа хатгаж суух *to live side by side/cheek by jowl;* ээ нь ~ *to be instigated by own ill-omen;*
хаттин *name of a Mongol clan;*
хаттуула|х caus. of хатгах; зөгийд ~ *to be stung by a bee;*
хатгуур *anything that pricks; pin, needle;* үсний ~ *hairpin;* лааны ~ *candle holder;*
хатиг *boil; carbuncle;*
хатигта|х *to develop boils;*
хатир *trot;*
хатира|х *to trot;*
хатируула|х caus. of хатирах; *to cause to move at the speed of a trot;*
хатирч *trotting;* ~ морь *a horse that trots;*
хатмал *dried, dried out;*
хатуу *hard; firm; solid; severe; stiff; strong; harsh; stable; tough; strict;* ~ мөнгө *hard currency;* ~ сэтгэлтэй *hard-hearted;* ~ даалгавар *a hard task;* ~ хэл *a hard language;* ~ хавтастай ном *a hardback;* ~ шийтгэл *a harsh punishment;* ~ амьдрал *a hard life;* ~ эцэг *a hard father;* ~ өвөл *a hard winter;* ~ чихтэй *hard of hearing;* ~ дотортой *hard as nails;* социализмд ~ итгэгч *a firm believer in socialism;* ~ шийдвэр *a firm decision;* ~ зарчмууд *firm principles;* ~ сахилга бат *firm/severe discipline;* ~ гар *a firm hand;* ~ зогсох *to be on firm ground;* эцэг эхчүүд хүүхдүүдтэйгээ ~ байх ёстой *parents must be firm with their children;* ~ түлш *solid fuels;* ~ хөрс (газар) *solid ground;* ~ бие *a solid;* ~ цаас *stiff paper;* ихэнхдээ гутлууд шинэ дээрээ ~ байдаг *shoes are often stiff when they're new;* ~ архи *a stiff whisky;* ~ ундаа *a strong/hard drink;* ~

эм *a hard drug;* ~ диск *a hard disk;* ~ мах *tough meat;* ~ арга хэмжээ *tough measures;* ~ багш *a strict teacher;* ~ дүрэм *strict rules;* амьдралын ~ хэтүү *hardship;* ~ хэтүү юм *silver and gold;* ~гийн тэмдэг *hard sign (name of letter ь);* ~ мод *hardwood;* ~ шүүмжлэл *severe criticism;* ~ хүн *a hard-boiled person;*
хатууда|х *to be too hard; to be too severe;*
хатуужил *endurance, tolerance; hardiness;*
хатуужилгүй *not strong; unable to bear cold, hard work, etc.;*
хатуужилтай *enduring, patient, strong, hardy;*
хатууж|х *to harden, become hardy;*
хатуужуула|х caus. of хатуужих; *to harden;* уулан дахь амьдрал намайг хатуужуулав *life in mountains hardened me;*
хатуулаг *alcoholic content; hardness;*
хатуура|х *to harden, become firm or stiff;*
хатуурха|х *to be hard on sb;*
хатуухан *somewhat hard, stiff, etc.;* ~ хэлэх *to criticize;* ~ хэлэхэд, тэр энэ ажилд тохирохгүй юм байна *strictly speaking, he's not qualified for the job;*
хаха|х *to choke (on sth); to teem with sth; to be piled high with sth;* тэр, загасны ясанд хахав *she choked on a fish bone;* загасаар хахсан гол *a river teeming with fish;* угаалтуур аяга тавгаар хахсан байв *the sink was piled high with dishes;*
хахалда|х *to throng;*
хахина|х *to squeak, creak;* хахинасан сандал *a squeaky chair;*
хахир *hard; severe, stern; harsh; rigorous; bleak;* амьдралын ~ хатуу *harsh realities of life;* ~ хоолой *a harsh voice;* чихэнд ~ *harsh to the ear;* ~ газар *bleak lands;*
хахира|х *to expectorate; to spit;* тэр, цусаар хахираад хүнд өвчилсөн байна *he's very ill and spitting blood;*
хахра|х *to turn sour;*
хахуул *(fishing-) rod:*
хахуулда|х 1. *to fish with a fishing rod;* **2.** *to give or offer a bribe;*
хахууль *bribe; graft;* хахуулийн хэрэг *a bribery scandal;* ~ авах *to take/accept bribes;*
хахуульда|х *to bribe; to bribe sb into doing sth;* тэр, харгалзагчийг хахуульдаад оргов *he bribed his way past the guard and escaped;* ~ нь *bribery;*
хахуульч *bribe-taker;*

хахуун *bitter; caustic; acrid;* ~ амт *a bitter taste;*

хацар *cheek; flat side of an object;* эрүүл улаан ~ *healthy pink cheeks;* хацар хацраа наан бүжиглэх нь *dancing cheek to cheek;* гэрээ ~ *cheek-bone;*

хач *gossip, tittle-tattle;*

хачиг *(zool.) tick;*

хачигта|х *to have ticks;*

хачин *strange, peculiar, funny, odd, queer;* тэр, их ~ хувцас өмсдөг *he wears the strangest clothes;* ~ амт/үнэр *a peculiar taste/smell;* мах ~ үнэртэй байв *the meat had a queer smell;*

хачир I *trimmings, garnish;*

хачир II *(zool.) vulture;*

хачирла|х *to garnish;* шинэ ногоогоор хачирласан мах *meat garnished with fresh vegetables;*

хачирха|х *to be astonished (at), be amazed (at); to marvel (at);*

хачирхуула|х *to astonish, surprise, amaze;*

хачла|х *to gossip, tittle-tattle;*

хаш *jade;* ~ аяга *a jade cup;*

хашаа(н) *hedge; fence; palisade, paling; corral, enclosure, pen; court, yard;* хонины ~ *a sheep pen;* сургааган ~ *a timber palisade;* ~ хатгах *to erect new paling;* нүүрсний ~ *a coalyard;*

хашаала|х *to fence; to pen in/up;* фермерүүд талбайгаа хашаалав *farmers fenced their fields;*

хашгараа *loud-mouthed;* ~ хүн *a loud-mouth;*

хашгараан *shouting; yelling;*

хашгара|х *to shout, yell, scream;* би дулий биш, ~ хэрэггүй! *there's no need to shout, I'm not deaf!*

хашгичаа *see* **хашгараа;**

хашгичи|х *to shout, yell out again and again; to shout at sb;* аав бидэн рүү үргэлж хашгичдаг байв *dad was always shouting at us;*

хашигда|х *to be blocked, impeded, or shut out; to be surrounded, guarded;*

хашигна|х *to baulk (also balk); to be lazy, idle;* морь хашигнаад шивээн дээгүүр харайсангүй *the horse baulked at the high hedge;*

хашин I *slow; sluggish, idle;*

хашин II *worn out, threadbare;*

хашир *experienced; worldly-wise; painstak-*

ing; hard-bitten; circumspect; ~ хуучин цэрэг *a hard-bitten old soldier;* тэрнийг ийм яурдан гэрлэсэнд би гайхаж байна - тэр их ~ хүн сэн *I'm surprised he got married in such a hurry - he's usually pretty circumspect;*

хаширла|х *to be careful, be painstaking, be circumspect;*

хаши|х *to fence (around, in), enclose; to put in a pen; to block, bar, obstruct;* мал ~ *to pen, shut (animals) in a pen;* бөмбөг олдсон замын тэр хэсгийг цагдаагийнхан хашжээ *the police have blocked off the road where the bomb was found;*

хашлага *fence; enclosure; barrier; railing; banister;* ~ далан *dam, dike;*

хашраа|х *caus. of* хашрах; *to break (someone) of the habit (of); to punish;*

хашра|х *to baulk (also balk); to learn from bitter experience;*

хаюур *an oar, scull;*

хаюурда|х *to row, pull an oar;*

хаяа *horizon; the lower part of sth; the sidewalls of felt in a* гэр; *outskirts;* ~ сөхөх *to raise the side-walls of a* гэр; модны ~ *outskirts of a forest;* тэнгэрийн ~ *the horizon;* ~нд *nearby; close (in time);*

хаяавч *a narrow strip of felt or joined, wooden boards closing off the lower edge of a* гэр *wall in winter;*

хаялид *paternal second cousin;*

хаялда|х *to skirt; to clear along the horizon; (of fog) to lift;*

хаяра|х *to dawn;* үүр ~ *to dawn;*

хаяг *address; sign; signboard;*

хаягдал *garbage, refuse; waste;* ~ усны хоолой *a waste pipe;* аж үйлдвэрийн ~ *industrial waste;*

хаягда|х *to be thrown away; to be abandoned or left behind;* эцэг эхдээ хаягдсан хүүхэд *a baby abandoned by its parents;*

хаягдмал *abandoned, deserted; waste matter;*

хаягла|х *to address (to sb/sth);* чамд хаягласан захиа байна *there's a letter addressed to you;*

хаяла|х *to throw away or discard one thing after another;*

хаялт *throwing out, casting off;* хууль бус ажил ~ *an unofficial strike;*

хаялца|х *to throw one to another; to pelt one another (with); to haggle (over, about);*

үнэ ~ *to haggle over the price;* ном ~ *to engage in an intelligence test before many scholars;*

хаях *to throw, cast, fling; to leave, abandon, desert; to lose; to shed; to give up;* зангуу ~ *to drop anchor;* салхинд ~ *to throw away, waste;* нөхрөө ~ *to desert one's husband;* зэвсгээ ~ *to lay down one's arms;* ажлаа ~ *to give up, throw up one's work;* түлхүүрээ ~ *to lose one's keys;* тэр, хаалга онгорхой хаяв *he flung the door open;* жин ~ (турах) *to shed pounds;* та тамхиа ~ ёстой *you ought to give up smoking;* тэр хуучин сандлыг гаргаж ~ цаг нь болжээ *it's time we threw that old chair out;* ~ орхих *to throw sb over;* тэр баяжаад бүх хуучин найз нараа хаяжээ *when he became rich he threw over all his old friends;*

хиа *(hist., obs.) page; imperial bodyguard;*
хиам *sausage;*
хиара|х *to die, drop in droves;*
хиачи|х *to massacre; to chop down a tree;* цэргүүд хотод орж ирээд бүх эмэгтэйчүүд хүүхдүүдийг хиачив *the army entered the city and massacred all the women and children;*
хивс *carpet;* ~ дэвсэх *to carpet;* гоёмсог перс ~ *a beautiful Persian carpet;*
хивсэнцэр *rug, fitted carpet;*
хивэг *bran;*
хивэгч *ruminant;*
хивэлт *rumination;*
хивэх *to ruminate, chew the cud;*
хиг *water plants;*
хигд : ~ алт *gold leaf;*
хигтэ|х *(of water plants) to grow or build up;*
хигээс *spoke;* тахийсан ~ *a bent spoke;*
хижиг *typhus;* гэдэсний ~ *typhoid;* бэжрүүт ~ *typhus;*
хижээл *elderly;*
хий 1. *air; gas; atmosphere;* хийн мандал *the atmosphere;* хийн зуух *gas cooker, gasstove;* хийн гагнуур *oxy-acetylene welding;* гэдэсний ~ *wind;* байгалийн хий *natural gas;* ~ дүүргэх *to fill or pump up with air; to inflate;* ~ орох *to become filled with air;* ~ буудах *to shoot a gun into the air;* 2. *empty; to no purpose; vain(ly); idle(ly);* ~ чалчих *idle talk;* ~ дэмий *to no purpose, for nothing; in vain;* ~ үрэх *to waste, squander uselessly;* цагийг ~ өнгөрөөх *to idle, waste time doing nothing;* ~ ажиллах *(of an engine) to idle;* 3. *mental, psy-*

chic; nerve; ~ өвчин *mental disease;* ~ судлал *psychiatry;* ~ судлалын эмнэлэг *mental hospital;* ~ хөдлөх *to feign insanity; to be upset, hysterical; to have a (nervous) break-down; to get weak (according to the Mongols : because of lack of meat);* 4. *other meanings;* ~морь *foursquare flag on high poles in front of Mongolian гэр, a token of fortune and luck;* ~морь доройтох *to have a run of bad luck; (of fortune) to fall;* ~морь дэлгэрэх/сэргэх *(of one's luck or fortune) to rise;* ~ салхи *whirlwind;* ~ ханиалга *dry cough;* ~ үзэгдэл *hallucination;* ~ хоолой *trachea;*
хийгүй 1. *airless;* 2. *intimate, close;* 3. *exactly; perfectly;*
хийгээд *conj. and; also; perfect converb of хийх;*
хийд *(small and secluded) monastery;*
хийдүүлэ|х *caus. of хийдэх; to take advantage of an opportunity;* ажил ~ *to be absent from work (without good cause);*
хийдэ|х I *(of a work, etc) to be interrupted (without good cause); to remain unoccupied;*
хийдэ|х II *to be very full of air or of gas;*
хийжүүлсэн *aerated;*
хийжүүлэ|х *to aerate, gasify;*
хийл *(mus.) violin;*
хийлгэ|х *to cause or permit to make or do; to cause or permit to put or pour into;*
хийлдэ|х *to play on a violin;*
хийлцэ|х *to make or do together;*
хийлч *violinist;* гоцлол ~ *a solo violinist;*
хийлэ|х *to inflate, blow up;* дугуй ~ *to inflate, blow up a tire;*
хиймэл *artificial, synthetic; false;* ~ сувд *artificial pearls;* ~ цэцэг *artificial flowers;* ~ амьсгал *artificial respiration;* ~ үс *false hair; wig;* ~ шүд *false teeth;*
хийрхүү *nervous, hysterical;*
хийрхэгч *hysteric, hysterical person;*
хийрхэл *nervousness, hysteria;*
хийрхэ|х *to go into hysterics;*
хийсвэр *abstract;* хөнгөн ~ *frivolous, not serious;*
хийсвэрдэ|х *to be too abstract;*
хийсвэрлэл *abstraction;*
хийсвэрлэ|х *to abstract;*
хийсгэ|х *caus. of хийсэх; to let fly in the wind;* цаасан шувуу ~ *to fly a kite;* хөрөнгий нь ~ *to expropriate;* туг ~ *to raise a flag;*
хийсдэ|х *to be very frivolous;*

хийсэ|х *to fly in the wind; to be blown, be carried away by the wind; to flutter;* салхинд хийссэн үс *hair flying (about) in the wind;* **хийтэй** **1.** *filled with air or gas;* **2.** *mad, insane;*

хий|х *to do, act, perform;to make, produce; to put or place into;to pour out; to fill (with);to put on; combines with nouns to make simple verbs;* ажил ~ *to work;* цай ~ *to prepare or pour out tea;* хоол ~ *to cook, prepare meal; to use as food;* гэм ~ *to be guilty (of sth);* бүжиг ~ *to dance;* давс ~ *to salt;* шоронд ~ *to put sb in prison/into jail;* мөнгө банкинд ~ *to put money in(to) a bank;* бөгж хуруунд ~ *to put a ring on a finger;* бээлий ~ *to put on or wear mittens;* дайн ~ *to make war;* баримтат кино ~ *to produce a documentary;* хулгай ~ *to steal;* алдаа ~ *to make a mistake;* хүн ~ *to bring sb up;* талх ~ *to make bread;* саад ~ *to hinder, impede; to stand in the way (of);* тоглоом ~ *to chaff, mock (at); to play a trick (on); to have a joke with sb;* замын хань ~ *to accompany, travel with sb;*

хийхий : ~ хахаа *giggling;*

хийц *(industrial) design; construction;* сандал бол энгийн ~тэй эд *a chair is an object of simple construction;*

хил I *frontier, border, boundary;* ~ давах *to cross the frontier; to go abroad;* ~ийн хот *a border town;* ~ийн маргаан *a border dispute;* ~ залгах *to border;* ~ийн зурвас газар *borderland;* Швед улс Норвеги, Финляндтай ~ залгадаг *Sweden has frontiers with Norway and Finland;* гол хоёр орны хооронд ~ болдог *a river forms the boundary (line) between the two countries;* ~ийн шугам *borderline;* ~ийн харуул *border guard(s);*

хил II *(mus.) bow;*

хиллэ|х *to border, bound, share a border with;*

хилс *false, erroneous; slanderous; libellous, defamatory; unjust, unfair;*

хилсдүүлэ|х *to slander, cast aspersions (on), frame;*

хилсдэ|х *to be slandered; to be unjustly accused or punished;*

хилсдэхгүй *there is no denying that, it is no exaggeration to say that;*

хилчин *forntier guard;*

хилэгнүүлэ|х *to enrage, madden, infuriate;* **хилэгнэл** *wrath, anger;*

хилэгнэ|х *to be enraged, be furious, go mad; to fly into a rage;*

хилэм *sturgeon (fish);*

хилэн I *velvet;*

хилэн II *anger, rage, wrath;* бурхны уур ~ *the wrath of God;*

хилэн III *rhinoceros;*

хилэнц *sin, sinful deed;* нүгэл ~ *sins;*

хилэнцэт *sinful;* ~ хорхой *scorpion;*

хими *chemistry;* химийн бодис *a chemical;* химийн урвал *a chemical reaction;* органик ~ *organic chemistry;*

химич *chemist;*

хинций|х *to look out of the corners of the eyes;*

хиншүү *smell of sth burnt (esp. food);* ~ хярвас *smell of singeing fur;*

хиосгон *hermaphrodite;*

хир I *а) ability; possible; measure; limit; wealth;* ~ чинээ *wealth;* ~ чинээлэг *well-to-do; affluent;* ~ хэмжээ *measure, limit;* ~ чадал *ability;* ~ боломж *possible;* ~ чадлаараа *as far as possible; to the extent of one's abilities;* ~ээ мэдэх *to know one's limits or abilities; to know when to stop;* ~ хэмжээгүй *limitless;* миний ~ээс хэтэрсэн *it is beyond my power;* **b)** *how; how much; to what extent or degree; about, around;* ~ олон *how much;* энэ ~ үнэн бэ? *how true is this?* үдийн хирд *about noon;* миний хирийн *about my size (of age, etc.);*

хир II *dirt;* ~ болох *to become dirty;* ~ буртаг *dirt, filth;* ~ халдаах *to sling mud (at);* ~ суусан *dirty;*

хирвээс *fur trimming;*

хиргисүүр *ancient burial mound;*

хиргүй *clean, free from dirt;*

хирдхий|х *to start (up), flinch (at sth);*

хирлэ|х **1.** *to estimate (approximately);* **2.** *to know one's own value;*

хирлэшгүй **1.** *an astronomical number represented by one followed by 63 zero;* **2.** *limitless; immeasurable; no bounds;*

хирс *rhinoceros;*

хиртүүлэ|х *to make dirty, soil, stain;*

хиртэй I *within, within the limits (of), within the bounds (of); about, around; how; approximately;* тэр, нуруугаараа таны ~ *he's about the same height as you;* тэд цаг ~ хүлээцгээв *they waited (for) about an hour;*

хиртэй II *dirty; soiled;* ~ хувцас *dirty clothes;*

хиртэйхэн *just about;*

хиртэлт *soiling; (astron.) eclipse;* нарны ~ *(astron.) eclipse of the sun;*
хиртэмтгий *easily soiled;*
хиртэ|х **1.** *to become dirty;* **2.** *to be eclipsed;* нар хагас хиртсэн байна *the sun is partly eclipsed (by the moon);*
хиртээ|х *to make dirty, soil;*
хирурги *surgery;*
хирургич *surgeon;*
хирэндээ *as much as can be, to the fullest extent;*
хирээр *to the extent of;*
хирээрээ *to the best of one's abilities, as much as possible;*
хитэг *stern, poop;*
хиур *small flag;*
хиурс *flea eggs;*
хичнээн *how much? how many?* ~ удаан *how long;*
хичээл **I** *effort, endeavour; diligence;*
хичээл **II** *lesson, class;* есөн цагт түүхийн ~тэй *I have a history class at 9 o'clock;* ~ заах *to teach, give lessons, give tuition (in);* ~ заалгах *to have, take lessons, tuition (in);*
хичээлгүй **I** *not diligent; careless;*
хичээлгүй **II** *having no class;*
хичээллэ|х *to study in a class;*
хичээлтэй **I** *diligent, assiduous, painstaking; careful;*
хичээлтэй **II** *having a class or lesson;*
хичээнгүй *see* **хичээлтэй I;** ~ оюутан *a painstaking student;*
хичээнгүйлэн *respectfully, attentively, with care and watchfulness;*
хичээнгүйлэ|х *to make an effort; to take pains; to treat with attentive respect;*
хичээ|х *to try, endeavour, seek; to be diligent, be assiduous; to be at pains to do sth; to take (great) pains;* хувиа ~ *to think too much about oneself;* биеэ ~ *to take good care of one's health; to watch one's step;* тэд түүнийг жаргаах гэж хичээсэн боловч талаар болов *they endeavoured to make her happy, but in vain;*
хишиг **I** *blessing; grace; favour; kindness;* ~ хүртэх *to be blessed; to obtain kindness or favour;* амны ~ *one's share of happiness;*
хишиг **II** *Sunday; turn shift;*
хов **I** *gossip, tittle-tattle; piece of scandal; tale;*
хов **II** *intensifying particle used before certain adjectives beginning with* хо : ~ хол *far away;* ~ хоосон *entirely empty;*
ховд **I** *long and narrow box;*
ховд **II** *a hank of wool;*
ховдог *gluttonous; greedy; greed;* ~ жаал *a greedy little boy;* хоолонд ~ хүн *a glutton;*
ховдогло|х *to be gluttonous, greedy;* тэр, ховдоглон идэж уув *he ate and drank greedily;*
ховдол *(anat.) ventricle;*
ховил *groove;* гүйдэг хаалганд зориулсан ~ *a groove for a sliding door;*
ховилдо|х *to make a groove;*
ховло|х *to tell tales (about), inform (on, about); to sneak (on);* тэр, хамгийн сайн найзаа багшид ховлов *she sneaked on her best friend to the teacher;*
ховоо **1.** *well bucket;* **2.** *a trough for watering animals;*
ховоодо|х *to get water from a well with* ховоо *(1);*
ховор *rare; uncommon; in short supply; scarce; rarely, seldom;* ~ шувуу *a rare bird;* ~ тохиолдох өвчин *a rare disease;* цөлд ус ~ байдаг *water is scarce in the desert;* энэ үед шинэ ногоо ~ байдаг *fresh vegetables are in short supply at this time of year;*
ховордо|х *to grow scarce; to become very rare or uncommon; to be in extremely short supply;*
ховорши|х *to become rare, uncommon, or scarce; to be in short supply;*
ховс **I** *two-year old wild boar; a young domestic boar;*
ховс **II** *magic; hypnosis;*
ховсло|х *to use magic; to hypnotize;*
ховсрооч *tell-tale; slanderer;*
ховсро|х *to slander; to tell tales (about); to sow discord;*
ховх *asunder, apart, into pieces;* ~ сорох *to drink to the dregs;*
ховхино|х *to bustle;*
ховхло|х *to peel (off); to strip (from/off);*
ховхорхой *peeled off;*
ховхро|х *(of a surface) to peel; to peel (off), come off;* ханын цаас ховхорч байна *the wallpaper is peeling;* цэр ~ *to cough up phlegm;*
ховч *sneak; tell-tale;*
хог *sweepings, dust; litter; rubbish, refuse, garbage; crumb of bread, cake or biscuit, etc;* ~ тарих *to litter, leave litter about;* ~ тариг *a*

litter-lout (also litterbug);

хоггүй without trash, garbage; tidy, clean;

хогжро|х (of a surface) to peel, lose strips or small pieces of its covering;

хогжруу dandruff, small dry loose bits of dead skin;

хогжруута|х to develop dandruff;

хогло|х (of animals) to feed on grass;

хоглуула|х to put animals in a pasture to feed on grass;

хогтой full of litter, sweepings, or rubbish; untidy;

хогто|х to be littered (with);

хогшил furniture; household effects; хөрөнгө ~ property; тавилга ~ furniture;

хогшилжи|х to acquire furniture; to become wealthy;

ход I : ~ ~ инээх the sound of the laughter of a baby;

ход II free, clear;

ходоод(он) stomach, tummy; ~ өвдөх to have a stomach upset; би ~ хоосон ажилдаа явах дургүй I don't like going to work on an empty stomach;

ходхий|х to shudder with fear, cold, etc;

хоёр (number) two; double; twin; ~ өрөө байр a two-room flat; ~ ихэр twins; ~ хүний өрөө twin bedroom; ~ мотортой twin-engined; ~ нүүртэй two-faced; ~ оронтой (тоо) two-digit; ~ амтай буу double-barrelled gun; ~ нүдний дуран binoculars; ~ настай two-year-old; ~ жилийн of two years' duration; ~ сарын of two months' duration; ~ дугуйтай two-wheeled; ~ талын double-sided; two-way; bilateral; ~ ~оор in pairs; ~ яс хагацах to be delivered (of); арьс яс ~ skin and bone; ~ын хооронд two-bit; incomplete; apropos of nothing; for no apparent reason;

хоёрдмол dual;

хоёрдогч secondary;

хоёрдо|х to be doubtful (about sth/doing sth); to see double;

хоёрдохь second; ~ өдөр Tuesday; ~ хэл second language; би Улаанбаатарт төрсөн харин Франц бол миний ~ гэр I was born in Ulaanbaatar, but France is my second home; Ангараг бол түүний ~ хүү Angarag is her second son;

хоёрдугаар second; number two; ~ сар February;

хоёрло|х to double; to divide into two;

хоёрт secondly; нэгд, энэ их үнэтэй, ~ бол тун муухай юм firstly, it's too expensive; and secondly, it's very ugly;

хоёртаа twice;

хоёртой having two; two-years-old;

хоёрт|ох to double;

хоёрхон only two;

хоёул(ан) both; the two; two together; together with one another; тэр, хоёр ахтай : ~ Багануурт байдаг he has two brothers : both live in Baganuur;

хожгор (of people) bald;

хождо|х to be late, delay; to be overdue; to be slow (of clocks and watches); to be left behind (by); хагас цагаар ~ to be half an hour late; татвараас ~ to be late in paying taxes; лекцээс ~ to be late for the lecture;

хождуула|х caus. of хождох; to cause to be late; to delay;

хожигдо|х to lose, be defeated, fail to win a contest;

хожид later; урьд ~ sooner or later;

хожий|х (of people) to become bald; (of vegetation) to become sparse;

хожим afterwards, later; then, after that;

хожимдол being late;

хожимдо|х see хождох;

хожи|х to win; to gain; цаг хугацаа ~ to gain time;

хожоо gain, advantage, profit;

хожооч profiteer, speculator;

хожуу late, tardy; later;

хожууда|х to be late (with);

хожуудсан belated;

хожуул stump, stub;

хойг peninsula;

хойгуур to the north; behind; to or in the rear; in, along or around the back; байхгүй ~ during someone's absence;

хойгуурда|х to be too far back;

хойлог snow cock;

хоймор the rear part of a гэр opposite the entrance;

хойно in the north; in the back or rear; afterwards; after; later; behind; шөнө дундаас ~ long after midnight; ~ хойноосоо one after another; хойноос дагах to follow; хүний ~ орох to lag behind others; өмнө ~ нь явах to support sb (in sth); to dance attendance on/upon sb; ниргэсэн ~ хашгирах it is no use crying over spilt milk;

хойрго *lazy, idle; sluggish;*
хойрголо|х *to be lazy, idle; to be too lazy (to);*
хойргоши|х *to show sluggishness, show laziness;*
хойт *north, northern; back, rear; hind; step-; ~ зүг north; in a northerly direction; ~ зүгийн салхи a northerly; зүүн ~ north-east; north-eastern; баруун ~ north-west; north-western; ~ хил the northern frontier; ~ нас the next life; ~ дүр a new reincarnation; ~ төрөл rebirth; ~ хөл hind leg; ~ эцэг stepfather; ~ эх stepmother;*
хойтон *: ~ жил the next year;*
хойтхи *northern; back, rear; afterbirth;* машины ~ суудал дээр цүнхээ тавь *put your bag on the back seat of the car;*
хойхно *just around the north; just after;*
хойхнуур *right behind;*
хойч *future; ~ үеийнхэн future generation; ~ийн өдөр in the future;*
хойш(оо) *back, backwards; northwards; after, afterwards, later (on); since, because; ~ тавих to put off, postpone; to put aside; to put by for a rainy day; ~ буцах to go back, return;* хойшоо эргэх/харах *to turn back to look at sth;* хойшоо болох *to step back; ~ суух to sit back; to shun work or responsibility;* хойшоо хийх *to put aside; to put away, save;* хойшоо яарах *to hurry home;* надаас ~ *after my death;* үүнээс ~ *from this time on, henceforth;*
хойшгүй *at the latest;* аравдугаар сарын 31-нээс ~ өргөдлүүд ирсэн байх ёстой *applications should be in by 31 October at the latest;*
хойшдо|х *to be too far back or behind; to be too late or tardy;*
хойшид *hereafter, in future; later, subsequently, hence;*
хойшлогдо|х *to be postponed, delayed, or put off;* цаг агаар муудсан учир тэмцээн дараачийн бямба гариг хүртэл хойшлогдов *the match was postponed to the following Saturday because of bad weather;*
хойшло|х *1. to draw back, step back; 2. to go north; 3. to be postponed, delayed, or put off;*
хойшлошгүй *urgent, pressing;*
хойшлуула|х *caus. of хойшлох; to move back; to postpone, put off, delay (doing) sth;* тэр, шүдний эмчид очихоо хойшлуулсаар байна *she keeps putting off going to the dentist;* шийдвэр гаргахыг хойшлуулъя *let's postpone making a decision;*
хойшлуулшгүй *must not be put off, urgent, pressing;*
хойшхи *northern; future; later;*
хол I *far, far-away, distant, far (from), remote, far-off; far beneath; not in the same class as; ~ орхих to leave far behind; ~ын хамаатан distant relative;* бид ~ явсангүй *we didn't go far; ~ газар a distant land;*
хол II *: ~ ~ хийх to squelch;*
холбиро|х *to slip off, slide off to one side; to dodge;*
холбогдогч *a person connected (with), involved (in), privy (to);*
холбогдол *involvement; relation(ship), connection;* ач ~ *significance; importance;* цагдаа нар түүнийг энэ гэмт хэрэгт ~той байж болзошгүй гэж шалгаж байна *the police are investigating his possible involvement in the crime;*
холбогдолгүй *not implicated (in), not privy (to); unrelated;*
холбогдо|х *to be tied, be bound, be joined (to); to link up (with); to be connected (with), concerned (in), or involved (in); to be privy (to); to be implicated; related;* хоёр сансрын хөлөг тойрог замд холбогдоно *the two spacecraft will link up (with each other) in orbit;* гэмт хэрэгт ~ *to be implicated in a crime;* бусад ~ асуудлууд *other related topics;* үүнтэй холбогдуулан *in this connection;*
холбого *fishing float, bob;*
холболдо|х *to be related or connected to one another;*
холбоо *tie, link, bond, liaison; union, association, federation, alliance; contact, touch; communications;* Англи-Америкийн ~ *the Anglo-American bond;* худалдааны харьцаа ~ *commercial links;* амрагийн ~ *liaison (with sb);* оюутны ~ны гишүүд *members of the Students' Union;* та ямар нэгэн мэргэжлийн ~нд хамаарагддаг уу? *do you belong to any professional associations?* Европын ~ *European federation;* хөрш улсуудын ~нд элсэх *to enter into an alliance with neighbouring states; ~ барих to contact; to make contact (with); ~ тасрах to lose contact/touch (with);* харилцаа ~ *communications;* ~ны хиймэл дагуул *communication satellite;* ~ны хэрэгсэл *means of*

communications; ~ны салбар *post office;*

холбоос *link;* гинжны ~ *a link, loop of a chain;* ~ үг *(gram.) conjunction;*

холбоот *joined together; allied;* хуучин Зөвлөлт Холбоот Улс *the former Soviet Union;*

холбоотой *associated; affiliated; allied; joined; united, federated; related, connected;*

холбоотон *ally (allies);*

холбоочин *(mil.) signaler; postal and/or telecommunications worker;*

холбо|х *to tie, bind, join, unite; to connect, link; to alliterate;* холбож уях *to tie, bind together;* толгой ~ *to tie the knot, get married;* хоолойн хоёр хэсгийг хамт ~ *to join two sections of pipe together;* төмөр зам Дарханыг Орхонтой холбодог *a railway connects Darkhan with Orkhon;* хошуу ~ *to whisper, converse in whispers;*

холго|х *to rub sore, chafe;* түүний шинэ гутал хөлий нь холгожээ *his new shoe chafed his foot;*

холгүй *not far (from);*

холдо|х *to be too distant or remote; to become more distant; to be at a distance (from); to keep away (from); to distance oneself (from);*

холдуула|х *caus. of* холдох; *to remove, put far away; to distance (from); to move aside;* хөрөнгө чинээ аз хийморь хоёр нь түүнийг хуучин нөхдөөс нь холдуулжээ *her wealth and success have distanced her from her old friends;*

холигдо|х *to mix, (of colours) blend (into sth);*

холигч *blender; mixer;*

холилдмол *mixed, combined; mingled;*

холилдо|х *to mix, blend, mingle with sb/sth (together); to be/get mixed up in sth;* тос ус хоёр холилддоггүй *oil and water don't mix;* магтаал зэмлэл холилдсон үг *a speech that contained praise mingled with blame;* би энэ хэрэгт холилдохыг хүсэхгүй байна *I don't want to get mixed up in the affair;*

холилт *mixture, blending;*

холимог *mixed, combined; alloyed;* улсын, хувийн өмч ~ эдийн засаг *mixed economy;* ~ хуурга *mixed grill;* ~ зууш *a mixed salad;*

холимол *mixed, blended; alloyed;*

холио *compound, ingredient;*

холиос *mixture; blend, miscellany, medley;*

холи|х *to mix (with), blend (with); to adulter-*

ate; *to lump together; to confuse, mix up;* ус хольсон сүү *adulterated milk;* хэрэв та улааныг шартай холивол улбар шар өнгө гаргана *if you mix red and yellow, you get orange;* ажил хэргийг зугаа цэнгэлтэй ~ гэж бүү оролд *don't try to mix business with pleasure;* тэр, миний ширээн дээрх бүх бичгийг хооронд нь хольжээ *he had mixed up all the papers on my desk;*

холт *adverbial particle descriptive of peeling or tearing off:* ~ татах *to tear off;*

холтло|х *to tear off, strip off, peel off;*

холторхой *fallen off or peeled off; splinter, sliver;* модны ~ *slivers of wood;*

холтос(он) *the bark of a tree;*

холтосло|х *to peel or tear off the bark of a tree;*

холто|х *to become more distant;*

холтро|х *to fall, peel off, come off; to chip off;* домбыг өргөх гэтэл бариул нь холтроод унав *when I tried to lift the jug, the handle came off (in my hand);*

холуур *in the distance, far off;*

холхгор *swollen, distended; (of clothing) baggy;*

холхи I *distant, removed; from afar;*

холхи II *loose, loosened;* ~ болсон эрэг *a loose screw;*

холхивч *(mech.) bearing;*

холхидо|х *to be loose; to move loosely; to be too loose;*

холхиндог *loose-fitting; boots worn without socks;*

холхи|х *to be loose; to move loosely; to walk to and fro; to hang about/around, loaf around;*

холховч *(mech.) bush;*

холхой|х *to be swollen, distend;*

холхон *rather far, rather distant;*

холцорхой *see* **холторхой;**

холцро|х *see* **холтрох;**

холцруу *a rough spot on the human skin;*

холцруута|х *to be covered with* холцруу; *(of a face) to roughen;* нар салхинд холцруутсан нүүр *a face roughened by the sun and wind;*

холч *able to travel long distances; (of a person) having the foresight;* засгийн газрын бодлого нь гавихаар ~ биш гэдгээ харуулж байна *the government's policies show remarkable lack of foresight;*

холчиргон *perfidious (to towards);*

холчло|х *1. to go a distant place; 2. to think*

far ahead, think deeply;

холшоо|х to consider as being too far, distant, or remote;

хольц compound, composition, ingredient;

хольцоо mixture, blend; alloy; admixture; dash;

хольцоогүй unalloyed, pure, unadulterated;

хольцоотой mixed; blended; alloyed; adulterated;

хом 1. collar (for a horse); 2. a camel's saddle (used for loading);

хомбогор anything shaped like a horseshoe;

хомгор having a very narrow opening;

хомно|х to put a хом on a camel;

хомой|х (of an opening) to become narrow;

хомоол horse dung;

хомрого 1. (hunting) battue; beating up; 2. bad consequences of another's act;

хомроголо|х to hunt employing the battue;

хомс scanty, poor; slender, meagre; scant; ~ мэдээлэл scant information; мөнгөөр ~ хумүүс people of slender means;

хомсдол deficiency, shortage, scantiness; мэдээллийн ~ information gap;

хомсдо|х to grow scanty, run short; to become scarce;

хомсдвор scarcity; poverty; shortage, deficiency;

хомсто|х to become more scanty or meager;

хомсхон very small; scarce;

хомхой greedy, grasping; ~ газрын эзэн a grasping landlord; ~ хуруу index finger; ~ долоох to develop cold sore;

хомхойдо|х to be too greedy or grasping;

хомхойро|х to show greed, cupidity;

хон ~ ~ ~ хийх sound of raven's croaking; the sound of a bell; ~ хэрээ a raven;

хонгил cave; hollow (in tree-trunk); corridor, passage;

хонгино|х (of a bell) to ring; (of a human voice) to be heard indistinctly;

хонгинуула|х caus. of хонгинох; to give rings on the bell;

хонгио cartridge case;

хонго the back of the thigh;

хонгор I yellowish-red, roan;

хонгор II open-hearted, artless; dear, darling; миний ~ охин my darling daughter; ~ сэтгэлтэй open-hearted, artless;

хонгорцог cluster, bunch (of fruit or flow-

ers); icicle; усан үзмийн ~ a bunch of grapes; ~ үс matted cluster of hair;

хонгорцогло|х to bunch, form a cluster; to form icicle;

хонд minium, red lead;

хондлой croup (of horses);

хонжвор gain, winnings; prize;

хонжигч profiteer, speculator;

хонжил profit; profiteering, speculation;

хонжи|х to profiteer; to speculate (in);

хонжоо gain, winnings; prize;

хонжооч see хонжигч;

хонзогно|х to harbour a grudge;

хонзон a grudge; би түүнд ~ санадаггүй I bear him no grudge;

хоног I twenty-four-hour period; day; one day and one night; долоо ~ a week; гурван ~ three days (and nights); ~ өнгөрүүлэх to doss down;

хоног II millet;

хоног III notch (in/on sth);

хоногло|х 1. to pass the night; 2. to roost; 3. to want sth very much, long for;

хоногши|х to imprint itself in/on sb's memory/mind; to impress itself on/upon sb; to be imprinted on; тэрхүү аймшигтай явдал түүний цээжинд арилшгүй мөнх хоногшив the terrible scenes were indelibly imprinted on his memory/mind;

хоно|х to pass the night; to doss down; нүд анилгүй ~ to pass the night without sleep; нойр муутай ~ to have a bad night; ~ байр dosshouse; хээр ~ to spend a night in the open; хонон өнжин day and night/night and day; дайллагын дараа би Дулмаагийн шалан дээр хонов I dossed down on Dulmaa's floor after the party;

хоноц 1. dosser, (overnight) visitor, guest; 2. lodging for the night;

хонуула|х to shelter someone for the night;

хонуур roost;

хонх bell; дугуйны ~ a bicycle bell; ~ны хэл a clapper; ~ны товчлуур a bell-push; хаалганы ~ a doorbell; ~ны дуу a peal of bells; ~ цохих to ring a bell; чихэнд ~ уях to nag (at sb);

хонхдо|х to ring a bell;

хонхигор (of a person, the face) pale from illness; haggard; thin and emaciated; хонхийсон царай a haggard face;

хонхий|х (of a person) to waste away; to look haggard;

хонхилзо|х *to be in a bad mood;*
хонхойло|х *to make a hollow or depression; to hollow out; to dent;* цохих ~ *to dent;*
хонхой|х *to become hollow; to cave in, fall inwards, sag; to become concave, dented or sunken;* тэр, нүд нь хонхойсон хонхигор юм байв *he was thin and emaciated, with sunken eyes;* машины ар мөргөлдөөнд хэмх хонхойсон байв *the back of the car was badly dented in a collision;* хонхойсон хацар *hollow cheeks;*
хонхолзо|х *(of anything soft) to sag;* гэдэс ~ *to feel pangs of hunger;*
хонхор *hollow, pit; (geogr.) hollow, depression;* ~ газар *lowlands;* алганы ~ *the hollow of the hand;*
хонхорхой *cavity; dent; dimple;* хацар дээрх ~ *dimple;* замын ~ *pot-hole, pit (in road);*
хонхосхий|х *to sag suddenly;*
хоншоор *snout, muzzle; toe of a boot or shoe;*
хоншоордо|х *to seize by the muzzle or snout;*
хонь *sheep;* эм ~ *ewe;* ~ майлах *the bleating of sheep;* хонины хашаа *sheepfold;* ~ хяргах *to shear a sheep;* ~ хяргах цаг *sheep shearing time;* ~ алах/гаргах *to slaughter a sheep;* хонин жил *the eighth year of the twelve-year cycle;* хонин цаг *the period from 1-3 p.m.;*
хоньжи|х *to become rich in sheep;*
хоньчин *shepherd;*
хоовгор *oblong; cone-shaped;*
хоовой|х *to be oblong, be cone-shaped;*
хоовон **1.** *brazier;* **2.** see хоовгор;
хоол *food; a meal;* ~ хүнс *food;* үдийн ~ *dinner, midday meal;* оройн ~ *supper, evening meal;* ~ны цаг *mealtime;* ~ идэх *to eat a meal;* ~ны хордлого *food poisoning;* ~ муутай *unnourishing; lacking food;* ~ сайтай *nourishing; abundant food;* ~ хийх *to cook, prepare food; cookery;* ~ны ном *cookery book (cookbook);* ~ны дамжаа *a cookery course;* ~ны сав суулга *cookware;* хоолонд муу *unable to eat much;* хоолонд сайн *having good appetite;* хоолноос гарах *to lose one's appetite;* ~ны сав *parasite, sponger, scrounger;* ~ боловсруулах эрхтэн *digestive organ(s);*
хоолло|х *to eat, have a meal; to feed;* халбагаар ~ *to spoon-feed;* хөхөөр ~ *to breast-feed;* бүгдээрээ өнөө орой хаана ~ вэ? *where shall we eat tonight?*
хооловч *bib;*

хоолой **1.** *throat, gullet, larynx;* түүний ~ дээр яс тээглэв *a bone stuck in his gullet;* улаан ~той шувуу *a red-throated bird;* ~ дээр тээглэх *to stick in one's throat;* ~гоо засах *to clear one's throat;* улаан ~ *oesophagus;* буруу ~ *windpipe, trachea;* **2.** *voice; tune;* ~ сөөх *to be hoarse;* ~ сөөнгө *(of a person) hoarse;* ~ сайтай *having a good singing voice;* ~ чичрэх *(of the voice) to shake/tremble with emotion;* дуу ~гоо нийлүүлэх *to give voice to sth;* тунгалаг ~ *soprano (voice);* аргил ~ *bass;* ~ зангирах *to be unable to speak because of great agitation;* **3.** *neck (of a bottle); tube; pipe;* дамжуулах ~ *pipeline;* усны ~ *a water pipe;* **4.** *narrow entrance to a gulf, bay; ravine; a narrow valley between mountain ridges;*
хоолонцор *a big eater; gluttonous;*
хоолтой *having food; having abundant food;*
хоолши|х *(of a person) to be nourished;*
хоормог *thick sour milk, clabber;*
хооронд *between (also in between); among (also amongst); while; inter-;* хоёрын ~ *in the middle; neither here nor there; half and half;* хот ~ын *inter-city;* тив ~ын *intercontinental;* таваас зургаан цагийн ~ *between five and six o'clock;* чи бидний ~ *between you and me;* улс төрчид ~оо байнга мэтгэлцэж байдаг *politicians are always arguing amongst themselves;* түүнийг сонин унших ~ би галын өрөөг цэвэрлэв *while she read the paper, I cleaned up the kitchen;*
хоорондохь *between; intermediate;* Швед Норвеги хоёрын ~ хил *the border between Sweden and Norway;*
хоосло|х *to empty, empty out; to exhaust; to ruin utterly;* хулгайч нар дэлгүүрийг хоослов *the thieves cleaned out the store;*
хоосон *empty; void; poor, needy; vain, idle;* ~ хайрцаг *an empty box;* ~ өрөө *an empty room;* ходоод ~ архи уух муу шүү *it's not good to drink alcohol on an empty stomach;* ~ үг *empty/vain words;* ~ ам *empty promises;* ~ хонох *to go to sleep on an empty stomach;* ~ толгойтой *empty-headed;* гар ~ *empty-handed;* ~ нойтон *very poor, needy;* үгээгүй ~ *impoverished, needy, poverty-stricken;* яриа *idle talk;* зурагт үзэж цагийг ~ өнгөрөөх *to idle away the hours watching television;* санаа *empty dreams;*
хоосоор *futile; in vain;*
хоосрол *impoverishment;* оюуны ~ *spiritual*

impoverishment;

хоосро|х to become empty; to become deserted; to become poor; бороо орж эхэлмэгц гудмууд даруй хоосров the streets soon emptied (of people) when the rain started; хоосорсон фермерүүд impoverished farmers;

хоосруула|х caus. of хоосрох; to make empty; to impoverish, beggar, make poor;

хоохой ability to manage with one's own life;

хоохойло|х to be able to earn one's living from doing sth; to live by one's wits; to live through;

хор(он) poison; venom; harm; envy, bitter jealousy, heartburn; могойн ~ venom of a snake; ~ өгөх to poison; ~ болох to be poisonous; to bring harm; ~ хийх to do much harm (to); to put poison in sth; ~ хөнөөл harm, damage, injury; ~ хөдлөх to be jealous or envious; ~ шар envy, heartburn; хоры нь маажих to excite envy; to tantalize; ~ нь буцлах to be green with envy; хорондоо on purpose, to spite (someone);

хорвоо world; ~д мэндлэх to come into the world;

хорго cupboard; showcase; cage; шувууны ~ a birdcage;

хоргодо|х to take shelter; to take refuge; to be attached (to sb/sth); to hanker after/for; борооноос ~ to take shelter from the rain; улс төрийн тэрс үзэлтнүүд хилийн чанадад хоргодов the political dissidents took refuge abroad;

хоргодуула|х caus. of хоргодох; to give refuge/shelter; тэр, шоронгийн оргодлыг хоргодуулав she gave shelter to an escaped prisoner;

хоргой a gold or silver brocade;

хоргол the manure of sheep, goats and camels; ~оо тоолох to be miserly;

хорголж(ин) lead (metal);

хорголзо|х to lose one's self-possession; (of a person) to become attached to a place and not be willing to leave;

хоргомчло|х to tantalize, -ise; to whet sb's appetite;

хоргоо|х to pester, badger, bother; гуйлгачингууд түүнээс мөнгө гуйж хоргоов beggars pestered him for money;

хоргүй nonpoisonous; harmless;

хордлого poisoning; жирэмсний ~ morning

sickness;

хордо|х 1. to be poisoned, suffer poisoning; 2. to envy, be jealous of;

хордуула|х caus. of хордох; to poison; эдгээр компаниуд манай гол мөрөнг химийн хаягдлаар хордуулж байна these companies are poisoning our rivers with chemical waste;

хоржигно|х to gurgle; (of the stomach) to rumble; халуун усны хоолой хоржигнож байв the hot-water pipes were making a gurgling noise;

хорз very strong three times distilled brandy; a strong alcoholic drink, spirits;

хориг prohibition, embargo, ban; veto; ~ тавих to put a ban (on); to veto;

хоригдол prisoner;

хоригдо|х to be detained, be locked up, be jailed; to be confined (in); to be blocked; to be forbidden, be prohibited; зургаан жилээр шоронд ~ to be jailed for six years; үр хөндөлт хуулиар хоригдсон abortion is forbidden by law;

хориглол prohibition; defenses;

хориглолт defenses, barricade; цэргүүд босогчдын босгосон ~ руу дайран орж эзлэв the soldiers stormed the barricades erected by the rioters;

хоригло|х to prohibit, forbid, ban; to dissuade; хэвлэн нийтлэхийг ~ news blackout;

хорио prohibition, ban; dissuasion; prison;

хориод around twenty;

хориотой prohibited; forbidden; музей дотор зураг авах хатуу ~ photography is strictly forbidden in the museum;

хориул(ан) all twenty;

хориула|х see хоригдох;

хори|х to prohibit, forbid, put a ban (on); to dissuade; to restrain, detain, hinder; to imprison, lock up, jail (gaol); to confine; архи гадаадаас оруулахыг ~ to put a ban on the import of alcohol; би түүнийг хүнтэй суухыг ~ гэж үзэв I tried to dissuade her from getting married; шоронд ~ to imprison, lock up; хөл ~ curfew; to quarantine;

хорлогдо|х to be poisoned, be killed with poison;

хорлогчин poisoner; poisonous, malicious; evil; тэр, ~ зантай хүн he has an evil temper;

хорлол poisoning; harm; evil; архины ~ the evils of drink;

хорло|х to poison; to harm, hurt; хэн нэгэн

манай нохойг ~ гэж үзжээ *someone tried to poison our dog;*

хормогч *apron;*

хормой *lower part of a skirt; the skirt of a coat; pocket; foot (of hill);* ~ноос зуурах *to cling to someone's skirts;*

хормойло|x *to put or carry sth in a skirt taken up by the hem; to pocket; to skirt;*

хорогдол *loss; decrease, diminution;*

хорогдо|x *to be decreased, diminished, or reduced; to be assassinated;*

хорогдуула|x caus. of хорогдох; *to reduce, diminish, decrease, lessen;* зардал ~ *to cut down expenditure;* засгийн газар татаасын хэмжээг хорогдуулжээ *the government have decreased the size of grants;*

хорол *a circular frame or disk with radial spokes;*

хоролзо|x *to whirl, spin round;*

хором *instant, moment; one one-hundred-thousandth of a second;* ~ зуур *in a moment;* тэр, хариулахын өмнө ~ бодов *he thought for a moment before replying;*

хоромхон *instantly; in a second; a moment;*

хорон *caustic, biting, sarcastic; poisonous; venomous; evil;* ~ үг *caustic/venomous remarks;* ~ хэлтэй хүн *sb with a poisonous tongue;*

хороо 1. *pen, corral, enclosure;* 2. *block (of buildings); ward;* 3. *(mil.) regiment;* танкийн ~ *a tank regiment;* 4. *committee, bureau;*

хороолол *region, district, ward;*

хороолo|x *to enclose (also inclose), fence;*

хороо|x I *to diminish, reduce, decrease; to shorten, cut;*

хороо|x II *to kill, execute, assassinate;*

хоро|x I *to diminish, decrease, drop, dwindle;* нас ~ *to die;*

хоро|x II *(of a herd of animals) to huddle together in hot weather;*

хорсол *grudge; hatred, venom;*

хорсо|x 1. *to feel a burning pain; to sting;* утаанд нүд хорсож байна *my eyes are stinging from the smoke;* 2. *to hate, feel hatred;*

хорт *poisonous, venomous; toxic; harmful;* ~ могой *poisonous/venomous snake;* ~ хий *poison gas;* ~ хавдар *malignant tumour;*

хортой *poisonous, venomous; toxic; harmful; full of spite, malicious;* ~гоор ашиглах/хэрэглэх *to abuse; to indulge in to excess;* тамхи татах эрүүл мэндэд ~ *smoking is harm-*

ful to health; тун хэтрүүлбэл энэ эм ~ шүү *this medicine is poisonous if taken in large quantities;* үг үйлдвэр гадагш нь ~ хаягдал гаргаж байсан *the factory had been sending out toxic waste;*

хортон I *(agric.) pest, vermin; evildoers;* ~ дайсан *sworn enemy;* ~ устгах *to exterminate vermin;*

хортон II *abrasion, flaw, defect;*

хортонто|x *to have a flaw, defect;*

хорхог *pieces of meat cooked by means of hot stones inside a sealed container;*

хорхой 1. *worm; maggot; insect; vermin;* ~ идэх *to become worm-eaten; (of teeth) to become carious;* ~ шавьж *insect(s);* өт ~ *worm(s);* бясаа, бөөс болон бусад ~ *fleas, lice and other vermin;* 2. *vermiform, vermicular;* 3. *desire, craving (for sth);* ~ гозгонох *to crave (for);* ~ хөдлөх *to desire;*

хорхойсо|x *to have a passion for sth; to crave for sth;*

хорхойтой 1. *wormy, having worms; worm-eaten, decayed, carious;* 2. *craved, desired; crazy or mad about;*

хорхойтон *lover; (sports) fan;* хөл бөмбөгийн ~ *a football fan;*

хорхойто|x *to be a fan (of), support; to become wormy; to desire, crave; to thirst for sth;* шүд ~ *tooth decay, caries;*

хорчгор *wrinkled, shriveled, warped;*

хорчий|x *to become wrinkled or creased;*

хорчин *Khorchin, name of a tribe in Inner Mongolia;*

хорши|x I *to cooperate (with sb) (in doing/ to do sth);* үг төсөл дээр хоёр сургууль хоршиж байна *the two schools are cooperating on the project;*

хорши|x II *to become poisonous;*

хоршоо *cooperative; store;* ~ нөхөр *partner, associate, companion;* өндөр ~ *a big department store;* ~дын холбоо *federation of cooperatives;*

хоршоологч *co-operative member;*

хоршоолол *cooperation; cooperative;* 19-р зуунд Англид хоршооллын хөдөлгөөн эхэлсэн *the cooperative movement started in Britain in the 19th century;*

хоршооло|x *to organize into a cooperative;*

хорь(хорин) *twenty;*

хорьдугаар *the number twenty; twentieth;*

хос *pair; couple; double;* ~ морь хэрэглэн

явах *to drive a pair (of horses);* ~ оймс *a pair of socks;* ~ хун *a pair of swans;* ~ холбоо *married couples;*

хосгүй *unpaired, single; matchless, peerless, without equal;*

хослол *suit (of clothes); combination;*

хосло|х *to pair up (with sb); to combine into pairs;*

хосолмол *combined;*

хот I *city, town;* том ~ *a city;* хотын төв *the city/town centre;* хотын захиргаа *municipality, civic administration;* төрсөн ~ *home town;* ~ төлөвлөлт *town planning;* хотын хүмүүс *townsfolk;* хотынхон *the city/town;* нийслэл ~ *capital;* ~ айл *a small settlement;*

хот II *livestock enclosure or pen;*

хоттойд *name of a Mongolian tribe;*

хоттор *concave, hollow; saggy; lowland or depression;* ~ гүдгэр *(topog.) relief;*

хотлоор *all, all together; the whole;*

хотло|х *(of livestock) to stay in a corral or pen for night; to form* хот айл;

хотлуула|х *caus. of* хотлох; *to drive cattle into a corral;* .

хотой|х *to become concave; to sag, cave in; (of wealth, property) to diminish, decrease;*

хотол I *the young of the elk;*

хотол II *all, entire;*

хотолзо|х *to sag, cave in, bow downwards;*

хотон *pelican;*

хоточ *a watchdog;*

хохигоно|х *to be irritated;*

хохимой *skeleton;* ~ толгой *skull;*

хохирогч *victim; survivor;*

хохирол *loss; losses, casualties, damages; harm, injury;* ~ учрах *to incur losses;* ~ учруулах *to harm, cause damage, cause loss;*

хохиролгүй *harmless; not entailing loss;*

хохиролтой *unprofitable, loss-making; harmful; damaging;*

хохироо|х *to cause damage, cause loss, inflict injuries;*

хохиро|х *to get hurt, injured or harmed; to suffer a loss;*

хохируула|х *to cause to get sb into trouble, bring trouble to sb; to hurt sb;*

хохтно|х *to screech;*

хохь *a suitable punishment for someone; loss, damage, or bad luck caused by one's own fault; alone, (all) by oneself;* ~ болох *to serve someone right; to be (all) alone;* ~ ганц *alone,*

(all) by oneself; би шалба норчихлоо. ~ чинь дээ - би чамайг шухэр аваад яв гэсэн дэг *I got absolutely soaked. It serves you right - I told you to take an umbrella;* хохий нь дуудах *to rejoice at/in sb's unfortunes;*

хохьдог *egoistic, selfish;*

хохьдогч *victim;*

хоцрогдмол *backward, outmoded, out-of-date, outdated;* ~ толь бичиг *an out-of-date dictionary;* ~ үзэл санаа *outmoded ideas;*

хоцрогдол *backwardness; underdevelopment;*

хоцрогдонгүй *lagging behind; out of date;*

хоцрогдо|х *to be backward, outmoded or out-of-date; (of a country, etc.) to be underdeveloped;* хоцрогдсон улс *an underdeveloped country;* хоцрогдсон ёс заншил *outdated customs;*

хоцрол *lag;*

хоцролгүй *without lag;*

хоцроо|х *to leave behind;*

хоцро|х *to fall behind, drop behind, stay behind, lag behind; to be backward, be retarded; to be behind, be behindhand; to be left behind (by), become detached (from); (of a clock or watch) to be slow; to remain, stay;* өнчрөн ~ *to be orphaned;* гэртээ ~ *to stay behind at home;* цаг үеэс ~ *to be behind the times;* галт тэрэгнээс ~ *to fail to get back on a train in time;*

хоч *nickname, sobriquet;* ~ өгөх *to nickname;*

хочло|х *to nickname;*

хочлуула|х *to be nicknamed;*

хошигнол *humour, joke, practical joke, prank;*

хошин *comic, satiric(al);* ~ шог *joke, humour;* ~ дуурь *comic opera;*

хошного *anus, rectum;* ~ урвах *(med.) haemorrhoids, piles;*

хошой *twice, second, second time;*

хошоонгор *clover;*

хошуу I *beak, bill; (joc.) person's nose and mouth;* шувууны ~ *a bird's beak, bill;* зааны ~ *the trunk of an elephant;* ~ хүргэх *to kiss sb; to squeal on sb;* бусдын хэрэгт ~ дүрэх *to poke one's nose into other people's affairs;* нохойн ~ *a dog's muzzle; (bot.) wild rose;* таван ~ мал *the five kinds of livestock (horse, camel, cattle, sheep, goat);*

хошуу II *(hist.) khoshun, a subdivision of an aimag;*

хошуу III *anything resembling a snout, beak*

or bill in form or function; cape, bill, point; wedge, anything in the form of an isosceles triangle; ~ бин a wedge of pie; усан онгоц ~ тойров the ship rounded the point; үзэгний ~ nib; өрөмний ~ (a drill) bit; таван ~ five-pointed star; ~ алчуур triangular kerchief;

хошуулда|х to fold diagonally;

хошуура|х (of flocks of livestock or a crowd of people); to wedge, crowd into a limited space;

хошуут having a beak, bill or anything resembling one;

хошууч (mil.) major; ~ генерал major-general;

хошуучла|х to be the vanguard, go in front;

хошхиро|х (of marmots) to whistle; (of birds) to utter the mating-call;

хөв I a deep place in a body of water; refuse deposited by moving water; humus;

хөв II intensifying particle used before certain adjectives and adverbs beginning with хө; ~ хөх very blue;

хөвгүүн youth (person); son, boy;

хөвд moss;

хөвөгч anything drifting or floating;

хөвөлзө|х (of vessel) to roll, pitch; (of sth light) to move up and down;

хөвөн cotton; cotton wool; made of cotton;

хөвөнтэй wadded; quilted; cotton-padded;

хөвөө I edge; brim, border; margin; hem; bank, beach, shore; голын ~ bank of a river; water's edge; шалны ~ skirting-board; зах ~ edge, brim; border; аяга шаазангийн ~ the brim of a cup;

хөвөө II : хөгшин ~ old, aged;

хөвөөлө|х to border, edge, trim; to move along the border or bank;

хөвөрдө|х to overcast (in sewing);

хөвөрхий tied with a slip-knot; unravelled; ~ уях to tie with a slip-knot;

хөвө|х I to unravel, unwind;

хөвө|х II to float, drift; завь голын урсгал даган хөвөв the boat drifted down the river;

хөврө|х to come loose (a knot, etc.); (of woven or knitted fabric) to ravel; (of thoughts) to drift;

хөвсгөр fluffy; puffy; ~ үүлс puffy clouds;

хөвсийлгө|х to fluff sth (out/up); шувуу өд сөдөө хөвсийлгөв the bird fluffed out its feathers;

хөвсий|х to be fluffy, puffy;

хөвсөлзө|х (of sth puffy or fluffy) to move repeatedly;

хөвсөргөн boastful; flippant;

хөвсөргө|х to be flippant;

хөвүүн son, boy; өргөмөл ~ adopted son;

хөвүүчлэ|х to treat like one's son, adopt as a son;

хөвх wicker basket;

хөвхгөр elastic; resilient;

хөвхөлзө|х I to move up and down, roll, pitch;

хөвхөлзө|х II to be boastful, be flippant;

хөвхрө|х (of food) to go bad;

хөвч I taiga; mountain chain; ой ~ taiga;

хөвч II bowstring; (geom.) chord;

хөвчин all; the whole; ~ бие the whole body;

хөвчирхий male sexual organ (of animals);

хөвчлө|х I to make the bow ready for shooting; to stretch; to draw (tight);

хөвчлө|х II to summon up all one's powers, strain;

хөвчлө|х III to go or move along a mountain chain;

хөвчрө|х to pull or contract like a bowstring;

хөг I harmony; tuning; music; ~ нийлэх to become harmonized; ~гүй untuned;

хөг II shame, disgrace; funny; strange, odd, queer; хөгөө тарих to disgrace oneself; тэр, хуриман дээр согтоод хөгөө тарьжээ he got drunk and disgraced himself at the wedding; ямар хөгийн амьтан бэ! what an odd man!

хөгжил development, progress; evolution; happiness, enjoyment; ~ дэвшил development, progress; ~ баясал merriment, enjoyment;

хөгжилдө|х (of a group of people) to make merry;

хөгжилт development; progress; advancement; (intellectual) maturity;

хөгжилтэй developed; (intellectually) mature; gay, merry; cheerful; amusing; дэлхийн ~ улс үндэстнүүд the developed nations of the world; ~ инээд a merry laugh;

хөгжим music; musical instrument; сонгодог ~ classical music; хөгжмийн хичээл/ багш a music lesson/teacher; Моцартын ~ Mozart's music; хөгжмийн зохиол бичих/ тоглох to write/play a piece of music; хөгжмийн зэмсэг musical instrument; хөгжмийн зохиолч composer; хөгжмийн удирдаач conductor; хөгжмийн ноот music; хөгжмийн авьяас musical talent; симфони найрал ~ *a symphony orchestra;* найрал хөгжмийн тоглолт *an orchestral concert;* симфони ~ тоглох *to play a symphony;* ~ хөглөх *to tune a musical instrument;* дагшаа найрал ~ *concert band;* ~ тоглох *to play a musical instrument;*

хөгжимдө|х *to play a musical instrument;*
хөгжимт *having music; musical;*
хөгжимчин *musician;*
хөгжи|х *to prosper, flourish; to develop; to be merry, become gay, cheer up;* цэцэглэн ~ *to prosper, flourish;*
хөгжөөн *gaiety, merriment; entertainment;* баяр ~ *merry-making;*
хөгжөөнтэй *gay, merry, cheerful; entertaining, amusing;*
хөгжөө|х *to cheer up, amuse, entertain;* тэд хуучин гэрэл зургуудыг үзэж өөрсдийгөө хөгжөөв *they amused themselves by looking at old photographs;*
хөгжүүлэ|х *to develop; to raise;* аж үйлдвэр ~ *to develop industry;*
хөгжүүн *see* **хөгжөөнтэй;**
хөгий *lamb or kid born during the winter;*
хөглөрө|х *(of number of things) to lie/be scattered over/around; to crowd, swarm, throng; to drag oneself along;* эмэгтэйн хувцаснууд нь өрөөгөөр нэг хөглөрч байв *her clothes lay scattered all over the room;* тэр, үргэлж ард хөглөрөн явдаг *she always drags behind;*
хөглө|х I *to tune a musical instrument;*
хөглө|х II *to disgrace oneself; to cover oneself with shame;*
хөглө|х III *(of sth loaded) to fall off or drag along behind;*
хөгнөлдө|х *(of vegetation) to grow entangled;*
хөгсий|х *to be aggressive towards another;*
хөгтэй I *funny, droll;* ~ хүн *a droll person;*
хөгтэй II *melodious, musical;*
хөгц *mould; mildew;*
хөгцрө|х *to grow mouldy;*
хөгшдө|х *to be too old;* тэр, чамд хөгшдөнө *he's too old for you to marry;*
хөгшид *elders, old people; the aged;*
хөгшин *old, advanced in age; old man, old woman;*
хөгшрөнгө *old-looking;*
хөгшрөл *the process of growing old;*
хөгшрө|х *to grow old, age;*

хөгшрүүлэ|х *to age, make sb old;*
хөдлөл *movement; motion; displacement;* газар ~ *earthquake;*
хөдлөлт *see* **хөдлөл;**
хөдлө|х *to move, stir, budge; to start, set out, depart, leave; to act, take action, work; to rise; (adj.) movable;* гар ~ *to make a living by working;* газар ~ *to have an earthquake;* өвчин ~ *(of a disease) to recur;* сэтгэл ~ *to be excited; to be moved;* хор ~ *to envy;* салхи ~ *(of the wind) to rise;* булаан эзлэгчдийн эсрэг ~ *to rise (up) against the invaders;* би үүрээр хөдлөв *I started my journey at dawn;* түргэн хөдлөхгүй бол та хоцрох нь байна шүү! *if you don't stir yourselves you'll be late!* зургадугаар тавцангаас Эрдэнэт орох галт тэрэг хөдлөнө *the train to Erdenet will depart from platform 6;* ааш нь ~ *to behave poorly; to act up;* үл ~ хөрөнгө *immovable property, real estate;*
хөдлшгүй *immovable;*
хөдөлгөө *movement; mobility;* ~ орох *to begin to move;*
хөдөлгөөгүй *motionless, immobile, immovable; fixed, stationary;*
хөдөлгөөн *movement; motion;* гарын ~ *hand movements;* эмэгтэйчүүдийн ~ *the women's movement;* замын ~ *traffic;*
хөдөлгөөнтэй *mobile; moving; lively, agile, smart;*
хөдөлгө|х *to move; to make a movement (of); to set in motion, get going;* ~ хүч *driving force;* сэтгэл ~ *to move sb to tears;* шороо ~ *to drag out a miserable existence;*
хөдөлгүүр *mechanism, gear(ing); motor, engine;*
хөдөлмөр *labour, work;* ~ хийх *to toil, labour, work;* ~ийн үр шим *the fruits of one's labours;* ~ийн биш орлого *unearned income;* ~ийн чадваргүй *disabled, invalid;* биеийн ~ *physical labour;* оюуны ~ *intellectual labour;* хүнд хүчир ~ *toil;*
хөдөлмөрлө|х *to work, labour, toil;* ~ чадвар *ability to work, capacity for work;*
хөдөлмөрч *hard-working, industrious;*
хөдөлмөрчин *worker, labourer;*
хөдөлшгүй *immovable; firm;*
хөдөө(н) *the country, countryside; open steppe;* ~ суух *to live in the country;* ~ нутаг *rural area;* ~ аж ахуй *agriculture;* ~ний хүн *countryman, (often derog.) rustic;*

хөдөөлө|х *to spend holidays in the country; to move off into the open steppe;*

хөдөөлүүлэ|х *caus. of хөдөөлөх; to move livestock to distant pastures; to inter, bury a dead body;*

хөдөөрхүү *rustic, rural;*

хөдөөши|х *to acquire country-like qualities;*

хөдөс(хөдсөн) *pieces of sheepskin pelt;*

хөөө I *crop, craw (of birds);*

хөөө II *rodents' hoard of food;*

хөөөлө|х *(of rodents) to hoard up food for the winter;*

хөж *interjection or exclamation used in urging on cattle or camels;*

хөзөр *playing card;* хөзрийн бундан, цэцэг, дөрвөлжин, гил *cards: heart, club, diamond, spade;* ~ тавих *to play cards;* ~ холих *to shuffle the cards;* мөрийтэй ~ тоглогч *cardsharp(er);* тэр, ~т дандаа бульхайцдаг *he always cheats at cards;*

хөзөрдө|х *to play cards/have a game of cards;*

хөзөрч(ин) *card player;*

хөл 1. *foot, leg; the foot of sth; leg (of furniture, utensile, etc.);* морины хойд хоёр ~ a *horse's hind legs;* ширээний ~ a *table leg;* хиймэл ~ *artificial leg;* модон ~ *stilts; artificial leg;* ~ нүцгэн *barefoot(ed), barelegged;* ~ хүнд *pregnant;* ~ муутай *lame, limping; (of article of furniture) shaky;* ~ хөнгөн *light/fleet of foot;* уулын ~ *the foot of a mountain;* орны ~ *the foot of a bed;* ~ийн хуруу a *toe;* ~ийн ул *the sole of the foot;* ~ийн чимээ *footfall/footstep;* ~ийн мөр *footprint;* дөрвөн ~тэй *four-footed or -legged;* хавтгай ~тэй *flat-footed;* ~ бөмбөг *football, soccer;* ~ бөмбөгчин *footballer;* ~ оёдлын машин *treadle sewing-machine;* ~ тоормос *foot brake, pedal brake;* ~ бохирох *to kneel down on the knee;* ~ тавих *to set foot in/on;* ~д орох *to learn to walk;* ~ нь газар хүрэхгүй *to be beside oneself (with joy);* ~ хорих *to quarantine;* ~өө ачих *to cross one's legs;* ~ нийлүүлэх *to keep step (with), keep pace (with) (also fig.);* ~ дээрээ босох *to stand on one's own feet;* ~ доголох *to limp, be lame;* ~ хүндрэх *to become pregnant;* гар хөлий нь хүлэх *to bind/tie sb hand and foot;* ~өө олох *to fall/land on one's feet;* ~ дээр нь босгох *to set sb/sth on their/its feet;* ~ өвдгөөрөө нугардаг *the leg bends at the knee;* би

өдөржин ~ дээрээ байлаа *I've been on my feet;* тэд уулын ~д бууцгаав *they camped at the foot of the mountain;* тэр, орны ~д суув *he sat on the foot of the bed;* энэ эм чамайг мөдхөн ахин ~ дээр чинь босгоод өгнө *this medicine will soon have you back on your feet again;* саран дээр ~ тавих анхны хүн *the first man to set foot on the moon;* 2. *(fig.) hurly-burly, hustle and bustle; traffic; tumult;* ~ хөдөлгөөн *traffic;* ~ үймээн *hustle and bustle; tumult; upheavel;* дайны ~ *tumult of war;* ~ тасрах *(of passenger traffic) to halt;* ~ ихтэй *having heavy traffic; having many visitors;*

хөлбөрө|х *to roll, turn (over); to slide or slip off;* урвах ~ *to retreat (from), turn one's back on;*

хөлбөрүү *sloping, slanting;*

хөлгүй *without feet or legs; poor, having little money; deep;* ~ ус *deep water;*

хөлдмөл *frozen;*

хөлдөөгч *freezer (also deep freeze);*

хөлдөө|х *caus. of хөлдөх; to freeze; to get frostbitten;* би хэдэн сар идэхээр мах аваад хадгалж хөлдөөнө *I'll buy enough meat for several months and freeze it;*

хөлдөсхий|х *to freeze slightly;*

хөлдө|х *to freeze, be frozen;* хоёр хүн ууланд хөлдөж үхэв *two men froze/were frozen to death on the mountain;*

хөлдүү *frozen;* ~ мах *frozen meat;*

хөлжи|х *to grow rich;*

хөлжүүлэ|х *caus. of хөлжих; to make sb rich;* арилжаа наймаа түүнийг хөлжүүлэв *the business deal made him rich;*

хөллөгөө *harness;*

хөллө|х *to harness;* морь тэргэнд ~ *to harness a horse to a wagon;*

хөлөг I *ship, vessel; vehicle;* агаарын мөнгөн ~ *airplane;*

хөлөг II *riding horse, mount;*

хөлөг III : *(in medieval times)* ~ баатар *knight;*

хөлөг IV *game board;* шатрын ~ a *chessboard;* ~т тоглоом *board-game;*

хөлөгле|х *to go (in or on a vehicle or on an animal); to ride, drive;*

хөлөргө|х *caus. of хөлрөх; to cause to perspire; to sweat sb out;*

хөлөрмтгий *sweaty;* ~ алга *sweaty palms;*

хөлрө|х *to sweat, perspire; to begin to melt; to become covered with drops of water;* тэр,

X

их хөлөрсөн байв *he was sweating heavily;* бяслаг хөлөрсөн байна *the cheese is sweating;*

хөлс I *perspiration, sweat;* ~ гарах *to sweat, perspire;* ~ний булчирхай *sweat gland;* ~ гоожуулсан халуун өдөр *a hot sweaty day;* духныхаа ~ийг арчих *to wipe the sweat from one's forehead;* ~ цутгах *to sweat heavily;* түүний хуйтэн ~ чийхрав *he broke out in a cold sweat;* духных нь ~ бурзайсан байв *beads of perspiration stood out on his/her forehead;*

хөлс II *earnings; wages; pay; hire; fees; rent;* өмгөөлөгчийн ~ төлөх *to pay the lawyer's fees;* цалин ~ *wages; pay;* байшингийн ~ *rent for a building or housing;* тэр, эцэст нь намайг өрөөндөө ~өөр суулгахаар болов *she finally agreed to rent me the room;* ~ний ажилчин *hired worker, hireling;* ~ний алуурчин *a hired killer;*

хөлсгүй *for free; free; rent-free;* тав хүртэл насны хүүхдүүд төмөр замаар голдуу үнэ ~ зорчдог *children under five usually travel free on trains;* манай айлын хүн үсийг минь ~ засдаг *my neighbour cuts my hair for free;*

хөлслөгдө|х *to become employed, get a job;*

хөлслөгч *a tenant; an employer;* та байшингийн эзэн үү аль эсвэл ~ нь үү? *do you own your house or are you a tenant?* машины үйлдвэрлэл бол манай томоохон ажилчид ~дийн нэг юм *the car industry is one of our biggest employers;*

хөлсле|х I *to sweat sb out; to make a racehorse heavy sweat to toughen it as part of training;*

хөлсле|х II *to hire, rent; to employ a person;* би Думаа гуайн өрөөг хөлсөлдөг *I rent a room from Mrs Dumaa;* өмгөөлөгч ~ *to hire a lawyer;* тэд түүнийг хүүхэд харуулахаар хөлслөв *they employed him to look after the baby;*

хөлслүүлэ|х *caus. of* хөлслөх; *to rent (to, out), let (to, out);* тэр, оюутнуудад өрөөнүүдийг хөлслүүлдэг *she rents (out) rooms to students;*

хөлсөвч *sweat-cloth, saddle-cloth;*

хөлтэй *having a leg, foot; (of a place) populous, frequented;*

хөлх *cataracts (of the eyes);*

хөлхө|х *to wander about, gad about/around, gallivant;*

хөлчүү *not sober, drunk;*

хөлчүүрэ|х *to drink too much, be frequently drunk;*

хөмөл *wild onion;*

хөмөлдрөг *a saddle strap used around the chest of the horse hindering the saddle from falling back;*

хөмрөг *treasury, treasure-house;*

хөмрө|х *to overturn, be turned over, tip (up/over), fall over; (of a boat) to capsize;* дарвуулт онгоц далайн шуурганд хөмрөв *the yacht capsized in heavy seas;*

хөмрүүлэ|х *caus. of* хөмрөх; *to overturn, tip (up/over), topple, capsize;* энэ шившигт явдал засгийн газрыг хөмрүүлж чадна *this scandal could topple the government;*

хөмсөг *eyebrow (also brow);* ~ зангидах *to knit one's brows;* ~ний харандаа *eyebrow pencil;*

хөмхий *the lower lip;* ~ зуух *to bite one's lip;*

хөнгөвтөр *somewhat light;*

хөнгөвчлө|х *to facilitate; to relieve, mitigate, commute;* цаазаар авах ялыг бүх насаар нь хорих ялаар ~ *to commute a death sentence to one of life imprisonment;* шинэ нарийн бичгийн дарга биднийг зарим бичиг цаасны ажлаас хөнгөвчилнө *the new secretary will relieve us of some of the paperwork;*

хөнгөдө|х *to be too light; to fail to take sth seriously;*

хөнгөлөлт *discount, reduction; mitigation;* үнийн ~ *price reduction;*

хөнгөлө|х I *to castrate;*

хөнгөлө|х II *to lighten; to ease, facilitate; to commute (to sth);* ачаа ~ *to lighten a load;*

хөнгөмсөг *light(-minded), thoughtless; flippant, frivolous, superficial;*

хөнгөн *light (in weight); easy(ly), slight(ly); (in var. senses) light;* зуны ~ хувцас *light summer clothes;* ~ зууш *a light snack;* ~ ажил *light work;* ~ хөгжим *light music;* ~ ял *a light sentence;* ~ нойртой хүн *a light sleeper;* сэтгэл ~ *with a light heart;* ~ шалгалт *an easy exam;* ~ явдалтай эмэгтэй *a woman of easy virtue;* хийсвэр *flippant, frivolous, light(-minded);* ~ болох *to become light;* ~ гавшгай *(of a person) agile, lively;* ~ цагаан *aluminium;* хүнд ~ *weight;*

хөнгөндүү *rather light; rather light-minded;*

хөнгөрө|х I *to become light;*

хөнгөрө|х II *to give birth, be delivered;*
хөнгөтгө|х *to lighten, alleviate, ease, mitigate; (adj.) mitigating;*
хөнгөхөн *very light, extremely easy;*
хөндий 1. *hollow; empty;* ~ мод *a hollow tree;* ~ байшин *an empty house;* **2.** *cavity; hollow; valley;* цээжний ~ *the chest cavity;* хэвлийн ~ *the abdominal cavity;* амны ~ *the oral cavity;* Темз мөрний ~ *the Thames Valley;* **3.** *at some distance, a little way away;* ~ байх/явах *to keep one's distance (from sb/ sth);* хүйтэн ~ *(of a person's manner, etc) cold;*
хөндийлө|х *to hollow out, excavate, tunnel;*
хөндийрө|х *to distance oneself (from), become alienated, estranged; to become empty, become hollow; to come away (from), come off;* хананы цаас хөндийрчээ *the paper has come off (the wall);*
хөндийрүүлэ|х *caus. of* хөндийрөх; *to estrange, alienate (from), distance (from);*
хөндийхөн *rather empty, rather hollow; distant, not very friendly;*
хөндлөвч *crossbeam, crosspiece, crossbar;*
хөндлөн I *across; transverse(ly), horizontal(ly), cross-;* ~ огтлох *to cut across;* зам ~ гарах *to cross a road;* ~ огтлол *a cross-section;* ~ мод *a transverse beam;* ~ гулд *in all directions, far and wide; criss-cross;* тэр, Монгол орноор ~ гулд явсан *he has travelled the length and breadth of Mongolia;*
хөндлөн II *third party; extraneous, outside;* ~ этгээд *third party;*
хөндөлдө|х *to lie across; to block, obstruct the way;* зам ~ *to block the way; to be in someone's way;*
хөндө|х *to pain by touching sb's sore spot; to touch on/upon, broach; to wound (sb's pride);* үр ~ *(med.) abortion; to abort;*
хөндүүлэ|х *caus. of* хөндөх; үр ~ *to have an abortion;*
хөндүүр *sore, painful and tender;* ~ газар *sore spot;*
хөндүүрлэ|х *to have sore spots; to ache a little;*
хөнжил *blanket; quilt;*
хөнөг *bucket, pail;*
хөнөөл *harm, injury; damage; detriment;*
хөнөөлгүй *harmless, innocuous;*
хөнөөлтэй *harmful, damaging, detrimental, injurious;*

хөнөө|х *to harm, injure; to ruin, destroy; to poison; to annihilate, exterminate, wipe out;*
хөнтгөр *space between the eyebrows;*
хөнтөргөн *slanted; inclined;*
хөнтөргө|х *to turn over; to cause pouring out;*
хөнтрө|х *to overturn, upset, knock over; to knock back, drink off;*
хөнхгөр *sunken-eyed;*
хөнхий|х *to have sunken eyes;*
хөнхөр *sunken, hollow;*
хөө I *soot;*
хөө II *mischief, wrong-doing, harm;* ~ тарих *to get up to mischief; to get sb into trouble;*
хөө III *interjection (used to express surprise or doubt, to invite agreement, or to ask for sth to be repeated) eh, huh;* "би гэртээ харимаар байна!" "юу гэнэ ~?" "гэртээ харимаар байна гэж хэллээ шүү дээ!" *'I want to go home!' 'Eh?' 'I said I want to go home!'*
хөөвөр *moult hair or wool;*
хөөвөрлө|х *to comb or pull off moult hair or wool;*
хөөвөрчин *one who combs or pulls off moult hair or wool;*
хөөг *exclamation used in driving or calling cattle or camels;*
хөөгдө|х *to be chased away; to be banished; to be expelled (from);*
хөөглө|х *to call camels;*
хөөдө|х 1. *to smear with soot, apply soot to;* **2.** *to stain, damage sb's reputation; to do sth harmful;*
хөөе *interjection hey!*
хөөлөгч : яндан ~ *chimney-sweep;*
хөөлө|х *to remove soot, etc. from inside chimneys;*
хөөлцө|х *to pursue or chase after together with others;*
хөөмий I *the fur on the throat or belly of an animal;*
хөөмий II *pharynx; a singing technique;*
хөөмийлө|х *to use the* хөөмий *technique in singing;*
хөөнгө *swollen; distended;*
хөөнгөтө|х *to distend, swell;*
хөөр *gladness, joy;* баяр ~ *joy, gladness;* ~ болох *to be glad (at), be happy (at);*
хөөргөн *boastful; excitable and hyperactive;*
хөөргө|х I *to allow sth to fly;* пуужин ~ *to launch a rocket;* цаасан шувуу ~ *to fly a kite;*

хөөргө|х II to extol, rave about, praise to the skies; to rouse sb's vanity;

хөөргүй joyless; unhappy;

хөөрөг I bellows;

хөөрөг II snuffbottle;

хөөргөдө|х to blow with bellows; to inflate, swell;

хөөрөлдөөн lively debate or discussion;

хөөрөлдө|х to have a lively discussion;

хөөрөлт excitement;

хөөрөлхө|х (of a person) to swell (with sth);

хөөрөмтгий boastful; excitable;

хөөрөө : яриа ~ talk, conversation;

хөөрө|х I to fly, rise, lift up; (of milk) to boil over;

хөөрө|х II to become excited, feel full of intense emotion; to rejoice (at/in/over sth);

хөөрө|х III to talk, converse (with);

хөөртэй joyful, happy;

хөөрүүлэ|х caus. of хөөрөх; сүү ~ to boil simmer the milk;

хөөрхий poor, deserving pity or sympathy; darling, sweet;

хөөрхийлөлтэй pitiful;

хөөрхийлө|х to pity, feel pity for;

хөөрхөн nice, pretty; ~ хүү a pretty boy; ~ царай a pretty face; ~ болох to get prettier, become more attractive;

хөөс foam, lather, suds, froth; савангийн ~ soapsuds; амнаасаа ~ цахруулсан нохой a dog with foam at its mouth; ~ гарах to foam, froth; усны ~ foam, froth;

хөөсөрхөг foamy, frothy; porous;

хөөсөрхүү like foam;

хөөсрө|х to foam, froth, lather, form suds; to become full of foam;

хөөстө|х to be covered with foam; хөөстсөн шар айраг frothy beer;

хөөстэй with foam, with froth;

хөөтө|х to become sooty;

хөөтэй sooty; unpleasant, nasty;

хөө|х I to drive out, chase out; to expel; to pursue, chase; тэр, хулгайчийн араас хөөсөн боловч барьж чадсангүй he chased (after) the burglar but couldn't catch him; сургуулиас ~ to expel sb from school;

хөө|х II to swell, distend; (of cakes, bread, etc) to rise;

хөрвөдөг convertible (into/to); ~ мөнгө a convertible currency;

хөрвө|х to roll (of horses); to turn or roll one-

self over when sleeping; to convert into/to sth;

хөрвүүлэ|х caus. of хөрвөх; to convert (from into/to), express (as, in); to translate (from into); монгол хэлнээс англи руу ~ to translate from Mongolian into English; долларыг франк руу ~ to convert dollars into francs;

хөргө|х to cool (down/off);

хөргүүр cooler; шар айргийг ~т хий put the beer in the cooler;

хөрдө|х to polish with an emery-paper;

хөрзгөр rough, coarse; ~ арьс a coarse skin;

хөрзий|х to coarsen, become rough;

хөрзөн dried and compressed dung;

хөрөг portrait; image; ~ бүтээгч a portrait painter, portraitist;

хөрөнгө I property, possession; capital; estate; wealth; нийтийн ~ public property; улсын ~ property; бусдын ~ other people's property; хувийн ~ private property; ~ оруулалт capital investment; эргэлтийн ~ a working capital; үхмэл ~ dead capital; хувь нийлүүлсэн ~ share-capital; үл хөдлөх ~ immovable property; үндсэн ~ fixed capital; ~ хогшил chattels; ~ тусгаарлах to divide property;

хөрөнгө II leaven, yeast;

хөрөнгөжи|х to acquire capital, an estate; to become wealthy; тэр, яаж хөрөнгөжсөнийг хэн ч мэддэггүй nobody knew how she had acquired her wealth;

хөрөнгөт wealthy; capitalistic;

хөрөнгөтөн capitalist;

хөрөө(н) saw; төмрийн ~ hacksaw; цахилгаан ~ chain-saw; гар ~ handsaw;

хөрөөдө|х to saw; мод хөрөөдөж унагах to saw a tree down;

хөрө|х to cool, become cooler; даарах ~ (of a person) to be freezing (cold);

хөрс soil; derma, skin, integument; ~ судлал soil science; муу ~ poor soil; ~ний эвдрэл soil erosion; хөрсөн доорхи ус subsoil water;

хөрсжи|х to become covered with good soil;

хөрслөг having good soil; having a good complexion;

хөрш neighbour; neighbouring, adjacent, next;

хөсөг transport, transportation, means of transport; авто ~ a vehicle; ердийн ~ animal-drawn transport;

хөсөр ground, earth; ~ унах to fall to the ground; ~ сөгдөх to kneel down on the ground; хөсрийн царай a sallow complexion;

хөсөрдө|х 1. *to land, touch down;* 2. *to be deserted, be abandoned, be ignored;*
хөсөрдүүлэ|х caus. of хөсөрдөх; *to desert, abandon;* тэр, эхнэр хүүхдүүдээ хөсөрдүүлэн орхиод гадаадад гарав *he deserted his wife and children and went abroad;*
хөтлөгдө|х *to be led, be guided;*
хөтлөгч *one who conducts a TV or radio programme, presenter;*
хөтлө|х *to lead, guide; to conduct (a meeting, seminar, etc) to keep (a diary, the book, etc.);* сохор хүнийг зам хөндлөн хөтөлж гаргах *to lead a blind man across the road;* хүүхэд ~ *to lead a child by the hand;*
хөтөвч *chamber pot;*
хөтөл *mountain pass;*
хөтөлбөр *programme;* сонгуулийн мөрийн ~ *an election programme;* телевизийн ~ *TV programme;* хичээлийн ~ *syllabus, curriculum;*
хөтөлгөө : ~ морь *spare horse;*
хөтөлцө|х *to hold each other's hand (usu. with the left hand of one in the right hand of the other);* хөтөлцөн явах *to walk holding each other's hands;*
хөтөч *guide; groom;*
хөх I *blue;* ~ тэнгэр *blue sky;* ~ цэнхэр *blue, bluish;* хар ~ *dark blue;* ~ болох *to turn blue, become blue;* ~ бор *bluish-grey, ash-coloured;* ~ хас *the sapphire;* ~ хаг *the moss or lichens on trees and stones;* ~түрүү *horsefly;* ~ морь *bluish-grey horse;* ~ тариа *rye;*
хөх II *breast; udder; teat;* ~ дэлэн *udder;* ~нөөс гаргах *to wean;* ~ хөхөх *to suckle the breast;* ~ний товч *nipple;* ~ний даруулга *bra, brassiere;*
хөхөвтөр *bluish, somewhat blue;*
хөхөвч *bra, brassiere;*
хөхөгчин *bluish-gray (female animals);* ~ гүү *a bluish-grey mare;*
хөхөл *forelock;*
хөхөлт I *suckling, suction;* ~ эх *wet nurse;*
хөхөлт II *having a forelock;*
хөхөмдөг *bluish;* ~ хүчил *(chem.) hydrocyanic acid;*
хөхөө I *cuckoo;* ~тэй цаг *cuckoo clock;*
хөхөө II : ~ өвөл *the coldest winter days;*
хөхө|х *to suck; (of a baby or young animal) to suckle;*
хөхрөлдөөн *the laughter of many;*
хөхрө|х I *to laugh; to burst into guffaws;*
хөхрө|х II *to turn blue, become blue;*

хөхтөн *(zool.) mammal;*
хөхүүл *suckling; nursing;* ~ эхчүүд *nursing mothers;* ~ хүүхэд *a nursing baby;*
хөхүүлэг *encouragement; incentive, spur;*
хөхүүлэ|х I *to suckle, nurse;*
хөхүүлэ|х II *to encourage, reward; to give an incentive (to);*
хөхүүр *skin bag for holding airag (fermented mare's milk);*
хөшиг *curtain;* утаан ~ *smoke screen;*
хөшигле|х *to cut/chop up, cut into small pieces with a knife;* махаа шарахын өмнө шоо дөрвөлжин хөшигле *chop the meat into cubes before frying it;*
хөши|х I *to move sth with a lever;*
хөши|х II *(of the body) to stiffen, become stiff;*
хөши|х III *to bar sb (from sth/doing sth);*
хөшөө *monument; memorial statue; tombstone;* дурсгалын ~ *a memorial statue;* ~ чулуу *a tombstone;*
хөшүүн *stiff, rigid; reluctant; (of a horse) hard to steer;*
хөшүүр *bar; bolt; crossbar; lever;*
хөшүүрдэ|х *to lever; to bar;*
хөшүүрхэ|х *to be reluctant (to do sth);*
хөшүүрэг *lever;*
хөшүүрэгдэ|х *to lever, move sth with a lever;*
хөшүүрэ|х *to be hard, be stiff; to be obstinate;*
христос *Christ;*
хром 1. *(chem.) chromium; chrome;* 2. *box calf;*
хромосом *(biol.) chromosome;*
хронометр *chronometer;*
хуайс *acacia;*
хуандий *emperor;*
хуанли *calendar;*
хуантайз *prince;*
хуар *flower; ornamentation; decoration;*
хуарагна|х *(of soldiers) to live in barracks;*
хуаран(г) *military barracks;*
хуарла|х *to adorn, ornament;*
хуасан *peanut;*
хув(ан) I *amber;*
хув II *earless or with small, deformed ears;*
хув III *intensifying particle used before adjectives beginning with the syllable ху;* ~ хурдан *very fast;*
хуваагдагч *(math.) dividend;*

хуваагда|х to be divided; to be shared (out); ~ тоо dividend; ашиг түншүүдийн дунд тэнцүү хуваагдднаг the profits are shared (out) equally among the partners;

хуваагдмал divided;

хуваагч (math.) divisor;

хуваалца|х to share (with); зовлон жаргалаа ~ to share someone's sorrows and joys;

хувthat timetable, schedule; distribution; scale; энэ шугам нэг нь сантиметрийн, нөгөө нь инчийн хоёр хувиартай this ruler has one scale in centimetres and another in inches;

хуваа|х to divide; to share; тэнцүү ~ to divide into equal parts; зургааг гуравт ~ to divide six by three; пиццаг бид дөрвүүлээ хуваав we shared the pizza between the four of us;

хувалз (zool.) tick; (fig.) parasite;

хуванцар plastic;

хувиарлагч distributor; retailer;

хувиарлалт distribution; allocation, assignment;

хувиарла|х to distribute; to allocate, allot, assign; цагаа ~ to allocate one's time;

хувийн private, personal; privately-owned; ~ хэрэг personal file; ~ өмч private property; ~ пүүс a private company; ~ мөрдөн байцаагч a private detective; ~ үйлдвэр a private enterprise; хувиараа хөдөлмөр эрхлэх private practice; ~ сургууль a private school; ~ сектор the private sector; ~ амьдрал personal life; ~ данс a personal account; ~ ариун цэвэр personal hygiene; ~ жин (phys.) specific gravity;

хувила|х I to make a copy of sth on a machine; to express a number as a percentage;

хувила|х II to gather, come to a head (of a boil or abscess), become inflamed;

хувилбар version; variant;

хувилгаан reincarnation, a khubilgan, a person, esp. a high lama; in whom a Buddha is believed to be incarnated;

хувилга|х to change, transform; царайгаа ~ to change the expression on one's face;

хувин bucket, pail; ~гаар асгах мэт бороо цутгаж байна it is raining cats and dogs;

хувирал change; evolution; metamorphosis; transformation;

хувирамтгай easily changing, easily transforming, variable;

хувира|х to change (from to/into); to evolve (from into); авгалдайнууд хувирч эрвээхэйнүүд болдог caterpillars change into butterflies; ~ хөгжил evolution;

хувирга|х to change (from to/into); to turn (to, into), reduce (to); шулмс хаан хүүг мэлхий болгож хувиргав the witch changed the prince into a frog;

хувраг clergy; priest; monk;

хувхай withered; dried up; wilted; bare, denuded; deathly pale; bleached by the sun or open air; ~ уул a bare mountain without vegetation; ~ мод a withered tree; тэр, сураг сонсоод царай нь ~ болов he went/turned deathly pale at the news;

хувхайра|х (of the face) to go, turn deathly pale; (of plants) to wither, wilt, dry up and die; to bleach;

хувцас clothes, garments, clothing, dress; гадуур ~ outer clothing, overcoat; ажлын ~ overalls; дүрэмт ~ uniform; дулаан/үнэтэй ~ warm/expensive clothes; хувцаа өмсөх/тайлах to put on/take off one's clothes; ~ны үйлдвэрлэл the clothing industry; ноосон/өвлийн ~ wollen/winter garments; дотуур ~ undergarments; ~ны өрөө dressing-room;

хувцаслалт dressing, action of putting on clothes;

хувцасла|х to clothe sb/oneself (in), dress, get dressed; ганган ~ to dress fashionably; дулаан хувцаслсан warmly clothed; тэр, гэр бүлээ дөнгөн данган тэжээж хувцасладаг he can barely feed and clothe his family;

хувцасчин dressmaker; dresser (in a theatre);

хувцла|х to clothe oneself fully; to provide clothes for sb;

хувь I minute = 60 seconds;

хувь II percentage; rate (per cent); interest; зуун ~ one hundred per cent;

хувь III part, portion; share; quota, allotment; vestige; ~ нийлүүлэгч shareholder; ~ нийлүүлсэн хөрөнгө share capital; үнэний өчүүхэн ~ a vestige of truth; миний ~д for my part; ~ нэмэр part, person's share in an activity; ~ өгөх to portion sth out (among/between), give a share; ~ ногдол a dividend;

хувь IV lot, person's fate, luck, fortune; ~ заяа destiny, fate; ~ дутах to be ill-fated; хувиа бодох to think only of oneself/one's own interests;

хувь V copy; зуун мянган ~ хэвлэсэн an

'edition of a hundred thousand copies; захиаг гурван ~ хий make three carbon copies of the letter;

хувьгүй 1. without a share or an allotment; 2. unfortunate; luckless; unhappy; unlucky;

хувьсал change; evolution; metamorphosis; transformation;

хувьса|х to change, metamorphose, evolve;

хувьсгал revolution; 1789 оны Францын ~ French Revolution of 1789; технологийн/ соёлын ~ a technological/cultural revolution;

хувьсгалт revolutionary; ~ хөдөлгөөнүүд revolutionary movements;

хувьсгалч a revolutionary;

хувьтай well-fated; fortunate;

хувьцаа (fin.) share, stock;

хувьчлал privatization, -isation;

хувьчла|х to privatize, -ise; төмөр замыг ~ to privatize the railways;

хуга adverbial particle expressive of breaking or snapping; ~ цохих to break in two;

хугала|х to break in two, fracture; to snap in two;

хугарал (phys.) refraction; fracture;

хугаралт fracture, breaking of sth;

хугара|х to break off, be broken, fracture; to snap off (phys.) to be refracted; түүний хөл нь хоёр газар хугарав her leg fractured in two places; нэр хугархаар яс хугар better to break one's bone than disgrace one's name; урам ~ to become discouraged;

хугархай broken; fragments; broken off pieces; ~ хөл/гар a broken leg/arm;

хугацаа time, period; term; date; time-limit; deadline; сарын ~ a period of one month; богино ~нд in the shortest possible time; бүрэн эрхийн ~ term of office; визийн ~ сунгах to extend a visa; эцсийн ~ closing date; төлбөр хийх ~ date of payment; тогтоосон ~ appointed time, fixed date; ~ндаа in time; урт ~ны long-term;

хугацаагүй without time-limit; for an indefinite period;

хугаца|х I to set a time or term;

хугаца|х II to lighten, reduce; to commute;

хугачи|х to break into pieces or fragments;

худ the male heads of two families related through the marriage of their children; son-in-law's father; daughter-in-law's father;

худаг well; (tech.) shaft; ~ ухах to dig a well; тосгоныхон усаа худгаас авдаг the villagers get their water from a well;

худал lie; falsehood; untruth; ~ хэлэх to lie; ~ мэдээ hogwash, canard; ~ хуурмаг lies and deceits; false;

худалдаа(н) trade, commerce; trading; ~ хийх to trade, engage in trade; ~ны байгууллага trading organization; ~ арилжаа trade; ~ наймаа commerce, business; номын ~ the book trade; гадаад ~ foreign trade; ~ны төлөөлөгч trade/sales representative; дамын ~ speculation in trading; бөөний ~ wholesale; жижиглэн ~ retail; ~нд гаргах to put on sale; ~ны татвар sales tax; үнэ хямдруулсан ~ sale, clearance sale; ~ны банк merchant bank;

худалдаала|х to trade, sell;

худалдаачин trader, dealer; tradesman; merchant; хуучин машины ~ a used-car dealer; нүүрсний ~ a coal-merchant; Венец бол баян ~ нарын хот байв Venice was a city of rich merchants; үүргийн ~ vendor;

худалдагч seller; salesman, shop-assistant;

худалда|х to sell; бөөнөөр ~ to sell wholesale; жижиглэн ~ to sell retail; зээлээр ~ to sell on credit; худалдан авах to buy; худалдан авах чадвар purchasing power; худалдан авагч buyer, purchaser, customer, client; худалдагдсан хэвлэл venal press; биеэ худалдах to sell oneself; to prostitute oneself;

худалч liar; сайн ~ a good liar;

хужгар of unprepossessing appearance; pale; faded;

хужигна|х to rumble; гэдэс хужигнаад тун ч их өлсөж байна I'm so hungry that my stomach's rumbling;

хужий|х to turn pale;

хужир salt marsh; bitter salt; soda; ~ идэх to become covered with salt (of soil); ~ мараа saline soil, salt marsh;

хужирла|х to pasture animals on salt marsh; нүд ~ to feast one's eyes (on);

хужиртай salty; saline; ~ газар salt marsh;

хужирта|х to be covered with salt;

хуй I sheath; scabbard; case; ~тай хутга sheath knife; сэлэмний ~ scabbard;

хуй II whirlwind; элсэн ~ sand-storm;

хуйв leather loop of an yypra;

хуйвалдаан plot, conspiracy; засгийн газрыг түлхэн унагах ~ зохиох to devise a plot to overthrow the government; ~ хийх to plot (with sb) (against sb);

X

хуйвалдагч *plotter, conspirator;*

хуйвалда|х *to plot, take part in a plot;* тэд түүний эсрэг хуйвалдаж байна *they're plotting against him;*

хуйлаас *roll; rolled up;* ~тай торго *silk in a roll;* цаасанд ~тай *rolled up in paper;*

хуйла|х I *to sheathe, put into a scabbard;* тэр, сэлмээ хуйлав *he sheathed his sword;*

хуйла|х II *to roll up;* хивс ~ *to roll up the carpet;*

хуйлмал *rolled up, rolled;*

хуйлра|х *to contract, wrinkle; to curl, roll up; to whirl up; to gather, throng;* тоос ~ *(of dust) to whirl up;*

хуймаг *a kind of pancake;*

хуйсалза|х *to display an ugly temper; (of the weather) to turn nasty;*

хуйсгана|х *to be in a bad mood; to display an ugly temper;*

хуйсгар *looking poor, appearing bad, ominous; moody;*

хуйсра|х *to show the effects of a bad mood; to be evil, be bad looking; (of the weather) to turn bad;*

хуйсчуур *ill-tempered, irritable;*

хуйх *scalp; animal skin from which the hair has been singed;*

хуйхла|х *to singe (feathers, hair, etc.);*

хул I *large wooden bowl for airag;*

хул II *(of a horse) light brown with a black mane and tail;*

хулагч *fawn-coloured (female animals);* ~ гүү *a fawn mare;*

хулай|х *to be earless or have cropped ears;*·

хуламгана|х *to quail; to show remorse (for sth);*

хулан *kulan, the wild horse;*

хуланц *great-great-grandparent(s);*

хулгавч *ear-flap, ear-muff;*

хулгавчла|х *to pull down (over one's head or eyes);*

хулгай *stealing; theft; traitor, betrayer;* ~ хийх *to steal;* ~ дээрэм *robbery, brigandage;* ~н хэрэг *the crime of stealing;* ~гаар *stealthily;* ~гаар ирэх *to come stealthily;* урвасан ~ *traitor, betrayer;*

хулгайла|х *to steal;* миний цагийг хэн нэгэн хулгайлжээ *someone has stolen my watch;*

хулгайч *thief;* хормойны ~ *pickpocket;*

хулгана *mouse, rat;* усан ~ болох *to be bathed in sweat;*

хулгар 1. *crop-eared;* 2. *marmot;*

хулга|х *to jib (at sth/doing sth); to shy away (from/doing sth);*

хулдаас *oilcloth, linoleum;*

хулдаасла|х *to cover with linoleum;*

хулжи|х *to run away (from);*

хулмагана|х *to be frightened; to feel remorse;*

хулмай|х *to be crop-eared;*

хулман *crop-eared, short-eared;*

хулмас *bad smell from perspiration from the armpits;*

хулс *bamboo; reed;* ~ны баавгай *a panda;*

хулст *(of a place) full of reeds or bamboos;* ~ нуур *a reedy lake;*

хулуу *gourd;*

хулхи *eardrum; earwax;* ~ нь буух *to draw in one's horns;*

хулхита|х *(of earwax) to build up in the ear;*

хулчгана|х *to get/have cold feet;*

хулчгар *cowardly; timid; shy; (of a person, the face, etc) pallid, pale, wan;* ~ хүн *a coward;*

хулчий|х *to become pallid, become wan; to be a coward, be in a funk, be afraid (of);*

хумаг *sweepings, dust;* хог ~ *sweepings, rubbish;* алтан ~ *gold dust;*

хумбагар *bowl-shaped; small and chubby;* ~ бүрх малгай *bowler hat;* ~ тогоо *a soup bowl;*

хумжаарга *order; neatness, tidiness;* ~тай *neat and tidy;*

хумигар *wrinkled, warped, twisted;*

хумира|х *to wrinkle, warp;*

хуми|х *to fold (up); to gather up; (of a business, project, etc) to stop functioning, fold up;* гараа хумьж суух *to sit with one's hands folded (doing nothing);* хөлөө ~ *to draw up one's legs;* амаа ~ *to purse one's lips;* юм хумаа ~ *to gather up one's things; to put in order;*

хумс(ан) *claw; nail;* гарын ~ *fingernail;* хөлийн ~ *toenail;* муур хурц ~тай *cats have sharp claws;* ~ны будаг *nail polish;* ~ны хайч *nail-scissors;* хумсын чинээн *small, tiny;* эмгэн ~ *snail;*

хумсла|х *to pinch, nip; to filch, pinch (from);*

хумхи *speck/particle of dust;*

хумхи|х *see* **хумих;**

хун *swan;*

хунар : ~ хувцас *clothes, clothing, garments;*

хунгар *snowdrift;*

хунгарла|х *to form a snowdrift;*

хундага *wineglass, goblet, small drinking vessel;* ~ тулгах *to clink glasses (when drinking toasts);* ~ өргөх *to toast;*

хундагала|х *to pour drink into a wineglass;*

хундан *solid; solid white (of sheep);* ~ цэнхэр *solid blue;*

хуниас *fold; pleat, tuck gather;* ~тай *pleated, having folds;*

хунираа *wrinkle; pleat, tuck, crease; ripples;*

хунира|х *to form wrinkles, fold;*

хуни|х *to fold, draw into folds by pulling a string, gather (in);*

хунтайж *crown prince;*

хунш *honesty; decency;* ~тай *honest; decent; fairly good; decent;*

хур I *precipitation; rain or snow;* ~ буух *(of rain, snow) to fall;*

хур II *black grouse (blackcock);*

хур III *that which has been stored or accumulated during the previous year;*

хураагда|х *to be gathered, be accumulated, be piled; to be confiscated;*

хураагуур *device for storing sth;* дуу ~ *tape recorder;* дүрс ~ *video camera;* зай ~ *storage battery;*

хураагч *collector; picker;* татвар ~ *a tax-collector;* хөвөн ~ *a picker (of cotton);* ургац ~ *a harvester;*

хураалга|х *to be confiscated;*

хураалт *collection; harvest;* ургац ~ *harvest;*

хураамж *system, order; collection; anthology;* тоо бодлогын ~ *book of arithmetical problems;*

хураамжла|х *to put in order, make orderly; to collect, obtain money, contributions, etc;*

хураангуй *summary, abridgement, index; (adj.) abridged, brief, concise, summary;* ~ дүн *a brief account;* ~ толь бичиг *a concise dictionary;* засгийн газрын тайлангийн ~ *a summary of a government report;*

хураангуйла|х *to abbreviate; to abridge; (math.) to cancel;*

хураа|х *to accumulate, amass; to store up; to gather, collect, pick; to confiscate; to abbreviate; to record (on video, on tape);* ~ *to save up, accumulate money;* би шинэ дугуй авахаар мөнгө хурааж байна *I'm saving (up) for a new bike;* хөрөнгө мөнгө ~ *to amass a fortune;* ургац ~ *to harvest, cut and gather a crop;* мал ~ *to gather animals;* татвар ~ *to collect taxes;* нүгэл ~ *to sin;* буян ~ *to*

give money, food or help to people in need; хөрөнгийг ~ *to confiscate property;* дуугаа ~ *to stop, cease (speaking);* амьсгаа ~ *to die;*

хурал *meeting, gathering, conference, congress, convention; divine service, worship;* бага ~ *conference;* бүгд ~ *plenum; plenary session;* их ~ *congress, convention;* багш нарын их ~ *teacher convention;* хурлын дарга *chairman;* хурлын тэргүүлэгчид *members of a presidium;*

хуралдаан *session, assembly; meeting;* парламентын дараачийн ~ *the next session of parliament;*

хуралда|х I *to meet, be in session, hold a convention, convene;* хороо маргааш өглөөний ес хагаст хуралдана *the committee will convene at 9.30 tomorrow morning;*

хуралда|х II *to accumulate, pile up, gather;*

хуралдуула|х *caus. of* хуралдах; бага хурал ~ *to convene a conference;*

хурандаа *colonel;*

хура|х *to gather round, congregate; to pile up, accumulate;* хуран цугларагчид *congregation;* ~ цугларах *to assemble, come together as a group;*

хурга(н) *lamb; lambskin;*

хургала|х *(of a ewe) to give birth;* хонь ~ цаг *lambing;*

хурга|х *to linger, stay for a time because one does not want to leave;*

хурд *speed; velocity; rate; quickness;* цагт 5 км ~тай явах *to walk at a/the rate of 5 kilometres an hour;* ийм өрхүү ~тай ажиллавал та хэзээ ч дуусахгүй! *at the rate you work, you'll never finish!* зөвшөөрөгдөх ~ *speed limit;* арван ~ны араатай дугуй *a ten-speed bicycle;* гэрлийн/дууны ~ *the velocity/speed of light/sound;* ~ хасах/сойх *to reduce speed;*

хурдавчла|х *to speed up; to do sth quickly;*

хурдан *rapid(ly), quick(ly), fast, speedy, quick-fire;* ~ морь/машин *a fast horse/car;* дэлхийн хамгийн ~ гүйгч *the world's fastest runner;* ясан ~ явдгийм! *don't drive so fast!* ~ урсгалтай гол *a fast-flowing stream;* ~ уншигч *a quick reader;* сурахдаа ~ *quick to learn;* ~ эдгэх *to make a quick recovery;* маш ~ бичих/ярих/гүйх *to write/speak/run very quickly;* аль болох ~ хийх/дуусгах *to do/finish sth as quickly as possible;*

хурдасгал *acceleration; speeding-up;*

хурдасга|х *to quicken; to speed up, accel-*

305

erate; алхаагаа ~ *to quicken one's pace;*
хурдасгуур *(tech.) accelerator; (chem.) catalyst;*
хурдаттах see **хурдасгах;**
хурдач *fast, swift;* ~ морь *a fast/swift horse;*
хурдда|х *to be too fast, be too quick;*
хурдла|х *to speed; to do sth quickly; to hasten, hurry;* тэр, гэр лүүгээ хурдлав *he hastened to the home;*
хурдлуула|х *to hasten, speed, make sth move or happen quickly;*
хурдса|х *to pick up speed, accelerate; to be speeded up;*
хурдхан *rather quickly, a bit fast; sooner;* аль болох ~ *as soon as possible;*
хуржгар *(of a person's expression) wan;*
хурим *feast, banquet; wedding;* хуримын хувцас/бөгж *a wedding dress/ring;* ~ хийх *to hold a wedding;*
хуримла|х *to wed, hold a wedding;* хуримласан эхнэр *one's (lawful) wedded wife;*
хуримтлагда|х *to be accumulated, be piled, accrue;*
хуримтлал *accumulation;*
хуримтла|х *to accumulate, accrue, pile up;*
хурмаст *the god of rain and thunder;*
хуруу(н) *finger, toe;* гарын ~ *a finger;* хөлийн ~ *a toe;* гарын эрхий ~ *a thumb;* чигчий ~ *a little finger/toe;* долоовор ~ *a forefinger, index finger;* дунд ~ *a middle finger;* ядам ~ *a fourth finger, ring finger;* таван ~ шигээ мэдэх *to know like the back of one's hand;* таван ~тай бээлий *glove;* ганц ~тай бээлий *mitten;* ~ зузаан *having a thickness of a finger;* ~ны мөр *finger-mark;* ~ны хээ *fingerprint;* ~ны өндөг *fingertip;* урт ~тай *fond pilfering;* ~гаараа заах *to point (at/to);* тэр, зочдыг ~гаа дарж тоолов *he counted the guests on his fingers;*
хуруувч(ин) *thimble;* хуруувчин чинээн *thimbleful;*
хурууд *a kind of hard cheese;*
хурхира|х *to snore;* танай нөхөр хурхирдаг уу? *does your husband snore?*
хурц *sharp; acute; keen; pungent; (of a situaton, moment, etc) critical;* ~ хутга/зүү *a sharp knife/needle;* ~ шүд *sharp tooth;* ~ ухаан *a sharp/keen mind/intellect;* ~ шүүмжлэл *sharp criticism;* ~ үрэвсэл *(med.) acute inflammation;* ~ хараа *keen eyesight;* ~ өнцөг *(math.) acute angle;* ~ нүдтэй *having sharp*

eyes; сармисны ~ үнэр *the pungent smell of garlic;* ~ мухар олгой *(med.) acute appendicitis;* ~ өвчтөн *an acute patient;* ~ хоол *rich dishes;* ~ өнгө *bright colour;* ~ нартай өдөр *a scorching hot day;*
хурцавтар *rather sharp;*
хурцадмал *(of a situation, an event, a period, etc) tense;* олон улсын ~ байдал *tense international situation;*
хурцатга|х *to aggravate, exacerbate, strain;*
хурцда|х *to become strained, become aggravated, become exacerbated; (of food) to be too rich; (of light, colour, etc) to be too bright;*
хурцла|х *to sharpen, make sharp;* энэ хутгыг ~ хэрэгтэй *this knife needs sharpening;*
хурцхан *rather sharp;*
хурчигна|х *to rumble, grumble;* гэдэс хурчигнан дуугарах *the sound of one's stomach grumbling;*
хурши|х I *to turn rancid;* хуршсан тос *rancid oil;* цөцгийн тос хуршжээ *the butter has gone/turned rancid;*
хурши|х II *to become rainy;*
хуршмал *rancid;* ~ амт *a rancid taste;*
хурьцал *sexual intercourse (with sb); lust (for sb);*
хурьцангуй *impassioned, passionate;*
хурьца|х *to have sex (with sb); to lust after/ for sb/sth;*
хус(ан) *birch;*
хусам *sediment on the bottom of a pot after boiling milk;*
хуса|х *to scrape; to shave; to scalp (tickets, stocks or bonds, etc); to clean up (money); to beat sb hollow;* хальсы нь ~ *to scrape off the skin;* тэр, хаалгыг дахин будахын өмнө хусав *he scraped the door (down) before painting it again;* үсчин түүний сахлыг хусав *the barber shaved him;* тэр, хөзөр тоглож их мөнгө хусав *he cleaned up a fortune playing cards;* ажлаас нь ~ *to dismiss from a job;*
хусран *barren, dry (of cows);*
хуср|х *to be barren, dry (of cows);*
хусуула|х *to be scraped; to be shaved; to be beaten hollow;* манай баг хусуулав *our team was beaten hollow;* ажлаас ~ *to be dismissed from a job;*
хусуур *scraper;*
хусуурда|х *to scrape with a scraper;*

хутаг *destiny, fate, fortune; bliss;*
хутагт *saint; dignified, holy, blessed person; high Buddhist priest;*
хутга *knife;* ангийн ~ *a hunting knife;* талхны ~ *a breadknife;* мохоо ~ хурцлах *to sharpen a blunt knife;* ~ дүрэх *to stick a knife into (sb/sth);* ~ны ир дээр байх *to hang by a hair/a (single) thread;*
хутгала|х *to knife;*
хутгалда|х *to mix (together); to mingle (with, together);* би ажил дээрээ олон янзын хүмүүстэй хутгалдаж байдаг *in my job, I mix with all sorts of people;*
хутга|х *to mix, blend, mingle, stir; to scoop, ladle, spoon; to disarrange, mix up; to stir up trouble;* холимогийг өтгөн болтол нь тасралтгүй хутга *stir continuously until the mixture thickens;* бичиг цаасыг хольж ~ *to disarrange the papers;* халбагаар ~ *to spoon;* бөөлжис ~ *to be nauseated;* хутган үймүүлэх *to intrigue;* хутган үймүүлэгч *a stirrer;*
хутгуур *scoop, ladle; stirrer;*
хуу I *adverbial particle descriptive of complete separation;* ~ татах *to strip off;*
хуу II *clean, completely;* хулгайч нар түүний бүх алтан эдлэлийг ~ хамав *the burglars cleaned her out of all her jewellery;*
хуувилда|х *to conspire (with, together);*
хуугиа *frivolous, flippant, light-headed;*
хуугиата|х *to be frivolous, be flippant, be not serious;*
хуугина|х *to gurgle;*
хууги|х *to get into a fuss; (of water) to flow noisily;*
хуудам *negligent, careless; light-minded, thoughtless;*
хуудас(ан) *page, leaf, sheet (of paper, etc);* хэвлэлийн ~ *printer's sheet, quire;* тэр, үнэтэй ховор номын ~нуудыг болгоомжтой эргүүлэв *he carefully turned the leaves of the precious volume;* цэвэр ~ *a clean sheet of paper;* номын хэдэн ~ унших *to read a few pages of a book;* арабын түүхийн алтан ~ *a glorious page of Arab history;* талархлын ~ *certificate of progress and good conduct (in schools);*
хуудуу *dishonesty;* ~тай *shady, dishonest, illegal;* ~тай хэрэг *a shady deal;* түүнд бүү итгэ - тун ~тай хүн шүү *he's a rather shady character - don't trust him;* ~гүй *honest, impecable;*
хууз *side-whiskers;*

хуула|х I *to peel (away/off), strip (from/off);* өнгөн хэсгийг ~ *to peel away the outer layer;* амьтны арьс ~ *to skin an animal;*
хуула|х II *to copy (from), crib (from/off);* тэр, үргэлж бусдаас хуулж байдаг *she's always cribbing;* захиа ~ *to copy out a letter;*
хуулбар *copy; the image of;*
хуулбарлагч *copyist;*
хуулбарла|х *to copy, make a copy of sth;*
хуулирха|х *to intimidate sb with the law;*
хууль *law, rule, regulation, statute; code (of law);* Үндсэн ~ *the constitution;* байгалийн ~ *laws of nature;* бичигдээгүй ~ *an unwritten law;* ~ дүрэм *rules, regulations, statutes, laws;* иргэний ~ *civil law;* эрүүгийн ~ *criminal law;* хүндийн хүчний ~ *the law of gravity;* химийн хуулиуд *the laws of chemistry;* ~ тогтоомж *statute, legislation;* хуулийн төсөл *legislative bill;* ~ зөрчигч *lawbreaker;* ~ тогтоогч *lawmaker, legislator;* ~ хамгаалагч *public prosecutor;* хуулийн тогтолцоо *the legal system;* хуулийн зөвлөх/зөвлөлгөө *legal adviser/advice;* хуулийн зүйл анги *the article of a law;* ~ гаргах *to legislate (for/against/on), make laws;* ~ сахих/мөрдөх *to observe the law;* ~ зөрчих *to break the law;* ~ бус *unlawful, illegal, illegitimate;* ~ ёсны *legal, lawful, legitimate; rightful;* ~ зүй *jurisprudence;*
хуульгүй *lawless; illegal;*
хуульч *lawyer, jurist;*
хуульчлал *legalization;*
хуульчлан *by law, legally;*
хуульчла|х *to legalize, legitimize;*
хуумгай *careless, negligent; thoughtless;*
хуумгайта|х *to do sth without a second thought;*
хуур *fiddle, string instrument;* аман ~ *harmonica, mouth-organ;* баян ~ *accordion, piano accordion;* морин ~ *a two-stringed instrument with a carved horse head on top;*
хуурагда|х *to be swindled, be cheated, be deceived by lying;*
хуурай I *file (tool);*
хуурай II *dry, dried-up; arid;* Африкийн ~ цөл *the arid deserts of Africa;* ~ газар *a dry land;* ~ түлээ *a dry firewood;* голын ~ голдрил *a dried-up river-bed;* хув ~ *dry as a bone;* ~ сүү *a dried/powdered milk;* ~ салхи *a hot dry wind;* ~ замаар Пакистан орох *to travel overland to Pakistan;* ~ ханиалга *a dry cough;* ~

хүү *an adopted son;* ам ~ суухгүй *constantly eating; continually talking;*

хуурайвтар *dryish;*

хуурайда|x I *to file;* гарынхаа хумсыг ~ *to file one's fingernails (smooth);*

хуурайда|x II *to be too dry;*

хуурайла|x *to change the baby's nappy; to exhaust, use sth until it is completely finished;*

хуурайса|x *to feel dry; to dry up;*

хуурайшил *desiccation, drying up;*

хуурайши|x *to begin to become dry;*

хуурамч *false; forged, counterfeit; insincere; sham; deceptive;* ~ зан *unnatural behaviour;* ~ инээд *an unnatural laugh;* ~ байдал *hypocrisy, dissimulation; pretence, deception, sham;* ~ алт эрдэнэс *sham jewellery;* ~ паспорт *a false/forged passport;* ~ цаасан мөнгө *a counterfeit banknote;* ~ найз *a false friend;* ~аар гарын үсэг үйлдэх *to forge a signature;* (мөнгө, бичиг баримт г.м.-ийг) ~аар хийх/үйлдэх *to counterfeit, forge;* ~аар хийсэн юм *forgery;* ~аар үйлдэгч *a counterfeiter/forger;*

хуурамчла|x *to play sb false, deceive;*

хуурамчхан *a bit deceitful;*

хуура|x I *(of a covering) to come off, peel off;* наранд суусны дараа арьс минь хуурч эхлэв *after sunbathing, my skin began to peel;* шошгыг усанд норговол хуурна *the label will peel off if you soak it in water;*

хуура|x II *to roast, fry;*

хуура|x III *to deceive, cheat, swindle, dupe;*

хуурга *a dish of meat roasted with vegetables;*

хуурда|x *to play a xuur;*

хуурмаг *false, sham, untrue, unnatural; deceitful, cheating; slanderous;* худал ~ *lie, falsehood, deception; sham, pretence;* би худал хуурмагийг үзэлггүй шулуун шударга хүн *I'm a blunt straightforward man; I hate sham;*

хуурмагла|x *to lie, deceive, cheat, play the hypocrite;*

хуурс *nit, an egg of a louse;*

хуурста|x *to become inflected with nits;*

хуурта|x *to be cheated, be deceived, be swindled;*

хуурцаг *small box; cassette;* видео ~ *a video cassette;*

хуурцагла|x *to put in a box; to record music or pictures on cassette;*

хуурч(ин) *a person who plays the xuur;*

хуух *scrotum;*

хуухина|x *to puff, pant;*

хуухнаг *see* хуух;

хуухьтна|x *to sniff the air;*

хууч(ин) *former, ex, old-time, previous; ancient; old-established, old-fashioned;* ~ хувцас *old clothes;* ~ заншил/зуршил *old customs/habits;* миний ~ ажил *my old job;* миний ~ найз *an old friend of mine;* ~ цагт *in the old days, in former times;* ~ нөхөр нь *her former husband;* хууч хөөрөх/ярих *to talk about the good old days;* авга/нагац эгч маань тун хуучны хүн *my aunt is very old-fashioned;* ~ бууны хугархай *old sweat;* ~ хүн *an old hand, an old stager;* ~ өвчин *chronic illness;*

хуучда|x *(of objects, clothes) to be too old, be too old-fashioned;*

хуучивтар *somewhat old or worn;*

хуучид *final days of the month, final portion of the year;* өвгөд ~ *ancestors;*

хуучинсаг *believing in old ways, ideas, customs, etc;* ~ үзэлтэн *conservative;*

хуучир *string musical instrument played with a bow;*

хуучирда|x *to play the хуучир;*

хуучирч *a person who plays the хуучир;*

хуучис 1. *ancestors, forebears;* 2. *old things;*

хуучи|x *to tear off or peel gradually;*

хуучла|x *to talk about the good old days; to reminisce (about sb/sth);*

хуучра|x *to become or grow old; to be outworn; to be out-of-date;* хуучирсан жолоочийн үнэмлэх *an out-of-date driving-licence;* хуучирсан нийгмийн тогтолцоо *an outworn social system;*

хуушуур *fried meat pie;*

хуц *ram, an adult male sheep;*

хуца|x *to bay, bark;* манай нохой үргэлж гадны хүн рүү хуцдаг *our dog always barks at strangers;*

хуцса|x *(of an ewe) to be sexually excited and active;*

хучаас *covering;* ~тай *covered, having a cover;*

хучигда|x *to be covered;*

хучигдмал *sth covered;*

хучи|x *to cover (up);* тэр, өвдгөө хөнжлөөр хучив *she covered her knees (up) with a blanket;*

хучлага *bed covering, blanket;*

хуш *cedar;*

хушга 1. *walnut;* 2. *testicles;*

хуяг 1. *coat of mail, armour;* 2. *shell (of a turtle);* **3.** *guard;*

хуягла│х *to cover or protect with armour;* хуягласан машин *an armoured car;*

хуягт *armoured; armour-plated;*

хуял *lust (for sb), passion (for sb);*

хуян *rheumatism;*

хуянта│х *to suffer from rheumatism;*

хув *intensifying particle used before adjectives and adverbs beginning with ху;* ~ хүйтэн *very cold;*

хуврэл *the process of developing or growing;* үр ~ *development of embryos;*

хуврэ│х 1. *to grow, germinate;* 2. see **хөврөх;**

хувэрдэ│х see **хөвөрдөх;**

хувэрхий see **хөвөрхий;**

хүгдий│х *to stoop; to be round-shouldered;* тэр, өтөлж ~ шинжтэй байна *he's beginning to stoop with age;*

хүгдгэр *round-shouldered, stooping;*

хүдэн *smog;*

хүдэнтэ│х *to become covered with smog;*

хүдэр I *(zool.) musk-deer;*

хүдэр II *ore;*

хүдэр III *strong, physically powerful;* тэр бол шар шиг ~ эр *he's as strong as an ox;*

хүж *incense;*

хүзүү *neck;* ~гээ сунгах *to crane one's neck;* ~гээ хугалах *to break one's neck;* лонхны ~ *the neck of a bottle;* ~ний зүүлт *necklace;* ~н дээр нь сандайлах *to domineer (over);*

хүзүүвч 1. *collar (for a dog);* 2. *neck of land; isthmus;* 3. *joining corridor between two buildings or houses;*

хүзүүдэ│х *to embrace or seize by the neck;*

хүй I *navel, umbilicus; umbilical cord;* ~ таслах *to cut the baby's umbilical cord;*

хүй II *a large number of people or things;* ~ олон хүн *a crowd of people;* ~ ~гээр ургах *to grow in clumps;* ~ нэгдэл *primitive society;*

хүйлэх *a small island;*

хүйс(эн) *navel, umbilicus; sex; gender;* ~ тэмтрэх *to exterminate a race or group of people;* эр ~ *the male sex;* эсрэг ~ *the opposite sex;* герман хэл хэлзүйн гурван ~тэй бол франц хэл ердөө хоёртой *German has three genders but French only has two;*

хүйт *cold;* ~ авах *to catch cold;* ~ даах *to become chilly;* ~ орох *to get cold, turn cold;*

хүйтдэ│х *to be too cold;*

хүйтрэ│х *to turn cold, become cold;* хүйтэрч байна - цонхоо хаацгаая *it's getting cold - let's shut the window;*

хүйтэвтэр *somewhat cold, rather cool;*

хүйтэвтэрхэн *rather cold;*

хүйтэн I *the cold; cold;* өвлийн ~ *the cold of winter;* ~ ус *cold water;* ~ ундаа *a cold drink;* ~ харц *a cold stare;* ~ дайн *cold war;* ~ сэтгэлтэй *cold-hearted;* ~ цустай *cold-blooded;* ~ саарал өнгө *a cold grey colour;* ~ хөлс гарах *to be in a cold sweat (about sth);* ~ хандах *to give sb the cold shoulder;* ~д гадаа бүү зогс *don't stand outside in the cold;* "чиний туслалцаа надад хэрэггүй" гэж тэр хүйтнээр хэлэв *'I don't need your help', she said coldly;* залуухан хүүхнээс болж авгайгаа хаяснаас хойш найзууд нь түүнд ~ хандах болов *after he left his wife for a younger woman, his friends all gave him the cold shoulders;*

хүйтэн II *gonorrhoea;*

хүйтэндэ│х *to be too cold;*

хүйтэнтэ│х *to contract gonorrhoea;*

хүлтгэнэ│х *to cower;*

хүлүүлэ│х *to be bound;* барьцаалагдсан хүмүүс гар хөлөө хүлүүлсэн байв *the hostages were bound hand and foot;*

хүлхгэр *wide, baggy;*

хүлхгэрдэ│х *to be too wide or baggy;*

хүлхий│х *to hang down; to be baggy;*

хүлхэгнэ│х *(of sth flabby) to move;*

хүлхэ│х *to suck;* чихэр ~ *to suck a toffee;*

хүлцэл *excuse, forgiveness, apology, pardon; patience, endurance; indulgency, leniency;* ~ өчье *I beg your pardon, I apologize;*

хүлцэнгүй *submissive (to), obedient; patient; indulgent, lenient;* ~ байдал *submissiveness, obedience;*

хүлцэ│х *to have patience, bear, endure; to forgive, pardon; to condescend (to);*

хүлэг I *riding horse, mount, steed;*

хүлэг II *bonds, ropes;*

хүлэмж *greenhouse, hothouse, conservatory;*

хүлэ│х *to bind (together), tie;* тэд түүний хөлийг хүлсэн учир зугтаах чадсангүй *they bound his legs (together) so he couldn't escape;*

хүлээгдэл *waiting; delay; hold-up;*

хүлээгдэ|х *to wait, be left until a later time before being dealt with; to be delayed;*
хүлээлгэ|х *to keep sb waiting; to deliver, hand over (to sb);* хүлээлгэлгүй ирэх *to come quickly;* би даргаас огцорч ажлаа орлогчдоо хүлээлгэн өгч байна *I'm resigning as chairman and handing over to my deputy;*
хүлээс *anything which binds, ties; fetters, hinder;*
хүлээслэ|х *to bind, tie; to fetter, hinder;*
хүлээстэй *bound, tied, fettered, hindered;*
хүлээ|х *to wait, await; to expect, hope for; to admit, own, acknowledge;* автобус ~ *to wait for a bus;* бид бороо зогсохыг хүлээж байна *we are waiting for the rain to stop;* удаан хүлээсэн өөрчлөлт *a long-awaited change;* би тэдний хариуг хүлээж байна *I'm awaiting their reply;* би захиа хүлээж байна *I'm expecting a letter;* тэр, буруугаа хүлээв *he admitted his guilt;* сонгуулийн үр дүн нийтэд зарлагдмагц ерөнхий сайд ялагдлыг хүлээв *when the results of the vote were announced the Prime Minister acknowledged defeat;* ~ өрөө *a waiting room;* хүлээн авах *to receive, take up (a post, a command, etc);* өвчтөн хүлээн авах *to receive patient;* хүлээн авагч *a recipient;* хүлээн авалт *banquet;*
хүм : юм ~ *things, objects;*
хүмбараа : ~ матар *alligator;*
хүмүүжигч *pupil; adopted child, ward;*
хүмүүжил *education; upbringing;* бэлгийн ~ *sex education;* ~ сайтай, ~тэй *well-bred, well-mannered;* ~ муутай, ~гүй *ill-bred, ill-mannered;*
хүмүүжи|х *to be brought up, be educated;* түүний эцэг эх багад нь өнгөрцгөөж тэр нагац/авга эгч дээрээ хүмүүжсэн *her parents died when she was a baby and she was brought up by her aunt;* тэр Францад боловсрол олж хүмүүжсэн *he was educated in France;*
хүмүүжүүлэгч *tutor, educator, governess;*
хүмүүжүүлэ|х *to educate, bring up;* ээж маань гурван хүүхэд өсгөж хүмүүжүүлсэн *our mother brought up three children;* сайн/муу хүмүүжүүлсэн хүүхэд *a well-/badly-brought up child;*
хүмүүс *people, men; persons in general;* орос ~ *the Russian people;* жирийн ~ *the common people;*
хүн *man, person, human being; somebody;*

эх ~ *a mother;* эцэг ~ *a father;* эх оронч ~ *a patriot;* монгол ~ *a Mongolian;* эрэгтэй ~ *a man;* эмэгтэй ~ *a woman;* хөгшин ~ *an old man;* том ~ *an adult; an important person;* хөдөөний ~ *a countryman;* баян ~ *a rich man;* ядуу/хоосон ~ *a poor man;* сайн ~ *a good man;* муу ~ *a bad man;* зэрлэг ~ *a barbarian;* муухай ~ *an ugly man;* хачин ~ *a strange man;* зөрүүд ~ *an obstinate person;* тэнэг ~ *a stupid person;* хашир ~ *a man of the world;* хүний үнэргүй ~ *a callous person;* гадаадын ~ *a foreigner;* хүний ~ *an outsider;* тамирчин ~ *a sportsman;* дуучин ~ *a singer;* хар ~ *a husband; a civilian;* ~ төрөлхтөн *mankind, humanity;* ~ ам *population, inhabitants;* ~ бүл *members of a family;* ~ болгох *to bring up; to make a man (out) of sb;* арми түүнийг ~ болгоод өгнө *the army will make a man of him;* ~ болгон адилгүй, хүлэг болгон жороогүй *(saying)* all bread is not baked in one oven; хүний эрх *human rights;* хүний бие *the human body;* хүний араншин *human nature;* хүний юм *what belongs to others;*
хүнгүй *uninhabited; the absence of sb;*
хүнгэнэ|х *to hoot; to rumble;*
хүнд I *heavy, heavily; hard, difficult; sever(ly); serious(ly); grave(ly);* ~ хоол *a heavy meal;* хөл ~ *heavy with child, pregnant;* ~ өдөр *a heavy day;* ~ асуудал *a difficult problem;* ~ байдал *a difficult position; (med.) a grave condition;* ~ шийтгэл *severe punishment;* ~зэр шийтгэх *to punish sb severely;* ~ амьдрал *a hard life;* уулчны тэсвэр хатуужлын ~ сорилт *a severe test of climber's stamina;* ~ хүчир *hard, difficult;* ~ суртал *bureaucracy;* ~ суртэлтэн *a bureaucrat;* тэр ~ өвчтэй *she is gravely ill;* ачаатай машин *a heavily loaded van;* ~ жингийн боксчин *a heavyweight (boxer);* тугалга бол ~ металл *lead is a heavy metal;* ~ болох *to become heavier; to put on weight;*
хүнд II *dignity; honour; respect, esteem;* нэр ~ *reputation, fame, name, repute;* нэр ~ олох *to build up a fine reputation;* нэр ~ий нь унагах *to ruin sb's reputation;* ~ээ алдах *to lose one's dignity;* хөдөлмөрийн үнэ ~ *the dignity of labour;* нэр ~тэй *of repute, having a good reputation;*
хүндгүй *having a bad reputation, of ill repute;*
хүнддэ|х *to become too heavy; to be too difficult or serious;*

хүндлэгдэ|х *to be respected, esteemed;*

хүндлэл *honour, respect, esteem;*

хүндлэ|х *to have a good or high opinion of sb; to respect, esteem;* бид нар багшаа машид хүндэтгэдэг *we have much respect for our teacher;* би түүний эр зоригийг гүнээ хүндэлдэг *I deeply respect her courage;*

хүндрүүлэ|х *to aggravate, complicate; to make heavy;* эмнэлгээс тун яарч гарснаар тэр биеийнхээ байдлыг хүндрүүлэв *he aggravated his condition by leaving hospital too soon;*

хүндрэ|х *to become heavy; to become difficult, become complicated, be aggravated (by);* хөл ~ *to become pregnant;* зээлийн хүү өссөнөөр тэдний өрийн асуудал цаашид хүндрэв *their debt problem was further aggravated by the rise in interest rates;*

хүндтэй *honoured, esteemed, respected; honorary;*

хүндтэ|х *to grow heavier;*

хүндхэн *somewhat heavy;*

хүндэвтэр *rather heavy;*

хүндэт *honoured, esteemed, respected; honorary; (in opening formal letter) dear;* ~ зочин *guest of honour;* ~ цол *honorary title;* ~ гишүүн *honorary member;* ~ харуул *guard of honour;*

хүндэтгэл *honour; respect, esteem, reverence;* цугларсан олон гүн ~ бишрэлтэйгээр өвдөг сөхөрцгөөв *the crowd knelt in reverence and worship;* ~ үзүүлэх *to do/pay homage to;*

хүндэтгэ|х *to respect, esteem, revere, do honour (to), render homage;* ~ шалтгаан *valid cause, good reason;* агуу удирдагчийн дурсгалыг ~ *to revere the memory of a great leader;* таны хүсэлтийг хүндэтгэн үзнэ гэдгээ амлаж байна *I promise to respect your wishes;*

хүнийрхүү *standoffish, behaving like an outsider;*

хүнийрхэ|х *to act like an outsider;*

хүнийх *someone else's, another's, other's; someone else's belongings, what belongs to others;*

хүнс(эн) *food, foodstuffs, provisions; (mil.) rations;* ~ний дэлгүүр *a grocer's (shop);* ~ний аж үйлдвэр *the food industry;* ~ний хомсдол *a shortage of food;* шинжилгээний анги хоёр долоо хоног хүрэхүйц замын ~тэй гарав *the expedition set out with enough provisions for two weeks;*

хүнхгэр *hollow, sunken;*

хүнхийй|х *to become sunken or hollow;*

хүнхэр *concave;*

хүр I : ~ дүү *the younger brother of one's wife;* ~ бэр *the wife of the younger brother of one's wife;*

хүр II *all, whole;*

хүргэгч *delivery man; roundsman;* шуудан ~ *a postman;*

хүргэн *son-in-law, brother-in-law (sister's husband);*

хүргэ|х *to deliver, convey, send, dispatch; to give, cause; to provoke; to transport to; to escort, see off;* мэнд ~ *to send one's regards;* баяр ~ *to congratulate (on);* тус ~ *to give help;* инээд ~ *to provoke laughter;* хор ~ *to cause harm;* захиа ~ *to send a letter; to deliver a letter;* ахынх нь найз түүний гэрт нь хүргэв *her brother's friend escorted her home;*

хүрд *wheel; prayer-wheel;*

хүржигнэ|х *to roar, rumble; to make a buzzing noise;*

хүрз(эн) *spade, shovel;* хоёр ~ шороо *two shovelfuls of earth;* гурван ~ элс *three spadefuls of sand;*

хүрздэ|х *to shovel, lift or move sth with a spade;*

хүрнэ *(zool.) polecat, ferret; weasel;*

хүртвэр *(math.) numerator;*

хүртэл *until, till; up to; as far as;* маргаашийг ~ хүлээх *to wait untul tomorrow;* өдий ~ *until now, up to now, hitherto;* хорь ~ удаан тоол *count up to twenty slowly;*

хүртэмж *sufficiency of sth; sth sufficient for everyone;* ~ муутай, ~гүй *unsufficient;* ~ сайтай, ~тэй *sufficient;*

хүртэ|х *to receive, be awarded (an honour, a prize, etc) to receive an allotment or share; to be sufficient;*

хүртээл *1. connexion (with); 2. (fig.) common property;* ард түмний ~ болох *to become the common property of the people;*

хүртээлгүй *1. unrelated, unconnected;* энэ чамд ~ *it is no concern of you; 2. insufficient, not enough;*

хүртээмж *sufficiency of sth; share, allotment;*

хүртээ|х *to award, confer (a title, degree, prize, etc); to give sth as a share;*

хүрхрэ|х *to growl, snarl;*

хүрхрээ *waterfall;*

хүрчигнэ|х *to rumble, roar;*

хүрэвтэр *brownish;*

хүрэл *bronze;* ~ зэвсгийн үе *the Bronze Age;* Олимпийн ~ медаль авах *to win an Olympic bronze;* ~ хөшөө *a bronze statue;*

хүрэлцэ|х **1.** *to suffice, be enough for; to arrive, show up (of several);* **2.** *to touch;*

хүрэлцэхгүй *insufficient;*

хүрэлцээ *sufficiency of sth;* ~гүй *not sufficient;* ~тэй *sufficient;*

хүрэм I *(man's) jacket;*

хүрэм(хүрмэн) II *basalt;*

хүрэн *dark brown; chestnut;*

хүрэндүү *brownish, browny;*

хүрэнтэ|х *to turn dark brown;*

хүрэ|х *to come to, reach, arrive at; to attain, achieve; to touch; to be enough, suffice; to feel; to get or have urge to;* олон цаг ярилцсаны эцэст комисс нэг шийдвэрт хүрэв *after many hours' talk, the committee arrived at a decision;* хэдэн онгоц дамжсаны эцэст бид хоёр дахь өдрийн өглөө арай гэж Лондон хүрэв *after several changes of plane, we finally reached London on Tuesday morning;* амжилтанд ~ *to achieve success;* зорилгодоо ~ *to attain one's goal;* цагдаагийнхан иртэл юунд ч бүү хүр *don't touch anything until the police arrive;* түүний олдог мөнгө өөрт нь хүрдэг *her income suffices for her needs;* хошуу ~ *to kiss;* гар ~ *to hit sb with the hand; to touch, put one's hand on sth;* үгэндээ ~ *to keep a promise (one's word);* эрийн цээнд ~ *to reach manhood;* нойр ~ *to want to sleep;* залхуу ~ *to feel lazy;* өвчин ~ *to fall ill;* уур ~ *to get angry;* дургүй ~ *to have an aversion (for);* хор ~ *to envy;* ханиад ~ *to catch (a) cold;* шээс ~ *to want to urinate;*

хүрэхгүй *short, insufficient, inadequate;* зориг ~ байх *to be lacking in courage;*

хүрээ(н) *frame, fence, enclosure; border, edging; scope, compass, range, sphere; circle (of persons);* зургийн ~ *a picture frame;* хашаа ~ *fence, enclosure;* ~ хийд *monasteries;*

хүрээлүүлэ|х *to surround, encircle;* тэр өөрийгөө сайхан эд юмсаар ~ дуртай *he likes to surround himself with beautiful things;*

хүрээлэгдэ|х *to be surrounded or encircled;*

хүрээлэл *encirclement; surroundings;*

хүрээлэн *garden; institute; committee;*

цэнгэлдэх ~ *stadium;* хэлбичгийн ~ *Institute of Language and Literature;* амьтны ~ *zoo, zoological gardens;*

хүрээлэ|х *to frame; to surround, encircle;* зураг ~ *to frame a photograph/painting;*

хүслэн *wish, desire, striving, aspiration;*

хүсмээр *desirable; wishful;*

хүснэгт *table, plate (with illustrations or diagrams);*

хүснэгтлэ|х *to rule off columns, make a table;*

хүсэл *wish, desire;* ~ мөрөөдөл *dream, daydream;* ~ эрмэлзэл *striving, aspiration;* ~гүй *without desire;* ~тэй *having a desire, desirous, desirable, desired;*

хүсэлт *request;* ~ гаргах *to make a request;* ~ийг биелүүлэх *to comply with a request;*

хүсэ|х *to wish, desire, want; to ask (for);* тусламж ~ *to ask someone for help;* тэр, Италид очихыг хүсдэг *she wants to go to Italy;*

хүү I *son, young boy; pawn (in chess);* би нэг ~, хоёр охинтой *I have a son and two daughters;* "за, ~ минь яагаав?" гэж эмч асуув *'what's the matter with you, son?' asked the doctor;*

хүү II *(fin.) interest;* ~ төлөх *to pay interest;* өндөр/бага ~ *a high/low rate of interest;*

хүү III *(adverbial particle) :* ~ татах *to pull apart, pull off;*

хүүгүй **1.** *childless, without a son;* **2.** *bearing no interest; interest-free;*

хүүгэ|х *to drone; (of a wind) to blow;*

хүүдий *small bag made of flexible material; packet; sac;* гялгар ~ *a cellophane packet;* эдгээр бах нь хоолойдоо үлээгддэг ~тэй *these toads have an inflatable sac on their throats;*

хүүдийлэ|х *to put sth into a packet or small bag;*

хүүе *interjection hey!, hi!*

хүүлэгч : мөнгө ~ *usurer, moneylender;*

хүүлэ|х I *to lend money at a high rate of interest;*

хүүлэ|х II *to tear asunder, tear off;*

хүүр *dead body, corpse;* ~ оршуулах *to bury the dead;* ~ийн газар *cemetery, graveyard;* ~ хадгалах газар *morgue, mortuary;* ~ хайлах *to cremate;*

хүүрнэ|х *to narrate, recount, relate;*

хүүрши|х *(of cloth or clothing) to become threadbare; to become brittle with age;*

хүүрчин *gravedigger;*

хүүрэ|х *to become brittle, be easily torn;*

хүүсэр *(of women) barren;*

хүүхдэрхүү *childish, childlike;* ~ *аашлах to behave childishly;*

хүүхэд *child, children, kid;* нялх ~ *a baby; an infant;* эрэгтэй ~ *a boy;* эмэгтэй ~ *a girl;* ~ олох *to become pregnant;* ~ эх барих *to deliver a baby;* ~ гаргах/төрүүлэх *to give birth to a child; childbirth, child-bearing;* ~ авах/ үрчлэх *to adopt a child;* ~ харах *to look after a child;* ~ өсгөх *to bring up (children);* ~ багачууд *children, kids; youngsters;* ~ шиг *like a child;* ~ нас *childhood;* ~ насны дурсамж *childhood memories;* ~ төрүүлэх нас *child-bearing age;* хүүхдийн цэцэрлэг *kindergarten;* хүүхдийн эндэгдэл *infant mortality;* хүүхдийн хөдөлмөр *child labour;*

хүүхэдгүй *childless;*

хүүхэлдэй *doll;*

хүүхэмсэг *girlish, womanish; tending to philander with women;* Болд аймшигтай ~ амьтан *Bold's a terrible philanderer;*

хүүхэмсэ|х *to behave like a young woman; (of a young women) to flirt with men;*

хүүхэн *girl, young woman;* ~ хараа *pupil (of the eye);* ~ хэл *uvula;* нөхөргүй ~ *a single woman;* хөгшин ~ *an old maid;* ~ эргүүлэх *to philander;* тэр, архи уух ~ эргүүлэх хоёроор цагаа нөхцөөдөг *he spends his time drinking and philandering;*

хүүхэнцэр *girlish;*

хүүхээн *a form of address used by an older man to the younger generation;*

хүүчи|х *to tear apart or tear off again and again;*

хүүш *shady place;*

хүүшлэ|х *(of the sun rises or goes down) to be hidden by the high mountains and cast a shadow;*

хүхэр *(chem.) sulphur, brimstone;*

хүхэрлэг *(chem.) sulphureous;*

хүхээ *throat cavity;*

хүхээлэ|х *to call sb хүүхээн;*

хүч(ин) I *strength, force; power; (mil.) forces;* ~ тэнхээ *physical strength;* ~ чармайлт *effort;* эрчим ~ *energy;* хүчин чадал *power; (tech.) capacity, rating;* бүх ~, хамаг ~ *all one's might;* ~ хүрэхгүй *beyond one's power(s), outside one's competence;* өөрсдийн ~ээр *unaided;* ~ээр *by force; thanks to, because of;* үрэлтийн

~ *force of friction;* хүндийн ~ *force of gravity;* зэвсэгт хүчин *armed forces;* ажиллах ~ *labour force;* боловсон хүчин *specialists, skilled workers;* сөрөг хүчин *the opposition;* нисэх хүчин *air forces;* дайсны ~ *an enemy power;* салхины ~ *wind power;* байгалийн хүчин *the forces of nature;* тарга ~ авах *to grow fat (of animals);* ~ орох *to gain power or strength;* ~ээ гаргах *to apply one's strength or power;* хүчин төгөлдөр болгох/болох *to bring/come into force;* хүчин төгөлдөр *(of a law, rule, etc) in force; valid, effective;* хүчингийн хэрэг *the crime of raping sb;*

хүч II *sour; acidity;*

хүчгүй I *weak, powerless; lacking force;* ажиллах ~ *lacking manpower;*

хүчгүй II *not sour;*

хүчдэл *tension, voltage;* өндөр/нам ~ *high/ low voltage;*

хүчил *acid;*

хүчилдэр *(adj.) acid;* орос цуу ~ амттай *vinegar has an acid taste;*

хүчилшил *(chem.) alkali;*

хүчингүй *invalid, null and void;* ~ паспорт *an invalid passport;* ~ болгох *to nullify;*

хүчиндэ|х *to rape, violate;*

хүчинтэй *valid, effective, in force;*

хүчир *difficult, hard;*

хүчирлэ|х *to use great force;*

хүчирхийлэл *violence, force;*

хүчирхийлэ|х *to coerce, constrain; to rape, violate;*

хүчирхэг *strong, powerful, forceful;*

хүчирхэ|х *to use force or violence, compel; to have much control and influence;* хүчирхэг улс гүрэн заримдаа ядуу дорой улсыг ~ гэж үздэг *powerful nations sometimes try to control weaker one;*

хүчит *powerful, strong;*

хүчлэ|х *to force, use force;*

хүчтэй 1. *strong, powerful;* ~ салхи *a strong wind;* ~ нөлөө *a strong influence;* ~ тоглогч этгээд *a strong player;* ~ улс *a strong country;* ~ эдийн засаг *a strong economy;* ~ эм *a strong medicine;* ~ дайсан *a powerful enemy;* ~ дэлбэрэлт *a powerful explosion;* 2. *sour, acid;*

хэв I *shape, form, type; mould, cast; imprint, impress;* ~ шинж *trait, characteristic;* ~ маяг *model, pattern; type; style;* ~ хэлбэр *shape, form;* элсэн дээрх хөлийн ~ *the imprint of a* foot in the sand; боовны ~ cookie mould;

хэв II custom, habit, wont; ~ ёс rules of propriety; ~ заншил custom, tradition; ~ журам the established order;

хэв III (ling.) voice; үйлдэх ~ active voice;

хэв IV intensifying adverbial particle used· before certain adjectives and adverbs beginning with хэ : ~ хэрэггүй quite unnecessary;

хэвгий slope, sloping; slanting, oblique;

хэвгүй shapeless, formless;

хэвийн normal, usual; ~ амьдрал normal life;

хэвий|х to decline, slope downwards;

хэвлий belly; womb; газрын ~ bowels of the earth;

хэвлүүн acting older than one's years (of a child);

хэвлүүр last (used in making shoes); mould;

хэвлэгдэ|х to be published; түүний захиа "Ардын Эрх"-эд хэвлэгджээ her letter was published in The Ardyin Erkh;

хэвлэгч printer;

хэвлэл press, printing; edition; ~ийн эрх чөлөө the freedom of the press; гүн ~ intaglio; ~ийн эрх чөлөөг хязгаарлах to hamstring the press; гадаадын/орон нутгийн ~ the foreign/local press; ном ~д бэлтгэх to prepare a book for press; ~ийн агентлаг press agency; ~д зориулсан мэдээ press/news release; ~ийн бага хурал press conference; ~ийн газар printing house; анхны ~ first edition; засварласан ~ revised edition;

хэвлэ|х to print, publish; to mould; ~ машин printing-press;

хэвнэг raincoat; cloak;

хэврэг brittle, fragile, breakable;

хэврэгши|х to become fragile, be brittle with age;

хэвтүүлэ|х to make lie down; to put someone to bed;

хэвтэр bed, couch; bedridden; тэр, томуу хүрээд ~т байна he's bedridden with/by flu;

хэвтэ|х to lie, recline; to be bedridden; дээшээ харж ~ to lie on one's back; эмнэлэгт ~ to go to hospital; буйдан дээр ~ to recline on a sofa; зүгээр ~ to lie about/around; тэр, буйдан дээр хэвтээд удалгүй унтчихав he lay down on the sofa and soon· fell asleep; маргааш амралтын өдөр тийммээс чи үд болтол хэвтэж болно it's holiday tomorrow, so you can lie in;

хэвтэш 1. place to lie down; lair, den, cave; 2. uterus, placenta;

хэвтээ lying, recumbent; horizontal;

хэвшил structure; habit; ~ болох to become a habit; амьдралын ~ style of life; нийгэм-эдийн засгийн ~ social and economic structure;

хэвши|х to become habitual, traditional or normal; to get into the habit (of);

хэвшмэл habitual, usual, customary;

хэвэг husk, peel, bran;

хэвэгч ruminant; үхэр, хонь бол ~ мал cows and sheep are ruminants;

хэвэл belly; womb; хэвлээр явагчид reptiles;

хэвэ|х to ruminate, chew cud;

хэгжүүн arrogant, haughty, lofty;

хэгжүүрхэ|х to behave arrogantly;

хэгэ (intensifying particle) out, away, off; ~ татах to tear off, pull out;

хэгэрэ|х to be brittle with age; to tear away, peel off; цонхны будаг хууураад хэгэрсэн байв the paint of the windows was brittle with ' age; наранд суусны дараа арьс минь хэгэрч эхлэв after sunbathing, my skin began to peel;

хэгээс spoke of a wheel;

хэд(эн) how much, how many, how many times; some, several, few; over, more than; та хэдэн хүүхэдтэй вэ? how many children have you got? тэр, хэдэн өндөг, жаахан сүү худалдан авав she bought a few eggs and a little milk; гучин хэдэн ном over 30 books; ~ хэдэн удаа several times; дахин many times; хэд ~? how many/much for each?

хэдгэнэ bumblebee;

хэддүгээр which number; which one in number; ~ сард? in which month?

хэдий how; how much, how many; although, though; ~ хол? how far? тэд ~ хоосон ч өглөгч шүү they are generous although they are poor; хэдийвээр although, though, but; хэдийгээр when; although; чи хэдийгээр ирэх вэ? when will you come? хэдийд when, at what time; хэдийн already, by now; some time ago; хэдийнээ since long ago; хэдийнээс since when; since long ago;

хэдийчинээн how much, how many; many or few? much or little?

хэдүүл how many (persons); several, a number; бид ~ a few of us; та ~ээ суудаг вэ? how many persons are there in your family?

хэдүүлхэн *a few people;*

хэдхэн *a few, just a few;* тэр, олон ном бичсэн харин би тэдгээрээс нь ердөө хэдхэнийг л уншсан *she's written many books but I only read a few (of them);*

хэдэнтээ *several times;*

хэдэр *testy, bad-tempered;*

хэдэрлэ|х *to be testy; to be stubborn;*

хэдээд *how many to each;*

хэелэ|х *to tilt, list;*

хэзээ *when, at what time;* ~ нэг цагт *(in future) some time, some day;* ~ ч *never;* ~ ~гүй *one of these days, any day now;*

хэзээд *always, all the time;*

хэзээний *since long ago; of long standing; of old, for a long time;*

хэл *tongue; language; speech; letter, telephone call, etc from sb;* эх/төрөлх ~ *mother tongue, one's native/first language;* нимгэн зүссэн үхрийн ~ *sliced ox tongue;* гутлын ~ *the tongue of a shoe;* шинжлэх ухааны ~ *the language of science;* эмнэлгийн ~ *medical language;* программчлалын шинэ ~ *a new programming language;* ~ний лаборатори *language laboratory;* (хар) ярианы ~ *colloquial language, spoken language;* этгээд ~ *jargon;* яруу ~ *poetic language;* ~ яриа, ~ ам *false rumours, gossip, strife;* ~ний шинжлэл *linguistics;* ~ чимээ, ~ сураг, ~ мэдээ авах *to hear from sb;* гадаад ~ сурах *to study a foreign language;* ~ мэдэх *to have command of a language;* ~ яриа гаргах, үг ~ гаргах *to wrangle, stir up a strife;* ~ ам хийх *to quarrel with sb;* ~гүй болох *to become dumb;* ~ хүргэх *to deliver a message;* ~ дуулах *to hear words from;* ~ барих *to contact, communicate with sb;* ~ залгуулах *to communicate information; to act as an interpreter;* ~ ээрэх *to stammer;* ~ээ гаргах *to put/stick one's tongue out;* ~ амаа билүүдэх *to set tongue wagging;* ~ээ хазах *to bite one's tongue;* үг ~ээ цэгнэх *to mind/watch one's tongue;* үг ~ задгай *having a loose tongue;* үг ~ээ ололцох *to speak/talk the same language;* урт ~ хүзүү ороох, урт хормой хөл ороох *(saying) under the tongue men crushed to death;*

хэлбий|х *to lean or be inclined to one side; to deviate, slope;*

хэлбүү *uneven, oblique, inclined, slanting;*

хэлбүүр *device for shaping an object in a certain pattern; block (for shaping hats);*

хэлбүүрдэ|х *to shape an object; to put shoes or hats on a last or block;*

хэлбэлзэл *wavering, vacillation, fluctuation; (phys.) oscillation, vibration;* радио долгионы ~ *the ocsillation of radio waves;*

хэлбэлзэ|х *to vascillate (between sth and sth), fluctuate (between sth and sth), vary (with sth; from to); oscillate;* үнэ тавааас арван долларын хооронд хэлбэлзэж байв *prices fluctuated between $5 and $10;*

хэлбэр *shape, form;*

хэлбэрдэ|х *to observe formalities; to value form or appearance;* шалгалтын бичгээр авсан хэсэг ёстой хэлбэрдсэн хэрэг байна; хэн ч унасангүй *the written part of the exam is just a formality; no one ever fails it;*

хэлбэржи|х *to assume a certain shape or form;*

хэлбэршгүй *unshakeable, unchangeable;*

хэлбэршил *structure, stage (of development); formation, forming;*

хэлбэрши|х *to form, be formed; to develop;*

хэлбэрэлтгүй *unchangeable, steady, constant;*

хэлбэрэ|х *to deviate (from), digress (from);*

хэлгий *unable to speak, having a burr;*

хэлгийтэ|х *to burr;*

хэлгүй *mute; not a word has been heard (of);*

хэлгэлзэ|х *to be unable to speak because one is shy or nervous;*

хэлзүй *grammar;*

хэлмэгдүүлэ|х *to subject to repression;*

хэлмэгдэл *repression;* улс төрийн ~ *political repression;*

хэлмэгдэ|х *to be repressed;*

хэлмэрч *interpreter;*

хэлмэрчлэ|х *to interpret;* би орос хэл мэдэхгүй; та надад хэлмэрчлээд өгнө үү? *I don't speak Russian; will you interpret for me?*

хэлтгий *slanting, sloping, oblique; slantwise, aslant, askew; cocked, on one side; half, one-sided;* ~ сар *crescent, half-moon;* тэр зураг ~ байна *that picture is askew;*

хэлтгийдэ|х *to be too slanted; to be uneven;*

хэлтий|х *to lean, slant, incline;*

хэлтлэ|х *to break off, chip off;* тэр, шоколаднаас хэлтлээд надад өгөв *she broke off a piece of chocolate and gave it to me;*

хэлтрүүлэ|х *caus. of* хэлтрэх; *to exempt*

(from), spare; to grant an amnesty (for sb); амий нь ~ to spare sb's life;

хэлтрэ|х I to chip off, be broken off in small pieces;

хэлтрэ|х II to be saved (from); to be exempted; to be granted an amnesty; цэргийн албанаас ~ to be exempted from military service;

хэлтчи|х to chip away at sth;

хэлтэй able to speak; expert at/in language(s); fond of arguing (quarrel);

хэлтэрхий chip; модны ~ a chip of wood;

хэлтэс department, division of a large organization; боловсролын ~ the education department;

хэлүүлэ|х to let sb to say; to be spoken about, be the topic of a talk; үг ~ to let sb to speak; to let sb hold the floor;

хэлхгэр (of clothing) baggy; flabby;

хэлхгэрдэ|х (of clothing) to be too baggy;

хэлхий|х to be baggy, be wide;

хэлхмэл threaded, strung; connected; ~ яс skeleton;

хэлхэгнэ|х to hang loosely, be baggy;

хэлхэлдэ|х to be arm in arm (of several); to be linked one to another;

хэлхэ|х to thread, string (together); хүзүүний зүүлт хийхээр сувд ~ threading pearls (on a string) to make a necklace;

хэлхээ string; bond, ties; interconnection; index; ~ сувд a string of pearls; ~ сонгино a string of onions; жижиг нууруудын ~ a string of small lakes; энэ пүүс америкийн нэгэн корпорацитай ~ холбоотой the firm haš ties with an American corporation; оноосон нэрийн ~ index of proper names;

хэлхээлэ|х 1. to string, tie together; 2. to plot, conspire;

хэлхээс cord, string;

хэлхээтэй strung or tied together; being in contact with;

хэлц : ~ үг phrase; phraseology;

хэлцэл deal, transaction

хэлцэ|х to discuss;

хэлцээ discussion;

хэлцээгүй indusputable, unquestionable; undisputed, accepted as the best;

хэлцээтэй being talked about; famous, much talked of;

хэлшгүй inexpressible, unspeakable, ineffable;

хэлэгдэгч that which is spoken about;

хэлэгдэ|х to be spoken about, be the topic of a talk;

хэлэлцүүлэ|х caus. of хэлэлцэх; to be dealt with in open discussion;

хэлэлцэгч discussant;

хэлэлцэ|х to discuss (with), negotiate (with); to speak, talk, chat, converse together; ~ асуудал agenda; үнэ ~ to bargain, discuss the price;

хэлэлцээ(н) talk, discussion, negotiation; agreement, covenant; ~ хийх to confer, discuss; to conclude an agreement; ам ~ an oral agreement;

хэлэлцээр agreement, pact; negotiations; parley; ~ хийх to negotiate (with), carry on negotiations (with); to parley (with);

хэлэмгий having a glib tongue; glib; ~ худалдагч a glib salesman;

хэлэ|х to speak, say, tell; цаг ~ to tell the time; үлгэр түүх ~ to narrate, tell a story; хэлж бичүүлэх ~ to dictate; үнэнийг ~ to speak the truth; худал ~ to lie, tell lies; үг ~ to say a word; to make a speech; хүний талаар сайн/муу ~ to speak well/ill of sb; аминчилж ~ to have a word in sb's ear; юм буруудахад тэр "би чамд хэлээгүй юу" гэж ~ дуртай he loves to say 'I told you so!' when things go wrong;

хэм 1. degree (deg.); ус Фаренгейтын гучин хоёр буюу Цельсийн тэг ~д хөлддөг water freezes at 32 degrees Fahrenheit (32°F) or zero/nought degrees Celsius (0°C); 2. measure, size, proportion; norm;

хэмжигдэхүүн (math.) quantity, magnitude; value; gradient;

хэмжигч measuring instrument; gauge; person who measures; (econ.) index; газар ~ land surveyor; өнцөг ~ (tech.) goniometer; protractor; theodolite; хурд ~ speed gauge;

хэмжилт measuring; measurement; taking (of temperature); шинжлэх ухаанд нарийн ~ тун чухал байдаг accurate measurement is very important in science;

хэмжи|х to measure; ~ багаж measuring equipment/devices; машины хурд ~ to measure the speed of a car;

хэмжихүй measurement;

хэмжүүр measuring device/equipment; criterion; хүнд хөнгөний ~ scales;

хэмжээ measure; size, format; scale, extent; amount, quantity; norm, standard, level;

энэ бол ердөө түр зуурын арга ~ *this is only a temporary measure;* метр бол уртын ~ *the metre is a measure of length;* Шотландын ~ний газар *an area the size of Scotland;* их ~ний ажилгүйдэл *large scale unemployment;* их ~ний мөнгө *a large amount of money;* цусан дахь архины ~ *the level of alcohol in the blood;* улсын ~нд *at national level;*

хэмжээгүй *immeasurable, immense, unlimited;*

хэмжээлшгүй *immeasurable, unlimited;* тэр, ~ хөрөнгөтэй юм шиг санагддаг *he seems to have unlimited wealth;*

хэмжээлэ|х *to measure, survey; to limit;*

хэмжээс *size, dimensions; scale;*

хэмжээт *limited;* ~ эрхт хааны засаг *a constitutional monarchy;*

хэмжээтэй *limited; having a certain size or length;*

хэмлэ|х *to gnaw (away, at);* яс ~ *to gnaw off a bone;*

хэмнэг *proportion, ratio;*

хэмнэгдэ|х *to be economized, be used sparingly;*

хэмнэл I *rhythm;* биологийн ~ *biological rhythms;*

хэмнэл II *economy, saving;*

хэмнэлт *savings, amount saved (by economizing);*

хэмнэ|х *to economize (on), save (on), use sparingly, husband, reduce;* цаг ~ *to save time;* материал ~ *to save on materials;* хүчээ ~ *to husband one's strength;* түлш ~ *to economize on fuel;*

хэмх I *watermelon; watermelon seed;* өргөст ~ *cucumber;*

хэмх II *to pieces, to smithereens;* ~ цохих *to smash/blow (in) to smithereens;*

хэмхдэг *crumbs, very small pieces;*

хэмхдэс *scrap, fragment;*

хэмхлэ|х *to break, crush or dash into small pieces;*

хэмхрэ|х *(of a whole object) to break (in/into), break apart, be smashed; to be badly hurt;*

хэмхчи|х *to break (in pieces), pull down, crush (into small particles);*

хэмхэрхий *broken, smashed, crumbled; crumbs, pieces, fragments;*

хэмхэ|х *to snap with the mouth; to bite;*

хэмээвч *but, though, although; despite, nevertheless;*

хэмээгч *by the name; so called, so named;*

хэмээн *saying; thus; so; a kind of conjunction (sth similar to 'that') used to combine two sentences, in which the objective part comes in the first sentence;*

хэмээ|х *to speak, say; to call by name; the so-called;*

хэн *(interrogative pronoun) who, whom;* ~ нэгэн *anyone, anybody; someone, somebody;* ~ хүнгүй, ~ хэнгүй, ~ янгүй *everyone;* ~ ч *nobody, no one;* өөр ~ ч *nobody else;* энэ хар малгайтай эмэгтэй чинь ~ бэ? *who is the woman in the black hat?* ~ нь ~ бэ? *who is who?* ~ий? *whose?* ~ нэгний *someone's, somebody's; anyone's, anybody's;* хэнд? *to whom?*

хэнгэрэг *drum;* чихний ~ *eardrum;* хагархай ~ *chatterbox, windbag;*

хэнз *(of young humans or animals) small and feeble because born to old parents or born late in the season;* ~ хүүхэд *a child born to old parents;* ~ хурга *a lamb born in autumn;* ~ ногоо *rowen, aftermath;*

хэнзлэ|х *(of young animals) to be born in autumn; (of grass) to grow in late autumn;*

хэнийх *(interrogative pronoun) whose;* энэ ~ юм бэ? *to whom does it belong?*

хэнтэг *an irascible person;*

хэнтэглэ|х *to flare up, become suddenly angry;*

хэнхдэг *the front of the chest;*

хэнхэг *gluttonous; very active; addicted (to), obsessed (by);* тэр, нас явсан ч ~ хэвээрээ шүү *although he's quite old he's still very active;* ярианы ~ *very talkative;* зүгээр суухын ~ *very idle or lazy;*

хэнхэглэ|х *to be addicted to sth, be obsessed by sth; to be very active;*

хэнхэрцэг *thorax;*

хэншиг *the aroma of delicious meal;*

хэнэггүй *happy-go-lucky, slap-happy; carefree;*

хэнээ *mental abnormality; obsession;*

хэнээрхэл *hysteria;* дайны ~ *war hysteria;*

хэнээрхэ|х *to be mentally abnormal; to suffer from an obsession (with/about sth/sb);*

хэнээтэй *mentally abnormal; having an obsession;*

хэрвээ see **хэрэв**;

хэргэм *rank; title; dignity;* ~ зэрэг *title;* ~

тушаал *rank, position;* ~ цол *ranks, titles;* ~ хүртэх *to receive a title or rank;*

хэргэмтэн *dignitary, high official;*

хэрдэс *skein; hank (of thread); (electr.) winding;*

хэрдэслэ|х *to wind, twist or coil string, wool, wire, etc round sth;*

хэрэгтэр 1. *skeletal, very thin;* ноорхой хувцастай ~ хүмүүс *skeletal figures dressed in rags;* **2.** *stubborn, testy, irascible;*

хэрзий|х 1. *to become very thin because of hunger, illness, etc; to look like a skeleton;* **2.** *to be stubborn or irascible;*

хэриг *miserly, stingy; sparing (with/of/in sth);*

хэриглэ|х *to be miserly or stingy; to be sparing (with/of/in sth);*

хэрмэл I *vagrant, wandering, roving;* ~ хөлөг баатар *a knight errant;*

хэрмэл II *anything woven or wound from thread;*

хэрс *(zool.) rhinoceros;*

хэрсүү *circumspect, prudent; wise;*

хэрсүүдэ|х *to be too circumspect;*

хэрсүүлэ|х *to act circumspectly;*

хэрсэг *railing;*

хэрсэглэ|х *to put up a railing;*

хэрсэн *brisket, breast (of lamb, etc);*

хэрүүл *quarrel, falling-out, slanging-match;* ~ийн алим *apple of discord;* ~ өдөх *to provoke a quarrel;* ~ хийх *to quarrel (with sb);*

хэрүүлч *quarrelsome (person);*

хэрхэвч *on no account, in/under no circumstances, no matter what, not matter how;* та ~ түүнд мөнгө өгч болохгүй *under no circumstances should you lend him any money;*

хэрхэн *how, in what manner/way;* хэрхэх *how to act, what to do;* ~ вэ? *what are we to do? what is to be done?*

хэрцгий *cruel, brutal;*

хэрцгийлэ|х *to act cruelly/brutally;*

хэрчигнэ|х *to crackle;*

хэрчим *piece, cut, slice, sliver; (math.) segment;*

хэрчи|х *to cut, slice, carve, chop; to notch;*

хэрчлэ|х *to cut, slice or notch repeatedly;*

хэрчлээс *notch, cut, gash;* ~ гаргах *to cut/ make a notch;*

хэрчмэл *cut up, chopped;* ~ мах *strips of meat;*

хэрчүүр *chopper, cleaver;*

хэрчээс *see* **хэрчлээс;** ~тэй шил сав *cut glass;*

хэрчээслэ|х *to cut/make a notch; to cut, carve;*

хэрэв *if, in case of, in the event of;* ~ хэн нэгэн асуувал намайг гэртээ байхгүй байна гэж хэлээрэй *if anyone calls, tell them I'm not at home;*

хэрэг *business, affair(s), cause, matter; concern, subject; fact, deed; thing; (leg.) case; file, dossier; use, point (in, of); event; need;* хачин ~ *a strange business;* энэ бол надад хамаагүй ~ *it's not my affair;* ажил хэргээ цэгцлэх *to put one's affiars in order;* хэргийг хамаарагч *charge d'affaires;* гадаад ~ *foreign affairs;* Суэцийн ~ *the Suez affair;* хэргийн учрыг олох *to get to the heart/core/ crux/root of the matter;* хувийн ~ *private matters; personal file;* энэ хэргийг би эр ойлгохгүй байна *I don't understand this business;* бүх хаалгыг цоожлох ~ юу байна? *what's the point of locking all the doors?* албан ёсоор тэр дарга болович үнэн хэрэгтээ нарийн бичгийн дарга нь бүх ажлыг хийдэг *officially he is in charge, but in actual fact his secretary does all the work;* ~ зарга *(leg.) case;* гэмт ~ *criminal offence, crime;* хүн амины ~ *murder, assassination;* ~ тарих *to make trouble; to commit a crime;* хэргийн эзэн *perpetrator of a crime; culprit;* ~т орох/ холбогдох *to be/get/become involved in criminal activities;* ~т татагдах *to be taken to court;* ~ шүүх *to judge, try;* хүн амины ~ шүүх *to judge a murder case;* ~ мөшгөх, ~ мөрдөх *to investigate a crime;* ~ мэдүүлэх *to confess to a crime;* ~ хүлээх *to admit to a fault or crime;* ~ хүлээлгэх *to accuse sb of crime;* ~ цагаатгах *to rehabilitate a disgraced person; to acquit sb of (the charge of) crime;*

хэрэггүй *unnecessary, useless, superfluous; unprofitable; worthless; need not; (one) must not; (one) does not have to; (one) need not; for no particular;* ингэж ярих ~ *you must not talk like that;* айх ~ *you need not be afraid;* ~ болох *to fall into disrepair;*

хэрэгжи|х *to be realized, come true, be carried out;*

хэрэгжүүлэ|х *to realize, implement, bring about, see fulfilled, carry out, put into practice;* өөрчлөлтүүдийг ~ *to bring about reforms;* санаагаа ~ *to realize one's idea;*

хэрэглүүлэ|х *to allow or permit to use, to*

make use of;

хэрэглэгдэ|x *to be used or employed;* энэ үг хэзээнээс нийтэд ~ болсон бэ? *when did this word come into common use?*

хэрэглэгдэхүүн *material(s); necessaries;* барилгын ~ *building materials;* бичгийн ~ *writing materials;*

хэрэглэл *accessories, appurtenances; equipment; outfit, tackle;* унадаг дугуйны ~ *bicycle accessories;* орны ~ *bedclothes;* хуурай ~ *dry ration;* цалин ~ *wages;*

хэрэглэ|x *to make (good) use of, utilize; to apply; to employ, use; to take (drink, medicine, etc); to need;*

хэрэглэхүүн *see* **хэрэгсэл;**

хэрэгсэл *means; tool, equipment, apparatus; medium; accessories; articles; gear;* үйлдвэрлэлийн ~ *means of production;* тээврийн ~ *means of transport;* багаж ~ *tool, equipment, apparatus;* шаардагдах ~ *necessary thing, necessity;*

хэрэгсэ|x **1.** *to use, make use (of);* **2.** *to take into account/consideration; to consider useful or important;*

хэрэгсэхгүй *not considering; not being valid;* засгийн газрын тогтоолыг ~ болгосон шүүхийн шийдвэр *a court decision nullifying a government decree;*

хэрэгтэй *it is necessary; (one) ought, (one) should, (one) must, (one) need(s); necessary, needed, useful;* танд тусламж ~ юу? *do you need any help?* над мөнгө ~ *I need money;* үүнийг одоо хийх ~ *this must be done at once;* ~ ном *a useful book;*

хэрэгтэн *criminal, offender; (leg.) felon; the accused, defendant;*

хэрэгцээ(н) *need, want, necessity, requirement;* эрэлт ~ *demand;*

хэрэлдүүлэ|x *to cause to quarrel, cause to fall out;*

хэрэлдэ|x *to quarrel (with), fall out (with), fight (about);*

хэрэм **I** *(zool.) squirrel;*

хэрэм **II** *citadel, fortress; rampart;*

хэрэ|x **I** *to wander, roam; to lounge around;*

хэрэ|x **II** *to tie together; to tie several animals with one rope; to intertwine;*

хэрэ|x **III** *to square up (to each other);*

хэрээ **I** *troupe;*

хэрээ **II** *crow, raven;*

хэрээ **III** *cord, strap or rope for fastening;*

хэрээс **1.** *ropes used for tying sth;* **2.** *cross; the sign of the cross;* ~ оёдол *cross-stitch;*

хэрээслэ|x **1.** *to cross oneself;* **2.** *to cross, draw a line across sth;*

хэсүүл *a stray; wanderer;* энэ нохой ~ байх *this dog must be a stray;*

хэсүүчлэ|x *to roam, ramble, loaf;*

хэсхийм *(of a hill, a cliff, etc) very steep;*

хэсэг *part, piece, portion, fragment; group, section, division, department;* хоёр тэнцүү ~т хуваах *to divide into two equal parts;* номын эхний ~ *the first part of the book;* та билетний энэ хэсгийг шалгагчид өг, нөгөө хэсгийг нь өөртөө ав *you give this portion of the ticket to the inspector and keep the other;* ~ зуур *for a time, for a moment;* хэсэг хэсэг *in pieces; in groups;*

хэсэглэ|x *to cut into pieces; to divide into parts or sections;*

хэсэгхэн *only a part, only a portion; only a moment;*

хэсэгчи|x *to cut into many pieces;*

хэсэмхий *wanderer, vagabond, loafer;*

хэсэ|x *to walk aimlessly visiting friends or neighbours without errands; to wander, roam, rove;*

хэт *steel (used formerly for striking fire from a flint);*

хэт **II** *extremely, excessively, ultra-, to excess, over, beyond;* ~ ягаан *ultra-violet;* ~ чанасан ногоо *overcooked vegetables;* ~ давраачид *extremists;* өөрийгөө ~ үнэлэх *to overestimate one's strength, bite off more than one can chew;*

хэт **III** *the future; origin, beginning;* ~дээ юу болохыг хэн мэдэх вэ? *who knows what will happen in the future?* хэтийн төлөв *prospects for the future;* хэтийн хараа *foresight;* ~ нутаг *native land;*

хэтрүүлэ|x *to overdo, carry to excess; to exceed;* тэр, хэтрүүлж ууж байна *he's drinking to excess;* давсы нь ~ *to put too much salt in;* эрх мэдлээ ~ *to exceed one's authority;*

хэтрэл *an excess of sth;*

хэтрэмхий *behaving in an excessive manner; impudent; presumptuous;*

хэтрэмхийлэ|x *to behave in an excessive manner; to be impudent;*

хэтрэ|x *to exceed, surpass, excel; to be above the average; to reach beyond; to transgress the bounds of decency;*

хэтэвч *purse, wallet;*

хэтэрхий *excessive(ly), extreme(ly), exorbitant(ly), over, ultra, exceedingly; surpassing;* ~ хэцүү асуудал *an exceedingly difficult problem;* ~ үнэтэй *exorbitantly expensive;* ~ олон *too many;* ~ идэх *to overeat;*

хэхгэр *1. pigeon-breasted; 2. self-important, pompous;*

хэхий|х *to put on airs, give oneself airs;*

хэхрэ|х *to belch up, burp;*

хэц I *a rope stretched between posts;* угаасан юм өлгөх ~ *clothes-line;*

хэц II *a steep hillside;*

хэц III *shaman's tambourine;*

хэц IV *harmony, concord;*

хэц V *kinship, relations;*

хэцүү *difficult, hard; arduous, serious, terrible; superior;* хэлэхэд ~ *it is hard to say;* ~ хүүхэд *a difficult child;* уг ажил тун ~ *the work is very arduous;* ~ өвчин *a serious illness;* ~ хүн *an experienced person; a hard man;*

хэцүүдэ|х *to become extremely difficult; to be in trouble; to have difficulties;*

хэцүүрхэ|х *to be serious; to be cautious; to be hard, not showing affection, pity;*

хэцүүтэ|х *to have difficulties; to become more difficult; to become more serious;*

хээ I *pattern, design, motif;* цэцгэн ~тэй ханын цаас *wallpaper with a flower motif;*

хээ II *ceremony, restraint, primness;*

хээ III *exclamation expressing surprise and pleasure or displeasure;*

хээвнэг *unchanging; indifferent;*

хээгүй I *unadorned, without design;*

хээгүй II *unceremonious, familiar, uninhibited;*

хээл I *foetus (US fetus) of an animal;*

хээл II *bribe, graft;* (мэдээллийнхэнд өгдөг) ~ хахууль *payola, plugola;* ~ цутгах *to bribe;* ~ идэх *to take/accept bribes;*

хээлтүүлэг *insemination;* зохиомол ~ *artificial insemination;*

хээлтүүлэгч *the male parent of an animal, sire;*

хээлтүүлэ|х *to inseminate;* үнээ ~ *to inseminate a cow;*

хээлтэгч *the mother of an animal, dam;*

хээлтэй *(of a female animal) pregnant;*

хээлтэ|х *(of animals) to become pregnant;*

хээлэ|х *to decorate with a pattern;*

хээнцэр *elegant, foppish, dandified; fine;*

хээнцэрлэ|х *to dress fashionably, foppishly;*

хээр I *steppe, uninhabited place, wild plain, field;* ~ хонох *to spend the night in the open;* ~ийн сургууль *(mil.) field exercises, manoeuvres;* ~ийн шинжилгээний анги *field research team;*

хээр II *chestnut;* ~ гүү *a chestnut mare;*

хээрэвч *camp gear;*

хээтэй *patterned;* ~ шаазан *patterned china;*

хявцаа *obstacle, impediment, hindrance;*

хявца|х *to hinder, impede, put obstacles in someone is way;*

хядаан : алаан ~ *slaughter, butchery, carnage;*

хядагда|х *to be slaughtered;*

хядагч *killer, slaughterer, butcher;*

хядалца|х *to overthrow and destroy one another (in war);*

хяда|х *to massacre, slaughter, kill; to annihilate, destroy;*

хядлага *carnage, massacre, slaughter;*

хязаалан *a four-year-old (of cattle and horses); three-year-old (of sheep and goats);*

хязгаар *frontier, border, boundary; limit; remote, far;* хил ~ *frontier, border, boundary;* хэмжээ ~ *limits, confines;* зах ~ *borderland;*

хязгааргүй *infinite, limitless, boundless;*

хязгаарлагда|х *to be limited (to), be confined (to); to be demarcated;*

хязгаарлагдмал *limited, restricted;*

хязгаарла|х *to limit, restrict, cut down; limiting;*

хязгаарлашгүй *unlimited, vast, boundless;*

хязгаартай *limited, fixed;*

хялав : ~ ~ хийх *to look at someone through the corner of one's eyes;*

хялай|х *to look sidelong at sb;*

хялалза|х *to look askance at sb repeatedly;*

хяламхий|х *to cast a sidelong glance, steal a glance from the corner of the eye; to do (someone) a favour;*

хялар *squint-eyed, cross-eyed;*

хялбар *easy, simple; simply, easily; easily understood; (of prices) moderate, reasonable;*

хялбарла|х *to simplify;*

хялбархан *quite easily, rather simply; quite easy, rather simple;*

хялбарчла|х *to make simple, simplify;*

хялбарши|х *to become easy to do or un-*

derstand;

хялгана *feather grass;*

хялгас(ан) *horsehair, hair of the mane and tail;*

хялмалза|х *to look to right and left (like a thief);*

хялман *albino;*

хямга *thrift, economy;* ~гүй *thriftless, improvident;* ~тай *thrifty, economical;*

хямгада|х *to save, economize;*

хямд *cheap(ly), inexpensive(ly);* харьцангуй ~ хоол *a relatively inexpensive meal;* ~ үнээр худалдах *to sell sth cheaply;*

хямдда|х *to be too cheap;*

хямдрал *reduction, lowering (of prices);*

хямдра|х *(of prices) to go down, come down, drop, fall, become cheap or inexpensive;*

хямдруула|х caus. of хямдрах; *to reduce, lower prices;* үнэ хямдруулж ашиг орлогыг нэмэх *to increase profits by reducing costs;* арван хувиар үнийг ~ *to reduce prices by 10%;* үнэ хямдруулсан худалдаагаар бараа худалдан авах *to buy goods at/in the sales;*

хямрал *crisis; decline;* эдийн засгийн/улс төрийн ~ *economic/political crises;* ~д орох *to come to/reach a crisis;*

хямралдаан *conflict, disorder, chaos; crisis;*

хямра|х *to fall/go into (a) decline, get into disorder; to be indisposed, be unwell;* дайны дараахан аж үйлдвэр хямрав *the industry fell/went into (a) decline soon after the war;* тэнгэр ~ *(of the weather) to become bad;*

хямсаа *pincers, tweezers;*

хямсай|х *to be haughty or arrogant;*

хямсгар *haughty, arrogant;*

хянагч *inspector, examiner; overseer, supervisor;* үсэг ~ *proofreader;*

хяналт *control; inspection; verification; monitoring;* эцэг эхийн ~гүй хүүхдүүд *children who lack parental control;* ~ын дардас *advance/current proof;* анхаарал ~ *attention, care;*

хянамгай *careful, prudent, attentive, cautious; circumspect;*

хянамж *prudence, caution, circumspection;*

хянамжла|х *to do or act very prudently;*

хяна|х *to control, inspect, supervise; to proofread;* ~ самбар *a control panel/board;* цагт дөрвөн хуудас юм ~ *to proofread four pages an hour;*

хянга(н) **1.** *mountain ridge;* **2.** *bridge of the nose;* **3.** *tibia, shin-bone;*

хянгар *a two-edged knife;*

хянуур see **хянамгай**;

хянуурла|х *to act prudently or cautiously;*

хяр **1.** *a low mountain ridge;* **2.** *a strip of bone or metal attached to the pommel and cantle of a Mongolian saddle;*

хяраа : үүрийн ~ *the light of dawn slightly appearing over a mountain;*

хяраала|х : үүр ~ *to dawn;* бидний мордоход үүр хяраалж байлаа *day was dawning as we left;*

хярам *boiled milk diluted with water;*

хярамла|х *to add diluted boiled milk to sth;*

хярамцаг *frozen beef or sheep offal stored and eaten in winter;*

хярамцагла|х *to prepare хярамцаг for storage and consumption in winter;*

хяра|х I *to huddle, huddle up; to hide, cower;*

хяра|х II *to mince, chop;*

хярвас *the smell of singeing fur;*

хярвасла|х *to remove hair, bristles, feathers by scorching;*

хяргагч *shearer, clipper;*

хяргамал *short-haired, close-cropped, sheared, clipped;*

хярга|х *to clip, shear;*

хярзан *(anat.) perineum;*

хярла|х I *to walk on the ridge of a mountain;*

хярла|х II *to trim the pommel and cantle of a saddle;*

хярс(ан) *steppe fox;*

хяруу *hoar-frost;* цан ~ *frost, rime, hoar-frost;*

хяруул : тэмээн ~ *ostrich;*

хяруута|х *to become covered with hoar-frost;*

хясаа I *steep slope, cliff;*

хясаа II *cockle-shell, mussel;*

хясаа III *hindrance, obstacle; encumbrance;*

хясагда|х *to be impeded, be hampered;*

хяса|х *to hamper, impede, obstruct; to trample (upon);*

хятад *China, Chinese;* ~ судлаач *sinologist, sinologue;*

хятаджи|х *to become sinified;*

хятаджуула|х *to sinify, adapt to Chinese conditions;*

хятадчила|х *to translate into Chinese;*

хятадши|х *to be like the Chinese;*

хяхалт *oppression; obstruction, hindrance;*
хяха|х *to put pressure on sb; to oppress; to obstruct, hinder, impede;*
хяхна|х *to squeak, creak;*
хяхтна|х see **хяхнах;**

Цц

цаа *: ~ буга reindeer;*
цаагуур 1. *beyond, across, the other side of; behind;* нар үүлсийн ~ оров *the sun went behind the clouds;* **2.** *deep, profound;*
цаагуурхи *beyond, behind;*
цаад *beyond, situated on the other side;*
цаадахь *situated on the other side; coming after all others in order;* ~ хугацаа *deadline;*
цаадуул *those people;*
цааз *law; prohibition, ban, execution;* ~аар аваачих *to execute, put to death, behead;* ~тай *prohibited, forbidden;*
цаазат *prohibited, forbidden;*
цаазлагда|х *to be forbidden, be prohibited; to be executed, be put to death;*
цаазла|х *to prohibit, forbid, ban; to execute, put to death;*
цаана *behind; beyond; across, on the other side of; farther;*
цаанада|х *to prove to be farther than it should be;* ~даа *at least; in the last resort;*
цаанахан *a little farther;*
цаарга *lame excuse, hollow pretence; pretext; reluctance;*
цааргала|х *to find a pretext for not doing sth;* •
цаас(ан) *paper;* бичиг ~ *(official) papers;* мөнгө ~ *money, cash;* цаасан мөнгө *paper money;* бичгийн ~ *writing paper;* сонины ~ *newsprint;* хортой ~ *carbon paper;* цаасан малгай өмсгөх *to administer exaggerated praise to sb;*
цаасархуу *papery, paper-like;*
цаасла|х *to paper;*
цаатан *tsaatan (one of a people inhabiting Khubsugul aimag);*
цаахна *a bit beyond, a bit further;*
цаахнуур *a bit beyond, a little farther from;*
цаачин *reindeer-keeper;*
цааш(аа) *away from, farther; on; then, next, after that; from a certain time on;* нааш ~ *back and forth; hither and thither;* ~ (нь) хийх *to*
save sth (up), keep sth for future use; to steal sth from sb/sth;* ~(аа) харах *to turn away from; to turn one's back (on); to die;* ~ нь харуулах *to kill sb; to turn away/aside;* ~ нь унш! *read on!* яв цаашаа! *go away!* бид амрахгүйгээр цаашаа явж чадахгүй нь *we can't go any farther without resting;* тэр, өөрөө яахаа мэдэг цаашаа *let her decide herself;*
цаашгүй *nothing for it but, nothing to do but, nothing more than, only;*
цаашдын *future;*
цаашид *in the future, hereafter, hereinafter; from now on;*
цаашлаад *furthermore, moreover;*
цаашламтгай *insatiable, not satisfied with what is being offered;*
цаашла|х 1. *to move away/aside, go farther, go on;* **2.** *(of illness) to worsen, deteriorate;* **3.** *to be unsatisfied with what is being offered;*
цаашлуула|х *caus. of* цаашлах; *to move farther away; to tease sb in a playful way;*
цав I *crack, split, fissure;* ~ гарах *to crack;*
цав II *intensifying particle used before certain adjectives and adverbs beginning with the syllable* ца: ~ цагаан *snow white;*
цав III *exactly, just, precisely;* яв ~ *exactly, precisely, just then;*
цаваг 1. *the inside covering of the roof of a* гэр; **2.** *patch;*
цавта|х *to be cracked;*
цавуу(н) *glue, gum;* ~ шиг *gluely, like glue;*
цавууда|х *to paste, glue;*
цавуулаг *gluten, sticky;*
цавцай|х *to gleam white;*
цавчим *steep, precipitous;*
цавчи|х 1. *to hew, chop, hack;* сүхээр ~ *to hew, chop or cut sth with an axe;* **2.** *to blink;* нүд ~ *зуур in the blink of an eye;* **3.** *(of horses) to strike with a foreleg on the ground;*
цавчла|х 1. *to keep chopping;* **2.** нүдээ ~ *to keep blinking;* **3.** *to paw up, keep trampling (with the front hooves);*
цавь (цавин) *groin;*
цаг *time, hour, clock; season, period; (gram.) tense;* элсэн ~ *hourglass;* ширээний ~ *table clock;* шөнийн ~ *night-time;* өдрийн ~ *day-time;* дөрвөн цаг *the four seasons of the year; four o'clock;* бид олон ~ хүлээв *we waited for hours;* хавар ~ *spring;* ~ агаар, ~ уур *weather;* хорин нэгэн ~ гучин минут болж байна *it's*

twenty-one thirty hours (ie 9.30 pm); бидний хэн нь зөв болохыг ~ хугацаа харуулна *time will show which of us is right;* Парисын ~ Нью-Йоркийнхоос зургаан ~аар түрүүлж байдаг *Paris is six hours ahead of New York;* ~ үргэлж *(at) all the time, always; time and (time) again;* ~ цагт *from time to time;* ~таа *on time; on the hour; in one's time;* галт тэрэг яг ~таа ирэв *the train arrived on time;* ~ийн төрх *a sign of the times;* хүссэн ~таа *in one's own sweet time;* урьд ~т *in good time;* ~ ямагт *at all times;* ~ нөхцөөх *to kill time;* ~ зүгээр өнгөрүүлэх *to have time on one's hands/time to kill;* ~ үеийн мэдээ *current/hot news;* ~ үеэ дагах *to keep up, move, etc with the times;* ~ хэлэх *to tell the time;* ~ удаан өнгөрөх *time hangs heavy (on one's hands);* ~ нь болох *the time is ripe for sth/sb to do sth;* ~тай уралдаж ажиллах *to work against time;* ~ хожих *to play for time;* үйл үгийн одоо/өнгөрсөн/ирээдүй ~ *the present/past/future tense;*

цагаавтар *whitish;*

цагаагчин *(female-) white;*

цагаада|х *to be acquitted, be exonerated;*

цагаала|х **1.** *to celebrate New Year;* **2.** *to clear away, clean up;*

цагаалга *a dish of milk foods;*

цагаан *white; open, frank, innocent, good; easy, simple;* ~ архи *vodka;* ~ шүүдэр *hoarfrost;* ~ алт *platinum;* ~ тугалга *(chem.) tin;* ~ уураг *white (of egg);* ~ идээ *diary products;* ~ сэтгэл *goodness, kindness; candour, frankness;* ~ толгой *alphabet;* ~ үйл *good deeds;* ~ арьстан *a white man;* ~ дарс *white wine;* ~ баавгай *polar bear;* ~ цаас *clean sheet (of paper);* ~ солио *(med.) delirium tremens;* ~ шөнө *'white nights', 'midnight sun';* Цагаан Ордон *the White House;* цусны ~ бөөм *white corpuscle;* ~ газар *plain;*

цагаара|х **1.** *to become white or whiter;* **2.** *to be exonerated;*

цагааттал *rehabilitation, acquittal, discharge;*

цагаатга|х *to rehabilitate, acquit sb (from sth);*

цагаач *emigrant; vagrant, vagabond;*

цагаачлагч *emigrant;*

цагаачлал *emigration;*

цагаачла|х *to emigrate;* ажил эрж Польшоос Австрали руу ~ *to emigrate from Poland to Australia to find work;*

цагаашра|х *to get accustomed to, get prac-*

tised in;

цагариг *ring, circle, collar, hoop;*

цагаригла|х *to ring (bird's leg, etc); to make a ring or hoop; to coil round/up;*

цаггүй *without fixed time, any time, all the time;*

цагдаа *policeman, police; warden;* ~гийн газар *police, department;* ~гийн хэсэг *police station;* ойн ~ *forestry officer; forest warden;* замын ~ *traffic cop;*

цагда|х *to police, guard, patrol; to oversee;*

цаглашгүй *innumerable, multitudinous;*

цагчин *watchmaker;*

цада|х *to eat one's fill; to be sated;*

цадиг I *biography, story;*

цадиг II *the bounds of decency;*

цадиггүй **1.** *unscrupulous, unprincipled, insolent;* **2.** *terribly, really;*

цай *tea;* ~ны аяга/шаазан *teacup;* ~ны халбага *teaspoon;* ~ уух *to drink tea, have tea; tea-drinking;* ~ны газар *tearoom (also teashop);* ~ны шаар *tealeaves;* аяга ~ *a cup of tea;* ~ чанах *to make tea;* ~ хийх *to pour tea; to make tea; to process tea;* ~ уулгах *to treat sb to tea;* сүүтэй ~ *tea with milk;* хар ~ *black tea;* хатуу ~ *brick tea;*

цайвар *light, light-coloured; whitish;*

цайз *fortress; castle;*

цайла|х *to drink tea, have tea; to treat sb to tea;*

цайлган *open, frank; kind, good-hearted;*

цайллага *banquet;*

цайр *zink;* ~ түрхэх *to coat or plate with zink;*

цайра|х **1.** *to grow white; to turn white; (of weather) to clear up, brighten up;* **2.** *to become/get accustomed (to);* **3.** *to have the face (to do sth);* **4.** *(of people's wealth) to come to an end;*

цайрда|х *to cover with zinc; to galvanize;*

цай|х **1.** *to be white, go white;* **2.** *to dawn;* **3.** *to run out, be used up;*

цалгар *careless, negligent, slipshod; offhand;*

цалгардал *slackness, carelessness;*

цалгарда|х *to be slack, be slipshod, be careless;*

цалгардуула|х *to neglect, be slack with;*

цалгиа(н) *splash, splashing; lapping (of waves);*

цалги|х *to spill, splash; (of waves) to lap (against sth);*

цалин *wages, pay, salary; stipend;* сул ~ *pension;* сарын ~ *salary;* ~ хөлс *wages;* ~ тавих/буух *to issue wages, pay a salary;*

цалинжи|х *to draw pay, get paid;*

цалинжуула|х *to pay wages;*

цам *tsam, masked lamaist temple dance;* ~ харайх *to perform a tsam;*

цамаан *choosy, fussy;*

цамаархал *choosiness, fussiness;*

цамаарха|х *to be fastidious, be choosy;*

цамна|х **1.** *to perform a tsam;* **2.** *to get mad; to jump up and down;*

цамхаг *tower; turret;*

цамц *shirt;* ноосон ~ *sweater;* ногоон торгон ~ *a green silk blouse;*

цан **1.** *cymbals;* **2.** *hoarfrost;*

цана *ski;* цанын таяг *ski pole;* цанын гутал *ski boot;* цанаар явах *to ski;*

цаначин *skier;*

цангаа *thirst;* амны ~ гаргах *to quench/slake one's thirst;*

цанга|х *to be/feel thirsty;*

цангина|х *to ring, resound;*

цанта|х *to be covered with frost, get frosted over;*

цар : ~ хүрээ *size, extent, range, scope;*

царай *face; physiognomy, image; air, look, appearance;* ~ чинь сайхан байна *you look well;* ... ~ гаргах *to make it appear that, pretend that;* ~ барайлгах *(of one's face) to become gloomy;* ~ засрах *(of one's face) to look better;* ~ хувьсах *to change countenance;* ~ улайх *to blush;* хүн бүрт яриад л царайг минь улайлгаад байв аа *don't tell everyone - you're making me blush!* ~ алдах *to grow weak and tired; to be stingy;* хүний/бусдын ~ харах *to be dependent on someone, look to sb/sth;* ~ муутай *ugly, bad-looking; stingy;*

царайлаг *pretty, good-looking;*

царайла|х *to have the appearance of;*

царайчла|х *to try to ingratiate oneself; to be dependent on/upon sb;*

царам *high mountain area between peaks or ridges with lichen and moss;*

цардас *crust, asphalt;*

царда|х *to starch; to asphalt;*

цардмал **1.** *starched, stiff;* **2.** *paved, surfaced;*

цардуул *starch;*

царил *crowbar;*

царс(ан) *oak;*

царцаа *locust; grasshopper;*

царцаамал *jelly;*

царцанги *chilled, frozen; congealed;*

царца|х *to congeal; to gel (also jell);*

царцуу *congealed, frozen;*

цас(ан) *snow;* Эверест уулын ~ *the snows of Mount Everest;* тэр жил ~ эрт орсон *the snows came early that year;* цасан цагаан *snow-white;* ~ орох *to snow;* ~ны лавсаа *snow-flakes;* ~ будрах *the whirling about of snow in strong winds;* ~ арилах *the melting away and disappearing of snow;*

цасархаг *snowy;*

цастай *snowy;* ~ өвөл *a snowy winter;*

цатгалан *satisfied, replete, full;*

цатга|х *to satisfy hunger; to saturate, satiate;*

цахил|ах **1.** *(of lightning) to flash repeatedly;* **2.** *to flash, move very quickly;*

цахилгаан *electricity; electric(al); lightning; telegram;* ~ зуух/индүү *an electric oven/iron;* ~ бараа *electrical goods/appliances;* ~ цахих *(of lightning) to flash;* ~ товч *zipper;* ~ явуулах *to send a telegram;*

цахилгаанжи|х *to be electrified, be charged with electricity;*

цахилгаанжуулалт *electrification;*

цахилгаанжуула|х *to electrify, provide with electric power; to charge with electricity;*

цахилгаанчин *electrician;* дохиоллын систем тавих ~ бидэнд хэрэгтэй байна *we need an electrician to install an alarm system;*

цахилдаг *(bot.) iris;*

цахиур *flint;* ~ буу *flintlock;*

цахи|х *to sparkle, flash; to strike fire from flint;*

цахлай **I** *seagull;*

цахлай **II** *(med.) herpes;*

цацаг *fringe, tassel;*

цацагла|х *to decorate with a tassel, put a fringe on a garment, etc;*

цацал *sprinkling sacrifice at festive occasions when brandy, etc is offered to the idols;*

цаца|х **I** *to sprinkle, splash, spatter; to spray; to scatter, sow; to broadcast;* шалан дээгүүр ус ~ *to splash water on/over the floor;* үр ~ *to broadcast, scatter seeds over the ground;* мэдээ ~ *to broadcast the news;*

цаца|х **II** *to choke on sth;*

цацраг *ray, beam.* рентгений ~ *X-rays;*

цацра|х *to radiate, be emitted; to shine,*

324

sparkle;
цацруула|х *to emit, radiate;*
целлюлоз *cellulose;*
цемент *cement;*
цементлэ|х *to cement;*
центнер *centner (100 kg);*
цех *shop, section (in factory);*
цийдэм *water mixed with milk;*
цирк *circus;*
цовдло|х *to stretch out and pin down;*
цовоо *clever, smart, bright; quick, adroit, alert, lively;*
цовхро|х *to jump, leap, spring, hop, skip;*
цог I *ember;*
цог II *splendour, magnificence, glory, spirit;* ~ жавхлан *splendour, grandeur, magnificence;*
цоги|х *(of a horse) to canter;*
цогтой *fiery, ardent; splendid, magnificent, glorious;*
цогц *structure, complex; mass; heaps (of);* биеийн ~ *physique;*
цогцло|х *to build, erect; to compose;* цогцлон байгуулах *to build, construct;*
цогцолбор *complex;* аж үйлдвэрийн том ~ *a big industrial complex;* спортын ~ *a sports complex;*
цогцос *body; corpse;*
цол *title, rank.* цэргийн ~ *military rank;* аваргын ~ *championship title;*
цоллогч : морь ~ *the man who proclaims the 'title' of a winning horse;*
цолло|х *to proclaim the 'title' of a winning wrestler or race-horse at a games meeting;*
цом *cup; (sports) trophy;*
цомбогор *bud-shaped;*
цомбой|х *to be bud-shaped;*
цомнол *libretto;*
цомог *album;*
цоморлиг 1. *bud; bouquet;* 2. *anthology;*
цомтгол *reduction; discharge, dismissal.*
цомтго|х *to reduce; to dismiss, fire;*
цомхон *handy, compact;*
цомцой|х *to sit with one leg on the ground and the other knee raised;*
цондгор *swollen, protruding;*
цондойх *to swell;*
цондон *omen, sign;*
цоно|х *to be scorched;*
цонх *window;* тэр, унтлагын өрөөний ~ыг онгойлгов *he opened the bedroom window;* ~гүй *windowless;*

цонхигор *pallid, pale;* ~ царай *a pallid/pale complexion;*
цонхло|х *to make a window, provide a window;*
цонхий|х *to go/turn pallid/pale;* мэдээг сонсоод түүний царай цонхийв *he went/turned pale at the news;*
цоо I *through (and through); completely;* ~ хатгах *to pierce through.*
цоо II : ~ шинэ *brand-new;* манай ~ шинэ видеог ирж үзээрэй *come and look at our video - it's brand-new;*
цоож *lock;* бүх гадна хаалганд шинэ ~ суулгах *to fit new locks in all outside doors;*
цоожлогч *lock, locking device;*
цоожло|х *to lock, fasten with a lock;* хаалга ~ *to lock a door;*
цоолборло|х *to perforate;*
цооло|х *to puncture, pierce, perforate, make a hole or holes; to wear holes in;*
цооног *well, borehole;* газрын тосны ~ *an oil well;*
цооро|х *to develop holes, become full of holes; to be pierced, be punctured;*
цоорхой *(small) hole; having a hole, full of holes;* ойн ~ *clearing in the woods, glade;*
цоохондой *African wild cat;*
цоохор *dappled, varigated, many-coloured; pitted, pock-marked; speckled;* ~ нүүр *a pock-marked/freckled face;* ~ морь *a dappled horse;*
цоохорло|х 1. *to speckle, varigate;* 2. *to draft;* би дөнгөж нэгдүгээр бүлгийг цоохорлоод байна *I'm still drafting the first chapter;*
цорвойх *to pout, be pursed (the lips);*
цорги|х 1. *to pierce (with a red-hot iron, etc);* 2. *to sting (the nose);*
цорго *tap, faucet;*
цоровгор *pouting, protruding;*
цоровдо|х *to tie a horse by the mouth;*
цорой *peritoneum;*
цоройло|х *to keep rearing up;*
цоройх 1. *(of a horse) to rear;* 2. *to climb up;*
цох 1. *beetle;* 2. *forehead;*
цохдо|х *to flip someone's forehead;*
цохигдол *defeat, hitting;*
цохигч *striker;*
цохило|х *to beat (heart, etc);*
цохилт 1. *blow;* 2. *stroke;* 3. *beat, pulse,*

knocking, ticking; зүрхний ~ heartbeat; **4.** shock; **5.** (mil.) strike;

цохио cliff, crag;

цохиула│x to get hit; to get a shock/stroke;

цохиур beater; drumstick; bat, racket, club;

цохи│x to beat, strike, hit; to give a beating to, thrash; to defeat, smash, crush; to bang, pound; (of the heart, pulse, etc) to beat, pulsate; дайсныг бут ~ to defeat the enemy; бөмбөр ~ to beat a drum; цонх хага ~ to smash a window; жавар ~ (of the frost) to strike; салхи ~ (of the wind) to gust; бичгийн машин ~ to type; тоосго ~ to make bricks;

цохо│x to mark, check; цохон тэмдэглэх to emphasize, note, stress;

цочир suddenly, unexpectedly; shocking; startling;

цочирдо│x to be shocked, be startled;

цочи│x to start (up), flinch (at), be startled; тэр, миний дуунаас цочив she started at the sound of my voice;

цочоо│x to startle, frighten, scare;

цочрол shock, stimulus, irritation;

цочроо│x to give a shock, excite, stimulate;

цочро│x to get a shock, be stimulated;

цевдэл crumbs, scraps, dregs;

цевүүн hard, difficult, calamitous;

цегле│x to fall off, come away (infant's umbilical cord);

цөц small bowl/cup;

цөл desert; Сахарын цөлийг туулах to cross the Sahara Desert;

цөлжилт desertification;

цөлжи│x to become desert;

цөлжүү turning to desert;

цөллөг exile, banishment;

цөлөгдө│x to be exiled (from), be banished (from); бүх насаараа ~ to be exiled for life;

цөлме│x to ravage, lay waste;

цөлөрхөг desert-like;

цөле│x to banish (from), exile (from);

цөм **1.** all, everything; энэ ~ чинийх this is all yours; **2.** nucleus; цөмийн дайн a nuclear war; **3.** adverbial particle indicating action through as ~ хатгах to pierce, make a hole in or through sth with sth sharp; ~ цохих to make a dent in sth;

цөмле│x to dent, hole, breach; хана ~ to breach a wall;

цөмөө nut, edible seed;

цөмөрхий dent, pothole; dented;

цөме│x to crack nuts;

цөмре│x to fight, force, make one's way through; to break, strike through; to cave in, fall inwards;

цөмцөгне│x to totter;

цөн drift ice, ice floe, broken ice on water;

цөөвөр : ~ чоно hyena;

цөөвтөр quite few, rare;

цөөде│x to be too few;

цөөле│x to reduce in number;

цөөн few, not many; little, some, not much;

цөөнгүй not a few; not less; not a little;

цөөнтэй with few;

цөөнх minority; үндэстний ~ national minority;

цөөре│x to diminish in number, become rare, few or sparse;

цөөрөм pond;

цөөрүүлэ│x to decrease, reduce, cut down;

цөөтге│x to reduce in number;

цөөхөн few, not many, scanty;

цөөхүүл a few;

цөс bile;

цөхө│x to despair (of sth/doing sth);

цөхрөл despair;

цөхрөлгүй untiring, unyielding;

цөхрөлт despair;

цөхре│x to despair (of sth/doing sth); to be dejected, be exhausted by difficulties;

цөцгий soured cream; цөцгийн тос butter;

цув cloak; mackintosh, raincoat, waterproof cape;

цуваа(н) column, file; sequence; (of birds) flight; цэргийн ~ military column, echelon; галуун ~ a flight of geese;

цувалда│x to go in file; to go one after the other;

цува│x **1.** to file (in, out, off); to drip, trickle; **2.** to uncoil, unwind;

цувдай offal of sheep or goats;

цувих to roll, roll out;

цувраа in series;

цуврал series; sequential; ~ лекц a series of lectures;

цувра│x to drip, trickle; to move one after another in single file; to follow one after another;

цувуула│x **1.** to put in file; to have file along; **2.** to let drip; **3.** to do in series;

цуг together with;

цуглаан meeting, gathering, assembly;

цугларагсад *those present, the assembled company;*

цугларалт *meeting, gathering, muster;*

цуглара|х *to gather, assemble, muster; to be amassed; to convene;*

цуглуулагч *collector;*

цуглуула|х *to gather, collect, amass, assemble; to convoke, convene;*

цуглуулбар *collection;*

цуглуулга *collection; exhibit;* цуглуулганд гар хурч болохгүй *do not touch the exhibits;* ургамлын ~ *herbarium;*

цугтаа *all together;*

цуйван *name of a dish of meat and vegetables;*

цул *solid, pure; monolithic;* таван ~ *the five organs : heart, liver, lungs, spleen, kidneys;* ~ алт *pure gold;* ~ мах *solid meat (without bones);* ~ хар *all black;*

цулбуур *lead- or tie-rope for a halter;*

цулбуурда|х *to take by the leading-rein;*

цулгүй *blank; pure, unmixed;*

цулцай|х *to be plump or chubby; to be inflated;*

цулцгар *flabby, droopy;*

цуравда|х *to set fire (to grass in fire-fighting) so as to make a fire-break;*

цурам *burned area;* ~ хийх *to have a snooze;*

цурхай *pike (fish);*

цурхира|х *to make a hubbub; to sob;*

цус(ан) *blood;* ~ алдах *to lose blood;* ~ гоожих *to bleed;* ~ холилдох *incest;* ~ тогтоох *to stop bleeding; styptic;* ~ асгаруулах *to shed blood;* ~ гаргах *to kill sb; to hunt;* ~ харвах *hemorrhage;* ~ сороч *bloodsucker;* ~ алдалт *bleeding, hemorrhaging;* ~ны эргэлт *circulation of the blood;* ~ны даралт *blood pressure;* ~ны бүлэг *blood group;* ~ны шинжилгээ *blood test;* ~ хийх *blood transfusion;* цусан төрөл *blood relative;* цусан улаан *blood-red;* цусан толбо *bloodstain;*

цусархуу *bloody;*

цусгүйдэ|х *to lack blood, have too little blood;*

цусда|х *to cover with blood;*

цусла|х *to guzzle;*

цуст *bloody;* ~ тулалдаан *a bloody battle;*

цуутгагч *foundryman, caster;*

цутгалан *confluence;*

цутгамал *a casting; cast;*

цутга|х *to pour out, flow, stream; (tech.) to*

found, cast, mould; (of rain) to come down; бороо цутгаж байна *it is raining cats and dogs;* түүний нүүрний хөлс цутгаж байв *sweat was streaming down his face;*

цутгуур *casting; mould;*

цутгуурчин *founder, foundryman;*

цуу 1. *vinegar;* 2. *rumour, hearsay;* 3. *fame, name, repute;* алдар ~ *fame;* 4. *intensifying particle :* ~ татах *to tear asunder; to pull out or off;*

цуула|х *to tear into pieces, shred, slit;*

цуурай *echo;*

цуурайта|х *(of sounds) to echo;* түүний хөлийн чимээ ханхай өрөөнд цуурайтаж байв *his footsteps echoed in the empty hall;*

цуура|х *to tear, split, crack;* мөсөн дээр гишгэнгүүт цуурав *the ice cracked as I stepped onto it;*

цуурхал *rumour, hearsay; gossip;* ~ тараах *to spread a rumour;*

цуутай *famous, of great renown;*

цухалда|х *to be or become fidgety, fret, be irritable;*

цухас *briefly; not in full;*

цухуй|х *to protrude or appear in part; to lean out;* цонхоор ~ *to lean out of the window;*

цухуйлга|х *caus. of* цухуйх; *to stick out;* үг ~ *to give a delicate hint, allude to;* машины цонхоор толгойгоо битгий цухуйлгаад бай *don't stick your head out of the car window;*

цуца|х *to be exhausted, become tired, be/feel weary; to give up, turn back;*

цуцашгүй *indefatigable; tireless; persistent;*

цуцла|х *to annul, cancel, abrogate;*

цүдгэр *bulging, distended, pot-bellied;*

цүдий|х *to be corpulent, be distended;*

цүндгэр *bulging, swollen, salient;*

цүнх *bag, handbag, satchel, briefcase, portfolio;*

цүүц *chisel;*

цэвдэг 1. *frozen; frozen earth;* мөнх ~ *permafrost;* 2. *unkind, cold-hearted; not caring about sb/sth, indifferent to;*

цэвдэгши|х 1. *to be frozen hard;* 2. *to become hard (fig.);*

цэврүү *blister; bubble;*

цэврүүтэ|х *to blister;*

цэвэр *clean, neat, tidy; pure; (fin., etc) net, clear; irreproachable;* ~ ноос *pure wool;* ~ агаар *clean/fresh air;* ~ ус *clean/pure water;*

~ архи *a neat vodka;* ~ ашиг *clear profit, net income;* ~ царай *pretty face;* ариун ~ *hygiene;* ~ цусны *pure-bred;*

цэвэрлэгч *cleaning lady; cleaner; cleanser; cleansing;* шал ~ *a floor cleaner;*

цэвэрлэгээ *clean, clean-up, cleaning; cleansing; (polit.) purge;* хими ~ *cleaner's;* ~ хийх *to do the cleaning;*

цэвэрлэ|х *to clean, clear, cleanse; to purge; to purify;* шүдээ ~ *to clean one's teeth;* загас ~ *to clean a fish;* хотыг ~ *to clean up the city;* гудамжны цас ~ *to clear the streets of snow;* хинди нар Ганга мөрний усанд орж өөрсдийгөө цэвэрлэж ариутгадаг *Hindus purify themselves by bathing in the river Ganges;*

цэвэрхэн *cleanly, neatly; nicely;* ~ хийсэн *well-done, nicely made;* мохоо хайч ~ хайчлахгүй *blunt scissors don't cut cleanly;* ~ хувцасласан *nicely dressed;*

цэвэрч *having clean habits; tidy, neat;*

цэвэрши|х *to become clear (of);*

цэг *spot, dot; point; (gram.) full stop;* ~тэй таслал *semicolon;* тулах ~ *fulcrum, point of support;* ажиглах ~ *observation post;*

цэглэ|х *to punctuate, dot; to stop, interrupt; to dot one's/the 'i's and cross one's/the 't's;*

цэгнэ|х *to weigh sth (up);*

цэгц 1. *order, correct state or arrangement;* 2. *upright, erect;* 3. *laconic;* шудрага ~ *(of character) straightforward;*

цэгцлэлт *arrangement, putting in order;*

цэгцлэ|х *to arrange, put in order;* тэр, амрахаасаа өмнө бүх ажлаа цэгцлэв *she arranged all her business affairs before going on vacation;*

цэгцрэ|х *to be ordered, become orderly;*

цэл *very, extremely;*

цэлгэр *spacious, roomy, vast;*

цэлий|х *to be vast; to stretch, spread over an area;*

цэлмэг *clear, bright; (of weather) fine;* ~ тэнгэр *clear sky;* ухаан ~ *(as) bright as a button;*

цэлмэ|х *(of the sky) to clear;*

цэмбэ(н) *woolen cloth;*

цэмцгэр *neat, tidy;*

цэнгэг *(of water) fresh, sweet;* хөдөөгийн ~ агаар *the sweet air of the countryside;*

цэнгэл *enjoyment, delight, pleasure;*

цэнгэлдэ|х *to make merry;* ~ хүрээлэн *amusement park;*

цэнгэ|х *to enjoy, take pleasure (in), delight (in);*

цэнхэр *pale blue;*

цэнхэртэ|х *to appear pale blue from a distance;*

цэнэг *charge; loading (of a gun or camera);* нэмэх/хасах ~ *a positive/negative charge;*

цэнэглэ|х *to charge, load with electricity;* зай ~ *to charge a battery;* буу ~ *to charge or load a gun;*

цэр *phlegm;*

цэрвэ|х *to avoid, shy away from, shun;*

цэргийн *military;*

цэрд *chalk;* ~ийн *(geol.) cretaceous;*

цэрэг *soldier; army, military force;* ~ татлага *military draft;* ~т татагдах *to be drafted into the army;* цэргийн алба *military service;* цэргээс халагдах *to be demobilized;*

цэрэгжил *militarization; military studies;*

цэрэгжи|х *to become militarized; to increase the size of an army;*

цэрэгжүүлэ|х *to militarize;*

цэрэглэ|х *to wage war, use troops;*

цэс *menu; list, payroll;* хоолны ~ *menu;* цалингийн ~ *payroll;*

цэх *straight, erect, upright; straightforward;* ~ босоо *vertical;*

цэхлэ|х *to straighten;*

цэхэр *milky-white, filmy-eyed;*

цэц 1. *accuracy; cleverness, wisdom;* 2. *referees;*

цэцгий *pupil (of the eye);*

цэцэг *flower;*

цэцэгжүүлэ|х *to provide with flowers/gardens;*

цэцэглэ|х *to bloom, blossom, flower; to flourish; to be the picture of (beauty, health, etc);* ид цэцэглэж яваа үедээ *in the prime of life;*

цэцэглэлт *flowering, blooming, blossoming; (fig.) flowering, golden age; peak, prime;*

цэцэгчин *flower-grower;*

цэцэн *wise; accurate;* ~ өвгөн *a wise old man;* ~ буу *an accurate gun;* ~ үг *proverb, saying;*

цэцэрлэг *garden, orchard; kindergarten;* жимсний ~ *orchard;* хүүхдийн ~ *kindergarten;*

цэцэрлэгжилт *provision of gardens;*

цэцэрлэгжүүлэгч *garden-maker;*

цэцэрлэгжүүлэ|х *to provide with gardens;*

цэцэрлэгч *horticulturist, gardener;*

цэцэрхэ|х *to philosophize;*

цээж *chest, breast, bosom;* ~ сайтай *having a good memory;* ~ бичиг *dictation (classroom exercise);* ~ээр ярих *to speak or recite from memory;*

цээжлэ|х *to learn by heart, memorize;*

цээл *clear, silvery (voice);*

цээлших *to sound clear;*

цээнэ *peony;*

цээр *taboo, prohibition, ban;*

цээрлүүлэлт *punishment;*

цээрлүүлэ|х *to punish, chastise;*

цээрлэл *punishment, retribution; taboo, prohibition;*

цээрлэ|х *to taboo; to prohibit; to abstain;* түүнд архи цээрлэхийг зөвлөжээ *he has been advised to abstain from alcohol;*

цээртэй *prohibited, forbidden; abstemious;* хөл ~ *quarantined;*

Чч

ч *too, even, though, -ever;* бороотой ~ би явна *I shall go in spite of the rain;*

чаа *interjection used in scolding sheep or goats;*

чааваас *interjection expressing frustration or regret: oh heck!*

чавга *jujuble, date;* хар ~ *prune;*

чавганц **1.** *nun.* **2.** *old woman;*

чавх *catapult, slingshot;*

чавхдас *string of musical instruments;* ~т хөгжим *stringed instruments;*

чавхда|х **1.** *to catapult;* **2.** *to dash, rush;*

чагнаал *an auditory signal; car-horn;*

чагнаалда|х *to blare, give out an auditory signal;*

чагна|х *to listen; to eavesdrop (on);* электрон ~ төхөөрөмж *an electronic eavesdropping device;* сэм ~ төхөөрөмж *bug;* сэм ~/сонсох *to overhear;* зүрх ~ *(med.) to auscultate one's heart;* чагнаж мэдэх *to learn by hearing;* бид чагнасан боловч юу ч сонсож чадсангүй *we listened but could hear nothing;*

чагнуур *receiver (of a telephone); (med.) stethoscope;*

чагт **1.** *toggle, pin;* **2.** *cross, shape of a cross;*

чагтага *rope securing the roof-ring of the gэр;*

чагтла|х *to fasten, secure with a toggle or pin;*

чадавхи *potential, capacity, ability;*

чадавхитай *with potential, able;*

чадагда|х *pass. of* чадах; *to be able to wear; to be conquered, cheated;*

чадал *power, might, strength; ability, capability;* хүчин ~ *power, capacity;* худалдан авах ~ *(econ.) purchasing power;* эрдэм ~ *knowledge and ability;* хөрөнгө ~ *wealth, property;* бяр ~ *physical strength;* ~ багатай *having little ability or power;* ~ муутай *weak; poor; having little ability;* ~ хүрэхгүй *beyond one's power(s); outside one's competence;* ~ орох *to become able, strong; to require strength;* ~ гаргах *to display one's ability or power;*

чадалгүй *weak, feeble; incapable; powerless to do sth;*

чадамгай *adroit(ly), skillful(ly); able, bright, talented; good (at), having a gift (for), capable (of);*

чадан : ~ ядан *hardly, barely, with difficulty;*

чада|х *to be able to do sth, can (indicating ability, acquired knowledge or skill);* би хурдан гүйж чадна *I can run fast;* тэр, хоол хийж чаддаг уу? *can he cook?* бичиж ~ *to be able to write;* би чамд ~ чинээгээрээ тусална *I will do everything in my power to help you;* та сайн зочид буудал зааж өгч ~ уу? *can you recommend me a good hotel?* харамсалтай нь би тэдэнтэй хамт явж чадсангүй *to my regret I couldn't go with them;* хэрвээ тийм бол би ирж чадахгүй *if it is so, I can't come;*

чадвар *ability; aptitude (for), faculty (for); capacity, power;* өвчин мэдрэх ~ *a sense of pain;*

чадваргүй *incapable, unable, incompetent;*

чадваржи|х *to become more capable;*

чадваржуула|х *to make more capable/ competent;*

чадварлаг *capable, competent; skilful;*

чадвартай *capable, able;*

чадмаг *capable, skilful, dexterous, nimble;*

чалх *(med.) tone;*

чалчаа *garrulous, talkative; indiscreet;* ганц ~ үг бүх төлөвлөгөөг нурааж чадав *one indiscreet remark could ruin the whole plan;*

чалчи|х *to talk nonsense, chatter, jabber;* тэр дэмий юм чалчиж байна *he's talking* rubbish;

чам *you;* ~ шиг *like you;* чамаас *from you;* чамд *to you;*

чамтай *with you;* чамайг *(accusative of* чи*) you;* би ~тай хамт явж юм үзүүлэхсэн *I would like to go with you and show you things;*

чамай : арай ~ *barely, hardly, scarcely, with difficulty;*

чамбай *accurate; skilful;*

чамин *unusual, eccentric, bizarre;*

чамирха|х *to be mannered, show off;*

чамлалтгүй *positive, nothing to complain about;*

чамла|х *to be insatiable, be dissatisfied; to strive for more;*

чанад : хилийн ~ *foreign countries;*

чанамал *sth boiled;* жимсний ~ *fruit jam;* талхан дээрээ жимсний ~ түрх *spread jam on your bread;*

чанар *quality;* шинж ~ *typical feature or quality; character, property;* зан ~ *character, disposition;* сайн ~ын *of good quality;* муу ~ын *of poor quality;* шударга зан, өгөөмөр сэтгэл г.м хүний ~ *personal qualities such as honesty and generosity;* ~ын шалгалт *quality control;*

чанаргүй *of poor quality;*

чанаржи|х *to improve in quality;*

чанаржуула|х *to improve the quality of sth;*

чанартай *high-quality;*

чана|х *to boil, stew, cook sth in boiling water;* өндөг ~ *to boil an egg;* чанасан төмс *boiled potatoes;* шалз ~ *to soften through cooking;* чи байцааг яаж чанадаг вэ? *how do you cook cabbage?*

чанга *loud(ly); strong; strict(ly), severe(ly), stern(ly); firm(ly), solid(ly);* захиаг дотроо биш ~ унш *read the letter out loud, not yourself;* ~ сахилга бат *firm discipline;* ~ багш *a strict teacher;* ~ эм *a strong medicine;* ~ шийтгэх *to punish sb severely;* тэр бүсгүй айж ~ орилов *she shrieked with horror;* тэр тайлж чадахааргүй тийм ~ зангидсан байв *the knot was so tight that he could not undo it;* тэр эмэгтэй ижийгээ ~ гэгч тэврэв *she gave her mother a big hug;*

чангаанз *apricot;*

чангаа|х *to pull, drag, tug; to drag (someone) somewhere against his will;* ханцуйнаас нь ~ *to tug at sb's sleeve;*

чангада|х **1.** *to be too tight;* **2.** *to be too*

loud;

чангалан **1.** *strictly;* **2.** *detention centre;*

чангала|х *to tighten; to make strong(er), tight(er); to make loud(er);* бүсээ ~ *to tighten up one's belt;* энэ эргийг ~ хэрэгтэй байна *this screw needs tightening;*

чангара|х *to tighten; to become strong(er), tight(er); to become loud(er);*

чангаруула|х **1.** *to tighten, tighten up;* **2.** *to amplify;* **3.** *to make more severe;*

чангатта|х *to tighten up;*

чанд *strictly, firmly, severely; rigorous(ly);* ~ сахилга бат *rigorous discipline;* уг журам ~ мөрдөгдөж байна *the regulations are rigorously enforced;*

чандага *white hare;*

чандар *ashes, remains;*

чандарла|х *to cremate;*

чандла|х *to make stricter, tighten;*

чандруу *ashes, specks of ash;*

чансаа *quality;*

чансаатай *of good quality;*

чантуу *Uzbek;*

чанх *straight (on); directly;*

чарга *sledge, sleigh;*

чаргуулда|х **1.** *to be dragged along;* **2.** *to hang on to;*

чардай|х *to be naked; to be emaciated;*

чарла|х *to bawl, yell, cry, scream;* хүүхэд чарлав *the baby wailed;*

чармай *naked, bare;*

чармайлт *effort, endeavour; diligence;* ~ гаргах *to make an effort;* түүний бүх ~ талаар болов *all his efforts were wasted;*

чармай|х *to try, endeavour, seek; to make an effort;* тэрээр амжилтанд хүрэхийн тулд боломжтой бүхнийг хийхийг чармайж байв *he tried his utmost to succeed;*

чархи *moccasin;*

час I : ~ улаан *pure red;*

час II : ~ өдөр *astrologically bad day for undertaking anything;*

часхий|х *to squeal, squawk, be shrill; to itch;*

чахра|х *to creak, squeak;*

чац *arms and legs; limb;*

чацаргана *(bot.) Hippophae, H. rhamnoides;*

чацга *diarrhoea;* ~ алдах *to have a bad attack of diarrhoea;*

чацуу *of the same age; the same number, colour, size, etc; at the same time;* нас ~ *their ages are the same;* цөм нэгэн адил ~ байна they are all equal;

чацуула|х to compare, judge one thing and measure it against another thing;

чацуура|х to become equal;

чацуутан person of the same age, contemporary;

чек cheque; receipt (for payment, to be presented at counter when claiming purchase);

ченж money-changer;

чи 2nd sing. personal pronoun you; thou; би энэ хөвүүнээ чамд өгье I shall give you this my child;

чив 1. (intensifying particle): ~ чимээгүй silent; 2. penis (of animals);

чиг 1. direction; trend, tendency; orientation (toward), direction of attention (toward); understanding (of), grasp (of); зүг ~ direction, azimuth; ~ хандлага trend, tendency; ~ээрээ right, directly, straight ahead, in a straight line; 2. splint; хөлд ~ барих to put a leg in splints;

чигжи|х to close, seal up (a hole, crack, breach, etc);

чигжүү compact, dense;

чигжээс packing, plug;

чиглүүлэ|х to direct (to towards), orientate (to/towards), ride at; удирдан ~ to direct, manage; тайлбарлагч бидний анхаарлыг өөр зураг руу чиглүүлэв the guide directed our attention to another picture;

чиглэл direction; orientation, course; tendency; бид олон ~ээр өөрчлөлт хийж байна we're making changes in various directions;

чиглэлтэй aimed, oriented;

чиглэ|х to move toward, head for/toward, make for; усан онгоц задгай тэнгэс рүү чиглэв the ship made for the open sea;

чигтэй directed, aimed, focussed;

чигчлүүр pick;

чигчлэ|х to pick at;

чигээрээ straight on, straight forward;

чидун olive;

чийг moisture, humidity, dampness; ~тэй хувцас damp clothes; хуучин байшин дахь ~ний үнэр a smell of damp in the old house; ~даах to grow damp; ~ татах to draw up moisture; шалаа ~тэй алчуураар арч wipe the floor with a wet cloth;

чийгжүүлэгч humidifier;

чийглэг humidity, dampness; humid, damp, moist;

чийглэ|х to dampen, moisten, humidify;

чийдэн lamp; ~гийн шил light bulb; өдрийн ~ daylight lamp; гар ~ torch, flashlight;

чийрэг strong, sturdy, robust; healthy; ~ залуу a robust young man; ~ хүүхэд a sturdy child;

чийрэгжилт body-building;

чийрэгжи|х to become sturdy or robust;

чийхра|х to come out in a sweat, break out in a sweat;

чилэ|х to grow numb, stiffen; to get tired; бие ~ to get tired; хөл ~ (of the legs) to become numb;

чилээ stiffness, fatigue; (hon.) illness, indisposition;

чилээрхүү unwell, ill, indisposed;

чилээрхэл illness, indisposition;

чилээрхэ|х to feel tired, feel ill;

чилээ|х to tire, weary;

чимх pinch; ~ давс нэм add a pinch of salt;

чимхлүүр exacting, demanding (work, etc);

чимхэ|х to pinch, nip; to seize with tongs, pliers or pincers; тэр, хүүхдийн хацрыг өхөөрдөж чимхэв he pinched the child's cheek playfully;

чимчигнэ|х to sting, feel a burning pain;

чимэг adorning, decoration; adornment, decoration, ornament, embellishment; epithet; номын ~ the embellishment of a book;

чимэглэгч decorator;

чимэглэл decoration, ornamentation, ornament, adorning;

чимэглэлийн decorative;

чимэглэлчин decorator;

чимэглэ|х to adorn, decorate, ornament, embellish; энэ номыг зургаар чимэглэжээ the book was illustrated with drawings;

чимээ sound, noise; news, information, hearsay; ~ гаргах to make a sound or noise; сураг ~ a letter, telephone call, etc from sb; ~гүй! be/keep quiet!

чин absolute(ly); sincere(ly); firm, steadfast, unshakeable; ~ үнэнийг хэл tell the absolute truth; ~ зориг unshakeable courage; ~ сэтгэлээсээ талархах to thank sb sincerely;

чингэвч however;

чингэлэг container for transporting goods by road, rail or sea; ~ зад үсэрч дотор нь байсан юм зам дээр асгарав the container cracked, and all the contents spilled out into the road;

чинжал *dagger;*

чинжүү *red pepper;*

чиний *possessive pronoun your, yours;*

чинийх *yours;*

чинь *your, of yours;* найз ~ *a friend of yours, your friend;*

чинэрэ|х **1.** *to have a dull pain;* **2.** *to feel a rush of blood;*

чинээ **1.** *about the size of, as big as, of the same size as;* хэдий ~? *how much or many?* тэр юм шудэнзний хайрцагны ~ *it's about the size of a matchbox;* **2.** *capacity, ability;* чадах ~гээрээ ажиллах *to work to one's capacity;* чадал ~ *power, strength, ability;* хөрөнгө ~ *wealth, fortune;*

чинээлэг *prosperous, well-to-do, wealthy;*

чиргүүл *trailer;*

чиргүүлэ|х *caus. of* чирэх; *to drag out an affair; to involve sb in a lot of trouble;*

чирэгдэл *red tape, excessive bureaucracy; nuisance, trouble;*

чирэгдэ|х *to be pulled, be dragged; to suffer the consequences of another's actions;*

чирэ|х *to drag, pull;* тэд түүнийг орноос нь чирч босгов *they dragged him from his bed;*

чих(эн) *ear;* ~ сонор *having sharp ears;* ~ дулий *deaf;* өрөөсөн ~ дулий *deaf in one ear;* түүний ~ нь булагтсан *she has an ear infection;* ~ тавих *to listen eagerly and with great interest;* ~ руу нь дэлсэх/цохих *to box sb's ears;* ~энд хурэх *sth comes to/reaches sb's ears;* ~ээ таглах *to turn a deaf ear (to sb/sth), shut one's ears to sth/sb;* ~энд шивнэх *to have a word in sb's ear;* нэг ~ээрээ сонсоод, нөгөө ~ээрээ гаргах *to go in one ear and out the other;* ~эндээ үл итгэх *not believe one's ears;* ~ дэхрэм *ear-splitting;* ~ өвдөх *to have earache;* ~ дүнгэнэх *buzzing in the ears;* дэлдэн ~ *projecting ears;* ~ний дэлбэ *the external part of the ear;* ~ний гэдэс *earlobe;* ~ний хулхи *earwax;* малгайн ~ *earflap of a hat;* ~энд чимэгтэй үг *music to one's ears;*

чихгүй *earless;*

чихдэх *to take by the ears;*

чихмэл *stuffed; stuffed animal;*

чихмэлчин *taxidermist;*

чихцэлдэ|х *to be squeezed together, jostle together;*

чихцэлдээн *crowding;*

чихэвч *earflap, earmuff; earphone, headphone;*

чихэлдэ|х *to push one another, crowd, be cramped, shove up;*

чихэр *sugar; sweet, candy;* элсэн ~ *powdered/granulated sugar;* жаахан элсэн ~тэй ус бэлдчих *prepare a weak sugar solution;*

чихэрлэг *sweet, sugary;*

чихэ|х *to stuff (into), cram (into); to shove, push;* хоол ~ *to overeat;* амандаа идэх юм ~ *to cram food into one's mouth;* шургуулганд цаас ~ *to cram papers into a drawer;*

чихээс *plug, stopping, filling;*

чичи|х **1.** *to stab, thrust, prick, stick;* тэр над руу хутгаар чичив *he thrust a knife at me;* **2.** *to treat someone with prejudice;*

чичигнэ|х *to tremble, shiver, shake; to vibrate;* тэр, чичигнэсэн гараар захиаг задлав *he opened the letter with trembling hands;*

чичиргээ *vibration; shivering, trembling;*

чичирхийлэл *vibration; tremor;*

чичирхийлэ|х *to vibrate; to tremble;*

чичрүүс *shivering;*

чичрэ|х *to tremble, shake, quiver, shiver;*

чоно *wolf;* өлөгчин ~ *she-wolf;* чонын бэлтрэг *wolf cub;* ~ олон хонь барьжээ *the wolf killed many sheep;* сүрэг ~, чонын ~ *a pack of wolves;* бөртэ ~ *a bluish wolf;*

чөдөр *hobble for a horse; fetters;*

чөдөрлө|х *to fetter or hobble a horse;*

чөлөө **1.** *an open area or space;* өргөн ~ *broad street, avenue;* Сухбаатарын ~ *the Sukhbaatar Square;* ойн ~ *clearing (in the woods), glade;* **2.** *free time, leisure, break; leave, vacation;* ажлаас ~ гуйх *to request permission to be absent;* долоо хоногийн ~ авах *to get a week off;* та ~ авч яв *you should go on leave;* тэд ~гөөр явсан уу? *were they on permission?* эрх ~ *freedom, liberty;*

чөлөөлгдө|х *to be freed, be released; to free oneself, get free; to be cleared, be vacated;*

чөлөөлөгч *liberator, emancipator;*

чөлөөлөлт *liberation; release; emancipation; exemption;*

чөлөөлө|х *to free, liberate; to release (from); to relieve (of a position), remove (from office); to vacate; to clear, empty; to excuse (from), exempt (from); (adj.) liberation, emancipation;* ~ дайн *war of liberation;* цэргийн албанаас ~ *to exempt sb from military service;* үхэл түүнийг зовлонгоос нь чөлөөлөв *death re-*

leased him from his sufferings;

чөлөөт free; easy; vacant; spare; liberated; ~ цаг free time, time off, spare time; ~ хэвлэл free/unfettered press; ~ зах зээлийн эдийн засаг а free market economy; ~ ярилцлага unstructured interview; ~ сонгууль free vote;

чөмөг marrow, marrowbone; дунд ~ thighbone; богтос ~ (anat.) radius;

чөтгөр devil, demon, ghost, evil spirit; ~ ав to hell with it, the devil take it;

чулуу(н) stone, rock; stony; эрдэнийн ~ a precious stone, jewel; чулуун шал stone floors; тэргэнд дүүрэн ~ ачсан байв the wagon was filled with stones; бөөрний ~ авах мэс хагалбар an operation to remove kidney stones; чулуун зүрхтэй stony-hearted; овоолсон ~ a pile of stones; чулуун зэвсгийн үе the Stone Age; ~ хөөлгөх to bluff sb into doing sth;

чулууда|х to stone, throw stones; to throw, fling, chuck, hurl, cast; тэр, захиаг зэвүүцэнгүй чулуудав he flung away the letter in disgust;

чулуужи|х to become petrified, turn to stone; (fig.) to harden;

чулуужсан petrified;

чулуулаг rock;

чулуун stone (adj.);

чулуучин stonemason;

чуула|х to convene, come together to discuss matters of national importance;

чуулга assembly; (mus., theatr.) ensemble, company;

чуулган session, sitting, assembly; Улсын Их Хурлын ~ session of the Great Khural National Assembly;

чухал important, necessary, essential, significant; particular; weighty, topical; ~ шийдвэр an important decision; ~ сэдэв topical subject matter; ~ болох to become important, essential, or significant; ~ боломжийг алдах to squander a valuable opportunity; энэ ном түүнд ~ хэрэгтэй this book will be of great value to him; захианд онц ~ юм юу ч бичээгүй байв there was nothing in the letter of particular importance;

чухалчила|х to attach great importance (to);

чухам real, actual; indeed, exact, right; strictly; (particle) proper; чухмыг хэлбэл strictly speaking, properly speaking;

чухамдаа strictly, properly; actually; exactly; really, in actual fact; та энэ тухай ~ юу гэж бодож байна? what do you really think about it?

чухамхүү really, indeed;

чүдэнз matches;

чүү gee-up;

чүү ай somehow or other, only just;

чэс aubergine;

Ш ш

шаа crepe, gauze, net;

шааги|х 1. to be active and enthusiastic (doing sth); 2. to make a stir; to cause a sensation, stir; to make a noise. 3. to rain very heavily;

шаазан(г) porcelain, china; ~ ваар a china vase; ~ эдлэл chinaware; ~гийн шавар china clay, kaolin; гангар ~ a fine china or porcelain cup;

шаазгай magpie;

шаантаг wedge; ~аар цуулах to split with a wedge;

шаантагла|х to wedge, put a wedge under sth;

шаар dregs, sediment, tea-leaves; нийгмийн ~ the dregs of society;

шаардагда|х to be needed, be required; үүнд их хугацаа шаардагдана it will take a long time;

шаарда|х to demand, request, require; to expect (from), ask (of); to require, need, call (for); яаралтай шийдэхийг ~ to require an immediate decision; иймэрхүү ажил их тэсвэр тэвчээр шаарддаг this sort of work demands great patience; тэр, даруй уучлалт гуйхыг шаардав she demanded an immediate apology;

шаардлага demand, request; claim; requirement, condition;

шаа|х to drive in, hammer in; майхан ~ to erect a tent; хадаас ~ to hammer in a nail; гадас ~ to drive a stake; гараар ~ to hit with the fist;

шаахай shoe(s);

шав I mark; target, shooting mark;

шав II intensifying particle indicating superlative degree very, completely, exceedingly and used before adjectives beginning with the syllable ша: ~ шар quite yellow;

шав III : ~ хийсэн (of things) good, of good quality; (of a person) lively;

шаваас plaster, clay; ~ нь хатаагүй байхад хана будаж болохгүй the walls cannot be painted until the plaster is dry;

шавар mud; clay; ~ шавхай mud, slush; ~т шигдэх to get stuck in the mud; ~ шавхайтай muddy;

шаварда|х to plaster; to cover with mud;

шаварчин plasterer;

шава|х 1. to plaster; to cover sth with a lot of sth; хана ~ to plaster, cover a wall with plaster; 2. to crowd, swarm with sb/sth;

шавда|х to press, urge, keep on about;

шавдуу busy, eager, keen;

шавдуула|х to press, urge on;

шавила|х to be a pupil in a lamasery;

шавилхан youthful;

шавхагдашгүй inexhaustible;

шавхай mud; шаахай минь шавар ~ болжээ my shoes were covered/plastered in/with mud;

шавха|х to scoop out; to empty out; to exhaust, drain; хүч чадлаа ~ to exhaust one's strength; мөнгөний нөөцийг ~ to exhaust a money supply;

шавхра|х to squeeze out, wring out;

шавхруу dregs, residue; leftover food; the last drop; хүү нохойд хоолны ~ өгөв the boy gave the dog the remains of the dinner;

шавхуурда|х to whip, lash;

шавши|х to moisten with water/liquid; to squirt with liquid;

шавь disciple, follower, apprentice;

шавьж insect; ~ устгах хор an insecticide spray powder;

шаг check (chess);

шагай anklebone, talus; an anklebone game; булгарсан ~ a sprained ankle;

шагай|х to peer (at); to look out; to peep (at, out); to take careful aim (at the target); цоожны нүхээр шагайж байгаад баригдах to be caught peeping through the keyhole; цонхоор ~ to peer out of the window; ном ~ to bury oneself in the book; ул ~ to pick on sb, nag at . sb;

шаггүй pretty good;

шаглаа running stitch;

шагла|х to sew with running stitches;

шагнагда|х to be awarded;

шагнал prize, reward, award, decoration, honorarium; зохиогчийн ~ author's emolu-

ments, royalties; шилдэг жүжигчний ~ хүртэх to win the award for best actor; ~ гардуулах ёслол an award ceremony/presentation; Нобелийн ~ the Nobel prize; түүний уран баримал эхний байрын ~ хүртэв his sculpture of a wild sheep won first prize;

шагналт award-winning, prize-winning; laureate, prize-winner; Нобелийн ~ a Nobel laureate;

шагналтан prize-winner;

шагна|х to reward (with), award, confer, decorate (for); хэргэм цолоор ~ to confer a title;

шагнуула|х to be awarded, be rewarded, be decorated;

шагши|х to admire, praise; to chatter;

шагшуурга reed;

шад line of verse;

шадар near, close; ~ хүн confidant; ~ туслагч assistant, private secretary; ~ дотно close, intimate; ~ сайд vice-premier;

шажигна|х to crackle, crunch; to sizzle; бидний хөл дор цас шажигнаж байв the frozen snow crunched under our feet;

шазруун pert, stuck up, arrogant, supercilious;

шазуур lower lip;

шал I floor; нүцгэн бетон ~ хөл хайрч байв the bare concrete floor was cold on my feet; тэр ~ан дээр юмаа тарааж хаясан байв he scattered his things all over the floor; энэ ~ыг сайтар угаах хэрэгтэй юм байна this floor needs a good wash;

шал II complete, absolute, utter; ~ тэнэг a complete idiot;

шалавхан quickly, fast, rapidly; ~ яваад ирээрэй go and come back quickly;

шаламгай agile, nimble, adroit, dexterous; quickly, swiftly, briskly;

шала|х 1. to pester sb with requests; to prevail on/upon sb to do sth; to plead (with sb) (for sth); 2. to checkmate (in chess);

шалбааг puddle; борооны дараа зам дээр ~ тогтжээ after the rain there were little pools on the road;

шалбала|х to rub, scratch or abrade the surface of skin; to scratch oneself;

шалбара|х (of a part of the body) to get scratched or injured slightly;

шалбархай scratch;

шалгаа|х to pester sb with requests;

шалгагч *controller; examiner; checker;*
шалгалт *control; check; inspection; (tech.)
monitoring; examination, exam; verification;
audit; test;* тайлан тооцоог ~анд бэлтгэх *to
prepare accounts for audit;* жолооны ~ *a driv-
ing-test;* ~анд унах *to fail a test;* элсэлтийн ~
an entrance examination; математикийн ~ *a
maths exam;* хатуу ~ давах *to stand up to a
hard test;*
шалгарал *selection;*
шалгара|х *to be successful in a competi-
tion, contest; to distinguish oneself, excel; to
stand out; to be selected; to be singled out;*
шалгарсан *tested, tried, chosen;*
шалгаруулалт *selection;*
шалгаруула|х *to single sb/sth out as the
best for sth;*
шалга|х *to check; to examine; to verify; to
audit; to test;* дэвтэр ~ *to correct exercise-
books;* баримтуудыг магадлан ~ *to verify
facts;* хянан ~ *to revise, inspect;* олсны бөх
батыг шалгаж үзэх хэрэгтэй *we must try the
strength of the rope;* бүх гэрлээ унтарсан
эсэхийг шалгаарай *make sure all the lights
are turned out;*
шалгуула|х *to take an exam, undergo an
examination, be examined, be tested; to audi-
tion (for sth);*
шалгуур *criterion, standard, test;*
шалдан *naked, bare, nude, undressed;*
шалдла|х *to strip (down, off); to bare, un-
dress;*
шалзархай *scald;*
шалзла|х *to scald; to boil until soft;* халуун
тосонд гараа ~ *to scald one's hand with hot
fat;*
шалзра|х *to be boiled soft;*
шалиг *debauched, lewd, obscene; frivolous,
flippant;* ~ самуун эр *a debauched man;*
шалигла|х *to behave lewdly; to flirt (with);*
шалигүй *trifling, trivial, worthless;* ~ юмаар
хөөцөлдөх *to waste time on trivialities;*
шалмаг *lively, active; quickly; officient;*
шалтаг *cause, motive, pretext, reason, ex-
cuse;*
шалтагла|х *to find a pretext for sth/doing
sth; to make excuses for; to be motivated.*
шалтаан *cause, reason, excuse;* хүндэтгэх
~ *a good cause/reason/excuse;* энэ ~аар *on
that score;* хэд хэдэн ~аар *for a variety of
reasons;*

шалтгаала|х *to depend on sth, hang on; to
be caused; to stem from sth;* цөм үүнээс
шалтгаална *all will depend on this/it;*
шалчгар 1. *thin, light (clothes);* 2. *timorous,
fearful;*
шалчий|х 1. *to get thin, get flimsy;* 2. *to be
weak-kneed;*
шамдангүй *industrious;*
шамда|х 1. *to make an effort, exert oneself;
to persist (in doing sth);* 2. *to press ahead/
on (with sth);* хэдүүлээ шамдаад энэ ажлыг
дуусгая! *let us press on and finish this job!*
шамдуула|х *to push sb (doing sth), press
sb (for sth);* банк бидний зээлээ төлөхийг
шамдуулж байна *the bank is pressing us for
repayment of the loan;*
шамла|х *to tuck up, roll up;* ханцуй ~ *to roll
up the sleeves;*
шамра|х 1. *to be turned up, be rolled;* 2.
(of falling snow) to whirl;
шамшигдал *embezzlement, misappropria-
tion;*
шамшигда|х *to be embezzled, be misap-
propriated;*
шамшигдуула|х *to embezzle, misappropri-
ate;* няраав нийгэмлэгийн хөрөнгийг
шамшигдуулав *the treasurer misappropriated
the society's funds;*
шамшигч *embezzler;*
шан I *honorarium; reward;*
шан II *furrow;* шинэ ~ татсан талбайнууд
newly furrowed fields;
шанаа(н) *cheekbone; cheeks;* түүний баруун
~ шалбарсан байна *he has a cut on his right
temple;*
шанага(н) *ladle; scoop;*
шанала|х *to suffer (from), be in pain (with);
to torment oneself (over, about);* өвчинд ~ *to
suffer pain;* сэтгэл ~ *to be stung by remorse;*
шаналгаа *sufferings;*
шандас 1. *tendon, sinew;* 2. *strength of
muscles;*
шанз I *a musical instrument having three
strings plucked with fingers;*
шанз II *stuffing, filling, forcemeat;*
шантра|х *to be blunted; to be discouraged
(from doing sth); to be disappointed;*
шанцай 1. *lettuce;* 2. *salad;*
шар I *yellow;* ~ өнгө *yellow colour;* ~ цэцэг
a yellow flower; ~ болох *to become yellow;* ~
айраг *beer;* ~ тос *melted butter;* өндөгний ~

an egg yolk; ~ зам *ecliptic;* ~ лууван *carrot;* ~ арьстан *the yellow race;* ~ шувуу *owl;* ~ нохой *a yellow dog;* ~ хэвлэл *yellow press;* ~ын шашин *the lamaist Buddhism;*

шар II *heartburn; hangover;* ~ өвчин *(med.) jaundice, hepatitis;* ~ тайлах *to take a drink in order to cure a hangover;*

шар III : хор ~ *envy;* ~ гаргах *to become suddenly angry; to be jaundiced;*

шар IV *ox;*

шаравтар *yellowish;*

шарагда|х *to fry, roast; to bake in the sun, sunbathe;*

шара|х *to fry, roast, broil; (of the sun) to beat down (on);* шарсан тахиа *broiled chicken;* наранд шарж суух *to sit broiling in the sun;*

шарва|х 1. *to wag; (fig.) to prevaricate; to be evasive;* сүүлээ ~ *to wag one's tail;* **2.** *(of vehicles) to skid or slip;*

шарга : ~ морьд *the isabella geldings;*

шаргал *yellowish;*

шаргуу *persistent(ly), hard, tenacious(ly);* тэр, шинэ роман дээр ~ ажиллаж байна *he's hard at work on a new novel;*

шаржигна|х *to rustle, crackle;*

шарз *brandy;*

шарил *dead body, corpse; relics;*

шарла|х 1. *to turn yellow, become yellow;* модны навчис шарлав *the leaves of the trees turned red and yellow;* **2.** *to contract a jaundice;* **3.** *to experience sufferings;*

шарх *cut, wound; ulcer;* ходоодны ~ a *gastric ulcer;* сумны ~ a *bullet wound;* хутганы ~ a *knife/stab wound;* яр ~ *ulcer, sore;* ~ боох *to bandage a wound;* ~ аних *(of a wound) to close up, heal;* ~ арайхийн аньсан авч муухай сорви үлдээжээ *the cut finally healed up, but it left an ugly scar;* энэ чинь ~ биш *it's not a wound;* ~тай *being wounded;* ~тан хүмүүс *the wounded;*

шархда|х *to be wounded; to receive wounds;* түүний хөл нь шархадсан байв *he was wounded in the leg;*

шархира|х *to feel pain as from rheumatism;* хамар ~ *to have a stinging sensation in the nose;*

шархла|х *to become wounded; to ulcerate;*

шархтан a *wounded or injured man;*

шат 1. *stairs, staircase; ladder;* цахилгаан ~ *lift, elevator;* эвхдэг ~ *stepladder;* ~ны

гишгүүр *step, rung;* **2.** *stage, phase, period;*

шатаагч *arsonist;*

шатаа|х *to fire, set fire to sth, burn;* хог ~ *to burn rubbish;*

шаталбар *scale;*

шаталт *burning, combustion;*

шатар *chess;* шатрын хөлөг *chessboard;* ~ тавих *to play chess;*

шатарда|х *to play chess;*

шатарчин *chess player;*

шата|х *to burn, be on fire, be burnt (out, down);* байшин шатаж балгас үлдэв *the house was a wreck after the fire;* зочид буудлын гал түймэрт арван хүн шатаж үхэв *ten people burned to death in the hotel fire;* зургаан сарын ажил галд шатаж үгүй боллоо *the fire undid the work of 6 months;* уурандаа ~ *to be burning with rage;* ~ хий *an inflammable gas;*

шатахуун *(motor) fuel;*

шахагда|х *to be pressed; to be made to re; move by;*

шахалда|х *to crowd; to throng; to cluster/ be clustered (together) around/round sb/sth;*

шахалт *pressure;* ~ үзүүлэх *to put pressure on sb (to do sth); to screw down;*

шахам *nearly, almost, around; about;* тэд цаг ~ хүлээцгээв *they waited (for) about an hour;*

шаха|х *to press, squeeze, squash; to press out, wring (out); to press (on/for), force, insist (on sth), put the squeeze on sb (to do sth); to approach, draw near; almost, nearly;* дарс хийхээр усан үзэм ~ *to press grapes to make wine;* нимбэгний шүүс ~ *to press juice out of/from a lemon;* багалзууры нь ~ *to throttle (down);* шүдний оо ~ *to squeeze a tube of toothpaste;* цавуу шахаж гаргах *to squeeze out the glue;* шахаж зайлуулах *to drive out, hound out;* тэр, бидний(г айраг архиар шахаж байлаа *she kept pressing airag and vodka on us;* тэр унаад хүзүүгээ хугалах шахав *she fell and almost/nearly broke her neck;* үнхэлцэг амаар гарчих шахлаа *I was scared to death;* Наадам шахаж байна *the Naadam is drawing near;*

шахмал *compressed;*

шахуу 1. *about; almost, all but, nearly;* **2.** *compact, condensed; compressed; concise;*

шахуурга *pump, compressor;*

шашин *religion;* ламын/Христосын ~ *the*

Lamaist/Christian religion; ~ шүтэгч *a believer;* лалын ~ шүтэгч *a believer of Islam;* би ~гүй хүн *I am an atheist;*

шивнэ|x *to whisper;* тэр бөхийгөөд эмэгтэйн чихэнд юм шивнэв *he leaned over and whispered sth in her ear;*

шивнээ *whisper, whispering sound or speech;*

шиврэ|x *to drizzle;*

шившиг *shame, disgrace; infamy, ignominy;* ~ болгох *to put to shame;* ~ болох *to disgrace oneself, cover oneself with ignominy;*

шившигт *shameful, disgraceful; infamous, ignominious;*

шивши|x *to mutter (a spell) over;*

шивэгчин *maidservant, housemaid;*

шивэр 1. *sweat, perspiration (of feet);* **2.** шивэр авир хийх *to whisper; to gossip;*

шивэртэ|x *to smell (feet);*

шивэ|x *to perforate; to prick; to pin down; to punch;*

шивээс *perforation; tattoo;*

шиг *like, such as, similar to, similarily, resembling; it appears, it would appear; as if, as though; to seem, appear; it seems, seemed (to me, etc); apparently;* тэр, гайгүй ухаантай юм ~ байна *he appears clever;* тэд маргааш ирэх ~ байна *apparently, they are coming tomorrow;* тэр өвдсөн ~ байна *it would appear he is ill;* минийх ~ малгай *a hat like mine;*

шигдэ|x *to get stuck in sth; to get bogged down in sth;* гэртээ ~ *to stay (at) home for a long time;* буланд ~ *to huddle oneself up in a corner;*

шигдээс *(med.) infarct;*

шигтгэмэл *inlaid;*

шигтгэ|x *to insert, inlay, set;*

шигтгээ 1. *inlay;* **2.** *insertion;*

шигүү(н) *thick, dense, compact;*

шигши|x 1. *to choose, select; to eliminate sb (from); to winnow sb/sth down/out, sift sth out;* **2.** *to sift; to winnow (grain);* гурил ~ *to sift the flour;*

шигшүүр *sieve, riddle;*

шигшээ 1. *picked, selected;* **2.** *(sport) final;* **3.** *select team;*

шид *magic, supernatural power;*

шидтэй *magical, magic;*

шидтэн *magician;*

шидэт *magical; bewitching, enchanting;*

шидэ|x 1. *to throw, cast, fling, hurl;* тэр,

бөмбөг дээш нь шидээд барьж авав *she threw the ball up and caught it again;* чулуу ~ *to throw/cast a stone;* **2.** *to baste, stitch, tack;* малгайд тууз ~ *to tack a ribbon onto a hat;*

шижгэр *great, splendid;*

шижигнэ|x 1. *to hiss, rustle;* **2.** *to be active, brisk or quick;* өнөөдөр наймаа шижигнэж байна *business is brisk today;*

шижир *pure, refined (gold);*

ший *play, show;*

шийгуа *watermelon;*

шийдвэр *decision, verdict, judgement; solution, answer (to a problem);* ~ гаргах *to make a decision, deliver a judgement, pass a resolution;* энэ ~ээ бүү эвд *you don't break this your decision;*

шийдвэрлэ|x *to make a decision, decide or solve a question or problem; deciding, decisive;*

шийдэл *concept, plan, design;*

шийдэмгий *(of a person, action, result, moment, etc) resolute, decisive; (of a refusal, protest, etc) emphatic;*

шийдэ|x *to decide, make up one's mind, determine, resolve;* удаан бодсоны эцэст тэр энэ саналыг хүлээж авахгүй байхаар шийдэв *after much reflection he decided not to accept the offer;* хараахан юу ч шийдээгүй байна *nothing has been settled yet;*

шийр *shank (of animals);*

шийтгүүлэ|x *to be punished; to be sentenced;*

шийтгэл *punishment, sentence;* түүний хэргийн ~ таван жил хорих ял байв *the penalty for his offense was five years in prison;*

шийтгэ|x *to punish, chastise, sentence;* залхуу оюутнуудыг багш шийтгэв *the teacher inflicted punishment on lazy students;*

шил I *nape;* шилэн хүзүү *neck;* шилий нь харах *to finish one's work; to be/get rid of sb/ sth;*

шил II *glass;* цонхны ~ *a window-pane;* сүүний ~ *a milk bottle;* бид ~ дарс дундаа уув *we drank a bottle (of wine) between us;* тэр бүсгүй халууны ~ авч хараад сэгсрэв *when she took the thermometer out she read it and then shook it;* ~ шиг толигор *as smooth as glass;* хагархай ~энд зүсэгдэх *to cut oneself on broken glass;* нүдний ~ *glasses (spectacles);*

шилбэ 1. *shin;* **2.** *stem, stalk;* **3.** *loop for* fastening buttons;

шилдэг best, select(ed), choice; Д.Пүрэвдоржийн ~ шүлгүүд selected poems of D.Purevdorj;

шилжилт transition; transfer, shift; displacement; (geol.) dislocation, displacement; ~ийн үе a period of transition;

шилжи|х to transfer; (of a position, place, etc) to change; to move, shift, switch; манай төв Дарханаас Эрдэнэт рүү шилжсэн our head office has been transferred from Darkhan to Erdenet; шилжсэн утга figurative meaning;

шилжүүлэг remittance; шилжүүлгийг кредит карт юм уу чекээр хийж болно remittance may be made by credit card or by cheque;

шилжүүлэ|х to transfer, move, switch, shift; өөр ажилд ~ to transfer to another post; дансанд мөнгө ~ to transfer money into bank account; яриаг өөр юм руу ~ to switch the conversation to a different topic;

шиллэ|х to glaze; цонх ~ to glaze a window;

шилмүүс (bot.) needle; нарсны ~ pine needles;

шилмэл choice, select;

шилтгээн castle;

шилүүс(эн) lynx;

шилчин glass-maker;

шилэ|х to choose, select, pick out; тэр хамгийн сайныг нь шилж авав he picked the best one;

шим sap, juice; nourishment; ~ шүүс sap, juice; ~ тэжээл nourishment; үржил ~ fertility, fecundity; ашиг ~ productivity; үр ~ efficiency, the fruits; ~тэй хөрс rich soil; ~ ертөнц organic world; ~ мандал biosphere;

шимтгэл deduction, fee, premium;

шимтгэ|х to deduct;

шимтэ|х to be keen, be keen on;

шимшрэ|х to be distressed;

шимэгч parasite; parasitic;

шимэ|х to suck out, suck dry; to sip;

шингэлэ|х to thin, dilute; би будгийг жаахан тосоор шингэлэв I diluted the paint with a little oil;

шингэн liquid, fluid; (of liquids) thin, weak, watery; (of hair, beard, etc) thin, scanty, sparse; ус бол ~ water is a liquid; ~ түлш liquid fuel; цэвэрлэгч ~ cleaning fluid; ~ цай weak tea; ~ шөл thin/watery soup; аав маань дал гарсан ч гэлээ хөнгөн ~ хэвээрээ л

байна my father is over 70 and still spry;

шингэрүүлэ|х to dilute; to liquefy;

шингэрэ|х to become thin, become less dense, become sparse;

шингэ|х to sink/soak (in, into), be absorbed; to dissolve; (of food) to digest, assimilate; (of ideas, information, etc) to be assimilated in the mind; to become saturated (with), become steeped (in); to take refuge in the another family/country; аспирин хүний биед маш хурдан шингэдэг aspirin is quickly absorbed by/into the body; бяслаг ходоодонд хялбар шингэдэггүй cheese doesn't digest easily; харь улсад ~ to take refuge in the foreign country; нар ~ (of the sun) to set; нар шингэж байв the sun was going down;

шингэц digestion;

шингээгч absorbent;

шингээ|х to impregnate (with), saturate (with), soak (in), absorb, steep (in); to digest, assimilte; to appropriate else's belongings; хоол ~ to digest food; уншсанаа ~ to digest what one has read; өөртөө ~ to soak up;

шинж sign, indication, symptom; token, mark; shape, form; бороо зогсох ~ алга the rain shows no/little sign of stopping; арьс шарлах бол шар өвчний ~ тэмдэг мөн yellow skin is a symptom of jaundice; хам ~ syndrome; хэлбэр ~ shape, form; зовж зүдэрсэн ~тэй байх to bear the marks of suffering; ~ төрх appearance, looks; хүү аавынхаа олон ~ чанарыг дууриасан the boy has many of his father's traits;

шинжилгээ research, exploration, investigation; study; analysis, test (expert) examination; газрын тосны ~ oil exploration; ДОХ өвчний ~ a test for AIDS;

шинжи|х to examine, investigate;

шинжлэгч researcher, explorer;

шинжлэл research, study, investigation; хэл ~ linguistics;

шинжлэ|х to research, explore, investigate; to analyse, test; ~ ухаан science; ~ ухааны ертөнц the learned world;

шинжээч explorer; expert; (leg.) specialist in crime detection;

шинхэг stink (of urine);

шинши|х to smell, sniff;

шиншлэ|х to smell out, sniff around for;

шинэ new; fresh; ~ санаа a new idea; ~ хувцас/тавилга new clothes/furniture;

гадаад хэлний ~ үг цээжлэх *to learn new words in a foreign language;* ~ төмс *new potatoes;* ~ бáгш *a new teacher;* манай улсын түүхэн дэх ~ эрин *a new era in the history of our country;* ~ амьдрал эхлэх *to start a new life;* ~ төрсөн хүүхэд *a newborn baby;* засвар хийсэн хөдөлгүүр шинээсээ хямдхан *a reconditioned engine is cheaper than a new one;* тэд шинээр зургаан худалдагч авав *they recruited six new salesmen;*

шинэчлэл *renovation, renewal; reform;*

шинэчлэ|х *to reform, make improvements; to renovate; to renew; to restore, repair;*

шир *pelt; hide, skin; leather;*

ширвэ|х *to lash, whip; to cast an unfriendly glance;*

ширгэ|х *to dry up; to boil (sth) away;* данхан дахь ус ширгэжээ *the water in the kettle had all boiled away;* худаг ширгэв *the well was dried up;* үнээ ширгэв *the cow doesn't give any more milk;* нүд нь ~ *(of sb's eyes) to become sunken as a result of hunger, illness, etc;*

ширгээ|х *to dry, boil (sth) down;*

ширтэ|х *to gaze, stare (at); to stare sb out;* тэр, огторгуй ширтэж олон цаг суув *he sat for hours just gazing into space;* бид хоёр бие биенээ ширтэлцэв *we looked at one another;*

ширүүлэ|х *to be severe, be harsh; to go fast;*

ширүүн *intense, rude, severe, tough, harsh, violent; rough, coarse;* ~ харц *a severe look;* хүүхдүүдтэйгээ ~ харьцах *to be severe with one's children;* ~ тэмцэл *a violent struggle;* ~ салхи *violent wind;* ~ ааш араншин *rough behaviour;* ~ уур амьсгал *a harsh climate;*

ширүүс|эх *to become more severe, violent, or harsh; to intensify;* салхи улам ширүүсэв *the wind grew stronger;* хотод өвчин ширүүсэв *the disease raged through the city;*

ширхэг *piece; copy; fibre, thread;* ~ цаас *a piece of paper (=whole sheet);*

ширэлдэ|х *to mat, entangle oneself;* ширэлдсэн үс *matted hair;*

ширэм *cast iron;*

ширэнгэ(н) *thicket; jungle;*

ширэ|х *to quilt, stitch;*

ширээ *table, desk;* хаан ~ *throne;* ~ний ард суух *to sit at the table;* билльярдын ~ *a billiard-table;* хоёр хүний ~ захиалах *to reserve*

a table for two at a restaurant; ~ний теннис *table tennis, ping-pong;* ~ний бүтээлэг *table cloth;* албан тасалгааны ~ *an office desk;* дугуй ~ *a round table;* тэдний ном ~н дээр байна *their books are on the table;*

шовгор *pointed, tapered, conical;* ~ малгай/уулын толгой *a conical hat/hill;*

шовх *pointed, tapered;*

шог *humour; humorous, comic, funny;* ~ зураг *cartoon, caricature;* ~ зохиол *satire;* ~ юм хэлэх *to crack a joke;*

шогло|х *to chaff, mock (at); to play a joke on someone; to wrong;*

шогши|х *to go at a jog trot (horse);*

шогшоо *jog trot, trot;*

шогшро|х *to tut-tut, click the tongue;*

шодон *short and scanty (tail);*

шодох *to draw lots, toss up;*

шон *pole, an upright post, pillar;* ~ хатгах *to stake off;*

шоо *dice; cube;* ~ хаях *to throw the dice;* ~ дөрвөлжин *cubic;*

шонхор 1. *falcon;* цагаан ~ шувуу *a white gerfalcon;* 2. *sharp-nosed;*

шоовдор *outcast; the Cinderella;*

шоовдорло|х *to treat sb like dirt/a dog;*

шооло|х *to laugh (at), mock (at), make fun of;* түүнийг уралдаанд хожигдоход тэд шоолов *they taunted him for losing the race;*

шорвог *salty, salt;* ~ ус *salt water;*

шоргоолж *ant;*

шоржигно|х *to purl, babble, murmur (of water);*

шорон *prison, jail, gaol;* ~д хийх *to imprison, put into prison, jail;* ~д суух *to be in prison;* ~гоос суллагдах *to be released from prison;* ~гоос оргох *to escape from prison;* ~гоос гарах *to come out of prison;*

шоронжи|х *to become adapted to prison life, become a gaol-bird;*

шороо(н) *earth, soil, dirt, dust;* төрсөн нутгийн ~ *one's native soil;*

шоу *show;*

шохой *chalk, whitewash, lime; plaster of Paris;* гурван долоо хоног түүний гар ~той байлаа *her arm was in plaster for three weeks;*

шохойдо|х *to whitewash; to plaster; to place a plaster cast round a broken bone;*

шохойжилт *calcification;*

шохойжи|х *to calcify;*

шохоорхогч *enthusiast;*

шохоорхол keenness, hobby;

шохоорхо|x to be keen on, be taken by, be fascinated by;

шош bean;

шошго label;

шевгер pointed, sharp; conical;

шевий|x to come to a point, taper;

шевег 1. bradawl; **2.** semi-final; final stages (in wrestling);

шевх sharp, pointed;

шел soup, bouillon, broth; тахианы ~ chicken soup; хар ~ bouillon; ~ халбагадах to spoon up soup; таваг ~ a dish of soup;

шене night; ~ бүр every night, night after night; ~ өдөргүй night and day, all the time; одод түгсэн өвлийн ~ a starry winter night; шенийн гэрэл night-light; шенийн цаг night-time; шенийн цэнгээний газар nightclub; тэр, шенеер ажилладаг he works nights; эдгээр амьтад ~ л гардаг these animals only come out at night; чи шенежингее байв уу? did you stay all night? шенийн турш бороо цутгав it rained hard during the night; урд ~ тэр гэртээ хоноогүй his bed was not slept in last night;

шенежин the whole night (through), all night long;

шермес sinew;

шермеслег sinewy;

шувтла|x to finish, complete; to pull down, remove some of one's clothes, peel off;

шувтрага end, last, final; Европын цомын шувтрагын тоглолт European Cup Final;

шувтра|x to come to an end, be completed; (of trousers, socks, etc) to fall down, drop; to squeeze sth in order to remove liquid from it; үнээний хех ~ to milk a cow;

шувуу(н) bird, fowl; нүүдлийн ~ a bird of passage; махчин ~ a bird of prey; гэрийн ~ domestic fowl(s); усны ~ waterfowl; ~ны судлал ornithology; ~ны (өреөсөн) далавч хугарсан байв the bird's wing was broken; ~ ет эрж байлаа the bird was looking for worms;

шувуухай a little bird;

шувуучин poultry breeder;

шугам line; ruler; шулуун/ташуу ~ a straight/ diagonal line; би энэ шугамаар ~ татав I drew a line with this ruler; А-гаас В хүртэл ~ тат draw a line from A to B; инчийн хуваарьтай ~ this ruler has a scale in inches; цахилгаан утсыг гол шугаманд холбосон уу? have you connected the electric wires to the mains?

шугамда|x to draw a line;

шугуй small wood, grove; Ононы ~ the forest of the Onon River;

шудрага just, equitable, fair, upright, honest, loyal; ~ шүүгч impartial judge; ~ дайн just war; ~ шийдвэр a fair decision; ~ иргэн an upright citizen; ~ хүн an honest/upright man; ~ явдал fair play; ~ бус үйл injustices;

шулам devil, witch; hag, harridan;

шула|x to remove the meat from bones (for cooking); (fig.) to make someone pay through the nose; to rip sb off;

шулганаан babbling, prattling;

шулгана|x to chatter, prattle;

шулмас witch;

шулууда|x to be too straight; to straighten out; to decide completely; хүү агүй руу орохоор зориг шулуудав the boy ventured into the cave;

шулуун straight, not bent or curved; honest, frank, open, straight; ~ шугам бол хоёр цэгийн хоорондох хамгийн богино зай a straight line is the shortest distance between two points; ~ гэдэс (anat.) rectum;

шулуутта|x to straighten (out), rectify;

шулуухан straight, directly; straight, frankly, openly;

шумбагч diver;

шумба|x to swim;

шумуул gnat, mosquito;

шунаг greedy, grasping, covetous; lascivious; ~ тачаангүй нүд lascivious eyes;

шунал greed, cupidity, rapacity; мөнгөнд ~тай байх to have an itching palm;

шуна|x to be greedy or grasping; to covet;

шунахай greedy, covetous, grasping, rapacious, mercenary; ~ хөрөнгөтнүүд rapacious capitalists;

шунахайрал greed, covetousness;

шунахайра|x to be greedy, covetous, or rapacious;

шунга|x to dive (down); (of birds or aircrafts) to dive; to have a passion for; сувд шүүрэхээр усанд ~ to dive for pearls;

шураг mast, flag-pole; screw;

шуранхай falsetto, high register used in singing a long song;

шурга|x to dive into, under sth; to penetrate (into/through); to percolate (through); орон доогуур ~ to dive under the bed;

шургуу stubborn, persistent; ~ хөделмөр

бол амжилтанд хүрэх зам мөн *hard work is the path to success;*

шургуул *drawer;*

шургуула|х *to dive into, plunge in, shove in; to push/slip through; (of a man) to penetrate;*

шуу *forearm;*

шуугиан *noise; din, uproar, racket; sensation, stir; whistling, murmur, buzzing (of wind, stream, etc); wrangle (about, over sth), row;* ~ хүүхдийг сэрээв *the noise roused the baby;* бид ~ сонсмогц эргэж харлаа *we turned round when we heard the noise;*

шууги|х *(of wind, storm, flood, etc) to whistle, rustle, sing or howl; to make a noise; to make a stir, fuss; to cause a sensation, stir; to row, wrangle;* чих шуугиад байна *I have a buzzing in my ears;* тэд үргэлж хэрэлдэж шуугиж байдаг *they're always rowing;* шуугихаа больцгоо! би унтаж чадахгүй байна *stop making such a racket! I can't sleep;*

шууд *straight, direct, directly; immediately; free, unimpeded; definitely; categorically; straight off/out;* ~ нэвтрүүлэг *live broadcast;* би түүний тухай ямар бодолтой байдгаа ~ хэлэв *I told him straight out what I thought of him;* ~ буудалдаа хүрцгээе *let's go direct to the hotel;*

шуудаг *wrestler's pants;*

шуудай *bag, sack;* ~ төмс *a sack of potatoes;* ~ дүүрэн сонгино *a sackful of onions;* ~ гурил *a bag of flour;*

шуудайла|х *to bag, put in sacks;*

шуудан *(the) post, (the) mail; post office;* ~гийн хайрцаг *post office box;* ~гийн индекс *zip code;* ~гийн тэмдэг *a postage stamp;* ~гийн салбар *postal station;*

шуудра|х *to take a straight course; to be straightened out;*

шуудуу *ditch;*

шууз *preserved meat;*

шуузла|х *to preserve food;*

шуура|х *(of storms) to rage; (of a strong wind) to blow;*

шуурга *storm, gale, very strong wind, blizzard;* салхи исгэрэн цасан ~ хөдлөв *the wind howled, the snowstorm burst out;* энэ хөлөг онгоц ямар ч ~ дааж чадна *that ship can withstand any storm;* нүд чичгүй цасан ~ *a blinding blizzard/snowstorm;*

шуурхай *energetic; efficient; urgent, pressing; quick(ly), fast, rapid(ly);* ~ зөвлөгөөн

short meeting, briefing; би герман хэлний ~ дамжаанд суралцав *I took a crash course in German;*

шуу|х **1.** *to raise, put up, tuck up;* **2.** *to cut back, shear;*

шүгэл *whistle;*

шүгэлдэ|х *to whistle;*

шүд *tooth (teeth);* ~ гарах *to cut a tooth;* ~ хавирах *to grit the teeth;* ~ээ цэвэрлэх *to brush/clean one's teeth;*~ хорхой идэх *tooth decay;* хөрөөний ~ *the teeth of a saw;* ~гүй *toothless;* ~ өвдөх *to have a toothache;* ~ний чигчлүүр *toothpick;* ~ний хөгц *tartar, scale;* ~ний сойз *toothbrush;* үүдэн ~ *front teeth;*

шүдлэн *horse, ox, yak, sheep or goat in the third year;*

шүдлэ|х *to teethe, grow teeth;*

шүдэнз *match;*

шүлс *saliva, spittle, slobber, spit;* ~ гоожуулах *to slobber, slaver, salivate;* ~ хаях *to spit saliva from the mouth;*

шүлэг *poem, verse, poetry;* ~ зохиох *to compose/write poems;*

шүлэгч *poet;*

шүлэглэ|х *to versify, compose poetry; to recite poetry;* шүлэглэсэн орчуулга *a verse translation;*

шүр *coral;*

шүргэ|х *to touch lightly;*

шүрши|х *to spray, sprinkle;* машин шавхай дайрч намайг усаар шүршив *a car drove through the puddle and sprayed me with water;* бид хананд будаг шүршив *we sprayed paint on/over the wall;*

шүршүүр *shower, spray;*

шүтлэг *faith, belief;*

шүтлэгтэй *pious, religious;*

шүтлэгтэн *believer;*

шүтэлцэ|х *to be correlated with;*

шүтэлцээ *interrelation, interconnection;*

шүтээн *object of worship, sacred object/thing; idol;*

шүтэ|х *to worship; to believe in; to revere;*

шүүгч **1.** *judge; (sport) referee, umpire;* ~ хатуу шийтгэл оноов *the judge passed a severe sentence;* **2.** *filter;*

шүүгээ *cupboard, wardrobe; dresser;* номын ~ *bookcase;* энэ гурилыг аяганы ~нд хий *put the flour in the cupboard;* би хувцасны шүүгээн дэх юмыг цэгцлэв *I ranged the goods neatly in the wardrobe;*

шүүдэр *dew;*
шүүлт 1. *examination, interrogation;* 2. *filtering;*
шүүлтүүр *filter;*
шүүлэг *test (in school, etc); ~ өгөх to pass a test (in);*
шүүмж *review; (theatr.) notice; critique;*
шүүмжлүүл|эх *to be criticized;*
шүүмжлэгч *critic, fault-finder; reviewer;*
шүүмжлэл *criticism; critical review; ил ~ outspoken comments/criticism; хурц ~ pungent criticism;*
шүүмжлэ|х *to criticize; to engage in fault-finding;*
шүүр 1. *broom;* 2. *sieve;*
шүүрдэ|х *to sweep off, remove dust, dirt, etc with a brush; to sieve;*
шүүрхий *underdone, raw;*
шүүрэл 1. *oozing, seeping;* 2. *secretion;*
шүүрэ|х 1. *to snatch; тэр, гараас минь захиаг шүүрэв she snatched the letter out of my hand;* 2. *to percolate (through), leak, ooze from, out, seep out; шархнаас цус шүүрсээр л байв blood was still oozing from the wound;*
шүүс *juice, sap; a feast served to honoured guests; алимны ~ apple juice/sauce;*
шүүслэ|х 1. *to extract juice from fruit, etc;* 2. *to dine, feast;*
шүү|х 1. *to judge, try; (sport) to referee, umpire;* 2. *to filter out; та ундны усыг ~ хэрэгтэй you need to filter the drinking water;* 3. *to collate;*
шүхэр *umbrella; parachute; тэр бүсгүй автобусанд мартсан шүхрээ олж авав she recovered the umbrella that she had left in the bus;*
шүхэрчин *parachutist;*
шээзгий *small dung-basket;*
шээс(эн) *urine;*
шээ|х *to urinate; to piss, make water;*

Ээ

эв *harmony, accord, concord, agreement, friendship, peace; skill, dexterity, knack; ~ эе peace, harmony; ~ найрамдал friendship, peace, accord, harmony; ~ дүй skill, knack (doing sth); ~ нийлэх to harmonize (with); to tone (with); to correspond exactly; ~ нь эвдрэх to break up a friendship, not be in agreement; ~ий нь олох to find the correct way of doing sth; ~ хавгүй awkward, clumsy, inept;*

эвгүй *unfriendly, disagreeable; unpleasant; uncomfortable; awkward, embarrassing; чи намайг ~ байдалд орууллаа даа you've put me in an awkward position;*
эвдлэ|х *to break, wreck, damage, destroy;*
эвдрэ|х *to break down, be damaged or destroyed; to break up (with sb), fall out (with sb), quarrel (with sb);*
эвдэгч *wrecker, destroyer, violator;*
эвдэрхий *broken, ruined, damaged; broken part of sth; ~ сүм a ruined church; ~ радио a broken radio;*
эвдэршгүй *inviolable, indissoluble; unbreakable;*
эвдэ|х *to break, wreck, ruin, damage; to violate; to dismender; эв найрамдлыг ~ to violate the peace;*
эвлүүлэ|х *to assemble, fit together; эвлүүлдэг зургийн хэсгүүдийг ~ to fit the pieces of the jigsaw together; телевизийн нэвтрүүлэг ~ to edit a television programme;*
эвлэл *league, union;*
эвлэрүүлэ|х *to reconcile (with sb/sth);*
эвлэршгүй *irreconcilable; intransigent, uncompromising; implacable;*
эвлэрэгч *conciliator, compromiser; meek person;*
эвлэрэ|х *to make peace, reconcile oneself to sth; to resign oneself to sth/doing sth, be complaisant;*
эвлэ|х *to harmonize (with), go (with); to come to an agreement;*
эврэ|х *to become dry;*
эвсэл *bloc, coalition, alliance;*
эвсэ|х *to unite (with sb, in sth/doing sth); to form a coalition or bloc;*
эвтэй *amicable, friendly, harmonious;*
эвхмэл *folding, collapsible; ~ сандал a collapsible chair;*
эвхрэ|х *to curl up; нохой галын аман дээр эвхрэн хэвтэв the dog lay curled up in front of the fire;*
эвхэ|х *to fold (up); хувцсыг нямбайлан ~ to fold clothes (up) neatly; эвхдэг дугуй a folding bicycle;*
эвшээ|х *to yawn; тэр, суниагаад эвшээв he stretched himself and yawned;*
эвэр *horns; antenna (of some insects); corn, callus; ~ хүрээтэй (шил) horn-rimmed (of spectacles); ~ товх horn buttons; хөлийн ~ corn;*

эгдүү indignation, disgust; ~ хөдлөх/хүрэх to be indignant (at/over/about sth); ~гий нь хөдөлгөх/хүргэх to arouse sb's indignation; **эгдүүцэл** indignation; exasperation; **эгдүүцэ|х** to be indignant (at/over/about sth);

эгзэг complexity, complication; the right moment; ~тэй асуудал a complex problem; **эгнэ|х** 1. to form a line, line up; 2. to equal sb/sth (as/in sth); түүнтэй ~ чадалтай хэн ч байхгүй nobody else can equal him in ability; **эгнээ(н)** row, file; rank; алхаж буй явган цэргийн ~ ranks of marching infantry; ~ барих to keep ranks; ажилгүйчүүдийн ~нд нэгдэх to join the ranks of the unemployed; урд/арын ~нд суух to sit in the front/back row;

эгц straight; steep, perpendicular, sheer; миний зангиа ~ байна уу? is my tie straight? ~ хад цохио perpendicular cliffs;

эгч elder sister; (honorific used for women older than oneself) sister, aunt; хүе эгч ээ, та цүнхээ унагачихлаа hey, sister, you dropped your bag; тэр надаас гурван насаар ~ she is three years older than me;

эгшиг melody, song; vowel; хөгжмийн ~ musical sound; ~ үсэг vowel;

эгэл ordinary, common, simple;

эгэлдрэглэ|х to hang or sling over the shoulder/arm; гараа ~ to have one's arm in a sling; **эгэм** (anat.) clavicle, collar-bone;

эгээ almost, nearly; тэр, унаад ~ л хүзүүгээ хугалчихсангүй she fell and almost/nearly broke her neck;

эд(эн) I (used to refer to people, animals or things that is close to the speaker) these; ~ний their; theirs;

эд II things; belongings; clothes; fabric, textiles, material; (chem.) element; ~ хогшил property; belongings; contents of a house;~ бараа goods; merchandise, wares; торгон ~ silk fabrics; үйлдвэрийн түүхий ~ raw materials for industry; ~ эс (biol.) cell; эдийн засаг economics; эдийн засагч economist; ~ авах/завших to take bribes;

эдгэрүүлэ|х to cure (of);

эдгэршгүй incurable(ly); ~ өвчин an incurable disease;

эдгэрэ|х to be cured (of);

эдгээр these;

эдгэ|х to recover, get well, recuperate; тэр, өвчнөөсөө бүрэн эдгээд байна he's now fully recovered from his illness;

эдлэл (manufactured) article; wares; things; belongings; clothes;

эдлэ|х to make use (of), utilize; to enjoy; to experience, undergo; эрэгтэйчүүд ба эмэгтэйчүүд тэгш эрх ~ ёстой men and women should enjoy equal rights; зовлон зүдгүүр ~ to undergo hardship;

эдүүгээ present; at present, now;

эдэлбэр : ~ газар land in use; estate, plot;

эе peace, accord; harmony, concord; friendship; agreement;

эелдэг polite, courteous, civil;

эерэг positive; favourable; affirmative;

эз omen, augury; fate, destiny;

эзгүй uninhabited; absence; unoccupied; deserted; ~ арал desert island; миний ~д ийм юм болжээ it happened in my absence;

эзгүйрэ|х to become deserted, be uninhabited; (of land) to lie fallow;

эзгүйчлэ|х to take advantage of sb's absence;

эзлэгч invader; conqueror;

эзлэ|х to occupy; to invade; to conquer; to take up (space, etc); ор өрөөний хамаг зайг эзлэв the bed occupied most of the room; манай бух хөдөө аж ахуйн үзэсгэлэнд нэгдүгээр байр эзлэв our bull took first place at the agricultural show; Гитлер Польшийг 1939 онд эзэлсэн Hitler invaded Poland in 1939;

эзэмдэ|х (of a feeling or idea) to possess; to conquer, gain the admiration, love, etc of sb; тэр, олон эрийн зүрх сэтгэлийг эзэмдэж явсан she has conquered the hearts of many men;

эзэмшигч owner, possessor, occupier; **эзэмшил** ownership; territories, estate, lands; possessions; хувийн/нийтийн ~д байх to be in private/public ownership; бэйсийн ~ газар the duke's lands;

эзэмши|х to own, possess, take possession (of); to master, gain complete knowledge of or skill in; энэ байшин минийх; би эзэмшдэг юм this house is mine; I own it; гадаад хэл ~ to master a foreign language;

эзэн owner, proprietor; master, boss; landlord; host; ~ суух to come into possession of the property; газрын ~ landlord; сонины ~ a newspaper proprietor; ~т гүрэн empire;

эзэрхэг imperious, commanding, masterful; aggressive;

экспедиц expedition;

экспорт export;

эл this, these; all, the whole number of sth;

элбэг abundant, plentiful; rich in; (of clothing) loose;

элбэгши|х to be abundantly supplied with; to be abundant or plentiful;

элбэрэл care, attention(s), concern; эхийн ~ a mother's love for her children;

элбэ|х to do sth cooperatively; to assist in doing sth; to club together (to do sth);

элдүүр tanning of leather;

элдүүрчин tanner;

элдэв various, diverse, different; ~ бусын of all kinds, all sorts of; элдвийн юм all kinds of things; элдвээр үзэх/оролдох to try one's hardest, try all ways;

элдэвтэй resourceful, clever, cunning, sly; ~ хүн man of action;

элдэ|х 1. to tan leather; 2. to flatten dough; 3. to chase (after) sb;

электрон (phys.) electron;

элжиг donkey, ass;

элий : ~ балай insensible, unconscious;

элс(эн) sand; sands; элсэн дээр тоглож буй хүүхдүүд children playing on the sand(s);

элсүүлэ|х to enrol, enlist, recruit; to admit (to), accept (for); намд ~ to admit to a party; шинээр гишүүн ~ to recruit new members;

элсэгч enrollee, enlistee, recruit;

элсэлт enrolment, entering, enlisting, recuiting; ~ийн төлбөр enrolment fees; ~ийн шалгалт an entrance examination;

элсэ|х to enter, join, enrol, enlist, recruit; коллежид ~ to enter a college; холбоонд ~ to join a union;

элч 1. messenger, courier; 2. (phys.) energy;

элчин ambassador; Сөүлд шинээр томилогдсон Монголын ~ сайд the newly-appointed Mongolian Ambassador in Seoul;

элэг(элгэн) I liver; элгээ тэврэх to cross one's arms on one's chest; элгээ эвхэх to huddle up; ~ эмтрэх to feel great pity for; элгээ хөштөл инээх to make oneself ill with laughing; элгэн садан blood relatives;

элэг II mockery, ridicule, jibe; ~ доог хийх to jeer (at), ridicule, mock (at);

элэгдэл wear; wear and tear; wearing out; (geol.) weathering;

элэгдэ|х to wear out, be worn out; to weather; салхи усанд элэгдсэн хад чулуу rocks weathered by wind and water;

элэглэл parody;

элэглэ|х I to parody; to laugh (at), mock (at), make fun (of);

элэглэ|х II to lie on one's stomach; (of substances) to become like jelly;

элэгсэг friendly, amicable; familiar, intimate;

элэнц ancestor, forefather; ~ эцэг great-grandfather;

элээ (orn.) kite;

элээ|х to wear out; би явганаар аялж хоёр хос гутал элээв I wore out two pairs of boots on the walking tour;

эм I female; woman, wife; female; (gram.) feminine; ~ хонь ewe; ~ тахиа hen; эр ~ хоёр man and wife; эр ~ болох to get married, become man and wife;

эм II medicine, drug; ~ найруулагч (qualified) pharmaceutical chemist; ~ судлал pharmacology; ханиалганы ~ эмийн сангаас авах to buy cough medicine at the pharmacist's; ~ийн компани a pharmaceutical company; ~ийн жор prescription;

эмгэг defect of a person's body or mind; өвчин ~ a chronic health problem; удамшлын ~ a genetic defect;

эмгэн old woman, old lady;

эмгэнэл condolences; obituary; ~ийн бичиг obituary notice; ~ илэрхийлэх to express condolences to;

эмгэнэ|х to condole with; to commiserate (with);

эмжи|х to border (with), trim (with); тороор эмжсэн нусны алчуур a handkerchief bordered with lace;

эмжээр border, trimming;

эмзэг sore, tender and painful; fragile, brittle; ~ асуудал a sore point;

эмзэглэ|х to be sensitive to pain; to take sth to heart;

эмнүүлэ|х to undergo medical treatment;

эмнэг (of a horse) unbroken; untamed; (of land) virgin;

эмнэлэг hospital, clinic; гэмтлийн ~ a fracture clinic; ~т хэвтэх to be admitted/be taken to hospital; ~т хэвтүүлэх to hospitalize;

эмх order, organization; ажил хэргээ ~ цэгцтэй болгох to put one's affairs; тэр, тун авьяас чадалтай даанч хийсэн юм нь ~

замбараагүй байдаг *she is brilliant but her work lacks organization;*

эмхлэ|х *to arrange, put in order; to form;* тавиур дээрх номнуудыг ~ *to arrange the books on the shelves;* засгийн газар эмхлэн байгуулах *to form a government;*

эмхтгэл *collection (of stories, articles, etc);*

эмхтгэ|х *to compile, collect;*

эмч *doctor, physician;* дотрын ~ *therapeutist, internal specialist;* зүрхний ~ *cardiologist;* бага ~ *doctor's assistant, medical attendant (medical practitioner lacking graduate qualification);*

эмчлүүлэгч *a patient;*

эмчлүүл|эх *to receive or undergo medical treatment (for);*

эмчлэ|х *to treat medically, cure;* эмч нар түүнийг хорт хавдраас эмчлэв *the doctors cured her of her cancer;*

эмчилгээ(н) *medical treatment, cure;*

эмэг *woman of one's grandfather's generation;* ~ эх *grandmother;*

эмэгтэй *woman; woman's; female;* ганц бие ~ *a single woman;* ~ найз *a woman friend, girlfriend;* ~ хүүхэд *a female child;* ~ тамирчин *a sportswoman;*

эмэгтэйчүүд *women; womanhood;* германы ~ *German womanhood;*

эмэгчин *female (of species);*

эмээ *grandmother, grandma, grannie (as mode of address to old woman);*

эмээл *saddle;* ~ тохох *to saddle;* ~ийн бүүрэг *the pommel and cantle;* ~ийн гөлөм *leather saddle cloth;* ~ийн олом *the two right-side girths;* ~ийн тохом *felt saddle blanket;* ~ийн мод *saddle frame;*

эмээллэ|х *to saddle;*

эмээлчин *saddler;*

эмээ|х *to fear, be afraid; to tremble (at, for, before);*

эн 1. *width;* бидэнд цонх хаах дөрвөн ~ хөшигний даавуу хэрэгтэй *we need four widths of curtain material to cover the windows;* ~ сацуу *equal;* ~ зэрэгцээ *equally (with), on a par (with), on an equal footing (with);* 2. *size, dimensions;* 3. эн тэргүүн *first; main, most important;* ~ тэргүүнд тавих *to put sb/sth first;*

энгийн *simple, ordinary, common, plain; unaffected, unpretentious;* ~ хүмүүс *ordinary people;* ~ өгүүлбэр *a simple sentence;* ~

захиа *a non-registered letter;*

энгэр *front of the clothes, lapel; southern slope of a mountain or hill;* та ~ лүүгээ хоол асгачихжээ *you've spilt some food down your front;* ~ ярах *to bare one's chest;* ~ зөрүүлэх *to have sex with sb;*

энд *here; in this; on this side of;* би ~ суудаг *I live here;* ~ тэнд *here and there;*

эндүү *erroneous, mistaken;*

эндүүрэл *muddle (about/over), confusion; blunder, mistake, lapse, slip; misunderstanding; delusion;*

эндүүрэ|х *to be mistaken, err; to take for;* та намайг тэнэг амьтан гэж эндүүрээгүй биз? *do you take me for a fool?* эндүүрдэггүй *infallible;*

эндэ|х I *to err, fall into error, be mistaken, blunder;* та ~ *to die, perish;*

эндэх II *local, of this place;* та эндхийн хүн үү? *are you a resident of this place?*

энүүний *his, hers, its;*

энүүхэн *quite near, not far; only this, just this;* түүний гэр ~д бий *his house is very near;*

энх *well-being; peaceful, peaceable;* ~ тунх *safe and sound;* ~ тайван *peace;* ~ амар *peaceful;* эрүүл ~ *peaceful and healthy;*

энхрий *tender; nice, sweet; lovable;* баян эцэг эхийн ~ хүүхэд *a pampered child of rich parents;*

энхрийлэ|х *to caress, fondle; to pamper, coddle;*

энэ *this;* ~ миний нөхөр *this is my husband;* ~ сар/жил *this month/year;* ~ мэт *like this, thus;* ~ тэр *this and that;*

энэрэл *mercy, charity; parental love; humanity, humaneness;*

энэрэнгүй *humane, humanistic; merciful, charitable;*

энэрэ|х *to be merciful; to show sympathy, kindness or humanity;*

Энэтхэг *India; Indian;*

энэхүү *this; the given; the present;*

эр 1. *man, husband; masculine; male;* ~ нөхөр *a husband;* ~ хүн *a male person; a real man;* ~ үхэр *an ox;* ~ илжиг *a male donkey;* ~ийн цээнд хүрэх *to reach manhood;* ~ийн бэлэг *penis;* эрийн гурван наадам *Three Manly Sports: wrestling, horse racing and archery;* 2. *manhood, courage, strength and sexual power;* ~ зориг *courage, fortitude;* ~ чадал *power, strength, might;*

эрвээхэй *butterfly;* цагаан ~ *moth;*

эргүү *stupid, idiotic; a fool, idiot;* угийн ~ амьтан *an idiot since birth;*

эргүүл *patrol;* ~ хийх *to patrol;* цагдаагийн ~ *a police patrol;*

эргүүлэ|х *to twist, twirl, turn round, reverse, rotate; to turn, wind (tap, handle, etc); to put in circulation;* толгой ~ *to turn someone's head;* мөнге ~ *to put money in circulation;* гадагш нь ~ *to turn inside out;* эргүүлэн өгөх *to return, give back;* өвчин ~ *to contract illness repeatedly;* үсээ ~ *to curl one's hair;* эргүүлэн авах *to take back;* хүүхэн ~ *to run after girls;*

эргэлдэ|х *to revolve, rotate, whirl, spin round; to circulate;*

эргэлзэ|х *to doubt, question; to pause in doubt, hesitate;* тэр, ~ юмгүй шууд хариулав *she replied without hesitating;*

эргэлзээ *hesitation, doubt, uncertainty;*

эргэлт *turn; rotation; revolution (in sth); circulation; turnover; parcel (delivered to a person in hospital or prison);* цусны ~ сайн байх *to have good circulation;* төрийн ~ *coup d'etat;* ачаа ~ *freight turnover;*

эргэн : ~ тойрон *(all) around, round about;*

эргэ|х *to revolve, turn, rotate; to whirl, spin round; to circulate; to turn out; to make a short visit to a person in hospital or prison;* эргэж ирэх *to (go and) come back;* байдал бидний бодсоноос өөрөөр эргэв *events turned out otherwise than we expected;* толгой ~ *to become confused, become disoriented; to feel giddy;* эргэж унших *to reread;* эргэж санах *to remember, recall;* ~ холбоо *feedback;* өөр хаалгаар өрөөнд эргэж орох *to re-enter the room by another door;* уг театр эргэдэг тайзтай *the theatre has a revolving stage;* эргэдэг хаалга *revolving door;*

эргэцүүлэл *reflection, meditation, thought;*

эргэцүүлэ|х *to reflect (on, upon), meditate (on, upon), ponder (over), muse (on, upon), turn over in one's mind;*

эрдэм *education; learning; science; skill;* ~ боловсрол *education;* ~ мэдлэг *knowledge, learning;* ~ чадал *ability, talent;* эрдмийн зэрэг *academic degree;* эрдмийн зөвлөл *academic council;* ~ сурах *to receive an education, acquire knowledge;*

эрдэмтэн *scholar, learned person;*

эрдэнэ *jewel, gem, precious stone; object of great value;* эрдэнийн чулуу *jewel, gem, precious stone;* уг цуглуулгын ~ нь бол энэ зураг даа *this picture is the gem of the collection;* чандмань ~ *object of great value, gem;*

эрдэс *mineral;* ~ судлал *mineralogy;*

эрдэ|х *to pride oneself on sth/doing sth; to take advantage of one's abilities or status;* баяндаа ~ *to take advantage of one's personal wealth;*

эрин *epoch, age, era;* шинэ ~ *a new era;* ил тод байдлын ~ үе *the era of glasnost;*

эрлийз *cross-breed, hybrid, mongrel, half-breed, metis;* луус бол илжиг гүү хоёрын ~ юм *a mule is a hybrid of a male donkey and a female horse;*

эрлийзжи|х *(of animals or plants) to hybridize (with), interbreed(with);*

эрлийзжүүлэ|х *to interbreed (with), hybridize, cross-breed;* эрлийзжүүлж гарцыг сайжруулах *to improve crops by cross-breeding;*

эрмэлзэл *striving (for), aspiration (to);*

эрмэлзэ|х *to strive (for), seek, aspire (to), wish; to aim at;*

эрс 1. *straight; straightforward; decisive, resolute; categorically, flatly; resolutely, decidedly, definitely;* ~ татгалзах *to refuse flatly;* ~ шийдэмгий арга хэмжээ *a resolute measure;* **2.** *(gram.) neuter;*

эрсдэ|х *to perish, be destroyed; to die;* газар хөдөлж олон мянган хүн эрсдэв *thousands of people perished in earthquake;*

эрт(эн) *early; early hour;* ийм ~ *at such an ungodly hour;* өглөө ~ *early in the morning;* ~ цагт *once upon a time, in a time long ago;* ~ний *ancient;* ~ний соёл иргэншил *an ancient civilization;*

эртхэн *earlier, sooner;*

эрүү(н) I *chin, jaw, jaw-bone;*

эрүү II *criminal acts, criminality;* ~гийн хууль *criminal law;* ~гийн хэрэг *crime, criminal case/act;* ~гийн хэрэгтэн *criminal;* ~гийн хэрэг үйлдэх *to commit a crime;*

эрүүл *healthy; sober;* ~ хүүхэд *a healthy child,* ~ мэнд *health;* ~ ухаантай *of sound mind;* ~ мэндийн даатгал *health insurance;* ~ мэндийн төв *health centre;* тэр, архи их уудаг гэхдээ үргэлж ~ харагддаг *he drinks a lot but always seems sober;*

эрх I *right (to sth/to do sth); law; licence; power, authority;* хүний ~ *human rights;* өв залгамжлах ~ *right of inheritance;* ~тэй байх *to have the right (to), be entitled (to);* ~ эдлэх *to exercise one's right (to);* хууль ~ *law;* жолоочийн ~ *driving licence;* ~ чөлөө *freedom, liberty;* ~ мэдэл *power, authority;* ~ дарх/ямба *privilege;* ~ ашиг *interests;* ~ баригч *ruler, power holder;* ~ барих *to rule (over);* ~энд орох *to fall into sb's power;* ~эндээ байлгах *to have sb in one's power;*

эрх II *spoilt, capricious; pampered; self-willed;* ~ хүүхэд *a spoilt child;* ~ дураараа *self-willed;*

эрхбиш *if only (used to express a wish that past events had been different); inevitably, indisputably, without fail;* тэр, захиаг ~ явуулчихаа санасан бол *if only he'd remembered to post that letter;*

эрхгүй 1. *having no rights, deprived of rights;* 2. *certainly, inevitably;*

эрхий *thumb; big toe;*

эрхлүүлэ|х 1. caus. of эрхлэх; *to place in charge of;* 2. *to spoil, indulge; to pet, pamper;*

эрхлэгч *director, manager, head, person in charge (of);* хичээлийн ~ *director of studies;* хэлтсийн ~ *head of a department;*

эрхлэ|х I *to manage, superintend; to be in charge (of);*

эрхлэ|х II *to snuggle (up/down), be coddled, become spoiled, pamper oneself;*

эрхтэн 1. (biol.) *organ;* хэл ярианы ~гүүд *the organs of speech;* дотор ~гүүд *internal organs;* нөхөн үржихүйн ~гүүд *the reproductive organs;* нүд бол харах ~ *the eye is the organ of sight;* ~ дутуу *crippled, deprived of an organ or limb;* 2. *authorities; a privileged person;*

эрхшээл *sway, rule, domination;* ~дээ авах *to hold sway (over sb/sth);*

эрхэм *dear; precious; important; respected;* ~ нөхөр *dear friend;* ~ сайн *the best, the finest;* ~ чанар *the best quality;* ~ хүндэт *(in direct address or salutations) dear;*

эрхэмлэ|х *to respect, esteem; to prefer;*

эрч *torsion, twisting; inertia; intensity;*

эрчим *energy; intensity;* нарны ~ хүч *solar energy;* англи хэл ~тэй заах дамжаа *an intensive English course;* ~т эмчилгээ *intensive care;*

эрчимжүүлэ|х *to intensify;*

эрчлэ|х *to twist thread or rope;*

эршүүд *honest and frank, straighforward;*

эрэг 1. *bank, shore, coast;* голын ~ *a river bank;* 2. *screw;*

эрэгдэ|х *to fasten with screws, screw up;*

эрэгтэй *man, male;*

эрэгцүүлэ|х *to ponder (over), muse (on, upon), turn over in one's mind;* өнгөрснийг эргэцүүлэн бодож суух *to sit musing on memories of the past;*

эрэл *search;* эрлийн хэсэг *search-party;* алга болсон онгоцны ~ *a search for a missing aircraft;*

эрэлт (econ.) *demand;* ~ хэрэгцээ ихтэй байх *to be much in demand;*

эрэлхэг *brave, courageous, valiant; manly;* ~ дайчид *valiant warriors;*

эрэмбэ *order; succession, sequence;*

эрэмгий *manly, brave;*

эрэмдэг *maimed, crippled;* ~ хүн *a cripple, invalid;*

эрэ|х *to look for, search for; to seek;* ажил ~ *to look for a job;* борооноос хоргодох газар ~ *to seek shelter from the rain;* тусламж ~ *to seek help;* амьтру ~ *to inquire after sb, ask about sb's health or welfare;*

эрээ *restraining one's behaviour, reserve;* ~ цээргүй *unceremonious; impudent;*

эрээлжлэ|х *to be dazzled; to appear many-coloured; to show colourfully, make a brave show (of objects of different colours);* нүд эрээлжлээд байна *I am dazzled;*

эрээн 1. *motley, variegated; parti-coloured; speckled, spotted; striped, streaked;* 2. *streak of jealousy, malice;*

эс I (biol.) *cell;* ганц ~т (biol.) *unicellular;*

эс II *not;* ~ мэдэх *not to know;*

эсвэл *or else, otherwise;*

эсгий *felt;* ~ хийх *to make felt;* ~ малгай *a felt hat;*

эсгүүр *pattern (for sewing);*

эсгэ|х 1. *to cut out the material for;* дээл ~ *to cut out (the material) for a deel;* 2. *to cut;* тэр, хуруугаа шилний хагархайд эсгэв *she cut her finger on a piece of broken glass;* 3. *to ferment, leaven;*

эсрэг *opposite, contradictory; contrary to, against, anti-, counter-; in defiance (of); counter (to);* дайсны ~ тэмцэх *to fight against enemy forces;* цагийн зүүний ~ *counter-clockwise;* галзуугийн ~ тариа *an injection against rabies;* ~ утгатай үг *antonym;* ~ хүйс *the op-*

posite sex; ~ тавих to oppose (to), set off (against);

эсхүүл or, or else;

эсэргүү opposite, counter-revolutionary;

эсэргүүцэл resistance, protest, opposition; (phys. tech.) strength, resistance; ~ үзүүлэх to offer, put up resistance; материалын ~ (study of) strength of materials;

эсэргүүцэ|х to resist, oppose; to object, raise an objection (to); to retort;

эттээд side, direction; party, subject, fellow, character, type; element; odd, behaving in a strange way; зүүн ~ the left side; ~ хэллэг slang; ~ хэл jargon; неофашист ~ a neo-fascist element; буруутан ~ the guilty party;

эх I mother; эцэг ~ parents; хадам ~ mother-in-law; хойт ~ stepmother; ~ хэл mother tongue; ~ орон motherland; ~ оронч patriot; ~ барич midwife; leader, ruler; ~ нутаг homeland, motherland; ~ мал a female animal; ~ байх motherhood;

эх II source, origin; beginning; original; ~ булаг source; ~ сурвалж original source; ~ газар continent, mainland; ~ үүсвэр source; beginning; ~нээс нь адаг хүртэл from beginning to end; ~ толгойгоо алдах to become disorganized; эхний initial, first;

эхлэл beginning, commencement;

эхлэ|х to begin, start, commence;

эхнэр wife, married woman; тэр бол түүний хоёрдахь ~ she's his second wife;

эхүүн tart, sour, bitter; caustic; bad, unpleasant; ~ үнэр a bad smell;

эцэг father; эцгийн эрхт ёс partiarchy; хойт ~ stepfather; ~ мал sire, the male parent of an animal;

эцэнхий wasted, emaciated, thin; exhausted; ~ хүүхэд an emaciated child;

эцэс end; ~ болгох to finish, complete; to bring to an end; ~ болох to come to an end; to die; сарын ~т at the end of the month; дайн арай гэж ~ болов the war was finally at an end; замын ~ the end of a road; ~ төгсгөлгүй endless; эцсийн last, final; эцсийн мөч the last minute/moment; эцсийн эцэст in the end; after all; эцсий нь харах to wait till the end; **эцэслэ|х** to end, come to an end; to die;

эцэст at the end; in conclusion;

эцэ|х to become thin and weak; to be/feel exhausted; to be worn out;

эцэшгүй tireless;

эцээ|х to exhaust, wear sb out;

эчнээ in one's absence; in absentia; by correspondence; externally;

ээдрээ muddle, confusion; mess, tangle; ~ тайлах to disentangle, unravel; to puzzle out;

ээдрээтэй complicated;

ээдрээтэ|х to be confused, be tangled, be embroiled;

ээдэм curdled milk, curds;

ээдэмцэр casein, milk protein;

ээдэх to curdle, coagulate, set;

ээж mama, ma;

ээзгий curds; cottage cheese;

ээл blessing;

ээлж shift, turn, relief; alternation (of the seasons, day and night, etc); change, set; the rising generation; ~ дараалал queue, line; хоёр ээлжийн дотуур хувцас two changes/ sets of underwear;

ээлжит next in turn, next; periodic; recurrent; usual, regular; ~ амралт regular holidays;

ээлжлэ|х to alternate, take turns;

ээллэ|х to spare; (of danger or natural disaster) to pass by without doing harm;

ээмэг earring;

ээнэгши|х to become attached (to); to become close friends (with);

ээрүү stammerer; stuttering, stammering;

ээрэ|х 1. to stutter, stammer; 2. to spin thread; 3. to importune sb for; өвчин ~ (of illness) to recur;

ээ|х to warm; to bask (in the sun); нар ээж байна the sun is warm;

Юю

юм I thing; things (belongings, clothes, etc); something; object; ширээн доор нэг ~ байна there's something under the table; би ~ идмээр байна I want something to eat; идэх ~гүй айл a family without food to eat; тэр ~ жижиг хар ~ юу вэ? what's that little black object? надад өмсөх ~ алга I haven't a thing to wear; миний зургийн ~нууд my painting things; аймшигтай ~ болжээ a terrible thing has happened; ~ ~наас (сонины бичлэгт) miscellanea; хийхэд хэцүү ~ a difficult thing to do; зөв/буруу ~ хэлэх/хийх to say/do the right/wrong thing; хэрэв ямар нэг ~ болбол if anything happens;

юм II 1. emphatic particle: тэд хэзээ ирэх

~? *whenever will they come?* чи юу хийж байгаа ~? *whatever are you doing?* **2.** *predicative particle of confirmation:* тийм ~ *that is so, it is so;* сар дэлхийг тойрч байдаг ~ *the moon goes round the earth;*

юмгүй *nothing;*

юмсан 1. *was, were;* **2.** *would, should;*

юмхан *thing, trifle, nothings;*

юу(н) I *what;* ~ болоов? *what's the trouble?* тэгээд тэр ~ гэв? *and what did he say?* ~ ядах *easily, without difficulty;* ~ ядах вэ, өнөө орой дуусгачихна *it is easy, I can finish it in tonight;* ~ гэнээ *(used when one has not heard what sb has said) what?/what did you say?/ (shows surprise) you did what?* ~ авснаа надад үзүүл *show me what you've bought;* тэр тэнд ~ хийж байгаа юм бэ? *what does he do there?* ~н сайн юм бэ, та амжиж ирлээ *it is good that you managed to come;* та ~н хүн бэ? *who are you? what kind of person are you?* ~ ч *nothing;* ~нд *in what, why, what for;* тэр ~н тухай яриад байна? *what is he talking about?* чи ~нд ингэтлээ баясаа вэ? *why are you so merry?* ~ ч үгүй *empty-handed; nothing at all;* тэнд ~н номнууд байна? *what are those books over there?* би ~ гэж тийшээ явах юм? *why should I go there?* ~ны өмнө *before all, first and foremost;* ~ ч болов *whatever happens, come what may;* ~ны *whose, of what;*

юу/юү II *interrogative particle used after back vocalic words ending in diphthongs:* ах чинь яваа ~? *has your brother gone?* чи сургууль дээр очоо ~? *have you been at your school?* түүнээс айх хэрэг ~ байна *one shouldn't fear from him (it, her);*

юутай *with what; (shows surprise, pleasure, or other strong feeling) what;* ~ хөөрхөн хүүхэн бэ! *what a pretty girl!* ~ ирвэ? *what have you brought?* ~ гоё/сайхан! *how beautiful!*

юугаа/юүгээ(н) *one's own;* эхнэр юүгээ *one's own wife;* гар юугаа *one's own arm;*

юухан : ~ хүүхэн *trifles, trivialities;* ~ хүүхнээр цаг нөхцөөх *to waste time on trivialities;*

юудэн *hood;*

юуж *sheaf of stalks of corn, wheat, etc;*

юулүүр *funnel (for pouring liquids);*

юулэ|х 1. *to pour off (from one vessel to another); to decant; to fill out, draw off, tap;* цус ~ *to give a blood transfusion (to);* морио ~ *to change one's riding horse;* **2.** *to change horses;* галав ~ *doomsday, the end of the*

world;

юүрэ|х *to crumble, break to pieces, splinter;*

Яя

яав *what's happened?, what's the matter?*

яавал *how? if one does what;*

яавч *by no means, certainly not;*

яагаав *why? what happened? what's the matter?* хөл чинь ~? *what's wrong with your leg?*

яагаад *interjection, pronoun: why?* та ~ өчигдөр ирсэнгүй вэ? *why didn't you come yesterday?*

яаж *how?*

яажшуухан *just how;*

яалаа гэж *whatever for? why? of course not;*

яалгах *caus. of яах;* надаар ~ гэсэн юм бэ? *what do you want me to do?*

яалтай *how?*

яалт ч үгүй *no doubt about it;*

яам *ministry, department;* сангийн ~ *Ministry of Finance;* гадаад худалдааны ~ *Ministry of Foreign Trade;* хөдөө аж ахуйн ~ *Ministry of Agriculture;* гадаад явдлын ~ *Ministry of Foreign Affairs;* Холбооны ~ *Ministry of Communication;* Элчин сайдын ~ *Embassy;*

яамай *it does not matter, never mind;*

яаравчлан *hastily, in a hurry;*

яаравчла|х *to act quickly, hurry;*

яарал *haste, hurry;* ~тай *urgent, pressing, express, prompt;* ~тай хэрэг *urgent matter;* ~тай захидал *express letter;* ~тай шуудан *express delivery;* ~тай захиалга *pressing order;* ~гүй *without haste, leisurely;* ~тай арга хэмжээ авцгаав *they took immediate actions;*

яаралгүй *without hurrying, without haste;*

яаралтай *urgent, pressing, hurried, emergency;*

яарангүй *hurriedly;*

яара|х *to hurry, hasten, rush, be in hurry;* ажилдаа ~ *to hurry to one's work;* яарч сандрах *to hurry, hasten; in a panic;* битгий яар! *don't hurry! take your time!* яараад яах вэ? *why should I be in haste?* яарвал даарна *haste makes waste;*

яарахдаа *hastily, hurriedly;*

яармаг *fair;*

яаруу *hasty(hastily), rash/ly, hurried/ly, in haste;* ~ сандруу *hastily, hurriedly;* ~ хүн *man who is always in hurry;*

яаруулах

яаруула|х *to press, hasten, urge;*
яаруухан *in a hurry, hurried, hasty;*
яасан 1. *what has happened?* **2.** *what a!* ~
сайн морь вэ *what a fine horse!*
яасхийж *how?*
яа|х *interjection, pronoun: how to act, what
to do;* ~ вэ? *what to do? what shall we do?* ~
нь вэ? *why?* яагаа вэ? *what happened?* яагаа
ч үгүй *nothing happened;* та яагаав? *what's
the matter?* чи орохгүй яагаав? *why don't you
come in?* яаж *how, which way, in what man-
ner;* яаж ийгээд *somehow, anyhow, by any
means;* монголчууд хаангүй байж яаж болно
how would the Mongols-fare without a Khan?
яасан бэ? *what happened?* яасан ч *on no
account, at all events, in no case;* яасан
сайхан юм бэ! *how nice it is!* яасан хачин
байшин бэ? *what a curious house!* ~ын
аргагүй *exactly, just right; helpless; really;*
яалаа ч гэсэн = яавч *on no account, by no
means;* та хамаг мөнгөө алдах гэж бодоо
юу? яалаа гэж *do you want to lose all your
money? - of course not!* одоо яая гэх вэ *noth-
ing to do;*
яахаараа *why?, for what reason?*
яахин *how;* дэмий ~ өгүүлнэ та *how (can)
you speak so rashly?*
яваандаа *in due course, in the course of
time, as time goes on;*
явагда|х *to be carried out, be effected; to
take place;*
явалда|х *to have sexual intercourse;*
явалт *movement, motion, pace; journey, run;*
ява|х *to go, walk; to depart, go away, leave;
to travel, journey, voyage;* ~ цаг боллоо *it's
time to go;* явбал *if you go away;* тэд нар
явбал яваг *let them go;* явган ~ *to go on foot;*
мориор ~ *to go on horseback;* унаагаар ~ *to
ride;* би явалгүй болохгүй *I have to go;* та
одоо явж болно *you may leave now, now you
can take yourself off;* дугуйгаар ~ *to cycle;*
чаргаар ~ *to slide on a sled;* цанаар ~ *to ski;*
тэшүүрээр ~ *to skate;* машинаар ~ *to go by
car;* онгоцоор ~ *to go by air;* ажлаар ~ *to
make a business trip, go on a business;*
амралтаар ~ *to go on a holiday;* далайгаар ~
to go by sea; to voyage; гудамжаар ~ *to go
along the street;* анд ~ *to go shooting, hunt;*
мал ~ *to tend cattle;* ажилд ~ *to go to work;*
хичээлд ~ *to go to school;* аялалд ~ *to go for
a trip, make a trip;* гадаадад ~ *to go abroad;*

гадуур ~ *to be out of doors;* тагнуулд ~ *to go
on reconnaissance;* дээш доошоо ~ *to walk
up and down;* хойш урагшаа ~ *to walk to and
fro, go back and forth;* дагаж ~ *to follow sb;*
хөтлөлцөж ~ *to walk arm-in-arm;* миний
хөтөлж явсан морь *my led horse;* дагуулж ~
to take sb along; цуг/хамт ~ *to go together,
accompany sb;* хурдан ~ *to go quickly;* удаан
~ *to go slowly;* би одоо явлаа *I'm going on;*
за явцгаая! *come on! we must go, let's go;*
явгаар *on foot;*
явгала|х *to cause to go on foot;*
явган 1. *pedestrian; on foot;* ~ хүн *pedes-
trian;* ~ хүний зам *sidewalk, pavement, path;*
~ цэрэг *infantry, infantryman;* ~ суух *to squat,
sit upon the heels;* ~ явах *to go on foot, walk;*
~аар *on foot;* **2.** *low; short; petty;* ~ ширээ
low rectangular table; ~ хэрүүл *petty
squabbles;* ~ үлгэр *short tales;* гахай ~, нохой
нүцгэн болох *to be reduced to indigence;*
явгара|х *to lose one's horse;*
явдал *act, action, deed; matter, affair, busi-
ness; event, occurance, episode;* ажил ~ *af-
fair, business;* бичиг үсэг үл мэдэх ~ *illiteracy;*
азгүй/золгүй ~ *misfortune;* батлан хамгаалах
~ *defence;* айх ~гүй *no need to afraid;* ~тай
difficult; ~тай хэрэг *difficult matter/affair;* **2.**
walk, gait; хатуу ~ *of hard gait (of horse);* тэр
аавынхаа явдлыг. дууриаж байна *he copies
his father's way of walking;* морины явдлаас
from the gait of the horse;
явдалгүй *there is no need to;*
явдалтай *problematic, troublesome;*
явуу *cowrie shell;*
явуул : явуулын хүн *passer-by;*
явуулагч *sender;* ~ хүний хаяг *a sender's
address; (com.) consignor;*
явуула|х 1. *to cause to go, send (to), dis-
patch (to), post;* томилон ~ *to send out on
official business; to detail, (mi)detach, sec-
ond;* хүнээр ~ *to send sth through sb;* Баярт
би хүн явуулъя *I will send for Bayar;* элч ~ *to
send a messenger (to sb);* цахилгаан ~ *to
send a telegram;* захидал ~ *to send a letter;*
2. *to carry out, execute, put into practice;*
сонгууль ~ *to elect;* ухуулга ~ *to propagan-
dize;* кампанит ажил ~ *to carry out a cam-
paign;*
явууллага *measure, practice; plot, intrigue;*
ажил ~ *measure; action;* хорт ~ *sabotage;*
нууц ~ *plot, intrigue;*

350

явуулын travelling, in transit, mobile;
явуургүй ineffective, futile;
явуут on the move; on the way;
явц process, course; ажлын ~ process of work; үйлдвэрлэлийн ~ manufacturing process;
яв цав exactly; ~ тохирох to fit exactly;
явцгүй ineffective, no use, unsuccessful;
явцтай effective, successful;
явцуу narrow, tight, narrow-minded; limited; ~ газар narrow passage; ~ хүрээнд зориулсан нэвтрүүлэг narrowcasting; ~ үзэл narrow vision, narrow-minded policy; egoism; ~ байдал the state of being narrow, narrow, narrow-mindedness, reservedness;
явцуура|х to become narrow/tight; to be narrow-minded;
явцуухан somewhat narrow;
яг exactly, just right; perfectly; ~ таг exactly, just right; ~ үнэн perfectly true; ~ адил just the same; ~ тэр the/that very; ~ тэр үед just when; ~ цагтаа just at the appointed time, in time; ~ цаг хэд болж байна? what is the correct time? ~ тохирох to fit exactly; миний уулзъя гэсэн хүн ~ тэр байв he was the very man I wanted to see;
ягаавтар pinkish, violet;
ягаан pink, rosy, ruddy, violet; тэр бүсгүй ~ бошинзтэй байв she wore a violet dress;
ягаара|х to become pinkish, turn rosy;
ягаахан pinkish, rosy;
яггүй really, truly; really good;
ягуухан slow(ly);
ягшмал exact, firm;
ягштал exactly, strictly, punctiliously;
ядавч at the worst, in the last resort; even if;
ядам : ~ хуруу forth finger, ring-finger;
ядаргаа tiredness, weariness, weakness, lassitude; мэдрэлийн ~ neuroses; ~тай tedious;
яда|х to have no strength, to be unable, exhaust; арга ~ to have exhausted all means, be at a loss; хүлээж ядаад not being able to wait any longer; байж ~ to be unable to control oneself; тэсч ~ not to be able to bear any longer, be unable to control oneself; үзэн ~ to hate, detest, abhor, execrate; үзэн ~ явдал hostile attitude; даах ~ to be unable to bear; би энэ хөвөн утсыг сувлах гэж ядаж байна I'm trying to thread the cotton through the needle; биеэ барьж ~ to be unable to control

oneself; ~даа at least;
ядахдаа at least; unfortunately;
ядахнаа at the very least;
ядрангүй weary, tired;
ядра|х to be tired (of), be exhausted/fatigued, get tired (for); ядарч зүдрэх to get tired (of), be exhausted; олон хоног морин дээр явсны хойно би ихэд ядарсан байв after many days in the saddle I was very weary; тэр одоо ядарч явна he is in a strait;
ядруу weak, enfeebled, weary;
ядуу poor, indigent, needy; ~ зүдүү/хоосон poor, indigent; ~ зүдүү байдалд байх to be in a state of poverty; ~ ард pauper; үгээгүй ~ poor, indigent, needy; нэгэн ~ хүн a poor man/person;
ядуувтар poorly off, rather poor, weakish;
ядуурал poverty, impoverishment;
ядуура|х to become poor;
ядуурула|х to impoverish, make poor;
ядуус poor people, paupers, have-nots; ~ын төлөө санаа зовох/тавих concern for poor people;
язгана|х to crowd together, swarm;
язгуур root, basis, origin; genesis, geneology; Чингис хааны ~ the origin of Chinggis Khan, ~ үндэс origin; ~ угсаа origin, extraction; дээд ~ illustrious origin, high blood; доод ~ low/humble origin; үгийн ~ (ling.) root of a word; ~ махбод (chem.) element;
язгууртай noble, of noble descent;
язгууртан 1. nobleman, aristocrats; 2. illustrious, noble;
язла|х to split, burst open;
язмаг lumps, clots;
язмагта|х to coagulate, go lumpy;
язра|х to burst open, be torn open, be rubbed open;
яйжгана|х to be rickety, wobble;
яйжгар rickety;
яйра|х to crumble, shatter;
яйруула|х to smash;
ял penalty, punishment; ~ шийтгэл penalty, punishment; ~ зэмлэл conviction; ~ төлбөр fine; ~ хийх to commit a crime, become guilty; ~ хүлээх to exact a penalty, enforce a punishment; ~ оноох to fix a penalty; ~ төлөвлөх to prepare a bill of indictment; ~ тулгах to bring an accusation (against of); ~ хэлтрүүлэх to amnesty, reduce the punishment; ~анд орох to be liable to be punished; ~ эдлэх to serve

Я

351

one's sentence; хорих ~ *imprisonment*; бүх
насаар нь хорих ~ *imprisonment for life*; алах
~ *capital punishment*; ~ын төлөвлөгөө *bill of
indictment*; хэрэгтэн ~ сонсов *the prisoner
listened to the judgement*;
ялаа *fly*; ~ батгана *flies*; ~ны хор *fly-agaric,
death-cup*;
ялаарь : миний бие ~ байна *I am some-
what better*;
ялагдал *defeat*;
ялагда|х *to be defeated (in)*;
ялагдашгүй *invincible, unconquerable, un-
defeated*; ~ арми *an invincible army*;
ялагч 1. *victor, conqueror*; 2. *victorious, tri-
umphant*; бүхнийг ~ *all-conquering, all-tri-
umphant*;
ялалт *victory, triumph, win; conquest; suc-
cess*; ~ байгуулах *to win/gain the victory, score
a victory*;
ялангуяа *in particular, especially*; нэн ~
particularly, especially;
яла|х *to win a victory (over), defeat, con-
quer, vanquish, overcome*; ялж дийлэх *to con-
quer, vanquish, defeat*;
ялгаа *difference, distinction; disparity*; үндсэн
~нууд *radical differences*; тэр зөв буруугийн
~г мэднэ *he knows the difference between
right and wrong*; их ~ *a great difference*; утгын
~ *distinction in meaning*; нарийн ~ *nice dis-
tinction; gradation*; насны ~ *disparity in age*;
үнийн ~ *difference in price*; ~тай *different*; ~гүй
indifferent; ~ арилгах *to make odds even*;
ялгавар *distinction, difference, differentia-
tion, discrimination*; хөдөлмөрийн ~ *differ-
entiation of labour*; ангийн ~ *class differen-
tiation*;
ялгаварлагда|х *to be discriminated*;
ялгаварла|х *to discriminate (between), dif-
ferentiate, distinguish*;
ялгагда|х *to be distinguished, be differen-
tiated*;
ялгагдахуйц *distinguishable*;
ялгагч *sorter; sorting machine*;
ялгадас *excreta, excretions*;
ялгалгүй *without distinction, all alike*;
ялгалт *sorting*;
ялгаралт *secretion*;
ялгара|х *to distinguish oneself, be outstand-
ing/distinguished; to contrast with*;
ялгаруула|х *to give off, secrete, eliminate,
release*; (хэвлэхэд) *marking-out*;

ялга|х *to distinguish, discern, make/draw
a distinction, discriminate, differentiate; to
classify, sort*; сайн мууг ~ *to distinguish good
from bad*; ялгаж таних *to distinguish, recog-
nize, discern*; үнэн худлыг ~ *to distinguish
between truth and untruth*;
ялгац гишүүн *(gram.) article*;
ялгуусан *invincible, victorious, triumphant*;
~ арми *the triumphant army*;
ялдам I *courteous, kind, sympathetic, charm-
ing*; ~ зан *gentle disposition, pleasant dispo-
sition*;
ялдам II *occasion, opportunity*; энэ ~д *in
connection with this*;
ялдамхан *good-natured, gentle, affection-
ate*;
ялзармал *rotten*;
ялзархай *rotten*;
ялзла|х *to let rot*;
ялзмаг *humus, compost*;
ялзмагта|х *to decay, go musty*;
ялзрал *decline, decay*; оюун санааны ~ *de-
spondency*; ~д орох *to fall into decay*;
ялзра|х *to become soft/mushy from
overboiling; to rot, decay*; ялзарсан *mushy,
soft; rotten, decayed*; ялзарч унах *to rot off*;
ялзруула|х *to rot, let go bad*;
ялимгүй *trifling matter, trifle*; ~ зүйл/юм *un-
important thing, trifle*; ~ хэрэг *trifling matter,
trifle*;
яллагдагч *defendant*;
яллагч *judge, prosecutor*; улсын ~ *public
prosecutor*;
ялла|х *to charge, punish, sentence, penal-
ize, accuse, judge, indict, condemn, bring in
an indictment*;
яллуулагч *the accused*;
ялт *accused, guilty, criminal*; ~ этгээд *crimi-
nal, the accused*; ~ хэрэг *crime*;
ялтан *defendant, the accused, criminal, of-
fender*; ~ы суудал *the dock, the bar*;
ялтас *plate, chip*;
ялуу *crosspiece*;
ям *(med.) glanders, strangles*;
ямаа *goat*; эм ~ *she-goat*; эр ~ *castrated
male goat*; ~ны ноолуур *goat down*; ~ны мах
халуун дээрээ *make hay while the sun shines*;
ямаажих *to acquire goats*;
ямаачин *goatherd*;
ямагт *always, constantly*; цаг/хэзээ ~ *all the
time, incessantly, often, constantly, time and*

again;

ямар what, what kind of; how; таны бие ~ байна? how is your health? энэ байшин ~ үнэтэй вэ? what is the value of this house? ~ нэг аргаар somehow, anyhow; ~ нэгэн any, some sort of; ~ нэгэн юманд автах to abandon to sth; ~ ч гэсэн at any rate/cost, at all events, in any case; ~ ч тохиолдолд in all respects; ~ шинэ сонин бэ? what news? ~ ч яахав any news; та харийн ~ ~ хэл мэддэг вэ? which foreign languages do you know?

ямарваа any, every, all; ~ юм/зүйл everything, all kinds, every kind;

ямархан how? what kind?

ямба privilege/insignia of high rank; эрх ~ privilege;

ямбала|х to be in every convenience;

ямбатан dignitary, bigwig;

ямбий worn out, broken down;

ямбий|х to be worn out, be wrecked;

ямх inch;

янаг beloved, darling; ~ сэтгэл affection; ~ амраг beloved; ~ийн дуу love song;

янаглагч lover;

янаглал love, affection;

янагла|х to love, fall in love (with sb); to make love;

янгиа packsaddle;

янгина|х 1. to emit a sharp sound; 2. to ache; яс ~ to ache bones;

янгир (zool.) mountain goat, wild goat;

янгирцаг a packsaddle; an old and worn out saddle;

янгууч complainer, whiner, one who overreacts to the slightest illness or pain;

яндан chimney, pipe, funnel, smoke-stack; уурын ~ steam-heat pipe; машины ~ exhaust pipe; үйлдвэрийн ~ factory chimney;

янжуур cigarette;

янз shape, form, manner, character; kind, sort; style; ~ янзын/бүрийн various, diverse, different, heterogeneous, of all kinds; ~ байдал/маяг shape, form; ~ янзаар/бүрээр in the way possible, in different way; нэг ~ын uniform, homogeneous; monotonous; олон/элдэв ~ын of all different kinds, of every description; ямар ~ын/~тай what? ямар ~аар? how? which way? хуучин ~аараа as before; ~ыг нь үзэх to put to the test; ~ын юм strange thing; хэв ~гүй shapeless, formless; ~тай having a good shape/manner, adorned; ~гүй

shapeless, formless; ugly, dirty; тэрээр ирэх ~гүй бололтой he's unlikely to come;

янзага the young of the antelopes and wild goats;

янзагала|х (of antelopes and wild goats) to bear young;

янзла|х to put in order; to have a certain shape/manner; to follow the fashion, adorn, decorate; үсээ ~ to cut one's hair; юмаа ~ to put in order sth;

янзтай having a shape, form or manner; adorned; having a good appearance;

янхан prostitute, whore;

янханда|х to prostitute, engage in prostitution;

янхир bony, raw-boned;

янцагла|х to groan, moan;

янцгаа|х to neigh, whinny;

янчаан silver coin;

яншаа querulous;

яншйх to nag;

Япон Japan; Japanese;

яр 1. ulcer, sore; ~ шарх wound; ~ны идээ pus of a sore; ~ны толгой aperture of a wound; ~ны сорви scar; 2. knot (in tree);

яравгар 1. grimacing, making a face; 2. haughty, supercilious, snooty;

ярагла|х to grown, whine, whimper;

яралза|х to flash, glitter, gleam, sparkle;

яра|х 1. to expose, draw open, open wide; хөшиг ~ to draw open a curtain; цээжээ ~ to expose one's chest; 2. to cut open; хутгаар ~ to cut open by knife;

ярвагана|х 1. to grimace, make a face; 2. to be snooty, sneer, look sour;

ярвай|х to grimace, make faces;

ярвиг trouble, difficulty, complication; ~тай troublesome, difficult, complicated, serious, arduous;

ярга slaughtering, butchery;

яргай cornelian cherry;

яргалагч butcher, killer;

яргалал slaughter, butchery;

яргала|х to slaughter, mow down;

яргачин 1. butcher; 2. assassin, hangman;

яргуй (bot.) anemone;

ярдаг capricious, fickle, fretful, whimsical;

ярдагла|х to be irascible, be cranky;

ярзай|х to bare one's teeth, grin;

ярзгар having protruding teeth;

яриа 1. conversation, talk; ~ хөөрөө talk; ~

хийх *to carry on a conversation, give a talk;*
нөхөрсөг ~ *friendly chat;* чин сэтгэлийн ~
heart-to-heart talk; тэд ~гаа үргэлжлүүлэв
they continued their conversation; хэл ~ *(ling.)*
speech; rumour; үг ~ *conversation, talk;* ~ны
хэл *colloquial/spoken language;* ~гүй *certainly, indisputable; no back-talk; exactly;* **2.**
talkative;

яригда|х *to be talked about, be discussed,*
be under discussion;

ярилцагч *interlocutor;*

ярилца|х *to talk (with), speak (with), converse (with);* би тантай хүүгийн чинь талаар
~ гэсэн юм *I want to talk you concerning your*
son's behaviour;

ярилцлага *conversation, talk; interview;*
бэсрэг ~ *shotgun interview;* ~д оролцох
эсэхий нь би түүнээс асуусан *I asked him if*
he would take part in the discussion;

яриула|х *to cause to talk sth;*

яри|х *to talk (to, with), converse (with), speak*
(to, with), chat; ярьж хөөрөх *to talk (to, with),*
converse (with), chat; чиний ~ээлж боллоо
it's your turn to speak; би юм ~гүй *I will tell*
nothing; бид ярингуутаа *while we were talking;*

ярта|х *to get syphilis;*

яруу *harmonious, melodious;* ~ тод *vivid;* ~
аялгуу *pleasant melody;* ~ уянга *harmony,*
melody; ~ сайхан *harmonious, melodious;* ~
найраг *poetry;* ~ найрагч *poet;* ~ алдарт *glorious, great fame;*

яруухан *harmonious, melodious; cool, composed, calm;*

яршиг *bother, nuisance, trouble;* ~ төвөг
bother, nuisance; ~ болох *to bother, make*
trouble to sb; ~тай *bothersome; difficult, complicated, arduous;*

яс I **1.** *bone, skeleton, corpse;* түүний
хөлний ~ цуурчээ *she cracked a bone in her*
leg; араг/хэлхээтэй ~ *skeleton;* дунд
чөмөгний ~ *thigh bone, femur;* арьс ~ болох
to become too lean; ~ амрах *to take a rest,*
relax; ~ хагацах *to be separated from sb with*
difficulty; ~ барих *to bury the dead;* ~ хавтайх
to be afraid (of), fear; ~ хаях *to embroil, stir*
up discord, drive a wedge between sb; ~ мод
frame work, frame; **2.** *kernel, pit, nut, stone of*
a fruit; самрын ~ *nut-shell;* **3.** *race, clan;* ~
үндэс *nationality;* ~ махны тасархай *blood*
relation;

яс II *quality;* ~ чанар *quality;* ~ муутai *of a*
poor quality; ~ сайтай *of a high quality;*

ясархаг *bony;*

ясгүй *boneless; of poor quality;*

ясжилт *ossification;*

ясжих *to ossify, turn to bone, become bony;*

ястан *ethnic group, nationality;*

ятга *(mus.) zither, harp;* босоо ~ *harp;*

ятгагч *one who persuades or dissuades;*

ятгалга *persuasion, dissuasion; agitation,*
propaganda;

ятга|х *to persuade, dissuade, convince, induce; to admonish; to agitate;* тэр, ээжийгээ
шинэ бөмбөг авахуулахаар ятгав *he talked*
his mother into buying a new football;

яхир *possessive, parsimonious, stingy;*

* * *